U0816052

吴兴年鉴

WUXING YEARBOOK

（2018）

吴兴区地方志办公室 编

方志出版社
Publishing House of Local Records

图书在版编目（CIP）数据

吴兴年鉴. 2018/ 吴兴区地方志办公室编. -- 北京：
方志出版社，2019. 12
ISBN 978-7-5144-4114-7

Ⅰ. ①吴… Ⅱ. ①吴… Ⅲ. ①区（城市）—湖州—
2018—年鉴 Ⅳ. ①Z525.54

中国版本图书馆 CIP 数据核字(2019) 第 298149 号

吴兴年鉴（2018）

编　　者： 吴兴区地方志办公室
责任编辑： 朱 姝
出 版 者： 方志出版社
地址　北京市朝阳区潘家园东里 9 号（国家方志馆 4 层）
邮编　100021
网址　http://www.fzph.org
发　　行： 方志出版社图书经销中心
电话（010）67110500
经　　销： 各地新华书店
印　　刷： 浙江德清县新市彩虹印刷有限公司
开　　本： 889×1194　1/16
印　　张： 26.50
字　　数： 786 千字
版　　次： 2019 年 12 月第 1 版　2019 年 12 月第 1 次印刷
印　　数： 001～220 册
ISBN 978-7-5144-4114-7　**定价：** 280.00 元

· 版权所有　翻印必究 ·

6月5日，省委副书记、代省长袁家军（前左二）到吴兴区检查指导太湖罗溇港工程防汛工作

（吴兴传媒中心 提供）

10月3日，市委书记陈伟俊（前左二）到织里镇调研老街南横塘改造情况

（吴兴传媒中心 提供）

10月11日，市委副书记、市长钱三雄（右一）到织里镇调研湖州林芊国际服饰有限公司童装产业转型升级、安全生产工作情况

（织里镇 提供）

10月13日，市人大常委会主任胡菁菁（前右二）到织里镇调研市民生实事项目

（吴兴传媒中心 提供）

5月26日，市政协主席杨建新（前左一）到吴兴区调研政协工作

（吴兴传媒中心 提供）

8月14日，区委书记吴智勇（右二）到东林镇调研危旧房和喷水织机整治工作

（吴兴传媒中心 提供）

9月2日，区委副书记、区长陈江（前右一）到道场乡唐南村调研城中村改造工作

（吴兴传媒中心 提供）

10月11日，区人大常委会主任吴旭（前左二）到环渚街道开展环境安全大督查

（吴兴传媒中心 提供）

5月18日，区政协主席潘华（前左一）到埭溪镇督查安全生产工作

（吴兴传媒中心 提供）

6月23日，区委副书记、区委政法委书记石一婷（前右二）到妙西镇调研旅游项目

（吴兴传媒中心 提供）

（吴兴传媒中心 提供）

1	3
2	4

1. 2月16日，湖州国际乡村旅游度假精品示范区项目开工仪式现场
2. 3月30日，吴兴区2017年重大工业项目集中开工暨上美高端化妆品项目开工仪式现场
3. 3月28日，中国织里童装名品城招商大会暨品牌签约仪式现场
4. 11月1日，“南太湖精英计划”高端装备制造产业园开园仪式现场

（吴兴传媒中心 提供）

（吴兴传媒中心 提供）

（高新区 提供）

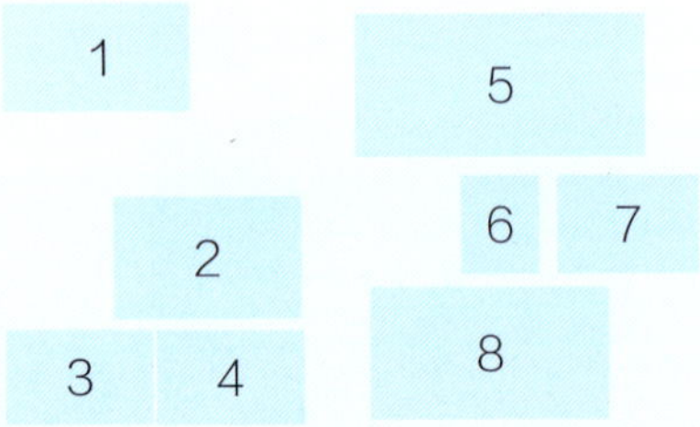

1. 3月7日，钱山漾文化交流中心开馆仪式在吴兴区举行
2. 开馆仪式现场
3. 现场签到
4. 丝绸展示秀
5. 3月18日，湖州北航投星空众创空间开业仪式在吴兴区举行
6. 区委书记吴智勇讲话
7. 参会领导听取相关介绍
8. 启动仪式现场

（吴兴传媒中心 提供）

（吴兴传媒中心 提供）

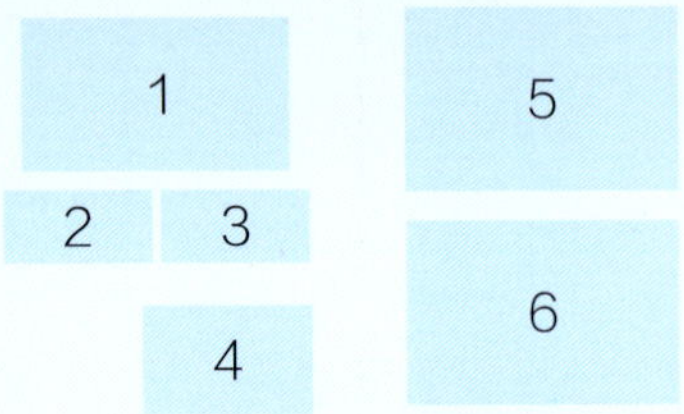

1. 6月25日，吴兴区八里店镇首届丝绸文化节潞村“世界丝绸之源”命名两周年活动
2. 中国巨笔书法家慎召民题词
3. 《中国美》舞蹈表演
4. 现场越剧表演
5. 7月17日，浙水千秋·千溪吴兴吴兴区百名文艺家剿劣采风创作暨吴兴区文艺工作者践行四新主题实践书画展开幕式
6. 书画展

（吴兴传媒中心 提供）

（吴兴传媒中心 提供）

1. 第二届国际乡村旅游大会吴兴原乡蝴蝶文化旅游节开幕仪式现场
2. 区委副书记、区长陈江讲话
3. 舞蹈表演
4. 原乡小镇

（妙西镇 提供）

（妙西镇 提供）

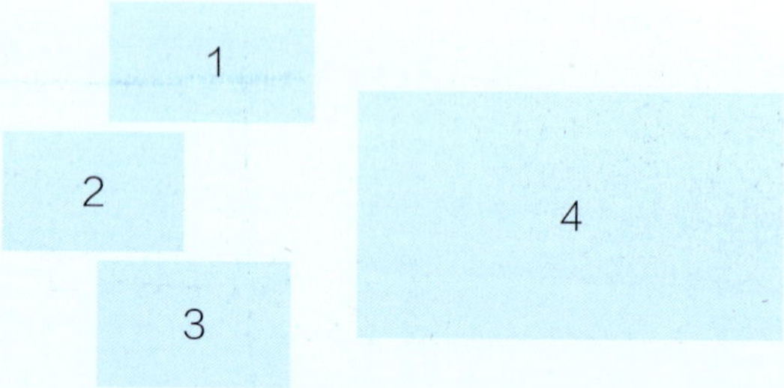

1. 9月17日，吴兴区第四届“中国·织里”全国童装设计大赛颁奖盛典
2. 区委书记吴智勇讲话
3. 颁奖仪式现场
4. 童模走秀表演

（织里镇 提供）

（织里镇 提供）

1
3
4
2
5

1. 第三届化妆品行业领袖峰会启动仪式暨永久会址揭幕仪式现场
2. 第三届化妆品行业领袖峰会现场
3. 区委书记吴智勇讲话
4. 区委副书记、区长陈江讲话
5. 中国美妆小镇B2B会议（摩洛哥）

（吴兴传媒中心 提供）

THE LAUNCHING CEREMONY OF
AND THE

THE THIRD COSMETICS LEADER
第三届化妆品行业领袖峰会
THE THIRD EDITION OF THE COSMETICS INDUSTRY LEADERS SUMMIT
主办单位
中共湖州市吴兴区委
湖州市吴兴区人民政府

（吴兴传媒中心 提供）

1. 9月28日，2017吴兴区经贸科技洽谈会暨接轨上海活动周新闻发布会
2. 2017湖州市吴兴区经贸科技洽谈会暨接轨上海推介会现场
3. 区委书记吴智勇讲话
4. 区委副书记、区长陈江讲话
5. 颁奖仪式现场
6. 签约仪式现场

（吴兴传媒中心 提供）

（吴兴传媒中心 提供）

文明城市专题

1 3
2 4

1. 3月18日，全国文明城市创建“湖城中央·最美风光”中心城区提质行动出征仪式
2. 3月18日，全国文明城市创建“湖城中央·最美风光”中心城区提质行动出征仪式
3. 区委书记吴智勇检查指导全国文明城市创建工作情况
4. 区委副书记、区长陈江检查指导全国文明城市创建工作情况

（吴兴传媒中心 提供）

（吴兴传媒中心 提供）

（吴兴传媒中心 提供）

文明城市创建 志愿者在行动

志愿者在环渚街道清理宣传橱窗
（环渚街道 提供）

志愿者在月河街道清理草坪
（月河街道 提供）

志愿者在朝阳街道清理垃圾
（朝阳街道 提供）

志愿者在爱山街道清理河道
（爱山街道 提供）

志愿者在飞英街道清理报废自行车
（飞英街道 提供）

志愿者在龙泉街道举行垃圾分类活动
（龙泉街道 提供）

编 辑 说 明

一、《吴兴年鉴（2018）》以马克思列宁主义、毛泽东思想、邓小平理论、“三个代表”重要思想、科学发展观、习近平新时代中国特色社会主义思想为指导，坚持辩证唯物主义和历史唯物主义的立场、观点和方法，全面、系统地记述吴兴区行政区域中2017年自然、政治、经济、文化和社会等各方面的情况，记载吴兴区改革开放和现代化建设的历史进程。力求内容丰富翔实，为宣传吴兴、总结吴兴、研究吴兴、建设吴兴提供必要的服务。

二、《吴兴年鉴（2018）》采用分类法编辑，主体部分采用类目、分目、条目三个结构层次，以条目为记载资料的基本单位。

三、《吴兴年鉴（2018）》共设23个类目，包括特载、大事记、区情总述、政党·政权、社会团体、农村经济、工业经济、经济管理与监督、商贸·服务业、对外开放·旅游业、城乡建设·环境保护·交通·通信、财政·税务、金融业、法治、军事、教育、科学技术、文化·卫生·体育·广电、社会·民生、产业园区·高新区·乡镇·街道、人物·名录、统计资料、光荣榜。

四、《吴兴年鉴（2018）》凡涉及区内国民经济和社会发展全局性的数据，均以区统计局的数据为准。为尊重撰稿部门的意见，条目中保留由撰稿部门提供的数据。数据若有出入，均以“统计资料”所刊数据为准。

《吴兴年鉴（2018）》编纂委员会

主 任 委 员：吴炳芳　陈　江

副主任委员：潘永锋

委　　　员：（以姓氏笔画为序）

丁春雷　王国华　王国强　代　旻　卢晓华　厉云燕
宁　云　石建民　孙　益　朱平学　朱国平　朱宝东
朱剑梁　朱新民　汤益培　何晔波　余胜奎　吴志新
宋建方　张志宏　张学民　张美中　杨　勇　杨卫华
杨元江　沈忠明　沈明强　沈海明　邱利佳　邱国强
邹德明　陆　敏　陆安华　陈　伟　陈　杰　陈　勇
陈　彬　陈　静　陈　燕　陈飞虎　陈新娣　周兴强
周盛东　罗　英　范丽华　郑志亮　俞海屏　姚连华
姚树勤　姜新明　施伟华　茹岭勇　费　斌　赵健鸣
倪　建　唐　茜　唐于建　徐进磊　谈　波　郭士忠
钱伟星　钱宗禹　高　雯　崔颂文　盛　舸　章利民
黄永强　黄海兵　傅　军　董　平　蒋　挺　慎小红
简芬芳　蔡滨斌　潘卫华　潘永锋

《吴兴年鉴（2018）》编辑部

主　　　编：陆安华

副　主　编：王国强　王晓峰

编　　　辑：徐雄荣　胡美林　张晨飞　沈燕飞

目 录

第四篇　政党·政权

第五篇　社会团体

第六篇 农村经济

第七篇 工业经济

第八篇　经济管理与监督

第九篇 商贸·服务业

第十篇 对外开放·旅游业

第十一篇 城乡建设·环境保护·交通·通信

第十二篇　财政·税务

第十三篇　金融业

第十四篇　法　治

第十五篇　军　事

第十六篇　教　育

第十七篇　科学技术

第十八篇　文化·卫生·体育·广电

第十九篇　社会·民生

第二十一篇　人物·名录

第二十二篇　统计资料

第二十三篇　光荣榜

第一篇　特　载

高举习近平新时代中国特色社会主义思想伟大旗帜
全面发力高质量赶超发展　在全市践行“两山”理念
新征程中争当排头兵

——在区委四届三次全体（扩大）会议上的报告

中共湖州市吴兴区委书记　吴智勇

2018 年 1 月 11 日

下面，我代表区委常委会向大会作工作报告。

一、充分肯定成绩，进一步坚定在新征程中争当排头兵的信心

2017 年，在省、市委的正确领导下，全区上下认真贯彻落实党的十九大和省市党代会精神，深入践行“四新”主题实践，聚力聚焦“六重”工作，以新一轮“八大行动”为主抓手，全力打造增长极、提高首位度、争当排头兵，呈现出赶超发展的强劲态势。预计实现地区生产总值 516 亿元，增长 8.3%；财政总收入 51.9 亿元，其中地方财政收入 31.1 亿元，分别增长 18.8%和 21.5%；规上工业增加值 120 亿元，增长 8.8%；固定资产投资 340 亿元，其中工业性投入 123 亿元，分别增长 16.5%和 15%；实到外资 2.18 亿美元，浙（湖）商回归省外到位资金 67.3 亿元；社会消费品零售总额 337 亿元，增长 10.5%；城镇居民人均可支配收入 51180 元，农村居民人均可支配收入 29938 元，分别增长 8.5%和 9.3%；约束性指标全面完成省、市目标任务。成功入选全国创新创业百强区、投资潜力百强区、首批全国街道服务管理创新实验区，获评国家级水利风景区、全国基层理论宣讲先进集体。

1.聚焦转型升级，发展后劲显著增强。主动融入“中国制造 2025”试点示范城市，坚持将大项目、好项目作为转型升级的原动力、主抓手，全力以赴振兴实体经济，获评全省县区经济发展潜力、经济创新力 30 强。坚持量质并举，精准招商取得新突破，新引进市“大好高”项目 44 个。全力保障重大项目建设，新凤鸣产业基地、中国化妆品产业基地、游侠智能汽车、万邦德新材等 4 个百亿级工业项目加快推进，60 个市重点项目全部开工、完成投资 150.6 亿元，全省工业强县区排名创历史新高。加大扶优汰劣力度，信息经济、高端装备产值分别增长 30%和 35%，全区信息经济指数、信息化发展指数、两化融合发展指数均列全市第一；完成技改投入 104 亿元，获评省级清洁能源示范县区、腾笼换鸟先进县区。加快破解要素瓶颈，入选省重大产业项目 12 个、争取土地指标 5284 亩，历年结转的农整项目全部通过省级验收、新完成农整复垦 1033 亩，盘活存量土地 2185 亩、低效用地再开发 516 亩。全面提升平台承载力，完成拓展提升 14143 亩，其中高新产业“万亩大平台”拓展提升 4551 亩。丝绸小镇、美妆小镇分获省级特色小镇考核优秀和良好等次，原乡蝴蝶小镇入选省第二批培育名单。织里小城市培育试点连续三年排名全省第二名。

2.聚焦改革创新，发展活力有效激发。全面开展“最多跑一次”改革，实现“最多跑一次”事项 503 项，覆盖率达 98.6%，涉企中介与“最多跑一次”改革深度融合。深化体制机制改革，组建成立区旅游发展委员会和城投、产投两大国有集团公司，其中产投集团引入上海国新张创战略投资，在全市率先开启央地融合全面合作。实施创新驱动发展战略，新认定省级企业研究院、市级院士专家工作站各2家，入选省领军型创新团队1个、“南太湖精英计划”项目35个，成为全省首批全面创新改革联系点。加快推进全国绿色金融改革创新试验区建设，鼓励企业积极对接多层次资本市场，东尼电子、珀莱雅主板上市，东吴电机等4家企业新三板挂牌，上市挂牌企业累计达20家，资本市场的“吴兴板块”加速崛起。积极融入宁杭生态经济发展带和“大湾区”“大花园”建设，成功举办接轨上海活动周，吴兴知名度、美誉度进一步提升。全力打好交通大会战，50项交通建设重点工程完成投资21.9亿元，“内联外畅”的“大通道”逐步建立。

3.聚焦城乡统筹，发展格局不断优化。坚持主城区、主战场责任担当，全力攻坚全国文明城市创建，实行道路精细化管理91条，拆除违法建筑10万平方米，生活垃圾分类和C、D级危房动态监测实现全覆盖，解决历史遗留问题48个。建设项目遗留问题全面清零，完成城中村改造4867户、拆除4372户。东部新城加速崛起，52个开工项目半数已竣工，教育、医疗领域建设成效明显。以国家新型城镇化和省级小城市培育两大试点为龙头，织里转型升级、城乡统筹、社会治理、改革创新深度破题，“稳压器”“增长极”作用充分发挥。16个小城镇综合整治全面铺开，662户农村危旧房治理改造全部完成，成功创建省级美丽乡村示范乡镇1个、省级美丽宜居示范村4个。加快农业提档升级，新引进农业大好高项目9个，培育市级以上农业龙头企业6家，新型农业经营主体培育走在全市前列，高新区北片列入省级田园综合体试点和省级现代农业园区。全域旅游成效初显，引进江南影视城、海亮康养小镇等大型旅游项目10个，原乡蝴蝶小镇、丝绸创意文化村等重点项目对外运营，成功创建国家AAAA级旅游景区2个、省级旅游风情小镇2个。

4.聚焦生态文明，发展环境持续改善。在全省率先成立环境保护委员会，探索开展网格化环境监管试点，顺利通过中央环保督察，获评首批省级生态文明建设示范区。强势推进“三改一拆”，完成“三改”1355万平方米、拆违443万平方米。持续深化“五水共治”，新建污水管网32.6公里、雨水管网13.4公里，完成生态护岸50.7公里，370个劣Ⅴ类水体全部整治销号，743个隐患水体完成整治提升，区控以上监测断面水质保持在Ⅲ类水以上。扎实推进治气治霾，$PM_{2.5}$浓度同比下降4.3%、空气优良率上升3.7%。建立土壤污染防治工作体系，工业危险废物、污泥无害化处置率分别达100%和95%以上。克难完成矿山治理减点控量目标，在全市率先实现绿色矿山创建全覆盖。

5.聚焦民生实事，发展成果全面共享。首次实行区政府民生实事项目人大代表票决制，年度十大民生实事项目高质量完成。加速推进教育现代化，乡镇学校校园三年综合改造全面完成，吴兴实验中学等5所新（扩）建中小学投入使用，9所公办幼儿园新办开园，省“区管校聘”试点改革全面完成。城乡医疗卫生服务体系逐步健全，分级诊疗全面实施，省级卫生强镇实现全覆盖。文体事业普惠性不断增强，新建农村文化礼堂6个并全部投入使用，电视剧《养个孩子不容易》获省“五个一”工程奖，获评省体育强区。社会保障深度覆盖，新建养老服务照料中心17个，城乡基本养老保险参保率90%，基本医疗保险参保率99.3%，城镇登记失业率控制在2.09%。持续深化平安吴兴建设，“四梁八柱”平安建设体系落地生根，“四个平台”和全科网格全面覆盖，安全生产、食品药品环境总体稳定。

6.聚焦民主法治，发展合力广泛凝聚。支持和保证人大依法行使监督权、决定权、任免权，街道人大工委主任、副主任全部实现专职配备，出台关于健全人大讨论决定重大事项制度，五星级代表联络站创建全面推进。重视发挥协商民主重要作用，不断完善“三长制”面对面协商体系，围绕盘活闲置地产、解决企业用工难等问题开展民主监督。法治吴兴建设不断深入，司法职能作用有效发挥，法院、检察院依法独立行使审判权、检察权，依法行政工作纵深推进，全民法治素养不断提升。统筹做好各领域统战工作，各民主党派、工商联、无党派人士同心同向，积极建言献策。全面启动群团改革，工青妇、科协、残联等群团组织作用有效发挥。强化党管武装，军民融合发展实现新突破。老干部、人防、档案等工作取得新进展。

7.聚焦管党治党，政治生态风清气正。认真学习贯彻党的十九大精神，推动“两学一做”学习教育常态化制度化。意识形态工作责任制有效落实，外宣工作实现重大突破，网络舆论环境持续净化。大力培育和践行社会主义核心价值观，1人当选浙江省道德模范、1人入选“中国好人榜”。坚持大抓基层鲜明导向，构建“三同三共”党建融合发展新模式，圆满完成村社干部换届，村社集中办公做法全市推广，全区实干实效的工作氛围更加浓厚。开展“破难题、办实事、树标杆”项目攻坚行动，选调714名干部参与“六重”工作、“八大行动”，以实绩导向选优配强领导班子。出台激励干部改革创新干事创业容错纠错实施办法，旗帜鲜明保护担当。严明党的政治纪律和政治规矩，严肃党内政治生活，引导党员干部牢固树立“四个意识”。启动清廉吴兴建设，层层压实全面从严治党“两个责任”，高标准落实中央八项规定精神，扎实开展政治巡察、农村基层作风巡查、巡回执纪监督。积极审慎推进国家监察体制改革试点，高质量完成试点任务。实践监督执纪“四种形态”，立案查处各类违纪案件182件，给予党纪政务处分195人。

一年来，全区上下持续弘扬吴兴干部“五不”铁军精神，大力倡导“靠前站、马上办、讲实效”工作作风，打赢了一场又一场攻坚克难的大仗硬仗，以实实在在的成效赢得了群众的认可：一是项目招引取得重大突破。新引进百亿元以上项目2个、累计4个，50亿元以上项目3个，10亿元以上项目22个。二是文明城市创建成功夺牌。坚持“二话不说、干了再说”的主力军担当，全体机关干部下沉一线参与攻坚，以绣花的功夫做好迎检各项工作，所有受检点位均实现“零失分”，获评全国文明村2个。三是城中村改造势如破竹。仅用40天就完成3个核心片组建设项目遗留问题清零，更再接再厉实现了东部新城、湖东西区农房拆迁清零。四是环保督察顺利通过。实现了信访交办件全市最少、没有一件交办单超期办理、没有一件交办单被退回、没有发生被通报的环境污染事件的“一个最少、三个没有”。五是维稳安保保持全胜。圆满完成党的十九大、各级“两会”、“一带一路”高峰论坛、第四届世界互联网大会等重要节点维稳安保任务，并成功破获历时22年之久的织里“11·29”案件。成绩来之不易，离不开同志们的辛苦付出与努力。借此机会，我代表区委常委会，向奋战在全区各条战线上的广大干部群众表示衷心的感谢！

二、深刻把握“两山”理念核心内涵，进一步增强在新征程中争当排头兵的责任感使命感

党的十九大确立了习近平新时代中国特色社会主义思想的指导性地位。“两山”理念作为习近平新时代中国特色社会主义思想的重要内容，其核心内涵就是加快实现经济社会高质量发展、可持续发展。湖州是“两山”理念诞生地，新时代赋予了湖州当好践行“两山”理念样板地模范生的新使命，也必然要求吴兴更好地承担主城区应有的重任，全面发力高质量赶超发展，在全市践行“两山”理念新征程中争当排头兵。

1.要在新征程中争当排头兵，就必须自觉把思想和行动统一到党的十九大和省市委决策部署上来。争当新征程的排头兵，首要任务就是强化“四个意识”，自觉服从服务于中央和省市委重大决策部署。要将党的十九大精神特别是习近平新时代中国特色社会主义思想作为一切行动的纲领，把准决胜全面建成小康社会和分两步走建成社会主义现代化强国的时间节点，坚决打好防范化解重大风险、低收入百姓增收、污染防治三大攻坚战，着力提升发展质量。要将省第十四次党代会、市第八次党代会精神作为抓落实的具体指南，全面围绕“六个浙江”“四个强省”和“四新”主题实践各项任务，不折不扣抓好落实，着力打造增长极、提高首位度、争当排头兵，加快建设“生态吴兴、经济强区、科技新城、幸福家园”，为全市乃至全省提供吴兴样本、展现吴兴风采。

2.要在新征程中争当排头兵，就必须清醒认识当前发展中存在的差距和不足。吴兴的发展势头持续向好，愈发坚定了我们争当新征程排头兵的决心和信心。但越是形势向好，越要保持清醒头脑，越要看到问题短板。传统产业改造提升力度不够，新动能转换机制不健全，四大新兴产业总量不大、贡献率不高。节约集约、效益第一的意识不强，要素制约及要素浪费的情况仍然存在。平安稳定仍存隐患，公共安全领域主体责任、监管责任未有效落实，全科网格作用发挥不明显。民生事业发展与群众对美好生活的向往仍有差距。干部队伍建设特别是狠抓落实、克难奋进的能力和作风有待加强。

3.要在新征程中争当排头兵，就必须充分把握历史机遇。国家生态区、“中国制造2025”试点示范城市、绿色金融改革创新试验区、宁杭生态经济发展带等四大国家战略为吴兴提供了千载难逢的发展机遇，乡村振兴战略及“大湾区”“大花园”“大通道”建设更是为吴兴加快改革创新开放步伐提供了载体支撑。上海城市总规明确将湖州列入同城化都市圈，湖苏沪高铁成为上海区域复合交通重点廊道，吴兴将提速进入上海新一轮发展的快车道。经过历年来的持续发展，吴兴“内联外畅”的区位优势、“山水呼应”的生态优势、“项目集聚”的产业优势、“城乡一体”的协调优势、“实干实效”的作风优势不断彰显。我们必须立足更高的站位、着眼更大的格局，牢牢把握重大政策所带来的历史性发展机遇，更好地将政策红利和自身优势转化为争当排头兵的不竭动力，走好新征程、再创新业绩。

4.要在新征程中争当排头兵，就必须乘势而上加快赶超。建区十五年，一部奋斗史。这是加压奋进、砥砺前行的十五年，也是发展提速、实力提升的十五年。十五年的艰苦奋斗、接续努力，为吴兴赶超发展奠定了坚实基础。但逆水行舟不进则退，吴兴发展仍然面临着“量”和“质”的双重压力，部分领域发展“有没有”的阶段还没走完，高质量发展已经对我们提出“好不好”的更高要求。如果还是以常规手段、常规速度推进工作，赶超发展就是一句空话。我们必须牢牢锁定区第四次党代会提出的目标任务，以“跳起来摘桃子”的决心勇气，科学积极设定年度发展指标，把力争数当确保数，全力以赴加快发展，才能在激烈的区域竞争中更快一步、领先一程。

基于这样的认识，2018年全区各项工作总的指导思想是：**高举习近平新时代中国特色社会主义思想伟大旗帜，全面贯彻落实党的十九大和省、市委全会精神，坚持稳中求进总基调，坚持新发展理念和高质量发展要求，紧扣社会主要矛盾变化，坚定不移沿着“八八战略”指引的路子走下去，紧紧围绕“打造增长极、提高首位度、争当排头兵”总定位，持续深化“四新”主题实践，持续推进“八大行动”，全面发力高质量赶超发展，加快建设“生态吴兴、经济强区、科技新城、幸福家园”，在全市践行“两山”理念新征程中争当排头兵。**

全区经济社会各项发展指标初步安排是：地区生产总值增长8%、力争8.5%左右；财政总收入增长8%、力争12%，其中地方财政收入增长8%、力争13%；固定资产投资增长12%、力争16%，其中工业性投入增长10%、力争14%；合同外资2.85亿美元、力争2.9亿美元，实到外资1.8亿美元、力争1.85亿美元，浙（湖）商回归省外到位资金30亿元、力争40亿元；社会消费品零售总额增长9%、力争10%；城镇居民人均可支配收入力争增长8%以上，农村居民人均可支配收入力争增长8.5%以上；约束性指标全面完成省、市目标任务。

1.坚持一张蓝图绘到底，更加精准高效实施“八大行动”。干工作既要与时俱进、又要实事求是。新征程并不是什么工作都从头开始，而是以更创新的思维、更务实的举措、更精准的方法，推动已布局工作自始至终、善作善成。新的一年，全区工作的主抓手仍然是“八大行动”。

项目双进见效行动。以“六重”工作引领现代经济体系建设。全力以赴打造“双万亩大平台”，力争高新产业“万亩大平台”拓展提升3000亩、吴兴经济开发区拓展提升4100亩。聚力精准招商，整合部门职能组建16个招商分局，绘好“招商地图”、严格项目准入，确保引进10亿元或1亿美元以上项目10个、市定“大好高”项目25个。扎实推进省市县长项目工程，形成大抓项目、抓大项目的浓厚氛围，确保游侠智能汽车、万邦德新材等百亿级工业项目开工建设，60个重点工业项目完成投资70亿元。坚定不移推动转型升级，加快六大中小微产业园建设，带动五大重点传统制造业改造提升，引导小微企业入园集聚、上规升级。千方百计破解要素瓶颈，扎实开展“五未”土地处置专项行动和“标准地”试点，盘活闲置低效工业用地1000亩以上。加快落实“凤凰行动”计划，确保全年新增上市挂牌企业5家以上。

高新产业集聚行动。狠抓高新技术产业、高端智能制造业项目落地，确保开工20个、推进9个、竣工投产6个。锁定新能源汽车、现代物流装备、工业机器人、集成电路四大产业，引进签约项目20个以上。以“5+3”科创平台为依托，加强技术公共服务、融资服务、人才服务，推广众创空间、创新工场等新型孵化模式，确保引进科技人才类项目60个、新增国家重点扶持高新技术企业15家，力争在重大科技项目和高端人才项目引进上取得新突破，着力打造区域性产业科技创新中心。加快高端智力集聚，引育“南太湖精英计划”创新创业团队10个。

美丽吴兴提升行动。以争创省级美丽乡村示范区为目标，创建省级美丽乡村示范乡镇2个，市级美丽乡村精品村8个、市级美丽乡村8个，区级美丽庭院2000户以上，提升滨湖线、妙新线、104国道三条美丽乡村精品风景线。以争创省级无违建区为目标，持之以恒推进“三改一拆”，始终保持存量违建拆除、新增违建清零的高压态势。全力攻坚城中村改造，确保112个村（项目）、9503户征迁任务全面完成。以力夺“大禹鼎”为目标，持续推进

“五水共治”，力争“河长制”深化、“污水零直排区”创建、渔业养殖尾水治理等工作走在全市前列。以蓝天保卫战为重点，大力整治废烟、废气、扬尘，实现 $PM_{2.5}$ 降值进位。以打好垃圾分类攻坚战为重点，全面落实环卫一体化等长效管理机制。加强农村生活污水运行维护，确保农村村庄环境明显提升。

现代田园打造行动。制定实施“乡村振兴三年行动计划”，扎实推进“五大工程”，争创全省乡村振兴先行区、示范区。根据吴兴当前实际，2018 年要全力争创国家现代农业产业园，把省级田园综合体建设作为重点与突破口，打造“集聚融合、高端高质”的现代田园。重点提升农业“1+3”主导产业，引进农业“大好高”项目 10 个，打造产值 5 亿元以上全产业链 2 条。大力发展绿色农业、品质农业，推广生态循环种养模式，创成省级农产品质量安全放心区。加快农业“接二连三”步伐，推动农商旅文融合发展，打造高新区北片、八里店南片两个农业“大花园”。积极培育新型农业经营主体，大力发展农村电子商务，拓宽农民创业增收渠道。完成垦造耕地 2000 亩，农村土地综合整治 1500 亩。启动东苕溪水云绿道、“四型库塘·美丽河漾”建设，争创全国中央财政资金小型农田水利建设项目区。深化农村改革，实现农村综合产权流转交易网上全覆盖，全面完成土地承包经营权确权登记颁证。

全域旅游深化行动。深度融入“南太湖巨龙腾飞计划”，精准招引优质旅游项目 10 个以上、运营 9 个，力争新创建国家 AAAA 级旅游景区 2 家，构建全域旅游发展大格局。加快差异化平台打造，西部山区立足西塞山旅游度假区建设，打造国家级旅游平台；南郊以“两山一城”为核心资源，加快区域整体开发；东部新城以丝绸小镇为主引擎，构建生态文化创意体验核心功能区；滨湖区块加大田园农旅综合体建设力度，打响溇港文化品牌；中心城区重点培育旅游综合体，质效并举推动城市旅游发展。持续丰富旅游业态、壮大美丽经济，大力发展乡村休闲旅游，高品质建设一批度假庄园、景区村庄、休闲农场、高端民宿。全力办好菰城文化旅游节、西塞山文化旅游节等大型节庆活动，积极争取国际乡村旅游大会举办权，推动吴兴旅游提质见效。

中心城区提质行动。巩固扩大全国文明城市创建战果，进一步提升城市精细化管理水平，持续唱响“湖城中央·最美风光”品牌。攻坚推进茅安前、二里桥等重点区域拆迁，为城市有机更新拓展空间。以“智慧城管”建设为契机，深化片长制、路长制、楼长制等网格化责任机制，持续打好街巷环境、餐饮卫生、停车难、小区管理、垃圾分类五大攻坚战，不断提升城市品质形象。突出现代商贸、绿色金融、文化创意、休闲旅游等重点产业，大力发展楼宇经济、打造特色街区，确保中心城区服务业增加值增长8.5%、力争9%。全面实施“一十百千万”工程，着力提升市民整体素质，营造和谐文明新风尚。

织里国家试点行动。深入推进国家新型城镇化综合试点，加速实现织里二次腾飞。围绕“整治万家企业、打造千亿产值、培育千家规企、实现税收倍增”三年总目标，加快童装产业改造提升步伐，力争童装企业“小升规”数量实现重大突破。深入实施龙头企业培育工程，加快万邦德新材、东尼电子二期等十大重点项目开工，新增上市挂牌企业 3 家。系统推进“内成网、外成环”大交通网建设，打造扁担街等三大商圈，加快北大培文、织里文体中心等城市配套设施建设，提升小城市品质内涵。全面增强平台能级，拓展织东智能制造平台 1500 亩、织西商贸文化平台 2500 亩，确保具备百亿级项目承载能力。不断深化治理体系现代化改革，推动“智慧织里”和东盛社区“四全工作法”有机融合。

东部新城提速行动。深化产城融合，高品质打造丝绸小镇。突出项目主引擎，全年排定项目 42 个、完成投资 103 亿元，并逐步实现由“政府投”向“市场投”转变。不断优化全域配套，加快建设金诚医院、美顿双语幼儿园、污水处理厂二期等公共服务设施，推动海绵城市、智慧城市、园林城市建设，落实土地、水域、工地、市政精细化管理，加速东部新城崛起。统筹谋划东部新城街道化管理，完成湖东街道组建，提速东部全域城市化进程。持续唱响“湖城向东看”品牌，加快“南拓”“北融”“东联”步伐，推动东部一体化发展。

2.坚持以人民为中心的发展理念，切实改善民生福祉。一是扩大公共服务供给。聚焦均衡、优质、特色教育发展新格局，统筹推进湖东小学、吴兴实验小学等重点工程建设，办好人民满意的吴兴教育。以“医联体”建设为突破口，深化医药卫生体制改革，切实抓好区公共卫生中心、区妇幼保健院建设，提升城乡医疗卫生服务水平。优化公共消防资源均等化配置，大力推进“智慧消防”系统建设，提升社区微型消防站实战能力。加快新型城镇化进程，高质高效完成第二批小城镇环境综合整治。二是推动文体事业发展。持续推进城市文化公园、乡镇文化广场、农村文化礼堂等“六文”阵地建设，推动各类阵地实现“建管用育”一体化。积极承办省运会、市南太湖艺术节，广泛开展“YUE动吴兴”系列活动，丰富群众精神文化生活。优化文化产业发展环境，成立区级文化教育产业招商局和区文化产业促进会，探索建立文创投资基金，加强重大文化产业项目、重点文化企业招引，加大文艺精品创作扶持力度，全力推进文化创意街区创建工作，力争文化产业增加值占GDP比重达5.5%以上。三是提升社会保障水平。加大高校毕业生、困难家庭、农村转移劳动力等重点群体创业就业扶持力度，让更多群众口袋鼓起来。统筹抓好参保精准扩面，稳妥推进社保惠民政策落地，提升社保基金使用效益和内控监管，打通服务群众“最后一公里”。扎实推进政府购买养老服务，加快养老服务照料中心社会化运行，支持朝阳街道“全国智慧养老应用试点示范街道”建设。

3.坚持共建共治共享，加快形成社会基层治理新格局。一是全力维护社会稳定。深化国家安全人民防线建设，打好反邪斗争“六场仗”，坚决守牢政治安全底线。扎实推进社会治安防控体系建设，积极开展风险研判预警，推动化解一批重大不稳定因素，有效防范化解生态环境、安全生产、食品药品等领域社会风险。二是深化治理模式创新。不断健全“四梁八柱”平安建设体系，支持区平安实训基地创建省级平台，推动信访“最多跑一次”改革取得实质性成效，确保平安吴兴“七连冠”。发挥“四个平台”和全科网格作用，探索专职网格长试点，有效解决基层治理难题。强化社会自治，完善各类村规民约、社区公约、团体章程等社会规范，加快构建全民参与的开放式社会治理模式。三是营造良好司法环境。持续推进以审判为中心的刑事诉讼制度改革，确保司法责任制改革落地见效。深化“阳光司法”，全力打造执法司法全市标杆，确保法治吴兴“六连冠”。深入开展“七五”普法工作。

4.坚持改革创新，不断激发区域发展活力。一是加快改革步伐。深化供给侧结构性改革，优化经济社会发展结构，提升发展质效。推动“最多跑一次”改革向基层延伸、向涉企中介和各类公共服务机构延伸，全面覆盖所有行政权力事项，以点带面撬动各领域改革。锁定全国街道服务管理创新实验区建设，全面深化中心城区街道体制改革。强化生态文明制度建设，大力倡导绿色生活方式，重点打好中央环保督察反馈意见整改落实、烟花爆竹“双禁”等攻坚战。二是激发创新动力。依托省级全面创新改革联系点，加快破解推进创新驱动发展的体制机制障碍。以国家绿色金融改革创新试验区建设为契机，探索金融路径、金融产品、金融服务创新，助推实体经济发展。深化区产投集团与国新张创战略合作，实现借船出海、借梯登高。完善地校合作机制，培养专业科技型人才，加快高校科技成果转化，力争引进一所外地高校。全面推进专利稳量提质和知识产权管理，确保顺利通过国家知识产权示范区建设评估验收。三是提升开放能级。深度接轨上海经济圈，广泛寻求对接合作，主动承接产业转移，实现互惠共赢。积极融入宁杭生态经济发展带和“大湾区”“大花园”建设，努力调“优”产业结构、调“绿”经济形态、调“高”发展质量。扎实推进五年百亿“大通道”建设，助推湖苏沪高铁、杭宁高速、湖山大道等跨区域重大交通项目，积极创建万里美丽经济交通走廊达标区，逐步构建“内通外联”的大交通体系。

三、坚定不移全面从严治党，为高质量推进各项工作提供坚强保障

1.筑牢团结奋斗的共同信仰。坚持把党的政治建设摆在首位，全面贯彻落实党的十九大精神，深入推进“两学一做”学习教育常态化制度化，精心组织开展“不忘初心 牢记使命”主题教育。发挥区委理论学习中心组示范带动作用，完善“党性（纪）教育一刻钟”、领导干部讲党课等载体，构建以“小红砖”广播宣讲团为核心的立体式大宣讲格局，引导广大党员干部自觉用习近平新时代中国特色社会主义思想武装头脑、指导实践、推动工作。加强意识形态工作责任制落实，试行推动网络行政执法，牢牢把握意识形态工作主动权。策划开展“新时代新征程 齐心协力谋发展”主题外宣和“喜看改革话变迁”新闻采访活动，讲好吴兴故事。

2.汇聚推动发展的磅礴伟力。坚定不移走中国特色社会主义政治发展道路，深入推进社会主义民主政治制度化、规范化、程序化。发挥党委总揽全局、协调各方的核心作用，支持人大、政府、政协和监察委、法院、检察院依法依章履行职能、开展工作、发挥作用。巩固和发展最广泛的爱国统一战线，支持各民主党派、工商联和无党派人士积极发挥作用。落实党管武装政治责任，推动军民融合深

度发展。扎实推进群团改革，切实增强群团工作的政治性、先进性和群众性。认真做好老干部、人防、档案等工作。

3.锤炼忠诚担当的吴兴铁军。坚持把政治忠诚、政治定力、政治担当、政治能力和政治自律作为选人用人的首要标准，真正把忠诚于党的好干部选出来。优化干部队伍结构，着重选配专业能力突出、人岗相适度高的好干部。大力发扬吴兴干部“五不”铁军精神，坚持“靠前站、马上办、讲实效”，鼓励干部投身改革发展主战场、经济建设第一线、服务群众最前沿。探索“三三制”培养模式，推动优秀年轻干部加速成长。进一步健全容错纠错工作机制，真正从制度层面给勇于改革、敢于创新、乐于担当的好干部撑腰鼓劲。

4.打造坚强有力的红色堡垒。高标准建设城市党建综合体，探索推行“1+3”组织架构体系，有效破解党员组织关系和服务区域局限。立足新型城镇化发展实际，选择一批村改居试点，重新调整工作职能，调配党组织班子，不断强化农村新社区党建工作。着力发挥两新党建作用，有力助推特色小镇、城市商圈和民生机构快速发展。精心抓好国有企业、教育、卫生等系统党建工作。深入实施“领头雁计划”，打造基层干部能力展示平台，定期开展“实战”比拼，提升村社干部政治素养和攻坚能力。

5.营造绿水青山的政治生态。严明党的政治纪律和政治规矩，加强对党的十九大精神贯彻落实和党章党规党纪执行情况的监督检查。全面压实“两个责任”，推动管党治党责任落地生根。驰而不息纠正“四风”，巩固落实中央八项规定精神成果。加强党内监督，持续深化政治巡察、农村基层作风巡查、巡回执纪监督。发挥先行先试优势，推动国家监察体制改革试点工作向纵深发展。全面推进清廉吴兴建设，强化不敢腐的震慑，扎牢不能腐的笼子，增强不想腐的自觉。深化运用监督执纪“四种形态”，坚持反腐败无禁区、全覆盖、零容忍，巩固压倒性态势，夺取压倒性胜利。

四、关于《决定》稿的说明

为更好地贯彻落实中共十九大精神，这次全会上，我们将审议通过《中共湖州市吴兴区委关于高举习近平新时代中国特色社会主义思想伟大旗帜，在全市践行“两山”理念新征程中争当排头兵的决定》。会前，《决定》稿广泛征求了方方面面的意见，区委常委会作了专题研究。

在《决定》起草过程中，我们把握了“三个充分体现”：一是充分体现了习近平新时代中国特色社会主义思想。习近平新时代中国特色社会主义思想是中共十九大的灵魂，是新时代中国特色社会主义的理论纲领和行动指南。《决定》以“高举习近平新时代中国特色社会主义思想伟大旗帜”为主题，通篇以这一新思想为根本遵循。二是充分体现了新时代我国社会主要矛盾的转化。中共十九大明确提出，我国社会主要矛盾已经转化为人民日益增长的美好生活需要和不平衡不充分的发展之间的矛盾。《决定》紧密结合吴兴实际，把握社会主要矛盾变化，紧扣满足人民日益增长的美好生活需要，把破解发展不平衡不充分的问题作为谋划今后发展的着力点。三是充分体现了省、市、区党代会精神。省第十四次党代会、市第八次党代会分别作出“两个高水平”建设和“加快赶超、实现‘两高’”的决策部署，这与中共十九大精神是高度契合的。我们把贯彻落实中共十九大精神，与深入贯彻落实省第十四次党代会、省委十四届二次全会和市第八次党代会、市委八届三次全会精神结合起来，与贯彻落实区第四次党代会精神结合起来，努力体现吴兴实际、吴兴元素、吴兴特色。

《决定》主要有以下五个方面特点：

1.牢记使命担当。中共十九大作出了决胜全面建成小康社会和分两步走建设社会主义现代化强国的战略安排。省委十四届二次全会和市委八届三次全会，对深入学习中共十九大精神，奋力推进“两个高水平”建设作出了全面部署。为此，《决定》稿按照中央战略部署和吴兴当前面临的新使命、新要求，从现在到本世纪中叶，作出战略安排，即：到2020年高水平全面建成小康社会；到2035年，高水平基本实现社会主义现代化；到本世纪中叶，高水平全面建成富强民主文明和谐美丽的社会主义现代化强区。

2.突出绿色发展。党的十九大把“两山”理念写进报告、载入党章，湖州作为“两山”理念的诞生地，新时代赋予了湖州当好践行“两山”理念样板地模范生的新使命，吴兴作为中心城区，要有更大的担当与作为。为此，《决定》稿提出要深入践行“两山”理念，主动融入“中国制造2025”试点示范城市、国家绿色金融改革创新试验区建设，加快推进转型升级，不断提升经济发展质量和效益；围绕倡导绿色生活方式，全面开展节约型机关、绿色家庭、绿色学校、绿色社区和绿色出行等创建行动；以“生态吴兴”建设为引领，构筑人与自然和谐共生的美丽环境。

3.注重统筹协调。发展的不平衡不充分问题，是新时代社会主要矛盾的主要方面，这昭示我们必须统筹推进各项事业的协调发展。遵循党的十九大对中国特色社会主义事业“五位一体”的总体布局和“四个全面”的战略布局，结合省市委全会决策部署，《决定》稿围绕生态吴兴、富强吴兴、幸福吴兴、文化吴兴、法治吴兴、清廉吴兴六个方面，对今后一个时期的工作作了全面系统部署。

4.践行为民宗旨。党的十九大旗帜鲜明地强调，带领人民创造美好生活，是我们党始终不渝的奋斗目标。《决定》稿聚焦人民群众最关心、最直接、最现实的利益问题，提出了一系列的重要举措。围绕补齐民生工作短板，实施碧水蓝天净土工程，推进低收入群体收入倍增计划，加快城中村和老旧小区改造，优化教育卫生资源布局和配置，不断满足人民日益增长的美好生活需要。

5.强化党建保障。贯彻落实党的十九大精神，关键在行动，重点在落实，党建是保障。党的十九大提出了新时代党的建设总体要求，并对推动全面从严治党向纵深发展作出了新部署。为此，《决定》稿对相关要点都逐一进行了强调，并从加强政治建设、强化理论武装、锻造吴兴铁军、筑牢红色堡垒、强化正风肃纪、推进反腐败斗争、健全监督体系等七个方面提出了具体贯彻要求，进一步引导激励党员干部不忘初心、牢记使命、砥砺前行、奋勇争先。

现将《决定》稿提交全会审议。我们希望《决定》通过后，成为我区贯彻落实党的十九大精神的指导性文件，推动习近平新时代中国特色社会主义思想在吴兴取得更加丰硕的实践成果。

湖州市吴兴区人民代表大会常务委员会工作报告

——在湖州市吴兴区第四届人民代表大会第二次会议上

湖州市吴兴区人大常委会主任 吴 旭

2018年2月2日

我受区第四届人民代表大会常务委员会的委托，向大会报告工作，请予审议，并请列席会议的同志提出意见。

一、2017年的主要工作

2017年是新一届区人大常委会履职的开局之年。一年来，在中共吴兴区委的坚强领导和省、市人大的精心指导下，区人大常委会高举习近平新时代中国特色社会主义思想伟大旗帜，认真学习贯彻党的十九大精神，深入践行“四新”主题实践，坚持“五同”理念，紧紧依靠全体代表，依法履职，顺利实现新一届人大工作的良好开局。我区“六个全覆盖”、乡镇参与式预算审查和民生实事项目代表票决“五个同步”等工作，得到省人大的批示肯定。

（一）紧跟核心，强化党的领导有新担当。牢固树立“四个意识”，增强“四个自信”，把坚持区委领导贯穿人大工作全过程。

1.在主动作为中争取区委重视。坚持以“钉钉子”精神，持之以恒推动中央、省委加强县乡人大工作和建设文件精神的贯彻落实，特别是省人大视频会议后，迅速开展自查，积极向区委请示汇报，主动对接市开发区、度假区，在区委的高度重视下，街道人大专职配备、提高代表活动经费等政策得到有效落实。协助区委制定出台关于健全人大讨论决定重大事项制度、各级政府重大决策出台前向本级人大报告的实施办法，人大行权进一步规范。

2.在依法履职中贯彻区委决策。紧扣区委重大决策部署，谋划人大工作，启动现代产业新体系构建、现代农业发展、食品安全、生态文明先行示范、“百名代表听百案”等5个“一督五年、每年必督”的重点监督工作。全年召开常委会会议6次、主任会议11次，审议专项报告16项，作出决议决定和审议意见12项，组织执法检查、专项视察和调研活动80余次。坚持拟任人员任前法律考试、与常委会组成人员见面、宪法宣誓等制度，进一步增强任命干部的法治意识、责任意识，顺利完成新一届政府工作部门主要负责人和监委领导班子任命工作，共依法任免国家机关工作人员180人次。

3.在勇于担当中落实区委要求。把推动区委各项重大工作落实作为义不容辞的责任，紧紧围绕“八大行动”，连续第三年开展督查，常委会领导领衔五个行动指挥部工作，牵头协调美妆小镇、金属新材等重点产业培育。围绕全国文明城市创建、城中村改造、建设项目遗留问题清零、环境安全大督查、平安护航十九大等重大中心工作，区人大常委会、高新区和各乡镇街道人大领衔作战、包干负责，组织各级代表开展监督视察，实现与党委政府工作的同频共振。

（二）紧扣大局，助推赶超发展有新业绩。盯牢吴兴赶超发展目标和重点难点工作，精准开展各类监督活动。

1.促进经济转型升级。围绕“中国制造2025”试点示范，首次与湖州师院合作，深入开展信息产业发展审议调研，提出明确优先发展领域、优化支撑服务体系等17条对策建议。突出现代农业发展，开展畜牧业转型升级、促进农民持续增收等调研视察，特别是对农产品质量安全监管体系建设进行专题审议调研，引起市人大高度重视，列入本届市和县区人大的联动监督议题。

2.促进财政规范管理。认真审议预算编制、执行、调整、决算和审计整改工作，加强政府债务监督，推动财政平稳运行。区四届人大一次会议首次实现党政群部门预算审查全覆盖，本次人代会又将高新区、环渚街道纳入审查范围，实现预算审查全口径。对21个政府重大投资项目严把审核关，否决了2个不成熟项目。拓展延伸乡镇参与式预算，对所有区级部门进行初审，首次召开部门民主恳谈会，并对教育、民政等6个部门开展重点审查，提出预算审查意见99条。开展市级美丽乡村和精品村创建专项资金使用绩效的审查，对政府用财进行问效。

3.促进改革落地见效。针对全区503项“最多跑一次”事项，由常委会领导带队、各委室和代表参与，开展为期一个月的集中调研督察，共召开座谈会33次，征集意见建议103条，区长专门就人大征集反馈的问题整改情况向区人大常委会通报。同时，专题审议供销系统“三位一体”改革，就乡镇街道行政区划调整作出决议，助力各项重大改革落实到位。

4.促进生态文明建设。深入践行“两山”理念，在全区各级代表中开展“勇当四大员、示范在东林”治水监督和“河长制工作落实情况”两大主题活动，通过组建一批治水监督组、督办一批治水建议件等“十个一”工作机制，全力助推剿灭劣V类水。同时，密集开展5次环保专项督查，督促有关薄弱环节高标准整改落实，助推我区顺利通过中央环保督察。

（三）紧贴民意，维护群众利益有新举措。坚持把体察民情、改善民生作为出发点和落脚点，不断顺应群众的呼声。

1.推动民生实事落实。深化民生实事项目代表票决制，协助区委出台意见，组建由常委会领导、委室、代表参与的5个监督小组，通过代表视察、常委会专题审议、综合评估和满意度测评，督促十大项目全部高质量完成。同时，在环渚、爱山、龙溪三个街道启动民生实事项目代表议决制试点。

2.推动民情热点解决。突出食品安全重大议题，通过明察暗访督、分层座谈督、代表专家督、媒体全程督、网络调查督的“五督”方式，推动落实最严格的食品安全监管制度，努力让全区人民吃得放心。开展中心城社区卫生服务体系专题调研，监督助推街道卫生服务中心建设，提升公共卫生服务水平。同时，对垃圾分类、小区物业管理、校园综合改造、基层文体设施建设、防汛排涝和水利工程建设等开展调研视察，积极回应群众期盼。

3.推动民主法制建设。启动“百名代表听百案”活动，对刑事案件审理、集中执行、不起诉公开审查等开展听案，提出完善立功表现认定、破解执行难等意见建议110条，进一步促进阳光司法、公正司法。持续支持司法体制改革，关注公益诉讼工作。围绕生态文明先行示范区建设、市容和环境卫生管理、烟花爆竹“双禁”等湖州地方性法规执行情况，开展大气污染防治、小城镇环境综合整治、绿色矿山建设、森林资源保护等执法检查，组织元旦“双禁”督查1号行动，对中心城区和织里镇开展重点巡查，有力督促法规落实。严格规范性文件备案审查，依法做好人大信访工作。

（四）紧联代表，激发主体活力有新成效。高度重视新一届代表的作用发挥，多措并举强化为民意识，保障代表履职。

1.抓学习培训提能力。通过专家集中辅导、代表小组定期培训、微信网站实时推送等模式，完成所有区、镇两级代表第一轮培训。特别邀请省市人大领导专题授课、连任代表介绍履职经验，对新当选的区代表进行集中培训，使代表在短时间内迅速进入角色、承担起代表责任。全年参加常委会视察调研和重要会议的区代表超300人次，履职积极性有效激发。

2.抓星级创建搭平台。在完成42家实体联络站的资料、设施、管理“三更新”的基础上，根据市人大统一部署，按照“标准化建设、规范化管理、高效化运作”的要求，全面启动五星级创建，高质量完成首批16家五星级代表联络站的创建工作。不断深化“两网融合”，实现网上履职平台代表注册、登录全覆盖。

3.抓主题活动促履职。启动新一轮“履职作表率、代表在行动”主题实践活动，建立履职登记与量化评价相结合的代表履职百分竞赛考核机制，组织首批20名在吴市代表向区人大常委会述职。市委书记、区委书记、区长等各级领导代表带头进联络站接待选民，全年累计有495名代表开展接待活动172次，接待选民2000多人次，印发《民情通报》172期，交办问题615件、已解决392件。

4.抓建议办理重落实。坚持区政府领导领衔办理、区人大常委会领导领衔督办机制，64件区四届人大一次会议代表建议全部办结，代表满意率100%，问题解决率69%。首次举办人大代表问政会，遴选10件重点建议件，通过代表现场提问、局长当场解答、组织民主评议的方式，有力督促代表建议办理工作落到实处。

（五）紧抓自身，提升履职水平有新形象。坚持“两学一做”常态化制度化，着力提高新一届人大依法履职的能力水平。

1.加强思想政治建设。把学习贯彻十九大精神作为首要政治任务，通过集体学习、党校轮训、进站宣讲等形式，进一步提高政治站位、强化责任担当，坚决同以习近平同志为核心的党中央保持高度一致，始终坚持以人民为中心的发展思想。强化常委会党组全面从严治党主体责任，自觉落实区委“靠前站、马上办、讲实效”的要求，坚持“党纪教育一刻钟”、重大事项请示报告等制度，高标准落实中央八项规定，人大系统保持良好政治生态。

2.加强智慧人大建设。积极顺应“互联网+”发展新形势，按照“先行先试、局部突破、带动全局”的思路，启动实施新媒体平台应用、财政预算联网审查等“八大创新项目”。在全市率先开通“吴兴人大”微信公众号，实现市、区、镇三级代表全关注，着力打造新时代代表“掌上联络站”。

3.加强制度规范建设。及时修订常委会组成人员守则、主任会议和常委会议事规则，出台进一步规范常委会会议的规定。制定完善常委会联系代表小组、联系代表、联系选民的“三联系”制度，深入开展“进千村入万企大宣讲促赶超”专项调研，积极协调解决基层难题。坚持上下联动，对全区重大工作，组织各级人大开展联动监督、联动督查，进一步形成合力督大事的良好氛围。

各位代表，常委会一年来工作所取得的成效，离不开区委的坚强领导，离不开全体代表和常委会组成人员的共同努力，离不开区政府、政协、监委、“两院”及开发区、度假区的大力支持，离不开高新区、乡镇街道和区级各部门的积极配合，离不开全区人民、社会各界的充分信任。在此，我谨代表区人大常委会，向所有关心和支持人大工作的同志们，表示衷心的感谢和崇高的敬意！

回顾一年来工作，我们也清醒地认识到存在着一些不足：常委会依法履职能力有待进一步增强，讨论决定重大事项的机制有待进一步完善，代表履职保障有待进一步健全，建议办理的解决率有待进一步提高。对这些问题，我们将高度重视，认真研究解决。

二、2018 年的主要任务

2018 年，是贯彻党的十九大精神的开局之年，是决胜全面建成小康社会、实施“十三五”规划承上启下的关键一年。今年，区人大常委会工作的指导思想是：高举习近平新时代中国特色社会主义思想伟大旗帜，全面贯彻落实党的十九大、十九届二中全会和省、市、区委全会精神，践行“五同”理念，依法高效履职、助推改革发展、强化民主法治，为全面发力高质量赶超发展，加快建设“生态吴兴、经济强区、科技新城、幸福家园”，在全市践行“两山”理念新征程中争当排头兵作出更大贡献。重点做好以下六个方面工作。

1.头等大事抓贯彻。把政治建设摆在首位，按照“学懂、弄通、做实”的要求，扎实开展“不忘初心、牢记使命”主题教育，深入实施人大系统学习教育活动和代表培训三年计划，领会新思想、凝聚新共识。坚持在区委领导下谋划开展工作，自觉维护区委总揽全局、协调各方的地位和作用，精准把握“人大及其常委会要成为全面担负起宪法法律赋予的各项职责的工作机关，同人民群众保持密切联系的代表机关”的定位要求，坚定方向，忠诚履职，奋力开创新时代吴兴人大工作新局面。本次人代会将就“高举伟大旗帜、依法监督助推，在全市践行‘两山’理念新征程中争当排头兵”作出决定。

2.创新领域求突破。紧跟形势，瞄准前沿，着力实施两大创新工作。一是深入推进智慧人大建设。以“八大创新项目”为抓手，以“吴兴人大”APP、微信公众号、网站为依托，健全代表联动参与、政府协同跟进、平台整体开发等机制，探索设立人大网络监督中心，全力构建高效的财政预算联网审查系统，有序推进智慧人大与智慧法院、智慧农业等平台的融合。二是深化拓展民生实事项目票决制。完善区、镇两级票决制，探索开展网上征集和监督工作，规范操作程序、强化跟踪问效。总结试点经验、完善工作方案，推广规范“人大代表+民情代表”的街道人大议事会制度，确保在全市率先实现高新区和街道民生实事项目代表议决制的全覆盖。

3.精准监督助发展。抓住牵一发而动全身的关键问题，找准切口、集中用力。一是紧盯重点事。持续监督助推“八大行动”，启动“十三五”规划中期评估，密切关注重大风险防范化解。紧紧扭住“最多跑一次”改革，深入开展专项督察，助力改革向纵深推进。全面建立区、镇两级政府向本级人代会报告环境状况和环境保护目标完成情况的制度，不断优化全区生态环境质量。围绕社会治理，监督推动依法行政，支持监察体制、司法体制改革。坚持以人民为中心的发展思想，从关键小事难事入手，监督助推厕所革命、垃圾分类、学前教育等工作。二是紧盯关键人。突出人大任命的政府部门“一把手”和法检“两官”两个关键群体，坚持党管干部，加强任后监督，启动实施新一轮述职评议工作。三是紧盯大额财。规范推行参与式预算审查，进一步制定完善区级预算审查和审计发现问题整改的监督办法。围绕重大民生专项资金绩效目标编制、执行、完成情况，率先在全市推行绩效监督，更好发挥财政资金的引导保障作用。

4.代表活动促履职。强化代表职务意识、责任意识，通过常态化、制度化活动，进一步支持代表依法有效履职。一是深入开展五星级联络站创建活动。进一步优化布局、全力争创，确保全区五星级代表联络站实现全覆盖，并探索在“两院”设立代表联络站，努力打造“温暖之家、履职之所、活动之地、凝心之寓”。二是深入开展代表接待选民活动。各级代表每年进站接待选民不少于2次，市、区两级领导干部代表带头进站，面对面倾听民声，实打实督促问题解决。三是深入开展代表问政活动。围绕代表和群众关注的重要领域、难点工作，探索“网络问政、实督问政、评议问政”三位一体的问政新机制，进一步扩大代表和选民的参与范围，强化问政结果运用。四是深入开展代表向选民述职活动。每年组织四分之一区、镇代表向本选区选民述职，鼓励领导干部代表带头述职，自觉接受监督。

5.必督议题重深化。突出“一督五年、每年必督”的重大议题，纵深开展监督活动。一是助推构建现代产业新体系。重点就“中国制造2025”试点示范、传统产业改造提升进行审议调研，完善代表和智库共同参与机制，进一步助推新旧动能转换。二是支持加快现代农业发展。着眼生产与流通领域，对农产品质量安全监管体系建设进行跟踪督查。同时，开展溇港文化、湿地保护、美丽乡村建设等专项视察，助推乡村振兴战略在吴兴的生动实践。三是持续关注食品安全。围绕源头防治、突出领域监管、企业责任落实等重点，开展执法检查和视察，对整改落实情况进行“回头看”，切实保障人民群众“舌尖上的安全”。四是监督促进生态文明先行示范。开展生态文明先行示范区建设、烟花爆竹“双禁”等地方性法规贯彻情况的执法检查和视察，支持政府打好污染防治攻坚战。五是深入开展“百名代表听百案”活动。着力规范听案程序，听案范围延伸到取保候审、发回重审、公益诉讼等群众关注的领域，进一步提高代表听案的参与度、司法机关办案的透明度，全年组织听案不少于15次。

6.为民履职强提升。落实全面从严治党新要求，深入纠“四风”、正作风，努力锻造一支绝对忠诚、干事担当、干净自律的人大干部队伍。一是进一步增强素质能力。积极打造“书香人大”，大兴调查研究之风，组织各级人大干部认真学习习近平新时代中国特色社会主义思想和人大制度理论、法律法规，增强依法履职本领。二是进一步提高工作效力。准确把握新时代人大工作的规律和特点，健全人大组织制度和工作制度，探索人大协商模式，保证各级人大和代表依法行权、高效履职。三是进一步形成整体合力。加强对基层人大的联系指导，强化工作联动，提高全区各级人大和代表的凝聚力、战斗力。

我们已经迈进了中国特色社会主义新时代。新时代要有新担当，新时代要有新作为。让我们更加紧密地团结在以习近平同志为核心的党中央周围，不忘初心、牢记使命，依法履职、创新实干，为在全市践行“两山”理念新征程中争当排头兵作出更大贡献！

政府工作报告

——在湖州市吴兴区第四届人民代表大会第二次会议上

湖州市吴兴区人民政府区长 陈 江

2018 年 2 月 2 日

现在，我代表吴兴区人民政府向大会作工作报告，请予审议，并请各位政协委员和其他列席人员提出意见。

一、2017 年工作回顾

2017 年是本届政府的开局之年。面对错综复杂的发展环境，我们认真学习贯彻党的十九大精神，在市委、市政府和区委的坚强领导下，在区人大和区政协的监督支持下，紧紧依靠全区人民，全力推进新一轮“八大行动”，统筹抓好改革发展稳定民生各项事业，圆满完成了区四届人大一次会议确定的目标任务。实现地区生产总值 515.5 亿元，增长 8.6%，列全市第二；财政总收入 51.9 亿元，其中地方财政收入 31.15 亿元，分别增长 18.8%和 21.5%，均列全市第二；规上工业增加值 119.4 亿元，增长 8.9%，列全市第二；固定资产投资 327.9 亿元，其中工业性投入 116.2 亿元，分别增长 14.6%和 13.2%，均列全市第一；实到外资 2.18 亿美元，列全市第一；浙（湖）商回归省外到位资金 67.3 亿元，列全市第二；城镇、农村居民人均可支配收入分别达到 51395 元和 29980 元，分别增长 9%和 9.5%，分列全市第三和第二；约束性指标全面完成省、市下达目标任务。成功入选全国创新创业百强区、投资潜力百强区。首次由区人大代表票决产生的年度十大民生实事项目高质量完成。

（一）以项目双进为抓手，经济发展稳中向好

项目攻坚实现新突破。扎实开展“项目双进突破行动”，组建 12 个招商分局，强化精准招商，签约引进项目 173 个，总投资 983.4 亿元，其中 10 亿元或 1 亿美元以上项目 22 个，游侠汽车超级工厂、万邦德新材 2 个百亿级工业项目成功签约落户；引进市“大好高”项目 44 个，列入全省重大产业项目 12 个、数量居全市第一位；60 个市重点项目全部开工、完成投资 150.6 亿元，新凤鸣产业基地、中国化妆品产业基地、江南影视城等百亿级项目顺利推进。着力提升平台承载能力，完成基础设施投入 7.3 亿元，拓展提升平台 14143 亩，其中高新产业“万亩大平台”4551 亩。加快破解要素瓶颈，历年结转的农整项目全部通过省级验收，新完成农整复垦 1033 亩，盘活存量土地 2185 亩，低效用地再开发 516 亩。

产业转型迈出新步伐。农业基础地位更加稳固。大力实施“现代农业引领行动”，提标改造粮食生产功能区 2.1 万亩，新建现代农业园区核心区 1929 亩；新引进市农业“大好高”项目 9 个，培育市级以上农业龙头企业 6 家；高新区北片列入全省田园综合体试点和省级现代农业园区，省级渔业转型发展先行区创建工作稳步推进，太湖溇港水利风景区成功获评国家级水利风景区。工业支撑能力不断凸显。积极承接“中国制造 2025”试点示范城市建设，承办全省推进工业设计发展工作现场会，全省工业强县区排名从 44 名上升到 35 名，创历史新高；大力实施“高新产业集聚行动”，战略性新兴产业、装备制造业、高新技术产业增加值分别增长 8.1%、19.3%和 11.1%，信息经济指数、信息化发展指数、两化融合发展指数均列全市第一，成功创建省级信息经济发展示范区；完成现代化技改投入 97 亿元，增长 17%，整治和淘汰“低小散”企业（作坊）、“厂中厂”12148 家，获评省级清洁能源示范县区、“腾笼换鸟”先进县区。服务业贡献度持续提升。全年实现社会消费品零售总额 339.2 亿元，增长 11.1%。大力推进“全域旅游打造行动”，引进“碧水桂乡”大健康产业园、海亮康养小镇等大型旅游项目 10 个，移沿山生态景区、原乡蝴蝶小镇成功创建国家 AAAA 级旅游景区，妙西镇、东林镇列入省级旅游风情小镇培育名单；全年接待游客 835.5 万人次，旅游总收入达到 76 亿元。丝绸小镇、美妆小镇分获省级特色小镇考核优秀和良好等次，原乡蝴蝶小镇入选省第二批培育名单。

企业培育取得新进展。深入实施“金象金牛”大企业、“高技术、高成长”企业和小微企业成长等培育计划，培育“双金”企业9家、“双高”企业25家，3家企业入围中国民企制造业500强。东尼电子、珀莱雅主板上市，东吴电机等4家企业新三板挂牌，上市挂牌企业累计达20家，资本市场的“吴兴板块”加速崛起。完成“个转企”317家、“小升规”44家、“下转上”73家。推动企业全方位对接国际资源和市场，完成进出口总额92.9亿元，其中出口77.2亿元，分别增长11.7%和12%。整合出台新一轮降本减负惠企政策，为企业减负9亿元，处置不良贷款7.96亿元，银行不良率下降为0.95%。

（二）以全国文明城市和生态文明建设示范区创建为载体，城乡面貌持续改善

文明城市创建取得硕果。以“中心城区提质行动”为载体，坚持主城区、主战场责任担当，全力攻坚全国文明城市创建，占全市70.2%的吴兴测评点位实现零扣分。整治流动摊贩33793个，整治农贸市场27个，新增停车位3150个，完成91条主次干道精细化管理目标，生活垃圾分类处置工作在城乡全面推进。银瑞地下小商品市场、学府路“垃圾街”、莲花庄旧货市场等一大批“老大难”问题得到全面整治。禁止销售、燃放烟花爆竹工作扎实推进。10万人次的志愿者走上街头、服务社会，“红帽子”“红马甲”成为一道靓丽风景。2个行政村获评全国文明村。

生态文明建设深入推进。在全省首创“1+5”环保委机制，中央环保督察问题切实整改，获评首批省级生态文明建设示范区。着力推进“美丽吴兴攻坚行动”，新建污水管网32.6公里、雨水管网13.4公里，完成生态护岸50.7公里，370个劣V类水体全部整治销号，743个隐患水体完成整治提升，区控以上监测断面水质保持在Ⅲ类水以上。深入开展大气污染防治，$PM_{2.5}$浓度同比下降4.3%，空气优良率同比上升3.7%。建立土壤污染防治工作体系，工业危险废物、污泥无害化处置率分别达100%和95%以上。治理毁林（竹）专项行动扎实开展，完成造林更新565亩、平原绿化1035亩。在全市率先实现绿色矿山创建全覆盖。

城乡建设水平不断提升。强势推进城中村改造和建设项目遗留问题清零攻坚行动，仅用40天就全面完成42个项目、319户拆迁遗留问题清零；完成城中村改造项目47个，累计签约4946户、拆除4431户，总量居全市前列，其中市北分区和湖东西区两大核心片区拆迁改造成果显著；纵深推进“三改一拆”“两路两侧”“四边三化”等工作，662户农村危旧房和51幢中心城危旧房全面完成治理改造。深入推进“东部新城提速行动”，加快打造丝绸小镇，钱山漾文化交流中心、万达广场等项目成功运营，区文体中心、跨长湖申大桥等项目顺利实施，全年商住用地和商品房供销两旺，新城人气不断集聚。大力推进“织里国家试点行动”，在童装产业转型、项目招引、农房拆迁、城乡统筹、环境治理等方面深度破题，小城市培育连续四年考核优秀，“稳压器”“增长极”作用充分发挥。美丽镇村建设提标升级，成功创建省级美丽乡村示范乡镇1个、省级美丽宜居示范村4个、市级美丽乡村精品村4个、市级美丽乡村9个；16个小城镇综合整治全面铺开；新建成美丽乡村路14.2公里。

（三）以民生福祉改善为重点，社会大局和谐稳定

社会保障水平稳步提升。坚持把就业作为民生之本，以大学生、城镇零就业家庭和农村低收入家庭等为重点，精准提供就业服务，城镇新增就业2.2万人，登记失业率控制在2.09%。全区户籍法定人员基本养老保险参保率和基本医疗保险参保率分别达90%和99.3%。新建养老服务照料中心17个，新增养老机构床位666张。妇女、儿童、老龄和慈善等事业加快发展，残疾人共享全面小康加快推进。

社会事业发展更加协调。坚持教育优先发展战略，爱山小学教育集团常溪小学、吴兴实验中学等5所新（扩）建中小学投入使用，9所公办幼儿园新办开园，乡镇学校三年综合改造计划全面完成，获评全国首批中小学校责任督学挂牌督导创新区、国家数字教育资源公共服务体系与应用试点区。城乡医疗卫生服务体系逐步健全，分级诊疗稳步实施，成功创建国家级、省级百强社区卫生服务中心4家，获评全省红十字服务养老工作试点单位，省级卫生强镇实现全覆盖。积极推动社会资本参与公共事业建设，成功引进北大培文学校、金诚医院等高端资源。公共文化服务体系不断完善，新建农村文化礼堂10个，其中6个投入使用。群众体育蓬勃开展，获评省体育强区。档案、地方志等事业加快发展。

社会治理能力切实增强。全面深化法治吴兴建设，“七五”普法有序推进，公共法律服务体系不断完善，社会法治意识逐步增强。动态开展安全生产、

食品药品等专项治理，15处省市级、52处区级挂牌安全隐患完成整治，安全生产形势平稳向好。基层治理“四个平台”和全科网格全面覆盖，全区刑事发案同比下降31.6%，实现“六连降”，“平安吴兴”建设有望实现“六连冠”。深化国防动员和全民国防教育。民族、宗教、外事侨务、对台等工作进一步加强。

（四）以“最多跑一次”改革为引领，动力活力不断迸发

改革红利不断释放。狠抓“最多跑一次”改革，大力推进“一窗受理、集成服务、一证通办”，“跑一次”和“零上门”事项覆盖率分别达到98%和60.1%，办事事项精简率达30.4%；启动企业投资项目承诺报备制改革试点；实现东部新城不动产登记交易60分钟办结。深化体制机制改革，组建成立区旅游发展委员会和区城投、产投两大国有集团，其中产投集团引入上海国新张创战略投资，在全市率先开启央地融合全面合作。加快推进全国绿色金融改革创新试验区建设，引导资金向制造业等实体经济回流，金融增加值达44.5亿元，增长12.7%，列全市第一。作为全省唯一的县区列入全国街道服务管理创新实验区。

创新动力不断增强。出台扶持“中国制造2025”、人才、大学生、众创空间等政策组合拳，成功引进科技类项目23个，认定省级企业研究院、市级院士专家工作站各2家，入选省领军型创新团队1个、“南太湖精英计划”项目35个，获评省级人才工作目标责任制考核先进县区、全省首批全面创新改革联系点。创新主体培育持续深化，新增国家重点扶持高新技术企业19家、发明专利授权量419件。

开放融入不断加快。积极融入宁杭生态经济发展带和大湾区大花园大通道大都市区建设，成功举办吴兴接轨上海活动周。全力打好“交通建设大会战”，318国道南浔至吴兴段改造工程全面完成，申嘉湖高速公路西延、湖山大道等项目加快实施，全区54项交通建设重点工程完成投资25.3亿元。获批省级中韩国际合作产业园。

（五）以加强政府自身建设为根本，治理能力日益增强

实干实效氛围更加浓厚。大力倡导“靠前站、马上办、讲实效”，政府工作节奏进一步加快、效能进一步提升。坚持精准落实，年初确定全年重点工作清单，对“八大行动”推进情况每季考核晾晒，在全区营造比拼争先的浓厚氛围。开展“破难题、办实事、树标杆”攻坚行动，区政府班子成员和部门负责人主动领办项目，沉下心来化解一桩一桩难事要事，主动接受基层和群众的检验。深化“局长驻点工作室”“机关干部驻企服务”等活动，联系服务群众的各项制度不断健全。

法治政府建设取得实效。全面清理行政规范性文件。启动行政复议体制改革，区行政复议局挂牌成立。深入实施区政府常务会议学法制度。进一步强化政府决策依法、民主、公开，严格执行区委关于政府重大决策出台前向本级人大报告制度，建立区人大代表、区政协委员列席区政府常务会议制度。积极回应代表委员和社会各界对政府工作、热点问题的关切，办结区人大代表建议64件、区政协委员提案113件。

党风廉政建设持续加强。深入推进“两学一做”学习教育常态化、制度化，认真落实中央八项规定及实施细则精神，加强政府系统党的建设。严格落实全面从严治党“两个责任”，突出重点领域、重点部门廉政风险防控，权力运行制约和监督体系不断健全。推动高质量完成监察体制改革试点任务，支持纪检监察机关开展监督执纪问责。加大政府投资项目、专项资金、领导干部自然资源资产管理责任等审计力度，全面提升政府资金绩效水平。政府综合债务率严控在安全线内。

各位代表，过去的一年，本届政府实现了良好开局。一年来，我们聚力改革、聚焦创新，“最多跑一次”改革呈现出牵一发动全身、一子落满盘活的带动效应，创业创新环境得到了有力改善；一年来，我们招大引强、汰劣育新，部署推进了项目双进“一号工程”、传统制造业改造提升、万亩大平台建设等系列组合拳，赶超发展呈现出良好态势；一年来，我们抓重破难、昼夜奋战，全面打赢了城中村改造和建设项目遗留问题清零、全国文明城市创建、中央环保督察迎检、全域剿灭劣Ⅴ类水等一系列攻坚战，高标准推进小城镇综合整治和美丽乡村建设，城乡面貌发生了全新变化；一年来，我们众志成城、决战决胜，圆满完成党的十九大、第四届世界互联网大会等维稳安保任务，成功破获织里“11·29”特大命积案，携手抗击雨雪冰冻灾害，以实实在在的成效赢得了群众的认可。

所有成绩的取得，离不开市委、市政府和区委

的正确领导，离不开市级部门、开发区和度假区的关心支持，离不开全区上下、各个方面的团结拼搏。在此，我代表区人民政府，向全体人大代表、政协委员和离退休老同志，向各民主党派、工商联、人民团体和社会各界人士，向驻吴人民解放军和武警部队官兵，向全区人民和所有关心、支持吴兴发展的海内外朋友们，表示衷心的感谢，致以崇高的敬意！

我们清醒地认识到，当前政府工作中还存在着许多不足，发展不平衡不充分的一些突出问题尚未解决，主要体现在：发展质量和效益还不高，创新发展能力不够强，新兴产业总量占比和贡献率都不高，传统产业改造提升还需加速；生态环境保护和治理任务依然艰巨，文明城市的长效管理需要加强，教育、医疗、养老等公共服务与群众的期待仍有差距；社会治理还有薄弱环节，影响平安稳定的风险点依然不少；政府自身建设仍需常抓不懈，少数公务人员担当精神不强，不想为、不善为、不敢为的现象不同程度地存在。对此，我们将高度重视，切实采取更有针对性、更有力的措施，努力把各项工作做得更好。

二、2018 年工作安排

2018 年是贯彻党的十九大精神的开局之年，是改革开放 40 周年，是决胜全面建成小康社会、实施“十三五”规划承上启下的关键一年，也是推动经济由高速增长转向高质量发展的重要一年，做好今年工作意义重大。一方面，我们正处在生态红利加速释放、交通优势加速形成、高端要素加速集聚、发展速度质量加速提升、干部群众力量加速汇聚的关键时期，国家生态区、“中国制造 2025”试点示范城市、绿色金融改革创新试验区、宁杭生态经济发展带等四大国家战略的实施，“上海 2035”城市总体规划沪湖廊道建设的启动，为吴兴高质量赶超发展提供了广阔舞台和宝贵机遇；另一方面，又面临着打好防范化解重大风险、低收入百姓增收、污染防治三大攻坚战等艰巨繁重的任务。对此，我们一定要坚决贯彻区委的各项决策部署，勇于担当、埋头苦干，全力走好新征程、再创新业绩。

今年工作的指导思想是：**高举习近平新时代中国特色社会主义思想伟大旗帜，全面贯彻落实党的十九大和省、市、区委全会精神，坚持稳中求进总基调，坚持新发展理念和高质量发展要求，紧扣社会主要矛盾变化，坚定不移沿着“八八战略”指引的路子走下去，紧紧围绕“打造增长极、提高首位度、争当排头兵”总定位，持续深化“四新”主题实践，持续推进“八大行动”，全面发力高质量赶超发展，加快建设“生态吴兴、经济强区、科技新城、幸福家园”，在全市践行“两山”理念新征程中争当排头兵。**

今年全区经济社会发展的主要预期目标为：地区生产总值增长 8%；财政总收入和地方财政收入均增长 8%；固定资产投资增长 12%，其中工业性投入增长 10%；合同外资 2.85 亿美元，实到外资 1.8 亿美元，浙（湖）商回归省外到位资金 30 亿元；社会消费品零售总额增长 9%；城镇居民人均可支配收入增长 8%以上，农村居民人均可支配收入增长 8.5%以上；约束性指标全面完成省、市下达目标任务。

按照上述总体要求和预期目标，在今年政府工作中，必须牢牢把握以下五条原则：

——坚持质量为先。更加关注速度背后的质量效益，加快建设现代化经济体系，努力使创新成为第一动力、协调成为内生特点、绿色成为普遍形态、开放成为必由之路、共享成为根本目的，实现更高质量、更好效益、更可持续的发展。

——坚持创新为要。以刀刃向内的勇气，大刀阔斧推进政府自身改革，横向撬动各领域改革，加快形成有利于高质量发展的体制机制；大力实施创新驱动战略，以科技创新强化第一动力，以优质服务塑造营商形象，努力打造创业创新环境最优区。

——坚持集聚为重。努力破解发展空间、指标、科研和人才等短板，进一步突出主平台、主阵地、主战场，进一步集聚中高端新兴产业、高层次高技能人才和各类高端配套要素，叠加形成高质量发展的核心竞争力。

——坚持强基为源。始终以“六重”为主抓手，把平台、项目、企业作为发展的根本支撑。尤其要大力推进“十百千万”双创行动计划，让平台的基础性作用、项目的牵引性作用、企业的主体性作用更加凸显，夯实高质量发展的坚强基石。

——坚持民生为本。始终贯彻以人民为中心的发展思想，牢牢抓住群众最关心最直接最现实的民生实事、关键小事，一件接着一件办，既尽力而为、又量力而行，使人民群众的获得感、幸福感、安全感更加充实、更有保障、更可持续。

重点要抓好以下五个方面的工作：

（一）推改革促开放，努力释放发展活力

着力深化“最多跑一次”改革。持续推进行政审批制度改革，继续大幅减少行政审批事项，大幅缩短审批服务时间，大幅提升网上审批能力，大幅降低审批服务费用，加快实现企业和群众办事“一事”跑“一窗”、“一窗”用“一证”、“一次”就办结。全面推行企业投资项目承诺报备制改革，最大限度减少前置环节，加强事中事后监管。全力打破“信息孤岛”，加快公共数据和信息系统整合共享，推动社会各领域大数据开放应用。

统筹推进各领域改革。依托省级全面创新改革联系点，加快破解影响赶超发展的体制机制障碍。以绿色金融改革创新撬动投融资领域改革，探索金融路径、金融产品、金融服务创新，助推实体经济发展；深化区产投集团与国新张创战略合作，培育私募基金、股权投资等新业态，增强社会融资能力；加强不良资产处置和涉企、涉众金融风险防范，切实优化金融生态环境；严格控制政府性债务总量，进一步降低成本、优化结构，确保政府债务率继续下降。以开展“五未”土地处置专项行动助推要素配置市场化改革，扎实开展企业对标竞价的“标准地”试点，完善“亩均论英雄”制度，力争工业亩均税收、亩均工业增加值均提高10%，盘活低效用地2000亩以上。进一步深化农村改革，实现农村综合产权流转交易网上全覆盖，全面完成土地承包经营权确权登记颁证；完成垦造耕地2000亩，农村土地综合整治1500亩。

不断提升开放能级。深入对接宁杭生态经济发展带和大湾区大花园大通道大都市区等规划建设，抓住沪湖发展廊道建设的机遇，深度接轨上海经济圈，广泛寻求对接合作，主动承接产业转移，实现互惠共赢。扎实推进五年百亿“大通道”建设，助推湖苏沪高铁、杭宁高速、湖山大道等跨区域重大交通项目，积极创建万里美丽经济交通走廊达标区，逐步构建“内通外联”的大交通体系。

（二）抓项目育主体，努力加快动能转换

全力以赴抓项目引进、项目推进。继续把“项目双进见效行动”作为“一号工程”。加快打造“双万亩大平台”，完成基础设施投入5亿元以上，力争高新产业万亩大平台拓展提升3000亩、吴兴经济开发区拓展提升4100亩。聚焦全产业链招商，组建16个招商分局，全力引进旗舰式、支撑型、引领性的“大好高”项目，确保全年引进10亿元或1亿美元以上项目10个以上、市定“大好高”项目25个以上。扎实推进省市区长项目工程，确保游侠汽车超级工厂、万邦德新材、新凤鸣三期等重大项目开工建设，60个重点工业项目完成投资70亿元。进一步完善项目双进考核评价办法和倒逼激励措施，形成大抓项目、抓大项目的浓厚氛围。

持续深入抓大众创业、万众创新。全面落实促进大学生就业创业、推动众创空间发展等政策措施，确保新引进大学生和其他各类人才1.8万人以上，新增高技能人才2000人以上。实施新一轮“南太湖精英计划”，引育“南太湖精英计划”创新创业团队15个以上。深化地校合作机制，力争新引进一所外地知名高校或科研院所。加快“5+3”科创平台建设，确保引进科技人才类项目60个、新增国家重点扶持高新技术企业15家，力争在重大科技项目和高端人才项目引进上取得突破，研究与试验发展经费支出占地区生产总值比重达2.5%，着力打造成区域性科技创新中心。

千方百计抓主体培大、企业育强。落实各项降成本、促发展政策措施，进一步优化营商环境，充分激发企业家群体的创业精神和创新热情。深入实施“金象金牛”大企业培育三年行动计划，力争达标4家；引导中小企业向“专精特新”方向发展，力争新增行业“隐形冠军”2家；全面实施新一轮小微企业三年成长计划，新增“个转企”200家以上、“小升规”60家以上、“下转上”60家以上。加快落实“凤凰行动”计划，力争全年新增上市挂牌企业5家以上。

（三）调结构增效益，努力振兴实体经济

加快推动传统产业改造提升。大力建设产业创新服务综合体，扎实推进“互联网+”、“机器人+”、“标准化+”、“品牌+”，推动传统产业向“高”“新”方向加速升级。加快淘汰落后产能，更加严格执行质量、环保、能耗、安全等法规标准，以童装、砂洗印花及床上用品、喷水织机、铝合金、印染、小木业等领域为重点，打好“厂中厂”、“四无”企业整治等组合拳，确保完成8家僵尸企业处置、淘汰16家企业落后产能，持续整治“低小散”企业和作坊。实施小微企业质效提升行动，推动六大中小微产业园建设，新建标准厂房30万平方米。

加大新经济培育力度。扎实推进“高新产业集聚行动”，加快新能源汽车、智能物流等高端装备产业集聚发展，实现增加值增长12%以上。围绕云计算、大数据、软件等信息经济核心产业，加快推动华为湖州产业园、天心天思等枢纽型企业发展，实现增加值增长11%以上。着力提升时尚产业，全力推进美妆小镇建设，高品质打造丝绸小镇，实现增加值增长10%以上。以健康服务业为重点，加快构建特色健康产业体系，实现增加值增长10%以上，打造长三角健康谷示范区。大力实施“全域旅游深化行动”，深度融合“南太湖龙腾计划”，力争新创建国家AAAA级旅游景区2家，原乡蝴蝶小镇争创省级创建类特色小镇，推动旅游产业提质见效。

深化农业供给侧结构性改革。着力开展“现代田园打造行动”，制定实施“乡村振兴三年行动计划”，全力争创国家现代农业产业园，全面建设省级田园综合体，打造“集聚融合、高端高质”的现代田园和乡村振兴示范区。大力发展高效农业、绿色农业、品质农业，重点提升农业“1+3”主导产业，打造产值5亿元以上全产业链样板2条，创成省级农产品质量安全放心区。加快农业“接二连三”步伐，推动农商旅文融合发展，打造高新区北片、八里店南片两个农业“大花园”。积极培育新型农业经营主体，大力发展农村电子商务，拓宽农民创业增收渠道。加快建设“四好农村路”，启动东苕溪水云绿道、“四型库塘·美丽河漾”建设，争创全国中央财政资金小型农田水利建设项目区。

（四）强管理重统筹，努力提升环境品质

持续打好美丽吴兴攻坚战。深入开展“美丽吴兴提升行动”，狠抓中央环保督察反馈问题整改，坚定不移地贯彻好生态优先战略。扎实推进“五水共治”，打造1条生态秀美样板河道，创建200条美丽河道，打造4类“污水零直排”示范点，开展6万亩渔业养殖尾水治理。持之以恒推进“三改一拆”，始终保持存量违建拆除、新增违建清零的高压态势。全力攻坚城中村改造，确保今年26个村（项目）、4116户征迁任务全面完成。以蓝天保卫战为重点，大力整治废烟、废气、扬尘，坚决打赢禁止销售、燃放烟花爆竹攻坚行动，实现$PM_{2.5}$降值进位。全面深化生活垃圾分类处置工作，落实环卫一体化等长效管理机制。扎实开展土壤污染详查，逐步推进污染地块分类治理。完成第二批小城镇环境综合整治，积极争创省级美丽乡村示范区，创建省级美丽乡村示范乡镇2个、市级美丽乡村精品村8个、市级美丽乡村8个，提升滨湖线、妙新线、104国道三条美丽乡村精品风景线。

全力促进中心城区品质提升。以全国街道服务管理创新实验区试点建设为契机，扎实推进“中心城区提质行动”。巩固提升全国文明城市创建成果，以绣花的功夫抓好城市精细化管理，持续唱响“湖城中央·最美风光”品牌。实施中心城区老旧住宅区征收改造，攻坚推进茅安前、二里桥等重点区域拆迁。深化“片长制”“路长制”“楼长制”等网格化责任机制，全力打好街巷环境、餐饮卫生、停车难、小区物业管理、垃圾分类等五大攻坚战，全面提升城市品质形象。大力发展楼宇经济、打造特色街区，确保中心城区服务业增加值增长8.5%以上。全面实施“一十百千万”工程，营造和谐文明新风尚。

大力推进东部一体和西部组团发展。抓住新一轮城市总规、土地利用总规修编契机，加快“南拓”“北融”“东联”步伐，推动东部一体化发展，围绕“统筹规划决策管理、统筹基础设施实施、统筹产业布局联动”，实现西部组团发展。深化“东部新城提速行动”，全面推进丝绸小镇、足球小镇、亚运小镇建设，加快金诚医院、美顿双语幼儿园等公共配套项目实施，让“湖城向东看”效应进一步凸显。深入开展“织里国家试点行动”，打造扁担街等三大商圈，加快北大培文学校、织里文体中心等城市服务设施建设，进一步改善小城市品质面貌。全力提升高新区产城融合能级水平。道场、妙西组团发展休闲旅游、健康养生产业，创建国家级旅游度假区。埭溪、东林加快区域联通、空间联动、产业互补，统筹建设省级经济技术开发区。

（五）惠民生补短板，努力增强群众获得感

提升社会保障水平。打好低收入百姓增收攻坚战，做好困难群体精准帮扶工作，重点解决好高校毕业生、城镇零就业家庭、农村低收入家庭等群体就业创业问题，让更多群众口袋鼓起来。统筹抓好参保精准扩面，稳妥推进社保惠民政策落地，进一步提升社保基金使用效益和内控监管。大力发展养老服务业，积极推进医养护一体化，加快养老服务照料中心社会化运行，支持朝阳街道“全国智慧养老应用试点示范街道”建设。加强妇女儿童权益保障。继续做好红十字、残联、慈善等工作。

加快社会事业发展。聚焦均衡、优质、特色教育发展新格局，加快推进吴兴实验小学等重点工程建设，大力发展民办教育，进一步提升社区教育，全力争创省基本教育现代化区。深化医疗卫生体制改革，高水平推进医联体建设，加快完善分级诊疗体系，切实抓好区人民医院、区公共卫生中心、区妇幼保健院等项目建设，持续提升城乡医疗卫生服务水平。深入实施文化惠民工程，高标准打造“城市书房”、“城市客厅”等文化品牌，推进城市文化公园、乡镇文化广场、农村文化礼堂等阵地建设。广泛开展群众性文体活动，积极承办省运会、市南太湖艺术节，举办区第四届运动会。

完善社会治理格局。坚决守住治危防患、防汛防台、安全生产和社会稳定四大红线。充分发挥“四个平台”和全科网格作用，有效解决基层治理难题。深化安全生产领域改革发展，清单化推进安全生产隐患排查整治，完善工矿企业、食品药品等领域事故防范体系，推进“智慧消防”系统建设，确保公共安全形势持续向好。不断健全“四梁八柱”平安建设体系，改造提升平安实训基地，打造社会治安防控体系升级版，确保实现“法治吴兴”六连冠、“平安吴兴”七连冠。

各位代表，今年我们将继续实施群众普遍关心的民生实事项目。按照“群众提、代表定、政府办、人大评”的理念，在广泛征询意见建议的基础上，梳理形成了12项民生实事候选项目，提请本次大会票决确定10项。民生实事项目确定后，我们将以高度负责的态度，认真抓好项目的实施，确保群众真正得到实惠。

1.大气治理。完成6个乡镇空气自动站建设，空气质量数据公开率达100%；完成200家涉挥发性有机物“散乱污”企业整治工作。

2.城乡治水。实施饮用水提标改造工程，完成高新区、妙西镇、埭溪镇、东林镇共2900户居民供水改造；新建城镇污水配套管网25公里，完成管网清淤100公里。

3.食品安全。创建省级放心农贸市场2家，省级“放心肉菜示范超市”2家；完成学校食堂改造提升8家，全区学校食堂（含等级幼儿园）量化等级全部达到B级以上。

4.教育设施。完成太湖幼儿园、湖东小学建设并投入使用；启动教学电脑升级改造项目，购置电脑1700台。

5.医疗卫生。完成适龄妇女“两癌”免费检查1.7万人以上；为4.5万名65周岁以上老年人提供一次免费体检；改扩建乡镇卫生院3家、社区卫生服务站10个；新增公共场所母婴设施建设15家；完成红十字应急救护普及培训1.5万人以上。

6.养老服务。实现全区60周岁以上老年人意外保险政府购买全覆盖；新建幸福邻里中心10个。

7.文体建设。实施公共文体设施提升工程，新建文化礼堂6个，新建城市书房3家，新建基层便民体育设施10个。

8.安全管理。在居住小区新增2300个电动车充电桩；在消防重点区域设立智慧消防工作站5个。

9.就业创业。帮扶“4050”农村剩余劳动力转移就业完成3000人；吸引大学生来吴创业就业1.5万人，新增大学生创业主体450家。

10.交通出行。完成农村公路改造提升10公里、大中修20公里、危桥维修改造5座；新增港湾式停靠站10个，新增优化公交线路4条，新增公共停车位1000个；打通城乡断头路5条。

11.住房保障。新开工保障性住房项目4个共计3100套。

12.环境提升。70个城市社区实现垃圾分类全覆盖，城市单位全面实行垃圾强制分类；实现农村垃圾分类宜建村全覆盖，10个垃圾分类收集示范村高标准开展；实施茶园生态修复4500亩。

三、全面加强政府自身建设

越是重任在肩，越要自身过硬。我们要按照“信念过硬、政治过硬、责任过硬、能力过硬、作风过硬”的要求和标准，全面加强政府自身建设，不断提升政府行政质量、行政效率和公信力，努力打造对党忠诚、人民满意的有为政府。

打造有为政府，就是要始终坚持“不忘初心、牢记使命”的政治担当。牢固树立政治意识、大局意识、核心意识、看齐意识，坚决同以习近平同志为核心的党中央保持高度一致，不折不扣地贯彻落实好市委、市政府和区委的各项决策部署。扎实开展“不忘初心、牢记使命”主题教育，坚定理想信念，永葆蓬勃朝气，勇立时代潮头，把强谋划、强执行作为政府工作的生命线，带着初心和使命干好政府的各项工作。

打造有为政府，就是要始终坚持“大干实事、大抓落实”的为民情怀。把人民对美好生活的向往作为奋斗目标，坚持政府过“紧日子”、让群众和企业过“好日子”，努力走进基层、走到一线、走近矛盾，切实找出发展所需、群众所盼的实际问题，排出当前迫切、长远有利的重大事项，一件接着一件，扎扎实实加以解决，以惠民利民的实绩取信于民。

把实干实效作为政府工作的基本导向，发扬奋发有为的精神状态和勤勉务实的工作作风，坚决不喊虚假口号、不搞数字游戏，建立健全抓落实的指标体系、任务清单、责任约束和评价要求，确保各项任务落细落实。

打造有为政府，就是要始终坚持“二话不说、干了再说”的雷厉作风。牢记群众之事一刻不可耽误、发展之事一刻不可懈怠，始终强化时不我待、只争朝夕的忧患感，始终保持立说立行、大干快上的紧迫感，以翻篇归零的心态，克服庸、懒、散、漫，大力倡导“靠前站、马上办、讲实效”的扎实作风，着力营造比学赶超、争先创优的体制机制，真正做到各项工作推进紧而又紧、快而又快。建立健全正向激励和容错纠错机制，鼓励对认准的事不犹豫、不畏难，大胆试、大胆干，真正为敢闯敢试者撑腰，为改革创新者鼓劲，让广大公务人员想干事、敢干事、干成事。

打造有为政府，就是要始终坚持“诚信阳光、清正廉洁”的责任自觉。主动接受区人大及其常委会法律监督、工作监督和区政协民主监督，自觉接受司法监督、社会监督和舆论监督。深化法治政府建设，完成行政复议体制改革，进一步加大政务公开力度，让政府决策依法科学、政府履职诚信有责、政府工作阳光透明。全面提升政府系统从严治党水平，层层压实责任，严格贯彻落实中央八项规定及实施细则精神，坚决防止“四风”问题反弹回潮。推动清廉政府建设，不断完善权力运行的监督制约机制。严肃查处侵害群众利益的不正之风和腐败问题，营造风清气正的政治生态。

新时代要有新气象、新作为，唯有改革开路、负冀前行。让我们高举习近平新时代中国特色社会主义思想伟大旗帜，在中共吴兴区委的坚强领导下，振奋精神、勇挑重担、真抓实干，加快建设“生态吴兴、经济强区、科技新城、幸福家园”，在全市践行“两山”理念新征程中争当排头兵！

附件 1：

2017 年度区政府民生实事项目完成情况说明

1.污水整治项目

目标任务：建设污水收集管网项目 20 项、25 公里。全面消灭Ⅳ类以下水质监测断面。

牵头部门：区住建局、区环保局

完成情况：完成建设污水收集管网项目 20 项、完成 32.6 公里。全区 2 个县控监测断面及 16 个市控以上监测断面功能区达标率为 100%，其中 3 个断面为Ⅱ类水，15 个断面为Ⅲ类水，无Ⅳ类水以下断面。

2.保障性住房项目

目标任务：竣工 9 个保障性安居工程项目，共 6870 套。

牵头部门：区住建局

完成情况：完成 10 个保障性安居工程项目，共 7241 套，完成任务的 105%。

3.危旧房治理改造项目

目标任务：完成中心城市 51 幢 C、D 级危房治理。完成农村全部 D 级危房和涉及公共安全的 C 级危房治理。

牵头部门：区住建局

完成情况：完成中心城区 51 幢 C、D 级危房治理任务。农村 D 级危房和涉及公共安全的 C 级危房全部完成治理。

4.垃圾分类处置项目

目标任务：中心城区生活垃圾分类处置全面实施。农村生活垃圾集中收集处理基本实现全覆盖。

牵头部门：区综合行政执法局、区住建局

完成情况：全区共 230 个小区、179 个单位（含学校）完成生活垃圾分类全覆盖。完成 90 个村（共 163 个行政村，其中 55 个纳入拆迁范围，18 个 2016 年已完成生活垃圾分类处理工作）农村生活垃圾分类处理工作。

5.交通设施提升项目

目标任务：新建农村联网公路 10.9 公里，完成大中修 15 公里，实施 5 座农村公路危桥维修改造；新增优化东部新城公交线路 7 条，配置公交车

20 辆。

牵头部门：区交通局

完成情况：完成新建农村联网公路 10.9 公里，完成大中修 17.8 公里；危桥维修改造完成 6 座；新增优化东部新城公交线路完成 10 条；配置公交车 30 辆。

6.政府购买居家养老服务项目

目标任务：为 3500 名困难老人提供政府购买居家养老服务。

牵头部门：区民政局

完成情况：为全区所有 3508 位困难老人提供政府购买居家养老服务。

7.残疾人两项补贴项目

目标任务：为 2300 名残疾人发放困难残疾人生活补贴，为 1700 名残疾人发放重度残疾人护理补贴。

牵头部门：区民政局

完成情况：为全区所有 2414 名困难残疾人发放困难残疾人生活补贴，为所有 2556 名重度残疾人发放重度残疾人护理补贴。

8.社区卫生服务项目

目标任务：新建（改建）中心城区社区卫生服务中心 2 家、服务站 3 家。

牵头部门：区卫生计生局

完成情况：朝阳爱山、月河飞英社区卫生服务中心项目已完成建设。余家漾、碧潮苑和车站等 3 家社区卫生服务站改扩建项目已全面投入使用。

9.学校校园综合改造项目

目标任务：完成 7 所乡镇学校校园综合改造。

牵头部门：区教育局

完成情况：完成 9 所乡镇学校综合改造，完成任务的 128%。

10.文体设施建设项目

目标任务：新建农村文化礼堂 10 个、中心村健身广场 6 个、多功能运动场地 10 个；实施小康体育村提升工程 20 个。

牵头部门：区文体局

完成情况：新建农村文化礼堂 10 个、中心村全民健身广场 6 个、多功能运动场地 10 个；完成小康体育村提升工程 20 个。

附件 2：

《政府工作报告》有关名词解释

1.项目双进：项目引进、项目推进。

2.“厂中厂”：在同一厂区内，将厂房分割出租或转租，形成“厂中厂”，造成内部管理混乱现象，成为安全事故隐患点。

3.“金象金牛”：重点培育的一批发展速度快、质量效益好、核心竞争力强、带动作用明显、文化内涵深的大企业。

4.“个转企”：将原来的个体工商户转为各种公司制、合伙制企业类型，是省委省政府的重点工作之一。

5.“小升规”：将规模以下小微企业（年主营业务收入 2000 万元以下的企业）转型升级为规模以上企业，是省委、省政府的重点工作之一。

6.“下转上”：把达到规模以上标准的服务业企业纳入统计库并依法开展统计调查。

7.“1+5”环保委机制：“1”即吴兴区在全省率先成立的环境保护委员会，“5”即该委员会下设的分别涉及工业生产、农林水土、建设领域、商贸交通、卫生文体 5 个领域的专门环境保护委员会。

8.“三改一拆”：改造旧厂区、改造旧住宅区、改造城中村、拆除违法建筑，是省委、省政府的重点工作之一。

9.“四个平台”：综治工作平台、市场监管平台、综合执法平台、便民服务平台。

10.“南太湖精英计划”：从 2008 年开始，湖州市计划 5 年内选拔 50 名左右的领军人才，建设 50 个左右的优秀创新团队。

11.“两学一做”：学党章党规、学系列讲话，做合格党员。

12.“四新”主题实践：“新标杆、新业绩、新形象、新征程”主题实践。

13.“六重”：重大项目、重点工程、重大平台、重点产业、重大政策、重点要素。

14.“十百千万”双创行动计划：“十”即“双十”创强，区领导重点联系十个特别重大产业项目、十个年度税收亿元以上龙头企业，带动全区企业做大做强、上规升级。“百”即“双百”创强，实施一百个智能制造重点项目，主抓一百家传统制造业企业改造提升。“千”即“双千”创强，规模以上工业企业三年冲千家、规模工业产值三年冲千亿。“万”即“双万”创强，谋划打造吴兴高新产业万亩大平台，整合提升吴兴经济开发区万亩大平台。

15.“五未”土地：批而未供、供而未用、用而未尽、建而未投、投而未达标五类土地。

16.“标准地”：把每一块建设用地的规划建设标准、能耗标准、污染排放标准、产业导向标准、单位产出标准等给予明确，带地一起出让。

17.“5+3”科创平台：吴兴区科创园、高新区科创园、总部自由港、工业设计中心、财富广场金融服务业产业园和多媒体产业园、中节能产业园、联创谷。

18.“凤凰行动”：浙江省以实施企业上市和并购重组为核心的行动，主要通过企业股改培育工程、企业上市倍增计划、并购重组行动、上市公司产业引领四大工作推进企业转型发展、做大做强。

19.“四无”企业：无证无照、无安全保障、无合法场所、无环保措施的企业。

20.农业“1+3”主导产业：“1”即优质粮油，“3”即绿色水产、生态湖羊、高效果蔬。

21.“四好农村路”：建好、管好、护好、运营好农村公路。

22.“四型库塘”：安全型、标准型、智能型、景观型水库山塘。

23.“一十百千万”工程：打造一个文明示范商圈、十个文明示范街区、百个小区“道德广场”、千个文明示范楼道、万户争创文明家庭。

24.“四梁八柱”平安建设体系：以平安学院、平安协会、平安实训基地、矛盾纠纷多元化解中心为梁，平安指数、平安小区、平安街区、平安面馆、平安广场舞、平安大姐、平安健康聚乐部、十百千万平安示范工程为柱的平安建设体系。

25.“四风”：形式主义、官僚主义、享乐主义和奢靡之风。

中国人民政治协商会议
第三届湖州市吴兴区委员会常务委员会
工　作　报　告

——在政协第三届湖州市吴兴区委员会第二次会议上

湖州市吴兴区政协主席　　潘　华

2018年2月1日

我代表政协第三届湖州市吴兴区委员会常务委员会，向大会报告工作，请予审议，并请列席会议的同志提出意见。

一、2017年工作回顾

2017年是新一届政协开局之年，也是政协工作务实创新、积极作为的一年。一年来，区政协常委会在中共吴兴区委的坚强领导下，深入学习贯彻习近平新时代中国特色社会主义思想，按照“维护核心、围绕中心、突出重心、凝聚人心”的工作思路，认真履行政治协商、民主监督、参政议政三大职能，以“一线”精神状态，聚焦改革、致力发展、关注民生、促进和谐，顺利完成了区政协三届一次会议确定的各项目标任务，为加快建设“生态吴兴、经济强区、科技新城、幸福家园”作出了积极贡献。

（一）围绕中心，服务大局，参政议政更有为

常委会始终坚持党政所需、群众所盼、政协所能，建诤言、献良策、出实招，争当吴兴赶超发展的参与者、实践者、推动者。

1.聚焦中心，一线作为。主动融入全区改革发展大局，区政协领导班子成员分别担任美妆小镇管委会主任，以及高新产业集聚行动、“八大行动”督查等7个领导小组副组长或副总指挥。区政协机关干部和广大委员积极投身“五水共治”、文明城市创建、城中村改造攻坚、建设项目遗留问题“清零”、护航十九大维稳包案、精准招商、群租房消防安全整治等系列重大中心工作，深入一线，靠前服务，勇于担当作为。

2.聚焦赶超，贡献力量。“聚是一团火，散是满天星”。持续开展“争当排头兵，实干大比拼，岗位建功、为民建言”活动，广大委员在吴兴发展的广阔舞台上，用心实干，亮点纷呈。涌现出全国五一劳动奖章获得者——珀莱雅湖州分公司总经理王建荣，国家AAAA级旅游景区——原乡小镇总经理吴建华等一批委员典型；《吴兴时讯》“委员风采”栏目连续报道了久立集团股份有限公司总经理蔡兴强、今童王制衣有限公司董事长濮新泉、金农生态农业发展有限公司总经理施星仁、绿维环境股份有限公司董事长俞忠力等二十名委员的岗位建功先进事迹；浙江《联谊报》以“笔墨不厌画溇港”为题，对区政协常委许羽进行专访，这些都生动诠释了政协作用发挥在委员、活力展现看委员、事业发展靠委员的主体活力。

3.聚焦民生，传达民意。利用调研报告、建议案、提案、社情民意等途径，及时反映社会民声。围绕“科技人才工作创新发展”“促进农民增收”等课题，形成高质量《建议案》，及时助推区委、区政府科学决策，得到区委主要领导批示肯定。建立健全提案办理工作链，落实提案预审、提案交办、专委会对口督办等十项制度，总结形成吴兴提案办理“五心”工作法。三届一次会议以来，审查立案提案113件，实现办复率100%、委员满意率100%。持续开展开放式“招标”调研活动，《社区城市化建设及管理的实践思考》等15篇调研报告被评为年度优秀报告，部分转化为大会发言和提案。积极拓宽社情民意反映渠道，编发《社情民意》15期，市级以上政协录用27篇，“关于进一步完善浙江政务服务网的建议”得到省委主要领导批示，“关于吸引更多人才来湖州创业的几点建议”得到市政府主要领导批示。

（二）健全体系，形成特色，政治协商更有质

常委会始终坚持将协商民主贯穿政协履职全过程，不断完善“三长制”面对面协商体系，实现了多层次、宽领域、全覆盖。

1.制度化开展“区委书记、区长与委员”面对

面专题协商。自觉主动将协商工作融入区委、区政府中心工作的议事日程，与区委、区政府联合制定实施《2017年度协商工作计划》，先后就全区经济运行和社会发展、民计民生改善等议题进行8次专题协商。其中，区委书记与委员就区委四届二次全委会报告，区长与委员就“最多跑一次”改革、“科技人才工作创新发展”等议题，分管副区长与委员就农民增收、全域旅游、智慧医疗、城市管理、治危拆违等议题，分别进行面对面专题协商，形成了党委重视、政府支持、政协主动、各方配合、社会关注的协商格局。“湖州吴兴书记区长与委员面对面共商改革发展”等协商成果被中国《人民政协报》刊登。

2.专业化开展“部门局长与委员”面对面对口协商。充分发挥专委会的专业优势和界别的基础作用，进一步健全与区级机关党政部门的对口协商机制。围绕扶持小微企业培育、中心城区服务业发展、民宿经济、农村文化、治气治霾等议题，5个专委会和相关界别委员分别与市场监管局、商务局、旅发委、文体局、环保局等部门进行对口协商，广泛建言献策，提出针对性建议128条，形成专题协商纪要，促进部门科学决策。

3.特色化开展“乡镇党委书记、镇长与委员”面对面基层协商。积极发挥基层政协工作联络组作用，将协商会议搬到田间地头、项目现场、居民小区，共话发展、共解难题。在美丽乡村方面，高新区、东林镇、环渚街道分别围绕“美丽高新”建设、农业项目引进、治水“剿劣”等议题开展协商。在产业发展方面，织里镇、八里店镇、妙西镇、埭溪镇、朝阳街道、杨家埠街道，分别围绕城市有机更新、经济转型升级、西塞山旅游度假区基础设施建设、旅游业发展、小西街文创产业发展、休闲旅游经济培育等议题开展协商。在民生改善及其他方面，道场乡、月河街道、爱山街道、飞英街道、龙泉街道、凤凰街道、龙溪街道、康山街道、仁皇山街道、滨湖街道，分别围绕浮玉花园社区长效管理、中心城区提质行动、社区消防安全、小桥头城中村“清零”、社区垃圾分类、文明城市创建、基层统战工作、专业市场专项整治、城中村改造、市政府重点工程建设等议题开展协商，探索了基层协商在乡镇（街道）的生动实践。

（三）把准导向，督干结合，民主监督更有力

常委会始终坚持问题导向、目标导向、效果导向，不断拓展民主监督形式和内容，做到敢监督、善监督、真监督。

1.以民主监督助推中心工作落实。注重精准发力，积极完善“19+9+2”民主监督体系，19个基层政协工作联络组分别组织乡镇（街道）辖区委员对文明城市创建、“三改一拆”等重点工作开展跟踪监督；9名区政协领导班子成员带队对“美丽吴兴推进行动”重点区域、重点项目开展联动监督；组建2个民主监督小组，委派到区住建局、环保局，分别对污水管网建设和“五水共治”开展专项监督，盯着问题去、围着问题商、推着问题解，有力助推全区重点工作改进落实。

2.以民主监督促进重点提案办理。围绕经济社会发展热点，深入实施“民主监督+重点提案”办理模式，确定“盘活闲置地产”“企业用工难”两个重点提案，由区政协两位副主席带队，组建两个民主监督小组，分别进驻区发改委和人力社保局，通过定期专项视察，参与干、助力推，督促重点提案办理落实。全年开展专项视察6次，提出意见建议28条，形成高质量民主监督建议书，推动了“保障企业用工三年行动计划”等有关政策措施的出台。

3.以民主监督加快民生问题解决。为让人民群众享有更多获得感和幸福感，先后针对卫生医疗服务、民办校外托管机构管理、垃圾分类回收等议题，深入基层、深入群众，开展调研视察24次、参加委员360余人次，提出意见建议130余条，助推惠民利民措施落实到位。针对“最多跑一次”改革，通过现场查访、随机走访、召开座谈会等，发出调查问卷191份，征集意见问题196条，并及时组织党政领导与委员面对面协商座谈，委员现场询问，局长当场“答题”，有效推动了问题整改。

（四）发挥优势，凝心聚力，团结联谊更有情

常委会始终坚持求同存异、体谅包容的原则，充分发挥人民政协大团结大联合的优势，画好共促吴兴发展最美同心圆。

1.增进团结协作。建立完善区政协领导班子成员联系民主党派、联系企业、联系界别等“五联”制度，深入开展委员走访活动，加强与各民主党派、无党派人士、民族宗教人士以及各人民团体的沟通联系，增进共识。切实尊重各界别协商参政权利，进一步营造既畅所欲言、各抒已见，又理性有度、合法依章的良好协商氛围。

2.加强联谊交流。会同统战部门组织开展旅台

同乡中秋团拜会、"清丽湖州、丝路起点"庆祝香港回归二十周年系列活动等，进一步密切与港澳台同胞和海外侨胞的联系联谊。顺利完成政协之友社、陆羽茶文化研究会换届，进一步健全组织、规范活动、发挥功能。加强与省内外、周边县区政协的横向联系，接待21个兄弟县区政协来吴考察，增进沟通交流。

3.扩大文史宣传。深入挖掘吴兴历史人文底蕴，撰编出版《走读清远吴兴》，提升全域旅游影响。协助市政协完成湖州现代书画家名录吴兴部分征编工作。积极运用报刊、电视、网络以及"吴兴政协"微信公众号等媒体平台，及时报道政协重要会议、重大活动和履职亮点成效。《吴兴区政协拓宽委员履职新渠道》等12篇特色亮点工作报道，在国家和省级媒体刊登。

（五）激发活力，提升形象，自身建设更有效

常委会始终坚持旗帜鲜明讲政治，深入创建"学习型、研究型、服务型"机关，扎实推进政协委员和机关干部队伍建设。

1.切实加强思想建设。牢固树立"四个意识"，采取中心组带头学、党支部引领学、邀请专家带动学等形式，深入学习贯彻中共十九大精神和习近平新时代中国特色社会主义思想，巩固共同思想政治基础。积极推进政协机关"两学一做"学习教育常态化制度化，组织开展"学习十九大、迈向新征程"等"主题党日"活动，以"拥护核心、履职创新"为主题召开读书会，邀请全国政协常委、复旦大学教授葛剑雄为委员作专题培训，进一步增强政协履职的责任感和使命感。

2.不断优化队伍建设。在区委的关心下，进一步健全政协内设机构和人员配置，配齐配强基层政协工作联络组负责人。健全委员履职激励机制，制定出台《委员履职考评办法》，创新"100+N"量化考核体系，组织开展优秀提案、优秀社情民意信息员、优秀调研报告"三优"评比活动，确定一批专业参政能力强的委员担任专委会成员。按照有组织、有场所、有标志、有制度、有活动、有记录"六个有"标准，建立区级机关、织里镇、爱山街道等3个区域政协"委员之家"和埭溪医院医卫界别"委员之家"，为委员更好履职创造了有利条件。

3.持续推进作风建设。积极履行党风廉政建设"主体责任"和"一岗双责"，支持派驻区政协机关纪检组开展工作。认真落实中央八项规定精神，制定完善《区政协常委会工作规则》等工作制度。持续开展"六送下乡"为民服务活动，广大委员甘于奉献、履职为民，累计开展上门义诊、农技指导、法律维权、艺术表演等各类服务活动20余场次，惠及群众1.2万余人。深入开展"进村入企"专项行动，区政协领导班子成员和各专委会为所联系村（社区）、重点企业、重点项目积极争取政策支持和项目资金，政协组织在基层的影响力和亲和力进一步扩大。

各位委员，同志们！一年来，中共吴兴区委、区政府高度重视政协工作，区委常委会2次专题听取政协工作汇报，区委、区政府主要领导先后4次出席区政协会议并作重要讲话，其他领导出席各类协商会议12人次，区级领导领办重点提案15件，这是对区政协工作的高度重视和有力支持，是对区政协委员的充分信任和极大鼓舞。

各位委员，同志们！过去一年区政协各项工作成绩的取得，是中共吴兴区委坚强领导的结果，是区人大、区政府、湖州经济技术开发区、太湖旅游度假区管委会大力支持的结果，是高新区、乡镇（街道）、区级各部门积极参与的结果，是区政协各参加单位和广大委员、政协工作者协力奋斗的结果，也是历届政协老领导、老同志、老委员关心帮助的结果。在此，我代表区政协常委会，向大家表示崇高的敬意和衷心的感谢！在肯定成绩的同时，我们也清醒地认识到，对照新形势、新要求，工作中仍然存在不少问题和差距。主要是：委员主体作用的发挥还不够平衡，协商议政的质量还有待提高，提案办理的实效还需要强化。常委会将在今后工作中认真研究，切实加以改进。

二、2018年工作总体要求

2018年是全面贯彻落实中共十九大精神的开局之年，是改革开放40周年，是决胜全面建成小康社会、实施"十三五"规划承上启下的关键之年。在新的一年，全区政协工作的总体要求是：高举习近平新时代中国特色社会主义思想伟大旗帜，全面贯彻落实中共十九大精神和省市区党代会、区委四届三次全会决策部署，牢牢把握团结和民主两大主题，始终坚持"维护核心、围绕中心、突出重心、凝聚人心"工作思路，认真履行政治协商、民主监督、参政议政职能，深入打造"同心、有为、和谐、活力"政协，为全面发力高质量赶超发展，加快建设"生态吴兴、经济强区、科技新城、幸福家园"，

在全市践行“两山”理念新征程中争当排头兵贡献力量。重点要把握好四个方面：

一是坚持党对一切工作的领导，准确把握政协“忠诚履职”的政治方向。“党政军民学，东西南北中，党是领导一切的”。人民政协依章程进行履职，关键是坚持党的领导，这是政治原则，也是政治规矩。因此，政协履职的第一条就是坚持中国共产党的领导，进一步增强“四个意识”、坚定“四个自信”，思想上充分信赖、政治上坚决拥护、组织上自觉服从、感情上深刻认同。

二是坚持以人民为中心，准确把握政协“为民履职”的价值取向。“人民对美好生活的向往，就是我们的奋斗目标”。“政协人民性”是政协组织的本质属性。为此，我们要大力弘扬“人民政协为人民”的优良传统，把群众需求作为履职第一选择，把群众呼声作为履职第一信号，把群众满意作为履职第一标准，力促改革发展成果更多更公平地惠及全区人民。

三是坚持新发展理念，准确把握政协“精准履职”的路径导向。“必须坚定不移贯彻创新、协调、绿色、开放、共享的发展理念”。“五大发展理念”集中体现了当前和今后更长时期我国的发展方向和着力点，也是人民政协协商民主履职实践的聚集点。为此，我们要始终聚焦党政中心任务，找准履职重点和焦点，建言建在需要时、议政议在点子上、监督监在关键处。

四是坚持全面从严治党，准确把握政协“清廉履职”的坚定志向。“从严管党治党，是我们党最鲜明的品格” 。“打铁必须自身硬”。政协机关首先是政治机关。为此，我们要在政协自身建设中，把严守政治纪律放在首要位置，认真履行“主体责任”，筑牢防线、守住底线、不越红线，既要努力做到“懂政协、会协商、善议政”，又要高度自觉“守纪律、讲规矩、重品行”。

三、2018年主要工作任务

新时代要有新气象，更要有新作为。根据上述总体要求，2018年我们要着重抓好以下四个方面的工作。

（一）增强政治意识，保持忠诚坚定，打造“同心政协”

要绝对忠诚于党中央，切实把准政治方向、站稳政治立场、保持政治定力，争做习近平新时代中国特色社会主义思想的传播者、践行者、促进者。一是巩固政治基础。坚持用习近平新时代中国特色社会主义思想武装头脑、引领政协事业，切实把中共十九大精神转化为工作思路和工作举措。坚定维护区委领导核心地位，自觉把政协工作放到全区中心大局中去谋划和推进，始终与区委想在一起、站在一起、干在一起。充分发挥委员在界别群众中的代表作用，将区委的各项决策部署贯彻到最基层。二是掀起学习热潮。以习近平“1·5”重要讲话精神为指引，深入宣传、贯彻落实中共十九大精神，深入践行“红船精神”，准确把握精神实质、思想精髓、核心要义，真正在“学懂、弄通、做实”上下功夫，不断从中汲取真理力量、创新力量、实干力量。三是发扬协商民主。坚持“有事好商量，众人的事情由众人商量”，不断完善“三长制”面对面协商体系，完善协商议题提出、活动组织、成果采纳和落实反馈机制。积极推动协商民主向基层延伸，健全基层政协工作联络组参与区域重大事项协商制度，做到真诚协商、务实监督、精准议政。

（二）增强大局意识，重在实干实效，打造“有为政协”

要自觉服从于党中央，坚定做到党委中心工作推进到哪里、政协履职就跟进到哪里，与中心工作同频同步、与群众所盼共振共鸣。一是主动担当作为。区政协领导班子成员要带头树立“一线”意识，坚持“靠前站、马上办、讲实效”，当战斗员不当评论员，主动投身新一轮“八大行动”，同唱招商引资、项目突破、美丽吴兴大戏。充分发挥政协委员行业带头作用，持续开展“争当排头兵、实干大比拼”活动，精心谋划、精准助力、精优呈效，带动各界别群众共同致力于吴兴发展。二是共谋发展大计。突出“选题准、调研透、立论新、转化实”，进一步优化开放式“招标”调研，实施好生态文明、经济转型等课题调研，促进党政决策更好顺乎民意、合乎实际、产生实效。围绕“提得准、办得好”，优化提案办理工作链，强化办理落实责任、指导督办责任和预审评议责任，适时开展提案办理跟踪“回头看”，切实提高提案转化落实质效。三是增强监督实效。进一步健全“19+9+2”民主监督体系，重点围绕“全面提升文明城市建设水平”、深化“五水共治”、推进“乡村振兴战略”等主题，开展协商式民主监督，多提建设性、操作性强的意见和建议，让民主监督成为支持帮助党政部门改进工作的“助推器”。

（三）增强核心意识，突出团结民主，打造“和谐政协”

要坚决拥护党中央，牢牢把握大团结大联合主题，始终围绕党委核心，广泛凝聚力量，画出最大同心圆。一是巩固合作之基。始终把坚持和发展中国特色社会主义作为巩固共同思想政治基础的主轴，以实现中华民族伟大复兴的中国梦为共同目标，健全完善与各民主党派、工商联和无党派人士的合作共事机制，努力营造多党合作的良好氛围。进一步拓展与港澳台侨人士、民族宗教界人士和在外吴商的联谊交往，为他们发表意见、表达主张、展示成果创造条件。二是汇聚各方之力。进一步发挥群众工作优势和各人民团体作用，多做协调关系、增进团结的工作，多做雪中送炭、扶贫济困的工作，多做春风化雨、解疑释惑的工作。不断健全社情民意信息工作机制，继续开展“六送下乡”等为民服务活动，真实反映群众意愿，真切关心群众疾苦。三是彰显文史之韵。坚定吴兴文化自信，发挥政协文史“存史资政团结育人”作用，深入挖掘赵孟頫等吴兴书画名人的历史底蕴，探索与《人民政协报文化周刊》等联谊合作，讲好吴兴故事，展现吴兴气质。

（四）增强看齐意识，夯实履职基础，打造“活力政协”

要始终紧跟党中央，充分发挥政协党组的领导核心作用、机关支部的战斗堡垒作用和党员的先锋模范作用，以政协党建的新加强引领人民政协事业的新发展。一是作风引领。全面落实从严治党政治责任，坚定自觉地执行中央八项规定精神及实施细则，驰而不息纠“四风”正作风。扎实推进“两学一做”学习教育常态化制度化，认真开展“不忘初心、牢记使命”主题教育，健全会议、调研、视察等制度，营造干净干事的良好氛围。政协领导班子成员要发挥“关键少数”作用，把践行“三严三实”贯穿于全部工作生活之中，做到信念过硬、政治过硬、责任过硬、能力过硬、作风过硬。二是能力提升。委员强，则政协强；委员履职到位，政协才有地位。通过举办专题讲座等形式，用培训提升委员。积极推进委员之家、界别活动日、“智慧政协”等载体建设，进一步发挥界别特色优势，用活动联络委员。健全委员履职管理办法，实施痕迹化管理、精准化考评，探索政协委员能进能出机制，用考评激励委员。加强与委员的走访谈心、联谊联欢，以真心换真情，用服务感动委员。持续推进“学习型、研究型、服务型”机关建设，进一步拓宽新思维，掌握新理论，丰富新知识，切实提升研究与服务能力。三是文化塑魂。深入践行社会主义核心价值观，坚定中国特色社会主义文化自信，弘扬政协“和合”文化、协商文化、兼容文化与求实文化，不断培育政协情怀，培养一支有热情、有活力的政协干部队伍，进一步营造“乐当政协人、爱干政协事”的“大家庭”氛围。

奋斗创造幸福，实干成就梦想。让我们更加紧密地团结在以习近平同志为核心的中共中央周围，在中共吴兴区委的坚强领导下，不忘初心、牢记使命，以时不我待、只争朝夕的精神，在吴兴高质量赶超发展的新征程中，奋力书写人民满意的时代答卷。

关于湖州市吴兴区 2017 年国民经济和社会发展计划执行情况及 2018 年国民经济和社会发展计划草案的报告

——在湖州市吴兴区第四届人民代表大会第二次会议上

吴兴区发展改革和经济委员会主任　杨元江

2018 年 2 月 2 日

受区人民政府委托，我向大会报告全区 2017 年国民经济和社会发展计划执行情况及 2018 年国民经济和社会发展计划草案，请予审议，并请各位政协委员和其他列席人员提出意见。

一、2017 年国民经济和社会发展计划执行情况

2017 年党的十九大胜利召开，中国特色社会主义进入新时代。在区委的正确领导和区人大、区政协的监督支持下，全区上下牢牢把握稳中求进总基调、供给侧结构性改革主线，围绕“生态吴兴、经济强区、科技新城、幸福家园”总目标，深入践行“四新”主题实践，坚定不移以“六重”工作为主抓手，全力推进新一轮“八大行动”，按照“打造增长极、提高首位度、争当排头兵”的工作要求，凝心聚力、攻坚破难，在全区人民的共同努力下，全区经济运行总体平稳、符合预期，经济社会保持了稳健发展态势。区四届人大一次会议确定的 11 项预期性指标和 7 项约束性指标全面完成。

2017 年国民经济与社会发展有关指标完成情况一览表

表 1-1

指标属性	指标名称	人代会目标	完成情况		
			增幅	绝对值	评价
预期性指标	地区生产总值	8%	8.6%	515.5 亿元	完成
	财政总收入	8%	18.8%	51.9 亿元	完成
	其中，地方财政收入	8.5%	21.5%	31.1 亿元	完成
	全社会研究与试验发展经费支出占生产总值的比例	2.45%	2.46%		完成
	固定资产投资	12%	14.6%	327.9 亿元	完成
	社会消费品零售总额	9%	11.1%	339.2 亿元	完成
	合同外资（亿美元）	2.85	3.35		完成
	实到外资（亿美元）	1.8	2.18		完成
	浙商回归资金（亿元）	30	67.3		完成
	城镇居民人均可支配收入	8%左右	9.0%	51394 元	完成
	农村居民人均可支配收入	8.5%左右	9.5%	29980 元	完成

续表 1–1

指标属性	指标名称	人代会目标	完成情况		
			增幅	绝对值	评价
约束性指标	万元 GDP 综合能耗下降率	完成省、市下达目标	完成目标任务		完成
	化学需氧量削减率				完成
	二氧化硫削减率				完成
	氮氧化物削减率				完成
	氨氮削减率				完成
	城镇登记失业率	≤3.5%	2.09%		完成
	新增城镇就业数	1 万人	2.2 万人		完成

2017 年全区经济社会发展主要取得以下成效：

（一）产业发展迈出新步伐。一是工业强区建设蹄疾步稳。以推动制造业提质增效升级为中心，以绿色制造和智能制造为主线，主动融入“中国制造 2025”试点示范，位列全省工业强县区第 35 名，比上年上升 9 位，获评浙江省县区经济发展潜力、经济创新力 30 强。深入实施智能装备产业集聚、信息经济登高、健康时尚提速行动计划，开展重点产业培育百日专项行动。全区信息化发展指数、信息经济指数均列全市第一，成功创建省级信息经济发展示范区。战略性新兴产业、装备制造业、高新技术产业增加值分别增长 8.1%、19.3%和 11.1%，列入省智能物流装备产业培育试点示范，全市唯一。以美妆小镇为主，化妆品及相关产业完成规上工业产值 38.6 亿元，增长 27.3%。二是服务业强区建设实现提升。实现服务业增加值 278.3 亿元，增长 9.6%。新增天心天思、万达投资等规上服务业企业 73 家，列全市第一。织里童装生产性服务业集聚区、湖州多媒体产业园、吴兴科技创业园等 3 个省级集聚区在全省排名分别上升 5、34 和 21 位。实施“全域旅游打造行动”，移沿山生态景区、原乡蝴蝶小镇成功创建国家 AAAA 级旅游景区，区旅游发展委员会正式成立。三是农业“两区”建设示范引领。深入推进“现代农业引领行动”，以两大“国字号”试点为载体，以南太湖农业产业集聚区、渔业转型发展先行区、省农产品质量安全放心县（区）三大创建为抓手，全力打好吴兴农业转型升级“组合拳”。高新区北片列入省级田园综合体创建试点、省级现代农业园区。吴兴太湖溇港列入国家水利风景区。持续提升农业“两区”建设水平，提标改造粮食生产功能区 2.1 万亩，新建现代农业园区核心区 1929 亩。农业普查工作顺利完成。

（二）有效投入实现新增长。一是谋产业，招引大项目。围绕智能装备、信息经济、健康时尚、休闲旅游等主导产业，加大力度“谋划大产业招引大项目”，入选全国投资潜力百强区。优化资源整合，完善招商机制，组建 6 个产业招商局及 6 个部门招商分局，形成“6+6”招商组织结构。全年引进市“大好高”项目 44 个，位居全市前列。二是抓推进，建设大项目。围绕“项目双进突破行动”，坚持完善“季开工、年考核”工作机制，开展阳春大开局行动、仲夏大攻坚行动、金秋大冲刺行动和暖冬大储备行动，全区重点项目建设取得显著成效。全区固定资产投资增长 14.6%，工业性投入增长 13.2%，均列全市第一。游侠智能汽车、新凤鸣、老恒和等 7 个 50 亿元以上重大项目加快推进。48 个省重点建设项目完成投资 80.9 亿元，完成省年度计划 169.2%。60 个市重点建设项目全部开工，完成投资 150.6 亿元，完成年度计划 130.3%，韩佛化妆品、华为云计算等 12 个项目竣工。60 个区重点工业项目全年完成投资 60.8 亿元，完成年度投资计划的 104.9%，32 个项目开工，22 个项目竣工。三是拓平台，承载大项目。整合提升全区工业平台，完善平台功能配套，提升平台承载能力。全区完成平台拓展提升面积 14143 亩，基础设施投入 7.3 亿元。实施“高新产业集聚行动”，湖州现代物流装备园区通过省级高新园区综合考核。谋划建设吴兴高新产业万亩大平台，总体构建 “一心五区”空间布局模式。提升发展吴兴经济开发区，全年完成基础设施投资 4.2 亿元，完成产业类项目投资 26 亿元，拓展提升平台面积1600亩。吴兴经济开发区管委会实体化运作。四是争资源，保障大项目。着力省重大产业项目、省重点建设项目申报，全力争取政策资源，千方百计破解要素制约。12个项目列入省重大产业项目，涉及总用地5284亩，特别是游侠汽车列入省特别重大产业项目，可争取土地奖励指标2200亩；16个项目列入省服务业重大项目，均列全市第一。推进全国绿色金融改革创新试验区建设，不断拓宽企业融资渠道，通过各类直接融资方式募集资金总额83.4亿元。入选省领军型创新团队1个、“南太湖精英计划”项目35个。

（三）发展质量取得新提升。一是创新能力持续增强。深入贯彻创新驱动发展理念，坚持补齐创新短板，入选全国创新创业（双创）百强区，省科技推动转型升级综合评价排名全省第11位，创历史新高。科创平台不断提档，七幸科创园被评为省级科技孵化器，吴兴梦工场成功列入省级众创空间。创新主体不断壮大，新增省级企业研究院2家、省级工业企业技术中心2家、省级研发中心7家，新增国家重点扶持高新技术企业19家、发明专利授权量419件。二是培大育强亮点纷呈。制定新一轮“金象金牛”企业培育三年计划，在政策资源、要素保障、奖励力度上加大倾斜。新凤鸣、大东吴等9家企业列入市“双金”培育企业，数量全市第一。积极推进企业精细化管理，珀莱雅等3家企业列入省级管理创新示范试点企业。积极培育“专精特新”中小微企业，朗奥物流、上银机械2家企业入围全省新上规企业“创业之星”。东尼电子、珀莱雅主板上市，东吴电机等4家企业新三板挂牌，全区上市挂牌企业达到20家。推动企业开放发展，完成出口77.2亿元，增长12%。三是两化融合形成示范。充分利用互联网、物联网、人工智能等信息技术，不断提升企业智能制造水平。全区两化融合发展指数全市第一，德马科技等3家企业通过工信部贯标审核，珀莱雅等10家企业列入省级制造业与互联网融合发展试点示范，德宏电子等5家企业列入省上云标杆，老恒和酿造食品智能化工厂等3个项目列入省智能制造重点项目，久鼎电子等20个项目列入市两化融合重点项目，完成企业上云1100家，均列全市第一。省级特色工业设计示范基地考核位列全省第三，成功举办全省推进工业设计发展工作现场会。

（四）重点改革取得新进展。一是推进政府服务改革。开展“最多跑一次”改革，深化“放管服”，“最多跑一次”和“零上门”事项覆盖率达98%和60.1%。涉企中介与“最多跑一次”改革深度融合，企业投资项目审批效率、服务质量和群众满意度明显提升。深化机制体制改革，释放发展活力，成立区城投、产投两大国有集团公司，引入上海国新张创战略投资，在全市率先开启央地融合全面合作。群团改革全面启动。二是推进供给侧结构性改革。建立“去、降、补”供给侧改革长效管理机制，集中力量开展工业领域供给侧结构性改革。整治和淘汰“低小散”企业（作坊）、“厂中厂”12148家；淘汰落后企业18家，腾出用能空间1.8万吨标准煤；盘活存量土地2185亩、低效用地再开发516亩；完成僵尸企业处置9家；获评省级清洁能源示范县区、腾笼换鸟先进县区。切实减轻企业负担，制定出台《吴兴区减轻企业负担降低企业成本政策二十一条》，累计减轻企业负担超9亿元。三是推进城乡一体化改革。抓好中心镇小城市试点建设，实施“织里国家试点行动”，以织里国家新型城镇化试点建设为契机，加快小城市建设步伐。织里镇小城市培育试点考核再次取得佳绩，连续3年位居全省第二，连续5年荣获优秀单位，入选全国综合实力千强镇。丝绸小镇全年完成投资14.6亿元，特色产业占比达到88.5%；美妆小镇完成投资17.9亿元，特色产业占比达到78.8%，在省级特色小镇年度考核中分别获得优秀、良好成绩。原乡蝴蝶小镇列入省第二批特色小镇培育名单。

（五）民生福祉获得新期待。一是新城建设全面提速。围绕全域城市化新五年目标，开展“东部新城提速行动”，“湖城向东看”品牌影响力不断提升。区文体中心主体完工，枫叶国际学校、吴兴实验幼儿园等教育设施相继交付使用，新城配套建设加快完善。智慧社区工程有序推进，全域城市化进程加速提档。二是居住环境全面提升。集全区之力攻坚全国文明城市创建，实行道路精细化管理91条，拆除违法建筑10万平方米，生活垃圾分类和C、D级危房动态监测实现全覆盖。以“强四治、创四美”为主要内容，强势推进“美丽吴兴攻坚行动”。全区370个劣V类水体点位全部整治销号，水剿劣通过省级验收。完成城中村改造4946户，拆除4431户，超额完成市本级核心片区年度任务。扎实推进大气污染防治，$PM_{2.5}$浓度同比下降4.3%，空气优良率上升3.7%。16个小城镇综合整治全面铺开，成功创建全国文明村2个，省级美丽乡镇示范乡镇1

个，省级美丽宜居示范村 4 个。三是民生工程全面提质。推进城乡文化均衡发展，新建农村文化礼堂 6 个并全部投入使用，基层文化阵地逐步健全。加速推进教育现代化，乡镇学校校园三年综合改造全面完成，吴兴实验中学等 5 所学校竣工投入使用，9 所公办幼儿园新办开园。城乡医疗卫生服务体系逐步健全，分级诊疗全面实施，省级卫生强镇实现全覆盖，区人民医院主体结顶。全民健身服务体系不断完善，成功创建省体育强区。着力推进医养融合发展，全区新增养老机构床位 666 张，医养合作机构 10 家。新增城镇就业 2.2 万人，“零就业”家庭保持动态归零。社会大局总体稳定，法治吴兴、平安吴兴再创佳绩，食品药品环境总体稳定，安全生产“三项指标”持续下降。

二、2018 年经济形势预判

从国际环境看，世界经济整体正在复苏，新兴经济体和发展中国家成为拉动全球经济强劲复苏的主要力量。国际货币基金组织、世界银行等权威机构先后对 2018 年世界经济走向做出乐观预期，全球经济将开启新一轮复苏和增长周期。但 2017 年世界经济复苏一定程度上受多国宽松货币政策支撑，持续增长的不确定性、不稳定性依然存在。同时逆全球化思潮继续发展并发挥作用；以美国加息、缩表、减税为重要标志，全球性宽松货币政策正酝酿渐次退出，金融风险等方面隐忧需高度重视。

从国内环境看，中共十九大胜利召开，中国特色社会主义进入新时代，经济发展也进入新时代，由高速增长阶段转向高质量发展阶段，正处在转变发展方式、优化经济结构、转换增长动力的攻关期，建设现代化经济体系是跨越关口的迫切要求和我国发展的战略目标。从现在到 2020 年，是我国全面建成小康社会决胜期，经济发展处于增速逐步回暖、回升的过程，2017 年我国 GDP 比上年增长 6.9%，经济增速近七年首次反弹，2018 年继续上行的可能性很大，经济呈现总体平稳、稳中向好的态势。解决发展“不平衡不充分”等一些突出问题，将成为今后经济社会发展的主要目标。

从区内环境看，近年我区主要经济指标稳居全市前列，首位度不断提高，增长极、排头兵地位持续巩固。东部新城成为区域经济新兴增长极，教育医疗、文体配套、商贸服务等功能不断完善，“湖城向东看”已成为城市发展主旋律。织里镇国家新型城镇化综合试点深入推进，城市管理机制不断创新，发展活力将得到充分释放。“三镇”“三区”承载能力正在提升。丝绸小镇全力冲刺省级命名，人气、产业集聚效应将进一步提高；美妆小镇前期引进建设项目将陆续投产达益，即将成长为区域经济增长动力之一；原乡蝴蝶小镇新进省级行列。高新区、吴兴经济开发区和西塞山旅游度假区等省级平台提质发展，万亩大平台呼之欲出，产业、科技集聚度不断提升，为我区引领赶超发展提供强大动力。智能装备、信息经济、休闲旅游、健康时尚四大产业发展势头强劲，质量规模不断提高。2017 年我区百亿级项目引进、50 亿元以上项目建设实现历史性突破，今后这些项目将成为带动经济增长的新动力。接轨上海活动周成功举办，吴兴知名度、美誉度进一步提升。“上海 2035”明确将湖州列入同城化都市圈，湖苏沪高铁成为上海区域复合交通重要廊道，吴兴将提速融入上海新一轮发展快车道。湖州 “中国制造 2025”、国家绿色金融改革等国家战略深入实施，“两山”理念、杭宁生态经济发展带、“大湾区”、“大花园”、“大通道”等战略举措，势必带来产业结构的持续调整。我区传统制造业改造提升、节能减排力度不断加大，供给侧结构性改革、最多跑一次改革等机制不断建立，发展环境得到有效提升。

同时，我们也看到发展中仍面临着一些挑战和困难:一是发展不平衡不充分的一些突出问题尚未解决，发展质量和效益还不高；二是新旧动能转换步伐有待加快，创新能力不够强；三是要素制约不断加剧；四是生态环境保护和治理任务依然艰巨，公共服务与群众期待仍有差距；五是周边县区较快增长态势，竞争压力日益加大。总体判断，2018 年宏观经济环境总体向好，但不确定因素仍然较多，机遇与挑战并存，应客观辩证分析所处“新时代”，与时俱进确立“新思路”，相机制定实施“新举措”，推动吴兴经济健康稳定持续发展。

三、2018 年国民经济和社会发展主要预期目标建议

根据经济发展环境分析，按照“积极稳妥、切实可行”原则，与经济发展客观规律相符合、与资源环境承载能力相吻合、各项指标之间相匹配、与周边县区发展态势相适应等要求，处理好稳和进、破和立、实体和虚拟、即期和长远、发展和惠民等“五对关系”，建议 2018 年全区主要经济指标初步安排和工作任务，详见表 1–2。

2018年吴兴区国民经济和社会发展主要预期目标

表1-2

属性	指标名称	2018年预期目标
预期性指标	地区生产总值	8%
	财政总收入*	8%
	其中：地方财政收入	8%
	全社会研究与试验发展经费支出占生产总值比例	2.5%
	固定资产投资	12%
	社会消费品零售总额	9%
	合同外资	2.85亿美元
	实到外资	1.8亿美元
	浙商回归资金	30亿元
	城镇居民人均可支配收入	8%以上
	农村居民人均可支配收入	8.5%以上
约束性指标	万元GDP综合能耗下降率	完成市下达目标
	化学需氧量削减率	完成市下达目标
	二氧化硫削减率	完成市下达目标
	氮氧化物削减率	完成市下达目标
	氨氮削减率	完成市下达目标
	城镇登记失业率	≤3.5%
	新增城镇就业数	1万人

说明：*根据新一轮市对区财政体制，财政收入口径调整，2017年财政总收入从51.9亿元调整为55.05亿元

提出上述主要预期目标依据如下：

1.关于地区生产总值。一是与经济发展规律相吻合。根据经济发展规律初步判断，“十三五”时期经济增长将呈现“前低后高”的趋势，预计2018年经济增长速度将略快于2017年。二是在工作目标上自我加压。2018年是实施“十三五”规划的关键一年，我区要在“十三五”时期“着力打造增长极、提高首位度”，实现“高质量全面引领赶超发展，高水平全面建成小康社会”的总体目标，在确保完成人代会目标的同时，要充分考虑周边地区发展的竞争态势，自我加压。

2.关于财政收入。2018年我区将全面执行新一轮市对区财政体制，其中市直属企业将按照属地原则纳入吴兴区财政收入统计，吴兴区部分企业划出等。市直属企业税收具有一定基数，但增幅已经明显放缓。同时，我区新兴财源基础比较薄弱，新产业对财政增长的拉动作用短期内还不明显，传统产业转型升级任务繁重，尚需要一个过程，财政收入保持较快增长压力不小。

3.关于固定资产投资和工业性投入。一是近年出口需求出现萎缩，消费需求日趋多样化，把握难度较大，有效投资仍是地方政府促进经济增长的最有效抓手，安排不能过低。二是虽然当前工业投资有所放缓，但交通、水利等基础设施建设保持较快增长，服务业投资已成为增长主力。东部新城、特色小镇建设进一步加快，人口、产业不断集聚，将吸引更多的投资。三是从区重点产业项目安排情况看，初步排定2018年全区重点工业项目60项，当年计划完成投资70亿元；重点服务业项目40项，当年计划完成投资70亿元，为预期目标完成奠定一定基础。

4.关于居民收入指标。随着我区经济持续较快发展，城乡居民的收入保持较快增长。按照发展成果由人民共享的理念，居民收入增长应该略高于经济增长。随着我区强农惠农政策力度持续加大，城乡社会保障面扩大、教育医疗等基本公共服务均等化的投入不断加大，这些都将为稳步提高城乡居民收入提供有利条件。

5.关于约束性指标。节能减排作为约束性指标，是政府向人民的承诺，是经济转型升级的倒逼力量，必须根据省市下达任务，建立长效机制，确保完成。万元 GDP 综合能耗下降率、氮氧化物削减量、氨氮削减量、化学需氧量削减量、二氧化硫削减量按省、市下达的任务执行。

四、2018 年国民经济和社会发展的主要任务和措施

2018 年是全面深入贯彻落实党的十九大精神的开局之年，也是实施“十三五”规划承前启后的关键之年。做好今年全区国民经济和社会发展计划意义重大，总体思路是：**高举习近平新时代中国特色社会主义思想伟大旗帜，全面贯彻党的十九大和省市区全会精神，坚持稳中求进总基调，坚持新发展理念和高质量发展要求，紧扣社会主要矛盾变化，坚定不移沿着“八八战略”指引的路子走下去，持续深化“四新”主题实践，持续推进 “八大行动”，以供给侧结构性改革为主线，以经济工作项目为抓手，以“六重”工作引领现代产业体系建设，实施“十百千万”双创行动，促进经济社会持续健康发展，在全市践行“两山”理论新征程中，着力“打造增长极、提高首位度、争当排头兵”。**

坚持质量效益并举，开展“十百千万”双创行动，2018 年争创“中国制造 2025 浙江行动”试点区、国家级绿色园区。2020 年之前，全省工业强区排名冲前 20 名。

1.“双十”创强。即区领导重点联系十个特别重大产业项目、十个年度税收亿元以上龙头企业，从而带动全区 60 个重点工业项目、40 个重点服务业项目加快推进，带动全区企业做大做强、上规升级。

2.“双百”创强。即实施一百个智能制造重点项目，培育发展新动能；主抓一百家传统制造业企业改造提升，转型发展旧动能，从而加快全区经济新旧动能转换步伐。

3.“双千”创强。即规上工业企业三年冲千家、规模工业产值三年冲千亿。到 2020 年，全区规上工业企业力争突破一千家，规模工业产值达到一千亿元，年均增长 15%。通过三年努力，量质并举、提质增效，在全省工业强县（区）综合排名冲前 20 名。

4.“双万”创强。即谋划打造吴兴高新产业万亩大平台，整合提升吴兴经济开发区万亩大平台。2018 年吴兴高新产业万亩大平完成平台内拆迁 773 户，拓展提升面积 3000 亩；吴兴经济开发区完成产业投资 26 亿元，拓展提升面积 4100 亩。

着力抓好以下五个方面工作：

（一）聚焦项目建设，推动平台打造、要素争取攻坚突破。一是深入开展项目“双进”。牢牢抓住项目“牛鼻子”，整合部门职能组建 16 个招商分局，扎实谋划大产业，精准招引大项目。全年引进总投资 10 亿元或 1 亿美元以上项目 10 个，市定“大好高”项目 25 个。扎实推进省市县长项目工程，建立区领导牵头联系十个特别重大产业项目工作机制，组成一个攻坚团队，形成全区合力抓项目推项目建项目的浓厚氛围。围绕签约落地一批、开工建设一批、竣工投产一批，主抓 60 个重点工业项目，全年完成投资 70 亿元；40 个重点服务业项目，全年完成投资 70 亿元。二是加快“双万亩”平台打造。实施“高新产业集聚行动”，加快打造吴兴高新产业万亩大平台，高新技术孵化中心、物流装备制造区基本打造完成，拓展提升面积 3000 亩，全力冲刺国家级高新区。建设吴兴经济开发区万亩大平台，完成拓展提升 4100 亩，完成产业投资 26 亿元。三是加大要素保障力度。扎实开展“五未”土地处置专项行动和“标准地”试点，盘活闲置低效工业用地 1000 亩以上。推进绿色金融改革，加强银企对接、探索建立融资租赁、股权投资等融资方式，协调解决重点项目融资需求。确保新引进大学生和其他各类人才 1.8 万人以上，引育“南太湖精英计划”创新创业团队 15 个。建立健全重点项目建设“直通车”制度，提供从备案到建设投产等全过程“一站式”服务，做到任务项目化、项目清单化、推进机制化。

（二）聚焦实体经济，推动企业发展、转型升级攻坚突破。一是聚力智能制造。实施 70 个智能制造重点项目，争创省级智能制造园区。实施智能车间示范行动，全年推进建设智能制造标准工厂（车间）10 个，列入省级以上智能制造应用项目 2 项。新认定国家重点扶持的高新技术企业 10 家以上，新增省级以上研发中心（研究院）4 家。实施智能产品升级行动，全年开发智能产品 10 项以上。实施智能管理提升行动，全年培育“两化融合”贯标企业 3 家

以上、试点示范企业15家以上，打造智能管理示范10个以上。实施智能服务培育行动，继续提升“智连吴兴”公共平台，完成企业上云500家以上，打造上云标杆10家以上，培育第三方服务企业5家以上。实施智慧园区共享行动，争创现代物流装备国家级新型工业化产业示范基地。二是聚力绿色制造。实施30个绿色制造重点项目，争创国家级绿色园区。实施传统制造业改造提升行动，以“整治千家企业、减排千吨污染、打造千亿产值”为目标，以童装、砂洗印花及床上用品、喷水织机、铝合金、印染、小木业等五大领域为重点，主抓百个传统制造业改造提升项目，全年实现传统产业技术改造投资、研发投入增长15%以上。不断加快市场出清，以“厂中厂”“四无”企业（作坊）为重点，加大落后产能淘汰力度，全年淘汰落后产能企业16家，关停“低小散”企业（作坊）150家以上，腾出用能空间1.8万吨标煤，加快六大中小微产业园建设。三是聚力企业培育。以美欣达、新凤鸣等企业为重点，抓好区领导重点联系十个年度税收亿元以上，有重大贡献的龙头企业，引导“新象新牛”等大企业向总部型、品牌型、上市型、高新型、产业联盟主导型的“五型企业”发展，力争全区超百亿元、超50亿元企业实现新突破。加快落实“凤凰行动”计划，确保全年新增上市挂牌企业5家以上。做优“专精特新”，引导小微企业上规升级，全面实施新一轮小微企业三年成长计划，力争净增“个转企”200家、“小升规”60家、“下转上”60家。

（三）聚焦重点产业，推动体系构建、结构调整攻坚突破。一是提速发展四大产业。以高新产业万亩大平台为载体，继续深化“高新产业集聚行动”，加快智能装备产业集聚发展，增加值增长12%以上。围绕云计算等信息经济核心产业，依托“5+3”科创平台等载体，加快推动先登高科、东尼电子等重点企业发展，实现增加值增长11%以上，网络零售额240亿元。以健康服务业为重点，构建特色健康产业体系，增加值增长10%以上，打造长三角健康谷示范区。实施“全域旅游深化行动”，深度融合“南太湖巨龙腾飞计划”，加快差异化平台建设，力争新创建国家AAAA级旅游景区2家，打造“原乡丝韵、水墨吴兴”。二是提质发展现代服务业。围绕“4+3+3”产业体系，着力“四个一批”重点项目建设，提高“3+N”重点产业平台承载力，加快信息服务、金融服务、文化创意等新兴服务业提质扩容以及现代商贸、休闲旅游等传统服务业转型发展，大力发展楼宇经济、打造特色街区，确保全区服务业增加值增长8.5%、力争9%，规模以上服务业企业数量达到400家，不断提升服务业强区创建水平。三是提档发展现代农业。实施“现代田园打造行动”，制定实施“乡村振兴三年行动计划”，扎实推进“五大工程”，打造全省乡村振兴先行区、示范区，创建国家现代农业产业园。打造高新区北片、八里店南片两个农业“大花园”，加快农业“接二连三”步伐。启动东苕溪水云绿道、“四型库塘·美丽河漾”建设，争创全国中央财政资金小型农田水利建设项目区。

（四）聚焦重点改革，推动试点建设、城乡统筹攻坚突破。一是深入对接国家试点战略。主动融入“中国制造2025”和绿色金融改革创新两大国家战略，全面梳理政策资源，加快推动实体经济发展。主动融入践行“两山”理念先行示范区，巩固生态文明建设成果。全力打造大湾区、大花园、大通道、杭宁生态经济带等战略实施主阵地。推动“最多跑一次”改革向基层延伸，巩固扩大“最多跑一次”改革成果，以点带面撬动各领域改革。二是持续唱响“湖城向东看”。深入实施“东部新城提速行动”，大力推进东部一体化，深化产城融合，高标准规划建设城市地标“吴兴中心”。全年实施42个建设项目、完成投资103亿元，并逐步实现由“政府投”向“市场投”转变。加快建设丝绸小镇，高品质打造足球小镇、亚运小镇，引领新城产业发展。完善医疗、教育、基础设施等板块，不断优化全域配套，推动东部一体化发展。三是推进城镇组团提档进位。实施“织里国家试点行动”，加速产城人综合转型升级，加快童装产业改造提升步伐，实现织里二次腾飞，打造全国改革试点样板镇。加大特色小镇创建力度，深化制度创新改革，丝绸小镇争取“全市第一批创建、第一批命名”。围绕“统筹规划决策管理、统筹基础设施对接实施、统筹产业发展布局联动”要求，全力推进道场妙西西部组团、埭溪东林南部组团加快发展。

（五）聚焦民生福祉，推动环境改善、和谐稳定攻坚突破。一是全力以赴建设美丽吴兴。开展“美丽吴兴提升行动”，打好五水共治、三改一拆、治气治霾、治脏治乱等组合拳。以力夺“大禹鼎”为目标，力争“河长制”深化、“污水零直排区”创建、渔业养殖尾水治理工作走在全市前列。全面攻坚城中村改造，确保26个村（项目）、4116户征迁任务全面完成。实行全区建成区范围内全域全时段禁烟花爆竹售放。高质高效完成第二批小城镇环境综合整治，全面落实环卫一体化、生活垃圾分类处置等长效管理机制。积极争创省级美丽乡村示范区，创建省级美丽乡村示范乡镇2个。二是全力以赴做好民生实事。实施“中心城区提质行动”，巩固扩大全国文明城市创建成果，全面提升城市精细化管理，持续唱响“湖城中央·最美风光”品牌。提升城市文化品位，推进区文化馆、区图书馆、区非遗中心、区体育馆投入使用。推进教育布局均等化，湖东小学等8个学校竣工并投入使用，吴兴实验小学加快建设,加快教育基本现代化区创建步伐。坚持以人民健康为中心，建设“健康吴兴”，创建省级健康促进区、市级医养结合试点，区人民医院交付使用。举办吴兴区第四届运动会，将区运会办出特色、办出影响。加快养老服务照料中心社会化运行，支持朝阳街道建设“全国智慧养老应用试点示范街道”。三是全力以赴保障美好生活。不断加大弱势群体扶持力度，推行基本公共服务均等化。健全完善全区信用体系，加强各项业务信用评估渗透，落实窗口信用信息查询工作，探索建立前台登记、后台查询制度，更好地发挥信用在经济社会发展中作用。全力维护社会稳定，建立食品药品质量追溯制度，健全安全生产隐患排查治理和事故预防控制体系，确保“法治吴兴”六连冠、“平安吴兴”七连冠。

做好2018年经济社会发展各项工作，任务艰巨，意义重大。在中共吴兴区委的领导下，在区人大及区政协的监督支持下，勠力同心、锐意进取，扎扎实实做好经济社会发展各项工作,加快实现“生态吴兴、经济强区、科技新城、幸福家园”，顺利完成国民经济和社会发展各项目标和任务而努力奋斗！

附件：吴兴区2018年全社会项目清单

附件

2018 年吴兴区全社会主要建设项目计划表

附表 1-3

单位：亿元

序号	项目名称	项目建设主体	主要建设规模	建设周期	计划总投资	截至 2017 年年底累计完成投资	2018 年计划投资	2018 年计划完成形象进度	责任单位或部门
	总计： 305 项				14484013	2200722	2546450		
一	农林水利：19 项				79396	17210	46620		
	续建项目：4 项				27260	17210	10050		
1	高新区灵粮农业项目	湖州灵粮生态农业有限公司	用地面积约 1350 亩，主要以生态开发为宗旨，集科研、种植、养殖、休闲观光为一体的绿色农业生态园	2017—2018	20000	15000	5000	完工	高新区管委会
2	幻溇特色小镇避风港建设项目	南太湖现代农业综合区开发有限公司	避风港码头建设项目，新开挖长度 600 米，宽度 35 米，水域面积达 21000 平方米	2017—2018	4500	500	4000	完工	高新区管委会
3	妙西自动化养鸡场	湖州绿昌生态农业有限公司	安装全自动养殖设备 5 套，有机肥发酵设备 3 套	2017—2018	1500	1250	250	完工	妙西镇人民政府
4	妙西桑农特色农作物培育园	湖州桑农生态农业有限公司	利用现有园区场地，建设省农科院唯一指定的南太湖特色农林新品种引选繁的“田间学校”，将集特色优质农林新品种引选繁示范推广、名优特水果、功能性新型蔬菜及林下名贵中药材培育种植示范等多种产品和技术服务于一体，并在此基础上结合地处湖州西塞山旅游度假区内的优势提供创意农业休闲观光体验旅游等服务	2017—2018	1260	460	800	完工	妙西镇人民政府

续附表 1–3

序号	项目名称	项目建设主体	主要建设规模	建设周期	计划总投资	截至 2017 年年底累计完成投资	2018 年计划投资	2018 年计划完成形象进度	责任单位或部门
	新开工项目：15 项				52136		36570		
1	壹伍田园互联网共享农业园	湖州共享农业科技发展有限公司	项目一期主要建设现代化都市高产农业园。主要以物联网科技农业种植、无公害蔬菜种植、名贵盆栽花草种植为基础，建设智能温室大棚约 13 万平方米（含工作房），私人定制共享种植区域约 5 万平方米	2018—2019	15000		10000	完成建设智能温室大棚约 13 万平方米(含工作房)，私人定制共享种植区域约 5 万平方米	高新区管委会
2	太湖风情渔业产业园	湖州南太湖现代农业综合区开发有限公司	项目主要包含幻溇鱼贸市场、避风港码头项目和渔业养殖基地。鱼贸市场项目结合水岸鱼市，新建一座一星级标准农贸市场，规划建设用地面积为 9413.22 平方米，总建筑面积 7650 平方米；避风港码头主要新开河道开挖 850 米、新建渔港码头，解决太嘉河区域内 194 艘捕捞作业船舶停靠的需要	2018—2019	6000		3000	农贸市场基本框架建设完成，新开河道开挖 850 米、渔港码头基本成形	高新区管委会
3	高新区现代农业园区物联网基地建设(戴北果蔬)项目	湖州南太湖现代农业综合区开发有限公司	排水系统，灌溉系统，道路网建设，电力通信系统，设施大棚，管理房及配套设施，智能农业系统	2018—2019	3600		2600	完成排水系统、灌溉系统、道路网、电力通信系统、设施大棚建设	高新区管委会
4	杨溇水产产业园（一期）	湖州申港建设投资有限公司	庙港人水产（太湖蟹）产业养殖基地，项目一期用地 220 亩，主要为养殖池塘提升整改机配套设施建设等	2018	1000		1000	完工	高新区管委会
5	中央财政小型农田水利项目	织里镇、八里店镇、道场乡、东林镇农业综合服务中心	高效节水建设 4980 亩，灌区改造 4 处	2018—2019	3200		2560	完成 80%工程量	织里镇、八里店镇、道场乡、东林镇人民政府

续附表 1-3

序号	项目名称	项目建设主体	主要建设规模	建设周期	计划总投资	截至 2017 年年底累计完成投资	2018 年计划投资	2018 年计划完成形象进度	责任单位或部门
6	利济圩区建设项目	湖州织里城市建设发展有限公司	整治圩区面积 2 万亩	2018—2019	2326		1800	完成 80%工程量	织里镇人民政府
7	织里镇水产养殖尾水治理工程	织里镇人民政府	1 万亩水产养殖尾水处理工程	2018	1200		1200	全面完成治理	织里镇农业农村办
8	八里店梦田源现代农业产业园	湖州梦田源农业科技有限公司	8 大城市微农业展示种植大棚	2018—2021	3000		1000	完成 3 大棚建设	八里店常路街道
9	吴兴区果蔬特色园	湖州吴兴东部新农村建设投资有限公司	园区道路、绿化、土地平整	2018—2021	3000		1000	部分道路、土地平整完工	八里店常路街道
10	乡镇四型库塘项目	各乡镇人民政府	水库除险加固 4 座（大山坞，风车口、石山岭），山塘标准化整治 7 座	2018	2560		2560	完工	妙西镇、埭溪镇人民政府
11	河道清淤项目	各乡镇人民政府	清淤河道 90 公里，土方 90 万立方米	2018	1500		1500	完工	各乡镇人民政府
12	生态护岸建设项目	各乡镇人民政府	建设河道生态护岸 50 公里	2018	5000		5000	完工	各乡镇人民政府
13	埭溪梅峰溪生态修复工程	太平桥村、五石坞村、贯边村	总长约 8.5 公里新建护岸，堰坝等	2018—2020	2300		900	完成五石村段	埭溪镇人民政府
14	埭溪大山坞水库除险加固工程	埭溪镇农业综合服务中心	坝体防渗处理、溢洪道重建、坝坡重新衬砌、库区清淤、新建管理房等	2018	1300		1300	完工	埭溪镇人民政府
15	埭溪下沈港河道综合整治工程（老虎潭水库坝脚—山背村）	埭溪镇农业综合服务中心	加高加固堤防总长 2.8 公里；新建堰坝 1 座、重建堰坝 1 座；重建过水箱涵 1 座	2018	1150		1150	完工	埭溪镇人民政府
二	城建交通：75 项				997472	486393	376826		
	续建项目：45 项				856393	486393	298916		

续附表 1-3

序号	项目名称	项目建设主体	主要建设规模	建设周期	计划总投资	截到 2017 年年底累计完成投资	2018 年计划投资	2018 年计划完成形象进度	责任单位或部门
1	318 国道连接线跨长湖申大桥工程	区城投集团	跨长湖申航道，主桥全长 385 米，道路连接线 855 米	2016—2018	18000	8000	10000	完工	区城投集团
2	中兴大道连通工程	区城投集团	全长 3 公里，涉及道路、人行道、路灯、绿化等，含 2 座桥，1 座箱涵	2017—2019	11460	5000	3500	可施工路段路基完成，桥梁下部结构完成	区城投集团
3	经一路改造工程	区城投集团	道路改造总长 4.3 公里，宽 35 米(沿线跨越西山漾和梅家湾，设置桥梁两座；220 千伏高压线搬迁，全长 1.5 公里）	2017—2019	10000	1000	8000	湖东路以北路段完成，高压线落地完成	区城投集团
4	八里店大桥与经三路连接线互通工程	区城投集团	经三路与八里店大桥连接线全长 800 米，宽 40 米，匝道 2 座	2017—2019	8000	1000	5700	桥梁主体结构完成	区城投集团
5	湖织大道拓宽改造及东延工程	织里镇人民政府	白龙桥至轧村集镇 8 公里道路拓宽改造，轧村集镇至南浔交界 2.5 公里新建	2016—2020	110000	10000	35000	完成对下政策处理和白龙桥至大港路 4.5 公里路基和桥梁建设	区交通局
6	吴兴大道东延工程	织里镇人民政府	按照二级公路标准建设约 5 公里	2016—2020	50000	1000	20000	启动路基和桥梁工程建设	区交通局
7	三新线北延工程	织里镇人民政府	按照二级公路标准建设约 8.5 公里	2016—2020	17000	2000	10000	启动路基和桥梁工程建设	区交通局
8	水产路东延公路提升改造工程	织里镇人民政府	按照四级公路标准建设约 9.25 公里	2017—2018	8400	3000	5400	完工	区交通局
9	三汤线至陆曙线公路提升改造工程	织里镇人民政府	按照四级公路标准建设约 7.84 公里	2017—2018	7000	4000	3000	完工	区交通局
10	织里镇李家坝至义皋公路工程	织里镇人民政府	按照四级公路标准建设约 5.3 公里	2017—2018	5500	3200	2300	完工	区交通局

续附表 1–3

序号	项目名称	项目建设主体	主要建设规模	建设周期	计划总投资	截至2017年年底累计完成投资	2018年计划投资	2018年计划完成形象进度	责任单位或部门
11	湖州市织里镇常乐至陆家湾联网公路工程	织里镇人民政府	按照四级公路标准建设约2.2公里	2017—2018	4400	2400	2000	完工	区交通局
12	湖山大道工程	道场乡人民政府	为主线6.5公里，南郊连接线2.6公里	2016—2020	74700	20000	30000	完成路基和桥梁工程的80%	区交通局
13	霞幕山景区道路改扩建工程	妙西镇人民政府	按照三级公路标准建设约3.3公里	2016—2018	5000	500	4500	完工	区交通局
14	埭芳线旅游快速路（G104至妙新线）	埭溪镇人民政府	按照二级公路标准建设约4.8公里	2017—2018	10000	4000	6000	完工	区交通局
15	张关线提升改造工程	埭溪镇人民政府	长9.09公里，路面4.5米拓宽至6米	2017—2018	5000	500	4500	完工	区交通局
16	杨山坞公路	埭溪镇人民政府	长2.13公里，路面宽度20米	2017—2018	5000	2000	3000	完工	区交通局
17	埭洛线至西园公路（城镇外环线）	埭溪镇人民政府	长约2.9公里，路面宽度18米	2017—2018	4000	500	3500	完工	区交通局
18	埭溪长茅线新改建工程	湖州吴兴西部新农村建设投资有限公司	新建长4.425公里，路基宽7.5米，路面宽6.6米	2017—2018	2256	500	1756	完工	区交通局
19	104国道至埭洛线提升改造工程（城镇外环线）	埭溪镇人民政府	长约1.504公里，路面拓宽至18米	2017—2018	2000	500	1500	完工	区交通局
20	南太湖大道北延道路工程	湖州申太建设发展有限公司	建设外环北路—滨湖大道段道路，长4200米，宽60米	2017—2018	25000	15000	10000	完工	高新区管委会
21	幻溇特色小镇外环东路项目	南太湖现代农业综合区开发有限公司	新建外环东路道路（织太路—滨湖大道）工程，长约2000米，宽24米	2017—2018	5000	1000	4000	完工	高新区管委会
22	工兴大道（晟太线—大港路段）道路工程	湖州申太建设发展有限公司	建设晟太线—大港路段道路，长2000米，宽32米	2017—2019	5800	600	4000	路基管网完成	高新区管委会

续附表 1–3

序号	项目名称	项目建设主体	主要建设规模	建设周期	计划总投资	截至 2017 年年底累计完成投资	2018 年计划投资	2018 年计划完成形象进度	责任单位或部门
23	经七路(纬七路—工兴大道)道路工程	湖州申太建设发展有限公司	建设纬七路—工兴大道段道路，长 600 米，宽 40 米	2017—2018	3500	500	3000	完工	高新区管委会
24	工兴大道（栋梁路—晟太线）道路工程	湖州申太建设发展有限公司	建设栋梁路—晟太线段道路，长 1000 米，宽 32 米	2017—2018	2000	1500	500	完工	高新区管委会
25	湖织大道两侧绿化工程	湖州申太建设发展有限公司	约 18 万立方米绿化	2017—2018	2000	800	1200	完工	高新区管委会
26	鹏飞路工程(湖织大道—318 国道)	湖州织里城市发展有限公司	道路长 4654 米，道路规划红线宽 24 米，沿线共设 5 座桥梁	2017—2019	15000	1000	8000	完成 60%	织里镇人民政府
27	中华西路改造工程（织里路—阿祥路）	湖州织里城市发展有限公司	总长 2285 米，宽 24 米	2017—2018	3300	300	3000	完工	织里镇人民政府
28	康泰路（大港路—鹏飞路）	湖州织里城市发展有限公司	总长 976 米，宽 32 米	2017—2018	3200	400	2800	完工	织里镇人民政府
29	长安路东延工程（大港路—鹏飞路）	湖州织里城市发展有限公司	总长 917 米，宽 32 米	2017—2018	3000	200	2800	完工	织里镇人民政府
30	彩纺路道路工程（大港路—鹏飞路）	湖州织里城市发展有限公司	总长 1000 米，宽 24 米	2017—2018	2400	400	2000	完工	织里镇人民政府
31	中华路东延（大港路—鹏飞路）	湖州织里城市发展有限公司	总长 946 米，宽 24 米	2017—2018	2300	300	2000	完工	织里镇人民政府
32	晟舍新街道路工程（大港路—鹏飞路）	湖州织里城市发展有限公司	总长 821 米，宽 24 米	2017—2018	2000	200	1800	完工	织里镇人民政府
33	东安路工程（大港路—东尼路）	湖州织里城市发展有限公司	总长 933 米，宽 18 米	2017—2018	1700	200	1500	完工	织里镇人民政府
34	318 国道污水总管网改造(栋梁路—大港路)	湖州织里城市发展有限公司	总长 3 公里，管径 D400—D1000	2017—2018	1500	1300	200	完工	织里镇人民政府

续附表 1-3

序号	项目名称	项目建设主体	主要建设规模	建设周期	计划总投资	截至 2017 年年底累计完成投资	2018 年计划投资	2018 年计划完成形象进度	责任单位或部门
35	富民路北延工程（中华路—湖织大道）	湖州织里城市发展有限公司	总长 600 米，道路宽 24 米	2017—2018	1200	400	800	完工	织里镇人民政府
36	湖州南太湖产业集聚区吴兴杨渎桥至南浔菱湖公路工程（包含南郊风景区连接线）	湖州东苕溪新农村建设投资有限公司	主线长 6.55 公里，路基宽 33 米，绿化带 20 米。连接线长 2.58 公里，路基宽 24.5 米	2017—2019	74800	20937	28000	桥梁完成 100%，路基完成 70%	道场乡人民政府
37	浮玉花园一期建设工程	湖州东苕溪新农村建设投资有限公司	总建筑面积 12.1 万平方米，总安置户数 775 套	2017—2019	40000	4500	15000	桩基、地下室结构完成及主体开始施工	道场乡人民政府
38	道场小城镇环境综合整治工程	湖州金盖山旅游发展有限公司	施家桥小城镇整治范围 1.9 平方公里，城南小城镇整治范围 1.3 平方公里	2017—2018	7000	5000	2000	完工	道场乡人民政府
39	埭溪镇小城镇环境综合治理工程	湖州吴兴西部新农村建设投资有限公司	建成区范围内 2 平方公里区域环境整治、立面整治、线杆改造、基础设施提升、公园、绿化景观提升，建设一批街头绿地、镇标进一步完善城镇功能，彰显城镇特色风貌	2017—2018	50000	30000	20000	完工	埭溪镇人民政府
40	吴兴经济开发区埭溪分区小羊山区域道路工程	湖州吴兴上强工贸有限公司	创业大道（小羊山路—高速青山出口段）：长 1560 米、宽 26 米；小羊山路（创业大道—国道北路段）：长 400 米、宽 18 米；上沈路（创业大道—国道北路段）：长 434 米、宽 18 米；下沈路（创业大道-国道北路段）：长 538 米、宽 14 米；国道北路（小羊山路—高速青山出口段）：长 1600 米、宽 9 米；包括路基、路面、地下管网、绿化、亮化等	2016—2018	20000	11540	8460	完工	埭溪镇人民政府

续附表 1-3

序号	项目名称	项目建设主体	主要建设规模	建设周期	计划总投资	截至 2017 年年底累计完成投资	2018 年计划投资	2018 年计划完成形象进度	责任单位或部门
41	吴兴经济开发区埭溪分区阳山坞区域道路工程	湖州吴兴上强工贸有限公司	阳山坞路：长 1650 米、宽 24 米；纬二路：长 436 米、宽 18 米；纬三路：长 526 米、宽 18 米；纬四路：长 503 米、宽 18 米；包括路基、路面、地下管网、绿化、亮化等	2016—2018	15000	8500	6500	完工	埭溪镇人民政府
42	吴兴经济开发区埭溪分区临港区域道路工程	湖州吴兴上强工贸有限公司	临港大道：长 800 米、宽 18–23.5 米；纬一路：长 700 米、宽 18 米；包括路基、路面、地下管网、绿化、亮化等	2016—2018	12000	7000	5000	完工	埭溪镇人民政府
43	埭溪镇三横三纵道路连接工程	湖州吴兴西部新农村建设投资有限公司	连接上强路、直街、建设路、环镇南路、振兴路、外环南路六条城镇道路，新建道路 4KM，新建桥梁 2 座，河道改道 400 米	2014—2018	8000	5000	3000	完工	埭溪镇人民政府
44	埭溪镇镇区道路改造工程（老虎潭安置区段）	湖州吴兴西部新农村建设投资有限公司	埭溪镇老虎潭安置区内经一路、经二路、西园路、老虎潭路二横二纵道路及社区内主干道路，总维修道路面积 3.5 万平方米	2017—2018	2000	300	1700	完工	埭溪镇人民政府
45	白鱼潭路延伸	湖州市北建设投资有限公司	从清远路延伸到三环北路，总长约 900 米	2017—2018	3500	1500	2000	完工	环渚街道
	新开工项目：29 项				133079		77910		
1	八里店小城镇综合整治项目	区城投集团	姚山路、草荡漾路、升山路、戴山路，道路、平侧石、人行道、绿化，八里店 15 个老小区污水官网疏通、维修等提升改造	2018—2019	11500		9000	基本完成	区城投集团

续附表 1-3

序号	项目名称	项目建设主体	主要建设规模	建设周期	计划总投资	截至2017年年底累计完成投资	2018年计划投资	2018年计划完成形象进度	责任单位或部门
2	东部新城道路连通工程	区城投集团	包含经二路、纬一西路、西湖漾路、水城路、诸子路、映日路、恒大地块、佳园地块道路建设	2018—2019	10000		7000	经二路、水城路、映日路完成	区城投集团
3	丝绸小镇道路框架工程	区城投集团	丝绸小镇产业核心区道路、桥梁、亮化等工程，道路全长1.733公里，宽6米	2018—2019	7000		5000	路面二灰粗粒式完成	区城投集团
4	西湖漾路拓宽改造工程	区城投集团	西起经五路，东至南太湖大道，全长2.1公里，宽26米，涉及桥梁拼宽、道路拓宽调坡病害处理、给水通信线电力搬迁、雨污水、人行道、绿化、亮化等	2018—2019	4500		2000	基本完成	区城投集团
5	湖薛线至三汤线公路提升改造工程（常伍线）	织里镇人民政府	按照四级公路标准建设约2.63公里	2018	1200		1200	路基和桥梁建设完成	区交通局
6	宣杭铁路公跨铁桥梁改造工程	区公路局 埭溪镇人民政府	工程涉及改造桥梁8座	2018	10000		10000	完工	区交通局
7	高新区树庄路（欣安路—田板路）道路工程	湖州申太建设发展有限公司	建设欣安路—田板路段道路，总长1200米，宽30米	2018—2019	3600		1000	二灰、粗沥青完成	高新区管委会
8	高新区杨水路（外环北路—田板路）道路工程	湖州申太建设发展有限公司	建设外环北路—田板路段道路，总长1100米，宽35米	2018—2019	3300		1500	二灰、粗沥青完成	高新区管委会
9	大港路改造工程	湖州织里城市发展有限公司	总长约4700米，道路红线宽50米	2018—2019	15000		10000	完成70%	织里镇人民政府
10	东尼路工程（晟舍新街—318国道）	湖州织里城市发展有限公司	道路长965米，宽32米	2018—2019	3100		1000	完成30%	织里镇人民政府
11	织里北路（康泰路—中华路）	湖州织里城市发展有限公司	总长1.05公里，道路宽32米	2018—2019	2300		2000	基本完工	织里镇人民政府

续附表 1–3

序号	项目名称	项目建设主体	主要建设规模	建设周期	计划总投资	截至 2017 年年底累计完成投资	2018 年计划投资	2018 年计划完成形象进度	责任单位或部门
12	大河路（吴兴大道—康泰路）	湖州织里城市发展有限公司	总长约 700 米，道路红线宽 32 米	2018	2240		2240	完工	织里镇人民政府
13	童装产业园北侧道路	湖州织里城市发展有限公司	道路长 860 米，宽 24 米，共 1 座桥梁	2018—2019	2100		1400	完成 70%	织里镇人民政府
14	浒金港路（长安路—南横塘）	湖州织里城市发展有限公司	总长约 1100 米，道路红线宽 16 米	2018	1760		1760	完工	织里镇人民政府
15	中华路（富民路—大港路）	湖州织里城市发展有限公司	总长约 1100 米，道路红线宽 24 米	2018	1600		1600	完工	织里镇人民政府
16	彩纺路（织里路—富民路）	湖州织里城市发展有限公司	总长约 750 米，道路红线宽 18 米	2018	1350		1350	完工	织里镇人民政府
17	洋西路（吴兴大道—康泰路）	湖州织里城市发展有限公司	总长约 700 米，道路红线宽 18 米	2018	1260		1260	完工	织里镇人民政府
18	利安路（珍贝路—栋梁路）	湖州织里城市发展有限公司	总长约 710 米，道路红线宽 16 米	2018	1200		1200	完工	织里镇人民政府
19	吴兴实验小学南侧规划道路	湖州织里城市发展有限公司	总长约 400 米，道路红线宽 24 米	2018	1000		1000	完工	织里镇人民政府
20	汤村铁路桥工程	区公路局	对原汤村铁路桥拼宽至 15 米	2018	2800		2800	完工	妙西镇人民政府
21	白鹭谷通景道路绿化景观	妙西旅游开发有限公司	白鹭谷通景道路两侧绿化、亮化、美化	2018	2000		2000	完工	妙西镇人民政府
22	旅游北线至旅投项目连接线工程	区城投集团	道路自旅游北线至湖州国际乡村旅游精品示范区项目，全长 0.6 公里，路面宽 22 米，路基宽 25 米	2018	2000		2000	完工	妙西镇人民政府
23	湖州鹿山至双林公路吴兴八里店段	湖州吴兴东部新农村建设投资有限公司	道路全长约 12.175 公里	2018—2019	23869		1000	开工建设	八里店常路街道

续附表 1–3

序号	项目名称	项目建设主体	主要建设规模	建设周期	计划总投资	截至 2017 年年底累计完成投资	2018 年计划投资	2018 年计划完成形象进度	责任单位或部门
24	埭溪镇公交客运中心建设工程	湖州吴兴西部新农村建设投资有限公司	总用地 7.7 亩，总建筑面积 2235 平方米的客运中心整体搬迁工程	2018	2000		2000	完工	埭溪镇人民政府
25	埭溪镇龙山港（安置区至建设路段）河滨景观带建设工程	湖州吴兴西部新农村建设投资有限公司	全长 1.2 公里的河道堤防建设及二侧宽约 20 米的河滨公园建设	2018	1600		1600	完工	埭溪镇人民政府
26	埭溪镇下沈河河滨公园建设工程	湖州吴兴西部新农村建设投资有限公司	宽 20～40 米的公园提升改造工程	2018—2019	1600		800	完成大桥至二桥段	埭溪镇人民政府
27	埭溪镇 104 国道绿化提升改造工程	湖州吴兴西部新农村建设投资有限公司	104 国道从镇区至德清段全长 5 公里，宽 10 米的绿化景观建设	2018	1200		1200	完工	埭溪镇人民政府
28	潜庄路延伸工程	湖州市北建设投资有限公司	道路总长约 1 公里	2018—2020	12000		3000	完成主体工程 20%	环渚街道
29	龙安路景观道路	湖州市北建设投资有限公司	园区景观配套道路，总长约 1148 米	2018—2020	4381		1000	开工建设	环渚街道
	前期项目：1 项				8000				
1	新建幼儿园	待定	占地约 28 亩，规划 18 个班	2018—2019	8000				道场乡人民政府
三	能源环保：16 项				123368	20499	54610		
	续建项目：10 项				65478	20499	31781		
1	年产 1000 吨丝胶蛋白及 1620 万米数码印花真丝面料项目	湖州未来生物科技有限公司	通过全国首创的全新设备、工艺、技术，将丝胶蛋白再次还原为丝胶蛋白纤维，实现丝胶蛋白产品循环利用，大幅提高蚕丝产业原料重复利用率，填补世界空白	2017—2019	15232	200	10000	开工建设	高新区管委会

续附表 1–3

序号	项目名称	项目建设主体	主要建设规模	建设周期	计划总投资	截至 2017 年年底累计完成投资	2018 年计划投资	2018 年计划完成形象进度	责任单位或部门
2	年产 120 万套 LED 灯具自动化节能改造项目	浙江晶日照明科技有限公司	项目利用天然气熔炉周围余热转换热水，节省蒸汽。通过对熔化炉进行节能改造，改变原有的保温方式，实现天然气节能 30%。对喷塑线进行提效和节能改造，提升效能 38%。年实现节电 50%以上	2015—2019	5792	5163	500	部分完工	高新区管委会
3	节能减排技术改造项目	湖州南太湖热电有限公司	本项目改造在原有老设备位置上利用，对 3#炉、2#机改造升级，项目不涉及新增土地利用，采用高温高压循环硫化床锅炉及配套高温高压反动式汽轮机，实现设备更新换代、产品转型升级	2016—2018	5210	4252	1001	完工	高新区管委会
4	污泥无害化处置及利用改扩建工程	湖州南太湖热电有限公司	项目拟利用现有厂区内厂房，通过采用圆盘式干化技术，改扩建污泥无害化处置及利用工程。形成日处理 500 吨污泥的生产能力	2017—2018	4000	2000	2000	完工	高新区管委会
5	久立集团股份有限公司技术升级改造项目	久立集团股份有限公司	项目进行生产工艺及管理系统更新改造，主要包括 2000 吨/D 废水处理、退火炉系统节能技改、车间照明技改、水循环泵技改、管件热处理炉节能技改、环形炉节能技改等，达到中水回用	2015—2019	3780	1605	1000	部分设施投入使用	高新区管委会

续附表 1–3

序号	项目名称	项目建设主体	主要建设规模	建设周期	计划总投资	截至 2017 年年底累计完成投资	2018 年计划投资	2018 年计划完成形象进度	责任单位或部门
6	利用污泥制陶扩建陶粒砌块生产线项目	浙江大东吴建设新材料有限公司	利用页岩、污水处理厂产生的污泥、砌块生产过程中产生泥浆等作为原材料生产轻质陶粒，同时采用轻质陶粒等轻集料为骨料，以复合发泡工艺制备水泥、粉煤灰浆体为胶凝材料混合浇注成型，经蒸汽养护、机械切割而成陶粒加气混凝土砌块，形成年产15 万立方米陶粒砌块的生产能力	2015—2018	2000	399	1601	完工	高新区管委会
7	年产 1 万吨再生仿羽绒技术改造项目	湖州通益环保纤维股份有限公司	总用地面积 2000 平方米，采购定型机、前纺设备、后纺设备等，将回收废弃 PET 瓶 8000 吨与废弃化学纤维 3000 吨	2016—2018	3310	1771	1539	完工	织里镇人民政府
8	天然气管网扩建项目	湖州新奥燃气有限公司	对园区内织里珍贝路、中华西路等 15 条道路的天然气管道进行配套建设，扩建长度约 115 公里	2015—2019	3000	2760	240	部分完工	织里镇人民政府
9	华祥（中国）高纤有限公司技术升级改造项目	华祥（中国）高纤有限公司	项目新增80台新型384锭加弹机，新增 8 条新型 POY 生产线，进行工艺废水乙醛回收，热煤炉尾气脱硝	2015—2019	18000	2200	10000	部分完工	八里店镇人民政府
10	浙江湖州下沈 110 千伏输变电工程	国网湖州供电公司	110 千伏线路 7.8 公里，新建 5 兆千伏安变压器 2 台	2017—2019	5154	150	3900	主体完成	埭溪镇人民政府
	新开工项目：5 项				32890		22829		
1	东部新区污水处理厂二期工程	区城投集团、中环水务有限公司	总用地 80 亩，建设近期日处理 5 万吨，远期 10 万吨的污水处理厂	2018—2020	20000		15000	土建完成	区城投集团

续附表 1-3

序号	项目名称	项目建设主体	主要建设规模	建设周期	计划总投资	截至2017年年底累计完成投资	2018年计划投资	2018年计划完成形象进度	责任单位或部门
2	湖州吴兴织里镇珍贝路10千伏金洁176线等小城镇环境综合整治项目	国网湖州供电公司	新建ZC—YJV22-8.7/15 3×70电缆长度18.269公里、ZC—YJV22—8.7/15 3×150电缆长度5.855公里、ZC—YJV22—8.7/15 3×300电缆长度14.089公里。新建环网柜，AC10kV，125A，负荷开关熔断器组合柜，SF6，无型号62台、环网柜，AC10kV，630A，电压互感器柜，SF6，无型号13台、环网柜，AC10kV，630A，电压互感器柜，SF6，无型号13台、环网柜，AC10kV，630A，负荷开关柜，SF6，无型号26台。新建电缆分支箱，AC10kV，不带开关，五路，630A 72台。新建15M水泥杆1基、高压避雷器21组	2018—2019	1696		1400	部分完工	织里镇人民政府
3	2018年八里店片区等配变台区改造工程	国网湖州供电公司	对251个台区低压线路进行改造，改造容量19000千伏安，共新增和改造341.7公里低压线路，接户线368公里，更换配电箱170台	2018—2019	5128		2630	部分完工	有关乡镇人民政府
4	2018年吴兴地区东前D71线等线路改造工程	国网湖州供电公司	单回JKLYJ-10-240架空线路径长35.94公里，单回JKLYJ-10-70架空线路径长21.51公里，新建ZC-YJV22-8.7/15 3×70电缆长度28.269公里、ZC-YJV22-8.7/15 3×150电缆长度19.855公里	2018—2019	3428		1630	部分完工	有关乡镇人民政府

续附表 1-3

序号	项目名称	项目建设主体	主要建设规模	建设周期	计划总投资	截至 2017 年年底累计完成投资	2018 年计划投资	2018 年计划完成形象进度	责任单位或部门
5	湖州吴兴织里、埭溪、东林 3 个乡镇小城镇环境综合整治项目	国网湖州供电公司	新建 ZC-YJV22-8.7/15 3×70 电缆长度 32.269 公里、ZC-YJV22-8.7/15 3×150 电缆长度 7.855 公里、ZC-YJV22-8.7/15 3×300 电缆长度 14.089 公里。新建环网柜，AC10kV，125A，负荷开关熔断器组合柜，SF6，无型号 62 台、环网柜，AC10kV，630A，电压互感器柜，SF6，无型号 26 台、环网柜，AC10kV，630A，电压互感器柜，SF6，无型号 18 台、环网柜，AC10kV，630A，负荷开关柜，SF6，无型号 32 台。新建电缆分支箱，AC10kV，不带开关，五路，630A 96 台。新建 15M 水泥杆 1 基、高压避雷器 82 组	2018—2019	2638		2169	主体完成	有关乡镇人民政府
	前期项目：1 项				25000				
1	节能技改减排项目	新凤鸣集团湖州中石科技有限公司	具体方案待定	2018—2019	25000				东林镇人民政府
四	社会发展：67 项				2216155	535792	657503		
	续建项目：30 项				1074536	535792	333903		
1	小圆角人才公寓	区城投集团	项目总用地面积 11.3 亩，总建筑面积 16034.21 平方米，为东部西新城人才队伍提供相关配套住宿服务	2017—2018	8000	3000	5000	完工	区城投集团
2	湖州市第四中学扩建项目	湖州四中	项目净用地 1621.5 平方米，新建总建筑面积 5146.4 平方米；按《浙江省九年制义务教育普通学校建设标准》初中类 48 个班的标准规模建设（其中本期新增 12 个班）	2017—2018	2706	1000	1706	完工	区教育局

续附表 1–3

序号	项目名称	项目建设主体	主要建设规模	建设周期	计划总投资	截至 2017 年年底累计完成投资	2018 年计划投资	2018 年计划完成形象进度	责任单位或部门
3	湖州市吴兴区人民医院	吴兴区人民医院	三乙综合医院，按 900 张床位规模的综合性医院标准进行建设，新建总建筑面积 108974 平方米	2016—2018	52000	44000	8000	完工	区卫计局织里镇人民政府
4	中心城区街道社区卫生服务中心建设项目	朝阳爱山街道社区卫生服务中心	涉及建筑面积约 3000 平方米	2016—2018	1600	800	800	完工	区卫计局朝阳街道
5	中心城区街道社区卫生服务中心建设项目（凤凰）	凤凰街道社区卫生服务中心	涉及建筑面积约 3000 平方米	2017—2019	1600	400	1100	部分完成	区卫计局
6	中心城区街道社区卫生服务中心建设项目（康山）	康山街道社区卫生服务中心	涉及建筑面积约 3405 平方米	2017—2018	1600	800	800	完工	区卫计局
7	郑港农民安置社区工程	南太湖现代农业综合区开发有限公司	总用地约 99.4 亩，新建总建筑面积 11 万平方米	2017—2019	57000	25000	15000	A 地块配套基本完成；B 地块地下室结构完成封顶，上部主体结构平均完成 10 层	高新区管委会
8	戴山农民安置社区（二期）工程	湖州申太建设发展有限公司	总用地约 70.62 亩，总建筑面积 17.5 万平方米	2017—2019	48000	12000	25000	东区市政景观绿化施工；西区 12–17 号楼粉刷	高新区管委会
9	高新区太湖幼儿园	湖州申太建设发展有限公司	新建 12 班幼儿园一所，规划用地 15.5 亩，总建筑面积 6197.28 平方米	2017—2018	3037	2000	1037	完成建设	高新区管委会
10	幻溇太湖幼儿园建设项目	湖州申太建设发展有限公司	总用地 15.5 亩，建筑面积 6874.91 平方米，共有 12 个班，可容纳学生 600 人	2017—2018	2500	1000	1500	完工	高新区管委会
11	织西社区	湖州织里小城市建设投资有限公司	总用地 139.8 亩，总建筑面积 176764.75 平方米	2016—2019	60000	13000	35000	完成主体结构 80%工程量	织里镇人民政府

续附表 1–3

序号	项目名称	项目建设主体	主要建设规模	建设周期	计划总投资	截至2017年年底累计完成投资	2018年计划投资	2018年计划完成形象进度	责任单位或部门
12	北大培文学园	湖州织里城市发展有限公司	总用地 199 亩，总建筑面积 106244.5 平方米	2016—2019	55000	400	40000	完成主体结构80%工程量	织里镇人民政府
13	吴兴实验小学	湖州织里城市发展有限公司	占地约 80 亩，总建筑面积 60000 平方米，校园分为教学区、行政区、师生兴趣交流区、体育运动区及生活五大功能区	2017—2018	22000	2000	20000	完工	织里镇人民政府
14	晟舍商业房	湖州织里小城市建设投资有限公司	总用地 37.5 亩，总建筑面积 30564.8 平方米	2016—2018	18000	12000	6000	完工	织里镇人民政府
15	轧村社区	湖州织里小城市建设投资有限公司	总用地 49.6 亩，总建筑面积 48815 平方米	2017—2018	15000	8000	7000	完工	织里镇人民政府
16	童装产业园商业配套	湖州织里童装园区经营管理有限公司	总用地 32.9 亩，总建筑面积 39488.4 平方米	2017—2018	13000	9000	4000	完工	织里镇人民政府
17	浒金港景观工程	湖州织里城市发展有限公司	浒金港为织里镇最主要和重要河道，长度近 6 公里，本工程包括浒金港滨水景观打造	2017—2018	8000	7500	500	完工	织里镇人民政府
18	利济文化公园四期	湖州织里城市发展有限公司	占地 100 亩，主要包括建筑工程、园林工程、绿化工程、水电工程等	2017—2019	6000	1000	4000	建筑主体结顶，市政景观完成 80%	织里镇人民政府
19	紫金花园 III 标工程	湖州吴兴东部新农村建设投资有限公司	建设多层住宅 6 幢，总建筑面积约 27416.88 平方米	2017—2019	4500	1200	3300	完工	八里店常路街道
20	市级美丽乡村精品村建设	妙西镇人民政府	主要包括龙山村和肇村村的美丽乡村精品村打造	2017—2018	2200	700	1500	完工	妙西镇人民政府

续附表 1–3

序号	项目名称	项目建设主体	主要建设规模	建设周期	计划总投资	截至 2017 年年底累计完成投资	2018 年计划投资	2018 年计划完成形象进度	责任单位或部门
21	后沈埠集镇小城镇综合整治	妙西镇人民政府	全面实施以“一加强三整治”为主要内容的小城镇环境综合整治，进行风貌整治、环境整治、绿化美化、完善基础配套设施	2017—2018	2060	400	1660	完工	妙西镇人民政府
22	埭溪联山大社区安置房建设工程	湖州吴兴西部新农村建设投资有限公司	总用地 727 亩，总建筑面积 50 万平方米（其中：联排 25 万平方米、多层、小高层及公共设施配套用房 25 万平方米）	2014—2018	90000	64000	26000	完工	埭溪镇人民政府
23	埭溪化妆品主题公园	湖州吴兴上强工贸有限公司	建筑面积约 1 万平方米的博物馆建设	2017—2018	10000	4000	6000	完工	埭溪镇人民政府
24	埭溪莫家栅新村二期工程	湖州吴兴西部新农村建设投资有限公司	占地面积 100 亩，建设面积 5 万平方米的新社区	2014—2018	9000	6000	3000	完工	埭溪镇人民政府
25	埭溪文体中心	湖州吴兴上强工贸有限公司	总用地 35.6 亩，建筑面积 13554 平方米	2017—2018	4500	500	4000	完工	埭溪镇人民政府
26	吴兴南山颐养园	湖州仕华养老服务有限公司	总用地约 300 亩（其中建设用地约 85 亩），总建筑面积约 60000 平方米，规划 800 张床位，建设集观光旅游、休闲养老、康复医疗为一体的综合性颐养中心	2017—2019	32000	5000	10000	完成大部分主体工程	东林镇人民政府
27	浙北医学中心（湖州市中心医院迁建工程）	湖州市北建设投资有限公司	总用地 320 亩，新建总建筑面积 182400 平方米	2016—2019	198800	109387	40000	所有建筑主体部分竣工	环渚街道
28	市北 28 号保障房小区	湖州市北建设投资有限公司	总用地 226.8 亩，新建总建筑面积 36.6 万平方米	2015—2019	178246	100520	30000	所有建筑主体部分竣工	环渚街道
29	市北 33 号安置小区	湖州市北建设投资有限公司	总用地 306 亩，新建总建筑面积 42 万平方米	2015—2019	155187	90185	30000	所有建筑主体部分竣工	环渚街道

续附表 1-3

序号	项目名称	项目建设主体	主要建设规模	建设周期	计划总投资	截至 2017 年年底累计完成投资	2018 年计划投资	2018 年计划完成形象进度	责任单位或部门
30	市北污水处理厂二期工程	湖州市北建设投资有限公司	总用地 223 亩，本期建设占地 84 亩，拟建设 30000T/日的处理能力	2016—2018	13000	11000	2000	完工	环渚街道
	新开工项目：37 项				1139619		323600		
1	吴兴区中西医结合医院综合用房扩建工程	吴兴区中西医结合医院	新增建筑面积约 20330 平方米，新建床位 100 张，项目建设内容主要包括综合用房及其他配套设施	2018—2019	10809		8000	主体工程完成	区卫计局
2	紫金桥开发项目	区城投集团	总用地 164 亩，总建筑面积 35 万平方米	2018—2020	120000		50000	桩基完成	区城投集团
3	常璐家园项目	区城投集团	15 万平方米安置房建设及市政绿化配套	2018—2020	45000		20000	桩基完成	区城投集团
4	东林小微产业园	区城投集团	总占地面积 300 亩，其中一期占地面积 90 亩，建筑面积 90000 平方米	2018—2020	180000		8000	一期主体结构完成	区城投集团
5	南片小微产业园	区城投集团	总用地 50 亩，总建筑面积 50000 平方米	2018—2019	20000		10000	主体结构完成	区城投集团
6	常溪农民安置社区四期工程	湖州申太建设发展有限公司	总建筑面积 15.7 万平方米	2018—2020	44000		8000	桩基完成	高新区管委会
7	许溇美丽乡村建设项目	许溇村村民委员会	主要完成村庄外立面环境整治、景观配套工程、生态河岸整治等	2018—2019	3000		1500	完成总工程量的 50%	高新区管委会
8	戴山幼儿园	湖州申太建设发展有限公司	总用地约 14.5 亩，新建总建筑面积 5400 平方米，拟规划建设 12 个班	2018	1000		1000	完工	高新区管委会

续附表 1-3

序号	项目名称	项目建设主体	主要建设规模	建设周期	计划总投资	截至 2017 年年底累计完成投资	2018 年计划投资	2018 年计划完成形象进度	责任单位或部门
9	织里文体中心	社会投资公司（待定）	总用地 100 亩，工程建设主要包括游泳馆、健身中心、青少年培训中心等建筑及其与本项目相配套的给排水、供配电等其他附属设施	2018—2020	85000		20000	完成地下室	织里镇人民政府
10	轧村小学	湖州织里城市建设发展有限公司	总用地 66 亩，总建筑面积 35200 平方米	2018—2019	23000		400	开工建设	织里镇人民政府
11	义皋农民新村建设二期工程	湖州织里小城市建设投资有限公司	总用地约 65.5 亩，总建筑面积 86380 平方米，总套数 489 套	2018—2019	12000		1000	开工建设	织里镇人民政府
12	漾西农贸市场	湖州织里城市建设发展有限公司	总用地 18 亩，总建筑面积 23732 平方米	2018—2019	8500		1000	完成桩基础	织里镇人民政府
13	秦家港农贸市场	社会投资公司（待定）	总用地 15 亩，主要建设农贸市场、公共停车场	2018—2019	8000		6000	主体结顶	织里镇人民政府
14	立体停车场	社会投资公司（待定）	拟建设多功能立体停车场	2018—2019	6000		3000	开工建设	织里镇人民政府
15	织里镇中心幼儿园	湖州织里城市建设发展有限公司	总用地 21 亩，总建筑面积 11200 平方米	2018—2019	5600		300	开工建设	织里镇人民政府
16	阿尔法幼儿园	湖州织里城市建设发展有限公司	总用地 19.7 亩，总建筑面积 10500 平方米	2018—2019	5400		300	开工建设	织里镇人民政府
17	珍贝红木馆	湖州织里城市建设发展有限公司	总用地 7.2 亩，总建筑面积 8797 平方米	2018—2019	4400		300	开工建设	织里镇人民政府
18	伍浦村市级美丽乡村精品村建设	织里镇人民政府	村庄建设景区化打造，配套公建设施、产业发展	2018—2019	3000		1800	完成基础设施建设，道路、立面、游客集散中心等	织里镇人民政府
19	人大附属幼儿园	湖州织里城市建设发展有限公司	总用地 10.5 亩，总建筑面积 5595.5 平方米	2018—2019	2800		300	开工建设	织里镇人民政府

续附表 1-3

序号	项目名称	项目建设主体	主要建设规模	建设周期	计划总投资	截至2017年年底累计完成投资	2018年计划投资	2018年计划完成形象进度	责任单位或部门
20	漾西幼儿园	湖州织里城市建设发展有限公司	总用地 9.4 亩，总建筑面积 5167 平方米	2018—2019	2600		300	开工建设	织里镇人民政府
21	轧村幼儿园	湖州织里城市建设发展有限公司	总用地 12 亩，总建筑面积 6000 平方米	2018—2019	2500		2000	主体竣工	织里镇人民政府
22	供电所营业房	湖州织里城市建设发展有限公司	总用地 10 亩，总建筑面积 7512.21 平方米	2018—2019	2000		300	开工建设	织里镇人民政府
23	织里实验小学东校区扩建工程	湖州织里城市建设发展有限公司	拟建设 60 个班，总用地 98 亩，新建总建筑面积 57816 平方米	2018—2019	20330		5000	开工建设	织里镇人民政府
24	全镇公共自行车布点	湖州织里城市建设发展有限公司	结合全镇环境综合整治，镇区公共自行车布点	2018	1600		1600	完工	织里镇人民政府
25	上林村市级美丽乡村建设	织里镇人民政府	景观节点、道路建设、水利工程、园林绿化等基建设施	2018	1000		1000	完工	织里镇人民政府
26	汤溇村市级美丽乡村建设	织里镇人民政府	景观节点、道路建设、水利工程、园林绿化等基建设施	2018	1000		1000	完工	织里镇人民政府
27	紫金桥安置 E 地块	湖州吴兴东部新农村建设投资有限公司	总建筑面积约 65000 平方米	2018—2020	21000		5000	部分完工	八里店常路街道
28	埭溪上强新村三期建设工程	湖州吴兴上强工贸有限公司	总用地约 120 亩，建设面积 5 万平方米	2018—2019	9200		4500	主体结顶	埭溪镇人民政府
29	埭溪美妆人才公寓及商业开发	湖州吴兴上强工贸有限公司	总用地约 15 亩，建筑面积 20000 平方米	2018—2019	7000		2000	完成 30%工程量	埭溪镇人民政府
30	埭溪镇农贸综合体建设工程	湖州华顺投资有限公司	总用地 20 亩，总建筑面积 15000 平方米	2018	5000		5000	完工	埭溪镇人民政府
31	埭溪美妆博物馆	吴兴美妆博物馆有限公司	净用地约 14.9 亩，新建总建筑面积 9963.41 平方米的博物馆	2018	5000		5000	完工	埭溪镇人民政府

续附表 1-3

序号	项目名称	项目建设主体	主要建设规模	建设周期	计划总投资	截至 2017 年年底累计完成投资	2018 年计划投资	2018 年计划完成形象进度	责任单位或部门
32	市北 31#地块开发	市城投集团	总用地约 15.2 万平方米，总建筑面积约 42 万平方米	2018—2021	210000		80000	主体结构施工	环渚街道
33	市北 32#地块开发	市城投集团	总用地约为 200 亩，总建筑面积 28 万平方米	2018—2020	120000		30000	主体结构施工	环渚街道
34	市北 32-1#地块开发	市城投集团	总用地约为 110 亩，总建筑面积 15 万平方米	2018—2020	60000		15000	主体结构施工	环渚街道
35	滨湖中学	市城投集团	总用地约 238 亩，总建筑面积约为 10 万平方米，拟建 60 个教学班	2018—2020	50000		10000	主体结构施工	环渚街道
36	市北小学项目	市城投集团	总用地约 73 亩，规模为 48 个班	2018—2020	33880		15000	开工建设	环渚街道
	前期项目：1 项				2000				
1	吴兴区公共卫生中心	区卫计局	总装修面积约 6000 平方米	2018—2020	2000				区卫计局 高新区管委会
五	新型工业：70 项				7288006	495280	632113		
	续建项目： 27 项				1096328	495280	339313		
1	老恒和古法酿造酱油生产线	老恒和酿造有限公司	新建古法酿造酱油生产线项目	2016—2018	70000	40000	30000	竣工	高新区管委会
2	老恒和米醋、腐乳生产项目	老恒和酿造有限公司	新建智能制造新模式应用米醋、腐乳生产项目	2017—2019	70000	10000	15000	主体厂房建设	高新区管委会
3	精星物流装备项目	浙江精星物流设备有限公司	年产 1000 台（套）组合货架及高端物流装备项目	2016—2018	50000	30000	20000	竣工	高新区管委会
4	中小微企业智能制造产业园	湖州立城投资建设有限公司	中小微企业智能制造产业园一期项目	2017—2019	40000	10000	15000	厂房建设完成	高新区管委会

续附表 1-3

序号	项目名称	项目建设主体	主要建设规模	建设周期	计划总投资	截至2017年年底累计完成投资	2018年计划投资	2018年计划完成形象进度	责任单位或部门
5	中节能环保产业园一期	湖州中节能环保科技有限公司	节能环保产业园一期北区项目	2017—2019	30000	5000	10000	主体厂房建设	高新区管委会
6	一力电子电容器项目	湖州一力电子有限公司	年产5亿只电容器项目	2017—2019	30000	5000	15000	主体厂房建设	高新区管委会
7	旭派克智能包装设备项目	浙江旭派克智能科技有限公司	年产2000套智能包装设备的制造项目	2017—2018	12000	5000	7000	竣工	高新区管委会
8	搏创物流机械项目	湖州搏创物流机械有限公司	年产3000台高端物流输送设备项目	2017—2018	11000	5000	6000	竣工	高新区管委会
9	永昌节能电机项目	永昌控股集团有限公司	年产1200万台高效节能电机生产项目	2017—2019	100000	20000	12000	主体施工	织里镇人民政府
10	织里童装产业园二期	湖州织里童装园区经营管理有限公司	织里镇童装产业园二期项目	2016—2019	85652	44500	13000	主体施工	织里镇人民政府
11	创盛光伏组件铝型材项目	浙江创盛光能源有限公司	太阳能光伏组件边框铝型材项目	2016—2018	50000	30000	20000	主体竣工	织里镇人民政府
12	中尚电子商务及服装生产项目	湖州中尚科技有限公司	中尚电子商务及服装制造项目	2017—2018	50000	30000	20000	一期主体竣工	织里镇人民政府
13	英锋智能物流设备项目	湖州英锋工业设备有限公司	年产150台（套）智能物流穿梭车及1000台（套）成套物流设备生产线项目	2017—2018	15000	10000	5000	主体竣工	织里镇人民政府
14	湖州中福建材城加工仓储中心	浙江湖州中福建材城有限公司	浙江中福建材城一期加工仓储中心项目	2017—2019	50183	2000	20000	厂房出形象	八里店镇人民政府
15	万马智能智造产业园	浙江万马海振光电科技有限公司	新建25万平方米的智能智造产业园项目	2017—2019	50000	2000	15000	主体建设	八里店镇人民政府
16	金洲管道高品质ERW钢管等项目	浙江金洲管道工业有限公司	年产25万吨高品质ERW钢管和新型螺旋焊接钢管和新型螺旋焊接管生产线项目	2016—2018	35880	22880	13000	竣工	八里店镇人民政府

续附表 1-3

序号	项目名称	项目建设主体	主要建设规模	建设周期	计划总投资	截至2017年年底累计完成投资	2018年计划投资	2018年计划完成形象进度	责任单位或部门
17	德宏汽车交流发电机项目	浙江德宏汽车电子电器股份有限公司	新增年产 100 万台汽车交流发电机项目	2016—2018	18978	16000	2978	竣工	八里店镇人民政府
18	绮丽华美妆制品项目	绮丽华美妆制品（湖州）有限公司	年产4000吨化妆品、3000吨包装容器及5亿个包装容器印刷项目	2017—2019	34200	6500	15000	一期项目主体厂房结顶	埭溪镇人民政府
19	衍宇化妆品包装项目	衍宇化妆品包装材料（湖州）有限公司	年产1200万套化妆品容器及其配件生产项目	2017—2019	21700	5000	10000	主体厂房结顶	埭溪镇人民政府
20	御梵化妆品项目	湖州御梵化妆品科技有限公司	年产9500万瓶化妆品生产项目	2017—2018	15500	7500	8000	竣工投产	埭溪镇人民政府
21	满盛包材项目	浙江满盛实业有限公司	年产8000吨塑料包材生产项目	2016—2018	15000	12700	2300	竣工投产	埭溪镇人民政府
22	创兴包材项目	湖州创兴包材有限公司	年产8000万套化妆品成套包装建设项目	2016—2018	15000	13200	1800	竣工投产	埭溪镇人民政府
23	卓妍化妆品项目	浙江卓妍化妆品有限公司	年产3200吨系列化妆品建设项目	2017—2018	12000	8000	4000	一期竣工投产	埭溪镇人民政府
24	东吴香精生产项目	湖州东吴香精有限公司	新建年产1500吨各类香精生产项目	2017—2018	10735	4500	6235	竣工	埭溪镇人民政府
25	瀛源钢结构项目	浙江瀛源建筑科技有限公司	年产6000吨钢结构项目	2017—2018	10500	4500	6000	竣工	埭溪镇人民政府
26	新风鸣二期项目	新风鸣集团湖州中石科技有限公司	年产45万吨功能性、共聚共混改性纤维项目	2016—2018	180000	135000	45000	竣工投产	东林镇人民政府
27	华心钢琴配件项目	湖州市东林华心铸件厂	年产10000吨钢琴配件、汽车零部件项目	2017—2018	13000	11000	2000	竣工投产	东林镇人民政府
	新开工项目：24项				2136378		292800		
1	游侠汽车项目	游侠汽车浙江有限公司	年产20万台（套）新能源汽车及零部件生产项目	2018—2020	1150000		30000	开工建设	高新区管委会

续附表 1-3

序号	项目名称	项目建设主体	主要建设规模	建设周期	计划总投资	截至2017年年底累计完成投资	2018年计划投资	2018年计划完成形象进度	责任单位或部门
2	敏盛汽车零部件项目	浙江敏盛汽车零部件有限公司	年产120万件汽车零部件项目	2018—2019	100000		18000	主体厂房建设	高新区管委会
3	世仓智能仓储设备项目	浙江世仓智能仓储设备股份有限公司	世仓智能仓储设备生产项目	2018—2019	65000		15000	主体厂房建设	高新区管委会
4	大东吴集团钢构基地	浙江大东吴集团钢构有限公司	钢结构装配式住宅体系及钢构件制造基地项目	2018—2019	60000		18000	主体厂房建设	高新区管委会
5	朗润医疗设备项目	浙江朗润医疗科技有限公司	年产1000台各类高端医疗器械设备产业化基地	2018—2019	50000		10000	主体厂房建设	高新区管委会
6	久立核电小堆用特殊管材示范线等项目	浙江久立特材科技股份有限公司	核电小堆用特殊管材生产应用示范线建设项目+工业自动化与智能制造项目	2018—2019	50000		10000	示范线设备安装	高新区管委会
7	龙腾智能包装项目	上海龙腾科技有限公司	新建智能包装设备生产线	2018—2019	20000		5000	主体厂房建设	高新区管委会
8	威途机械项目	浙江威途机械有限公司	年产7万台套液压设备生产项目	2018—2019	10000		5000	厂房改建，新建项目开工	高新区管委会
9	东尼电子智能化工厂项目	浙江东尼电子股份有限公司	新建特种电子信息材料智能化工厂项目	2018—2020	110000		10000	主体施工	织里镇人民政府
10	瑞真汽车备件产业园二期项目	浙江瑞真物流有限公司	浙江瑞真汽车备件产业园二期项目	2018—2019	30000		10000	主体施工	织里镇人民政府
11	贝盛多晶硅铸锭生产项目	湖州贝盛硅业科技有限公司	年产3200T多晶硅铸锭生产项目	2018—2019	20000		10000	主体施工	织里镇人民政府
12	东尼新建医疗线、新能源汽车线	浙江东尼电子股份有限公司	新建医疗线、新能源汽车线和三层绝缘线生产线项目	2018—2019	19048		10000	设备安装调试	织里镇人民政府
13	金洲地下综合管廊用管项目及研发大楼项目	浙江金洲管道工业有限公司	年产15万吨地下综合管廊用管项目及研发大楼项目	2018—2020	46000		10000	开工建设	八里店镇人民政府

续附表 1-3

序号	项目名称	项目建设主体	主要建设规模	建设周期	计划总投资	截至 2017 年年底累计完成投资	2018 年计划投资	2018 年计划完成形象进度	责任单位或部门
14	华祥加弹设备技改项目	华祥（中国）高纤有限公司	新增 60 台加弹设备技改项目	2018—2019	20000		12000	部分设备到位	八里店镇人民政府
15	飞华高强度特高压钢管塔项目	浙江飞华科技有限公司	年产 20000 吨新型高强度特高压钢管塔项目	2018—2019	12000		4000	基础施工	八里店镇人民政府
16	德宏汽车发电机关键电子产品汽车发电机整流桥生产项目	浙江德宏汽车电子电器股份有限公司	年产 150 万件汽车发电机关键电子产品汽车发电机整流桥生产项目	2018—2019	10000		6000	基础施工	八里店镇人民政府
17	雅炻抗震支架项目	浙江雅炻科技有限公司	新建抗震支架项目	2018—2019	15000		4600	主体厂房出形象	道场乡人民政府
18	匠造食品生产线项目	上海匠造食品有限公司	新建食品生产线项目	2018—2019	12000		4200	主体厂房出形象	道场乡人民政府
19	红裕科技精品石料项目	湖州红裕科技有限公司	年产 160 万吨精品石料生产线项目	2018	25000		25000	竣工达产	妙西镇人民政府
20	上美日化产品及包装材料项目	湖州上美全通供应链管理有限公司	新建年产 1000 吨日化产品及包装材料项目	2018—2020	54000		8000	主体厂房建设	埭溪镇人民政府
21	蔻丝恩化妆品生产项目	蔻丝恩仁成（湖州）化妆品有限公司	年产系列化妆品生产项目	2018—2020	21000		5000	主体厂房建设	埭溪镇人民政府
22	中跃差别化、功能性纤维新材料项目	湖州市中跃化纤有限公司	年产 56 万吨差别化、功能性纤维新材料项目	2018—2019	195300		50000	开工建设	东林镇人民政府
23	新坐标新型冷镦线材项目	杭州新坐标科技股份有限公司	年产 6 万吨新型冷镦线材项目	2018—2020	30000		10000	开工建设	东林镇人民政府
24	欧莱格 PMMA 装饰板材项目	浙江欧莱格装饰材料科技有限公司	年产 6667 吨 PMMA 装饰板材项目	2018—2019	12030		3000	开工建设	东林镇人民政府
	前期项目：11 项				2680300				
1	艾康尼克 MPV 新能源汽车生产基地	天津艾康尼克新能源汽车有限公司	建设艾康尼克 MPV 新能源汽车生产基地	2018—2010	1000000				高新区管委会

续附表 1–3

序号	项目名称	项目建设主体	主要建设规模	建设周期	计划总投资	截至 2017 年年底累计完成投资	2018 年计划投资	2018 年计划完成形象进度	责任单位或部门
2	高端半导体封测设备及激光晶圆切割设备生产基地	达仕科技（苏州）有限公司	建设高端半导体封测设备及激光晶圆切割设备生产基地	2018—2019	120000				高新区管委会
3	“绿色智造”新材料生产基地项目	万邦德集团有限公司	“绿色智造”新材料生产基地项目	2018—2020	1000000				织里镇人民政府
4	中电新能源总部基地项目	中电电气(上海)太阳能科技有限公司	中电新能源总部基地项目	2018—2021	150000				织里镇人民政府
5	年产 6 万吨铝合金异型材项目	上海立旭铝业有限公司	年产 6 万吨铝合金异型材项目	2018—2021	100000				织里镇人民政府
6	年产 800 兆瓦 N 型双面单晶硅电池项目	浙江贝盛光伏股份有限公司	年产 800 兆瓦 N 型双面单晶硅电池项目	2018—2021	50000				织里镇人民政府
7	薇芮氏化妆品生产基地项目	薇芮氏化妆品有限公司	化妆品生产项目	2018—2021	20000				埭溪镇人民政府
8	伊斯佳化妆品生产项目	浙江时代经典生物科技有限公司	年产 8 万吨系列化妆品生产项目	2018—2021	20000				埭溪镇人民政府
9	中山联昌化妆品喷雾泵项目	湖州市联昌包装有限公司	化妆品喷雾泵生产项目	2018—2021	15000				埭溪镇人民政府
10	伊柔智能美化妆品项目	浙江伊荷美生物科技有限公司	化妆品生产项目	2018—2019	10000				埭溪镇人民政府
11	年产 56 万吨差别化、功能性纤维新材料项目	湖州市中跃化纤有限公司	年产 56 万吨差别化、功能性纤维新材料	2018—2021	195300				东林镇人民政府
	储备项目： 8 项				1375000				
1	氢燃料电池汽车生产项目	重塑能源科技（杭州）有限公司	建设氢燃料电池、燃料电池动力总成及物流专用车生产基地	2018—2020	1000000				高新区管委会

续附表 1-3

序号	项目名称	项目建设主体	主要建设规模	建设周期	计划总投资	截至 2017 年年底累计完成投资	2018 年计划投资	2018 年计划完成形象进度	责任单位或部门
2	智能清洁机器人生产基地	广东宝乐机器人股份有限公司	主要建设智能清洁机器人生产基地	2018—2020	50000				高新区管委会
3	铝箔包装项目	湖州金洁实业有限公司	建设铝箔、PET 膜等新型材料生产基地	2018—2021	50000				织里镇人民政府
4	年产 7000 万升的水生态修复生物菌生产线项目	湖州星火生态治理科技有限公司	年产 7000 万升的水生态修复生物菌项目	2018—2020	100000				织里镇人民政府
5	电梯项目	苏州佳士能电梯有限公司	建设年产自动扶梯、高速电梯、自动扶梯生产项目	2018—2021	100000				织里镇人民政府
6	娇兰佳人 OEM 化妆品基地	广州娇兰佳人化妆品有限公司	化妆品代工厂项目	2018—2020	10000				埭溪镇人民政府
7	心悦化妆品项目	杭州心悦化妆品有限公司	化妆品生产基地	2018—2020	10000				埭溪镇人民政府
8	美欣达绿色再生资源产业园	美欣达集团有限公司	项目计划利用尾矿资源，按照“中国制造 2025”总体要求，贯彻绿色化、智能化、资源利用循环化原则，打造浙江乃至全国一流的绿色智慧园区。以机动车拆解和零部件再制造利用为中心，同时集其他再生资源回收、加工、集散、交易等为一体，预计年处理机动车约 10 万辆	2018—2021	55000				东林镇人民政府
六	服务业：58 项				3779616	645548	778778		
	续建项目：32 项				2242793	645548	569778		
1	丝绸小镇配套餐饮街	区城投集团	总建筑面积 10 万平方米，为丝绸小镇配套的餐饮、旅游产业等	2017—2019	50000	1000	40000	主体出形象	区城投集团

续附表 1-3

序号	项目名称	项目建设主体	主要建设规模	建设周期	计划总投资	截至2017年年底累计完成投资	2018年计划投资	2018年计划完成形象进度	责任单位或部门
2	丝绸小镇婚庆产业园	湖州丝绸小镇婚庆文化创意有限公司	总建筑面积5.2万平方米（其中地上2.1万平方米，地下3.1万平方米），打造专业婚庆文创园	2017—2019	30000	2000	15000	主体出形象	区城投集团
3	丝绸小镇创意产业园一期	湖州吴兴南太湖建设投资有限公司	总建筑面积8.7万平方米（其中地上7万平方米，地下1.7万平方米），打造华东打样中心	2017—2018	35000	5000	30000	完工	区城投集团
4	吴兴缔科军民融合技术研发项目	浙江缔科新技术发展有限公司	租赁东部新城总部自由港C幢整幢大楼，面积3.2万平方米，进行“激光和量子测距系列产品、集成电路设计、新能源电动车、高效能电机、光伏发电组件”等项目的技术研发和技术销售	2017—2019	22000	2000	10000	内部装修	高新区管委会
5	利安商业广场	湖州世贸实业有限公司	总用地59.92亩，总建筑面积4.95万平方米。主要建设集超市、商业街、娱乐、餐饮、酒店为一体的商业广场	2016—2018	56000	30000	26000	完工	织里镇人民政府
6	茵特拉根小城	湖州正祥房地产开发有限公司	总建筑面积5.96万平方米，集餐饮、娱乐、住宿等功能为一体的商贸旅游项目	2016—2018	50000	41557	8443	完工	织里镇人民政府
7	大成实业广场	湖州汇成置业有限公司	总用地36.5亩，主要建设含超市、娱乐、餐饮的商业广场。	2017—2018	39300	25000	14300	完工	织里镇人民政府
8	众盛商业广场	湖州织里众盛置业有限公司	总用地约36.59亩，总建筑面积5.27万平方米	2017—2019	38000	3000	15000	主体施工	织里镇人民政府
9	织里中国童装城二期	湖州正邦投资有限公司	总用地150亩，建筑面积12万平方米，建设包括电商交易、信息平台、金融服务、物流中心等相关内容	2016—2019	33000	10409	5000	主体结构竣工	织里镇人民政府

续附表 1–3

序号	项目名称	项目建设主体	主要建设规模	建设周期	计划总投资	截至 2017 年年底累计完成投资	2018 年计划投资	2018 年计划完成形象进度	责任单位或部门
10	湖州织里星火百货大楼	湖州星火百货有限公司	总建筑面积为 5.29 万平方米，主要包括商业、娱乐、餐饮、酒店等设施	2016—2018	30000	18782	11218	完工	织里镇人民政府
11	湖州农产品物流集散中心	湖州吴兴南太湖农产品有限公司	总用地 352.7 亩，总建筑面积 37.67 万平方米，建设内容主要包括冷链仓储物流区、农产品批发市场交易区和生活配套区	2017—2021	165476	2000	10000	主体施工	八里店镇人民政府
12	吴兴区文体中心	湖州吴兴南太湖建设投资有限公司	总建筑面积 12 万平方米，设有 3500 座席的体育馆，含全民健身中心、室外健身场地、文化馆、博物馆、少儿图书馆等。本项目为 2018 年省运会主要举办场馆之一	2016—2018	119717	90000	29717	完工	八里店镇人民政府
13	湖州银行同泰建设联建大楼	同泰建设集团、湖州银行	总用地 15 亩，总建筑面积 3.13 万平方米，其中，地上建筑面积 2.37 万平方米，地下建筑面积 0.76 万平方米	2017—2018	18000	15000	3000	完工	八里店镇人民政府
14	湖州汇金商业中心	湖州汇优置业有限公司	总用地 21.3 亩，总建筑面积 3.19 万平方米，其中地上建筑面积 2.55 万平方米，地下及走廊面积 0.64 万平方米，主要建设成购物、休闲、餐饮、文化娱乐为一体的商业综合体	2017—2018	13000	12500	500	完工	八里店镇人民政府

续附表 1-3

序号	项目名称	项目建设主体	主要建设规模	建设周期	计划总投资	截至 2017 年年底累计完成投资	2018 年计划投资	2018 年计划完成形象进度	责任单位或部门
15	申隆电子商务仓储物流园（申通物流仓储中心三期）	湖州申通快递有限公司	总用地 40.46 亩，总建筑面积 3.7 万平方米。主要购置机器人分拣机、皮带机、仓储扫描仪、安检机、电梯等设备 145 台（套），建成集仓储、物流、电子商务、配送一体化的大型现代化物流基地，形成年发送 1000 万件各类快件的发送能力	2017—2018	8000	7500	500	完工	八里店镇人民政府
16	莫干山大青川生态旅游区	湖州绿嘉旅游开发有限公司	建设集休闲观光、度假养身、农业观光、森林运动等为一体的休闲旅游项目	2017—2022	200000	38600	10000	入园口打造基本成型	埭溪镇人民政府
17	吴兴中国美妆小镇“美妆文化园”	湖州美妆小镇文化发展有限公司	建设集香精香料培育、种植、娱乐、观光休闲为一体，兼顾度假型旅游的综合园区	2017—2020	100000	36100	10000	完成种植园种植	埭溪镇人民政府
18	九天谷•浙北健康生态产业园	浙江九天谷观光农业有限公司	以“健康医疗+养生养老+休闲度假”的全新模式，打造休闲健康养老主题园区	2017—2022	80000	30900	10000	接待中心主体建设	埭溪镇人民政府
19	化妆品科创中心	湖州市城投资产管理有限公司	建设化妆品产业科技孵化器，集聚、孵化制造研发中心	2017—2018	28700	2000	26700	完工	埭溪镇人民政府
20	化妆品产业科技孵化园	湖州美妆小镇科技孵化园公司	建设化妆品产业科技孵化器，集聚、孵化制造研发中心	2017—2018	20000	11000	9000	完工	埭溪镇人民政府
21	化妆品博物馆	湖州美妆小镇化妆品博物馆有限公司	建设集收藏、保护、研究、教育、服务、展览于一体的公益性文化中心	2017—2018	12600	5600	7000	完工	埭溪镇人民政府
22	美妆小镇检测研发中心	湖州吴兴上强工贸有限公司	建设集审批服务、检测研发和创意设计论证为一体的综合大楼	2017—2018	10000	2000	8000	完工	埭溪镇人民政府

续附表 1–3

序号	项目名称	项目建设主体	主要建设规模	建设周期	计划总投资	截至 2017 年年底累计完成投资	2018 年计划投资	2018 年计划完成形象进度	责任单位或部门
23	原乡小镇	湖州原乡假日实业有限公司	总用地 1200 亩，其中建设用地 225 亩，建设精品酒店、创意工坊、素质拓展、养老院、小农庄、果蔬采摘园区、农业建筑配套及餐饮、小商业、茶吧、coffee shop 等商业配套为一体的旅游综合小镇	2016—2020	300000	120000	39000	完成小农庄部分建设，颐乐学院开工建设	妙西镇人民政府
24	湖州国际乡村旅游度假精品示范区	浙江西塞山旅游开发有限公司	建设集商业房产、旅游、休闲度假为一体商旅文综合体	2016—2021	200000	20000	30000	完成一期建设	妙西镇人民政府
25	长颈鹿庄园	湖州长颈鹿庄园有限公司	总用地 1200 亩，建设集精品度假村、长颈鹿主题馆、精品主题景区等功能为一体的高端旅游度假区	2017—2020	200000	20000	52000	完成园区竹博馆，文化馆、月亮餐厅建设	妙西镇人民政府
26	妙禅谷	湖州状元山生态农业发展有限公司	以原生态为基底、以养生文化、茶文化为底蕴、打造一个集健康养生、旅游休闲、乡村民宿等多位一体休闲养生基地	2017—2019	73000	2000	38000	主体结构出形象	妙西镇人民政府
27	原乡霞幕国际休闲养生村	湖州花盈原乡度假村有限公司	建设野奢主题度假村和国际禅意养生中心、为国际和国内游客、中小型团队提供高品质的度假、会议、野奢酒店服务	2016—2019	61000	24000	24000	完成 A 区块建设并营业，开始建设 B 区块	妙西镇人民政府
28	大师智慧谷	湖州妙慧山投资管理有限公司	总用地 2900 亩（其中建设用地 309 亩），建筑面积 173172 平方米，以建筑师村、艺术家村、创意家村、小小地球村为核心板块，打造长三角地区最具创意智慧的艺术家创作集聚地	2015—2019	50000	20000	20000	慧心谷一期、廿一农旅项目开始营业	妙西镇人民政府

续附表 1–3

序号	项目名称	项目建设主体	主要建设规模	建设周期	计划总投资	截至 2017 年年底累计完成投资	2018 年计划投资	2018 年计划完成形象进度	责任单位或部门
29	慧心谷野界度假村	湖州野界酒店管理有限公司	采用艺术、树屋、村落等多种主题、智能化运营、打造一个国际化的、可持续发展 的山林度假综合体	2017—2018	15000	2000	13000	完工	妙西镇人民政府
30	永辉城市生活广场	湖州永晖置业发展有限公司	总用地 100 亩，建筑面积 15 万平方米，打造集居住、购物中心、餐饮美食中心、休闲娱乐中心、SOHO 办公为一体的城市综合体	2016—2020	160000	40000	40000	部分结构封顶，多层建筑装饰工程施工（包括商业）	环渚街道
31	澳洋康复医院	湖州澳洋康复医院有限公司	总建筑面积 1.6 万平方米，建设集康复医疗及科研为一体的专科医院	2017—2018	15000	3600	11400	完工	环渚街道办事处
32	朗高国际医疗护理院	浙江朗高医疗股份有限公司	打造 1 万平方米“养、护、医”三位一体的现代养老康复综合护理中心	2017—2019	10000	2000	3000	外立面装修基本完成，内部装修	环渚街道办事处
	新开工项目：13 项				996733		209000		
1	丝绸小镇面辅料中心	丝绸小镇投资公司	建筑面积 4.9 万平方米，打造华东面辅料中心	2018—2020	30000		15000	主体结顶	区城投集团
2	美凯商务综合体	美凯酒店管理有限公司	建设运营集会务、餐饮、住宿、休闲娱乐于一体的商务综合体	2018—2019	15500		10000	主体见形象	高新区管委会
3	中环华府 · 中环商业广场	浙江华都控股集团股份有限公司	总用地 120.57 亩，总建筑面积 22.32 万平方米，建设集住宅等生活设施、商业中心、超市、餐饮酒店为一体的商贸综合体	2018—2019	75233		60000	主体见形象	织里镇人民政府

续附表 1-3

序号	项目名称	项目建设主体	主要建设规模	建设周期	计划总投资	截至 2017 年年底累计完成投资	2018 年计划投资	2018 年计划完成形象进度	责任单位或部门
4	珍贝商业广场	湖州珍贝荣瑞置业有限公司	建设为汽车及汽车后市场服务的现代服务业商贸综合体、国家级汽车零部件及用品展示销售中心、汽车及汽车后市场的电子商务平台	2018—2019	50000		20000	主体见形象	织里镇人民政府
5	湖州富力星光商务广场	湖州联富房地产开发有限公司	总用地 50 亩，总建筑面积 13 万平方米，引进现代商务金融等高端体验式商业以及大型购物中心等社区配套服务设施，用以满足富力城和前村社区居民生活配套、公共服务等需求	2018—2019	84000		30000	主体见形象	八里店镇人民政府
6	金诚（国际）医院	湖州金诚医疗投资管理有限公司	总用地 210 亩，建筑面积 31.82 平方米，按三级甲等综合医院软硬件标准规划建设	2018—2020	80000		10000	主体施工	八里店镇人民政府
7	漫漫谷	湖州心因旅游文化发展有限公司	总用地 855 亩，打造漫漫山居、果树摘菜、本草养生岛等建设内容	2018—2020	45000		10000	接待中心主体建设	埭溪镇人民政府
8	精油种植基地	湖州福萝拉生态庄园有限公司	建设精油博物馆、精油种植园等内容	2018—2021	20000		5000	完成香精香料植物种植	埭溪镇人民政府
9	美妆学院	美妆专业技术学院	与法国香氛学院合作建立培养美妆人才的学校	2018—2020	15000		5000	完成基础建设	埭溪镇人民政府
10	海亮康养小镇	浙江海亮尊年健康管理有限公司	建设以教育、旅游、农业为一体的综合体项目	2018—2022	500000		18000	主体施工	妙西镇人民政府
11	中医文化养生村	湖州华盛达原乡度假村有限公司	建设养生居所、度假酒店、中医养生馆、理疗馆及旅游基础设施配套为主的养生文化村	2018—2020	52000		15000	主体施工	妙西镇人民政府

续附表 1–3

序号	项目名称	项目建设主体	主要建设规模	建设周期	计划总投资	截至 2017 年年底累计完成投资	2018 年计划投资	2018 年计划完成形象进度	责任单位或部门
12	白酒博物馆	湖州慧心谷酒店管理有限公司	建设白酒文化展示基地，打造拥有上千种白酒的陈列室	2018—2019	20000		8000	主体施工	妙西镇人民政府
13	大东商务楼	大东村经济合作社	建设总建筑面积2.5万平方米商务大楼	2018—2019	10000		3000	主体施工	环渚街道办事处
	前期项目：11 项				480090				
1	SHOWROOM 商业街区	丝绸小镇投资公司	总建筑面积 5 万平方米，打造体验师时尚商业街区	2018—2020	100000				区城投集团
2	丝绸小镇企业总部	丝绸小镇投资公司	总建筑面积 6.4 万平方米，打造时装时尚企业总部园区	2018—2020	45000				区城投集团
3	丝绸小镇企业微总部	丝绸小镇投资公司	总建筑面积 4.7 万平方米，打造小微企业孵化产业园	2018—2020	30000				区城投集团
4	滨水精品酒店	丝绸小镇投资公司	总建筑面积 2.4 万平方米，打造滨水精品酒店	2018—2020	20000				区城投集团
5	丝绸小镇配套停车场	区城投集团	总建筑面积 3.5 万平方米，地下 2 层停车场，地上停车场 800 个，地下停车场 950 个	2018—2020	20000				区城投集团
6	时装时尚学院	丝绸小镇投资公司	总建筑面积 2.7 万平方米，与高校合作共建的时装时尚专业高端人才培训机构	2018—2020	15000				区城投集团
7	华鸿商城	湖州华鸿房地产开发有限公司	总用地 5.4 亩，建筑面积 0.54 万平方米，其中商业建筑面积 0.54 万平方米，主要进行商业开发	2018—2020	5090				织里镇人民政府

续附表 1-3

序号	项目名称	项目建设主体	主要建设规模	建设周期	计划总投资	截至 2017 年年底累计完成投资	2018 年计划投资	2018 年计划完成形象进度	责任单位或部门
8	绿城大师工作室	浙江绿城佳园建设工程管理有限公司	打造美妆小镇“产、城、人、文”四位一体的重要功能平台	2018—2022	200000				埭溪镇人民政府
9	化妆品微总部	广州娇兰佳人化妆品有限公司、浙江百 e 国际有限公司	建设集设计策划、教育培训、电子商务、办公会展为一体的商务中心	2018—2022	20000				埭溪镇人民政府
10	美妆 u 谷	湖州美易得生物科技有限公司	主要用于化妆品研发，并配套高端度假、休闲养生以及化妆品研发等内容	2018—2021	25000				埭溪镇人民政府
11	太一道生修慧谷	浙江太一道生实业有限公司	打造整形美容医院、茶道、禅学等文化园	2018—2021	15000				埭溪镇人民政府
	储备项目：2 项				60000				
1	美妆情景商业街	待定	建设美妆小镇国内外一线品牌的形象展示窗口和购物旅游目的地	2018—2020	50000				埭溪镇人民政府
2	美妆人才公寓	待定	美妆小镇的人才公寓	2018—2020	10000				埭溪镇人民政府

关于湖州市吴兴区2017年预算执行情况及2018年预算草案的报告

——在湖州市吴兴区第四届人民代表大会第二次会议上

吴兴区财政局局长　杨卫华

2018年2月2日

受区人民政府委托，向大会报告2017年全区预算执行情况及2018年预算草案，提请各位代表审议，并请各位政协委员和其他列席人员提出意见。

一、2017年预算执行情况

2017年，在区委、区政府的正确领导和区人大、区政协的监督指导下，认真落实预算法，主动适应经济发展新常态，紧紧围绕区委、区政府的中心工作和重点工作任务，以“服务经济发展、保障民生改善”为己任，为实现“生态吴兴、经济强区、科技新城、幸福家园”的目标而奋斗，出实招、求实效，统筹推进财政改革发展，充分发挥财政对经济社会发展的支撑保障引导作用，有力促进了全区经济社会平稳发展。

（一）一般公共预算执行情况

1.收入预算执行情况

全区实现财政总收入519138万元，比上年增长18.8%，完成预期目标的110%，其中一般公共预算收入311462万元，比上年增长21.5%，完成预期目标的108.9%，主要收入科目执行情况如下图：

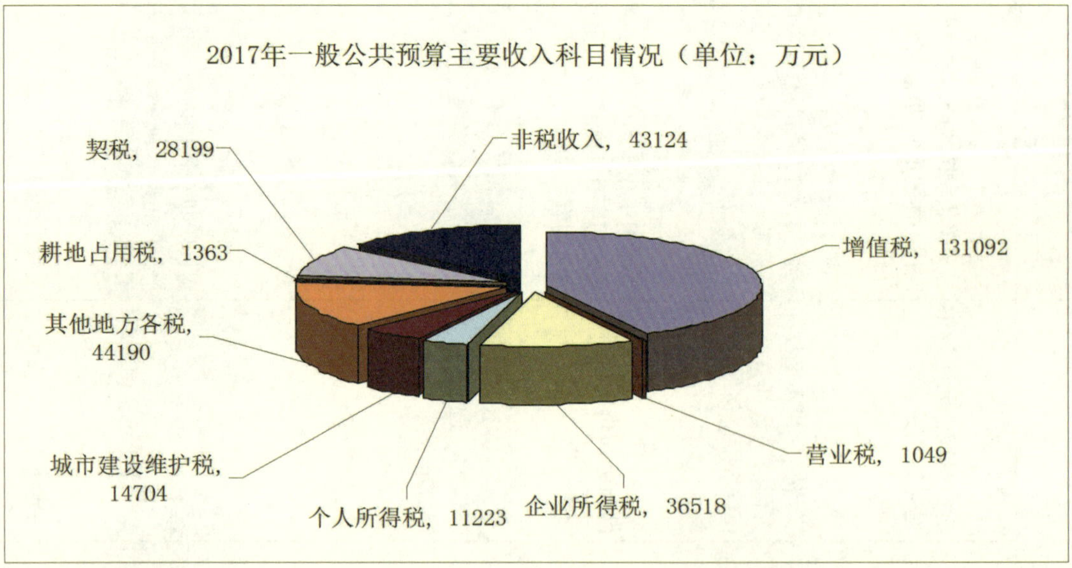

2.支出预算执行情况

区四届人大一次会议批准的2017年一般公共预算支出为276108万元（包括省、市转移支付），区四届人大常委会第6次会议批准调整预算数303892万元，实际执行数为308308万元（其中债务付息和发行费支出11456万元），完成调整预算的101.5%，剔除职业年金清算、文明城市创建和债务付息等不可比因素，按可比口径计算比上年增长10.6%。主要支出科目执行情况如下图：

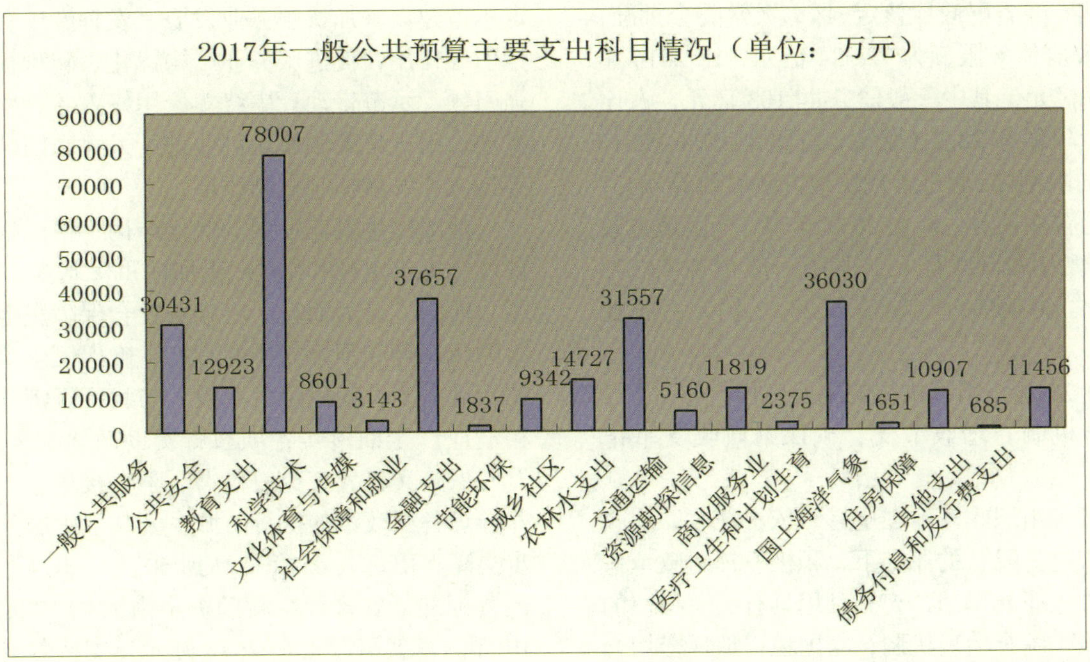

2017 年度预计在统筹整合政府性基金和国有资本经营财力，积极盘活存量，努力争取省、市财力转移支付以后，有望实现财政收支基本平衡。由于市对区体制结算尚有一个过程，最终平衡结果待决算会审后再向区人大常委会专题报告。

（二）政府性基金预算执行情况

区四届人大一次会议批准的 2017 年政府性基金收入预算 137315 万元，区四届人大常委会第 6 次会议批准调整预算数 494887 万元，实际执行数为 530036 万元，完成调整预算的 107.1%，主要是国有土地使用权出让收入增加。其中：省市专项补助收入 212502 万元（主要是 1—8 月国有土地使用权出让收入区得部分返还）；国有土地使用权出让收入 279613 万元（根据新一轮市对区体制，从 2017 年 9 月起，国有土地使用权出让从市专项补助收入调整为区级收入），非税收入缴库收入 6634 万元；专项债务付息和发行费 9102 万元；上年专项补助收入结转 22185 万元。

2017 年政府性基金支出预算 137315 万元，区四届人大常委会第 6 次会议批准调整预算数 473000 万元，实际执行数为 510976 万元（含列入城中村改造工程项目政府购买服务，2017 年购买服务费用列支 57969 万元），其中：城乡社区支出 476509 万元（主要是：国有土地使用权出让收入根据属地原则返还各乡镇和区属国有公司的支出 475681 万元，城市公用事业附加支出 645 万元，农业土地开发资金支出 183 万元），社会保障和就业 883 万元，专项债务付息和发行费支出 9102 万元，彩票事务支出 3601 万元，其他支出 20881 万元（主要是土地整治、耕地保护和智慧用电等省市专项转移支付）。根据项目完成进度，政府性基金结转下年支出 19060 万元。

（三）社会保险基金预算执行情况

区四届人大一次会议批准的 2017 年社会保险基金收入预算 61564 万元，实际社会保险基金收入执行数为 61278 万元，完成年初预算的 99.54%。其中：保险费和缴费收入 23728 万元、财政补助和补贴 36914 万元、利息收入 636 万元。2017 年社会保险基金支出预算 61447 万元，实际执行数为 59625 万元，完成年初预算的 97.03%。其中：社会保险待遇支出 52853 万元。收支相抵，本年收支结余 1653 万元，累计结余 19099 万元（主要是城乡居民基本养老保险个人缴费结余）。

（四）国有资本经营预算执行情况

区四届人大一次会议批准的 2017 年国有资本经营预算收入 257 万元，实际执行数为 257 万元，全部为国有控股公司股利、股息收入，完成年初预算的 100%。2017 年国有资本经营预算支出 257 万元，实际支出 257 万元，调入一般公共预算，用于社会保障支出。收支相抵，国有资本经营预算收支平衡。

（五）地方政府债务情况

2017年，经省财政厅核定，区人大常委会批准，全区地方政府债务限额为72.324亿元，比2016年减少6.276亿元，其中一般债务44.103亿元，占比60.98%；专项债务28.221亿元，占比39.02%。2017年在批准的限额内，通过省代发地方政府债券4.437亿元，均为置换债券。截止2017年末，全区地方政府债务余额为72.093亿元，其中一般债务43.873亿元，占比60.86%；专项债务28.22亿元，占比39.14%。

（六）2017年预算执行的主要工作

1.完善机制，增收节支，确保财政收支平稳运行

优化管理组织收入：在坚持“依法征收、应收尽收、不收过头税”的原则下，积极发挥财政牵头协调组织收入职能作用，充分利用具有吴兴特色的“六位一体”综合治税机制，与国税、地税密切合作、相互联动，加强对重点领域、重点行业税源的分析监控，定量分析非即期收入、一次性收入，在保护实体经济良好运行的前提下，强化税收社会保障和涉税信息共享机制，完善工作协同机制，推进齐抓共管，加强收入征管，汇聚征收合力。

厉行节约控制支出：严格落实《党政机关厉行节约反对浪费条例》，严肃财经纪律，厉行勤俭节约。压缩财政存量资金规模，实施科学合理的预算执行进度考核机制。进一步做好集中核算转轨的深入工作，不断完善支出动态监控系统，加强对公务卡强制结算目录、政府采购等方面进行监控。认真执行国务院第166次常务会议“各省（区、市）实现一般性支出一律减少5%以上的目标”精神，2017年全区一般性支出压减5%，“三公”经费支出同比下降23.5%。

2.强化统筹，普惠于民，促进社会健康平稳发展

助推经济转型升级。围绕美丽乡村创建、一事一议财政奖补、历史文化村落保护、欠发达村集体经济发展等项目资金统筹管理，2017年一般公共预算投入38229万元，努力提高美丽乡村建设水平。积极推进农业供给侧改革，加快农业农村转型发展，高新区农业综合开发田园综合体2017–2019年建设规划已通过省级评审，成功入围2017年省级创建试点。2017年一般公共预算投入19160万元，围绕智能装备、信息经济、健康时尚、金属新材、现代纺织五大领域，精准对接，助推“中国制造2025”试点示范建设。加快服务业发展，发挥专项资金的政策引导作用，促进服务业结构优化、转型提升、增强引领、示范带动。围绕集聚用好人才，引领创新发展，引进集聚领军型创业创新人才和团队，加快推进人才发展体制机制改革。

保障民生事业发展。优化结构，精准投入，合理调整支出定位和结构，更加注重保基本、补短板，尽力而为，量力而行，将相关社会保障民生支出作为财政保障和预算安排的重点，确保民生事业发展的合理需要，使民生事业投入与我区经济社会发展相适应。全面落实各项教育资助政策，安排5935万元保障义务教育免教科书、学生接送车、教育营养券等各项政策的执行。城乡公共卫生服务经费稳步提高，由每人45元提高到50元。提高医疗救助经费标准，安排社会救助资金由人均17元提高到19元。落实财政资金2684万元，支持养老服务业发展，推动养老服务体系建设。支持生态文明建设，持续攻坚“五水共治”、“三改一拆”、“四边三化”等工作。2017年用于教育、农业、水利、社保、卫生等方面的民生支出达到24.3亿元，新增财力的77%用于民生支出，有力地保障了全区经济社会持续稳定发展。

3.深化管理，推进改革，健全创新机制合理发展

深化预算制度改革。完善预算管理体系，按照“收入一个笼子，预算一个盘子，支出一个口子”的总体思路，进一步完善了政府预算体系，实行全口径预算管理。将政府全部收支都纳入预算管理，编制四本预算。在预算编制中，坚持综合预算、零基预算、绩效预算的原则，进一步完善基本支出定额标准体系，从严从紧编制项目预算，将当年预算额度与上年预算执行率挂钩。积极推进预决算公开，进一步规范公开内容，按照格式、内容、时间、平台“四个统一”原则，各预算单位全部完成部门预决算和“三公”信息公开工作，切实保障公众的知情权、参与权和监督权。

推进政府投融资改革。积极持续创新投融资手段，成立5个政府产业基金，基金总规模13亿元，其中政府出资2.9亿元，撬动社会资本14亿元。累计对外投资项目19个，基金投资总额3.37亿元。同时做好基金运作绩效监管，加强产业基金的财政监管与风险控制。积极推广PPP模式，组织吴兴区

环卫一体化项目和湖州市东部新城污水处理厂二期项目物有所值评价和财政承受能力论证，其中湖州市东部新城污水处理厂二期项目列入浙江省第四批政府和社会资本合作（PPP）推荐项目。逐步形成财政资金引导社会资本投入战略性产业发展的长效机制。

积极稳妥推进“政采云”上线。推动政府采购“最多跑一次”改革，坚持用户需求导向，通过信息化改造，优化简化业务流程，实现全流程网上办理、零上门服务，让数据多跑路、服务对象少跑腿，提高采购效率；科学统筹做好服务保障，加强协调配合，做好舆论宣传和引导，充分调动起采购单位、供应商以及代理机构等各方的积极性，确保“政采云”平台顺利运行。组织全区450多人次培训，目前协议供货、在线询价、网上超市和项目采购等模块成功上线运行。全年政府采购金额1.88亿元，节约资金3633万元，节约率达到16.16%。

4.强化监督，夯实基础，规范管理方法成效明显

加强政府债务管理。高度重视政府债务问题，建立债务预警监控监测机制，定期汇总全区主要政府融资平台资金运行和债务置换进展情况。严格执行政府债务限额管理，不折不扣执行化债计划，全面完成存量债务债券置换，切实降低债务成本，优化政府债务结构，缓解偿债压力，截至目前，争取省财政债券资金69.55亿元，累计节约财务成本6亿元。认真落实六部委财〔2017〕50号和浙政发〔2017〕27号等文件要求，全面规范政府的融资担保行为。

推进国有投资运营集团筹建。全面推进国有资本管理体制改革，组建城投和产投两大国有资本投资运营集团，将主要区级政府性公司及国有资产划入两大集团，进一步优化国有资本布局，增加国有资本实力，加快东部新城建设，引导产业集聚发展的目标。目前，按区委《湖州市吴兴区组建两大国有资本投资运营集团实施方案》，完成公司注册，出台《两大集团组建职责及发展方向》。

强化财政监督绩效管理。依法开展会计信息质量、票据使用管理、资产管理等方面的监督检查。强化区级重大专项与民生项目的监督，确保财政资金管理安全、规范、有效。2017年共组织42个区级主管部门完成376个项目总计2.82亿元资金的绩效自评工作，自评率达100%，项目财政资金使用率达94.28%。认真开展财政部门评价，做好政府购买服务（航道保洁）项目和市级美丽乡村、精品村创建项目绩效评价工作，通过评价使资金使用效果得到提升，部门绩效意识得到加强。

在肯定成绩的同时，我们也清醒地看到，在财政运行和预算管理过程中，还存在一些亟须研究解决的困难和问题。主要是：在经济新常态下，新增的规模性经济税源较少，保持收入持续稳定增长压力较大；《预算法》的实施对财政管理工作提出新要求，预算编制需进一步细化，依法理财水平需进一步提高；各方面对财政保障能力也有更高的期待，而区级财力还比较薄弱，在更高起点上，保持民生支出刚性增长，财政收支矛盾突出。对此，我们高度重视，通过深化改革、创新机制、完善制度等措施逐步加以解决。

二、2018年预算收支安排（草案）

2018年，是贯彻党的十九大精神的开局之年，也是改革开放40周年，经济运行预测：一方面保持经济稳定增长的有利条件仍然较多，稳中向好的态势得以延续，经济结构继续优化，新旧动能转换加快，质量效益改善明显，但是房地产市场趋向饱和、减税降费政策持续、工业领域补库存趋缓、整顿地方政府债务、金融领域去杠杆、环保限产等因素会抑制经济增长，宏观经济将呈现稳中趋缓态势。另一方面继续实施积极财政政策，重点项目建设、重点领域改革、补齐民生领域等支出刚性增长，任务较重，财政收支平衡压力不断加大。

（一）2018年财政预算编制的指导思想

根据2018年财政经济形势的分析和预测，按照区委、区政府提出的“打造增长极、提高首位度、争当排头兵”的总定位，2018年财政预算安排的指导思想是：全面贯彻落实党的十九大精神，坚持稳中求进、进中提质，积极拓展和发挥财税在“稳增长、促改革、调结构、惠民生、防风险”中的职能作用，落实减税降费各项政策，支持实体经济加快发展，依法有为组织收入；深化财税体制改革，完善预算管理制度，推进预算公开透明；调整优化支出结构，压一般、保重点；强化风险意识，积极防范化解地方政府债务风险和社会保险基金风险，为全区经济社会平稳健康发展做出新的贡献。

（二）一般公共预算（草案）

1.收入预期

2018年财政总收入预期594650万元，比上年

增长8%（根据新一轮市对区财政体制，2017年财政总收入基数调整为550548万元）；其中一般公共预算收入363060万元，比上年增长8%（根据新一轮市对区财政体制，2017年一般公共预算收入基数调整为336105万元），主要收入科目情况如下图：

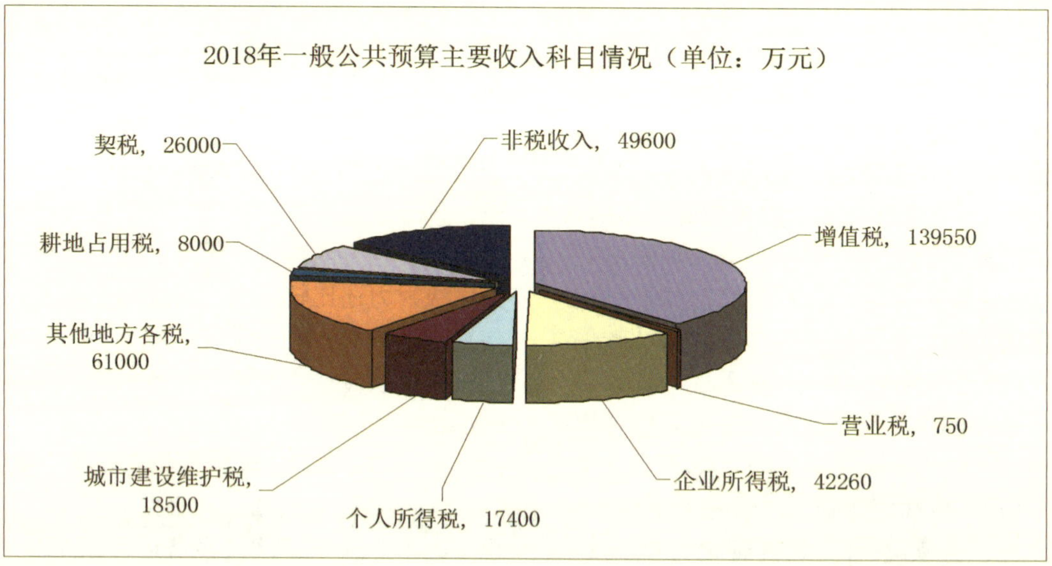

2.支出预算

按上述预期收入水平与结构，根据现行市对区的财政体制，在考虑省、市转移支付等相关因素后，预计全区2018年一般公共预算可用财力为357596万元，其中：上年结转专项收入13704万元（按项目实施进度及指标到达时间必须结转下年的省市专项转移支付）；预估省、市专项转移支付补助60930万元；预计体制内可用财力269688万元；国有资本经营调入374万元；债务付息和发行费调入12900万元。相应安排2018年全区一般公共预算支出357596万元，其中区本级支出199867万元，同口径比上年执行数增长9.2%。主要支出科目安排情况如下图：

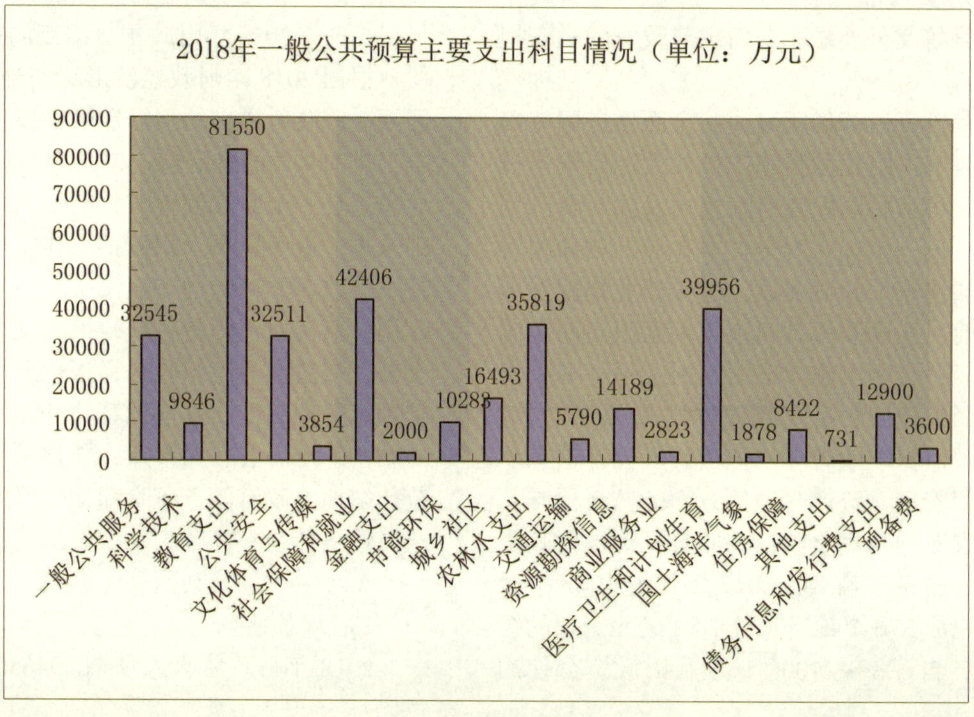

2018 年，根据《湖州市人民政府关于完善市对区财政体制的通知》（湖政函〔2017〕43 号）文件精神，区级新增财力有限，刚性支出增长迅猛，取消、调整部分政府性基金和行政性收费政策后转一般公共预算支出增长明显，收支矛盾十分突出，平衡压力较大。因此在支出预算安排中，除首先保障基层政权正常运转以及农业、教育、科技、社保等重点支出以外，按照集中财力办大事的要求，区级财力的事业发展专项资金作以下安排：

一是有力支持社会民生事业。主要用于：教育专项资金 3500 万元：校园综合改造和幼儿园、中小学设备补助专项资金 2500 万元，学前教育发展专项 500 万元，学生接送车财政补助 500 万元。卫生计生专项资金 15627 万元：医药卫生体制改革财政补助 7227 万元，城乡居民基本医疗保险区配套资金 5950 万元（从人均 1060 元/年提高到 1390 元/年），公共卫生服务体系建设 600 万元，城乡公共卫生服务经费区配套资金 574 万元；计划生育事业费区承担 600 万元，计划生育奖扶和特扶补助区配套资金 676 万元。社会保障专项资金 22047 万元：城乡居民社会养老保险金区配套资金 4950 万元（暂按 150 元/月安排），机关事业单位养老保险 7460 万元，最低生活保障金 3458 万元，养老服务体系建设经费 1278 万元，残疾人两项补贴和残保金支出 1491 万元，困难群众慰问及临时救助 469 万元，困难群众再就业援助资金 50 万元，医疗救助 550 万元（从人均 19 元提高到 23 元），殡葬基本服务和生态墓地建设管理 340 万元，义务兵优待金和退伍兵安置 2001 万元。文化体育专项资金 216 万元。

二是统筹支持“美丽吴兴”建设。主要用于：生态文明建设专项支出 24954 万元，其中争取中央、省、市专项资金 9893 万元，区级财力安排 15061 万元：美丽乡村建设 2030 万元；农村环境长效整治 2161 万元；水利建设专项资金 7500 万元；美丽宜居示范村配套 600 万元；农村文化建设（幸福礼堂）资金 180 万元；历史文化村落保护资金 250 万元；垃圾清运及焚烧处理费补助 1500 万元；生活垃圾分类 840 万元。新农村建设专项支出 17689 万元，其中争取中央、省、市专项资金 9342 万元，区级财力安排 8347 万元：现代农业发展创新资金 2000 万元；农村公益事业一事一议 360 万元；集体经济欠发达村扶持资金 405 万元（含政府贴息）；村级社区服务保障、村党组织书记、村委会主任和离任村干部基本报酬等经费 1921 万元；扶贫及援助资金 312 万元；农村道路维护及危桥改造资金 3349 万元。

三是稳步支持实体经济发展。主要用于：工业发展专项资金 24550 万元，其中争取中央、省、市专项资金 5150 万元，区级财力安排 19400 万元：工业发展专项资金 10000 万元（包括金融发展专项 1080 万元）；工业设计基地专项资金 600 万元（包括多媒体发展专项资金并入的 500 万元）；人才建设专项资金 4000 万元；企业财政政策补助 4000 万元，耕占税补助支持乡镇工业平台建设 800 万元。科技发展专项资金 1800 万元，科学技术普及经费 85 万元。现代服务业发展专项资金 1880 万元（包括旅游发展专项资金 600 万元、农贸市场提升专项资金 200 万元、电子商务专项 350 万元），文化产业发展专项资金 658 万元（包括多媒体发展专项 610 万元）。选商择资、驻外招商、接轨上海及区重大经贸活动经费 1195 万元，外贸发展专项资金 350 万元。

四是支持公共安全和社会治理机制建设。主要用于：吴兴公安和织里公安财和物下划区，预计 2018 年支出 20956 万元；动态视频监控 1483 万元；安全生产专项资金 220 万元；消防专项经费 800 万元（包括补助织里消防大队业务经费 10 万元）；征兵工作经费 58 万元；民兵训练费 75 万元。

五是安排财政偿债专项资金 1000 万元，用于防范政府债务风险；安排地方政府债券置换存量债务 2018 年一般债务利息和发行费 12900 万元。

六是安排预备费 3600 万元，用于当年预算执行中的重特大自然灾害救灾开支、重大公共事件应急处置及其他难以预见的费用开支。

（三）政府性基金预算（草案）

拟安排 2018 年政府性基金收入预算为 637818 万元，比上年增长 20.33%（主要是预计商住用地出让增加），主要收入项目：省市专项补助收入 16000 万元；国有土地使用权出让收入 589398 万元；非税收入缴库收入 4200 万元；专项债务付息和发行费 9160 万元，上年专项收入结转 19060 万元。

相应安排 2018 年政府性基金支出预算为 637818 万元（含列入城中村改造工程项目政府购买服务，2018 年购买服务费用列支 34357 万元），主要支出项目是：城乡社区支出 600424 万元；社会保障和就业支出 915 万元；其他支出 36479 万元（主要是彩票事务、专项债务利息和纳入部门预算政府性基金支出）。

（四）社会保险基金预算（草案）

根据市对区财政体制，预计2018年全区社会保险基金收入68210万元，其中：保险费和缴费收入25538万元、财政补助和补贴收入42104万元、利息收入568万元。2018年社会保险基金支出65169万元，其中：社会保险待遇支出59266万元。收支相抵，本年收支结余3041万元。

（五）国有资本经营预算（草案）

预计2018年国有资本经营预算收入374万元，其中：国有控股公司股利、股息收入110万元；国有股权、股份转让收入9万元；其他国有资本经营收入255万元。国有资本经营预算支出374万元，主要是根据国务院《关于推进财政资金统筹使用方案的通知》，将国有资本经营收益调入一般公共预算，用于社会保障支出。收支相抵，国有资本经营预算收支平衡。

（六）2018年地方政府债务预算管理

2018年地方政府债务暂按省财政厅下达的2017年政府债务限额72.324亿元控制。同时，根据地方政府债务置换和债券到期情况，在一般公共预算支出中安排债务还本支出1亿元；在政府性基金预算支出中安排债务还本支出0.2亿元。待省财政厅下达后，依法编制调整预算（草案）并提交区人大常委会审议批准。

（七）2018年财政工作的主要措施

1.进一步抓好组织收入管理

增强组织收入的主动性，深化财政、国税、地税三方合作，加强收入分析、预测和管控，提高收入执行的计划性、均衡性和稳定性。继续深化财政体制改革，重视增值税的税源培育和征管问题，夯实增值税税源基础。牢固树立税源导向，在财政支持走出去或引进来的同时，算好投入产出这本账。引进企业，要充分考虑其对地方政府的贡献度，发挥财政补贴的激励作用，鼓励引进能够产生税源、带来税收收入的企业。积极应对市对区体制调整，积极研究相关政策，真正将体制红利转化为可用财力，把财政“蛋糕”做得更大、更实、更优。完善具有吴兴特色“六位一体”综合治税征管体系，依法有为组织收入，优化收入结构。全面落实减税降费政策，科学管控收入增长的可持续性，保持财政收入的稳健增长，实现财政收入持续增长走在前列。

2.进一步深化预算体制改革

认真贯彻落实预算法等各项财税法律法规，强化法治意识和绩效理念，硬化预算约束和税收刚性。深化预算管理改革，加快项目库建设，进一步细化预算编制，提高年初预算到位率。完善基本支出标准体系，加快建立项目支出标准体系。试编三年滚动规划，推行区级重点支出相关部门三年滚动财政规划的预算编制，健全项目预算审核机制，对跨年度重大项目分年度纳入预算，确保预算安排与项目实施对接，增强财政资金统筹能力。全面推进预算绩效管理，健全绩效评价结果与预算安排有机结合的机制。清理盘活存量资金，严格将结余资金以及连续两年未用完的结转资金收回财政统筹使用，避免二次沉淀。在预算执行中，全面推进预算执行均衡化管理，探索建立预算编制与执行对比分析制度；硬化预算约束，实施分类管理，确保支出各环节畅通运行。进一步推进部门预决算公开和“三公经费”公开，努力打造“阳光财政”。

3.进一步完善民生保障机制

按照“保基本、兜底线、建机制”的原则，完善民生保障长效机制，继续做好政府各项民生事业的资金保障工作，确保三分之二以上的新增财力用于民生。完善教育投入保障机制，推动教育建设项目中长期规划，编制项目三年滚动预算。深化基层医药卫生体制改革，推进公共卫生医疗体系建设。深化城乡居民基本医疗保险制度，最大程度惠及城乡居民群众。完善社会救助体系，进一步提高低保人员保障水平，完善养老服务体系建设，扩大政府购买服务养老服务范围。支持农业供给侧结构性改革，建立健全以绿色生态为导向的农业补贴制度；建立健全生态文明建设财政政策体系，探索建立绿色发展财力奖补机制。

4.进一步规范财政运行风险

坚持“依法举债、控制风险、优化结构、规范程序、力求绩效”债务管理指导思想，贯彻落实中央、省、市文件精神。强化高新区、各乡镇、区级政府性公司、相关部门主体责任，加强政府性债务管理，将化解债务作为第一要务，防范和化解政府性债务风险。加大做地出地力度，资金优先用于偿债。规范政府投资项目决策程序，严格政府重大投资项目资金来源审查，资金来源不明晰、未列入计划的项目不得实施。进一步规范PPP项目运作，防止“伪PPP项目”带来新的债务风险。严格规范PPP、政府购买服务、专项建设基金，防止违法违规举借隐性债务，坚决防范化解地方政府债务风险，确保财政系统性安全。

5.进一步构建国资运营监管新格局

进一步加强政府产业基金的运营监管和检查，加快基金资金的募集和对外投资进度，提高财政资金的使用效率，促进我区新兴产业的发展。建立并完善城投和产投两大集团公司的监督管理和考核等各项规章制度，突出城投和产投两大集团公司规模效益和发展主业，提高市场化运作的能力，参与市场化竞争，提升自身造血功能化投资和运营功能，实现向实体化、市场化和规范化的转变，提升国有企业综合实力。初步建立现代企业制度，实现政府融资平台公司市场化转型，使国有企业走上市场化运营道路。

2018 年财政工作任务艰巨，责任重大。我们将在区委、区政府的正确领导下，在区人大、区政协的监督指导下，认真执行区人大的各项决议和要求，锐意改革，真抓实干，走在前列，努力完成全年财政预算任务，为建设“生态吴兴、经济强区、科技新城、幸福家园”做出新的贡献！

湖州市吴兴区人民法院工作报告

——在湖州市吴兴区第四届人民代表大会第二次会议上

湖州市吴兴区人民法院院长　周文霞

2018 年 2 月 2 日

现在，我代表区人民法院向大会报告工作，请予审议，并请区政协委员和其他列席人员提出意见。

2017 年主要工作

2017 年以来，区法院在区委、区人大及其常委会、上级法院的领导、监督和指导下，在区政府、区政协及社会各界的关心支持下，认真贯彻党的十八大、十九大和历次全会精神，以司法为民、公正司法为工作主线，忠实履行宪法法律赋予的职责，各项工作取得新进展。全年共受理各类案件 17154 件，审结 16900 件，同比分别上升 16.06%和 15.31%，员额法官年人均结案 367 件，主要办案质量、效率、效果指标均在合理区间内运行，居全省、全市法院前列。

一、立足执法办案，全力维护社会和谐稳定

依法履行审判职责，狠抓执法办案第一要务，不断提升审判质效，助力法治吴兴、平安吴兴建设。

依法惩治刑事犯罪。审结各类刑事案件 1208 件，判处罪犯 1851 人，同比分别下降 28.52%和 17.77%。严惩严重刑事犯罪，审结“涉黑涉恶”、“两抢一盗”及黄、赌、毒等案件 529 件，判处罪犯 743 人，切实提高人民群众的安全感。审结危害食品、药品安全犯罪案件 30 件，判处罪犯 66 人，保障人民群众“舌尖上的安全”。审结集资诈骗、非法吸收公众存款等涉众型经济犯罪案件 13 件，判处罪犯 17 人，保障老百姓“钱袋子的安全”。配合监察体制改革试点工作，建立与监察机关相衔接的审判机制，形成惩治腐败合力。切实保障被告人诉讼权利，为 279 名被告人通知辩护人提供法律援助，同比上升 15.29%。

多元化解民商纠纷。审结各类民商事案件 8993 件，诉讼标的额 54.83 亿元，同比分别上升 14.52%和下降 19.07%。加大依法保护产权力度，审结股东出资、所有权确认等侵犯财产案件 33 件，促进各类市场主体立恒心增信心。审结买卖等合同纠纷案件 1470 件，促进市场要素快速流转。审结交通事故、产品责任等侵犯人身案件 731 件，保障人民群众生命健康和人格尊严。探索家事审判改革，妥善审理婚姻、继承等家事纠纷 686 件，维护家庭稳定。创新和发展“枫桥经验”，深化与区矛盾纠纷多元化解中心的良性互动，与区委政法委、区司法局联合出台《诉调衔接实施办法》，诉前成功化解各类纠纷 795 件，同比上升 27.29%。

支持监督依法行政。审结安吉县、长兴县辖区内行政诉讼案件106件，同比上升53.62%。深化行政案件跨区域集中管辖，积极推动行政机关负责人出庭应诉，有效解决行政诉讼“主客场”、“告官不见官”等问题。成立行政争议调解中心，通过协调促使原告主动撤回起诉30件，撤诉率28.3%。全面推行“裁执分离”工作机制，审结行政机关申请强制执行搬迁、拆除违法建筑等案件483件，准予执行率98.96%，344件历史遗留的国土资源非诉行政案件均得到稳妥处理。健全府院联席会议制度，有针对性地提出司法建议，促进行政机关不断改进行政管理和执法工作。

二、主动融入大局，为吴兴改革发展保驾护航

适应经济发展新常态，找准司法服务大局着力点，为社会提供导向，为市场建立规则，为法治树立标杆。

服务供给侧结构性改革。加大对实体经济的司法支持力度，运用软查封、债转股等法治手段，帮扶有市场前景的困难企业渡过难关。严厉打击逃废金融债务行为，推进涉银行不良资产司法处置，审结金融案件 863 件，有效防范区域性金融风险，维护正常市场秩序。参与“中国制造 2025”试点示范区和国家知识产权示范区建设，审结各类知识产权案件 124 件、涉外涉港澳台民商事案件 35 件，平等保护各方权益，优化我区外资投资环境。

推进“僵尸企业”司法处置。积极参与区政府

处置僵尸企业及闲置资产行动，成功处置南太湖电子商务城、浙江搏杰实业、湖州纤瑞环保等10余家僵尸企业，盘活企业存量资产7.47亿元，释放土地资源533余亩，房屋面积21.3万平方米，有力推动腾笼换鸟、凤凰涅槃。与市、区两级商务局联动协作，设立僵尸企业和潜在投资企业“信息共享库”。建立执转破快速通道，全年移送破产案件11件，实际宣告破产2件，工作得到区委区政府高度肯定，并予以嘉奖。

保障美丽吴兴建设。践行“绿水青山就是金山银山”重要思想，出台司法措施保障“治水剿劣”、“治危拆违”等重点工作。依法严惩违法排污行为，审结破坏环境资源违法犯罪3件，判处罪犯4人。探索修复性司法理念，发出全市法院首份“禁止令”和“污染物处置令”，护美绿水青山。依法支持环保行政执法，审结环保部门申请强制执行污染环境案件8件，准予执行率87.5%。与区环保局建立环境执法与司法协调联动机制，共同推动生态环境治理。

三、坚持司法为民，让人民群众切实感受公平正义

弘扬法治理念，保障民众权益，让民之所盼成为法之所向，努力让公平正义看得见、摸得着、感受得到。

强势推进执行破难工作。共执结案件6052件，执行到位19.94亿元，同比分别上升26.14%和58.25%。在执行破难工作中，始终坚持争取党政、人大等支持，在全区构建起基本解决执行难工作大格局。不断强化破难高压态势，努力攻克拒不申报财产、拒执犯罪等顽疾，对332名暴力抗法、抗拒执行的人员予以司法拘留，追究刑事责任5名，违法制裁率同比上升41.89%。持续聚焦强制腾房工作，打出具有吴兴特色的执行破难组合拳，共腾退房屋457处，涉及执行标的13.25亿元。工作经验得到省、市两级法院高度评价，并获得最高法院江必新副院长批示肯定，向全国推广。

全面提升诉讼服务水平。深入推进“三大机制”建设，建设新型诉讼服务中心，打造立案信访、诉调衔接、执行事务、审判保障和警务中心“五合一”模式，让人民群众 “最多跑一次”。严格落实立案登记制，大力推行网上立案、跨域立案等新型立案方式，当场登记立案率为98.5%，网上立案率从年初的日均0.17%大幅上升至年末的日均100%。积极拓展诉讼服务的覆盖面，在律师事务所放置自助立案机，在重点乡镇街道的综治中心、司法所设置咨询点，把司法服务送到老百姓家门口。

积极参与社会综合治理。圆满完成十九大、互联网大会等重要时期的维稳安保任务。畅通申诉信访渠道，深化诉访分离改革，共处理来信来访426件次，受理申诉、申请再审案件8件，审结9件。严厉打击恶意欠薪行为，执结拖欠农民工工资案件580件，追回劳动工资1122.43万元，依法对6名拒不支付劳动报酬的行为人追究刑事责任。加强少年综合审判工作，审结涉少刑事、民事69件，依法保护未成年人合法权益。成立司法救助委员会，加大救助帮扶力度，为59名经济困难的当事人办理缓、减、免交诉讼费82.75万元，发放司法救助金68.5万元，体现司法人文关怀。

四、紧扣时代脉搏，推进审判体系和管理能力现代化

以问题为导向，以改革为动力，以信息化为支撑，着力破解影响司法公正、制约司法能力的深层次问题。

稳妥推进司法体制改革。紧紧牵住司法责任制这个“牛鼻子”，统筹开展法官员额制、人员分类管理等基础性改革。遴选出员额法官46名，招录司法雇员33名，队伍结构显著优化。组建新型审判团队29个，突出法官办案主体地位，入额院庭长全部回归一线亲历裁判，全年共办结案件6472件，同比上升48.26%，占结案总数的38.3%。坚持放权不放任，制定工作指引流程、专业法官会议等 14项配套制度，明确各类司法人员责任清单。推进以审判为中心的刑事诉讼制度改革，落实“三项规程”，推进庭审实质化，全年有33名侦查人员、证人出庭作证，居全市首位。

深入开展智慧法院建设。研发智能“云柜”，推行电子卷宗随案同步生成，实现审执业务全流程网上办理。建立在线纠纷解决平台、深化远程庭审运用，实现案件调解、审理等活动异地同步完成。全面推行庭审记录改革，运用语音智能识别系统，实现85%的案件无书记员出庭记录。在全省率先建成在线审委会讨论系统，实现案件讨论、会签网上办理。建成执行指挥中心，实现执行远程指挥、远程查控和网络化管理。智能排庭展示系统等2个微创新入选2017年度浙江法院信息化应用最佳实践项目。一个互联互通、覆盖广泛、数据集中、资源共享的现代化智慧法院初具雏形。

不断创新阳光司法机制。完善审判流程、庭审活动、裁判文书、执行信息四大公开平台建设，让公平正义看得见、能评价、可监督。依托12368短信平台，向当事人自动发送18个审判流程节点和22个执行案件节点信息。积极拓宽公开渠道，在中国庭审公开网、新浪网等平台直播庭审787场，在中国裁判文书网累计公开裁判文书5328份。推进司法信息发布常态化，在法院官方网站、微信公众号发布权威信息300余条，推送的《刚刚，吴兴法院对拒不腾房者放大招了！》等多条信息点击量名列浙江政法微信影响力排行榜榜首。拍摄专题宣传片2部，举办“公众开放日”10余次，向全社会传递司法正能量。

五、厚植发展根基，打造群众满意的吴兴法院铁军

狠抓队伍建设，从严治院、从严治警，拉高标杆、补齐短板，努力让党放心、让人民满意。

加强政治思想建设。提高政治站位和政治自觉，牢固树立“四个意识”，坚决维护以习近平同志为核心的党中央权威和集中统一领导。扎实开展“两学一做”“继往开来、奋勇争先”等学习教育活动，举行宪法宣誓和“七一”升旗仪式，加强基层党建工作，筑牢思想根基，激发职业尊荣感。大力培育先进典型，努力营造干事创业、争先创优氛围。全年有5个集体和26名同志获得省市党政机关和上级法院的表彰奖励，李辉法官被人社部、最高院联合授予“全国优秀法官”荣誉称号。

提升业务能力素质。常态化开展庭审观摩、案例研讨、法律文书评比等活动，着力提高法官法律适用、庭审驾驭、裁判文书说理和做群众工作的能力。大兴学术调研之风，在市级以上刊物发表案例论文15篇，获奖8人次。开展“办案之星”评比，提任中层干部17名，加快青年干警成长成才。大力推进法院文化建设，创设“月光之路”、“阳光之路”，建成员额法官风采长廊，提升文化软实力，向全国法院提供文化建设的吴兴智慧。

狠抓队伍纪律作风。严格执行“八项规定”精神和防止干预过问案件“两个规定”等制度，严格落实浙江政法“七个绝不允许”和浙江法院“五条纪律”。切实履行管党治党“两个责任”，运用监督执纪“四种形态”，把纪律和规矩挺在前面。开展集中廉政教育、日常廉政提醒等活动，筑牢干警思想防线。每月对司法作风、司法礼仪进行常态化巡查，发现问题及时通报，督促整改。一年来，未发现干警违法违纪事件。切实关心关爱干警，落实从优待警各项政策措施，千方百计为他们排忧解难，缓解身心压力。

自觉接受监督是司法权公正行使的重要保障。一年来，我们积极贯彻落实区人大及其常委会的各项决议、决定，认真、及时办理意见和建议。积极参与“百名代表听百案”、“代表委员法院行”活动，丰富代表委员联络载体。向区人大常委会专题报告基本解决执行难工作，并邀请人大代表、政协委员参与见证执行。依法接受检察机关的法律监督，审结抗诉案件2件，改判2件，共同维护司法公正。广泛接受社会监督，召开新闻发布会2次，在市级以上媒体刊发稿件120余篇，主动向社会公开重大司法举措和成效。落实人民陪审员“倍增计划”，人民陪审员增至105人，陪审率提升至99.82%，居全省前列。

各位代表，过去一年法院工作取得的成绩和荣誉，是区委正确领导，区人大及其常委会有力监督，区政府、区政协及社会各界关心帮助的结果。在此，我代表区人民法院，向一直以来关心、支持和帮助法院工作的各位代表、委员和社会各界人士表示衷心的感谢和崇高的敬意！

对照新时代、新要求，我们也清醒地认识到，法院工作还存在不少问题和困难：一是法官司法能力有待进一步提高，法院工作与人民群众的司法需求仍有不小差距；二是执行破难长效机制有待进一步健全，“执行不能”案件尚未得到全社会的理解和认同；三是司法体制改革有待进一步深化，一些综合配套改革举措尚未完全落地；四是司法环境有待进一步改善，侮辱谩骂、恐吓威胁法官等问题还时有发生。对于这些问题和困难，我们将切实采取措施，努力予以解决。

2018年工作安排

2018年，是贯彻党的十九大精神的开局之年，是决胜全面建成小康社会、开启全面建设社会主义现代化国家新征程的关键之年。区人民法院的总体工作思路是：**高举习近平新时代中国特色社会主义思想伟大旗帜，全面贯彻党的十九大和省、市、区委全会精神，认真践行新发展理念，不忘初心，牢记使命，充分发挥审判职能，积极服务保障大局，深入推进司法改革，从严加强队伍建设，勇当新时代司法为民公正司法的排头兵，为实现吴兴赶超发展提供更加有力的司法保障。**

（一）深入学习贯彻十九大精神，履行职能有

新境界。以习近平同志新时代中国特色社会主义思想为指引，毫不动摇坚持党对司法工作的领导。依法惩治犯罪、保障人权，充分发挥司法审判在社会治安防控体系建设中的作用。妥善处理教育、就业、医疗、社会保障等涉民生纠纷。监督、支持行政机关依法行政，助推法治国家、法治政府、法治社会一体化建设。

（二）聚焦全区中心工作，服务大局有新作为。坚持稳中求进工作总基调，充分发挥审判职能作用，服务供给侧结构性改革、“一带一路”建设等重大战略实施。完善金融、破产案件审判机制，加强产权司法保护力度。深化知识产权审判，助力打造国家知识产权示范城市。依法保障“拆治归”攻坚战，推进环境资源审判执行工作，促进乡村振兴，服务全域旅游发展。

（三）全面深化司法改革，执法办案有新实效。抓好司法责任制的全面落实和综合配套改革，全面推行简案快速办理机制改革，破解“案多人少”难题。健全破解执行难长效机制，率先打造执行流程ISO模式；深化律师参与调解和行政争议调解工作，丰富完善多元解纷机制。全面深化刑事诉讼制度改革，加快推进司法辅助事务社会化，让司法更公正、更高效、更权威。

（四）加强“智慧法院”建设，司法为民有新实践。积极运用大数据、人工智能完善司法便民举措。大力推行立案便捷化，构建全院立案一体化模式，变“群众跑腿”为“信息跑腿”。大力推行服务智能化，设立智慧服务区，开发网上微法院，将诉讼服务全面延伸至互联网。大力推行调解网络化，建成网络多元解纷机制，让更多的矛盾纠纷在网上得到实时有效化解。

（五）从严抓好内部管理，自身建设有新提高。认真组织开展“不忘初心、牢记使命”主题教育，大力弘扬“红船精神”，进一步坚定理想信念。始终坚持从严治党、从严治院，确保队伍清正廉洁，积极向上。参加“星级诉讼服务中心”和“星级人民法庭”评选，创建“全国文明单位”和“全国青少年维权岗”。完成沈家本文化园、院史馆建设，不断提升文化软实力，夯实基层基础。

新时代催人奋进，新征程任重道远，在新的一年里，区法院将在区委的坚强领导下，在区人大及其常委会的有力监督和区政府、区政协及社会各界的关心支持下，坚定信心、坚守信仰、干在实处、走在前列，为实现吴兴赶超发展做出新的更大的贡献！

湖州市吴兴区人民检察院工作报告

——在湖州市吴兴区第四届人民代表大会第二次会议上

吴兴区人民检察院检察长　戴立新

2018年2月2日

现在，我代表区人民检察院，向大会报告工作，请予审议，并请政协委员和列席会议的同志提出意见。

2017年主要工作

2017年，我院在区委和上级院的领导下，在人大及其常委会的监督下，全面贯彻党的十八大、十九大和历次全会精神，深入学习领会习近平新时代中国特色社会主义思想，以绿色司法理念为指引，以检察改革为动力，紧紧围绕全区改革发展稳定大局，忠实履行法律监督职责，各项检察工作扎实推进，充分发挥了全国先进检察院的排头兵作用。

一、主动服务大局，保障经济社会发展

自觉把检察工作摆到经济社会发展大局中谋划和推进，切实提升与中心工作的融合度。

着力服务中心工作。聚力聚焦全区“八大行动”，充分发挥检察机关打击、监督、预防和保护等司法功能，助推“五水共治”、“三改一拆”、项目建设等工作，获区主要领导批示肯定。派员参与“拆违攻坚清零”等专项行动，全员投入全国文明城市争创。服务村和社区组织换届，完成14个单位2300余人次的换届候选人资格审核和结果反馈。加强维稳安保，全力护航党的十九大、省第十四次党代会的胜利召开。落实涉法涉诉信访改革要求，处理举报控申线索28件，接待群众来访61批180人。成立法律援助中心派驻区检察院律师工作站，由律师第三方参与，更好地化解矛盾，维护社会稳定。

着力护航非公经济。贯彻落实新发展理念，服务保障非公经济健康发展。依法办理侵害企业利益案件14件，坚决打击经济犯罪，营造良好营商环境。稳妥办理涉企人员案件，审慎批捕、起诉，不批捕2人，不起诉4人，确保企业的正常生产经营。与区工商联建立协作机制，召开联席会议，实现信息共享。针对织里童装块状经济特点，在织里童装商会设派驻检察官联络室，主动提供司法服务。落实检察环节“最多跑一次”改革要求，利用微信公众号为企业提供行贿犯罪档案查询“线上”预约，共受理查询6166次，涉及查询单位6618家，个人14023人次。

着力保障民生民利。以人民群众对美好生活的向往为努力方向，切实保护“舌尖上安全”，维护绿水青山。依法批捕涉嫌食品药品安全和污染环境犯罪嫌疑人26人，起诉50人。持续开展两个专项立案监督，监督行政机关移送案件7件8人，监督侦查机关立案8件10人。在公安、环保局设派驻检察官办公室，健全执法协作机制。办理了全市首起有较大社会影响的非法倾倒生活垃圾致严重污染环境案件，获省院重视转发。积极参与“涉网三领域”犯罪专项整治，严厉打击群众反映强烈的电信网络诈骗犯罪，依法批捕91人，起诉94人。办理网络平台诈骗案的经验做法获省院转发推广。

二、依法打击犯罪，维护社会和谐稳定

牢固树立总体国家安全观，维护司法公正，推进平安吴兴建设，努力提高人民群众的满意度。

严厉打击刑事犯罪。充分发挥刑事检察职能作用，受理审查逮捕案件597件841人，经审查批准逮捕510件705人；受理移送审查起诉案件1437件2101人，经审查起诉1139件1652人，捕诉办案总量列全市首位。配合公安机关开展各类专项打击活动，对260件重大案件坚持快捕、快诉，强化震慑作用。狠抓重大敏感案件风险评估，依法稳妥办理市院挂牌督办的薛某某等27人电信诈骗案等热点案件，确保办案“三个效果”的有机统一。

加强人权司法保障。践行绿色司法，维护涉罪当事人合法权益。加强和规范羁押必要性审查，监督变更刑事强制措施17人，办理的周某某等人寻衅滋事案件获评全省羁押必要性审查精品案件。落实宽严相济刑事政策，依法不捕134人，不诉255人。推进未成年被害人“一站式”取证全省试点工作，完善捕诉监防一体化和社会化帮教机制，严格落实非羁押诉

讼、法律援助、合适成年人到场、犯罪记录封存等制度，凸显对未成年人的特殊保护。联合区关工委、教育局、妇联，在全市率先出台“护航幼儿健康成长”工作意见。建立未成年人法治安全教育基地，联合团区委开展法律与心理讲座，与湖师附小等多所学校建立检校合作机制，开展法制宣讲 10 场，覆盖人数达 3200 多人。

提高法律监督实效。监督侦查机关立案 20 人，追捕 5 人，追诉 8 人，发出纠正违法通知书 5 份。立案监督、追捕、追诉案件被判处三年以上有期徒刑 12 人，被判处十年以上有期徒刑 1 人。加强审判监督，提请抗诉 2 件，均得到改判。开展行政执法检察监督 6 件，5 件被采纳。发出再审检察建议获改判 4 件，1 件获评全省民行监督优秀案例。积极探索推进公益诉讼工作，获区领导批示支持，针对 2 起案件启动诉前程序，督促有关部门履行法定职责。办理的 1 起毁林种茶复绿案件获评全省公益诉讼优秀案件。在全市率先建立政检联席会议机制，与区纪委区监委建立案件信息通报和问题线索移送机制，强化协同和信息共享，形成监督合力。加强社区矫正监督，监督司法行政机关对 3 名不符合社区矫正条件的对象进行收监执行。加强刑事案件财产刑执行监督，与法院会签建立财产刑执行情况检察机关核查和法院通报机制，相关做法获省院、高检院刊发。

三、锐意改革攻坚，促进检察创新发展。

积极践行绿色司法理念，贯彻落实各项改革部署，提升转型发展的首位度。

稳妥开展监察体制改革。坚决拥护国家监察体制改革，不折不扣地按照中央省市区委部署要求，完成反贪污贿赂、反渎职侵权、预防职务犯罪职能、机构和人员的转隶工作，做到思想不乱、队伍不散、工作不断。全面清理、移交职务犯罪现有案件和线索，确保转隶前已立的职务犯罪案件全部审结，受理的线索全部移交市、区纪委监委。

扎实推进司法责任制改革。全面完成人员分类定岗、第二批员额检察官遴选、各类人员职务序列入轨等工作。改革内设机构，将原来的 12 个科室整合为 8 个部门，组建以员额检察官为核心的办案组织 22 个，实行扁平化管理。制定《员额检察官岗位说明书》，《检察官（检察辅助人员）绩效考核实施办法》，落实入额院领导、检察委员会专职委员直接办案等工作，推动检察官办案及责任制落到实处。公诉部门员额检察官人均办案 212 件，同比增加 40%。

积极探索诉讼制度改革。围绕促进庭审实质化要求，注重发挥审前程序检察官的核心作用和主导地位。认真开展全省诉前会议试点工作，与公安局、司法局会签《刑事案件诉前会议实施办法》，充分发挥诉前会议控辩意见交换功能，提升办案质效。规范四类人员出庭工作，推动侦查人员出庭和专家证人出庭，探索构建大控方格局。加强对侦查活动特别是重大敏感案件的引导。公安机关破获湖州织里晟舍 22 年前特大抢劫杀人案后，主动派员提前介入引导侦查取证，案件报捕后仅三天即完成对两名犯罪嫌疑人的审查批捕工作，并及时呈报最高检核准追诉。积极探索逮捕必要性审查、羁押必要性审查和不起诉决定公开听证，从传统的“封闭式书面审查”模式向“诉讼式公开审理”转变，增强办案透明度、规范性，以看得见的方式彰显司法公正。

四、加强自身建设，提高司法能力水平

坚持强基固本、与时俱进，持之以恒强素质打基础，努力提高司法公信度。

锻造过硬检察队伍。加强思想政治建设，深化“两学一做”常态化学习教育，开展“我在西山读新语”活动，深入学习党的十九大精神和习近平总书记系列重要讲话精神，进一步增强干警“四个意识”，提高干警政治素质。加强纪律作风建设，坚持开展多层次的“党纪教育一刻钟”和经常性的廉政短信提醒，实现“集中式”与“碎片化”教育相结合，增强党员干部党章党规党纪意识。创新开展派驻纪检监察组对内设机构的巡察全覆盖工作，进一步促进党风廉政建设责任的落实。加强业务素能建设，组织全员培训，开展实庭观摩、控辩对抗、微课评比等岗位练兵活动，在省市比赛中获奖 6 人次。7 名干警和 3 个集体荣立三等功，涌现出“全省优秀女检察官”、“最美湖州人”、全市“最美环保人”、“吴兴区劳动模范”等先进典型和湖州市“公诉新秀”等业务骨干。公诉科获评“全国青年文明号”。

打造全方位阳光检察。充分发挥新媒体平台作用，拓展宣传阵地，发布微信 91 期，微博 391 条，获省级媒体转发录用 34 篇。传播检察好声音，宣传检察好故事，在全省检察机关“践行绿色司法故事汇”活动中，获奖 2 项；区院被评为全国检察宣传先进集体，门户网站入选“全国百佳检察门户网站”。进一步增强办案透明度，履行“三告知、一送达”，完善案件当事人权利义务告知制度、案件信息公开制度，公开发布程序性信息 1124 条，公开法律文书 612 份。

全面推进电子卷宗建设，办理律师阅卷221人次，扫描制作电子卷宗1322份。

筑牢新时代检察基础。坚持科技强检战略，努力推进检察信息化建设，着力提升检务保障水平。建成现代化办案大楼和“一站式”检察服务大厅。远程视频讯问室、远程视频接访室、智能语音识别等办案辅助系统相继投入使用，有57%的案件实现了远程提审，大大提升了办案效率。全面部署电子检务工程，检察工作信息化、智能化水平不断提高。

各位代表，自觉接受党的领导和人大监督是我们把握政治方向，做好检察工作的根本保证。因此，我们始终坚持把检察工作置于党的绝对领导之下，坚决贯彻区委的工作部署，增强接受人大监督的意识，认真落实区人代会的对检察工作的决议，专题向区人大汇报检察工作重大部署，尊重代表主体地位，支持代表依法履职。积极参与“百名代表听百案”活动，邀请代表参加案件公开审查活动。认真办理代表提出的建议、意见及转交的案件。加强日常联络和走访座谈，向代表寄送《信息专刊》500余份。牢固树立民主监督理念，主动听取政协委员意见建议，推进检察环节协商民主。依法接受人民法院和公安机关制约，共同维护司法公正。

吴兴检察工作的发展是区委正确领导、区人大及其常委会有力监督、区政府大力支持、区政协民主监督以及各位代表、委员关心支持的结果。在此，我代表区检察院表示真诚感谢！

在看到成绩的同时，我们也清醒地认识到，检察工作仍然存在一些问题和不足，主要是：面对新形势，检察服务大局、服务非公经济的针对性、有效性有待提升；三重改革背景下，检察监督的力度、质效需进一步提高；检察队伍专业化水平和检察工作信息化水平难以适应新时代发展的需要等。对此，我们将采取有效措施，努力加以解决。

2018年工作安排

各位代表，2018年是贯彻党的十九大精神的开局之年，我们把2018年确立为文明创建启动年、检察改革深化年、智慧检察推进年、队伍建设加强年，我们的总体思路是：**高举习近平新时代中国特色社会主义思想伟大旗帜，全面贯彻落实党的十九大和省、市、区委全会精神，坚持以绿色司法理念为引领，以“打造模范院、提高首位度、争当排头兵”为目标，以“政治建院、创新活院、司法立院、科技强院、文化兴院、从严治院”为实践路径，全面推进检察改革，不断完善监督格局，从严加强队伍建设，为吴兴率先实现高质量赶超发展提供更加有力的司法保障。**重点做好以下几个方面工作：

一是深度融入大局，助推改革发展。坚持党对检察工作的绝对领导，认真贯彻区委重大决策部署，着重围绕全区八大行动开展专项服务活动，努力提升服务大局实效性。审慎对待改革发展中的新情况，依法处理改革中的新问题，惩治犯罪者，支持改革者，保护创业者，教育失渎者。把维护稳定作为首要职责，保护民生民利作为第一要求，严厉打击各类犯罪。加大民营企业产权保护力度，激发和保护企业家创业精神。服务经济转型升级，立足检企联络平台，发挥办案、预防、教育等多元化手段，为非公经济健康发展保驾护航。

二是聚焦主责主业，完善监督格局。进一步加强审查批捕、审查起诉和依法抗诉工作，提升刑事检察在打击犯罪、扫除黑恶势力中的重要作用。围绕转型后诉侦、诉审、诉辩关系，加强检察监督，重点完善监督线索发现和纠正机制，提升司法规范性。推进重大疑难案件侦查机关听取检察机关意见和建议改革，完善介入侦查、引导取证工作，推动派驻公安检察室工作取得实效。全面推进检察机关公益诉讼工作，完善内外协作机制，努力发挥公益诉讼在推进土地、环境和资金等要素优化配置中的检察作用。践行绿色司法理念，打造吴检品牌，推动吴兴检察事业高水平发展。

三是深化检察改革，加快转型发展。加大司法改革攻坚力度，完善新型办案组织运行机制，建立健全检察官权力清单和责任清单；规范开展司法雇员招录工作，切实解决案多人少矛盾。完善内设机构改革，充实办案力量，推动专业化办案，确保司法责任制改革落地见效。深入推进以审判为中心的诉讼制度改革，落实非法证据排除与瑕疵证据补证规则。强化诉前主导作用，推行认罪认罚案件速裁程序。着力构建以证据为核心的刑事指控体系，提高案件质量，让人民群众在每一起案件中感受到公平和正义。

四是深化队伍建设，打造吴检铁军。坚持把思想政治建设摆在首位，认真开展“不忘初心 牢记使命”主题教育，自觉用习近平新时代中国特色社会主义思想统一干警思想。坚持文化育检，积极创新检察文化建设载体，提升检察工作软实力。全面落实党风廉政建设责任制，强化“忠诚、为民、公正、廉洁”检察职业道德教育。加强检察人才培养，打造“匠星公诉”平台，着力培养一批办案能手，不断提高干警的履职能力和服务水平，锻造忠诚干净担当的检察铁军。

五是推进智慧检察，实现高水平发展。规范使用统一业务应用系统，助力司法改革与案件管理。进一步完善远程办案、语音识别和办案辅助等信息化办案系统建设，构造“吴检云”大数据库，运用大数据服务办案，推进检察环节“最多跑一次”改革提质增效。进一步完善办案功能区建设，推进未成年人案件办理等特色功能区域的建设，打造集“一站式”询问、心理咨询、远程提审、不诉宣告、视频会商和法制宣传为一体的全市一流未检办案区。补齐检察公共关系短板，推进传统媒体与新媒体融合发展，讲好检察故事，凝聚检察正能量，让检察声音融入百姓的“朋友圈”，收获更多的点赞。

在新的一年里，我们将在区委和市检察院的正确领导下，在人大监督，政府、政协和社会各界的支持下，认真执行本次大会决议，依法履行检察职责，努力为我区加快建设“生态吴兴、经济强区、科技新城、幸福家园”，实现高质量赶超发展做出新的贡献！

附：本报告涉及的有关用语说明

1.绿色司法：是浙江省人民检察院检察长汪瀚在2016年3月全国“两会”期间提出的理念，具有丰富而深刻的内涵。绿色司法是契合“五大发展理念”尤其是绿色发展理念的新型司法理念，以遵循司法规律为导向，以规范、理性、文明司法为核心，以司法公开、司法公正和司法公信力为本质要求。通过绿色司法，实现公平正义所要求的执法动机、方式方法和质量效果的统一，最大限度减少司法办案的负面产出，推进社会善治进程，构建文明健康的法治生态。

2.两个专项立案监督：2015年3月，最高人民检察院部署开展为期两年的“破坏环境资源犯罪专项立案监督活动”和“危害食品药品安全犯罪专项立案监督活动”。

3.“三个效果”有机统一：《人民日报》“中国特色社会主义司法制度，决定了我们的司法工作不能只追求法律效果，而必须追求法律效果、政治效果、社会效果的最大化，实现‘三个效果’的有机统一。”

4.“涉网三领域”犯罪：电信诈骗、P2P平台非法集资、危害电商健康发展的涉网三领域犯罪。

5.羁押必要性审查：新刑诉法规定:“犯罪嫌疑人、被告人被逮捕后，人民检察院仍应当对羁押的必要性进行审查。对不需要继续羁押的，应当建议予以释放或者变更强制措施。有关机关应当在十日以内将处理情况通知人民检察院。”此项制度，是人权保障理念在刑事诉讼领域的落实和展开，是对权力制衡理论和比例原则的顺应，将有助于防止超期羁押和随意羁押。

6.未成年被害人“一站式”取证：是检察机关针对未成年被害人推行的特殊办案程序，在环境温馨的家居式办案区，采用适合未成年人身心特点的询问方式，做好询问预案，使用同步录音录像，原则上只在侦查环节询问被害人一次，进行“一站式”取证，避免因办案实践中询问方式不当或者反复询问给未成年被害人造成二次伤害。

7.立案监督：是指检察机关认为侦查机关对应当立案侦查而不立案侦查的，或不应当立案侦查而立案侦查的案件进行监督，督促侦查机关立案或撤案。

8.提请抗诉：是指人民检察院认为同级人民法院已经发生法律效力的判决、裁定认定事实的主要证据不足，或适用法律确有错误，或违反法定程序或审判人员有贪污受贿、徇私舞弊时，提请上级人民检察院按审判监督程序提出抗诉。

9.社区矫正：是与监禁矫正相对的行刑方式，是指将符合社区矫正条件的假释、监（所）外执行、管制、剥夺政治权利、缓刑等罪犯置于社区内，整合政法部门、社区等各方力量，在判决、裁定或决定确定的期限内，矫正其犯罪心理和行为恶习，并促进其顺利回归社会的非监禁刑罚执行活动。

10.检察机关公益诉讼：2014年10月，中国共产党第十八届中央委员会第四次全体会议通过《中共中央关于全面推进依法治国若干重大问题的决定》，首次提出探索建立检察机关提起公益诉讼制度。2015年5月5日，中央全面深化改革领导小组第十二次会议审议通过《检察机关提起公益诉讼改革试点方案》。会议强调，检察机关要牢牢抓住公益这个核心，重点是对生态环境和资源保护、国有资产保护、国有土地使用权出让、食品药品安全等领域造成国家和社会公共利益受到侵害的案件提起民事或行政公益诉讼，更好维护国家利益和人民利益。2015年7月1日，十二届全国人大常委会第十五次会议表决通过《全国人民代表大会常务委员会关于授权最高人民检察院在部分地区开展公益诉讼试点工作的决定》，北京、内蒙古、吉林等13个公益诉讼试点正式确立，开始了为期两年的“试验田”工作。2017年5月23日，习近平在中央全面深化改革小组第三十五次会议上表示，正式建立检察机关提起公益诉讼制度的时机已经成熟。会议审议通过了《关于检察机关提起公益诉讼试点情况和下一步工作建议的报告》。6月27日，全国人大常委会通过修改民事诉讼法和行政诉讼法的决定，正式建立检察机关提起公益诉讼制度。这不仅是重大司法改革举措法治化的标志性成果，也是司法制度、诉讼制度创新发展的重大成果；不仅对加强公益保护、促进法治政府建设具有重要作用，而且对于检察机关强化法律监督职能、发展完善中国特色社会主义司法制度具有极为深远的历史意义。

11.诉前程序：诉前程序是检察机关提起公益诉讼的必经程序。设立诉前程序的目的就是提高检察监督的效力，发挥行政机关履行职责的能动性，节约司法资源。如果说诉讼程序是保障检察机关履行职责的刚性后盾，诉前程序则是保护国家和社会公共利益不受或少受侵害的重要手段。公益诉讼试点过程中，绝大部分国家和社会公共利益是通过诉前程序得到有效保护的。

12.监察体制改革：中共中央办公厅印发《关于在北京市、山西省、浙江省开展国家监察体制改革试点方案》，部署在三省市设立各级监察委员会。2017年11月4日，全国人大常委会通过在全国各地推开国家监察体制改革试点工作的决定。

13.“阳光检察”：是指检察机关为加强信息公开，赋予人民群众知情权，让检察工作在阳光下运行，提升人民群众对检察机关的满意度，推行的主动或依当事人申请，公开案件、政务、队伍等检察信息，普遍设立检务公开大厅，全面推行案件流程信息查询、诉讼权利义务告知和办案结果告知等系列制度。

14.非法证据排除：是指在刑事诉讼中，侦查机关及其工作人员采用刑讯逼供等非法方法收集的犯罪嫌疑人、被告人供述和采用暴力、威胁等非法方法收集的证人证言、被害人陈述，应当予以排除。收集物证、书证不符合法定程序，可能严重影响司法公正的，应当予以补正或者作出合理解释；不能补正或者作出合理解释的，对该证据应当予以排除。在侦查、审查起诉、审判时发现有应当排除的证据的，应当依法予以排除，不得作为起诉意见、起诉决定和判决的依据。

15.“以审判为中心”诉讼制度改革：党的十八届四中全会通过的《中共中央关于全面推进依法治国若干重大问题的决定》提出：“推进以审判为中心的诉讼制度改革，明确侦查、审查起诉的案件事实证据经得起法律的检验。”确立了审判环节的中心地位，要求庭审充分进行交叉询问、辩论，充分发挥举证、质证、认证各环节的作用，真正贯彻直接言词原则、辩论原则、司法中立原则、公开审判原则、集中审理原则，排除庭前预断，使庭审真正成为确认和解决罪、责、刑问题的关键环节。

第二篇　大事记

1月

7日，中国·菰城文化旅游节暨“湖州旅游月月红”活动在妙西镇妙山村举行。

是日，辽宁省抚顺市东洲区考察团到吴兴区考察中国（湖州）丝绸小镇（西山漾片区）建设情况。

10日，省委常委、省纪委书记任泽民到吴兴区实地走访慰问区社会福利中心、红丰新村困难群众。

11日，省公安厅交通管理局局长王永和一行到东林镇调研安全生产工作。

12日，省军区副政委张晓林到吴兴区妙西镇红星村慰问姚红星少将。

是日，“心相聚　成大器”——2017年吴兴区青年企业家协会全体会议在吴兴区举行。

13日，市人大“治霾318”专题视察组检查爱山街道状元街餐饮行业餐饮油烟治理情况。

17日，新疆伊犁哈萨克自治州旅游局副局长刘旭东一行到吴兴区考察移沿山景区、丝绸小镇及西塞山旅游度假区等地。

18日，云南省楚雄州公安局考察团到八里店派出所考察队伍正规化、执法规范化和警营文化建设情况。

22日，市委书记裘东耀到吴兴区对湖州万达商业广场进行安全生产检查。

23日，市委副书记、市长陈伟俊，市委常委、常务副市长杨建新到月河街道检查安全生产工作。

25日，市委书记裘东耀到吴兴区分别对节日期间湖东农贸市场供应情况、苕溪路与南街路口公安执勤点进行检查。

是日，市委副书记、市长陈伟俊到吴兴区对万祥烟花爆竹专营有限公司、碧浪湖养老机构进行安全检查。

2月

1日，湖州市首家工业园区公共法律服务工作站在高新区砂洗城成立。

3日，吴兴区召开“靠前站 马上办 讲实效——争当排头兵 实干大比拼活动”动员大会。

4日，妙西镇妙山村成功获选“浙江省森林村庄”。

6日，吴兴区“玲珑湾”红心火龙果获评省级名牌农产品。

9—10日，联合国世界旅游组织旅游专家委员会委员徐汎到吴兴区调研乡村旅游发展情况。

10日，湖州丰盛湾水产有限公司、湖州吴氏生态农业有限公司获评市级重点农业龙头企业。

是日，浙江景明玫瑰生态产业园、湖州清水河生态休闲农庄、霞幕山生态农业园获评市级休闲农业示范园区。

13日，埭溪镇首届民宿（景点）论坛会议在芳山村圣岛莫干召开。

14日，省人大常委会副主任姒健敏一行到吴兴区调研贯彻落实省委全委会和工作会议精神及查找经济社会“短板”情况。

15日，市委常委、纪委书记陈浩，区委书记吴智勇，区委副书记、区长陈江，赴吴兴西塞山旅游度假区实地调研景区景点旅游项目及基础设施项目建设工作推进情况。

是日，江南影视城项目落户吴兴区东林镇。

16日，湖州国际乡村旅游度假精品示范区项目开工仪式在吴兴西塞山旅游度假区（妙西镇楂树坞村）妙峰山景区举行。

省经信委副主任岳阳一行到吴兴区调研小微园区建设推进工作。

18日，妙西镇人民政府与若为国际集团签署合作协议，在妙西镇打造若为国际影视动漫城，总面积约1900亩，其中建设用地397亩，计划总投资5.2亿美元。

24日，市委书记陈伟俊到吴兴区总部自由港（EBD）参加湖州天心天思互联网软件有限公司、中国航天系统工程有限公司战略合作签约仪式。

26日，吴兴区首个林区警务室挂牌成立。

3月

3日，中国美妆小镇和韩国乌山市签订BEAUTY产业与信息交流的战略协议。

是日，中国工程院“绿色制造发展战略研究”课题组钱旭红、教授屈贤明一行到吴兴区调研“中国制造2025”城市试点示范情况及“绿色制造”的基本现状。

6日，中国侨商会副会长、浙商总会副会长、澳门浙商联合会会长、省侨商会会长、澳门银润控股集团董事长廖春荣到吴兴区调研华祥（中国）高纤有限公司发展建设情况。

市委副书记、代市长钱三雄一行到吴兴区调研丝绸小镇、总部自由港、区行政审批服务中心等重点企业的发展运作情况。

吴兴区举办纪念“三八”国际妇女节107周年暨“美丽庭院　巾帼建功”活动。

7日，吴兴区钱山漾文化交流中心（中国蚕桑丝织技艺非遗传承中心）正式开馆。

8日，中办法规局副局长、机关党委书记宋功德到吴兴区调研移沿山村民主法治、八里店镇党政法治（制）办、织里镇四大平台等建设情况。

9日，湖州德泰恒大药房连锁有限公司红色药店党建馆正式开馆。

副省长梁黎明一行到吴兴区调研在建外资企业、重点外贸出口企业、服务贸易企业、招才引智企业和境外营销网络建设代表企业。

省公安厅党委委员、副厅长金伯中到爱山派出所调研基层基础建设情况。

10日，上海水务局党组书记、局长白廷辉一行到吴兴区考察东部新城西山漾清淤工程。

13日，吴兴区列入2017年省清洁能源示范县名单。

新疆阿克苏地区党政代表团到吴兴区考察童装产业，召开阿克苏地区童装产业投资推介会。

14日，吴兴区法院召开新闻发布会通报基本解决执行难工作推进情况并公布3起拒不执行判决、裁定的典型案件。新浪网、浙江日报、浙江法制报、湖州日报等媒体应邀出席。

吴兴区召开全区“最多跑一次”改革工作会议。

15日，市委书记马晓晖一行到埭溪镇调研小城镇环境综合整治工作情况。

市人大常委会副主任方新旗一行到吴兴区调研科技创新平台建设推动大众创业万众创新情况。

16日，吴兴区司法局联合吴兴区委统战部在织里利济禅寺开展湖州市首次“法律进宗教活动场所”现场法律咨询活动。

温州市小城镇环境综合整治办一行到吴兴区考察学习埭溪、轧村小城镇环境综合整治工作。

18日，全国文明城市创建暨“湖城中央·最美风光”中心城区提质行动出征仪式在爱山街道湖颖桥举办。

宣城市渔业渔政局局长王贵元一行到吴兴区考察现代渔业发展情况。

19日，全国水产技术推广总站站长肖放莅临吴兴区考察调研加州鲈鱼规模化繁育、新品种选育情况。

20日，吴兴区列入第一批全国中小学校责任督学挂牌督导创新县（市、区）名单。

“粤享浙里”诗画浙江广东推介会在广州正式举行，吴兴区选送的《舞动稻穗龙》作为开场节目进行表演。

21日，吴兴农商银行正式成立。

22日，妙山村禅茶一味纪念馆获“吴兴区社会科学普及示范基地”称号。

23日，省政协副主席陈艳华到吴兴区开展“五水共治”专项集体民主监督活动，调研大钱水闸监测站水质断面监测点、高新区罗溇港重要河道整治、沿线村庄小微水体劣V类水体整治等专项整治行动开展情况。

24日，中国美妆小镇亮相2017　CBE中国（上海）首脑精英荟。

27日，“2016浙江旅游总评榜”颁奖仪式在杭州举行，吴兴区荣誉总量在全市各县区中排名第一。

30日，2017年吴兴区重大工业项目集中开工暨上美高端化妆品项目开工仪式在埭溪镇举行，吴兴区20个重大工业项目集中开工，总投资60亿元。

4月

4日，浙江东尼电子股份有限公司设立浙江省博士后工作站，是2017年湖州市获批设立的首家省级博士后工作站。

6日，市委书记陈伟俊到吴兴区调研晓河村南横塘清淤现场、织里村剿灭劣类水、织里老街改造等工作。

9日，吴兴区召开湖州莫干山大青川生态旅游度假区项目签约仪式，并成功签约湖州莫干山大青川生态旅游度假区项目。

11日，省人大常委会副主任王辉忠到吴兴区调研环渚街道藤桥港整治情况，实地走访阿祥重工集团、东尼电子有限公司、中国织里童装产业示范园区、丝绸小镇等地。

12日，省人大常委会副主任袁荣祥，到妙西镇西塞山旅游度假区，进行“全域旅游”建设工作的考察指导。

PAG亚洲区主席、游侠汽车独立董事肖遂宁到吴兴区考察游侠项目地块、丝绸小镇建设情况。

天心天思全国渠道峰会在吴兴区召开。

国家农业标准化调研组徐彦军一行到吴兴区实地考察珍贝羊绒有限公司和尹家圩粮油植保合作社的国家稻米标准化示范项目。

13日，国家林业局副局长彭有冬到妙西镇调研林产品质量安全监管工作，并实地考察凤凰山笋竹精品园。

中宣部思想政治工作研究所副所长、清华大学马克思主义学院教授戴木才到吴兴区调研宣传思想文化工作。

15日，市委副书记、代市长钱三雄到吴兴区调研湖州云计算产业园发展有限公司智慧云计算产业园项目、高新区管委会、老恒和酿造有限公司古法酿造生态生产基地项目、浙江东尼电子股份有限公司超微细电子信息产业园项目开展情况。

18日，湖州现代物流装备高新技术产业园区入选第二批绿色制造示范名单。

农业部党校副校长、副院长朱守银一行到吴兴区进行调研现代农业产业园建设情况。

19日，吴兴区人民政府与游侠汽车正式签署《游侠汽车·湖州超级工厂建设合作协议》。

26日，省“五水共治”“三改一拆”“小城镇环境综合整治”督查组到吴兴区调研相关工作的计划制定及目标任务分解落实情况。

28日，特色小镇研究所埭溪美妆小镇挂牌成立。

吴兴区首届“科普摘星旅游节”在埭溪镇狮子山庄举行。

29日，2017中国古道马拉松陆羽古道站暨第三届吴兴西塞山旅游文化节启动仪式在妙西镇举行。

5月

2日，湖州怡辉生态农业有限公司和浙江绿叶生态农业发展有限公司荣获“湖州市农产品质量奖”。

吴兴区“君来品”绿茶获第四届“陆羽杯”湖州名优茶评比金奖。

4日，吴兴区在妙西镇召开国际乡村旅游度假精品示范区项目对接推进会。

6日，吴兴区第四届休闲运动节暨徒步活动启动仪式在梁希国家森林公园举行。

9日，吴兴区正式聘请乌克兰国立技术大学博士殷承亮、乌克兰国立建筑大学女士MARYNA为吴兴区驻乌克兰引才大使。

市委副书记、市长钱三雄到吴兴区调研新凤鸣二期项目及美妆小镇建设情况。

10日，中央电视台中文国际频道《国宝档案》摄制组走进吴兴区王一品斋笔庄，拍摄专题纪录片。

12日，河南省临颍县人大常委会副主任李振峰率考察团到吴兴区考察现代农业示范区建设情况。

13日，吴兴平安实训基地在全省社会治安综合治理创新工作会议上被确定为全省创新项目。

15日，移沿山景区创AAAA工作推进会在八里店镇常路街道召开。

16日，省水利厅厅长陈龙一行到埭溪镇三八水库检查指导标准化管理工作。

市委副书记、市长钱三雄，副市长卢跃东一行到吴兴区调研西塞山旅游度假区、原乡小镇建设情况。

18日，湖州人力资源服务产业园在吴兴区总部自由港正式开园。省人力社保厅副厅长陈中，市委常委、组织部部长干武东参加开园仪式。

19日，吴兴区列入第四批省级农产品质量安全可追溯体系县名单。

国家质检总局国家监督司处长彭军一行到吴兴区，开展电线电缆生产企业专项监督检查工作。

20日，“同做美丽志愿者·共创文明湖州城”暨“湖城中央·最美风光”中心城区提质行动——爱在湖城2017志愿服务进社区活动在龙泉街道东白鱼潭社区举行。

吴兴区首届农耕休闲旅游节暨盆景中国、移沿山景区——2017湖州市杜鹃盆景展活动在移沿山景区举行。

埭溪镇举办“帕丁顿”杯2017埭溪民宿音乐节暨“健步湖州”走进美丽乡村直播体验活动。

22日，副市长施根宝、副秘书长汪蚕清、市水利局局长罗安生、市农业局局长方杰、市环保局局长饶如锋等领导到织里镇调研小微水体剿劣工作推进情况。

23日，市委书记陈伟俊到吴兴区考察杨楼村美丽乡村精品村提升、精星物流设备高端物流货架项目、区文体中心、湖州丝绸小镇等地开展情况。

23—25日，埭溪美妆小镇应邀参加第二十二届中国美容博览会。

24日，日本中国茶普及协会理事佐藤正夫、东京吃茶的历史·茶药同源大修馆岩间真知子等一行专程前往世界茶道之源——妙西杼山文化遗址，并实地考察三癸亭、御史径、陆羽墓、皎然塔、黄浦桥等地。

26日，市委常委、宣传部部长范庆瑜到吴兴区参加道场山多宝塔亮灯仪式。

吴兴区举办以“防治校园欺凌，护航未成年人成长”为主题的活动。

26—27日，“智慧消防·智能防控”——全省火灾防控基层基础建设工作推进会在吴兴区召开。

28日，“展新丝韵·逐新城梦”——丝绸小镇·西山漾第三届彩跑暨丝艺片区开放庆典在西山漾景区拉开帷幕。

5月，澳洲普雷福德市、法国化妆品谷主席安塞尔等多批客商到访埭溪美妆小镇。

6月

2日，台湾新竹市总工会代表团到八里店镇考察八里店现代农业综合公共服务中心。

5日，省委副书记、代省长袁家军到吴兴区太湖罗溇港调研杭嘉湖地区环湖河道整治工作情况。

6日，重庆市涪陵区荔枝街道办事处代表团到吴兴区开展对口支援推进交流工作。

7—11日，2017年全国青年武术散打锦标赛暨第九届亚洲青少年武术锦标赛选拔赛在吴兴区举行。

8日，“同做美丽志愿者·共创文明湖州城”吴兴区中心城区提质行动——2017志愿服务进社区活动在朝阳街道碧浪湖社区举行。

10日，吴兴区第二届灵兰山谷采花节在道场乡金盖山景区的梁希森林公园正式开幕。

12日，区委副书记、区长陈江到东林镇调研“低小散”行业整治、劣V类水体剿灭工作。

14日，全国政协文史和学习委员会副主任、中国国际茶文化研究会会长周国富到吴兴区考察茶文化、妙山村禅茶一味纪念馆、美丽乡村建设等地建设情况。

16日，吴兴区“东林·碧水桂乡康养小镇”项目签约仪式在佛山市顺德区举行。

20日，吴兴区举行青年企业家践行“四新”服务“两高”暨助推湖州“中国制造2025”试点示范主题活动。

21日，吴兴区召开生猪规模养殖场污染治理提升推进会。

22日，全市公安机关“最多跑一次”改革工作现场会在织里镇召开。

25日，吴兴区在八里店镇路村村举办首届丝绸文化节暨钱山漾遗址“世界丝绸之源”命名两周年庆祝活动。

26日，吴兴区成立环境保护委员会。

27日，吴兴区首个“平安健康聚乐部”在龙泉街道正式揭牌成立。

28日，省信访局副局长邵宝根一行到吴兴区督查血友病感染艾滋病群体相关工作。

省委副秘书长张才方一行到吴兴区调研我区青年社会组织工作。

29 日，湖州市吴兴区埭溪医院升级为湖州市第一人民医院吴兴第二分院。

29—30 日，白俄罗斯共和国教育部专家代表一行到湖州十二中、湖师附小教育集团、仁皇山小学和金色地中海庆安幼儿园等四所校（园）参观交流。

30 日，中央人民广播电台驻浙江记者站站长王贵山到吴兴区调研指导新闻宣传工作。

7 月

1 日，中国工程院院士、农业部水稻专家组副组长、扬州大学教授张洪程一行到吴兴区考察指导水稻绿色高产增效创建示范和稻米品质筛选试验开展情况。

吴兴区试点“互联网+便捷退税”，实现退税文书的即时传递，进一步加快退税速度，减轻企业资金压力。

3 日，吴兴区正式实施“多证合一、一照一码”改革首个工作日。

4 日，湖州市暨吴兴区危险化学品泄漏事故应急救援演练在吴兴区举行。

5 日，省畜牧局一行到吴兴区检查指导国家级湖羊保护区保种选育工作。

6 日，吴兴区举办“吴兴论坛——学习贯彻省第十四次党代会精神宣讲报告会”暨全国文明城市创建推进会。

市委常委、组织部部长干武东到吴兴区开展城中村改造攻坚和建设项目遗留问题清零专项行动专题调研工作。

市委常委、常务副市长高屹到吴兴区调研白鱼潭农贸市场、飞英街道吉山四社区、月河街道铁路新村、湖东村、红丰农贸市场全国文明城市创建工作。

吴兴区“四锦”牌锦香黄桃获 2017 年湖州市首届桃王争霸赛金奖。

10 日，全省扩大有效投资重大项目集中开工活动（湖州）暨敏实集团汽车零部件生产项目开工仪式在吴兴区举行。

省发改委资环处处长朱瑞清、副处长王毅恒以及省经济信息中心生态处处长魏伟忠一行到吴兴区调研吴兴工业园区循环化改造项目推进情况。

12 日，市委常委、宣传部部长范庆瑜到吴兴区调研八里店镇陆家坝村城中村改造清零情况。

13 日，太湖滨湖大道景观带、西山漾、义皋展示馆通过全国水生态文明试点城市国家验收组技术考评专家考评。

15 日，“同做美丽志愿者·共创文明湖州城”吴兴区中心城区提质行动——2017 志愿服务进社区活动在月河街道铁路社区举行。

18 日，吴兴区获评“全国街道服务管理创新实验区”。

省妇联副巡视员沈建新一行到吴兴区调研妇儿维权、基层组织建设工作情况。

19 日，2017 第二届国际乡村旅游节暨吴兴原乡蝴蝶文化旅游节在妙西镇原乡小镇举行。

21 日，吴兴区召开推进环境行政执法和刑事司法联动机制启动仪式，吴兴区人民检察院派驻区环保局检察官办公室正式揭牌。

吴兴区举行“政银企同行携手创共赢”金融服务小微企业合作签约仪式，现场签订吴兴区《政银企战略合作协议书》，并向 16 位行政村代表颁发金融顾问聘书。

吴兴区公安分局举行“吴警医馆”启用仪式暨第一次全警义诊活动。

23 日，以吴兴区公安分局刑侦大队大队长林祖德为原型的廉政微电影《博弈》正式杀青。

25 日，杭州师范大学农村发展研究院一行到吴兴区调研农业主体适度规模经营情况。

28 日，吴兴区乡镇文化广场及农村幸福礼堂建设工作座谈会在织里镇召开。

副市长李上葵到吴兴区检查安全生产工作，实地检查环渚街道湖州美新数码印花有限公司 SCORE 项目、吴兴区文体中心、浙江中维药业股份有限公司危险化学品安全生产工作情况。

吴兴区公安分局召开侦破“6·20”贩卖毒品案案情通报会，中央电视台、1818 黄金眼、钱江频道、小强热线、浙江交通之声等十余家媒体代表对该案进行了采访。

30 日，“老恒和”荣登浙江知名农业品牌百强板。

31 日，吴兴区成功入选首批全国街道服务管理创新实验区。

8月

3日，原乡蝴蝶特色小镇入选省级特色小镇第二批培育名单。

5日，省人大常委会副主任袁荣祥一行到吴兴区调研污水处理设施建设和饮用水源保护工作。

吴兴区“四锦”牌黄桃荣获2017年浙江精品果蔬展销会金奖。

7日，安徽省潜山县卫计委副主任李晓东一行到吴兴区交流潜山县驻吴兴区流动人口卫生计生区域协作工作站运行情况。

8日，湖州吴兴美妆小镇人力资源服务中心和湖州人力资源服务产业园美妆小镇分中心正式成立，启动配套美妆小镇企业招用工人和引进人才服务。

9日，市政协副主席李建平、方新旗到吴兴区调研“中国制造2025”试点示范城市建设情况，实地考察吴兴区华为数据中心。

10—30日，吴兴区开展“吴兴十景”摄影大赛。

11日，吴兴区司法局在湖州多媒体产业园举行“律企面对面”座谈会暨“法律进园区”活动。

14日，省农业厅执法总队督导检查组到吴兴区督导检查“绿剑”夏季集中执法行动工作情况。

15日，吴兴区召开“中国制造2025”创新论坛暨百家企业上云推进会。吴兴区100多家企业参会。

18日，浙江力聚热水机有限公司、浙江贝盛光伏股份有限公司成功创建省级企业研究院。

20日，吴兴区获评首批省级生态文明建设示范区。

22日，妙西入选浙江省风情小镇培育名单。

市委副书记陈浩到吴兴区考察“倩宁书屋”八里店镇成校站点。

23日，中国织里童装产业示范园区工会成立暨第一次代表大会在织里镇召开。

24日，吴兴区与湖州工程技师学院共建国家级公共实训基地、湖州吴兴高端装备制造产业学院成立。

25日，爱山小学教育集团常溪小学正式启用。

26日，中央环保督察组入驻吴兴区督查农业面源污染整治等相关工作。

28日，高新区正式启动常溪社区货币化安置。

湖州市农产品物流集散中心项目在吴兴区正式开工。

29日，中央纪委委员任泽民到吴兴区考察西山漾丝绸小镇推进情况。

31日，吴兴区溇港水利风景区入选第十七批国家水利风景区。

韩国驻上海领事馆总领事卞永台一行调研埭溪美妆小镇。

市全域旅游景区化建设暨国家AAA级旅游景区授牌仪式在吴兴区丝绸小镇钱山漾文化交流中心举行，吴兴区的丝绸小镇（西山漾景区）、中国台湾村玲珑湾景区、妙山村景区被批准为国家AAA级旅游景区。

9月

2日，浙江大学湖州休闲农业产业研究院和吴兴区共同举办湖州市首届美丽乡村论坛。

3日，国务院食安委赴湖州督查组刘健男一行调研吴兴区校园食品安全工作。

4日，吴兴区人民检察院对湖州织里晟舍22年前特大抢劫杀人案2名犯罪嫌疑人以涉嫌抢劫罪依法批准逮捕。

5日，省总工会副主席张卫华一行到美妆小镇调研特色小镇建设立功竞赛工作。

6日，省质监局副局长陈振华一行到吴兴区开展特种设备和重点产品质量安全工作督查。

7日，环渚龙泉街道社区卫生服务中心、杨家埠龙泉街道社区卫生服务中心成功创建浙江省百强社区卫生服务中心。

10日，中央党校校委委员、副教育长兼科研部主任韩庆祥一行到湖州开展“社会主义核心价值观百场讲坛”活动。

13日，安徽省亳州市利辛县新型职业农民培训班到吴兴区考察名特优水产养殖新模式。

国家卫生计生委流动人口司副司长胡强强一行到吴兴区调研指导农业转移人口基本公共服务均等化工作。

15日，104国道至烈士陵园战备公路通过省交战办验收。

16日，市委书记陈伟俊到爱山街道调研全国文明城市创建工作，实地检查衣裳街、小市巷等商业区。

17 日，第四届“中国·织里”全国童装设计大赛颁奖盛典在湖州大剧院举行。

25 日，第三届化妆品行业领袖峰会启动仪式暨永久会址揭幕仪式在埭溪美妆小镇举行。

26 日，吴兴区人民检察院联合团区委在东林镇青山学校举办“爱·倾听”法制与心理讲座，对学生家长进行预防校园暴力法制宣传，邀请心理老师讲授与孩子沟通技巧，助力青少年健康成长。

省司法厅社区矫正管理局局长徐祖华一行到吴兴区督查“平安护航十九大”社区矫正维稳安保工作。

27 日，吴兴区第一届“海创杯”创业大赛成功落幕。

28 日，福建省泉州市丰泽区副区长施蓬勃一行到吴兴区调研织里镇童装产业。

318 国道改建工程吴兴段正式通车。

2017 吴兴经贸科技洽谈会暨接轨上海推介会在上海国际会议中心举行。共有 26 个项目在洽谈会上签约，计划总投资 262.8 亿元，按产业类型分，战略合作项目 3 个，制造业项目 13 个，服务业项目 5 个，科技人才项目 5 个。

吴兴农商银行合作建成湖州市首家智慧菜场——金龙家苑菜场。

29 日，市人大常委会主任胡菁菁，市委常委、公安局局长夏文星到吴兴区督查小市巷文明创建、百川世家安全隐患、大东吴集团建材构配件有限公司环境问题、高新区东桥村小微水体等整改情况，学府路商业街违建拆除情况。

省经信委副主任凌云一行到吴兴区调研“中国制造 2025”试点示范城市建设工作。

2017 年吴兴经贸科技洽谈会暨接轨上海活动周分活动——2017“万人游吴兴”湖州吴兴（上海）旅游推介会在上海国际会议中心举行。

30 日，吴兴区首个“浙江制造”团体标准——《高速列车制动系统用精密不锈钢无缝管》由浙江省浙江制造品牌建设促进会正式批准发布。

10 月

1 日，吴兴区在全省率先试点“电子税务点税务局”。

9 日，中小城市经济发展委员会、中小城市发展战略研究院、中国社会科学院发展与环境研究所等单位在《人民日报》发布 2017 年度全国创新创业（双创）百强区榜单，吴兴区位列第 98 位。

湖州七幸科技创业园成功创建省级科技企业孵化器。

11 日，市委副书记、市长钱三雄到织里镇调研湖州林芊国际服饰有限公司童装产业转型升级、安全生产工作，东盛社区群居出租房消防安全管理、十九大护航维稳工作，织里老街建设工作。

浙江省深化义务教育课程改革第四次专题研讨会暨小班化教育推进会在吴兴区开幕。

2017 湖州丝绸小镇协同创新服务站揭牌仪式暨院士专家吴兴行活动在吴兴区召开，吴兴区首个协会创新服务站——湖州丝绸小镇协同创新服务站成立。

12 日，市委副书记、市长钱三雄到高新区调研市级万亩大平台建设情况。

13 日，市人大常委会主任胡菁菁，市委常委、常务副市长高屹，市人大常委会副主任曹德平到吴兴区视察苕溪东路中段道路改造二、三期项目和八里店镇紫金桥集镇环境综合整治项目、吴兴区人民医院妇女两癌免费检查项目、织里镇义皋村美丽乡村创建项目推进情况。

2017 第八届环太湖国际公路自行车赛（吴兴赛段）在吴兴区举行。

18—19 日，中国美妆小镇参加在时尚之都法国卢浮宫卡鲁塞尔厅举行的 Cosmetic-360 展会。

20 日，湖州吴兴农村电商培训基地授牌仪式在湖州大家园职业技能培训学校举行。

20—21 日，浙江省质监局副局长赵海滨一行到吴兴区暗访督查安全生产大检查开展情况。

26 日，市委副书记、市长钱三雄到吴兴区调研吴兴梦工场创业基地众创空间。

27 日，高新区列入省级农业综合开发田园综合体创建试点。

29 日，中国湖州·台湾村国际旅游节在妙西玲珑湾景区盛大举行，并授牌国家 AAA 级旅游景区。

11 月

1 日，“中国制造 2025”试点示范城市绿色制造专家智汇吴兴暨“南太湖精英计划”产业园开园仪式在吴兴区举行，绿色制造领域专家以及区绿色制造重点示范企业负责人、“南太湖精英计划”企业领军人才等参加。

3 日，市政协主席杨建新、市政协副主席方新旗到吴兴区实地考察东林镇锦山集镇星火村小城镇综合整治情况和普安路房屋立面改造建设情况、道场乡施家桥小城镇综合整治情况。

4 日，2017 年浙江省（湖州・吴兴）第三届国际大力士挑战赛暨健身比基尼小姐邀请赛在湖城东吴银泰城拉下帷幕。

7 日，市委副书记、市长钱三雄，副市长李上葵一行到织里镇实地调研新开工工业项目、浙江东尼电子股份有限公司超微细电子信息产业园项目、湖州英锋机器人有限公司等 8 个生产项目建设情况。

8 日，美国麻省普利茅斯学校委员会主席詹姆士博士、普利茅斯地区学校学监盖伊、麻省国际总裁郭允奎一行到吴兴实验中学交流访问。

11 日，妙西消防应急救援队通过了总队验收考核成功由三级站晋级为二级站。

13 日，吴兴区获评“全省动物卫生监督执法推进年活动”十大执法典型案例。

14 日，农业部农村社会事业发展中心现场考察验收专家组到吴兴区验收原乡小镇全国休闲农业与乡村旅游五星级示范企业（园区）创建工作。

14—15 日，湖商发展大会“天下吴商家乡行”活动在吴兴区举行。

15 日，埭溪美妆小镇第一个本土化妆品企业——珀莱雅化妆品股份有限公司正式荣登 A 股主板。

吴兴区康强生猪养殖场、自明生猪养殖场、华嘉特种养殖有限公司、维农农业科技有限公司、海明生猪养殖场 5 家企业通过省级美丽牧场创建验收。

吴兴区选送的书法、美术、摄影等作品获南太湖视觉艺术展 2 银 1 铜。

16 日，中国纤维检验局局长张克才、省质量技术监督局总工程师吴一新和浙江省纤维检验局局长徐勤带队调研织里童装产业监管工作情况。

17 日，江南影视城项目正式开工建设。

18 日，吴兴区召开小城镇环境综合整治、美丽乡村创建、农村生活污水治理和农村生活垃圾分类工作推进会。

吴兴区成立全省市本级首家两山农林合作社联合社。

20 日，全省高校团委书记走进湖州暨“吴兴区人民政府和阿里巴巴商学院大学生创业创新基地”合作启动仪式举行。

22 日，安徽省安庆市与湖州市卫生计生区域协作签约仪式在吴兴区举行，会上成功签订流动人口区域协作协议并现场授牌成立安庆市驻湖州市流动人口卫生计生区域协作工作站。

25 日，吉林省白山市人大常委会副主任、靖宇县委书记毕增祥一行到吴兴区学习考察农村改革和农业产业发展，实地考察八里店现代农业综合区及现代农业公共服务中心、锋盛家庭农场、吴兴县农民协会纪念馆、湖州吴兴金农生态农业发展有限公司等地。

28 日，美妆小镇设立湖州市首家特色小镇公共法律服务站。

29 日，吴兴区人民检察院以生态检察模式成功办理湖州市首例毁林种茶复绿公益诉讼案。

30 日，省政协副主席孙文友一行到埭溪镇调研中国美妆小镇规划建设情况。

吴兴区在东北商会设立湖州市首家商会公共法律服务站。

吴兴消防安全教育基地获评市法治文化建设示范基地。

湖州市公布了 2017 年度 AAA 级旅游厕所质量等级评定结果，吴兴区关山村岭西、原乡小镇 1 号楼、原乡小镇亲子乐园等 7 个旅游厕所被批准为 AAA 级旅游厕所。

12 月

1 日，省文化旅游示范基地评定专家组到吴兴检查验收钱山漾文化交流中心创建文化旅游示范基地。

4 日，中欧（湖州）投资经贸洽谈会暨中国浙江—中东欧产业园开园仪式在吴兴区举行。

中国美妆小镇总顾问侯军呈一行赴澳大利亚考察，并在悉尼与澳中商业峰会签订战略合作协议，双方就共同创建和谐、绿色、开放、共享发展的国际化妆品行业平台达成一致。

5 日，省人大常委会副主任袁荣祥到道场乡施家桥集镇调研小城镇环境综合整治工作。

国家土地督察局巡视员常嘉兴带队的调研组一行到妙西镇调研“坡地村镇”建设用地情况。

8日，中央文明办二局局长吴向东到吴兴区调研全国文明城市创建工作情况。

10日，吴兴区顺利完成十年一度的森林资源二类调查评审会，成为湖州市唯一一个森林覆盖率与蓄积量实现“双增”的县区。

吴兴农商银行率先上线全市社保代缴平台。

12日，浙江东尼电子股份有限公司荣获国家知识产权优势企业称号。

14日，华为湖州云计算中心揭牌签约仪式在吴兴区举行。

织里消防大队落成典礼暨入驻仪式在吴兴区举行。

15日，河南省周口市西华县县长田庆杰到吴兴区杨溇村考察美丽乡村建设情况。

16日，妙山村入选《浙江大景区创建纪实》。

厦门市政协副主席、政协理论研究会会长黄国彬到吴兴区调研特色小镇建设情况，实地走访丝绸小镇、八里店现代农业公共服务中心、吴兴区金农生态农业发展有限公司等地。

20日，吴兴区成功创建“浙江省体育强区”。

吴兴区妙西镇妙山村、五星村被评为首批浙江省AAA级景区村庄。

20—21日，广西壮族自治区消防总队考察团到织里调研“智慧消防”建设工作情况。

21日，湖北省黄石市经信委一行到吴兴区考察“两化融合”发展、园区信息化建设情况。

22日，湖州海亮国际康养小镇项目签约仪式在吴兴区举行。

中国信息通信研究院院长刘多一行到吴兴区调研企业信息化建设。

湖州海亮国际康养小镇项目签约仪式在吴兴区举行。

移沿山生态景区、中国原乡小镇通过国家AAAA级旅游景区验收。

24日，2017湖州吴兴妙西美丽乡村山地越野赛在妙西镇妙山村举行，推广吴兴“体育强区”和妙西镇“全域旅游”战略。

25日，七幸众创空间通过国家级众创空间备案。

27日，织里镇被浙江省爱国卫生运动委员会评为浙江省卫生城镇。

湖州市首家企业档案馆——久立集团股份有限公司档案馆揭牌仪式在久立集团行政大楼举行。

30日，吴兴区人民法院举行“公众开放日”活动，邀请中国石化湖州分公司等企业的20余位工作人员和部分群众走进织里法庭，参观数字法庭和“李辉法官工作室”，感受“智慧法院”和“三大机制”建设成果；旁听一起民间借贷的庭审，接受生动直观的法治宣传教育课。

区委书记吴智勇一行先后到道场乡浮玉小区和环渚街道玉堂桥小区实地检查“双禁”工作。31日，吴兴区完成省首批“四提升四覆盖”创建工作。

第三篇　区情总述

·概　况·

【行政区划和沿革】　2003年1月10日，撤销城区、南浔、菱湖3个派出区，设立吴兴、南浔2个市属行政区。吴兴区辖乡、镇、街道15个，包括织里、八里店、埭溪、东林、妙西、杨家埠6个镇，环渚、道场、白雀3个乡，月河、朝阳、爱山、飞英、龙泉、凤凰6个街道。其中凤凰街道、杨家埠镇和白雀乡受市人民政府委托，由湖州市经济技术开发区管理。2006年8月，设立康山街道，委托经济技术开发区管理。2009年8月，白雀乡撤乡建街道，以申苏浙皖高速公路为界，南部划为仁皇山街道，北部划为滨湖街道。2012年12月，撤销环渚乡建制，设立环渚街道和南太湖高新技术开发区。现辖南太湖高新技术开发区；织里、八里店、妙西、埭溪、东林5个镇；道场乡；环渚、月河、朝阳、爱山、飞英、龙泉6个街道。

（凌　夫）

【地理位置】　吴兴区地处北纬30° 37′ ~30° 57′ 东经119° 51′ ~120° 29′ 之间，总面积为871.9平方公里。位于浙江北部、太湖南岸，东临上海，南接杭州，西近南京，北隔太湖与苏州、无锡相望，地处长三角经济圈、环杭州湾产业带和环太湖经济圈的腹地，经济产业发达，商贸市场繁荣，是承接杭州湾、长三角各地区经济架构重组、产业链延伸、技术资金溢出和产业梯度转移的重要平台。

【地形地貌】　全区有“五山一水四分田”之称，属太湖流域长江三角洲经济区。吴兴地势自西南向东北倾斜，西部为天目山余脉，群山连绵、林木葱郁、风景优美，矿藏、山泉、旅游资源丰富；东部为长江三角洲冲积平原，土壤肥沃、河渠似网、鱼塘棋布，一派典型江南水乡风光，是著名的“鱼米之乡、丝绸之府、文化之邦”，也是湖州市粮油、蚕茧、淡水鱼、笋竹等农副产品的重要产区。

（区国土分局）

【气候】　2017年，湖州市天气气候条件较为平稳，气象灾害影响总体偏轻，但高温干旱、暴雨、连阴雨和强对流等恶劣天气，仍给工农业生产和人民生活带来一定不利影响。2017年，湖州市年降水量1267.3毫米、年雨日152天、年日照时数1862.3小时，均接近常年；年平均气温17.6℃，比常年偏高1.2℃，创历史新高。1月至3月，冷空气影响频繁，气温起伏较大；4月至5月，气温攀升，局部地区出现强对流天气；6月9日入梅后降雨集中，7月5日出梅后转为晴热高温天气；7月中下旬，持续高温少雨，高温强度强，气象干旱发展，部分地区旱象显露；8月上旬，晴热高温持续，多午后雷阵雨，中下旬高温缓和；9月上中旬，总体多晴少雨；9月下旬至10月中旬，多雨寡照，日照创新低；10月下旬至11月上旬，连晴为主；11月中旬，连续阴雨，气温下降，对秋收冬种不利，下旬晴雨交替；12月，晴多雨少，雾、霾较多。

（市气象局）

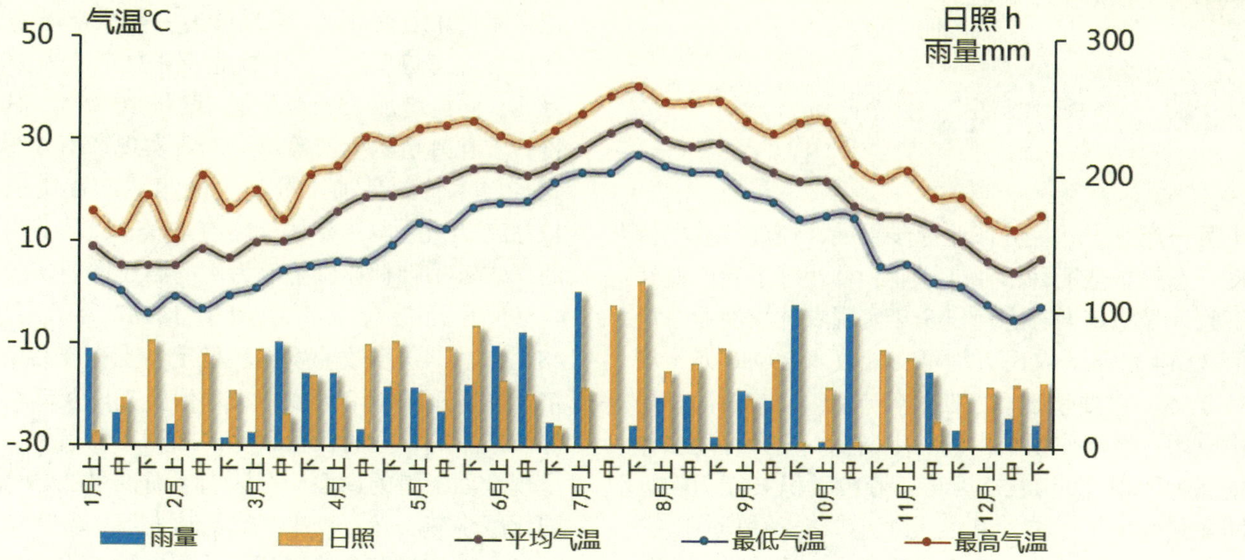

图 3-1 2017 年湖州本站逐旬气温、日照及雨量图

【人口】 全区年末户籍人口 45.49 万人，其中男性 22.35 万人，女性 23.13 万人，分别占总人口的 49.1%和 50.9%；乡村人口 21.15 万人，城镇人口 24.34 万人，分别占总人口的 46.5%和 53.5%；全年出生人口 4907 人，死亡人口 4507 人，全区自然增长人口为 400 人。18 岁以下人口数为 6.52 万人，18～34 周岁人口数为 9.27 万人，35～59 周岁人口数为 17.84 万人，60 周岁及以上人口数为 11.87 万人，分别占总人口的 14.3%、20.4%、39.2%、26.1%。

（杨海丽）

【矿产资源】 区内已查明矿产 13 种，包括非金属矿产资源 8 种、金属矿产 4 种、水气矿产 1 种。构成特点是：建材及黏土类非金属矿产资源较丰富，金属矿产短缺，水气矿产尚有潜力。其中建筑石料矿产 5 种，火山岩类建筑石料主要分布在东林、埭溪等地，花岗岩类建筑石料主要分布在埭溪、妙西等地，沉积岩类建筑石料主要分布在妙西等地。部分区域石料质量良好，初步形成以新开元、康诚等矿山为主的沥青路面用精品石料、高铁用精品石料及高等级普通混凝土骨料生产基地，精品石料产值明显高于一般普通建筑石料。区内建筑石料矿产为主采矿种，目前有持证矿山 7 家，初步形成国家级、省级和市级绿色矿山全覆盖，全年建筑石料开采总量约为 1500 万吨。

（区国土分局）

【环境】 根据湖州市环境空气质量自动监测站自动监测统计结果和湖州市环境监测站监测数据显示：全年，吴兴区环境空气质量优良率（AQI 指数法评价）为 65.5%，同比上升 3.7%，$PM_{2.5}$ 日均浓度为 44 $\mu g/m^3$，同比下降 4.3%；全年地表水符合Ⅲ类水质标准以上的断面占 100%，水质状况为优。全年区域环境噪声平均声级为 53.7 分贝，与上年持平。

（童 悦）

【园区（项目）】 围绕“项目双进突破行动”，开展四季行动（阳春大开局行动、仲夏大攻坚行动、金秋大冲刺行动和暖冬大储备行动），整合提升全区工业平台，完善平台功能配套，提升平台承载能力。全区完成平台拓展提升面积 1.4 万亩，基础设施投入 8 亿元，完成拆迁 1969 户。谋划建设吴兴高新产业万亩大平台，总体构建 “一心五区”空间布局模式。完成基础设施投入完成 1.4 亿元，拓展提升 4551 亩，中小微智能制造产业园、精星物流等项目加快建设。

（黄丽萍）

【交通】 全区按照“补短板、强基础”的要求，以服务经济发展、推进枢纽建设、加快项目实施、深化城市治堵为重点，全年投资 25.32 亿元，完成 318 国道改建工程吴兴段和湖山大道建设工程吴兴段的建设；围绕“四好农村公路”建设任务，推进农村公路大中修，完成农村公路大中修 28.86 公里和 10 座危桥改造任务；建设美丽乡村路，完成县乡村公路等级提升、农村联网公路建设、路面修补、绿化整治等工作。

（卢明佳）

·经　济·

【第一产业】　主导产业稳步发展，经济效益保持良好态势。全区种植业、渔业、林业等主导产业经济收入呈稳定增长态势。全年实现农林牧渔业总产值32.14亿元，农民人均可支配收入29980元，增长9.5%。主要呈现以下四大特点：（1）粮食面积稳中有增，经济作物结构进一步调整。全区春季农作物播种面积合计11.52万亩，春粮面积4.47万亩，同比增加0.3万亩，其中大（小）麦种植面积2.7万亩，减少0.16亩；蚕豌豆种植0.7781万亩，增加0.18亩；油菜种植面积3.35万亩，比上年增加0.2万亩；瓜果蔬菜种植面积3.2万亩，增加0.2万亩；绿肥和饲料草等种植面积0.5万亩，增加0.1万亩。晚稻播种面积14.4万亩，“甬优538”“春优84”等优良新品种面积比例进一步扩大。以粮食高产创建为契机，大力推广应用粮食主导品种和先进实用技术，努力提高单产，落实百亩方，切实提高粮食生产能力，增强农民的种粮积极性。茶叶、水果、蔬菜等经济作物种植总面积达18.8万亩，茶叶产量、产值基本保持稳定。（2）弘扬蚕丝文化，注重蚕业综合开发。随着产业结构的调整，蚕桑产业传统的种桑养蚕模式已经不适应现代农业发展的要求。如何利用湖州蚕丝文化品牌，开拓蚕业综合开发市场是蚕桑产业走出困境的唯一途径，也是蚕桑产业在转型中稳步前行。规模化养蚕示范基地建设良好。基地建于2011年，投产桑园面积600多亩。这个基地已成为全省乃至全国独树一帜的规模化养蚕基地。基地继续加强对外合作繁育雄蚕种，开展桑—菜农作模式、桑技等综合利用，以不断提高经济效益。丝绸小镇初露端倪。吴兴区利用湖州4700多年丝绸发展史，打造成为具有文化内涵和商业价值的集丝绸产业、文化遗存、休闲旅游为一体的复合型丝绸小镇。借助绿水青山的生态资源，展现湖州丝绸发源地的历史文化、现代创意、潮流时尚和国际商贸发展，成为现代版“丝绸之府”。在积极开展新桑、蚕品种推广和新技术推广的同时探索蚕桑综合开发应用，开展桑园冬闲时间作蔬菜和桑叶茶开发，指导湖州老恒和酿造有限公司在高新区戴北村引进种植大十果桑100多亩。公司打算利用桑葚，提取花青素，开发桑果醋、桑果酱为主等综合开发。（3）林业发展态势良好。全年林业产业总产值为263494万元，同比增加25814万元，增长10.86%。其中以竹笋、花卉苗木生产等第一产业实现产值47501万元；以木竹制品加工等为主的第二产业实现产值171398万元，与上年同期略有增长；以林业为依托的“农家乐”林业旅游等为主的第三产业实现收入44595万元，较上年增加了14487万元，增长48.12%。（4）畜牧业发展较稳定。受畜产品市场价格、农业水环境治理、中央环保督查以及动物疫情等因素影响，吴兴区畜牧生产除湖羊养殖外，总体呈现全面下滑的局面。全区肉类总产量2.45万吨，同比减少34.44%，牧业产值5.45亿元，减少17.8%。由于全面实施畜禽养殖污染治理拆除工作，生猪、家禽养殖量大幅降低，生猪存栏3.12万头，同比减少38.58%，生猪出栏7.8401万头，减少9.25%。家禽总存栏154.18万羽，同比减少43.38%，家禽出栏705.74万羽，同比减少24.43%。湖羊生产保持稳定，存栏4.1103万只，同比减少0.44%，出栏4.5276万只，同比减少0.29%。（5）渔业生产加快发展，养殖效益和产值实现双增。吴兴区渔业，以建设优质、高效、生态安全渔业为抓手，着力推进现代渔业园区建设，加快渔业转型升级，现代绿色渔业发展取得新成果。养殖面积、水产品产量和产值继续增长。虽然水产品养殖成本增加，饲料和人工工资上涨，常规鱼价格仍稳中有升。全区省级水产园共14个（主导产业3个，精品园11个），面积25170亩（主导产业20780亩，精品园4390亩），其中已经通过验收9个，面积22960亩，未通过验收5个，面积2210亩。水产品总产量70091吨，比上年增加3428吨，同比增长5.14%；全年渔业经济总产值173795万元，比上年增加19216万元，同比增长12.43%。

（陈梦婈）

【第二产业】　2017年中共十九大胜利召开，也是实施“十三五”规划承前启后的关键之年。吴兴区不断深化供给侧结构性改革，推动工业转型升级，工业经济呈现稳中向好、结构优化、动力增强、效益提升的良好势头，为迈向高质量发展夯实基础。全区完成规模以上工业增加值119.44亿元，同比增长8.9%；实现利税52.51亿元，同比增长30.3%；完成工业性投入116.19亿元，同比增长13.2%，其中技改投入97.02亿元，同比增长17.0%；完成战略性新兴产业、高新技术产业、装备制造业增加值53.61亿元、51.88亿元、45.46亿元，同比分别增长8.1%、11.1%、19.3%。获得国家级、省级荣誉或取得领先26项。要素争取，全年为企业、项目争取到国家、省扶持资金1.68亿元；累计争取项目用地指标5284.7亩。试点创建，列入2017年度浙江省智能制造试点示范建设项目，获得600万元资金支持，全市唯一；省级特色工业设计示范基地考核位列全省第三；列入2017年度浙江省智能物流装备产业培育试点示范、浙江省工业和信息化领域试点示范（工业节能与绿色制造方向）；德马科技等5家企业列入工信部两化融合管理体系贯标试点，美欣达等3个企业通过贯标认定，德马科技通过第二阶段审核，全市领先；原乡蝴蝶小镇列入省级特色小镇培育名单。深入推进创新平台培育计划，扎实推进各级企业技术中心、研发中心、研究院建设，加快构建企业创新体系。成功申报市级企业技术中心8个（振兴阿祥、先登高科等），省级企业技术中心2个（贝盛光伏、天力建设），申报省级工业新产品200项以上，省装备制造业重点领域首台套3项（德马科技、思达机械、宜可欧环保）、省优秀工业新产品2项（东尼电子、金洲管道）。依托“南太湖精英计划”，积极构建“产业链引才”模式，全年“南太湖精英计划”长短期领军人才项目入围11名，完成年度目标的110%，其中长期5名、短期6名，实现了数量与结构的最优化。加快培育“金象金牛”大企业，做好企业投资项目跟踪、服务和督促。美欣达、大东吴被认定为全市2017年度“金象”企业，华祥、新凤鸣被认定为全市2017年度“金牛”企业。设立企业6S管理专项资金，通过企业服务券的形式开展企业精细化管理及企业家培训。组织东达光伏、佳雪微特等9位企业家赴日本参加精细化管理培训；组织珀莱雅、三一装备、布衣草人等35家企业赴清华大学参加“中国制造2025”专题培训班；成功申报省级管理创新示范试点企业2家（珀莱雅、美欣达），省级管理创新示范试点企业1家（三一装备）。积极培育“专精特新”中小微企业，成功入围全省新上规企业“创业之星”2家（朗奥物流、上银机械）。加大“小升规”企业发展扶持力度，完成工业企业“小升规”44家。切实减轻企业负担，累计减轻企业负担近9亿元。深入实施智慧物流产业集聚、信息经济登高、健康时尚提速三年行动计划，开展重点产业培育百日专项行动。积极谋划发展智能物流产业，围绕工业机器人、自动化仓储装卸设备、智能电梯电机等方面，加快发展智能装备产业。高端装备产值增长35%，列入省智能物流装备产业培育试点示范，全市唯一。突出企业培育、政策扶持，积极打造两化融合示范区、信息经济先行区。信息化发展指数达到96.91，信息经济指数104.9，均列全市第一；两化融合总指数达到84.39，列全市第一。开展“名家进名校”活动，每季开展企业家、管理团队、技术团队培训，举办各类培训34期，培训经营管理及专业技术人才2931人。

（陈　曦）

【第三产业】　全区实现服务业增加值278.33亿元，同比增长9.6%；服务业增加值占GDP比重达54%，较上年同期提高0.8个百分点；服务业增加值对GDP增长的贡献率达到57.6%，拉动GDP增长5个百分点。完成服务业固定资产投资211.64亿元，同比增长15.4%；服务业固定资产投资占全社会固定资产投资的比重达到64.5%，拉动全社会固定资产投资增长9.2个百分点，贡献率达到74.6%。实现服务业税收23.54亿元，增长22.7%；服务业税收占全部税收比重达到51.9%，较上年提高3.2个百分点。具体情况如下：（1）项目。成功列入2017年度省服务业重大项目16个，列入市服务业“双百”项目31个，新认定市服务业“大好高”项目11个（其中10亿元以上项目2个），均列全市第一。在库市服务业“大好高”项目实现新开工9个（其中新项目开工7个），竣工7个，累计完成投资56.73亿元。（2）企业。浙北大厦集团有限公司成功复评获得“浙江省服务业重点企业”称号。浙江老娘舅餐饮有限公司等35家企业获得2017年度“湖州市服务业优强企业”称号，列全市第一。新增天心天思、浙北迪安、微众电子等规模以上服务业企业73家，列全市第一。（3）平台。在2016年度省级服务业集聚示范区综合考评中，织里童装生产性服务业集聚区、湖州多媒体产业园、吴兴科技创业园3个集聚区在全省百家集聚区中的排名分别上升5名、34名和21名。浙北金融中心新入驻湖州央之泓资产管理有限公司等新业态企业23家，累计达到64家。环渚街道现代服务业集聚区内金宇、后庄、福来福、金环等楼宇已基本完成招商，其中众创空间——吴兴梦工场正式启用，累计入驻企业38家。

（沈婧莹）

【固定资产投资】　坚持把加快重大工业项目建设

作为重中之重，围绕省、市、区重点项目，扎实开展“大项目落地提速”行动，加快项目前期、强化问题协调、主攻项目落地，扎实推进项目建设，全区固定资产投资发展总体实现平稳增长。

一、固定资产投资运行的基本特点。固定资产投资运行总体良好，主要呈现以下特点：（1）主要指标完成良好。全区固定资产投资完成327.91亿元，同比增长14.6%，全年度一直保持平稳增长；工业性投资完成116.19亿元，同比增长13.2%，其中工业技术改造投资完成97.02亿元，同比增长17.0%，持续高速增长。（2）三产服务业项目投资增速明显。全区第三产业固定资产投资完成211.64亿元，占全区固定资产投资的64.54%，三产投资占比进一步提高，中心城区、东部新城及省级小城市一批重点城市综合体项目的加快建设对固定资产投资拉动作用显著，特别是房地产投资，完成投资82.07亿元，与上年基本持平。究其原因是由于东部新城逐渐兴起，在各项配套基本打造完成的前提下，城市副中心功能逐步打造，集聚效应逐步体现。（3）基础设施投资持续增长。随着重大民生工程的深入推进，基础设施投资快速增长。全区完成基础设施投资99.33亿元，增长66.8%。水利、环境及公共设施管理和电力、燃气及水的生产供应业分别完成投资54.59亿元和16.25亿元，增长37.6%和158.9%，两大行业占基础设施投资比重的71.3%，促使吴兴区投资软硬环境进一步改善。（4）重点项目支撑有力。全区48个省重点建设完成投资80.92亿元，完成年度投资计划的169.22%；60个市重点建设项目完成投资146.05亿元，完成年度投资额的130.30%；60个区重点工业项目一力电子、永昌电机等32个重点项目实现新开工，东尼一期、韩佛化妆品等22个项目实现竣工，完成投资60.84亿元，完成年度目标的104.2%，省、市、区重点项目对投资带动作用明显。

二、所做主要工作及成效。（一）项目前期不断深化。（1）以“谋划大产业，招引大项目”目标为引领，加快项目引进。围绕“精准招商攻坚行动”，在各乡镇“一镇一主导产业”开展招商基础上，在全区层面打破原有格局，组建12个招商分局，主攻12个方向项目招引，招商精准度进一步提高。市认定工业“大好高”项目提前一季度完成全年目标任务。（2）围绕高新区、吴兴经济开发区等重大工业平台，加大征地拆迁力度，完善园区基础设施建设，不断拉开平台框架，全区42个平台基础设施项目建设，建设成效显著，提前完成年度推进目标，围绕重点基础设施项目和重大产业项目，有重点、有针对性地完成征地拆迁工作。（3）建立健全每周高效审批领导联席会议制度，排定全区新引进、新落地重大项目前期进展情况计划表，确定开工时间，倒推时间，明确每项前期审批手续完成节点，绘制吴兴区工业投资备案项目审批服务全流程示意图，对项目前期进展实行挂图作战，倒逼各审批窗口主动对接联系项目业主，压缩项目审批时限。结合吴兴区实际，优化中介超市服务，出台部分中介服务实行政府统一补助的政策，有提升项目的审批效率和审批质量。17家相关中介机构已经完成招标或筛选等工作，“定人专项服务、定价低额收费、定时快速完成、定位优质成果”的高效中介服务市场正在基本建成。

（二）项目推进全面提速。（1）全区共举行（参与）5批集中开工仪式，其中1月3日在湖州开发区杭宁高速公路湖州段改扩建工程施工现场举行全省扩大有效投资重大项目集中开工启动仪式（湖州）暨湖州市2017年重点建设动员大会，吴兴区12个项目参加了全省扩大有效投资集中开工活动；3月30日，在埭溪镇上美等项目集中开工仪式，吴兴区20个重大工业项目集中开工，总投资60亿元；4月13日，在湖州经济技术开发区隆重举行湖州市“四新”主题实践项目比拼暨唯品会等重大项目集中开工仪式，吴兴区15个项目参加全市集中开工活动；7月10日在高新区敏实集团汽车零部件生产项目，吴兴区作为全市集中开工活动第三阶段分会场，排定28个重点项目集中开工活动；10月27日，在太湖度假区吴兴区30个项目参加全市集中开（竣）工活动。通过集中开工活动营造良好氛围，带动项目建设新高潮。（2）每月区委、区人民政府召开乡镇党政“一把手”会议，各乡镇、街道主要负责人汇报重大建设项目的进展及存在问题，区主要领导当场研究、当场点评、当场决策。解决问题49个，通报督办7起推进慢项目。每月由区长召开项目引进推进协调会议，各乡镇主要领导汇报项目引进推进情况，就重大疑难问题与发改、国土、环保、规划、建设等重点部门“一把手”会商研究，给出具体要求和时限。（3）继续加大力度开展内部挖潜工作。采用收储利用、租赁引进、司法拍卖等方式推进工作，集中力量攻坚盘活利用。继续按照“控源头、盘存量、促提升”的要求，大力实施低效用地盘活专项行动，加快收储利用。各乡镇重点采用协议收回、司法拍卖、整体转让等方式，闲置工业地产盘活工作频传佳讯，累计有金能达纺织等 24 个企业（地块）共计 1210.86 亩闲置工业用地盘活。

（三）要素保障不断优化。（1）紧盯上级资源，细化政策研究，及早做好与省、市有关部门的对接汇报，指导项目业主做好申报工作，在向上争取要素资源上成效明显，特别是在各项资金争取上取得突破。共获得中央预算内投资项目 5 个，获得中央预算内投资补助资金 1.08 亿元；（2） 建立拟申报省级项目库，指导项目业主做好申报工作，全年 13 个项目列入省重大产业项目，总数占全市 40%。建立项目储备库机制，依托全区 PPP 项目储备库和重大项目三年滚动及计划等项目单子，积极申报省重大产业项目，省、市重点建设项目，扩大有效投资 411 重大项目等，确保上报数量领先。（3）2017 年以来吴兴区积极搭建政、银、企三方经常性沟通平台，协调解决重点项目融资需求。

（陈　力）

【经济体制改革】　产业结构调整。产业结构不断优化升级，新旧动能转换步伐加快，“三二一”产业结构进一步巩固。服务业增加值增速持续快于工业增加值，三次产业结构由上年的4.3∶42∶53.7优化为3.8∶42.2∶54，服务业占比提高0.3个百分点，对经济增长的贡献率达到60%，拉动GDP增长5.1个百分点。

（杨国华）

金融改革。一是资本市场运作不断加强。东尼电子主板上市，吴兴区累计上市公司达 8 家，美晶科技、金洁水务、东吴电机、宝鸿新材登陆“新三板”，挂牌企业累计达 11 家，上市梯队培育成效明显。通过 IPO 融资、公司债、基金平台融资等直接融资方式，募集资金总额达 191.93 亿元。资本市场政策保障力度持续加强，结合“中国制造 2025”试点示范建设，对绿色制造业企业提高了探索资本市场的奖励额度和奖励范围，简化政策兑付流程并提前兑付时间，上市最高奖励提至 1700 万元（市 200 万元、区 1500 万元），大大调动了企业积极性。以全省企业上市和兼并重组“凤凰行动”为引领，启动实施全区企业上市五年倍增计划，按照“储备一批、股改一批、挂牌上市一批、再融再投一批”的工作思路，深入挖掘成长性良好的后备企业资源，排定 20 家重点培育企业和 30 家后备企业名单，强化后备资源保障。二是金融创新发展不断加快。紧抓湖州市国家绿色金融改革创新试验区建设契机，立足吴兴实际，出台《吴兴区聚焦实体经济发展全面推进绿色金融改革创新行动方案》，成立全区绿色金融改革创新工作领导小组，明确绿色金融服务实体经济、加快培育金融新业态、建立维护金融生态环境三大重点，以金融引领绿色产业创新升级试验区为主题排出试点清单 10 项具体任务。《吴兴区加快绿色金融改革创新促进实体经济发展的若干意见》21 条配套政策于年底出台。三是金融业态规模不断壮大。全区新增金融新业态机构 55 家，注册资本 123.32 亿元，累计达 222 家，注册资本达 198.08 亿元。通过设置免租办公席位等方式，完善浙北金融中心政策环境，进一步发挥金融新业态引育及集聚作用，新增入驻浙北金融中心 35 家，其中入驻公共平台 28 家。民间融资规范稳定发展，全区金融增加值达 44.50 亿元，金融增加值增速达 12.7%，万邦等民间融资机构共办理民间融资业务 1424 笔、18.82 亿元。两山合作社设立并启动运行。

（柏婷婷）

【科技创新】　紧紧围绕创新型城区建设目标，深入贯彻创新驱动发展理念，着重在优化科技创新环境、促进产业转型升级，大力激发企业创新主体活力，不断提升区域自主创新能力。据全省科技进步统计监测综合评价结果显示，吴兴区科技推动转型升级综合评价跃升至全省第 11 位，同时入选 2017 年度全国创新创业（双创）百强区。东尼电子获评国家知识产权优势企业；阿祥集团等 3 个科技项目列入省重点研发计划；美欣达获省级领军型创新团队，珍贝等 3 个企业获市级领军型创新团队；力聚、贝盛成功创建省级企业研究院；七幸科创园被评为省级科技孵化器，吴兴梦工场成功列入省级众创空间，金农现代农业星创天地通过省级认定；新凤鸣、金农生态农业成功创建市级院士专家工作站；新增省级科技型企业 60 家、新认定国家高新技术企业 19 家；全年高新产业发展迅猛，高新产业增加值占规模以上工业增加值占比达 43.44%，增幅达 11.1%（列全市第一）。专利申请总量 4201 件，其中发明专利占比高达 39.5%；专利授权 1999 件，其中发明专利授权 419 件。

（沈方林　周敏旭）

【对外经济】　吴兴区对外经济企稳向好。利用外资态势良好，全区新批准外商投资企业 14 家，增资企业8家，减资企业2家，经省商务厅审核认定外商投资企业分公司到资7家，累计合同外资36833万美元，完成市年度目标的129.2%，列全市第四；实到外资21809万美元，完成市年度目标的124.6%，列全市第二。对外贸易增长较快，全年完成进出口额943076万元（含一达通），同比增长13.6%，其中出口783659万元，同比增长13.9%，进口159417万元，同比增长12.5%。全区新增进出口企业主体57家，新增进出口额140887万元，有进出口实绩的外贸企业325家，其中进出口超百万美元的企业145家，超千万美元的企业30家。外经合作稳步推进，全区新备案境外投资项目4个，其中增资项目2个，完成境外中方投资额1397万美元，列全市第三位；完成外经营业额1946万美元，列全市第一。

（区商务局）

【主要经济指标】 全区实现地区生产总值（GDP）515.51亿元，按可比价计算，比上年增长8.6%，增速居全市第二。分产业看，第一产业增加值19.77亿元，增长2.3%；第二产业增加值217.41亿元，其中工业增加值193.27亿元，分别增长8.1%和9.0%；第三产业增加值278.33亿元，增长9.6%。一、二、三产结构为3.8：42.2：54.0，经济结构继续优化。人均生产总值113198元，增长9.1%，折合16766美元。实现公共财政预算总收入51.91亿元，增长18.8%，其中地方一般预算收入31.15亿元，增长21.5%，地方财政税收收入26.83亿元，增长17.7%。全区实现工业增加值193.27亿元，增长9.0%，其中规模以上工业增加值119.44亿元，增长8.9%。完成固定资产投资327.91亿元，增长14.6%，增速位列全市第一。其中，第二产业投资116.19亿元，增长13.2%，现代化技改97.02亿元，占全部工业性投入的比重为83.5%；第三产业完成投资额211.64亿元，增长15.4%。社会消费品零售总额339.18亿元，增长11.1%。外贸进出口总额94.31亿元，增长13.6%，其中出口78.37亿元，增长13.9%。城镇居民人均可支配收入51395元，增长9.0%，农村居民人均可支配收入29980元，增长9.5%，城乡收入差距比进一步缩小。

（杨海丽）

·政　治·

【党建工作】 坚持大抓基层鲜明导向，围绕村和社区组织换届，探索构建“三同三共”（同心共治、同创共富、同行共美）党建融合发展新模式，全力建强基层战斗堡垒。深耕细作落实村社换届。区领导靠前指挥，包干11个选情复杂村社，每周到点指导，驻村局长、机关党员干部一线驻点服务保障，累计走访群众17500多户，听取意见2628条，现场调处矛盾153件，确保把问题解决在萌芽状态。联合15个职能部门加强候选人资格联审，引入家风家德考察，推行竞职承诺公示，换届期间，未发生一起贿选和破坏选举案件。换届后，村社“两委”班子大专及以上文化程度858名，占比63.9%，比上届提高5.7%，平均年龄44.2周岁，比上届下降0.5周岁，主职干部平均年龄45.1周岁，比上届下降1.5周岁，女委员553名，占比达到41.2%，队伍结构进一步优化。

常抓不懈深化“两学一做”。推进落实“学”的常态，大抓 “三会一课”“主题党日”制度落实，推广周丽华先进事迹，学习贯彻中共十九大精神开展“大学习、大讨论、大宣传、大实践”，实现党性教育常态长效化。紧紧围绕“做”的实效，组织党员干部在“八大行动”“六大战区”、治水剿劣、城中村改造、文明城市创建等工作中发挥先锋模范作用，累计组织志愿服务15000余人次，平均服务时长130个小时。全面建立“督”的制度，成立区委组织部督查工作领导小组，对13个乡镇街道和43个区级部门定期开展“两学一做”督查，用显微镜查补短板、扩大实效，累计开展督查5次，通报反馈意见120余份，解决各类问题89项。

大刀阔斧提升服务效能。探索推行“支部建在网格上”，由村社干部担任网格组长，带领网格党员开展民情“四走”、组团攻坚，打通服务群众“最后一纳米”。织里镇建立343个村社网格党支部（党小组），在环境整治、平安维稳、治水剿劣等工作中发挥积极作用。全面实施村社干部集中办公，全区222个村社全部取消单独办公室，腾出可利用办公面积10000余平方米，新增功能室405个，进一步拓展服务功能，提升服务实效。

集中力量打造示范阵地。积极对接城投集团，整合各类资源，大力推进爱山商圈城市党建综合体打造工作。深入参与街道社区体制机制改革，推行街道“大工委”、社区“大党委”制，强化城市基层党组织整体功能。大力推动南太湖滨湖党建示范带和妙新沿线党建示范点壮大成型，发挥“党建+生态”“党建+旅游”“党建+发展”实效。

深化举措推进两新党建。深化“双强争先”战略，在全区规划形成4条党建示范带（大企业党建示范带、中心城区党建示范带、小城市党建示范带、美妆小镇党建示范带），带动提升区域党建工作水平。强化党员专家引领，全面开展党员专家工作室的全领域创建，累计新建21家，评选示范性党员专家工作室11家。突出志愿服务活动，组建334人的56支各类志愿者服务队，开展志愿服务388次。推行项目化党建模式，两新工委成员单位、乡镇街道共领办完成党建品牌项目43项。创新商圈大党建模式，成立街区党工委，创建党建信息平台，对街区党员组织生活、志愿服务等实行数字化管理。推行党建“1+1+N”模式，敲实民办学校协会党委责任，搭建民办学校信息宣传网、业务管理指导中心、教育培训中心、党建活动中心“一网三中心”平台，重点打造湖州第四中学、湖州枫叶国际学校、蓝精灵幼儿园等党建阵地。开展“红领学院”提质扩面专项行动，加强区、镇、企三级“红领学院”的建设，累计建成33家“红领学院”，设置红领课程374节，配备红领导师和技能大师162位，培训党员职工1万余人。创建“红领论坛”，每季一次开展主题学习研讨，强化思想碰撞和政治引领，累计开展活动160人次。

（吴学丰　邱聪颖）

【民主监督】　根据《中华人民共和国各级人民代表大会常务委员会监督法》（以下简称《监督法》）对经常性监督工作的要求和区人大常委会2017年工作要点的安排，按照紧贴中心、依法监督、突出重点、讲求实效的原则，围绕事关转型升级、生态文明、民生改善、民主法治等重大问题，在广泛征求各方面意见的基础上，提出2017年区人大常委会监督工作计划。

一、听取和审议“一府两院”的专项工作报告。（1）听取和审议区政府关于2017年度政府重大投资项目计划草案的报告。安排在4月召开的常委会会议上进行。有关准备工作由财经委员会、工委负责与区政府联系。（2）听取和审议区政府关于剿灭劣Ⅴ类水工作情况报告。安排在6月召开的常委会会议上进行。有关准备工作由城建环资工委负责与区政府联系。（3）听取和审议区政府关于全区推行垃圾分类制度工作情况的报告。安排在6月召开的常委会会议上进行。有关准备工作由城建环资工委负责与区政府联系。（4）听取和审议区政府政情报告。安排在8月召开的常委会会议上进行。有关准备工作由办公室（研究室）负责与区政府联系。（5）听取和审议区政府关于加快发展生产性服务业情况的报告。安排在10月召开的常委会会议上进行。有关准备工作由财经委员会、工委负责与区政府联系。（6）听取和审议区政府关于全区农产品质量安全监管体系建设情况的报告。安排在10月召开的常委会会议上进行。有关准备工作由农业与农村工委负责与区政府联系。（7）听取和审议区人民法院关于破解执行难情况的报告。安排在10月召开的常委会会议上进行。有关准备工作由法制委员会、工委负责与区人民法院联系。（8）听取和审议区政府关于区四届人大一次会议代表建议、意见办理情况的报告。安排在12月召开的常委会会议上进行。有关准备工作由代表与选任工委负责与区政府联系。（9）听取和审议区政府关于民生实事项目完成情况的报告，并组织满意度测评。安排在12月召开的常委会会议上进行。有关准备工作由教科文卫工委负责与区政府联系。（10）听取和审议区政府关于中心城社区卫生服务体系建设情况的报告。安排在12月召开的常委会会议上进行。有关准备工作由教科文卫工委负责与区政府联系。

二、审查和批准决算，听取和审议计划、预算执行情况及审计工作的报告。（1）听取和审议2016年度财政决算报告。安排在6月召开的常委会会议上进行。（2）听取和审议2016年度区本级预算执行和其他财政收支审计报告。安排在6月召开的常委会会议上进行。（3）听取和审议2017年上半年国民经济和社会发展计划执行情况报告。安排在8月召开的常委会会议上进行。（4）听取和审议2017年上半年财政预算执行情况报告。安排在8月召开的常委会会议上进行。（5）听取和审议2017年区本级政府债务限额。安排在8月召开的常委会会议上进行。（6）视情听取和审议2017年预算调整报告。安排在12月召开的常委会会议上进行。以上报告的有关准备工作由财经委员会、工委负责与区政府联系。

三、检查法律法规贯彻实施情况。（1）全省人大联动开展畜禽养殖污染防治工作执法检查。在4—5月进行检查。有关准备工作由农业与农村工委负责组织和落实。（2）全市人大联动开展《湖州市市容和环境卫生管理条例》执行情况专项检查。在9月进行检查。有关准备工作由城建环资工委负责组织和落实。

四、开展规范性文件备案审查。根据监督法有关规定和《湖州市吴兴区人大常委会规范性文件备案审查办法》，切实做好规范性文件备案审查工作，强化法律监督，维护法制统一。对列入2017年监督工作计划的项目，各责任委室要按照常委会的要求，精心组织、依法履职、扎实工作、务求实效，确保各项监督工作如期顺利完成。

（沈欢欢）

【依法行政】 加快法治政府建设推进步伐。深入研究制定法治政府建设（依法行政）年度工作要点，进一步完善法治政府建设（依法行政）考核评价工作要求，明确法治政府建设主要目标和工作重点，部署年度依法行政工作任务，确保各项工作按时按要求完成。落实政府常务会议学法制度，探索建立“局长讲坛”，深入学习《环保法》《审计法》等内容。组织领导干部年度法律知识考试，落实领导干部任职前法律知识考试制度。开展行政执法人员综合法律知识培训考试，全年行政执法资格取得率明显提升。依法开展行政执法主体资格确认，首批被确认公布的行政执法主体共63个，政府各项职能依法全面履行。

全面提升依法行政决策水平。进一步加强规范性文件管理，区政府全年累计出台行政规范性文件32件，按期向市政府、区人大做好备案工作；开展部门规范性文件备案审查，未发现有与法律、法规、规章及上级文件相抵触或违反法定程序的情形；组织开展年度行政规范性文件清理评估工作，及时调整、修改与法律法规规章及上级文件不相一致或与经济社会发展不相适应的行政规范性文件，累计清理行政规范性文件135件，其中继续有效116件，废止和宣布失效19件。协助市政府开展立法征求意见及调研，组织筹备《湖州市禁止销售燃放烟花爆竹规定》《湖州市电梯安全条例》《湖州市人民政府规章制定程序规定》等立法调研。建立政府法律顾问团组，全区各级行政机关外聘法律顾问累计参与文件审查、案件处理、文书起草等700余件（次）。继续推行合法性审查机制，各级政府法制机构累计审查行政规范性文件75件（次）、行政合同91份（次）及其他各类专题项目。

强化行政执法监督各项工作。落实《浙江省行政执法全过程记录工作办法（试行）》《浙江省重大行政执法决定法制审核办法（试行）》，明确行政执法公示、执法全过程记录、重大执法决定法制审核“三项制度”。组织开展文化市场、卫生计生、市场监管、安全生产等执法领域案卷集中评查，坚持严格规范公正文明执法。探索建立区人民政府与区人民检察院的联席会议工作机制，在深入推进职务犯罪预防、推动行政执法与刑事司法衔接等方面起到积极作用。发挥行政复议监督手段，加大复议纠错力度，全年累计办理行政复议案件72件。

依法有效化解行政争议。全面推行行政复议体制改革，区行政复议局挂牌成立，逐步建立《行政复议工作守则》《行政复议办案程序规定》《行政复议听证程序规定》《行政复议案卷管理制度》等内部工作制度。不断改进行政复议案件审理方式，加大实地调查、听证、协调调解等力度，全年行政复议申请撤回率达22%，案结事了成效明显。推行行政调解清单式管理，依照法律法规全面梳理出66项行政调解权利义务事项。积极主动应对行政诉讼，继续落实行政机关负责人出庭应诉制度，全年行政应诉案件负责人出庭应诉率达100%。

（黄其峰）

【政法综治】 紧紧围绕省委、省人民政府干好“一三五”、实现“四翻番”和市委、市政府打造“四个湖州”的战略部署，深化“四新”主题实践，以“平安护航十九大大会战”为主线，以“四梁八柱”平安建设体系为基础，牢牢锁定“三提升两确保”工作目标，坚持“抓基层、强治理、重创新、保平安”，不断深化“七大行动”，为全区经济社会健康发展和人民群众安居乐业提供强有力保障。

（一）“平安吴兴”建设。不断深化“四梁八柱”平安建设体系，建成全省首家平安健康聚乐部，对外发布“平安指数”4次，平安实训基地成功列入2017年省平安建设创新项目；“十百千万”平安示范创建工程扎实推进，创建“平安示范农贸市场”4家、“平安示范校园”20家、“平安示范企业”200家、“平安示范家庭”3000家。高质量推进“一中心、四平台”指挥运行机制建设，13个乡镇、街道“社会治理综合指挥室”升级改造工程实现全覆盖，1184个全科网格累计上报各类信息44972件、办结率 99.9%，“平安三率”列全市第二，市对区平安考核获一等奖。区矛盾纠纷多元化解中心高效运转，化解各类矛盾纠纷 900 余件，各级人民调解组织调处矛盾纠纷 6589 件，成功率 99%。坚持“防为主、防为上”的方针，完成“雪亮工程”4300 余路视频探头、520 余套人脸识别系统建设，全区刑事发案同比下降 32.08%，侵财型发案同比下降 26.15%。

（二）维护社会稳定。坚持总体国家安全观，成立区国家安全领导小组，深入推进国家安全人民防线建设和反间谍专项斗争，相关工作做法得到国家安全部、省国家安全厅充分肯定并推广。依法打击邪教组织犯罪活动，对邪教人员逐一建立稳控小组。严格落实涉疆人员“四见”核查制度，确保绝对安全。圆满完成中共十九大、各级两会、“一带一路”高峰论坛、互联网大会等重大活动维稳安保工作，特别是中共十九大期间驻守“三道防线”，守牢“四个不发生”底线。强化源头防范，全面排查特殊利益群体、信访重点人员及重点领域积案底数，第一批省市挂牌督办案件化解率达 93%，稳妥处置各类不稳定因素 200 余起。扎实开展重大项目社会稳定风险评估 74 项，其中第三方参与 45 项。强势推进重点领域、重点行业隐患整治，累计排查各类隐患风险点 15000 余个、整改 14300 余个，全区未发生较大以上公共安全事故。

（三）强化服务民生。持续开展“护卫平安”“除黑恶、连根拔”专项行动，为“六重”工作、八大行动、全国文明城市创建等中心工作顺利推进提供坚强政法保障。着力破解执行难问题，执行收案 4570 件、结案 4166 件，强制腾房工作经验获最高人民法院副院长江必新批示肯定并全国推广。推动南太湖电子商务城、浙江搏杰实业、湖州纤瑞环保等 10 余家僵尸企业腾笼换鸟，盘活企业存量资产 12.3 亿元。依法惩治刑事犯罪，破获各类刑事案件 1600 余起，历时 22 年之久的织里晟舍特大抢劫杀人案成功告破。加快解决群众反响强烈的民生问题，共查破食药环案件 30 起，捣毁传销窝点 50 余处，通信网络诈骗案件同比下降 26.22%。有序推进“七五”普法，建成吴兴区学法中心、八里店镇法律园等法治宣传阵地。主动护航村社换届选举，累计完成 2293 人的资格联审和结果反馈。

（四）促进公平正义。全面贯彻落实司法责任制改革、诉讼制度改革要求，积极稳妥推进内设机构改革，完成员额法官、检察官遴选以及人员分类定岗工作。平稳有序推进监察体制改革各项工作落实，完成反贪、反渎、预防部门转隶工作。深化阳光司法，区人民法院深入开展“诉讼服务最多跑一次”改革，全力打造“智慧法院”；区人民检察院在全市率先建立政检联席会议机制，行政执法监督、行政执法与刑事司法有效衔接；区公安分局创新驻局检察官制度，“案管创优”工作深入推进。强化侦查、审判和执行等诉讼监督，累计发出检察建议 10 件，监督执行各类案件 150 余件。妥善化解涉法涉诉信访积案 28 件，有效维护当事人合法权益。不断深化司法救助规范化建设，实施司法救助 30 余件、发放救助资金 80 余万元。

（五）提升队伍素质。狠抓理想信念教育，全力打造政法铁军，“迎接十九大、忠诚保平安”教育实践活动取得初步成效。加快素质提升，累计开展领导干部依法行政，平安乡镇、街道考核评审等各类业务培训及“国家安全法律法规”等各类专题讲座 60 余场，推动政法干警职业素养和专业素质双提升。扎实推进全面从严治党，强化纪律作风建设，落实层级管理责任制，层层签订《党风廉政建设责任书》，严格落实“党纪教育一刻钟”制度，实现党纪教育常态化。区委政法委、区公安分局获评全省中共十九大维稳安保突出贡献集体，区人民法院获评全国优秀法院，区人民检察院获评全国检察宣传先进单位，区司法局八里店司法所获评全国模范人民调解委员会，全区政法系统获评市级以上荣誉 160 余项。

（周新冰）

【信访工作】 区信访工作在区委、区政府的正确领导下，在省、市信访部门的关心指导下，深入贯彻落实中共十八大、十九大和各级信访工作会议精神，坚持以群众工作为统揽，以落实信访工作责任制为契机，积极推进信访工作制度改革，着力加强法治信访、阳光信访、责任信访建设，全力推进依法及时就地化解信访问题，确保吴兴区信访各项工作平稳有序推进。全年，共受理群众来信来访 568 件（批）次，与上年同比上升 39.56%；其中来信 226 件次，同比上升 91.53%，被评为省信访工作先进集体。

严格落实信访工作责任。领导重视落实责任：区委、区人民政府高度重视信访工作，紧抓信访工作责任制的贯彻落实，积极推进区四套班子领导包案化解信访积案工作；持续开展领导干部大接访和区领导接听热线活动；定期召集全区政法书记和信访干部研判信访形势，交流分析，研究对策。全年，区委常委会、区人民政府常务会议分别专题研究信访工作5次，区委、区人民政府主要领导批阅群众来信63件，占来信总量的42%。签责任书压实责任，区委、区人民政府与13个乡镇街道、16个区级部门签订信访工作目标管理责任书58份，建立目标明确、责任具体、措施有力的信访工作责任体系，将信访工作责任压实到基层，落实到个人。考核通报强化责任，在市考核县区的操作细则基础上进一步修订乡镇、街道和部门信访工作目标管理考核评分办法和评分细则，每周检查，每月考核。建立和完善情况通报制度，以今日来访、信访通报、维稳专报等形式，及时通报信访相关情况。全年，共编发《今日来访》197期，“12345”政府阳光热线、信访督查等《信访情况通报》20多期，《十九大信访维稳专报》23期。

狠抓重点时段信访维稳。加强组织领导，区委主要领导多次在“一把手”会议、信访维稳工作例会上提出明确要求，全区必须全力打赢在中共十九大、全国两会期间等维稳硬仗，确保万无一失；成立由区委、区人民政府主要领导担任组长的维稳安保领导小组，建立健全“1+4”联动作战机制，成立1个维稳工作专班及由信访、政法、公安等维稳干部组成的4个工作组，分别驻守湖州绿色车站和高铁站、济南、北京开展工作，确保一旦出现重大突发情况，能够快速果断处置。加强信息预警，区信访局出台《关于加强信访不稳定因素排查和信息报送工作的通知》，要求重点时段高新区、各乡镇街道，相关责任部门每天下午2：00前向信访局报送各类情报信息，并做到特事特报、急事急报。同时，通过市、区、乡镇、街道三级每日会商研判，及时汇总各类情况，强化信息预警，切实落实好对全国两会、中共十九大期间对重点人员的24小时盯控。

精心组织领导接访下访。周密制订接访计划，按照“定时、定人、定点”原则，通过周密谋划，制订全区领导接访下访计划安排，经区委常委会研究讨论，进行挂牌公示，方便群众“点名就诊”。根据中共十九大期间“区领导每天到信访接待场所值守接访”的要求，区信访局及时制定文件下发至每位领导，便于领导及早安排工作。建立健全接访机制：健全区领导带头接访、科局级领导驻村下访、乡镇领导随时接访、联村干部上门走访的常态化工作机制，做到接访下访无缝隙、全覆盖。全年，区委、区人民政府领导共接待群众52批198人次，区级部门科局级领导在区信访局接待群众共98批115人次。其中，中共十九大期间，共值守接待群众27批110人次。狠抓接访化解效率，认真对各类信访件进行梳理归类，区分层次，分而处之。对区领导接访件，仔细分析、认真研判、落实责任、加强督办，做到真解决。对事权涉及市级部门的接访件，巧借市级部门力量联合化解。

着力推动信访事要解决。严格初信初访，努力完善信访工作的预防、表达机制，严格落实首办责任，并以首办责任为重点，严格内部化解办理责任，做到初次信访“日日清、周周审、月月结”。全年，初信初访的化解率达98%以上。全面化解积案，以深入开展“百千万”专项行动为契机，吴兴区两轮领导包案化解信访积案共44件，均由区四套班子领导和乡镇主要领导按照“五个一”的要求，一对一“双重包案”化解。全区省级信访积案8件，化解8件，化解率为100%，超额完成省定60%化解目标；市领导督导件5件，化解4件，化解率为80%；市级信访积案36件，化解32件，化解率为88.89%。强化督查督办，以深入开展 “百千万”专项行动为契机，区信访局联合政法委、公安、民政、人社等相关单位2次组建联合督查组，现场督查重点人员稳控情况、一二级重点人员24小时稳控落实、信访积案化解情况。全年，共督查信访积案44件，督查重点人员90余人次，现场督导24次，会商信访问题12次，纠正存在问题8个，系统平台督查124件信访件，办结率100%。

深入推进信访工作改革。坚持开展信访“最多跑一次”改革，按照区委、区人民政府“最多跑一次”改革要求，区信访局全面启动此项工作改革。在制订初步改革方案的基础上，联合湖州师范学院（以下简称湖师院）社会发展与管理学院开展课题改革研究，并落实织里镇、道场乡作为试点乡镇先行开展研究。全年，由信访局牵头联合区人大、政协、司法等部门及试点乡镇分管领导多次召开协商会议，商讨课题的推进落实，同时区信访局及湖师院课题组成员多次赴试点乡镇就课题相关工作开展讨论、研究，有力推进信访问题的依法及时就地解决。坚持提速规范办理，建立“简单信访马上办，一般信访精准办、疑难信访合力办”工作机制，并遵循“以提速为常态、法定为例外”的总体要求，积极推行“五日、十日、十五日办结”的工作常态。同时，严格按照省信访局关于信访基础业务规范化检查的通知要求，严格规范登记、受理、答复、送达要求，区信访局落实专人对乡镇、街道信访工作人员就该项工作进行现场培训。坚持开展法定途径分类处理工作，在全面完成制定法定途径分类处理信访投诉请求分类清单的基础上，继续做好宣传引导各区级相关部门严格按照法定途径分类处理要求开展工作。

（陈芬芬）

【纪检监察】　严明换届纪律，参与村（社区）组织换届联审52批2785人次。以扶贫帮困领域项目资金、落实中央八项规定精神为主题，分两轮开展巡回执纪监督，发现问题336个。落实“一案双查”要求，对11名党员干部进行问责处理。开展明察暗访92次，查处违反中央八项规定精神问题10件16人次。深化农村基层作风巡查63个行政村，发现问题517个，其中问题线索34个，给予党纪处分2人。运用监督执纪“四种形态”处理235人次，其中第一种形态占比38.7%。受理信访举报303件次，同比上升42.3%，反馈满意率达93.6%。处置问题线索67件，其中谈话函询16件，初核51件；了结40件；为158名党员干部澄清问题。立案查处各类违纪案件182件，给予党纪政务处分195人，分别同比上升14.5%和46.6%，其中乡科级干部10人；挽回直接经济损失78万余元。分两轮对8家单位党委（党组）开展集中巡察，收到信访举报14件次，开展个别谈话716人次，发现三大方面问题86个，批评教育和提醒谈话26人，诫勉谈话和组织处理25人，给予党纪处分2人。

（傅一力）

【行政体制改革】　政府机构改革。调整原交通和旅游局机构设置，新设立区旅游发展委员会和区交通局，均为区政府工作部门，其中区旅游发展委员会单独设置，区交通局与区住建局合署办公。撤销与区政府办公室合署办公的区新居民事务局，将原区新居民事务局承担的监督、协调、指导职责和领导小组办公室的日常工作交由市公安局吴兴分局承担。撤销新居民事务所（新居民事务办公室），有关职责由派出所承担。新设立区政务服务管理办公室和区公共资源交易管理办公室，为区人民政府派出机构，两机构合署办公。独立设置区政务服务中心和区公共资源交易中心，归口区政务办（区公管办）管理。设立湖州市吴兴区监察委员会，与区纪委合署办公。

（卜淑怡）

行政审批制度改革。扎实推进国家、省、市关于简政放权、放管结合、优化服务的各项部署，在项目审批、中介管理、商事制度改革等方面积极探索、主动创新。深化投资项目审批制度创新，制定《吴兴区投资项目服务全程代理实施办法》《吴兴区企业投资项目审批高效集成实施办法》，实行“谁主张、谁确认”的前置审批方式和项目前期五大环节的部门服务“打包制”，投资项目审批做到责任明确、服务优化、效率提升。抓住省市试点契机，积极开展企业投资项目一体化在线审批监管平台2.0版应用试点，按照“四个百分百”（百分百平台应用，百分百网上申报，百分百网上审批和百分百批文回传）要求，基本打通各部门业务流程。深化中介机构服务管理创新，不断完善对企业投资项目部分中介服务实行政府补贴的实施办法，通过公开招标入驻、统一降低收费、明确办结时限、强化过程管理等方式，引进各类中介机构入驻，企业中介服务明显得到提升优化。深化商事制度改革创新，按照“多证合一”的要求，整合办事流程和办事材料，按照“点单式”办理的要求，由企业自主申请办理事项与营业执照一并办理，实现多个事项办理“最多跑一次”。制定出台简化企业注销程序助推“最多跑一次”改革实施方案，通过建立规范、高效、快速的企业注销程序，进一步节约社会资源，规范企业退出机制。

（蔡　昕）

【财政体制改革】　完善政府预算体系，实行全口径预算管理，将政府全部收支都纳入预算管理；加大重点改革支持力度，围绕智能装备、信息经济、健康时尚、金属新材、现代纺织五大领域，充分发挥产业基金引导作用，助推“中国制造2025”试点示范建设；积极推进PPP项目，注重示范项目引领，其中东部新城污水处理厂二期项目已列入省第四批政府和社会资本合作（PPP）推荐项目；深入开展区级财政资金竞争性存放管理工作，组织三期竞争性存放公开招标，涉及5个账户和7000万元财政资金；全面推进国有企业改革，组建城投和产投两大国有资本投资运营集团，将主要区级政府性公司及国有资产划入，进一步优化国有资本布局，实现政府融资平台公司市场化转型，使国有企业走上市场化运营道路。

（沈　超）

【民主党派】　吴兴区共有民革、民盟、民建、民进、农工党、九三学社6个民主党派，党派成员337名。民革区总支共有党员43人；民盟区基层委共有盟员52人；民建区基层委共有会员75人；民进区基层委共有会员72人；农工党区总支共有党员45人；九三学社区支社共有社员50人。

【群众团体】　区工商联（总商会），共有会员2257人，其中执委以上企业家102人，下属基层商会16家，全部建立商会乡镇7个，另有新能源、织里童装、电子商务、埭溪经编4个行业商会，平阳、安义、诸暨、兰溪4个异地商会，观凤商城商会。浙江美欣达集团有限公司董事长单建明担任区工商联（总商会）主席。

区党外知识分子联谊会成立于2010年9月，由全区各界有影响的党外知识分子代表人士组成，具有统战性、知识性和民间性的社会团体组织。年底，召开吴兴区党外知识分子联谊会换届暨新的社会阶层代表人士联谊会、社会组织代表人士联谊会成立大会。共有会员134名，有教育、文化、卫生、农业、科技、经济、新闻工作者和新社会阶层等各界人士。区政协委员工作委员会主任张丽英担任会长。

区归侨侨眷联合会是由归侨、侨眷组成的人民团体，是党和政府联系广大归侨、侨眷和海外侨胞的桥梁和纽带。2017年11月，吴兴区第三次归侨侨眷代表大会召开，钱凯当选为新一届侨联主席，沈志荣当选为新一届侨联常务副主席。

区台胞台属联谊会是吴兴区去台人员的眷属、台属（资）企业中的大陆经营管理者、陆资入岛企业代表及从事对台工作的有关人士自愿组成的社团组织。

（黄红梅）

·文　化·

【“争当排头兵　实干大比拼”活动】　以“靠前站、马上办、讲实效”为主抓手，开展贯穿全年的“争当排头兵　实干大比拼”活动，活动以践行“四新”主题实践、助推“八大行动”取得实效为检验标准，区领导牵头推动，各单位围绕重难点工作强力推进。以乡镇（街道）党政“一把手”会议为有效载体，凝聚形成“靠前站”思想，比拼亮晒“讲实效”成果，协调推进“马上办”事项，全年申报“讲实效”事项148件；办结“马上办”事项21件。区级媒体开设“争当排头兵　实干大比拼”等专栏，播发电视新闻100余条，刊发新闻稿件130余篇，完成18个单位“一把手”访谈。“靠前站、马上办、讲实效”成为全区广大党员干部的思想共识和行动准则。认真服务区委理论学习中心组，举办“吴兴论坛”专题讲座8场，理论文章在《浙江日报》刊登，编发“讲习参考”学习资料8期及《2016年区委理论学习中心组论文集》，提供学习书籍15本，吴兴区在全市党委（党组）理论学习中心组学习经验交流会上作经验交流。“吴兴区党政干部学习网”开通听读功能，有效落实季度通报制度。新建6所“六有”规范化基层党校，承办全市基层党校“六有”规范化建设现场会，吴兴区和八里店镇作为典型代表交流发言。新建2家“百姓名嘴工作室”。举办以“勇立潮头话担当”为主题的全区微型党课大赛，推荐2位优秀选手参加市微型党课大赛，分获二等奖、三等奖。加强宣讲队伍建设和管理，调整完善“153”村镇宣讲网络，组织各类宣讲骨干培训5场次，编发宣讲资料11期，八里店镇代表在全市“全省剿灭劣Ⅴ类水专题宣讲培训班”上作交流发言。组织开展“我最喜爱的习总书记的一句话”主题宣讲活动，分获省级比赛三等奖1人，获市级比赛一等奖、二等奖2人，录制宣讲微视频（音频）8个并在市、区新媒体平台刊播。“吴兴区广播宣讲团”获得“全国基层理论宣讲先进集体”荣誉称号，成为全省唯一获此殊荣集体，工作案例在中宣部部刊《宣传工作》刊发。加强社科普及基地建设，吴兴县第一区农民协会纪念馆创建为市级社科普及基地，钱山漾文化交流中心创建为吴兴区首个省级社科普及基地。

【精神文明建设】　聚力聚焦全国文明城市创建，切实发挥主力军、主战场作用，全力做好协调推进、督促检查、氛围营造、特色打造等各项工作，共有24类项目66个点位接受中央文明委测评组实地测评，占全市检查项目的77.4%，占全市检查点位的70.2%。前后召开大规模专题部署会议3次、创建例会45次。开展专项检查140余次，下发或转办督察单304张。增设公益广告5.2万余处。举行全国文明城市创建暨“湖城中央·最美风光”中心城区提质行动出征仪式、“聚力喜迎十九大　文明创建再出发”吴兴区文明创建常态化管理暨月河街道启动仪式等活动。精心打造爱山文明示范商圈、衣裳街状元街诚信示范街。建成文明示范楼道1050个，8080个楼道完成“亮、清、规”，主要做法获评市创新案例。认真做好全国、省级文明单位、文明村镇创建工作，2个行政村获评全国文明村，3个行政村、4家单位参评省级文明村、文明单位。开展“最美人物”“最美家庭”“最美窗口”“最美班组”评选活动和“我推荐、我评议身边好人”活动，入选“中国好人榜”1人，获浙江省道德模范1人，入选“浙江好人榜”3人。举办“最美吴兴人”先进事迹报告会12场，区属媒体专栏刊发好人事迹50余个。建成“道德门诊”示范点10个。积极开展省、市“最美家庭”评选推荐和区级“最美家庭”“幸福家庭”评选，3户家庭入选省“最美家庭”，498户家庭被评为区级幸福家庭。深化乡风文明建设，村民道德评议会建设推进有力，小城镇文明行动全面开展，9个乡镇（集镇）完成小城镇文明行动测评验收，建成乡贤文化示范村10个，村级好人馆建设获评市创新案例。全力推动文明校园创建，44所中小学校全部创成区级文明校园。广泛开展“开学第一课、毕业加一课”“清明祭英烈”“童心向党歌咏比赛”“向国旗敬礼”等主题实践活动。做好省、市“美德少年”和优秀童谣评比推荐工作，当选2017年度省级“美德少年”2人、当选市第四届南太湖“美德少年”3人，获省优秀童谣2首。扎实推进大学生暑期服务“春泥计划”活动，共组织130余名大学生服务36个行政村。加强乡村学校少年宫建设，自建乡村学校少年宫2所。

【新闻外宣工作】　围绕创建全国文明城市、“四新”主题实践、建设项目遗留问题清零、“八大行动”、中央环保督查等中心工作，梳理总结吴兴特色经验和吴兴铁军精神，精心策划选题，做优新闻报道，努力营造“靠前站、马上办、讲实效”的发展氛围。主动服务区两会、经贸科技洽谈会、童装设计大赛、湖商发展大会等重大活动，立足会前、会中、会后三大节点，努力营造浓厚的活动氛围。全年，在各级各类媒体发稿1000余篇（条），其中，在国家级媒体发稿300余篇（条），在省级媒体发稿350余篇（条），在市级媒体发稿400余篇（条）。以中共十九大召开为契机，认真梳理五年发展中的吴兴样本，着力打造精品新闻稿件，取得突破性成效，《人民日报》头版单条、《浙江日报》头版头条、《浙江之声》头条均对吴兴区生态建设做了重点报道，引起社会各界良好反响。在中央级媒体刊发头版（头条）稿件20篇（条）；在省级媒体刊发头版（头条）稿件32篇（条）；在市级媒体刊发头版（头条）稿件200余篇（条）；央视播放专题片6部；刊发内参稿件3篇。以新闻活动为载体，组织参与长三角摄影记者湖州行、中国制造2025网络媒体行、湖州绿色金融改革湖州行等媒体集中采访活动，有效提升对外影响。顺应媒体传播新趋势，探索新媒体直播方式，有效吸引外界关注。与新华社客户端合作，直播2017吴兴经贸科技洽谈会盛况，在线观看人数近30万人次；利用新华社海外新媒体平台直播丝绸小镇，2小时内海外观看人数超30万人次；通过人民日报客户端直播湖笔技艺传承，观看人数突破45万人次。建立健全“大外宣”工作机制，调整完成全区新闻发言人队伍，组织开展新闻发布实战演练。建立新闻外宣亮晒比拼机制，每月定期编发《媒体看吴兴》信息简报，亮晒外宣发稿情况，提升各单位新闻外宣工作主动性。进一步完善外宣记者库、外宣采访点库、外宣图片库、外宣视频库“四库”建设。以“两网两微”为平台，开设“靠前站、马上办、讲实效”“全国文明城市创建”“喜迎十九大　共筑吴兴梦”等新闻专题40余个，发布新闻稿件5000余篇，被区外主流网络媒体转载200余篇，选送的“社区干部庆新春”微视频获得全省最具人气奖。切实发挥新媒体新闻宣传作用，“爱上吴兴”微信公众号推出微信条数达到620余条，总阅读量达到250余万人次；“吴兴发布”政务微博推送微博信息4000余条；“吴兴发布”“爱上吴兴”获评浙江省第二届“金舆奖·政务发布十强”。认真落实中共中央办公厅《党委（党组）网络意识形态工作责任制实施细则》，集中开展净化网络舆论环境专项整治行动，与辖区重点网站签订文明办网承诺书，对官方网站、政务“双微”等实行“登记备案制”，集中清理政治类、谣言类有害信息和低俗淫秽不良信息20余起。借助浙江在线舆情监测系统和市网信办舆情导控平台，采取“技术+人工”模式，全年编写网上信息83期、舆情分析报告4期，区领导批示8次。坚持网上引导和网下处置相结合，成功处置“拆违执法标准不一”“小区物业强收搬运费、吊装费”等网络舆情事件10余起。明确核心层、骨干层和外围层，充实完善网评员队伍。健全区网联会运作机制，举办文明创建征文比赛等系列活动3场，成立区网络志愿者专家组，强化网上正面发声。邀请省网评专家组成员“嘉善老顾”，举办全区“网评与舆情应对”专题培训班，共500余人次，开展实战演练20余次。制定下发网评员管理考核制度，全面落实人员组成、组织架构、指挥系统、工作内容、考核奖惩等规定，确保职能清晰、指令顺畅、工作高效。

（王晨建）

【文化产业发展】 打造多元文化创意产业平台，服务湖州多媒体产业园、吴兴区EBD·总部自由港、吴兴梦工场、小西街文化创意产业园区、浙江江南影视城等文化创意产业承载平台建设，新建湖州文创中心产业园，积极推动游戏、影视剧制作等具有吴兴特色的文化创意产业发展。打造优质文化创意特色小镇，紧紧抓住“丝绸小镇”“美妆小镇”“原乡蝴蝶小镇”和西塞山旅游度假区的建设契机，依托钱山漾遗址“世界丝绸之源”等文化优势，积极探索推动与文化创意产业的融合发展，积极创建省级特色小镇文化建设示范点。充分发挥区位、资源、智力等优势，促进文化产业项目签约落户、落户的文化产业项目开工建设。建立文化产业项目库，积极推进文化创新驱动、文化产业重大项目带动和特色文化产业发展，积极推介优质项目申报省、市文化产业扶持资金。组织开展吴兴文化名企名品培育创强行动，培养有实力、有竞争力的文化行业龙头企业；指导推出具有吴兴特色的广播影视、动漫游戏、创意设计、演艺视觉艺术等的精品佳作；大力推介文化产业企业、“非遗”项目走出去，积极组团参加义乌文化产品交易会等；提高区域文化产业创造力、竞争力，实现城乡文化力量积聚，激发文化创意活力迸发。

（区文体局）

·社　会·

【社会事业】 教育。全区教育呈现良好发展态势。全区学前三年幼儿入园率99.3%，省等级幼儿园在园人数27072人，覆盖率99.31%；小学适龄儿童入学率达100%，小学升初中比例达100%。初中毕业生按时毕（结）业率100%，初升高比例99%，残疾儿童入学率99%，符合条件的新居民子女入学率100%。9所成人文化技术学校共开展各类培训210157人次。智慧校园环境建设持续推进，实现公办中小学、幼儿园万兆教育专网到校，校园无线覆盖率达60%，交互式多媒体覆盖率达100%，32所中小学配备录播教室，配备移动学习终端1354台。全区拓展性创新实验室和学科教室30个，机器人、3D打印、无人机、工作坊等创客教室20个。

（陈　斌　施月良）

文体。区群众文化工作以推进现代公共文化服务体系标准化、均等化建设为原则，不断完善公共文化服务网络，创新转变文化服务模式，逐步实现公共文化服务制度化、常态化和品牌化。文艺精品创作借智借力，充分挖掘新人新作，多渠道、多形式发挥社会文艺创作力量，地域文化影响力更加广泛。“文化走亲”项目等获得市文化系统专项行动一等奖；《芝麻大的一点事》获浙江省“中国梦·故乡情”小说评选兰花银奖；《甜蜜又可爱》《再唱山歌给党听》获浙江省排舞大赛铜奖；“吴兴之星”越剧团获得优秀剧目奖。成功创建浙江省体育强区，顺利通过浙江省“四提升四覆盖”全民健身工程评估验收，吴兴区体育总会获评“全国群众体育先进单位”，有力有效推动群众体育、竞技体育、体育产业协调可持续发展，做到“靠前站、马上办、讲实效”，圆满完成各项工作任务。

（区文体局）

广电。吴兴广播电视中心，属湖州广播电视总台派出机构。自2009年起吴兴广电中心主要承担新闻宣传职能。吴兴广电中心开办有电视《吴兴新闻》栏目和“村村响”对农广播节目。

电视《吴兴新闻》栏目。秉承“立足菰城本地，记录吴兴发展”的宗旨，围绕和服务区委、区政府中心工作，重点报道吴兴经济社会各个领域的重大事件及动态，生动展现吴兴人民在经济、政治、文化、社会、生态文明等方面建设时的精神风貌。2013年1月11日，在吴兴区建区10周年之际，实行扩量改版，由原来每周三档增至每周五档。

“村村响”对农广播。2009年7月1日，吴兴广电中心借助湖州广电总台的资源优势，正式开播“村村响”对农广播节目。对农村广播节目呼号为“湖州人民广播电台吴兴区对农广播节目”。自办节目板块设置有《吴兴新闻》《王金法广播》《乡村风景线》《百姓生活》《文艺万花筒》等。每天分早中晚3次播出，每天自办节目播出为150分钟。

2010年广电中心在做了详细的实地考察调研后，专门推出覆盖吴兴全区的《王金法广播》，节目设立“老王讲时事”“老王说农事”“热线传递”“专家务农”4个小板块。通过培育打造，《王金法广播》还获得2011—2012年度全市“机关党建工作十佳创新成果奖”；2015年广电中心对5档自办广播栏目的内容进行创新和调整，进一步强化节目定位，重点品牌栏目《王金法广播》增设“农时贴士”“政策解读”2个板块，从而丰富节目内容，提升信息服务能力。

（卢小媛）

【卫生、医疗】 卫生事业坚持以建设“健康吴兴”为主线，持续深化医药卫生体制综合改革，逐步提升区域公共卫生保障能力，加快智慧建设全过程融入，不断优化区域医疗卫生和健康服务体系。深化医药卫生体制综合改革，持续优化公立医院收入结构，医疗服务收入（不含药品、卫生材料、检查、检验收入）占比35.34%，公立医院药占比（不含中药饮片）为34.96%，百元医疗收入（不含药品收入）消耗的卫生材料支出为23.11。加强公共卫生管理服务，60周岁以上参保老年人免费健康体检率74.82%，65周岁以上老年人健康管理率68.28%，高血压患者规范管理率71.54%，糖尿病患者规范管理率68.46%，严重精神障碍患者规范管理率90.02%。开展各类示范创建，成功创建国家级百强社区卫生服务中心1家、省级百强中心3家、甲等卫生院1家、全国群众满意乡镇卫生院1家、省级青年文明号1家，省级卫生乡镇实现全覆盖。加快推进区域共享中心建设，区临检中心正式运营，接受送检标本25.45万余份；区域心电中心成功试点并积极铺开；完善区医学影像诊断中心和区血透中心，年均诊断（疗）量分别达1.7万张和5443人次。积极开展无偿献血，完成无偿献血3765人次，献血量1129750毫升。加强智慧医疗建设，完善区域HIS系统、电子病历共享平台、“一号通”、PACS系统功能运行，推动医疗健康大数据有效建立与开放共享。落实为民办实事项目，完成2家中心城社区卫生服务中心和3家社区卫生服务站新建工程。积极健全中医药服务网络，推动区“治未病”中心建设，将中医非药物治疗逐步向社区卫生服务站下沉推广，实现服务方式创新、服务疾病谱扩面、服务对象拓展和服务人次增加。大力推进“最多跑一次”改革，实现“零上门”事项达52%。全力以赴迎战文明城市创建和中央环保督查，各项工作均圆满完成。全力推进以中共十九大为核心的平安建设工作，逐步完善医疗安全防范体系。

（吴梦希）

【社会领域改革】 医药卫生体制改革。深化医药卫生体制综合改革，深化吴兴区人民医院与市第一人民医院“医疗联合体”建设，通过3年来的全面托管，吴兴区人民医院在医院现代化管理制度、专科建设和新技术推广等方面均取得实质性突破，综合医疗服务能力持续提升。埭溪医院正式挂牌成为市第一人民医院吴兴第二分院，建立重点科室托管的紧密合作关系。加强重点专科建设，市级及以上科技项目4项，其中省级2项。健全资源下沉帮扶机制，分别与三级医院和高等院校建立紧密合作机制，实现市级专家下沉坐诊9000余人次，仁皇山滨湖街道社区卫生服务中心成为湖州师范学院研究生社区实践基地。制订《吴兴区分级诊疗实施方案》，加快分级诊疗平台建设，逐步构建“小病在基层、大病到医院、康复回基层”的分级诊疗格局，县域内就诊率达94.58%。区人民医院异地迁建和区中西医结合医院综合服务大楼扩建项目有序进行，完成社区卫生服务中心（站）建设项目24个。加快医疗信息化建设，全面推进医疗卫生和健康服务线上线下高效融合，实现统一就诊身份识别、诊疗数据共享调阅和传染病强制报卡并自动上报等。推动人事薪酬制度改革，通过择优选聘、公开招聘、委托培养和高层次人才选聘等方式，招录卫技人员98名，其中高层次人才2名。出台《关于进一步完善吴兴区基层医疗单位收入分配制度的实施方案》，以“多劳多得、优绩优酬”为原则，不断激发基层活力。主动服务健康产业发展，14家民营医院落户投入正式运营，形成与公立医疗机构优势互补、竞争共赢的良好格局。

（吴　舒　吴梦希）

就业和社会保障体制改革。制定“破解招工难题　保障企业用工　助力吴兴发展”三年行动计划，实行16项项目化管理，开展“1253134”工程，即“建立一园两中心”。“一园”即湖州人力资源服务产业园，“两个中心”即美妆小镇、中心城区人力资源服务中心。“打造五个基地”，即高技能人才公共实训基地、农村电商培训基地、残疾人创业孵化基地、特色小镇就业创业指导基地、专家服务示范基地。“创办三所技能学院”，即湖州美妆学院、高端装备制造产业学院、童装学院。“构建一院三庭劳动维权网络”，“一院”即吴兴区劳动仲裁院，“三庭”即织里派出庭、美妆小镇派出庭、中心城派出庭。“推进四项重点工作”，即推动人力资源服务和技能人才校企合作双联盟建设、培育一批人力资源服务机构、筹建外国专家咨询委员会及“双爱”活动示范区建设，着力解决当前企业普遍存在的“招工难、引才难”问题。加强“智慧就业”建设，着手改建“吴兴人力资源网”，开通微信公众号，实行每周信息发布，努力打造24小时电子人力资源市场。有效落实援企稳岗政策，降低企业用工成本，妥善做好“去产能”企业职工转岗安置工作，全年累计为665家企业申请2016年度企业稳岗补贴，发放补贴金额1300余万元。进一步完善就业失业动态信息监测工作机制与考核奖励机制，完成就业失业动态监测样本调整，开展监测企业信息填报业务培训。以就业困难人员、4050失业人员、未就业高校毕业生、农村转移劳动力等困难群体为重点帮扶对象，深入开展“三送一扶”行动，审核认定就业困难人员721人，落实灵活就业社保补贴854万元。全年，全区实现新增就业22438人，失业人员实现再就业4280人，困难人员再就业1341人，农村电商创业934人，带动就业4203人。开发村（社区）公益性岗位515个；城镇登记失业率控制在2.09%，“零就业”家庭保持动态归零。实施精准扩面，全区基本医疗保险参保率达99.34%，基本养老保险参保率达90.06%，参保人群全覆盖取得新突破；拓宽社保卡运用功能，城乡居民参保缴费、待遇发放、医疗费用联网结算、社保信息查询、存取款等功能实现一卡通。开展医保支付方式改革，出台《关于建立吴兴区城乡居民基本医疗保险医疗费用结算管理联席会议制度的通知》，首批在区内两家二级公立医院实施总额预算管理，进一步规范定点医疗机构服务行为，控制医疗费用不合理增长，保障参保人利益。持续深化“最多跑一次”改革，以社保标准化创建为抓手，全面启用新社保大厅，跨省异地就医实现联网结算，梳理人社领域“最多跑一次”事项54项，规范经办流程，缩减办事时间，建立健全“一窗受理、集成服务、分类设置、受办分离”的运行机制。充分依托社会资源，针对定点医疗机构开展第三方审计，加大违规医疗行为稽查，加强社保基金使用自查自纠，切实规范医疗机构医疗行为，确保社保基金阳光运行。

（陆惠娣　莫小燕　梅　勇）

教育文化体制改革。深化人事制度改革，率先实施省中小学“区管校聘”管理改革试点工作。深化义务教育课程改革，出台《吴兴区深化义务教育课程改革研究共同体建设实施方案》，组建以课程开发、课程整合、课程评价等为主要内容的十大课改共同体，着力研究“学本课堂”，全力构建“课改专题组团、项目共同攻坚、区域连片发展”的课改新模式。深化教育开放交流，按照“对标进位、提档升级”要求，全区各校与省内外学校结对交流70余次，2所学校被评为市首批“千校结好特色学校”。大力推进校园足球工程，完善中小学校园足球联赛机制，新风实验小学教育集团等6所学校获全国校园足球特色学校荣誉称号。

（陈　斌　施月良）

【城乡一体化】　新农村建设。按照省、市农村工作的总体部署，以实施“美丽吴兴攻坚”“现代农业引领”两大行动为抓手，着力提升农村生态环境、人居环境和发展环境，积极探索经济发展、乡村振兴的新路子，吴兴区农业农村工作取得良好成效。（1）深入推进美丽乡村创建。围绕“一村一品”“一村一景”“一村一韵”主题，全面挖掘村庄特色，推进“产村人”融合、“居业游”共进，发挥“产业、文化、旅游、社区”叠加功能，完成第一批4个市级美丽乡村精品村（杨溇、红里山、妙山、大冲）创建，第二批4个村（义皋、菰城、龙山、南山）完成规划评审，全面启动建设。持续加大村庄创建力度，完成4个省级美丽宜居示范村（伍浦、红里山、太平桥、星华）创建，有序推进1个国家级美丽宜居示范村（义皋）、1个省级美丽宜居示范村（菰城）创建，完成9个市级美丽乡村（义皋、曹家簖、道场浜、钱山下、潘村、后沈埠、三合、东明、保永）创建，有序推进第五、六批省级历史文化村落南山村（一般村）、菰城村（重点村）创建。（2）农村生活污水治理扎实推进。围绕提高村域农户受益率、全面规范收集污水、延伸改造管网工程、扩容提标处理终端四个提升重点，全力推进农村生活污水治理提标改造。全区完成6个乡镇、20个村、3608

户治理任务。推进竣工项目的移交接管，全面完成741座污水处理终端的移交工作；建立运维管理智慧监管平台，提标改造261个站点，实现远程图像视频、流量监测、设备运行状态远程监控。紧盯“渗漏、堵塞、破损、故障”等问题，全力推进排查和整治工作，顺利完成省三年验收阶段性任务。（3）扎实开展低收入农户收入倍增。积极组织开展新一轮低收入农户调查认定，全区认定低收入农户总户数2336户，总人数4606人，全部录入浙江省扶贫信息管理系统。加大创业扶持力度，抓好扶贫资金的筹措落实，全年落实低收入农户创业贷款贴息189286元、风险补偿金53960元，来料加工发展奖补资金补助对象22个、奖补资金10.8万元。

（陈小芬）

中心镇和小城镇培育。根据各乡镇发展目标和规划定位的趋同性，全面推进吴兴区全域、村庄布局、生态绿廊概念性、东部新城空间发展战略专题研究、东部新城八个控规单元等一批规划的编制工作；深化完善西山景区内各类景观规划设计，完成丝绸小镇丝艺园的施工图设计并指导项目建设，着力彰显城市独有的特色魅力。东部新区组团：围绕“西山景区、社区共建、基础设施”，全年开工实施项目52个，竣工完工项目26个。文体中心基本完成，丝绸小镇荣获省特色小镇创建对象年度考核优秀，位列第三名，获评国家AAA级旅游景区。枫叶国际学校、实验幼儿园、吴兴实验中学投入使用。完成农村住房改造建设项目：戴山社区二期、郑港社区、常溪农民安置社区一期、常溪农民安置社区二期、义皋新村一期、西山社区二期、埭溪上强新村。

（卢明佳）

土地管理。统筹谋划土地矿产管理工作，全面提升国土资源管理水平，重点在资源配置、保护耕地、要素保障、节约集约、创新发展、生态建设上有所突破。（1）全力争取要素资源保障。全年争取各类新增建设用地指标3635亩，其中向省、市直接争取的1862亩，农整挂钩指标用于房地产项目的431亩，坡地村镇指标92亩，基础设施指标1052亩，盘活指标198亩。（2）扎实推进耕地保护。完成垦造耕地1128亩，完成高标准农田建设17241亩，完成建设用地复垦1042亩。（3）节约集约利用土地。完成城镇低效用地再开发516亩，盘活存量土地2185亩，消化批而未供净下降102亩，近五年平均供地率已达到85.5%。（4）切实提升服务保障。全年完成征地3594亩，支付征地款2.4亿元，落实参保人员4268人；完成供地75宗，总面积3918亩，成交总地价款91.54亿元（其中商业用地29宗1893亩，成交总价85.68亿元；工业及公建、坡地村镇等用地46宗2025亩，成交总价5.86亿元）；完成不动产日常登记25828件，土地日常查询34370余次；完成农村无房户、危房户建房供地280户。（5）深化执法“亮剑行动”。完成18宗违法违规临时用地清理整治，强势推进2016年度卫片整改工作，集中整治违法用地，拆除复垦63宗，取得明显成效。（6）矿山复绿行动。年度各项任务全面完成：采矿权总量控制到7个，新建成市级绿色矿山1家、省级绿色矿山1家，全区在产矿山粉尘防治全部实现达标运行，完成8个废弃矿山治理，全区在产矿山绿色矿山建成率达到100%。（7）“除险安居”行动。完成13个地灾隐患点处置，其中市级地质灾害隐患点6个，区级地质灾害隐患点7个。

（区国土分局）

农村经营管理。稳妥推进农村土地承包经营权确权登记颁证工作，完成并通过承包地块测绘成果专项监督检查，积极开展承包农户合同签订、农村土地承包经营权证书的印制发放工作。建立区级林权交易平台，出台《吴兴区林权流转交易实施细则（试行）》，开展林地经营权流转发证工作，发证面积100亩。出台《吴兴区深化供销合作社和农业生产经营管理体制改革、构建“三位一体”农民作经济组织体系实施方案》并成立领导小组，全面完成区、乡镇两级农合联及区农合联执行委员会的组建工作。完善农村综合产权流转交易体系，积极推进农村集体资产、资源入农村产权交易中心交易，实现区镇交易互联互动，流转交易金额达1445.99万元。

（朱　伟）

【行政服务】 行政审批服务。扎实推进区、乡镇（街道）、村（社区）多级联动的政务服务平台建设，充分运用“互联网+政务服务”，不断提升全区政务服务水平。进一步落实“两集中两到位”（一个行政机关的审批事项向一个处室集中、行政审批处室向行政审批服务中心集中，保障进驻行政审批服务中心的审批事项到位、审批权限到位）要求，全区25家部门办事事项基本进驻区政务服务中心。按照“一窗受理、集成服务”改革要求，对中心大厅进行改造优化，设立前台咨询引导、后台办公审批和电子政务区域，完成“房产交易与不动产登记”“商事登记”“投资项目审批”“社保医保”“其他综合事务”五大综合受理窗口设置。完善基层便民服务平台建设，完成高新区、6个乡镇、6个街道的便民服务平台实体化建设，织里镇、爱山街道被列入全市乡镇街道便民服务“最多跑一次”工作规范试点。按照多点、就近、全城通办的原则，进一步整合统筹基层便民服务平台人员力量，落实人员待遇、考核等规定和工作经费保障，实现社保医保、税务、市场监管、户口管理等便民服务事项在乡镇（街道）、村（社区）便民服务中心受理办理。加快信息化平台建设，完成各部门自建业务系统与政务服务网“一窗受理”系统的整合对接，实施政务服务网向乡镇（街道）、村（社区）延伸覆盖工程，深入推进实体办事大厅和网上办理的深度融合，努力打通“事前网上申请、事中在线办理、事后快递送达”的全流程服务链，推动更多事项通过网上办理，切实提升群众和企业办事效率。

（蔡　昕）

热线受理督办。抓热线办理，有序推进统一平台建设。机制建设全面提升，建立区领导每月接听热线机制，每月轮班接听阳光热线交办、跟踪落实，全年，累计接听12次，接听热线103件，各承办单位均进行了办理落实并做好政策解释，提升办理质量；健全考核机制，2017年以来，阳光热线“四率”纳入乡镇、街道重点工作月度考核，区年度综合考核，建立每月通报机制并纳入“一把手会议”比拼亮晒指标；强化约谈机制落实，区领导对工作落实不到位，办理结果较差的单位相关负责人进行约谈，累计约谈10余人次。队伍建设全面提升，坚持问题导向，指导力量薄弱的热线单位调整工作人员，开展多种形式培训全方位提升热线工作人员能力水平和业务素质。对热线联络员开展热线办理及答复操作业务培训，促进系统操作及答复质量的提高。全年，累计开展对各网络单位热线工作联络人员培训共6场，约150人次；对热线具体办理中社区管理、行政执法等环节开展专题讲座，提高经办人员分析来电人诉求，依法依规协调解决来电人困难及解决沟通的能力，开展专题培训2场，共50余人。热线办理质量明显提升，通过考核、督查、培训及加强基层建设等多种措施，区热线响应率、处理率、办结率均高于市平均，满意率逐步得到提升。

（陈芬芬）

【民生保障】 社会救助。以贯彻落实《社会救助暂行办法》《浙江省社会救助条例》《浙江省最低生活保障办法》为契机，健全完善各项社会救助制度，建立社会救助窗口，推动社会救助工作的规范管理。全区共有低保户及支出型贫困对象3229户、5579人，其中城镇1038户、1471人，农村2191户、4108人，城乡居民低保标准738元/月，全年发放保障金3133.14万元。切实做好各类临时救助，全年发放各类临时救助资金138.13万元，惠及群众1002人。加强防灾减灾宣传，区、乡镇（街道）、村（社区）三级应急预案体系初步构建，整体防灾减灾能力得到提升，评为国家级减灾示范社区、省级减灾示范社区各2个。

社会福利。认真抓好养老福利机构建设，全区有各类养老机构15家，总床位数4323张，比上年增加666张，每千名老人拥有机构床位达36.4张。其中乡镇养老机构（农村敬老院、综合福利中心）8家，床位664张；民办养老机构7家，床位3659张。各类养老机构总入住老人1022人。全区共有“五保”户100人，集中供养100人，供养率达到100%。全区福利彩票共计完成销量5213.43万元。

双拥优抚安置。积极开展各类双拥共建活动，深入推进“三百两千”行动，加强基层双拥规范化建设。各项优抚政策得到妥善落实，认真做好优抚自然增长机制提标和发放。妥善做好退役士兵接收安置工作。

社会公共事务管理。落实惠民殡葬政策，安排殡葬四项基本服务费用200余万元，惠及全区3000余户家庭。下拨乡村公益性墓地长效管理经费34万元，乡村公益性墓地建设补助经费42.52万元。开展节地生态安葬工作，积极推进骨灰堂建设，新建乡村公益性骨灰纪念堂两座，乡村公益性墓地年检合格率100%。治理“两路两侧”“三沿五区”坟墓720穴以上，生态葬法行政村覆盖率99%；已建乡村公益性公墓绿化覆盖率达到85%以上。做好清明节群众祭扫保障服务工作，围绕“文明祭扫，生态安葬”主题，发挥好村、社区的一线阵地作用，通过发放“文明祭扫”倡议书、开展“孝悌文化节、推行文化下村”、倡导“鲜花换火纸”等文明低碳的现代祭扫方式，促进群众增强文明祭扫意识。认真做好移民后扶工作，省核定吴兴区大中型水库移民后期扶持人数11595人，其中直补人口6860人，项目扶持4735人。做好直补资金发放工作，开展移民人口年度复核。是年，共核减移民人口72人，其中死亡50人，财政供养人员22名。已发放移民直补资金377.16万元，惠及移民6265人，全部纳入公共财政信息系统统一发放。认真按要求做好2017年后扶项目申报、实施、验收和后续管理等工作。严格按程序管理和实施，坚持实事求是、科学管理、合理规划，积极协助和参与各村制度符合村组实际和广大移民意愿的后扶项目计划，及时向省移民局申报，组织和指导项目施工，监督工程质量，完成工程验收，督促做好工程后续使用和管理工作，全年安排后扶资金695.7万元。完成省结余资金投入1209.7万元、项目28个，其中结余资金835.6万元，项目扶持284.1万元，小型水库扶持资金投入90万元、项目3个。移民资金投入50万元以上的后扶项目占比超过55%，移民资金后扶项目安排率达到100%，资金支付率86%，资金检查内审面已达到100%。认真做好区划与地名管理，全区新建社区8个（朝阳社区、东柿社区、谈家扇社区、六合家园社区、蜀山社区、紫金花园社区、永福家园、移沿山社区）；深入开展平安边界创建活动，平安创建创优率100%；启动全国第二次地名普查数据完善工作。认真做好婚姻、收养登记，提升婚姻登记工作服务水平，全年办理结婚登记4984对，办理离婚登记2061对，办理收养登记99件（其中解除1件），登记合格率100%。

社区与社会组织管理。以创建全国街道服务管理创新实验区为主线，提升社区服务为重点，加强基层基础为切入点，提高居民满意度和提升幸福感，突出改善人居环境、完善服务设施、深化社会管理创新、推进“三区联创”等重点工作，全面深化幸福社区建设。加快推进农村社区综合服务中心建设，村级社区综合服务中心实现全覆盖。加大社会组织管理力度，全年新登记社会组织46家；创新社会组织评估机制，评估AAAAA级3家，AAAA级3家，AAA级6家，总体参评率达到92.36%；开展社会组织党建工作，实现全区社会组织党建全覆盖，单建党组织33家，联建党组织9家。

（姚成诚）

民族宗教。据第六次人口普查统计，吴兴区共有36个少数民族，少数民族总人数为3801人，其中男性1001人、女性2800人。少数民族分布较为广泛，人数较多的有苗族592人、壮族729人、布依族436人、土家族412人、满族322人、回族294人、彝族198人、畲族198人、蒙古族119人、侗族72人、白族68人、瑶族53人、水族51人。区内现有佛教、道教、基督教三大宗教信徒，有少量外来伊斯兰教信徒。经批准开放的宗教活动场所65处，其中佛教29处、道教28处、基督教8处。全区人口中佛、道教信教人数3万人左右，约占总人数的5%；基督教3110人左右，约占总人数的0.5%。宗教团体4个，即区佛教协会、道教协会、基督教三自爱国运动会及基督教协会。共有宗教教职人员43人，其中大专6人、占14.0%，高中9人、占20.9%，初中20人、占46.5%，小学8人、占18.6%；年龄60周岁以上3人、占6.98%，46～60周岁28人、占65.1%，30～45周岁10人、占23.3%，30周岁以下2人、占4.65%。

（黄红梅）

残疾人事业。全区残疾人事业加快发展，残疾人惠残政策不断完善，民生保障不断加强，服务能力不断提升，文体事业不断推进，事业基础不断夯实。区残疾人综合服务中心新大楼于8月正式投入使用，建筑面积3750平方米。全面实施残疾人两项补贴，全年2429名残疾人享受困难残疾人生活补贴，2657名残疾人享受重度残疾人护理补贴，共发放补贴1299万元；实施残疾人基本生活保障工程，为1305名残疾人全额发放低保金、低保补助金1048万元；为158人次贫困残疾学生和残疾人子女发放助学金；落实残疾儿童少年特殊教育补助135人；为7955名残疾人购买意外伤害保险；深入实施精准康复行动，提供残疾人基本康复服务3905人，助听助行助明行动71人，辅具适配323人，基本康复服务率和辅具适配率均达到100%；为79名残疾儿童实施残疾儿童基本康复服务与补贴；为68户残疾人家庭实施无障碍设施进家庭活动；为650名精神残疾人开展免费送医送药，精神残疾人医疗康复救助131人次，投入资金131万元；全区13家工疗（庇护）机构残疾人辅助性就业（庇护照料）196人；开展残疾人文化体育活动，参加市第五届残疾人文艺会演获得一等奖1个、二等奖4个、三等奖3个，入选省第八届残疾人艺术会演节目2个；启动文化助残“五个一”工程，联合区文体局举办文化助残艺术巡演8场；举办高新区、乡镇街道残疾人趣味动员会13场；残疾人社区文体活动参与率达74.7%；加大残疾人事业宣传，拍摄全市首部残疾人题材微电影《看得见的人生》，4个残疾人家庭荣获市残联“最美残疾人家庭”称号；举办第二十七次全国助残日——“辅具共享”租赁站（点）授牌暨残疾人文化助残“五个一”工程启动仪式，承办湖州市暨吴兴区庆祝第60届国际聋人节插花剪纸培训班活动，“掌握信息技术、平等参与社会”第34届国际盲人节活动等形式多样的活动。

（慎　佳）

计划生育。认真贯彻《人口与计划生育法》《浙江省人口与计划生育条例》等法律法规，稳妥实施全面“两孩”生育政策，扎实推进计划生育特殊家庭帮扶工作，切实加强出生人口性别比综合治理力度，不断推动孕前优生健康服务，有效夯实基层基础工作，深入开展母婴设施建设，持续深化流动人口计划生育基本公共服务均等化工作。全区上报出生人口4665人，政策生育率98.67%，出生人口性别比107.38，国家孕前优生健康检查项目目标人群覆盖率86.22%，三优培训覆盖率88.87%，建立三优指导中心9家，公共场所配备独立母婴室17家，流动人口登记管理率92.46%，流动人口计划生育基本公共服务均等化目标人群覆盖率95.03%，辖区群众对计生工作满意率达96.54%。

（顾国英）

老龄工作。认真抓好养老福利机构建设，全区有各类养老机构15家，总床位数4323张，比上年增加666张，每千名老人拥有机构床位达36.4张。其中乡镇养老机构（农村敬老院、综合福利中心）8家，床位664张；民办养老机构7家，床位3659张。各类养老机构总入住老人1022人。全区共有“五保”户100人，集中供养100人，供养率达到100%。

（姚成诚）

社保、医保。吴兴区（含开发区和度假区）参加城乡居民基本养老保险10.92万人，其中16～60周岁参保缴费人员4.63万人，60周岁以上享受待遇人员6.29万人，新增参保人员1245人，完成参保扣款45360人，缴费到账金额1196万元，到账率97.97%。加强与市社保沟通，协同推进土保转职保工作，全区各乡镇（街道）办理审核土保转职保793人。全区城乡居民基本养老保险养老金支出16295万元（吴兴区13782万元，开发区1537万元，度假区976万元），其中全区发放丧葬费730万元（吴兴区　617万元、开发区　81万元、度假区32万元）。全区参加城乡居民基本医疗保险31.85万人，其中成年人21.35万人、未成年人8.48万人、大学生2.02万人。按照个人缴费成年人350元/（人·年）、18周岁以下未成年人250元/（人·年）、大学生100元/（人·年），各级政府补助大学生每人每年590元、其他人员每人每年710元，筹集资金3.24亿元。全年累计基金支出30871.91万元，其中住院4.47万人次，支出19349.28万元；门诊大病5.26万人次，支出1892.26万元；门诊287.46万人次，支出6762.7万元；大病保险9921人次，支出1866.42万元；体检经费支出731.23万元；家庭医生签约费支出270.02万元。

（莫小燕　高　敏）

·生　态·

【人民生活环境和质量】　全区上下牢牢把握生态文明建设的内涵，坚持绿色发展的主线，在经济保持较快发展的基础上，全力打造“生态吴兴”，全区环境质量进一步改善，呈现稳中向好态势。全区16个区控以上地表水断面100%达到III类及以上水质，集中式饮用水水源地达标率保持100%，全区$PM_{2.5}$日均浓度44μg/m³，同比下降4.3%。空气质量优良天数为234天，优良率达65.5%。获评首批省级生态文明建设示范区。

（童　悦）

【城镇环境管理】　吴兴区综合执法局为构建“文明、整洁、优美、有序”的城乡环境，以“靠前站、马上办、见实效”为行动纲领，聚力聚焦新“八大行动”，高质完成“全国文明城市创建”工作。推进拆违治违，协助高新区、乡镇、街道拆违拆除违法建筑469.71万平方米，完成年度任务469.71%。推进治水治气，主要道路机扫率实现100%，中心城区完成706家有证餐饮油烟净化器100%安装，乡镇安装107家完成率110%；推进东部新城崛起，绿化养护市场化率实现88%，环卫市场化率实现

92%，路灯养护率实现 95%，生活垃圾实现“一体化”清运日产日清。推进小城镇整治，完成“道乱占”整治点位 6101 个，完成全年总量的 118.8%。

（沈　媛）

【村庄环境整治】　开展“美丽吴兴”推进工作，成立环境提升和两路两侧专项小组，对全区 121 个行政村，1000 多个自然村的村庄环境长效管理、农村生活污水运维管理、两路两侧等工作实现行政村全覆盖督查。采集问题照片 4500 多张，定点定位重点整治点位 395 个，村庄环境合格率达到 100%、一等村达到 81.8%，25 个重点整治村完成阶段性整转。以 PPP 模式为导向，通过政府购买服务模式，引入标准化服务和管理体系，采取垃圾管理工作“一家企业管到底”的环卫作业新模式，实现环卫工作的城乡环卫一体化。

（卢明佳）

第四篇　政党·政权

·中国共产党湖州市吴兴区委员会·

【中共湖州市吴兴区委全会】　2017年8月3日，区委召开区委四届二次全体（扩大）会议。会议认真贯彻落实省第十四次党代会、市第八次党代会和市委八届二次全会精神，回顾总结上半年工作，分析当前形势，研究部署下半年任务，持续深入践行“四新”主题实践，咬定目标、精准发力、实干实效，确保圆满完成年度各项目标任务，全力争当全市加快赶超、实现“两高”排头兵；审议通过《中共湖州市吴兴区委关于认真学习贯彻省第十四次党代会精神深入践行市委“新标杆新业绩新形象新征程”主题实践的决定（审议稿）》；审议通过《关于批准沈国强同志辞去区委委员的决定（草案）》及《关于递补厉云燕同志为区委委员的决定（草案）》。区委书记吴智勇作工作报告，区委副书记、区长陈江作总结讲话。区委委员、候补委员；区纪委委员；不是区委委员的人大、政府、政协班子成员，人武部部长、政委；曾在区四套班子任职的老同志；高新区、各乡镇街道、区级各部门班子成员，区纪委、区监委派驻纪检监察组组长、副组长，驻织部门主要负责人，区级部门中层干部；民主党派负责人；重点骨干企业负责人代表和党代表参加会议。

2018年1月11日，区委召开四届三次全体（扩大）会议。会议高举习近平新时代中国特色社会主义思想伟大旗帜，全面贯彻落实中共十九大、省第十四次党代会和市委八届三次全会精神，回顾总结2017年工作，研究部署2018年工作任务，全面发力高质量赶超发展，加快建设“生态吴兴、经济强区、科技新城、幸福家园”，在全市践行“两山”理念新征程中争当排头兵；会议审议通过《中共湖州市吴兴区委关于高举习近平新时代中国特色社会主义思想伟大旗帜在全市践行“两山”理念新征程中争当排头兵的决定（审议稿）》；审议通过《关于批准戚斌斌同志辞去区委委员的决定（草案）》及《关于递补朱新民同志为区委委员的决定（草案）》。区委委员、候补委员；区纪委委员；不是区委委员的人大、政府、政协班子成员，人武部部长；曾在区四套班子任职的老同志；高新区、各乡镇街道、区级各部门、城投集团、产投集团班子成员，区纪委、区监委派驻纪检监察组组长、副组长，驻织部门主要负责人，区级部门中层正职干部；民主党派负责人；重点骨干企业负责人20人；党代表20人参加会议。

【中共湖州市吴兴区委常委会】　1月14日，中共湖州市吴兴区委举行四届3次常委会会议。会议由吴智勇主持。会议听取有关工作汇报，并做了研究。关于2017年项目双进突破行动。会议听取了区商务局关于项目双进突破行动2017年度推进计划的情况汇报。会议原则同意区商务局提交的推进计划。会议强调，一要真正突出一号行动地位。要深刻认识招商引资、项目推进是吴兴赶超发展的首要支撑，将项目双进突破行动放在“八大行动”首位符合省市要求、吴兴实际，要高度重视，抓好落实。二要主要内容精准到位。要突出“打造万亩大平台、组建分局大招商、推动四季大开工”重点，加强人员力量统筹整合，注重条块紧密衔接，确保具体工作力量精准到位。区发改委、商务局要发挥统筹协调、指导和主力军作用；12个招商分局要落实落地，良性竞争、信息共享，形成合力。三要任务分解到位。要在目标上体现自我加压，突破百亿级大项目。“万亩大平台”要组合区域与集中区域并重，为承接大项目作准备；“大平台”建设任务要进一步细化，排出进度表。关于2017年全域旅游打造行动。会议听取了区交通旅游局关于全域旅游打造行动2017年度推进计划的情况汇报。会议原则同意区交通旅游局提交的推进计划。会议强调，一是全域旅游要坚持抓。近年来吴兴旅游发展态势良好，但离其他优秀县区尚有差距，要统一思想，持之以恒抓好吴兴全域旅游发展。二是方案要全面到位。要突出规划的重要性，把全域旅游规划放到长三角布局中去谋划。工作目标上，要力争创建省级旅游特色小镇或旅游风情小镇1个，全力争创第二批全域旅游示范县区，移沿山景区和原乡小镇要创成国家AAAA级旅游景区。工作重点上，要注重面上统筹和点上突破，重点推进西塞山全域旅游，在妙西旅游示范乡镇、民宿经济示范点和示范旅游产品建设上重点发力。要加快项目落地和在建项目进度。工作机制上，要加强资源整合，注重发挥乡镇平台力量；要更加积极主动与市对接，把利用好市级资源放在更加突出的位置，借势借力做好工作。关于2017年现代农业引领行动。会议听取了区农林局关于现代农业引领行动2017年度推进计划的情况汇报。会议原则同意区农林局提交的推进计划。会议强调，一要突出基础建设。将“千亩复垦、万亩标准”量化到每个主体和园区。二要加强平台培育。提升高新区、八里店主平台，发力东林镇新平台。三要坚持项目引领。在引进上与项目双进突破行动、全域旅游打造行动和国家级农业试点建设相匹配，走农商旅融合之路，逐步向创意农业、体验农业、文化农业转变。经营主体培育要排出项目表。四要在农整攻坚上下功夫。加强水利、农林等部门的多方配合，全力推进农整工作。关于2017年中心城区提质行动。会议听取区委办关于中心城区提质行动2017年度推进计划的情况汇报。会议认为，将中心城区提质行动纳入“八大行动”，是补短板的需要，也是为了顺应市委、市政府和中心城区群众的更高要求。会议原则同意区委办提交的推进计划，要求中心城区各街道根据推进计划制订具体的措施方案，使“湖城中央·最美风光”品牌与“湖城向东看”相互呼应。会议要求，要结合市城中村改造，全面排摸中心城区脏乱差区域和隐患点，积极向上争取，消除安全隐患。要把“无违建创建”工作纳入推进计划，进一步完善配套激励措施。工作重点上要更加突出管理、服务和秩序，工作保障上要安排专项资金，落实以奖代补。会议强调，一要强化完善网格化管理。中心城区网格要不断完善制度建设，层层落实责任。二要做好经济工作。各街道要立足职能定位，在做好环境、服务、民生等工作的基础上，以浙北金融中心等为平台，大力发展楼宇经济。三要正确把控体制机制问题。发挥领导联系作用，加强统筹协调。要突出问题导向，着眼常态长效，做到“解决一个问题、建立一套机制”。关于2017年高新产业集聚行动。会议听取高新区关于高新产业集聚行动2017年度推进计划的情况汇报。会议认为，高新区是吴兴区的主平台，也是承接吴兴赶超发展的希望，高新产业集聚行动意义重大、责任重大。会议原则同意高新区提交的推进计划。会议强调，一要坚持“中国物流谷”定位，举全区之力打造高新区不动摇，紧抓2017年和下年关键期，加强物流资源整合，全力打造国家级高新区。二要以科技创新为重点，突出“5+3”科创平台，加强综合运用，财富广场要坚持市场化运作，为全区服务。要用好“国家级智能物流产业中心”招牌，积极向上对接，加强统筹，发挥好配套政策作用。要坚持差异化定位，加强总部自由港资源梳理、盘活和规划，推动优势资源适度集中，打响品牌。三要深刻认识落实见效的紧迫性，重点锁定考核，一项一项推动工作落地，为争创国家级高新区打好基础。要完善“人才引进示范区”定位；要以存量盘活为契机，摸清“厂中厂”底数，加强管理。关于2017年东部新城提速行动。会议听取了区住建局关于东部新城提速行动2017年度推进计划的情况汇报。会议认为，推进计划重点突出、措施清晰、内容到位，把好了建新与拆旧、建设与管理、政府服务与社会投入的关系，体现了速度、力度、品牌度与产城融合度。会议原则同意区住建局提交的推进计划。会议强调，一要统一思想，立足“湖州中心城市副中心”定位，坚持将东部新城建设作为吴兴工作的一大重点，坚定不移推进东部新城建设。要加强规划引领，注重产业布局，提高项目品质要求；要平衡好指标、资金，做好产城融合和经营文章。二要以丝绸小镇、征地“双清”、在建工程、产城融合等为重点，更加突出“城市服务业”，进一步体现农批市场、高铁站建设等内容。三要整合东部新城指挥部、八里店镇和区住建局资源，加强合作，进一步提高工作精细化水平。会议还审议通过了市八届人大代表候选人初步人选。

2月9日，中共湖州市吴兴区委举行四届5次常委会会议。会议由吴智勇主持。会议听取有关工作汇报，并做了研究。关于2016年度综合考核等次。会议听取区考核办关于2016年度高新区、乡镇街道和区级部门综合考核等次建议的情况汇报。会议认为，区考核办提交的等次建议遵循年初确定的考核办法，程序到位、纪律严明、公平公正，会议原则同意该等次建议。会议强调，一要坚持公开公正。要深刻认识考核的必要性和重要性，坚持实事求是、客观公正，始终严肃认真对待考核，严格规范开展考核，确保公开透明、经得起检验。二要完善考核办法。要进一步完善2017年考核办法，积极对接省市考核任务，广泛征求相关单位意见，更加突出个性化指标，重点考核被考核单位一年工作实效和增量。三要科学对待结果。要把考核作为工作评价的重要方面，正确认识考核结果，考核优秀的要翻篇归零、再创佳绩，考核相对落后的要分析原因、整改完善。要坚持面子、位子、票子“三位一体”机制，正确运用考核结果，加大先进宣传力度。四要倡导实干实效。注重发挥考核的激励鼓劲作用，积极引导被考核单位以实干实效推动考核提升，在全区营造“崇尚实干、大抓落实”的浓厚氛围。关于2017年政府工作报告。会议听取区府办关于《2017年政府工作报告（讨论稿）》的情况汇报。会议认为，区府办提交的政府工作报告前期准备充分，结构合理、内容到位，会议原则同意该工作报告，要求进一步征求意见，并根据会议意见修改完善。会议强调，要学习吸收、充分体现中央、省市重要会议和文件精神，落实好区第四次党代会精神。要处理好一年工作与五年工作的关系；要突出重点、兼顾全面，文字上要更加精准精练，内容上要更加务实求实。关于交通项目实施及安排。会议听取了区交通旅游局关于2016年吴兴区交通项目实施及2017年项目安排的情况汇报。会议认为，近年来，区委、区政府高度重视交通工作，2016年交通工作资金投入大，要素争取力度空前，一批大项目顺利动工，值得充分肯定。会议强调，一要抢抓“十三五”交通发展“黄金时期”。充分认识改善交通条件对吴兴发展的重要意义，在2016年工作成效的基础上趁势而上，进一步明确、压实交通旅游局和乡镇主体责任，加强督查考核，确保早出实效、出好形象。二要加强统筹规划工作。要强化区交通旅游局规划职能，谋划好各个乡镇主体之间的路网连接，广泛听取专家意见，精准前瞻、科学统筹，构建大交通规划格局。当前要尽快明确水产路等滨湖区块交通规划，由区交通旅游局抓好落实。三要牢牢抓住重点项目。要紧盯湖织大道拓宽改造及东延、吴兴大道东延、湖山大道、东部新城公交建设等重点工程项目，结合“马上办”工作机制，严格对照计划表，扎实推进。区交通旅游局要发挥好综合协调作用，持续跟进，当好参谋。四要加大要素指标争取力度。要以规划中的湖苏沪高铁站、外环高速公路连接线等项目为重点，主动对接省、市主管部门，加大土地指标和资金争取力度；要将要素指标争取情况及在全市占比排名列入综合考核重要内容。五要科学规范用好资金。要加强交通资金监管力度，真正用到刀刃上，提高资金使用效益。六要加强交通队伍建设。要引进专业化力量，积极推动区交通旅游集团实体化运作。关于安全生产（消防）工作。会议听取区安委办、区消安办关于2016年度全区安全生产（消防）形势及2017年工作安排的情况汇报。会议充分肯定了近年来吴兴区安全生产和消防工作成效。会议强调，一要始终绷紧安全之弦。要深刻认识安全生产的重要性，一如既往高度重视，持之以恒抓好工作。要坚持定期研判安全生产工作，结合“马上办”工作机制，具体抓、抓具体，一项一项推进落实。二要加大排查整治力度。针对排查出的各类问题，尤其是重点领域、重点隐患，要开展专项整治，集中力量攻坚，加快整改到位。区住建局要结合“三改一拆”“小城镇综合整治”等工作，加大农村危房排查力度，做到彻查彻整，确保从源头上消除安全隐患。三要完善落实工作机制。要坚持排查、整改、销号等有效工作机制。要完善责任机制、压实责任清单，特别是要落实好企业场所主体责任，加大违法违规行为处置力度，确保执法到位。区级职能部门要抓好分管领域、分管行业的安全生产工作，要将加强专业化力量检查作为一项基础性工作来抓。要坚持领导带队检查机制，做深做细做实安全生产工作。会议开展党纪教育一刻钟，传达习近平总书记在十八届中央纪委七次全会上的讲话精神。会议还审议通过了关于监察体制改革区人民检察院转隶人员中区管干部有关情况的汇报、市第八届人大代表候选人预备人选。

2月23日，中共湖州市吴兴区委举行四届6次常委会会议。会议由吴智勇主持。会议听取有关工作汇报，并做了研究。关于2017年度高新区、各乡镇街道月度考核。会议听取区发改委、区城管办关于2017年度高新区、各乡镇（环渚街道）主要领导和中心城区各街道主要领导重点工作月度考核办法的情况汇报。会议认为，2017年度月度考核办法更加突出重点工作，体现保基本、扩增量、增个性，会议原则同意区发改委、区城管办提交的两个考核办法。会议强调，一要完善考核办法。要将考核设置与实际工作充分结合，提高考核分值、比重、结构与重点工作、任务量、难易程度的匹配性。要加强向上对接，围绕市对区考核任务完善考核办法。要将共性指标与个性指标有机结合，突出特色亮点，严把加分标准和尺度。二要强化考核比拼。要把考核作为推进工作的重要手段，充分发挥指挥棒作用，进一步突出实干实效导向，体现争先进位。月度考核与综合考核要有机衔接，增强内容匹配性，月度考核结果要作为综合考核的重要参考。三要严格公正执行。考核责任部门要细化完善考核办法，坚持客观公平公正，严格按要求操作执行，确保考准考实、达到预期效果。被考核单位要科学看待、正确理解月度考核，以工作实绩提升考核分值。关于2016年度综合考核得失分。会议听取区考核办关于2016年度吴兴区综合考核得失分的情况汇报。会议认为，区委、区政府高度重视综合考核工作，考核办和考核责任单位要坚持问题导向，严格贯彻落实会议提出的相关要求。一要认真客观分析结果。要认识到考核结果是2016年吴兴工作成效的充分体现，也要看到考核结果显现出的潜力和危机，重点针对生态环境、基础设施等短板和职能交叉指标，多找主观原因，认真客观分析。要一手抓优势项目巩固提升，一手抓薄弱环节攻坚突破，做好针对性研究，拉长补短增优势。二要明确2017年考核目标。要围绕吴兴“打造增长极、提高首位度、争当排头兵”总定位，坚持考核目标与工作目标匹配，明确2017年县区综合考核“保二争冠”的目标，进一步引领全区领导干部鼓舞斗志、咬定目标、自我加压，扬长攻短抓重，全面做好2017年县区综合考核工作。三要全面融合考核与工作。要把考核对标对表与工作实干实效全面融合、贯穿全年。要加强与市级责任部门沟通，提前对接、深入研究、主动参与考核办法制定。要将考核任务完成与区委、区政府重点工作推进有机结合、两手齐抓；要注重过程控制，优化工作方法，科学统筹安排，做到事半功倍。考核办要发挥统筹协调作用，将市对区考核与区对乡镇部门考核全面融合。涉及多个部门的指标，要明确牵头部门和协同部门，一并纳入考核。关于区公检法工作。会议听取区人民法院、区人民检察院、区公安分局关于区人民法院、人民检察院、公安分局2016年工作总结和2017年工作安排的情况汇报。会议认为，2016年，区公检法按照区委、区人民政府建设“平安吴兴”“法治吴兴”要求，认真履职、主动作为，各项工作取得明显成效，区人民法院获得“全国优秀法院”称号，区人民检察院获得“全国先进基层检察院”称号，区公安分局圆满完成G20峰会等重大安保任务，获得省“G20峰会安保先进集体”称号。2017年是中共十九大召开之年，区第四次党代会和2017年两会明确了工作目标和任务，区公检法要更加靠前、担当、主动，以“平安吴兴”六连冠创建为重点，在护航发展、维护政治稳定、确保社会平安、彰显公平正义等方面更加到位。一要聚焦中心抓落实。要立足岗位特点，找准本职工作与区委、区政府中心工作的结合点，围绕确定的工作重点，突出新一轮“八大行动”，精准服务、靠前服务，为工作开展提供有力的法律支撑和平安稳定的社会环境。二要对标对表抓落实。要坚持时间表、路线图、责任人“三位一体”，科学统筹、自我加压、分解任务，并逐项抓好推进。对人大代表提出的意见建议，要积极回应、抓好落实。三要比学赶超抓落实。要坚持实干实效，把开展区“争当排头兵、实干大比拼”活动与加强自身建设有机结合，全力打造吴兴政法铁军。要在案多人少、执行难等问题上多下功夫，在队伍职业化培养等方面探索总结、争创亮点。四要强化保障抓落实。要加强队伍建设和人员等各方面保障，完善公检法与监察委员会衔接协调机制。各部门要从讲政治、顾大局的角度，全力支持、主动配合公检法工作。会议审议通过确定2016年度区管领导干部年度考核等次建议方案、关于2016年度“五好”服务型乡镇（街道）创建考评的情况汇报。会议还书面通报了关于区委统战部、政法委、编委办、总工会、团区委、妇联2016年工作总结和2017年工作安排的情况汇报，关于2017年全区防范处理邪教工作要点的情况汇报。

3月16日，中共湖州市吴兴区委举行四届8次常委会会议。会议由吴智勇主持。会议听取有关工作汇报，并做了研究。关于贯彻落实市委“四新”主题实践。会议听取区委办关于吴兴区委贯彻落实市委开展“新标杆 新业绩 新形象 新征程”主题实践实施意见的情况汇报。会议原则同意区委办提交的实施方案，要求会后进一步修改完善。会议强调，一要高度重视。要充分认识“四新”主题实践是市委新一届领导班子未来几年工作的主要抓手，也是全市党建工作会议明确的重要任务，要切实高度重视，抓好工作推进。二要加强对接。要深入学习市委“四新”主题实践实施意见，突出督查和考核等重点，做好与市对接，确保主题实践有关要求领会到位、落实到位。三要结合实际。要将区委工作思路、载体抓手、方法举措及督查考核等内容全面纳入“四新”主题实践，落实好“五个再”要求，确保与市委方向一致、内容一致、口径一致。要完善考核办法，确保科学合理。关于区领导包案工作。会议听取区信访局关于2017年度区领导包案化解信访维稳突出问题的情况汇报。会议强调，一要高度重视，齐抓共管。区领导包案化解信访问题是吴兴的优良传统和有效抓手，符合省委相关文件精神，要高度重视社会稳定工作，落实“五个一”要求，真包实包、综合施策、合力化解，形成齐抓共管的浓厚氛围。二要发挥作用，体现担当。要立足发挥区领导率先垂范作用，进一步完善包案方案，体现领导干部靠前站、带头抓难攻坚的要求。三要落实责任，确保实效。要进一步强化责任落实，确保稳得住、化得了。要落实包案责任，及早介入，加强指导协调和督查跟踪；要落实主体责任和分管责任，抓早抓小，统筹推进业务工作和稳定工作；要落实政法委、信访局等部门综合统筹责任，加强管理。四要动态完善，形成机制。要抓好动态推进，按季度梳理总结，着力形成有效机制，争创吴兴社会管理和维稳工作的特色亮点。关于区委理论学习中心组学习。会议听取区委宣传部关于2017年吴兴区委理论学习中心组学习计划的情况汇报。会议强调，一要统一思想。在全面从严治党的新常态下，领导干部政治思想、理论武装等方面要求越来越高，强化区委理论学习中心组学习很有必要，要真正统一思想，高度重视，抓好落实。二要有机结合。要根据工作安排，将理论学习中心组与吴兴论坛和“两学一做”学习教育等载体有机结合，与项目双进、政法工作等有机结合，激发学习积极性，确保实效。三要相互促进。要结合业务工作，找准关键问题，深入学习调研，做到务实与务虚结合。要根据上级要求、普遍关注和实际需要等科学安排，做到内容多样、时间合理。关于组织、人才工作。会议听取了区委组织部关于中央、省、市组织工作有关精神和吴兴区贯彻落实意见的情况汇报、关于2016年度全区人才工作及2017年工作安排的情况汇报。会议充分肯定了2016年吴兴区组织、人才工作，会议原则同意吴兴区贯彻落实意见和2017年人才工作安排，要求根据会议意见进一步修改完善。会议强调，一要更加重视。全面从严治党对组织工作提出了更高要求，要把组织工作放在更加重要的位置，深刻领会、坚决贯彻中央和省市组织工作精神，按照上级增强“四个意识”、打造铁军、践行“四新”等要求，进一步发挥组织工作作用。二要严抓落实。要科学规范严谨地推动2017年组织、人才工作思路举措落实落地，在探索建立容错免责机制、加强组织工作品牌建设、激发基层党支部书记干事创业热情、加快发展新居民党员、理顺“两新”组织关系、高技能人才引进等方面下足功夫，打造吴兴铁军。三要营造氛围。要将招商与引才工作紧密结合，整合完善现有政策，加快高端人才引进，发挥“长板效应”。要发挥“5+3”科创平台作用，加紧完善商业配套，大力开展有关活动，营造创业创新的浓厚氛围。关于村社组织换届。会议听取区委组织部关于村和社区组织换届工作的情况汇报。会议强调，一要高度重视。该次村社组织换届涉及面广、关注度高、敏感性强、情况复杂、要求严格，要高度重视、锁定目标，主动适应新形势、新要求，全力以赴做好村社组织换届工作。二要强化党的领导。要把坚持党的领导作为村社组织换届的首要原则，切实落实乡镇党委主体责任，发挥好综合协调和统筹作用，抓早抓小，确保万无一失。三要因地制宜。要坚持问题导向、绩效导向，根据村和社区实际情况和工作需要，重点突出攻坚能力和平稳有序要求，综合考虑年龄等条件，科学客观分析，确保人岗相适、人地相宜。要加强基层后备干部培养。四要做深做细。要坚持一村一方案、一村一包案领导，强化困难村排摸和问题排查，摸清底数、及早化解。乡镇党委要高度负责，把工作做在前；区级部门要坚持原则，做好联审工作；政法委、信访局等部门要主动介入、提前部署，确保稳定。会议开展党纪教育一刻钟，传达中央纪委通报六起落实全面从严治党主体责任和监督责任不力被问责的典型案例。会议还书面通报关于全国、全省老干部工作“双先”表彰大会和全国、省、市老干部局长会议精神及吴兴区贯彻落实意见的情况汇报，关于全省编办主任会议暨全省编办系统先进集体先进工作者表彰会主要精神和吴兴区2017年机构编制工作要点的情况汇报，关于区级机关党工委2016年工作总结及2017年工作思路的情况汇报，关于区人大常委会2017

年工作要点的情况汇报，关于创建省级体育强区的情况汇报。

4月7日，中共湖州市吴兴区委举行四届9次常委会会议。会议由吴智勇主持。会议听取有关工作汇报，并做了研究。关于2017年全国文明城市创建。会议听取区委宣传部关于2017年全国文明城市创建工作的情况汇报。会议充分肯定中心城区各街道和区级有关部门创建全国文明城市的前期工作。会议强调，一要明确责任，锁定目标。吴兴区是创建全国文明城市的主战场、主阵地，要进一步统一思想，坚持属地为主，强化乡镇（街道）、特别是中心城区各街道主体责任；全国文明城市创建是市委深化“四个年”活动和区委“中心城区提质行动”的重要内容，要落实行动指挥部领导责任和区委宣传部牵头责任，合力推进，强化问责，确保高质量完成创建任务。二要立足根本，主动攻坚。要坚持问题导向，对标对表，挂图作战，下沉一线，进一步加强环境整治提升；要牢固树立正确政绩观，立足长效，加大日常监管力度，确保从根源上解决问题。三要主动对接，争取政策。要在文化设施等硬件问题上加强与市对接，争取协调支持；要紧抓市区联动开展城中村、“三改一拆”等存量问题清零行动契机，结合实际工作，加强沟通对接，借势借力解决问题。关于2017年区级部门季度考核。会议听取了区考核办关于2017年度区级有关部门季度考核实施办法的情况汇报。会议原则同意区考核办提交的考核实施办法，要求根据会议意见进一步修改完善。会议强调，一要强化考核比拼。要清醒认识市委和各县区考核比拼力度不断加大，紧贴市委“四新”主题实践相关考核督查，强化横向比拼和纵向比拼，继续发挥吴兴区考核比拼正面效应。二要更加注重精准落实。要发挥考核指挥棒作用，引导被考核单位根据考核办法精准落实工作任务。区级部门要及早对接市级相关部门，主动沟通，及时掌握市对区考核动态，并落实到工作中。三是正确运用结果。要深化位子、面子、票子“三位一体”机制，加强考核结果运用。考核办要加强过程指导，确保实效。会议书面通报关于2017年度区“八大行动”督查工作实施方案的情况汇报。会议还讨论了干部。

4月21日，中共湖州市吴兴区委举行四届10次常委会会议。会议由吴智勇主持。会议听取了有关工作汇报，并做了研究。关于行政村和社区干部集中办公。会议听取区委组织部关于实行行政村和社区干部集中办公实施方案的情况汇报。会议强调，一要统一思想。实行村社干部集中办公上级有精神、典型有示范、前期有倡导、形势有要求，要做深做透村社干部思想工作，确保思想统一。二要把握重点。要准确把握实质性要求，突出重点，统筹整合。要坚持以人为本，腾出的办公用房要科学设置，根据实际用作村史室、图书室、基层民主协商室、议事室等，为群众提供便利，争创吴兴特色；要进一步完善村社干部考核激励机制，关心关爱村社干部。三要提炼主题。要把村社干部集中办公作为深化“两学一做”学习教育、践行“四新”主题实践和实干大比拼活动的抓手和载体，作为村社组织换届后的标杆和要求，进一步提炼主题，把工作做到位，在实干实效上下功夫；要把该项工作与局长驻点工作室有机结合，谋划、打造、宣传好吴兴党建新品牌。四要推进落实。要锁定时间节点，因地制宜，加快调整推进，办公条件好的要率先推进，条件较差的要提升标准跟上进度，确保按时全面完成。区委、区政府督查室要抓好督查。关于党风廉政建设。会议听取区纪委关于中共吴兴区委落实2016年度履行党风廉政建设主体责任情况检查考核反馈意见整改方案的情况汇报。会议强调，一要进一步绷紧主体责任之弦。要清醒认识党中央推进党风廉政建设的坚定决心、严格要求和省委对履行主体责任情况检查考核的常态化趋势，始终绷紧这根弦，思想上进一步高度重视。二要进一步强化整改落实。要将“最多跑一次”改革纳入深化权力阳光的重要内容，进一步完善整改方案。要对照整改方案，逐条抓好落实，确保全部整改到位。三要坚持抓常抓细抓实。要真正将整改工作放在心上、落到细处，扎实有序抓好推进。要坚持问题导向，建立健全制度机制，经常抓、深入抓、持久抓，确保整改实效。会议书面通报了关于推进乡镇（街道）“四个平台”建设的情况汇报。会议还讨论了干部。

5月31日，中共湖州市吴兴区委举行四届12次常委会会议。会议由吴智勇主持。会议听取了有关工作汇报，并做了研究。关于“两学一做”学习教育常态化制度化。会议听取了区委组织部关于省、市“两学一做”学习教育常态化制度化工作座谈会精神及吴兴区下一步工作安排建议的情况汇报。会议强调，一要思想上高度重视。“两学一做”学习教育常态化制度化是一项重大政治任务，也是抓好党建工作的重要载体，必须高度重视，抓实抓好。二要方案上对齐标杆。实施方案要以中央和省市文件为标杆，认真对照，确保规范；要充分结合吴兴实际，在方案中体现“靠前站、马上办、讲实效”等吴兴元素。三要落实上扎实有效。要将“两学一做”学习教育常态化制度化与市委“四新”主题实践和吴兴各项工作有机结合、统筹推进，避免“两张皮”。要注重提炼特色亮点工作，切实发挥学习教育作用。四要成效上体现赶超。要将“两学一做”学习教育常态化制度化作为推动各项工作的重要载体，促进学习教育与“八大行动”、全国文明城市创建等重点工作相互促进、共同提升，在成效上体现赶超。会议通报了市第一督查组对吴兴区“四新”主题实践专项督查的反馈意见。会议还讨论了干部。

6月27日，中共湖州市吴兴区委举行四届13次常委会会议。会议由吴智勇主持。会议听取了有关工作汇报，并做了研究。关于组建区两大国有资本投资运营集团。会议听取区财政局、区委组织部、区人力社保局关于组建吴兴区两大国有资本投资运营集团框架方案的情况汇报。会议认为，组建吴兴区两大国有资本投资运营集团事关吴兴改革发展大局。前期经过多次调研论证和政府常务会议研究讨论，该次提交的方案总体完备，常委会原则同意，要求根据会议意见进一步修改完善。会议强调，一要统一思想，高度重视。该项改革是根据国家有关法律法规、省市国企改革的统一部署，结合吴兴区实际进行的，是当前推进政企分离、市场化改革的要求，也是做大做强区级国有资产、推动政府债务管理改革和资产证券化的需要，要深刻认识此项工作的重要性和必要性，确保思想统一。二要依法合规，慎重有序。要借鉴国企改革经验做法，将规范性和稳妥性贯穿始终，确保不留问题隐患，为今后发展腾出更大空间；要坚持市场化运作，规范顶层设计，注重细节，确保方案依法合规、落实细化有序。要充分考虑各方意见，科学配置现有资产。三要细化方案，加快推进。要深入研究会议提出的问题，在摸清底数、考虑实际的基础上，及时完善方案、细化工作、明确责任。人员选配要坚持德才兼备、双向选择，职能责任、薪酬待遇要公开化、具体化、协议化。人员可根据实际情况分步到位。国资办要加强监管，两大集团要加强制度建设，完善内部监管体系。关于中央环保督察迎检准备工作。会议听取了区环保局关于中央环保督察迎检准备工作的情况汇报。会议强调，一要高度重视。中央环保督查是落实生态文明建设、推进环保监管体制的一项重要举措，标准高、要求严，要将环保督察作为推进改进工作的有利契机，高度重视，做好工作。二要责任到人。要细化问题清单，明确标准、排定时间，确保责任明晰、具体到人。三要主动作为。要加快前期排查问题整改力度，确保精准到位；要以乡镇（街道）为主体，加强力量整合，进一步加大自查自纠力度。要畅通监督举报渠道，建立健全问题线索移送、交办、督办机制。四要精准对接。区环保局要牵头负责，精准与上对接，明确环保督察要求和设立工作组等具体事项，确保规定动作到位。五要统筹推进。要结合全国文明城市创建、城中村改造等当前中心工作，对环保督察迎检准备工作再部署、再强调，对发现问题抓好整改落实。六要确保实效。要总结提炼吴兴区环保工作的特色亮点，加强典型宣传，营造良好氛围，确保工作实效。关于巡察工作。会议听取区委巡察办关于中共吴兴区委2017—2021年巡察工作规划及2017年巡察工作安排的情况汇报。会议强调，一要切实增强政治担当。要切实增强“四个意识”，做到对党绝对忠诚，坚决维护以习近平同志为核心的中共中央权威；要准确把握全面从严治党的新形势，自觉担当，严格落实巡察工作各项要求。二要注重巡察实际效果。要将促进问题整改、工作规范、效率提升和队伍建设加强作为巡察工作的落脚点，推动巡察工作常态化，进一步提高吴兴铁军战斗力，达到政治效果与社会效果相统一。三要全力配合巡察工作。党员领导干部、特别是各单位主要负责人，要主动适应全面从严治党新常态，全力配合，为巡察组开展工作提供有力保障、创造良好环境。会议明确，由张国英负责组织实施2017—2021年巡察工作规划及2017年巡察工作安排。关于党风廉政与反腐败工作。会议听取区纪委、区监委关于吴兴区2017年党风廉政建设和反腐败工作组织领导与责任分工的情况汇报。会议原则同意区纪委提交的组织领导和责任分工，要求进一步明确政治责任，常态化、具体化抓好落实。会议开展了党纪教育一刻钟，传达中央有关文件精神。会议还书面通报关于吴兴区反恐、禁毒工作的情况汇报，关于学习贯彻全国公安系统英雄模范立功集体表彰大会精神意见建议的情况汇报，关于吴兴区党风政风动态评议实施办法的情况汇报，关于吴兴区城中村改造攻坚和建设项目遗留问题清零专项行动方案的情况汇报，关于2017年度吴兴区驻村局长“百日攻坚”拆违控违大行动实施方案的情况汇报，关于2017年吴兴区“中国制造2025”试点示范建设推进计划及吴兴区“中国制造2025”试点示范建设若干意见的情况汇报，关于吴兴区生态文明先行示范区建设工作的情况汇报。

7月20日，中共湖州市吴兴区委举行四届14次常委会会议。会议由吴智勇主持。会议听取了有关工作汇报，并作了研究。关于全省党政代表团外出学习考察精神。会议传达学习了全省党政代表团外出学习考察有关精神。会议认为，此次全省党政代表团外出学习考察，是省委、省政府贯彻省第十四次党代会精神、凝聚全省上下共同意志的重大举措，充分体现了省委、省政府学习典型、对标先进、加快发展的信心决心，对于在新的历史起点上谋划和推进全省经济社会发展各项工作，努力实现“两个高水平”奋斗目标，具有十分重要的意义。会议强调，全区各级各部门要领会好考察精神，深刻领会和把握“取沪苏皖真经，谱浙江之新篇，全面促进长三角率先发展、一体化发展”这一主题以及书记车俊在园区建设、科技创新、高等教育、改革开放、城市治理五个方面和建设“有为政府”的要求。要把学习此次考察精神与学习省第十四次党代会、市第八次党代会精神和推进“四新”主题实践结合起来，层层传递、认真学习、加强宣传。要借鉴好宝贵经验，充分吸收各地的好思路、好举措、好做法。要进一步领会产业高度决定发展高度、创新步伐决定转型步伐、平台能级决定竞争能级、改革方向决定治理方向、开放格局决定城市格局、人才地位决定未来地位等考察启示，立足吴兴实际，进一步解放思想，更加突出平台建设、大项目招引等，加大科技、人才和对外开放等工作力度，当前要抓好全国文明城市创建、征迁清零、剿劣、小城镇综合整治等工作。关于改革创新干事创业容错纠错。会议听取了区委组织部关于吴兴区激励干部改革创新干事创业容错纠错实施办法（试行）的情况汇报。会议强调，一要切实统一思想。出台容错纠错实施办法是全面贯彻落实中央和省、市委决策部署的必然要求，更传递了在全面从严治党、严肃追责失职渎职干部的基础上为担当干部担当的重要信号，要统一思想，抓好落实。二要深刻领会精神。要正确理解实施办法规定的容错情形，严格把握工作失误与违法违纪行为的“三个区分”，在具体操作过程中要严格把关、确保规范。三要强化担当意识。要在更大层面上加强激励干部改革创新干事创业容错纠错宣传，释放积极信号，切实激发干部担当作为意识和干事创业热情。关于区委四届二次全体（扩大）会议。会议听取了区委办关于区委四届二次全体（扩大）会议安排建议、工作报告起草及《中共湖州市吴兴区委认真学习贯彻省第十四次党代会精神深入践行市委“新标杆新业绩新形象新征程”主题实践决定》的情况汇报。会议强调，一要继续修改完善。要综合考虑会议意见，进一步完善报告和决定。报告要融入更多吴兴元素，更加突出吴兴特色，切实发挥鼓舞人心作用。决定要根据市委、市政府领导联系产业等做法，设计新载体，进一步丰富新业绩内涵，体现外宣工作。二要精细安排会务。区委办、机关事务管理局要围绕各项会议议程，精心组织、精细筹备。要综合考虑天气等因素，想深一层、提早一步，确保各项筹备工作有序到位。三要确保平安稳定。要做好平安稳定工作，确保会议期间社会稳定、全会圆满成功。四要统筹当前工作。要统筹做好全国文明城市创建、城中村改造攻坚、剿灭劣Ⅴ类水等工作。会议明确，全会筹备工作由石一婷牵头负责。关于美丽吴兴“百日攻坚”。会议听取了区美指办关于美丽吴兴“百日攻坚”行动实施方案的情况汇报。会议认为，开展美丽吴兴“百日攻坚”是对美丽吴兴攻坚行动的再梳理、再动员、再部署，要全力以赴抓好推进。会议强调，一要咬定主目标。要牢牢锁定“‘五水共治’夺鼎、‘三改一拆’夺牌、美丽城镇夺冠、美丽乡村夺旗”，不折不扣落实各项具体任务，确保实现“四夺”目标。二要攻坚清难点。要紧盯美丽吴兴推进中的“两路两侧”存量违建、生猪养殖场关停、农村危旧房治理改造、农业生产管理用房、农村生活污水提标改造等重难点任务，下定决心，真抓实干，全力攻坚，确保实效。三要精准具体化。要细化目标任务，一桩一桩精准抓好落实。治水工作要着力治本，建立长效保洁等机制；拆违工作要统筹结合，加大推进力度；美丽城镇建设要提高标准；美丽乡村建设要集中精力打造亮点。四要领导亲自抓。要坚持问题导向、实效导向，深化领导包案、领导联系等机制，深入一线抓工作。要加强资金监管，确保安全高效使用。关于安全生产（消防）工作。会议听取区安委办、区消安办关于2017年上半年全区安全生产（消防）工作情况和下半年工作打算的情况汇报。会议强调，一要压实责任，始终绷紧安全生产之弦。要深刻认识安全生产（消防）的严峻形势，严格落实党政领导责任、辖区属地责任和企业主体责任，尤其要按照“管行业必须管安全生产”的理念严格落实部门监管责任，以如履薄冰、警钟长鸣的意识绷紧安全生产之弦，始终保持安全生产形势总体稳定向好的趋势。二要严查严治问题隐患。要坚持问题导向，全面排查隐患，建立问题台账动态调整机制。要坚持防治结合，紧盯群租房、厂中厂、中心城区消防隐患等薄弱环节和重点领域，严治问题隐患。三要持续开展专项整治。要坚持实效导向，锁定阶段性、具体化的工作重点，定期开展专项整治。下半年要以厂中厂、群租房等为重点，加大整治力度。四要加大运用科技专业手段。要加强安全生产领域基层基础建设，运用好“智慧用电”等科技手段和专业手段，通过政府购买服务等途径不断提高技防水平。五要依法惩治企业安全生产违规行为。要加强企业员工安全操作培训，巩固联合执法机制，用法律手段依法惩治企业安全生产违规行为。六要配强安全生产工作力量。高新区、各乡镇街道和区级相关部门要高度重视安全生产工作，配齐配强安全生产工作力量，确保队伍相对稳定。关于全科网格。会议听取了区委政法委关于吴兴区全科网格管理办法的情况汇报。会议强调，一要高度重视。网格化管理是基层治理的有效抓手，也是基层管理创新的方向，要高度重视，抓好落实，确保实效。二要整合到位。要发挥相关职能部门作用，整合现有各类网格，确保融合到位，形成层次分明、分工明确、运行顺畅的网格体系。三要发挥作用。要根据乡镇街道不同的工作重点，突出维稳、安全、环保、环卫、控违等重点内容，切实发挥网格作用。要建立网格员绩效奖励机制，切实强化工作保障。四要先行启动，不断深化。要加强网格长和网格员培养培训，不断健全信息收集和快速处理机制，争创吴兴区基层治理的特色亮点。会议明确，全科网格工作由石一婷牵头负责。会议审议通过了区委组织部关于建议批准辞去和决定递补区委委员的情况汇报，同意提交区委四届二次全体（扩大）会议表决。会议还开展了党性（纪）教育一刻钟，学习了《习近平党校十九讲》之十二《关键在于落实》。

8 月 22 日，中共湖州市吴兴区委举行四届 15 次常委会会议。会议由吴智勇主持。会议听取了有关工作汇报，并做了研究。关于迎接中央环保督察工作。会议听取了区配合中央环保督察工作协调联络组关于吴兴区迎接中央环保督察前期工作和下一步工作安排以及中央环保督察交办信访事项办理工作的情况汇报。会议充分肯定了前期吴兴区中央环保督察迎检工作。会议强调，一要进一步高度重视。要把配合中央环保督察工作作为当前的一项重大任务，进一步提高重视程度，严肃对待中央环保督察工作，集中精力做好各项迎检工作。二要积极主动强化向上对接。工作组要充分发挥协调联络作用，态度上积极主动，工作上精准细致，及时将中央环保督察组和省市各项要求领会到位、传达到位、落实到位。三要精准及时办理环保信访。环保督察交办信访事项办理是环保督察迎检工作的重要内容，要按照时限等各项具体要求，依法处理、全面整改、规范回复，确保精准、及时、到位。四要强化问题矛盾基层化解。高新区、各乡镇街道要强化属地意识，落实属地责任，加大各类环保问题的排查整治力度，全力以赴将矛盾化解在当地，将问题解决在源头。五要严肃问责。要以问责倒逼明责履责，对整改责任落实不到位、问题整改不力的，要严肃追责问责。关于 2017 吴兴经贸科技洽谈会。会议听取 2017 吴兴经贸科技洽谈会暨接轨上海活动领导小组办公室关于 2017 吴兴经贸科技洽谈会暨接轨上海活动周方案的情况汇报。会议认为，科技经贸洽谈会是吴兴区招商引资工作的一项优良传统，2017 年根据实际需要将经贸科技洽谈会与接轨上海活动合并举办，符合集中资源、精简办会原则，活动方案几经修改已较为完善，会议原则同意该方案，要求抓紧筹备落实。会议强调，一要高度重视，提高站位。要从贯彻落实省第十四次党代会“大湾区”“大花园”建设、提高吴兴对外开放和接轨上海水平的高度深刻认识举办该次活动的重要意义，以更高的站位做深做细前期筹备工作，确保活动圆满成功，不断提高吴兴开放度和影响力。二要讲求实效，突出亮点。要以项目、人才和旅游为重点，突出国新张创、游侠汽车等亮点，进一步加大工作力度，尤其要坚持高精尖标准，严把项目质量关，确保活动取得实效。三要宣传造势，形成影响。宣传部门要找准特色亮点和宣传切入点，注重宣传方式，谋划系列报道，形成声势影响，进一步扩大活动效益，吸引客商关注吴兴、投资吴兴。四要周密安排，配合有序。要进一步排细方案，确保各个方案无缝对接。“两办”（区委办、区府办）、商务局和各分活动责任单位要各负其责、密切配合，确保活动顺畅有序。会议明确，筹备工作由朱建忠牵头负责。关于公共资源交易监督管理体制机制改革及部分机构设立和职数配置调整。会议听取区公共资源交易中心、区编委办关于公共资源交易监督管理体制机制改革及部分机构设立和职数配置调整的情况汇报。会议认为，此次改革上级有要求、现实有需要，改革方案充分体现了机构化设置、整合化运作，会议原则同意区公共资源交易中心提交的改革实施方案和区编委办关于机构设立和职数调整的情况汇报，强调要坚持精干、高效、节约的原则，统筹考虑区交通局、建设局、旅委等机构调整和职数配置，强化力量统筹，确保精准调配。关于民生实事项目人大代表票决制。会议听取了区人大办关于《深化实施民生实事项目人大代表票决制工作的意见（试行）》的情况汇报。会议认为，民生实事项目人大代表票决制是人大的一项创新工作，充分体现了人民当家做主，具有十分重要的政治意义。会议强调，一要统一思想，提高站位。出台工作意见既是贯彻省、市工作部署的必然要求，也是推动吴兴区民生实事项目人大代表票决规范化、制度化的现实需要，要充分认识其重要意义，全力抓好落实。二要认真组织实施。要坚持民意导向，文件下发后，区人大、区政府要抓紧组织实施，深入研究民生实事如何更好体现民意、效果怎样更加符合公众评判标准，把更多功夫下在平时，不断提高群众满意度。三要讲求工作实效。要以办实办好民生实事为工作落脚点，坚持实效导向，加大工作力度，确保不折不扣完成各项民生实事。会议审议通过区纪委、区监委关于建议给予违纪党员党纪政务处分的情况汇报。会议开展以"'亲''清'政商关系是规则，更是标尺"为主题的党性（纪）教育一刻钟。会议还书面通报了关于吴兴区2017年度全面从严治党主体责任量化考核办法的情况汇报，关于2017年区级爱国主义教育基地申报命名工作的情况汇报，关于2018年度区级部门综合预算编制方案的情况汇报，关于全区农村宅基地和农房登记发证情况的汇报。

9月7日，中共湖州市吴兴区委举行第16次常委会会议。出席会议的有吴智勇、陈江、宋建方、朱建祥、张国英、朱剑梁、温建飞、陈建良、洪波；因事请假的有石一婷、潘永锋。列席会议的有潘华等。会议由吴智勇主持。会议听取了有关工作汇报，并做了研究。关于织里全国童装设计大赛。会议听取了织里镇关于第四届"中国·织里"全国童装设计大赛活动总方案的情况汇报。会议原则同意织里镇提交的活动方案，要求根据会议意见进一步修改完善。会议强调，一要高度重视。童装设计大赛是展示童装转型升级成效、提高织里知名度和美誉度的重要载体，也是引导和推动企业加快转型升级步伐、解决企业人才紧缺问题的重要途径，要高度重视，持之以恒办实办好、办出品牌。二要确保成功。要把安全稳定作为活动成功的底线，由区公安分局牵头成立安全保卫组，区委政法委、区信访局、织里公安分局共同负责，确保平安稳定；要在借鉴往届成功经验的基础上，敢于打破惯性思维，深入挖掘童装文化，深化与院校合作，确保活动精彩有效、亮点纷呈。要进一步放大活动效益。三要落实责任。要根据会议意见对安保等各项方案再完善、再细化，任务再分解、分工再明确、责任再落实，确保活动筹备工作有力有序。四要齐心协力。要合理安排力量，统筹抓好全国文明城市创建、经贸洽谈会等各项工作。区委办、区府办要加强统筹协调，宣传、文体等区级部门要加强指导把关，管理局要加强后勤保障，织里镇要抓好具体落实，齐心协力、全力以赴办好活动。会议明确，活动筹备由温建飞、陈建良牵头负责。会议审议通过区委组织部关于吴兴区侨联第三届委员会人事安排的情况汇报、区纪委区监委关于建议给予违纪党员党纪政务处分的情况汇报。会议还讨论了干部。

9月19日，中共湖州市吴兴区委举行四届17次常委会会议。会议由吴智勇主持。会议听取有关工作汇报，并做了研究。关于"一把手"领办攻坚项目。会议听取了区委、区政府督查办关于区委、区政府领导及区级有关部门"一把手"领办"破难题、办实事、树标杆"项目攻坚行动进展的情况汇报。会议认为，前期区委、区政府领导及区级有关部门"一把手"真抓实干，克难奋进，破解了一批重点难点问题，攻坚行动取得明显进展，体现了各责任主体"靠前站、马上办、讲实效"的工作理念，值得充分肯定，要继续按照既定目标抓好推进。会议强调，一要一抓到底，务求实效。要坚持目标导向、问题导向，进一步突出重点、精准谋划，在急难险重处下功夫，具体深入抓到位，确保实效。二要统筹结合，专题研究。"一把手"要将抓"破难题、办实事、树标杆"项目与抓中心工作、重点工作与分管工作有机结合，统筹推进，相互促进，共同提升；要坚持对领办项目开展专题研究，找准关键点、切入点，以点上突破带动面上工作。三要浓厚氛围，形成示范。要巩固深化攻坚成果，不断完善长效机制，进一步强化领导带头、真抓实干的工作氛围，形成示范效应，让“靠前站、马上办、讲实效”更加深入人心。关于平安护航十九大。会议听取区委政法委关于传达全省信访工作会议、全市平安护航十九大大会战推进会会议精神及吴兴区贯彻落实建议的情况汇报。会议认为，平安护航十九大是当前压倒一切的政治任务，也是实现“平安吴兴”六连冠、夺铜鼎目标的必然要求，要提高站位、深化认识。会议强调，一要压实责任。要夯实乡镇、村社两级抓平安稳定工作的基层责任，尤其是乡镇街道要发挥主体作用，结合本地实际，细化工作方案，抓早抓小，严抓细抓，全力以赴将矛盾化解在基层。二要严明纪律。要严格落实值班值勤等工作制度，加强痕迹管理。信访工作要注重源头防控，坚持依法依规、耐心细致、不推不拖、不厌其烦，真正将工作做到群众心坎上。三要抓住重点。要高度重视重点领域、重点地区、重点人群的重大问题，乡镇街道主要领导要亲自抓；区级职能部门要深入研究，系统谋划，加强上下沟通协调，确保公平公正。四要领导包案。要巩固深化领导包案、领导联系等机制，包案领导要主动担当，明确责任，破难攻坚；联系领导要下沉一线，全力以赴协助做好工作。五要有效落实。要按照区委政法委提出的贯彻落实建议和会议讨论意见，明确任务举措，具体抓、深入抓，确保精准有效。关于意识形态工作责任制。会议听取了区委宣传部关于2017年党委（党组）意识形态工作责任制半年度专题督查的情况汇报。会议认为，加强意识形态工作是讲政治、顾大局的要求，也是区委责任担当的体现。会议原则同意区委宣传部提出的下步工作建议。会议强调，一要推动工作责任落实。要加强理论学习，突出领导带头，深化制度落实，进一步提升各级党委抓好意识形态工作责任制的思想自觉、行动自觉和工作自觉。二要加强基层基础建设。要更加注重基层文化阵地和宣传干部队伍建设，确保文化礼堂等作用充分发挥，宣传委员精力集中、宣传干事专职专干、文化村干部安心干事，不断提升基层战斗力。三要善用新兴技术媒体。要更加注重运用新兴技术手段开展宣传和意识形态工作，充分利用各种新媒体平台，策划制作形式多样、内容活泼、深受网民喜爱的产品，全方位增强网络传播影响力。关于“两学一做”学习教育。会议听取了区委组织部关于全省深化支部主题党日暨“两学一做”学习教育现场推进会精神及吴兴区贯彻落实建议的情况汇报。会议明确，一要进一步抓实整改督查工作。要对照省委组织部督导反馈通报，抓实问题整改；对照“两学一做”常态化制度化要求，落实常态化督查机制，形成督查工作清单和整改清单，推动工作落实。二要进一步加强基层队伍管理。要做好基层村社干部集中培训，充实村级后备干部库。要继续抓好村社干部大厅集中办公，提升工作效能。三要进一步推动基层组织建设。要结合“四个平台”和全科网格建设，全面推行村（社）“网格化”党建，推动基层党组织建设精细化，打通服务群众“最后一公里”。四要进一步打造特色党建品牌。要以吴兴区入选全国街道服务管理创新试验区为契机，扎实推进集党建、服务、管理、展示于一体的城市党建综合体建设，推动基层治理能力提升。会议强调，要项目化抓党建，系统谋划一批特色党建示范带和优秀典型，点面结合，示范引领，打响吴兴党建品牌。会议开展党性（纪）教育一刻钟，学习习近平总书记在会见全国公安系统英雄模范立功集体表彰大会代表时的重要讲话。会议还书面通报关于深入践行“两山”重要思想加快推进绿色发展实施方案的情况汇报，关于推行生活方式绿色化行动实施意见的情况汇报。

10月28日，中共湖州市吴兴区委举行四届20次常委会会议。会议由吴智勇主持。会议听取了有关工作汇报，并做了研究。关于群团改革。会议听取了区委办关于传达中央和全省群团改革会议精神及吴兴区群团改革方案的情况汇报。会议强调，一要提高政治站位。群团工作是党的工作的重要抓手，群团改革是全面深化改革的重要方面，是一项重要的政治任务，意义重大，要坚持正确的导向和方向，坚持党的领导，着眼全局，以高度的政治站位推进该项工作。二要学透上级精神。要深入研究上级改革方案和相关会议，学透摸准上级改革精神与具体要求，对标对表落实到吴兴区改革方案和具体推进中，确保改革不走样。三要体现吴兴特色。要结合基层具体情况与实际问题，在符合上级要求的前提下探索创新，体现改革实效和吴兴特色。四要稳步推进改革。要把稳妥有序作为群团改革的基本要求，严格按照方案要求稳步推进，确保全面完成各项改革任务。会议明确，群团改革由朱剑梁牵头负责。关于绿色金融改革创新。会议听取了区金融办关于吴兴区聚焦实体经济发展全面推进绿色金融改革创新行动方案的情况汇报。会议认为，绿色金融改革是湖州两大国家级战略之一，出台吴兴区改革方案很有必要。会议强调，一要深入研究，吃透政策。要全面梳理绿色金融改革创新试验区试点政策给企业融资上市、信贷管理、风险防范、运营管理等工作带来的实质性变化和影响，打通、融合吴兴区现有金融政策，不断完善服务支持实体经济发展的金融政策体系。二要坚持导向，稳步推进。要坚持服务实体经济导向，创新金融组织、融资模式、服务方式和体制机制，在助推新兴产业绿色发展、传统产业转型发展方面争创试验区、示范区。要按照方案明确的任务分工、时间表和路线图，积极稳妥推进改革。三要突出重点，务求实效。要围绕四大“双百亿”产业，排出一批重点项目和重点企业，强化金融支持；要以浙北金融中心为依托，巩固优势，培育新型金融业态，进一步壮大金融产业；要锁定“凤凰计划”，提早谋划部署，大力推动企业上市挂牌；要引导金融在支持重点产业和重点项目中有新作为。关于学习贯彻中共十九大精神。会议听取了区委组织部关于学习贯彻中共十九大精神开展“大学习、大讨论、大实践、大宣传”的情况汇报。会议认为，方案整体切实可行，要求根据会议意见进一步修改完善。会议强调，一要学深学透。要原原本本、逐字逐句地学习中共十九大报告、党章修正案和中纪委工作报告，在全面深入领会精神上多下功夫。要结合习近平总书记系列重要讲话精神和治国理政新理念新思想新战略，统筹学，系统学，结合实际学、带着问题学，切实做到学深学透、融会贯通。二要学以致用。要把实干实效作为学习中共十九大的落脚点，锁定吴兴赶超发展目标，找准贯彻落实中共十九大精神与推动实际工作的结合点、切入点。要以中共十九大报告的重要论断为指导，深度谋划2018年工作。三要精心组织。要把学习贯彻宣传中共十九大精神作为当前第一位的政治任务，坚持形式多样性与活动实效性并重，按照方案工作安排和具体要求，项目化管理、精细化推进，确保有声有色、形成声势。四要强化督导。区级部门和乡镇（街道）要将学习宣传中共十九大精神与实际工作紧密结合，不折不扣落实方案要求。区委组织部要加强督导，确保学习活动取得实效。会议开展了党性（纪）教育一刻钟，传达学习了中共十九大报告有关全面从严治党的新论述。会议还书面通报了关于全省城市基层党建工作推进会会议精神及吴兴区贯彻落实建议的情况汇报，关于学习贯彻中央和省市委对机要保密工作重要批示指示精神全力做好吴兴区党的机要保密保障工作的情况汇报。

12月5日下午，中共湖州市吴兴区委举行四届22次常委会会议。会议由吴智勇主持。会议传达了有关要求，并做了强调。关于市八届人大二次会议纪律。会议传达市委办、市人大办《关于严肃市八届人大二次会议纪律的通知》（以下简称《通知》）精神，全体与会人员认真学习《通知》提出的严明政治纪律、严肃会议纪律、严守选举纪律、严格执纪问责等四方面的具体要求。会议认为，常委会专题传达学习是市委提出的明确要求，对于严肃会风会纪、确保大会圆满成功具有重要意义，要严格执行各项规定要求。会议强调，一要进一步学习传达到位。要借大会代表团第一次会议之机，将严肃大会会议纪律的有关要求传达至每位与会代表，确保每一位吴兴代表思想认识到位、学习领会到位、贯彻落实到位。二要进一步严格请假制度。要将有关要求及时传达至高新区、各乡镇街道和区级有关部门，督促全体代表进一步强化纪律观念和规矩意识，严格执行请假制度，除特殊原因外一律不得请假，体现吴兴代表良好的会风会纪和精神风貌。三要进一步抓好维稳安保。要强化吴兴作为大会主会场所在地的属地责任，排细落实各项维稳安保措施，为大会圆满成功提供坚强保障、贡献吴兴力量。

【中共湖州市吴兴区委重要专题会议】 1月18日，召开2016年度党委书记抓基层党建工作述职评议会。会议由区委副书记石一婷主持。高新区、各乡镇街道、区卫计局、区执法局党委书记述职；组织评议；市委组织部领导讲话；区委书记吴智勇讲话。区委常委；高新区、各乡镇街道党委书记和组织委员；区教育局、区住建局、区交通旅游局、区卫计局、区执法局、区市场监管局党委书记；区委党建工作领导小组成员；部分区“两代表一委员”及“千名好支书”代表；区委组织部部务会议成员参加会议。

1月20日，召开全区工业经济暨招商引资大会。观看2016年工业经济和招商引资工作主要成果视频；通报考核结果；颁发2017年吴兴区各招商局局长聘书；2017年重大项目、高层次人才项目展示；主题论坛；区委书记吴智勇讲话。参加会议的有：区四套班子领导，区人民法院院长、区人民检察院检察长，区人武部部长、政委；高新区、各乡镇街道党政主要负责人、分管经济和招商引资工作领导；区发改委、区金融办、区科技局、区财政局、区住建局、区交通旅游局、区水利局、区商务局、区环保局、区安监局、区市场监管局、区国税局、区公安分局、区消防大队、区地税分局、区国土分局、区规划分局、国网湖州供电公司客服中心全体班子成员；其他区级部门（含人大、政协各委室、分局、金融机构）主要负责人（其中金融机构由区金融办负责落实）；全区主营业务收入2000万元以上规模企业（含科技型成长企业）主要负责人，自营出口前50名企业主要负责人，投资5000万元以上新建项目主要负责人（由区发改委负责落实）；领军高层次人才（由区委组织部负责落实）；2017年各招商局相关人员（由区商务局负责落实）；招商引资中介机构及行业协会代表（由区商务局负责落实）。

1月23日，召开区委政法工作会议。会议由区委副书记、代区长陈江主持。通报先进；交流发言；区委书记吴智勇讲话。主会场参加人员：区委常委，区人大、政协主要领导，区人民法院院长、区人民检察院检察长；高新区、各乡镇街道党政主要负责人、分管政法（信访）工作领导、派出所所长、综治办专职副主任、信访办主任、司法所所长、村（社区）党组织书记；区级各部门（含分局）主要负责人；区金融机构主要负责人；区委政法委、区信访局、区司法局、区消防大队、织里公安分局、织里消防大队全体班子成员；区人民法院、区人民检察院、区公安分局中层及以上干部；先进代表。分会场参加人员：高新区、各乡镇街道全体机关干部和下属村、社区全体干部。

1月24日，召开区委常委会专题民主生活会，会议由区委书记吴智勇主持。以学习贯彻中共十八届六中全会精神为主题，围绕“两学一做”学习教育要求，重点对照《关于新形势下党的政治生活的若干准则》和《中国共产党党内监督条例》，结合思想和工作实际，进行党性分析，开展批评和自我批评，不断增强领导班子和领导干部发现和解决自身问题的能力。区委书记吴智勇通报上一次专题民主生活会整改措施落实情况和本次专题民主生活会征求意见情况；区委书记吴智勇代表区委常委会作对照检查；区委常委依次作个人对照检查发言，开展批评和自我批评；市领导讲话。市主要领导，市纪委、市委组织部领导；区委常委，区人大、区政协主要领导；区纪委副书记、监察局局长，区委组织部常务副部长参加会议。

2月27日，召开全区“争当排头兵　实干大比拼”活动推进会。区领导陈建良；高新区、各乡镇街道党群副书记、宣传委员、联络员；区级各部门分管领导、联络员；区“争当排头兵　实干大比拼”活动领导小组办公室副主任参加会议。

3月17日，召开区纪委四届二次全体会议，会议分两个阶段进行。第一阶段：会议由区委副书记、区长陈江主持。区委书记吴智勇讲话；区委常委、区纪委书记、区监委主任张国英代表区纪委常委会作工作报告；签订党风廉政建设责任书。第二阶段：会议由区委常委、区纪委书记、区监委主任张国英主持。区纪委委员审议并通过区纪委工作报告；区纪委委员审议并通过《中共湖州市吴兴区第四届纪律检查委员会工作规则》《中共湖州市吴兴区第四届纪律检查委员会关于进一步加强自身建设的决定》；区委常委、区纪委书记、区监委主任张国英讲话。第一阶段参加人员：区四套班子领导，区法院院长、区检察院检察长，区人武部部长、政委；区纪委委员；高新区、各乡镇街道党政主要负责人和纪委书记、副书记；区级各部门主要负责人；区纪委派驻纪检组组长、副组长；区纪委、区监委机关中层干部。第二阶段参加人员：区纪委委员；高新区和各乡镇街道纪委书记、副书记；区纪委派驻纪检组组长、副组长；区纪委、区监委机关中层干部。

3月29日，召开2017年一季度项目集中开工签约活动暨项目招引汇报会，会期半天。区发改委、区商务局分别汇报一季度项目集中开工、签约活动筹备情况；区招商一局至十二局汇报当前招商引资工作开展情况及需要协调解决的问题；讨论交流；区领导讲话。区领导：吴智勇、陈江、朱剑梁、潘永锋、洪波、茅利荣、韩新梅、费屹巍、朱建忠、滕辉、朱建豪、汪胜富、姚志凌；高新区、各乡镇街道分管招商引资工作领导；区委办、区府办、区委宣传部、区发改委、区财政局、区环保局、区市场监管局、区消防大队、区国土分局、区规划分局、区科创中心主要负责人；区招商一局至六局局长及副局长，区招商七局至十二局局长参加会议。

4月5日，举行“吴兴论坛——学习贯彻市第八次党代会精神宣讲报告会”和学习贯彻相关法规培训会议，由区委副书记石一婷主持。第一阶段：“吴兴论坛——学习贯彻市第八次党代会精神宣讲报告会”市委宣传部副部长徐新宣讲学习贯彻市第八次党代会精神。第二阶段：学习贯彻相关法规培训会议市委组织部综合处处长、干部监督室主任朱慧对相关法规精神及规范填写《领导干部个人有关事项报告表》进行培训。区四套班子领导，区法院院长、区检察院检察长，区人武部部长、政委；高新区、各乡镇街道党政主要负责人，各乡镇、环渚街道党校专职副校长；区级各部门主要负责人参加第一阶段会议。区四套班子领导，区法院院长、区检察院检察长，南太湖产业集聚区吴兴分区管委会主任；退职未退休的副县级市管干部参加第二阶段会议。

4月20日，召开全区一季度中心城区提质行动小结暨冲刺半年红工作部署会。第一阶段：实地查看康城国际小区垃圾分类与剿灭劣Ⅴ类水工作情况；实地查看飞英街道吉山四社区马路市场整治情况。第二阶段主要议程：会议由副区长费屹巍主持。街道人大、政协代表点评工作；环境攻坚组、品质提升组、文明创建组、经济发展组组长分别作工作部署；区领导讲话。第一阶段参加人员：区领导石一婷、杨华林、王　青、费屹巍、徐滟燕；各街道党委书记；各街道人大、政协代表；中心城区提质行动指挥部办公室主任、副主任，环境攻坚组、品质提升组、文明创建组、经济发展组组长。第二阶段参加人员：区领导：石一婷、杨华林、王青、费屹巍、徐滟燕；各街道人大、政协代表；中心城区提质行动指挥部成员。

5月5日，召开区农村危旧房改造工作部署会。会议由区委书记吴智勇主持。高新区、道场乡、妙西镇、埭溪镇、东林镇、环渚街道分别围绕当前危旧房改造推进情况（不讲成绩）、存在问题困难及下一步工作举措共三个方面进行汇报；区领导讲话。区领导：吴智勇、宋建方、张顺利；高新区、道场乡、妙西镇、埭溪镇、东林镇、环渚街道政府主要负责人和分管领导，织里镇、八里店镇分管领导；区住建局、区执法局、区国土分局、区规划分局、区督查办、区三改一拆办主要负责人参加会议。

5月18日，召开全区禁毒工作会议。为认真贯彻中央、省市禁毒工作相关会议精神，总结2016年全区禁毒工作，分析当前面临的形势与任务，全面部署2017年全区禁毒工作。区领导：石一婷、朱建祥、费屹巍；高新区和各乡镇街道分管领导、派出所所长；区委办、区府办、区委宣传部、区委政法委、区编委办、区民宗局、区人武部、区法院、区检察院、区发改委、区教育局、区民政局、区司法局、区财政局、区人力社保局、区住建局、区交通旅游局、区水利局、区农林局、区商务局、区文体局、区卫计局、区环保局、区安监局、区市场监管局、区总工会、团区委、区妇联、区公安分局、国网湖州市区供电服务中心、区广电中心、区邮政分局、区电信分公司、织里公安分局分管领导；区公安分局机关各部门主要负责人参加会议。

6月8日，召开区委全面深化改革领导小组2017年第一次会议。为深入学习贯彻中央、省市委全面深化改革领导小组会议精神，总结、研究、部署各项重点改革任务，审议有关专项改革事项。会议由区委书记吴智勇主持。主要议程：（1）传达省委全面深化改革领导小组第十六次会议精神及吴兴区改革有关工作情况汇报；（2）听取并审议有关改革议题。区委全面深化改革领导小组成员；区委全面深化改革领导小组有关专项小组组长、副组长和专项办主任；区级有关部门主要负责人参加会议。

6月23— 24日，召开区四套班子领导读书会。为深入学习贯彻落实省第十四次党代会精神，持续深入践行“四新”主题实践，加快赶超发展，全力打造增长极、提高首位度、争当排头兵，确保实现“全年红”。实地考察阶段：6月23日在区行政中心平台集中出发赴宁波考察。召开会议阶段：6月24日，专家讲座；“讲实效”代表单位发言（妙西镇、东林镇、龙泉街道、区国税局；观看视频；区委、区政府领导围绕“贯彻省第十四次党代会精神，践行‘四新’主题实践，加快吴兴赶超发展”主题进行交流发言；区四套班子主要领导分别讲话。实地考察参加人员：区四套班子领导，区人武部部长、区人民法院院长、区人民检察院检察长；高新区、各乡镇街道党政主要负责人；区委办、区人大办、区政府办、区政协办、区委组织部、区委宣传部、区发改委、区财政局、区住建局、区交通旅游局、区水利局、区农林局、区商务局、区环保局、区综合执法局、区国土分局、区规划分局、区督查办主要负责人。会议阶段参加人员：区四套班子领导，区人武部部长、区人民法院院长、区人民检察院检察长；高新区、各乡镇街道党政主要负责人；区级各部门主要负责人。

6月26日，召开吴兴区党政领导干部依法执政专题研讨会。会议围绕学习贯彻省委主要领导在开班式上的讲话精神，结合工作实际就如何提高领导干部依法执政能力和水平，组织专题研讨。区委、区政府领导班子成员，区人大、政协主要领导，区人民法院院长、人民检察院检察长；高新区、各乡镇街道党政主要负责人；区纪委、区委办、区人大办、区府办、区政协办、区委组织部、区委宣传部、区委政法委、区司法局主要负责人参加会议。

7月4日，召开区治水剿劣工作会议。会议由区委副书记、区长陈江主持。区委常委、统战部部长宋建方对省委剿劣督导组第三次督导情况及全区剿劣工作存在的问题进行通报；织里镇、埭溪镇、东林镇和问题水体责任人、治水剿劣督导员代表分别进行情况说明并做表态发言；区委书记吴智勇讲话。区领导：吴智勇、陈江、石一婷、宋建方、张国英、朱剑梁、温建飞、潘永锋、陈建良、费屹巍、滕辉、张文斌；高新区、各乡镇、环渚街道党政主要负责人、分管治水工作领导，中心城区各街道党委书记；16个问题水体督导员及责任人；美丽吴兴攻坚行动指挥部各专项办全体工作人员参加会议。

7月6日，举办“吴兴论坛——学习贯彻省第十四次党代会精神宣讲报告会”暨全国文明城市创建推进会。会议由区委书记吴智勇主持。第一阶段：“吴兴论坛——学习贯彻省第十四次党代会精神宣讲报告会”市委宣传部常务副部长吴伟宣讲学习贯彻省第十四次党代会精神。第二阶段：全国文明城市创建推进会区委书记吴智勇部署全国文明城市创建工作。区四套班子领导，区人民法院院长、区人民检察院检察长，区人武部部长、政委；高新区和各乡镇街道党政主要负责人、宣传委员；区级各部门主要负责人参加会议。

9月28日，在上海国际会议中心华夏厅举行2017年吴兴经贸科技洽谈会暨接轨上海推介会。主要议程：区委书记吴智勇致欢迎辞；区委副书记、区长陈江推介吴兴区投资环境；颁发上海在吴投资企业突出贡献奖；上海招商顾问受聘仪式；吴兴区驻上海工作部揭牌；吴兴区异地引才工作站集中授牌；上海有关领导致辞；知名企业嘉宾发言及签约项目业主代表发言；项目签约；市主要领导讲话。区领导吴智勇、陈江、吴旭、潘华、朱剑梁、温建飞、潘永锋、陈建良、洪波、茅利荣、韩新梅、费屹巍、朱建忠、滕辉、朱建豪、汪胜富；高新区、各乡镇、环渚街道党政主要负责人和分管招商引资工作领导，中心城区各街道党委或政府主要负责人；区委办、区府办、区委宣传部、区委人才办、区台侨办、区发改委、区金融办、区科技局、区财政局、区人力社保局、区住建交通局、区旅委、区农林局、区商务局、区环保局、区安监局、区市场监管局、区国税局、城投集团、产投集团、区消防大队、区地税分局、区国土分局、区规划分局、区科创中心主要负责人；各招商分局主要负责人；企业嘉宾和签约项目业主方代表参加会议。

11月10日，举办区委理论学习中心组（扩大）学习会。为深入学习宣传贯彻中共十九大精神，由中宣部宣教局、光明日报社主办的“社会主义核心价值观百场讲坛”活动走进浙江湖州，中央党校校委委员、副教育长、教授韩庆祥作关于“理解和把握中国特色社会主义进入新时代的深刻内涵”的专题讲座。区四套班子领导，区人武部部长、政委，区人民法院院长、区人民检察院检察长；高新区和各乡镇街道宣传委员、宣传干事（1人）、宣讲骨干（5人）；区委办、区府办、区委宣传部、区教育局、区文体局、区广电中心、湖州华数吴兴分公司主要负责人参加会议。

11月18日，召开全区小城镇环境综合整治、美丽乡村创建、农村生活污水治理和农村生活垃圾分类工作推进会。实地考察。赴埭溪集镇和施家桥集镇考察小城镇环境综合整治。召开会议。会议由区委书记吴智勇主持。区农林局（农办）传达全省美丽乡村建设和农村精神文明建设现场会精神，并就美丽乡村创建、农村生活污水治理考核验收工作作说明；区住建交通局就小城镇环境综合整治、农村生活垃圾分类考核验收工作作说明；区分管领导部署相关工作；区委书记吴智勇讲话。考察阶段参加人员：区领导：吴智勇、宋建方、滕辉；高新区、各乡镇、环渚街道党委或政府主要负责人，分管小城镇环境综合整治工作领导；区委办、区府办、区督查办负责人，区住建交通局主要负责人和分管领导。会议阶段参加人员：区领导：吴智勇、宋建方、滕辉；高新区、各乡镇、环渚街道党委或政府主要负责人，分管小城镇环境综合整治、美丽乡村创建、农村生活污水治理、农村生活垃圾分类工作领导；区委办、区府办、区督查办负责人，区住建交通局、区农林局主要负责人和分管领导。

12月12日，召开落实全面从严治党主体责任情况汇报会。区四套班子领导，区人民法院院长、人民检察院检察长；区委办、区府办主要负责人，区纪委副书记，区委组织部、区委宣传部常务副部长参加会议。

12月23日，举办吴兴区践行“四新”主题实践暨“靠前站、马上办、讲实效”文艺宣讲报告会。区四套班子领导，区人武部部长、政委，区法院院长、检察院检察长；高新区和各乡镇街道副科级及以上领导干部、文化站站长；区级各部门副科级及以上领导干部，区城投集团、区产投集团全体班子成员；中心城区各社区党组织书记、居委会主任及文明志愿者代表参加会议。

12月24日和12月26日，召开区四套班子领导读书会，会期1.5天。深入学习贯彻落实中共十九大和省委十四届二次全会、市委八届二次全会精神，坚持以“八八战略”为指引，深入践行“四新”主题实践，认真总结2017年工作，厘清优势与短板，精准谋划2018年工作举措，为推动吴兴赶超发展，加快打造增长极、提高首位度、争当排头兵汇聚强大力量。12月24日，“讲实效”代表单位发言；观看亮晒比拼视频；区四套班子领导发言12月26日专家讲座授课人：严政，浙江省国土资源厅土地利用规划处处长，授课题目：农村土地全域整治；区四套班子领导发言；区四套班子主要领导分别讲话。区四套班子领导，区人武部部长或政委，区人民法院院长、人民检察院检察长；高新区、各乡镇街道党政主要负责人；区级各部门、区城投集团、区产投集团主要负责人参加读书会。

（邓雅芳）

【中共湖州市吴兴区委重要文件目录索引】

2017年吴兴区区委重要文件一览表

表4–1

序号	文 号	文 件 题 名	日 期
1	吴委发〔2017〕1号	关于进一步加强招商引资工作的实施意见	2017–01–19
2	吴委发〔2017〕7号	关于从严加强干部队伍建设打造勇挑重担赶超发展的吴兴铁军的实施意见	2017–02–09
3	吴委发〔2017〕10号	关于贯彻落实市委开展“新标杆新业绩新形象新征程”主题实践的实施意见	2017–02–21
4	吴委发〔2017〕12号	关于深化区管企业负责人薪酬制度改革的实施意见	2017–08–10
5	吴委发〔2017〕13号	关于认真学习贯彻省第十四次党代会精神 深入践行市委“新标杆新业绩新形象新征程”主题实践的决定	2017–08–16
6	吴委发〔2017〕16号	中共湖州市吴兴区委关于认真学习宣传贯彻党的十九大精神的通知	2017–11–20
7	吴委发〔2017〕19号	关于推进安全生产领域改革发展的实施意见	2017–12–18
8	吴委发〔2017〕20号	关于建设清廉吴兴的实施办法	2017–12–29
9	吴委办〔2017〕11号	关于2017年度在全区开展“争当排头兵 实干大比拼”活动的实施意见	2017–02–02
10	吴委办〔2017〕17号	关于认真做好全区村和社区组织换届选举工作的意见	2017–03–21
11	吴委办〔2017〕20号	关于深化转型升级会战年城乡一体提升年文明创建攻坚年基层组织加强年活动的实施意见	2017–04–01
12	吴委办〔2017〕23号	印发《关于加强乡镇（街道）“四个平台”建设完善基层治理体系的补充意见》的通知	2017–04–27
13	吴委办〔2017〕24号	关于印发《区级部门派驻乡镇（街道）机构及人员管理实施意见》的通知	2017–04–27
14	吴委办〔2017〕31号	关于印发《“新标杆新业绩新形象新征程”主题实践2017年度考核办法》的通知	2017–06–19

续表 4-1

序号	文　号	文　件　题　名	日　期
15	吴委办〔2017〕36 号	关于建立重点单位法治宣传教育责任清单制度的意见	2017-07-11
16	吴委办〔2017〕39 号	关于印发《吴兴区 2017 年度党风廉政建设和反腐败工作组织领导与责任分工》的通知	2017-07-19
17	吴委办〔2017〕40 号	关于印发《吴兴区党风政风动态评议实施办法》的通知	2017-07-27
18	吴委办〔2017〕42 号	关于印发《区管企业纪委书记提名考察办法（试行）》的通知	2017-07-31
19	吴委办〔2017〕44 号	关于印发《吴兴区激励干部改革创新干事创业容错纠错实施办法（试行）》的通知	2017-08-10
20	吴委办〔2017〕51 号	印发《关于深化实施民生实事项目人大代表票决制工作的意见（试行）》的通知	2017-09-05
21	吴委办〔2017〕53 号	关于推行生活方式绿色化行动方案的实施意见	2017-09-30
22	吴委办〔2017〕55 号	关于印发《吴兴区贯彻落实市委、市政府高质量建设现代化生态型滨湖大城市重大部署的实施方案（2017—2020）》的通知	2017-10-27
23	吴委办〔2017〕56 号	关于进一步建立和完善提案工作责任制的实施意见	2017-10-31
24	吴委办〔2017〕59 号	关于印发《吴兴区信访工作责任制实施细则》的通知	2017-11-28

·中国共产党湖州市吴兴区委员会纪律检查委员会·

【纪委全委会议】　3 月 17 日，区纪委召开四届二次全体会议，区委书记吴智勇出席会议并讲话，区委副书记、区长陈江主持会议。市纪委有关领导；区委副书记石一婷等区四套班子相关领导；区人民法院院长，区人民检察院检察长，区人武部部长、政委；区纪委委员；高新区、乡镇（街道）党政主要负责人；区级部门党政主要负责人；乡镇（街道）纪委书记、副书记；区纪委派驻纪检组组长、副组长；区纪委、区监委机关中层干部等参加会议。

会议指出，过去一年，全区各级党委（党组）和纪检监察组织坚持把党风廉政建设和反腐败斗争作为全面从严治党的重要内容，坚定不移严明纪律、严纠“四风”、严惩腐败，着力构建不敢腐、不能腐、不想腐的体制机制，既得到了省市的充分肯定，也得到了全区广大党员干部和群众的拥护和认可。

会议强调，在新的形势下，全区纪检监察战线全体工作人员要进一步深化思想认识，充分认清反腐败斗争的形势。要深刻认识到党中央反腐的信心和决心更加坚定；要在思想上做好充分准备，认清全面从严治党的持久性和长期性、监督执纪的触角更加深入；要以更加坚定的政治定力，更加清晰的目标和举措，深入推进党风廉政建设和反腐败工作。要坚持纪严于法，把党的纪律和规矩挺在前面，树立四个意识，把政治纪律和政治规矩放在首位；坚决尊崇党章，认真学习党规党纪；坚持立根固本，筑牢拒腐防变思想防线。要深化作风建设，驰而不息纠正“四风”，坚持不懈推进、巩固扩大成果；要严查违纪行为、持续形成震慑；要弘扬优良作风、抵制歪风邪气。要从严惩治腐败，持续保持高压态势，惩治力度不削减、聚焦发力不分散、教育警示不间断。要聚焦主责主业，强化履职担当，持续深化政治巡查工作，抓好干部队伍建设，打造纪检监察“铁军”。

会议要求，全区纪检监察队伍要以更加坚定的信心、更加有力的举措、更加扎实的工作，推动吴兴区党风廉政建设和反腐败工作取得新的成效，在全区大力营造风清气正的工作氛围和昂扬向上的干事环境，为吴兴“打造增长极、提高首位度、争当排头兵”做出新的更大贡献。

会上，吴智勇、陈江分别与高新区、各乡镇街道党政主要负责人签订 2017 年度党风廉政建设责任书。会议还通过区委常委、区纪委书记、区监委主任张国英代表区纪委常委会作的区纪委四届二次全会工作报告；通过《中共湖州市吴兴区第四届纪律检查委员会工作规则》和《中共湖州市吴兴区第四届纪律检查委员会关于进一步加强自身建设的决定》。

【督查】　紧紧抓住主体责任，协助区委制定出台《2017年度党风廉政建设和反腐败工作组织领导与责任分工》《全面从严治党主体责任落实情况量化考核办法》，推动各单位各部门落实责任分解、责任清单、约谈提醒、签字背书等制度。深化农村基层作风巡查，完成巡查63个行政村，发现问题517个，其中问题线索34个，给予党纪处分2人，严肃查处群众身边的不正之风和腐败问题。

【作风建设】　新建机关党总支，充分运用理论学习中心组、主题党日、"学思践悟"论坛等载体，深入学习习近平新时代中国特色社会主义思想和中共十九大精神，推动"两学一做"学习教育常态化制度化。开展全区纪检监察系统"四新"主题实践，贯彻落实市纪委关于加强纪检监察干部队伍作风建设和执行力建设有关要求，培养严实深细作风。加强干部日常监督，开展谈心家访，规范"八小时以外"行为，全面落实个人重大事项报告制度，严格执行反映纪检监察干部问题线索处置管理实施办法，坚决防止"灯下黑"。

【廉政防控】　深化"三议四查"机制，16名区委、区政府领导与14名区纪委班子成员及室主任结对，"1+1"互促共推"两个责任"落实。深化主体责任报告制度，采取"请上来""走下去"相结合的方式，首次全覆盖当面听取党委（党组）履行主体责任情况，反馈具体问题和意见建议256条。协助区委对高新区、各乡镇（街道）、部分区级部门党委（党组）履行全面从严治党主体责任情况进行重点检查，推动管党治党政治责任进一步落实。严格执行拟提拔任用领导干部党风廉政建设"双审"制度，审查拟提拔为正职的领导干部13名。

【反腐倡廉宣传】　加强纪律教育，深化党纪教育一刻钟活动，2万余人次接受教育，党员干部纪律规矩意识不断增强，主动上交"三礼"（礼金礼卡礼券）折合人民币14.25万元。

【党风廉政建设】　创新建立"1+4+N"机制，加强对中共十九大精神贯彻落实情况和党章党规执行情况的监督检查，加强对中共中央决策部署和省、市、区党代会精神，以及"最多跑一次"改革、"八大行动""六重"工作、全国文明城市创建、城中村改造攻坚和建设项目遗留问题清零等重点任务贯彻落实情况的监督检查，坚决纠正有令不行、有禁不止的行为。严明换届纪律，落实"九严禁""十不准"要求，严把政治关和廉洁关，参与村（社区）组织换届联审52批2785人次，确保换届工作风清气正。

【执纪办案工作】　发挥信访主渠道作用，深化信访处置"五分法"，推行全员接访制度，全年受理信访举报303件次，同比上升42.3%，反馈满意率达93.6%。建立问题线索移送区级层面全覆盖机制，制定专题会议议事制度，全年处置问题线索67件，其中谈话函询16件，初核51件；了结40件；为158名党员干部澄清问题。强化反腐败协调小组作用，全年立案查处各类违纪案件182件，给予党纪政务处分195人，分别同比上升14.5%和46.6%，其中乡科级干部10人；挽回直接经济损失78万余元。

【纠风治理】　坚持抓长抓常，紧盯重要节点，聚焦"关键少数"，瞄准违规公款吃喝、违规发放津补贴、违规收送礼品礼金等重点问题，常态化开展明察暗访92次。集中排查整治违规公款购买消费烟酒问题，坚决纠正隐形变异"四风"问题。全年查处违反中央八项规定精神问题10件16人次，对违规公款购买购物卡、违规公款吃喝典型问题进行点名道姓通报曝光，形成有效震慑。

【监察体制改革试点】　按照中共中央和省委确定的"时间表""路线图"，在区委的坚强领导和各相关部门的通力协作下，积极稳妥推进改革试点工作。区委第一时间成立改革试点工作小组，区委主要领导担任"施工队长"，紧紧抓住方案制定、人大选举、机构设置、职能整合、人员转隶、工作和政策衔接等关键环节，2月，顺利完成区监委组建工作，从检察机关划转编制20名，实际转隶19名，改革后监察对象显著增加。坚持把"全融合"理念贯穿改革始终，组织全员全脱产集中培训，开展三轮谈心谈话，细致入微做好思想政治工作，强化"进一家门、成一家人、说一家话、干一家事"的意识，实现人员力量在政治上思想上行动上高度融合。落实合署办公体制要求，统筹设立内设机构，充实案件监督管理、审查调查、案件审理等监督执纪一线力量，改革后监督执纪一线人员编制占比79.5%。完善内控制度，严格审批程序，依法依规行使职权，用准用好监察措施。

（傅一力）

【区纪委重要文件目录索引】

2017年吴兴区纪委重要文件一览表

表4-2

序号	文　号	文 件 名 称	日　期
1	吴纪发〔2017〕1号	关于各单位党委（党组）主要负责人向区纪委报告2016年度履行党风廉政建设主体责任情况的通知	2017-03-09
2	吴纪发〔2017〕2号	中共湖州市吴兴区第四届纪律检查委员会工作规则	2017-03-27
3	吴纪发〔2017〕3号	中共湖州市吴兴区第四届纪律检查委员会关于进一步加强自身建设的决定	2017-03-24
4	吴纪发〔2017〕4号	关于在全区纪检监察系统深化“两学一做”开展“新标杆新业绩新形象新征程”主题实践的实施方案	2017-04-10
5	吴纪发〔2017〕5号	中共湖州市吴兴区纪委常委会、书记办公会议事规则	2017-08-09
6	吴纪办〔2017〕6号	中共湖州市吴兴区纪委办公室关于印发《区纪委区监委机关工作人员请销假制度》等8项制度的通知	2017-03-30
7	吴纪办〔2017〕11号	2017年度第一轮巡回交叉执纪监督工作具体方案	2017-08-05
8	吴纪办〔2017〕13号	关于建立党员干部廉政档案的通知	2017-09-05
9	吴纪办〔2017〕16号	吴兴区2017年度纪检监察信访举报工作考核办法	2017-09-12
10	吴纪办〔2017〕17号	关于全区纪检监察系统学习宣传贯彻十九大精神的活动方案	2017-10-17
11	吴纪办〔2017〕18号	关于印发《吴兴区纪检监察干部谈心家访工作实施方案》《吴兴区纪检监察干部“八小时以外”行为规范（试行）》的通知	2017-10-20
12	吴纪办〔2017〕19号	关于印发《吴兴区纪检监察系统“青蓝行动”实施方案（试行）》的通知	2017-10-27
13	吴纪办〔2017〕20号	关于建立基层办理党纪处分和行政处分案件报告备案制度的通知	2017-10-25
14	吴纪办〔2017〕21号	2017年第二轮巡回交叉执纪监督工作具体方案	2017-11-13
15	吴纪办〔2017〕22号	关于在全区纪检监察系统开展“品味书香·铸就忠诚”全员阅读活动的实施方案	2017-11-10
16	吴纪办〔2017〕24号	关于印发《“三会一课”制度》等5项制度的通知	2017-11-23

·湖州市吴兴区人民代表大会·

【区四届人大二次会议】　区四届人大二次会议于2018年2月2—4日举行。会议应到代表249名，实到代表242名，列席人员198名，并邀请10名公民旁听会议。会议的指导思想是：高举习近平新时代中国特色社会主义思想伟大旗帜，全面贯彻落实中共十九大、十九届二中全会和省、市、区委全会精神，践行“五同”理念，依法高效履职、助推改革发展、强化民主法治，为全面发力高质量赶超发展，加快建设“生态吴兴、经济强区、科技新城、幸福家园”，在全市践行“两山”理念新征程中争当排头兵做出更大贡献。会议的主要议程：（1）听取和审查湖州市吴兴区人民政府工作报告；（2）审查、批准湖州市吴兴区2017年国民经济和社会发展计划执行情况的报告及2018年国民经济和社会发展计划；（3）审查、批准湖州市吴兴区2017年预算执行情况的报告及2018年预算；（4）听取和审查湖州市吴兴区人民代表大会常务委员会工作报告；（5）听取和审查湖州市吴兴区人民法院工作报告；（6）听取和审查湖州市吴兴区人民检察院工作报告；（7）票决2018年度湖州市吴兴区人民政府民生实事项目；（8）审查湖州市吴兴区人民政府关于环境状况和环境保护目标完成情况的报告；（9）审议通过《关于高举伟大旗帜 依法监督助推 在全市践行“两山”理念新征程中争当排头兵的决定》。

【区四届人大常委会第1~6次会议】 区四届人大常委会2017年共举行常委会6次，听取和审议16项议题，作出12项决议、决定。

第1次会议于2月22日举行。会议的主要议程是：审议通过《湖州市吴兴区人民代表大会常务委员会关于区监察委员会副主任、委员任免办法的决定》；审议通过有关人事任职事项，并颁发任命书；举行宪法宣誓仪式。

第2次会议于4月17日举行。会议的主要议程：审议湖州市吴兴区人大常委会2017年工作要点（草案）；审议《湖州市吴兴区人大常委会组成人员守则修订案（草案）》；审议关于成立区四届人大常委会代表资格审查委员会的议案；听取和审议区政府关于2017年度政府重大投资项目计划草案的报告；审议有关人事任免事项；举行宪法宣誓仪式。

第3次会议于6月29日举行。会议的主要议程：学习传达省第十四次党代会精神（书面）；听取和审议区人民政府关于剿灭劣V类水工作情况的报告；听取和审议区人民政府关于2016年度财政决算草案的报告；听取和审议区人民政府关于2016年度区本级预算执行和其他财政收支的审计工作报告；审议通过《湖州市吴兴区人大常委会议事规则（修订稿）》；审议关于接受傅宇晨等辞去区四届人大代表职务的议案；审议有关人事任免事项。

第4次会议于8月21日举行。会议的主要议程：听取和审议区人民政府政情通报；听取和审议区人民政府关于2017年上半年国民经济和社会发展计划执行情况的报告（书面）；听取和审议区人民政府关于2017年上半年财政预算执行情况的报告（书面）；听取和审议区人民政府关于2017年度区本级债务额度的议案及说明；审议有关人事免职事项。

第5次会议于10月31日举行。会议的主要议程：学习传达中共十九大精神（书面）；听取和审议区人民政府关于电子信息产业发展情况的报告；听取和审议区人大调研组关于全区电子信息产业发展情况的调研报告（书面）；听取和审议区人民政府关于农产品质量安全监管体系建设的报告；听取和审议区人大调研组关于全区农产品质量安全监管体系建设的调研报告（书面）；听取和审议区人民法院关于基本解决执行难工作情况的报告；审议关于进一步规范区人大常委会会议的规定（草案）；审议有关代表辞职和补选或选举事项；审议有关人事任免事项。

第6次会议于12月29日举行。会议的主要议程：开展部分在吴市人大代表述职评价；听取和审议区人民政府关于2017年度区政府民生实事项目完成情况的报告，并开展满意度测评；听取和审议区人大常委会关于2017年度区政府民生实事项目完成情况的评估报告（书面）；听取和审议区人民政府关于中心城社区卫生服务体系建设情况的报告；听取和审议区人大常委会调研组关于中心城社区卫生服务体系建设情况的调研报告（书面）；听取和审议区人民政府关于中心城市生活垃圾分类工作情况的报告；听取和审议区人民政府关于部分乡镇街道行政区划调整的议案；听取和审议区人民政府关于调整吴兴区2017年度财政支出预算的报告；审议《关于召开湖州市吴兴区第四届人民代表大会第二次会议的决定（草案）》；审议、决定湖州市吴兴区第四届人民代表大会第二次会议列席人员名单；讨论提交湖州市吴兴区第四届人民代表大会第二次会议审议通过的有关事项（书面）；讨论湖州市吴兴区第四届人民代表大会常务委员会工作报告稿；审议有关区四届人大代表辞职事项；听取和审议区人大常委会代表资格审查委员会关于补选（选举）区四届人大代表资格审查及变动情况的报告；审议有关人事任免事项。

【创新工作】 紧跟形势，瞄准前沿，着力实施两大创新工作。（1）深入推进智慧人大建设。以“八大创新项目”为抓手，以“吴兴人大”APP、微信公众号、网站为依托，健全代表联动参与、政府协同跟进、平台整体开发等机制，探索设立人大网络监督中心，全力构建高效的财政预算联网审查系统，有序推进智慧人大与智慧法院、智慧农业等平台的融合。（2）深化拓展民生实事项目票决制。完善区、镇两级票决制，探索开展网上征集和监督工作，规范操作程序、强化跟踪问效。总结试点经验、完善工作方案，推广规范“人大代表+民情代表”的街道人大议事会制度，确保在全市率先实现高新区和街道民生实事项目代表议决制的全覆盖。

【监督工作】 （一）抓住牵一发而动全身的关键问题，找准切口、集中用力。（1）紧盯重点事。持续监督助推“八大行动”，启动“十三五”规划中期评估，密切关注重大风险防范化解。紧紧扭住“最多跑一次”改革，深入开展专项督察，助力改革向纵深推进。全面建立区、镇两级政府向本级人代会报告环境状况和环境保护目标完成情况的制度，不断优化全区生态环境质量。围绕社会治理，监督推动依法行政，支持监察体制、司法体制改革。坚持以人民为中心的发展思想，从关键小事难事入手，监督助推厕所革命、垃圾分类、学前教育等工作。（2）紧盯关键人。突出人大任命的政府部门“一把手”和法检“两官”两个关键群体，坚持党管干部，加强任后监督，启动实施新一轮述职评议工作。（3）紧盯大额财。规范推行参与式预算审查，进一步制定完善区级预算审查和审计发现问题整改的监督办法。围绕重大民生专项资金绩效目标编制、执行、完成情况，率先在全市推行绩效监督，更好发挥财政资金的引导保障作用。（二）突出“一督五年、每年必督”的重大议题，纵深开展监督活动。（1）助推构建现代产业新体系。重点就“中国制造2025”试点示范、传统产业改造提升进行审议调研，完善代表和智库共同参与机制，进一步助推新旧动能转换。（2）支持加快现代农业发展。着眼生产与流通领域，对农产品质量安全监管体系建设进行跟踪督查。开展溇港文化、湿地保护、美丽乡村建设等专项视察，助推乡村振兴战略在吴兴的生动实践。（3）持续关注食品安全。围绕源头防治、突出领域监管、企业责任落实等重点，开展执法检查和视察，对整改落实情况进行“回头看”，切实保障人民群众“舌尖上的安全”。（4）监督促进生态文明先行示范。开展生态文明先行示范区建设、烟花爆竹“双禁”等地方性法规贯彻情况的执法检查和视察，支持政府打好污染防治攻坚战。（5）深入开展“百名代表听百案”活动。着力规范听案程序，听案范围延伸到取保候审、发回重审、公益诉讼等群众关注的领域，进一步提高代表听案的参与度、司法机关办案的透明度，全年组织听案不少于15次。

【人大代表工作】 高度重视新一届代表的作用发挥，多措并举强化为民意识，保障代表履职。（1）抓学习培训提能力。通过专家集中辅导、代表小组定期培训、微信网站实时推送等模式，完成所有区、镇两级代表第一轮培训。特别邀请省市人大领导专题授课、连任代表介绍履职经验，对新当选的区代表进行集中培训，使代表在短时间内迅速进入角色、承担起代表责任。全年参加常委会视察调研和重要会议的区代表超300人次，履职积极性有效激发。（2）抓星级创建搭平台。在完成42家实体联络站的资料、设施、管理“三更新”的基础上，根据市人大统一部署，按照“标准化建设、规范化管理、高效化运作”的要求，全面启动五星级创建，高质量完成首批16家五星级代表联络站的创建工作。不断深化“两网融合”，实现网上履职平台代表注册、登录全覆盖。（3）抓主题活动促履职。启动新一轮“履职作表率、代表在行动”主题实践活动，建立履职登记与量化评价相结合的代表履职百分竞赛考核机制，组织首批20名在吴兴的市代表向区人大常委会述职。市委书记、区委书记、区长等各级领导代表带头进联络站接待选民，全年累计有495名代表开展接待活动172次，接待选民2000多人次，印发《民情通报》172期，交办问题615件、已解决392件。（4）抓建议办理重落实。坚持区人民政府领导领衔办理、区人大常委会领导领衔督办机制，64件区四届人大一次会议代表建议全部办结，代表满意率100%，问题解决率69%。首次举办人大代表问政会，遴选10件重点建议件，通过代表现场提问、局长当场解答、组织民主评议的方式，有力督促代表建议办理工作落到实处。

（沈欢欢）

【区人大重要文件目录索引】

2017 年吴兴区人大重要文件一览表

表 4-3

序号	文　号	文　件　标　题	日　期
1	吴人大〔2017〕2 号	湖州市吴兴区人民代表大会常务委员会关于召开湖州市吴兴区第四届人民代表大会第一次会议的决定	2017-01-12
2	吴人大〔2017〕5 号	关于吴兴区选举湖州市第八届人民代表大会代表选举结果的报告	2017-02-22
3	吴人大〔2017〕7 号	关于区人大常委会主任、副主任分工的通知	2017-02-27
4	吴人大〔2017〕9 号	湖州市吴兴区人民代表大会常务委员会关于成立区四届人大常委会代表资格审查委员会的决定	2017-04-17
5	吴人大〔2017〕10 号	湖州市吴兴区人大常委会 2017 年工作要点	2017-04-17
6	吴人大〔2017〕12 号	湖州市吴兴区人民代表大会常务委员会议事规则	2017-06-30
7	吴人大〔2017〕13 号	关于印发《湖州市吴兴区人民代表大会常务委员会关于全区剿灭劣Ⅴ类水工作报告的审议意见》的通知	2017-06-29
8	吴人大〔2017〕14 号	湖州市吴兴区人民代表大会常务委员会关于接受傅宇晨等辞去区四届人大代表职务的决定	2017-06-29
9	吴人大〔2017〕15 号	湖州市吴兴区人民代表大会常务委员会关于批准吴兴区 2016 年度财政决算的决定	2017-06-30
10	吴人大〔2017〕25 号	湖州市吴兴区人民代表大会常务委员会关于同意调整我区部分乡镇街道行政区划的决议	2017-12-29
11	吴人大〔2017〕26 号	湖州市吴兴区人民代表大会常务委员会关于批准调整吴兴区 2017 年度财政支出预算的决定	2017-12-29
12	吴人大〔2017〕29 号	湖州市吴兴区人民代表大会常务委员会关于召开湖州市吴兴区第四届人民代表大会第二次会议的决定	2017-12-29

・湖州市吴兴区人民政府・

【区政府全体会议】　3 月 18 日，区政府召开 2017 年区政府全体会议。区委副书记、区长陈江出席会议并讲话。会议围绕区第四次党代会和区四届人大一次会议确定的目标任务，立足“打造增长极、提高首位度、争当排头兵”总定位，强化责任，狠抓落实，确保圆满完成全年政府系统各项工作；同时部署政府系统自身建设和人大代表议案建议、政协委员提案办理工作，致力于用“为民、实干、清廉”的作风切实推动社会发展、取信于民。

会议指出，做好“两案”办理工作，是政府接受人大依法监督、政协民主监督的基本要求，是政府的法定职责，是依法行政的重要内容。政府组成部门要切实落实责任，注重质量，力求实效。

会议强调，新一届政府要按照市委、市政府和区委的决策部署，加强建设，抓好落实。要把微笑和自信写在脸上，吴兴干部的微笑和自信代表了吴兴这座新城的气质。在历届区委、区政府的带领下，通过战略谋定格局、比拼锻造铁军、项目集聚实力、品牌营造优势，吴兴发展态势良好。要坚定信心，放开手脚大干快干，干出一番无愧于组织和人民的新业绩。同时，要时刻保持一颗忧患心，只有忧患才能清醒，才能保持住韧性与毅力。

会议提出，要以一往无前的勇气和担当狠抓落实，把市里“四个新”和区委提出的“五个再”的要求落实成具体行动，做好工作落实。要克服瞻前顾后的思想，敢当“出头鸟”。要敢当排头兵，敢于争取、勇于领先；敢于试点，大胆尝试；敢于自我加压，挖掘潜力。要克服懈怠等靠的作风，加快步伐。要强化督查考核，比学敢拼；要发扬“马上办”的作风，立说立干；要找准重点、焦点，分清轻重缓急。

会议要求，要克服明哲保身的思想，对得起自己的岗位和职责。要强化责任，真正担当起责任；对问题、难题，要穷尽一切办法；要竭尽全力，做到问心无愧。要克服“甩手掌柜”的作风，善于一竿子插到底。做到底子清、情况熟，敢于攻难、破难，要有拼劲和韧劲。要克服本位主义，上下同欲，拧成一股绳。要讲政治、讲执行、讲大局、讲风格，善于大部制作战。要克服侥幸心理，始终保持清正廉洁。要强化大局意识、看齐意识、政治意识、核心意识，谨小慎微、严于律己，守好底线，始终保持廉洁纪律。会上，通报表扬2016年度“两案”办理工作先进集体。

【区政府常务会议】 全年区政府召开12次常务会议。

1月13日，举行三届第64次常务会议。会议研究关于2016年度全区安全生产（消防）形势及2017年工作安排的情况；关于加强吴兴区行政执法统筹协调指挥与协作配合工作的情况；关于吴兴区微型消防站建设运行的情况；关于2016年吴兴区交通项目实施及2017年项目安排的情况；关于2017年全区工业经济和招商引资大会，全区农业工作会议暨美丽吴兴攻坚、现代农业工作引领行动部署会涉及考核结果通报等事项的情况；关于2017年度区级部门综合预算编制（“二下”方案）的情况。

1月23日，举行三届第65次常务会议。会议研究关于2017年政府工作报告的情况；关于湖州市吴兴区2016年国民经济和社会发展计划执行情况及2017年国民经济和社会发展计划草案的报告（书面）；关于湖州市吴兴区2016年预算执行情况及2017年预算草案的情况（书面）。

3月9日，举行四届第1次常务会议。会议研究关于吴兴区加快推进“最多跑一次”改革实施方案的情况；关于吴兴区减轻企业负担降低企业成本政策二十一条的情况；关于创建省级体育强区的情况；关于2017年吴兴区劳动模范和模范集体推荐评选的情况；关于全面梳理公开公共服务事项的情况（书面）；关于吴兴区人民政府工作规则的情况（书面）；关于《吴兴区化工行业安全发展规划（2016—2020）》第二轮修编的情况报告（书面）。

4月15日，举行四届第2次常务会议。会议研究关于一季度全区安全生产（消防）工作的情况；关于推进乡镇（街道）“四个平台”建设的情况；关于“美丽吴兴”建设若干奖补政策的情况；关于开展区长、副区长及区府各部门、区直各单位“一把手”领办“破难题、办实事、树标杆”项目攻坚行动的情况（书面）。

5月19日，举行四届第3次常务会议。会议研究关于全区网格化环境监管体系建设试点工作的情况；关于2017年1—4月食品安全工作的情况；关于实施吴兴区城乡环卫“一体化”项目的建议方案；关于新居民事务管理职责调整事项的情况；关于出台《吴兴区人民政府关于加快供给侧改革促进国土资源节约集约高效利用的实施意见》的情况；关于进一步加快吴兴区服务业发展的十八条政策意见的情况；关于调整旅游和交通机构设置的情况；关于调整完善《吴兴区人口和计划生育管理实施办法》的情况（书面）。

6月22日，举行四届第4次常务会议。会议研究关于当前审计制度重大问题的意见解读；关于组建吴兴区两大国有资本投资运营集团的框架；关于吴兴区城中村改造攻坚和建设项目遗留问题清零专项行动方案的情况；关于2017年度吴兴区驻村局长“百日攻坚”拆违控违大行动实施方案的情况；关于吴兴区2017年度“雪亮工程”建设实施意见的情况；关于中央环保督察迎检准备工作的情况；关于吴兴区生态文明先行示范区建设工作的情况；关于《深入开展矿山复绿专项行动实施方案（送审稿）》的情况；关于开展综合治理毁林（竹）专项行动实施方案的情况；关于农村土地承包经营权确权登记颁证工作的情况；关于2017年吴兴区“中国制造2025”试点示范建设推进计划（征求意见）及吴兴区“中国制造2025”试点示范建设的若干意见（征求意见）的情况；关于《2017年吴兴区开放型经济工作考核办法》的情况；关于2017年度法治政府建设（依法行政）考核评价指标及工作要点的情况（书面）；关于开展吴兴区家庭屋顶光伏工程建设工作的情况（书面）；关于进一步加快吴兴区电子商务发展的若干政策的情况（书面）；关于吴兴区危险化学品安全综合治理方案的有关情况（书面）。

7月15日，举行四届第5次常务会议。会议研究关于 2017 年上半年全区安全生产（消防）工作情况和下半年工作打算的情况；关于加快全域旅游发展若干政策意见的情况；关于吴兴区盐业体制改革实施方案的情况；关于设立湖州驻上海联络处吴兴工作部的情况；关于进一步促进外经贸发展若干意见的情况（书面）。

8 月 19 日，举行四届第 6 次常务会议。会议研究关于吴兴区生态保护红线划定工作的情况；关于农村宅基地和农房登记发证的情况；关于公共资源交易监督管理体制机制改革及部分机构编制事项调整的情况；关于 2017 年吴兴经贸科技洽谈会暨接轨上海活动周方案的情况；关于《吴兴区打造“四型库塘美丽河漾”三年行动方案》的情况；关于 2018 年度区级部门综合预算编制方案的情况；关于吴兴区中小学心理健康教育提升工程的情况。

9 月 16 日，举行四届第 7 次常务会议。会议研究关于 2017 年 1—8 月食品安全工作的情况；关于挂牌督办重大安全隐患的情况；关于吴兴区配合中央环境保护督察工作进展的情况；关于“破难题、办实事、树标杆”1—8 月推进的情况；关于吴兴区 2017 年企业分类综合评价工作开展的情况（书面）；关于吴兴区传统产业改造提升行动计划（2017—2020 年）的情况（书面）；关于深入践行“两山”重要思想加快推进绿色发展实施方案的有关情况（书面）；关于推行生活方式绿色化行动实施意见的有关情况（书面）。

10 月 21 日，举行四届第 8 次常务会议。会议研究对新《中华人民共和国环境保护法》（以下简称《环境保护法》）修订重点的解读；关于吴兴区土壤污染防治工作方案的情况；关于吴兴区重要经济事项内审整改落实和规范提升的情况；关于吴兴区三季度工业经济运行及四季度“冲刺全年红”工作打算的情况；关于进一步加强政府性债务管理的情况；关于《吴兴区聚焦实体经济发展全面推进绿色金融改革创新行动方案》的情况；关于出台《加快湖州江南影视城发展若干政策》的情况；关于公布第一批区级行政执法主体的情况（书面）。

11 月 25 日，举行四届第 9 次常务会议。会议研究关于吴兴区《推进安全生产领域改革发展的实施意见》的情况；关于吴兴区深化行政复议体制改革实施方案的情况；关于吴兴区贯彻实施《湖州市禁止销售燃放烟花爆竹规定》工作方案的情况；关于吴兴区传统制造业改造提升实施方案的情况；关于调整吴兴区具体建设项目使用计划指标收费标准建议的情况；关于《吴兴区招商分局管理考核办法（试行）》的情况；关于“护航十九大”安全生产大检查及安保工作的情况（书面）；关于制定吴兴区行政调解权利义务清单的情况（书面）。

12 月 16 日，举行四届第 10 次常务会议。会议研究关于吴兴区创建全国街道服务管理创新实验区的情况；关于吴兴区部分乡镇街道行政区划调整的情况；关于取消行政事业性收费后吴兴区新建房屋白蚁防治工作的情况；关于吴兴区政务服务中心规范化建设方案的情况；关于《吴兴区加快绿色金融改革创新促进实体经济发展的若干意见》的情况；关于吴兴区政府产业基金管理办法的情况；关于全区经济社会发展主要指标 2017 年完成情况预计及 2018 年预期目标安排建议的情况；关于制订吴兴区应征公民拒绝、逃避服兵役行为处罚实施办法的情况；关于制定《区政府行政规范性文件征求意见工作实施细则》的情况（书面）；关于调整吴兴区“享受教育特殊津贴人才”评选类别及名额的情况（书面）；关于《吴兴区民宿管理办法（试行）》（修订稿）的情况（书面）。

【区政府专题会议】　全年区政府召开如下专题会议。召开了关于东林镇商林漾渔恍互补项目控制性详细规划评审会议；关于明确美欣达集团有限公司重大资产重组相关事宜会议；关于吴兴区农村生活污水处理系统排水管道资金结算与支付的专题会议；湖州国际工业设计中心 2016 年度运行工作专题会议；关于协调解决湖州金洁实业有限公司等项目相关事宜的专题会议；关于市水投公司原吴兴蚕种场地块处置相关事宜的专题协调会议；关于协调解决郎高养老护理院项目相关审批办证手续的专题会议；关于湖州福晖置业有限公司破产处置有关问题专题会议；关于协调解决浙江汉邦机电装备集团有限公司厂房竣工验收备案相关事宜的专题会议；关于进一步推进“智慧新城”建设专题会议；关于矿山治理工作有关事项的专题会议；关于吴兴美妆小镇创业大道至 104 国道下沈区块场平工程有关事项的专题会议；关于区级平台投融资担保事项的专题会议；关于湖州宏鑫铝业有限公司环保整治提升考核验收的会议；关于湖州享达铝业有限公司环保整治提升考核验收的会议；关于湖州美通铝业有限公司环保整治提升考核验收的会议；关于湖州三才铝业有限公司环保整治提升考核验收的会议；关于湖州市织里泰运铝型材厂环保整治提升考核验收的会议；关于湖州织里鼎盛金属制品有限公司环保整治提升考核验收的会议；关于湖州卓成铝型材有限公司环保整治提升考核验收的会议；关于湖州新旺铝业有限公司环保整治提升考核验收的会议；关于东尼电子提前办理房产证的专题会议；关于小城镇环境综合整治招投标工作的专题会议；关于区政府公交换乘中心建设的专题会议；关于丝绸小镇创意产业园（一期）项目相关事宜的专题会议；关于湖东西区谈家扇花园补办权证有关问题的专题会议；关于东林镇镇区控制性详细规划局部修编评审会议；关于湖州鹿山至双林公路八里店镇段建设的专题会议；关于湖州枫叶国际学校申办临时办学许可证事项协调的专题会议；关于湖州国际乡村旅游度假精品示范区项目有关事项的专题会议；关于协调解决浙江旭派克智能科技有限公司项目建筑密度等事宜的会议；关于加快推进吴兴盛林80兆瓦渔光互补光伏发电项目建设的专题会议；关于组建吴兴区农合联资产经营有限公司的专题协调会议；关于中节能产业园项目房屋综合验收的专题会议；关于加快落实宗教活动场所视频监控建设联网应用工作协调会议；关于吴兴西塞山旅游度假区总体规划的评审会议；关于吴兴区村庄布局规划部门联合审查的专题会议；关于西山、诸墓圩区整治工程重大设计变更审查会议；吴兴区规划委员会2017年第1次会议；关于久立工业园项目相关事宜的专题会议；关于协调解决埭溪美妆科创中心工程项目相关问题的专题会议；关于织里国际商业城项目相关事宜的专题会议；关于协调解决湖州吴兴超启商业保理有限公司相关事宜的会议；关于全额返还小城镇环境综合整治所在乡镇土地出让金的专题会议；关于协调解决高新区后林村栢家湾整村拆除中农户诉求的专题会议；关于推进知了国际帐篷露营地项目的会议；关于浙江佳路利印染有限公司印染行业污染整治验收会议；关于湖州富顺纺织有限公司印染行业污染整治验收会议；关于吴兴区文体中心项目的专题会议；关于吴兴区文体中心材料、设备档次的第一次专题会议；关于吴兴区文体中心材料、设备档次的第二次专题会议；关于吴兴区文体中心材料、设备档资的第三次专题会议；关于全国文明城市创建攻坚时期区管理有关问题的会议；关于湖州国际乡村旅游度假精品示范区项目推进相关事项的专题会议；关于吴兴区人民检察院附属用房文化建设项目邀请招标的专题会议；关于金龙家苑小区物业管理体制和市容环境卫生整治有关问题的专题会议；关于2016年度第二批区服务业项目政策享受审查工作的专题会议；关于妙西镇原南埠、渡善废弃矿山沼理历史遗留问题处理的专题协调会议；关于湖州高强铝业有限公司环保整治提升考核验收的专题会议；关于湖州漾西电化有限公司环保整治提升考核验收的专题会议；关于湖州市织里新飞铝业有限公司环保整治提升考核验收的专题会议；关于湖州鑫峰铝业有限公司环保整治提升考核验收的专题会议；关于湖州织里奥星铝业有限公司环保整治提升考核验收的专题会议；关于湖州好灵通铝业有限公司环保整治提升考核验收的专题会议；关于湖州织里荣华铝业有限公司环保整治提升考核验收的专题会议；关于湖州织里荣兴达铝业有限公司环保整治提升考核验收的专题会议；关于湖州市织里福牌铝业有限公司环保整治提升考核验收的专题会议；关于湖州市织里明才铝业有限公司环保整治提升考核验收的专题会议；关于湖州织里丰元铝业有限公司环保整治提升考核验收的专题会议；关于湖州织里凯升利铝业有限公司环保整治提升考核验收的专题会议；关于湖州华利铝业有限公司环保整治提升考核验收的专题会议；关于湖州金莱铝业有限公司环保整治提升考核验收的专题会议；关于湖州董氏铝业有限公司环保整治提升考核验收的专题会议；关于湖州锦华粉末涂装有限公司环保整治提升考核验收的专题会议；关于湖州织里宝丰铝业有限公司环保整治提升考核验收的专题会议；关于湖州奇美铝合金型材加工厂环保整治提升考核验收的专题会议；关于湖东村文明城市创建有关工作的专题协调会议；关于进一步加快项目建设工作的会议；关于东林镇锦山集镇公共服务中心地块环渚街道景明玫瑰园地块控制性详细规划评审会议；关于协调解决湖州云峰包装印刷有限公司新建标准厂房等项目的会议；关于八里店镇小城镇环境综合整治项目招标事宜的专题会议；关于全区在建工程项目监督管理事宜的专题会议；关于中福建材城项目前期相关事宜的专题会议；关于埭溪镇原东上强矿地块控制性详细规划评审的会议；关于湖州金泰科技股份有限公司湖州赫特金泰汽车零部件有限公司破产重整所涉及税收债权问题处理办法的会议；关于枫叶国际学校学费定价标准的专题会议；关于吴兴区2017年度第一批建设用地项目供地联审会议；关于2017年第二次区级平台投融资担保事项的专题会议；关于湖州国际乡村旅游度假精品示范区项目推进相关事项的专题会议；吴兴区规划委员会2017年第2次会议；关于美妆小镇“百日攻坚”行动推进协调专题会议；关于吴兴区金融税收工作的专题会议；关于吴兴区金融招商工作的专题会议；关于跨乡镇协调农整项目复垦地块指标的专题会议；关于吴兴区公共卫生中心建设事宜的专题会议；关于织里镇与湖州城市投资发展集团有限公司战略合作的专题会议；关于吴兴区科创园安全监管问题的专题会议；关于配强区规划分局技术人员办量事宜的专题会议；关于湖州吴兴两山农林合作社联合社注册登记相关事宜专题协调会议；关于道场乡三个农整项目复垦地块整改提升工程有关事项的专题会议；关于明确湖州灵粮生态农业有限公司项目调整方案评审事宜的会议；关于协调解决湖州吴兴华盛达中小企业金融服务有限公司相关事宜的会议；关于论证湖州市固体废物综合利用处置场项目选址的专题会议；关于协调解决湖州金牛编织印染实业有限公司整体搬迁相关事宜的会议；关于埭溪镇工业园区板庄山场平工程历史遗留问题处理的专题会议；关于吴兴区2017年度第二批建设用地项目供地联审会议；关于区行政中心办公大楼会议保障系统改造升级的会议；关于协调解决敏实汽车零部件生产项目开工建设问题的专题会议；关于八里店镇移沿山湿地景区游客集散中心项目建设招投标事宜的专题会议；关于湖山大道项目推进的会议；关于浙江汉邦科技股份有限公司相关事宜的会议；关于协调解决湖州老恒和酿造有限公司新建年产20万吨调味品生产线及研发中心等项目的专题会议；区政府与区总工会联席会议；关于加快推进湖东村城中村改造有关问题的专题会议；关于东部病死动物无害化收集处理工作有关事项的协调会议；关于八里店镇章家埭村级留用地出让事宜的专题会议；关于浙江宝鸿不锈钢有限公司项目土地分割转让的专题会议；关于新纺集团“两链”风险化解处置工作的专题会议；关于妙西镇大师智慧谷；西塞山度假木层“坡地村镇”试点项目建设推进工作的专题协调会议；关于东林镇集体经济欠发达村物业经济发展用房项目有关事宜的专题协调会议；关于加快推进妙西镇（西塞山方式假区）项目建设的专题会议；关于区文体中心水舞剧场项目招标相关事宜的专题会议；关于湖州吴兴实验小学项目环境管控有关事宜的专题协调会议；关于吴兴区场站综合体及周边区域交通专项设计相关事宜的专题会议；关于吴兴区文体中心第四次材料设备档次及相关事宜的专题会议；关于抓紧做好总自由港8幢大楼收购移交等相关工作的专题会议；关于协调解决湖州周生记餐饮料管理有限公司环评项目名称变更相关事宜会议；关于敏盛汽车零部件项目及标立电镀项目相关事宜的会议；2017年度吴兴区市级美丽乡村精品村创建规划评审会议；2017年度吴兴区市级美丽乡村创建规划评审会议；关于埭溪镇东红石矿土地复垦项目工程招投标有关事项的专题协调会议；吴兴区2017年度第三批建设用地项目供地联审会议；关于区城投集团设计项目公开招标事宜的专题会议；关于妙西镇贝盛光伏和织里金家坞公墓配套停车场场平工程历史遗留问题处理的专题协调会议；关于妙西镇稍康至塘里公路工程有关事项的专题协调会议；吴兴区规划委员会2017年第4次会议；吴兴区文体中心第五次材料设备档次的专题会议；关于吴兴区农村土地承包经营权证书制作有关事项的专题协调会议；关于吴兴区2017年度“3256”垦造耕地项目工程招投标有关事项的专题协调会议；关于湖州国际乡村旅游度假精品示范区项目推进相关事项的专题会议；关于湖州森诺公司垃圾飞灰无害化处置项目选址有关事宜专题会议；关于协调解决湖州天瑞双能源汽车有限公司资产处置有关事宜的会议；关于飞英电商（跨境）多媒体产业园专项政策的专题会议；关于八里店镇东方花园项目破产处置相关事宜的专题会议；关于环渚街道大东村农贸市场建设涉及管线搬迁有关事宜专题协调会议；关于湖州市东部新城吴兴大道与经三路西南角商业地块平整工程项目的专题会议；关于妙西镇大师智慧谷“坡地村镇”试点项目二期增量用地的专题会议；关于协调解决华煜建设集团商品混凝土供需问题的专题会议；关于吴兴区卫生监督织里分所相关事项的会议；关于协调解决浙江威途机械有限公司项目有关事宜的会议；关于吴兴区漾西小学学生接送车临时改道相关事项的专题会议；关于太湖娄港片区、八里店南片田园综合体规划设计相关事宜的专题会议；吴兴区规划委员会2017年第5次会议；吴兴区2017年度第四批建设用地项目供地联审会议；关于加快推进全区未供已用土地处置工作的专题会议；关于区人民法院审判法庭及审判保障服务用房文化建设项目二期工程沈家本文化园建设项目招标事宜的专题会议；2017年度吴兴区电子商务发展专项资金政策兑现审查工作的专题会议；2017年度第一批区服务业项目政策享受审查工作的专题会议；关于入驻总部自由港项目有关事宜的专题会议；关于吴兴区蓝藻打捞工作相关事宜的专题协调会议；关于妥善处理大东吴集团金龙家苑回购结算有关问题的专题会议；关于湖州丁亮影视文化工作室等两家工作室税收奖励问题的会议；关于市本级厕所开展品质提升工作的专题会议；关于协调解决浙江天立新材有限公司产品结构调整技术改造等项目问题的会议。

【人大代表建议和政协提案办理工作】 在区四届人大一次会议上收到建议、意见64件；在区政协三届一次会议上收到提案113件。177件“两案”，其中关于经济建设30件、建设交通28件、农业农村25件、社会发展44件、城镇社区29件、其他21件，办理工作涉及48个承办单位。经过3个月办理，实现办理速度快、问题解决好、办理效果好的“一快二好”目标。代表、委员对答复表示满意174件、基本满意3件，满意率达100%。问题已解决或基本解决126件，解决率达71.2%；列入解决计划41件，占比23.2%；暂缓解决1件，占比0.6%；供参考9件，占比5.1%。

【民生实事项目】 （1）污水整治方面，完成建设污水收集管网项目20项、完成32.6公里。全区2个县控监测断面及16个市控以上监测断面功能区达标率为100%，其中3个断面为Ⅱ类水、15个断面为Ⅲ类水，无Ⅳ类水以下断面。（2）保障性住房方面，完成10个保障性安居工程项目，共7241套，完成任务的105%。（3）危旧房治理改造方面，完成中心城区51幢C、D级危房治理任务。农村D级危房和涉及公共安全的C级危房全部完成治理。（4）垃圾分类处置方面，全区共230个小区、179个单位（含学校）完成生活垃圾分类全覆盖；完成90个村（共163个行政村，其中55个纳入拆迁范围，18个2016年共完成生活垃圾分类处理工作）农村生活垃圾分类处理工作。（5）交通设施提升方面，完成新建农村联网公路10.9公里，完成大中修17.8公里；危桥维修改造完成6座；新增优化东部新城公交线路完成10条；配置公交车30辆。（6）政府购买居家养老服务方面，为全区所有3508位困难老人提供政府购买居家养老服务。（7）残疾人两项补贴方面，为全区所有2414名困难残疾人发放困难残疾人生活补贴，为所有2556名重度残疾人发放重度残疾人护理补贴。（8）社区卫生服务方面，朝阳爱山、月河飞英社区卫生服务中心项目已完成建设；余家漾、碧潮苑和车站等3家社区卫生服务站改扩建项目已全面投入使用。（9）学校校园综合改造方面，完成9所乡镇学校综合改造，完成任务的128%。（10）文体设施建设项目方面，新建农村文化礼堂10个、中心村全民健身广场6个、多功能运动场地10个；完成小康体育村提升工程20个。

【区政府重要文件目录索引】

吴兴区人民政府发文：

1月：《2016年度农业农村工作考核优胜单位的通报》《关于2016年度工业经济和招商引资工作考核优胜单位的通报》

2月：《吴兴区人民政府关于公布2017年度第一批区级挂牌督办区域性火灾隐患及重大火灾隐患单位的通知》《关于加强行政执法统筹协调指挥工作的实施意见》

3月：《关于印发吴兴区残疾人事业发展“十三五”规划的通知》《吴兴区人民政府关于印发吴兴区人民政府工作规则的通知》

4月：《关于印发吴兴区战略性新兴产业发展“十三五”规划的通知》《关于印发吴兴区智能装备产业发展“十三五”规划的通知》《关于印发吴兴区能源发展“十三五”规划的通知》

5月：《关于表彰吴兴区劳动模范和模范集体的决定》《关于印发吴兴区工业强区建设“十三五”规划的通知》《关于印发吴兴区人才发展“十三五”规划的通知》《关于印发吴兴区开放型经济“十三五”发展规划的通知》《关于印发吴兴区生态环境保护“十三五”规划的通知》《关于印发吴兴区综合交通运输业发展“十三五”规划的通知》

7月：《关于公布2017年度第二批区级挂牌督办重大火灾隐患单位的通知》《关于印发吴兴区深入开展矿山复绿专项行动实施方案的通知》

8月：《关于印发吴兴区盐业体制改革实施方案的通知》《关于印发吴兴区“十三五”现代农业发展规划的通知》

9月：《吴兴区人民政府关于印发吴兴区传统产业改造提升行动计划（2017—2020年）的通知》《吴兴区人民政府关于印发吴兴区休闲旅游发展“十三五”规划的通知》《关于区长、副区长分工调整的通

知》《关于公布2017年行政规范性文件评估清理结果的通知》

10月:《关于区级行政执法主体(第一批)的公告》《关于对李荣春、费耀平见义勇为行为嘉奖的决定》

12月:《关于对2017年度挂牌督办重大火灾隐患单位予以销案摘牌的通知》《关于进一步加强文物保护工作的通知》《关于印发吴兴区传统制造业改造提升实施方案(2017—2020年)的通知》《关于印发湖州市吴兴区地名管理规定的通知》《关于加快推进慈善事业发展的实施意见》《关于印发吴兴区民宿管理办法的通知》《关于印发吴兴区应征公民拒绝 逃避服兵役行为处罚实施办法的通知》《关于给予2017年度部分重点工作有功集体和个人行政奖励的决定》

吴兴区人民政府办公室发文:

1月:《关于印发吴兴区2017年安全生产(消防)工作目标责任考核办法的通知》《关于印发吴兴区打击非法倾倒垃圾专项行动方案的通知》《关于2016年度吴兴区金融机构考核情况的通报》《关于印发吴兴区渔民转产转业实施方案的通知》

2月:《吴兴区人民政府关于区长、副区长分工的通知》《关于做好2017年城乡居民基本医疗保险工作的通知》《关于印发吴兴区2016年度土地矿产卫片执法监督检查工作实施方案的通知》《关于下达2017年度各乡镇住房公积金制度扩面工作目标任务的通知》《关于印发吴兴区加强农产品质量安全基层责任网络建设实施办法的通知》

3月:《关于印发吴兴区综合行政执法配合协作机制等6个文件的通知》《吴兴区人民政府办公室转发区总工会关于推荐评选2017年吴兴区劳动模范和模范集体方案的通知》《关于印发2017年交通运输重点工作的通知》《吴兴区人民政府办公室关于印发〈政府工作报告〉的通知》《关于印发吴兴区全面梳理公开公共服务事项实施方案的通知》《关于印发〈吴兴区跨行政区域河流交接断面水质保护管理考核办法〉的通知》《关于印发2017年吴兴区工业强区建设推进计划的通知》

4月:《关于印发2017—2018年吴兴区畜禽养殖综合整治补助办法的通知》《关于印发〈2017年度 吴兴区涉尘(喷涂)作业场所安全生产专项整治实施方案〉的通知》《关于印发吴兴区安全生产委员会组织结构设置及工作规则与组成人员名单的通知》《关于印发吴兴区加快推进"最多跑一次"改革实施方案的通知》《关于印发吴兴区疾病应急救助制度试行办法的通知》《关于印发吴兴区减轻企业负担降低企业成本政策二十一条的通知》《关于印发2017年度吴兴区政府常务会议学法计划的通知》《关于印发吴兴区推进"四好农村路"建设实施方案的通知》《关于印发2017年政府工作报告重点工作责任分解的通知》

5月:《关于印发2017年吴兴区服务业发展工作推进计划的通知》《关于公布吴兴区2017年度多层次资本市场上市挂牌第一批重点培育企业名单的通知》《关于调整区政府办公室领导班子成员分工的通知》《关于2017年度区重点"两案"领导领办责任分解的通知》《关于2017年区"两案"办理责任分解的通知》《关于印发吴兴区开展"一严查两整治"亮剑行动实施方案的通知》《关于印发推进吴兴区中小学教师"区管校聘"工作实施意见的通知》《关于2016年度全区政府系统信息工作考核结果的通报》《关于转发湖州吴兴农村商业银行普惠金融提升工程五年行动计划(2016—2020年)的通知》《关于印发2017年度吴兴区地质灾害防治方案的通知》《关于印发吴兴区地质灾害隐患综合治理"除险安居"行动实施方案的通知》

6月:《关于印发吴兴区人口和计划生育管理实施办法的通知》《关于印发吴兴区2017年夏季消防检查工作方案的通知》《关于印发吴兴区消防安全委员会成员单位消防工作职责和有关制度的通知》《关于印发2017年无偿献血工作要点的通知》《关于加强食品安全社会共治的实施意见》《关于印发吴兴区矿山安全生产攻坚克难工作方案的通知》《转发湖州市人民政府办公室关于公布湖州市2017年度市级政府集中采购目录及标准的通知》《关于进一步加快吴兴区服务业发展的二十条政策意见》《关于印发吴兴区开展农民合作社创新试点工作实施方案的通知》《关于印发2017年度全区政务信息工作考核办法的通知》《关于印发2017年吴兴区信息经济及两化融合发展推进计划的通知》《关于印发2017年吴兴区深入推进网格化环境监管工作先行试点实施方案的通知》《关于印发吴兴区环境保护委员会组织架构职责分工及工作规则的通知》《关于印发当前需抓紧落实的25件重大事项的通知》《关于成立吴兴区行业协会商会与行政机关脱钩联合工作组的通知》

7月:《关于印发吴兴区危险化学品安全综合治理实施方案的通知》《关于破解招工难题保障企业用工助力吴兴发展三年行动计划的实施意见》《关于公布吴兴区第六批非物质文化遗产代表作名录的通知》《关于进一步加快吴兴区电子商务发展的若干政策》《关于印发吴兴区地质灾害隐患综合治理"除险安居"行动考核办法的通知》《关于调整区政策性农业保险工作协调小组成员的通知》《关于成立吴兴区社会保险监督委员会的通知》《关于开展2017年度法治政府建设(依法行政)考核评价工作的通知》《关于印发2017年度法治政府建设工作要点的通知》《关于调整区级政府性债务管理领导小组通知》《关于明确加快市本级发展工作任务责任分工的通知》《关于印发吴兴区金属表面处理(非电镀)行业污染整治提升实施方案的通知》《关于印发吴兴区发挥质量标准品牌引领作用推动供需结构升级行动计划(2017—2020年)的通知》《关于印发吴兴区工业领域供给侧结构性改革实施方案的通知》《关于印发吴兴区分级诊疗工作实施方案的通知》《关于印发加快供给侧改革促进国土资源节约集约高效利用的实施意见的通知》《关于成立和调整区级有关临时性机构的通知》《关于进一步促进外经贸发展的若干意见》《关于推进吴兴区家庭屋顶光伏工程建设的实施方案》《关于印发吴兴区综合治理毁林(竹)专项行动实施方案的通知》

8月:《关于印发吴兴区加快全域旅游发展若干政策意见的通知》《关于印发吴兴区重污染天气应急预案(试行)的通知》《80关于印发吴兴区东林镇低小散块状行业整治工作实施方案(2017—2019年)的通知》《关于印发吴兴区进一步推进渔业生态养殖加快尾水治理实施方案的通知》《关于印发吴兴区创建省级"平安农机"示范区活动实施方案的通知》《关于印发2017年度吴兴区开放型经济工作考核办法的通知》《关于开展行政规范性文件评估清理工作的通知》《关于印发吴兴区高新区喷水织机专项整治实施方(2017—2020年)的通知》《关于印发吴兴区东林镇喷水织机行业整治工作实施方案的通知》《关于印发吴兴区"企业上云"行动计划(2017年)的通知》《关于调整畜禽规模养殖监管责任人的通知》《关于印发吴兴区2017年"中国制造2025"试点示范建设推进计划的通知》《转发区住建局关于吴兴区农村生活垃圾分类收集处理实施方案的通知》《关于开展2017年度行政执法案卷评查工作的通知》

9月:《关于印发吴兴区全面实施标准化战略行动计划(2017—2020年)的通知》《关于印发吴兴区创建浙江省体育强区实施方案的通知》《关于印发吴兴区深入开展"吴兴无欠薪"行动创建"无欠薪"区实施方案的通知》《关于印发吴兴区2017年度"雪亮工程"建设实施意见的通知》《关于印发〈吴兴区市级区域性重大事故隐患治理方案〉的通知》《吴兴区人民政府办公室关于印发全区高层建筑消防安全综合治理工作》《吴兴区人民政府办公室关于印发2017—2020吴兴区城乡交通治堵三个全覆盖实施方案的通知》《吴兴区人民政府办公室关于印发实施湖羊定点屠宰管理工作方案的通知》《吴兴区人民政府办公室关于印发吴兴区打造"四型库塘美丽河漾"三年行动方案的通知》《吴兴区人民政府办公室关于印发吴兴区推进低丘缓坡综合利用开展"坡地村镇"试点工作实施意见(试行)的通知(以此为准)》《吴兴区人民政府办公室关于开展"放心消费在吴兴"行动的实施意见》《吴兴区人民政府办公室关于印发五大"百日攻坚"专项行动实施方案》

10月:《关于成立吴兴区节水型社会建设工作领导小组及明确成员单位主要职责的通知》《关于印发2017年吴兴区大气污染防治工作考核办法的通知》《关于印发吴兴区赡养能力计算试点工作实施方案的通知》《关于调整区政府办公室领导班子成员分工的通知》《关于印发吴兴区开展主要农作物生产全程机械化和农业"机器换人"示范区创建行动方案的通知》《关于印发建立互联网金融风险专项整治工作实施方案的通知》

11月:《关于印发吴兴区高新产业万亩大平台谋划实施方案的通知》《关于印发加快湖州江南影视城发展若干政策意见的通知》《关于印发吴兴区深化公共资源交易监督管理体制机制改革实施方案的通知》《关于调整最低生活保障边缘家庭认定标准的通知》《关于印发吴兴区土壤污染防治工作方案(2017—2020年)的通知》《关于印发吴兴区市场价格异常上涨事件应急预案的通知》《关于印发吴兴区农村土地综合整治项目实施办法的通知》《关于印发吴兴区防范和化解金融风险应急预案的通知》《关于印发2017年度小微企业安全生产专项整治实施方案的通知》《关于印发吴兴区突发环境事件应急预案的通知》《关于进一步加强老年体育工

作的实施意见》《关于调整吴兴区人民防空指挥部组成人员的通知》《关于2017年第三季度全区政务信息采用情况的通报》《关于印发全区开展以居住出租房为重点的消防安全综合整治专项行动实施方案的通知》《关于印发吴兴区贯彻实施湖州市禁止销售燃放烟花爆竹规定工作方案的通知》

12月：《关于公布区政府法律顾问组组成人员及工作规则的通知》《关于印发吴兴区基层农技推广体系改革创新试点实施方案的通知》《关于印发吴兴区突发地质灾害应急预案的通知》《吴兴区人民政府办公室关于加快推进挂牌督办重大事故隐患整治工作》《关于进一步加强机关事业单位编外用工规范管理若干规定的通知》《关于印发吴兴区行政调解权利义务清单的通知》《关于印发区政府行政规范性文件征求意见工作实施办法的通知》《关于印发吴兴区政务服务中心规范化建设方案的通知》《关于全面深化落实河长制 进一步加强治水工作的实施意见》《关于印发吴兴区加快绿色金融改革创新促进实体经济发展的若干意见》

（区府办）

·政协湖州市吴兴区委员会·

【区政协全体会议】　中国人民政治协商会议第三届湖州市吴兴区委员会第二次会议于2月1日至4日举行。会议听取和审议政协第三届湖州市吴兴区委员会常务委员会工作报告；听取和审议政协第三届湖州市吴兴区委员会常务委员会关于三届一次会议以来提案工作情况的报告；列席湖州市吴兴区第四届人民代表大会第二次会议；审议通过政协第三届湖州市吴兴区委员会第二次会议提案收集初审情况的报告；审议通过政协第三届湖州市吴兴区委员会第二次会议决议；进行选举事项。审议通过潘华主席代表政协第三届湖州市吴兴区委员会常务委员会所作的工作报告；副主席束明德代表政协第三届湖州市吴兴区委员会常务委员会所作的提案工作情况报告。听取并讨论区长陈江所作的政府工作报告及其他报告。

【区政协常委会】　6月15日，区政协主席潘华召开区政协三届第一次常委会议。会议审议通过《政协吴兴区委员会常务委员会工作规则（草案）》；审议通过《政协吴兴区委员会常务委员会关于加强自身建设的意见（草案）》；审议通过《吴兴区政协关于加强界别工作的意见（草案）》；审议通过《吴兴区政协关于界别活动组开展活动的办法（草案）》；审议通过《政协第三届湖州市吴兴区委员会常务委员会关于设置办公室、专门委员会的决定》和有关人事事项。

9月19日，区政协主席潘华召开区政协三届第二次常委会议。会议听取区政协办关于《关于推进吴兴区科技人才工作创新发展的调研报告》的说明；听取区人民政府关于区政协三届一次大会以来提案办理落实情况的通报，开展关于2017年度区政协重点提案落实情况的民主评议；审议通过区政协委工委关于《政协湖州市吴兴区委员会委员履职考评办法》；区委组织部关于蒋立敏、赵勤学等六人的人事任免事项。

12月18日，区政协主席潘华召开区政协三届第三次常委会议。会议听取区政府关于2017年全区经济社会的通报；听取民政局关于《吴兴区部分乡镇街道行政区划的调整方案（送审稿）》的说明。

【协商民主】　打造“三长制”面对面协商民主品牌。制度化开展专题协商，围绕区委四届二次全委会报告、政府工作报告、“最多跑一次”改革及创新科技人才发展举行专题政治协商，部分建议直接进入决策程序。常态化开展对口协商，健全与部门的对口协商机制，5个专委会围绕扶持小微企业发展、发展中心城区服务业等议题开展协商，提出针对性建议124条，促进部门科学决策。特色化开展基层协商，高新区、乡镇街道就剿灭劣Ⅴ类水、现代农业开发、城市建设有机更新、文明城市创建以及群众反映强烈的民生问题开展基层协商52次。

【调查研究和民主监督】　选择“推进科技人才工作创新发展”重点调研课题，通过组织座谈、实地视察、外出学习、会议协商等形式开展调研，形成调研报告和《建议案》供党委政府决策参考，得到区委主要领导批示肯定。深化开放式“招标”调研活动，征集到162个调研题目、47篇高质量调研报告，其中《社区城市化建设及管理的实践思考》等15篇被评为年度优秀调研报告，部分报告转化为大会发言、提案和社情民意。完善“19+9+2”民主监督体系，19个基层政协工作联络组分别组织乡镇（街道）辖区委员对文明城市创建、“三改一拆”等重点工作开展跟踪监督；9名区政协领导班子成员带队对“美丽吴兴推进行动”重点区域、重点项目开展联动监督；组建2个民主监督小组，委派到区住建局、环保局，分别对污水管网建设和“五水共治”开展专项监督，助推全区重点工作改进落实。

【提案和社情民意工作】 注重提案办理落实，建立健全提案办理工作链，落实提案预审、提案交办、专委会对口督办等十项制度，三届一次会议以来审查立案的113件提案，办复率及委员满意率均达100%。拓宽社情民意反映渠道，编发《社情民意》15期，市级以上政协录用27篇，《关于进一步完善浙江政务服务网的建议》得到省委主要领导批示，《关于吸引更多人才来湖创业的几点建议》等多篇信息得到市政府主要领导批示，切实发挥了政协在反映民意、传递舆情中的重要作用。

（焦晨康）

·民主党派·

【综述】 吴兴区共有民革、民盟、民建、民进、农工党、九三学社6个民主党派，党派成员337名。作为参政党，本着“长期共存、互相监督、肝胆相照、荣辱与共”的原则，通过两会平台及“金点子”等形式积极参政议政，深入基层调研，为经济社会发展建言献策；认真履行社会责任，着力提高服务社会能力。工商联作为中国工商界组成的人民团体和民间商会，是中国共产党和政府联系非公有制经济人士的桥梁和纽带，是政府管理非公有制经济的助手。坚持围绕中心工作，加强同心引领，依靠自身优势，广泛利用资源，积极为非公有制企业发展提供服务，为招商引资牵线搭桥；鼓励引导非公有制经济代表人士利用两会平台，发挥优势特长，结合企业经营经验，参政议政，为区委、区政府决策提供有力的参考。

【民革吴兴区总支】 学习理论知识，坚定政治信念。采取传达会议精神、集中学习、聆听报告、讨论交流等多种形式，深入学习省第十四次党代会、中共十九大精神、习近平总书记系列讲话精神等。加强组织建设。严格按照组织发展程序发展新党员，严把质量关，吸收优秀人才加入总支，全年发展新党员苏向加、葛英、胡金雷3人。深入调研，围绕中心建言献策。在区政协三届一次会议上提交团体提案《基层反映农村电子商务发展面临四大难题亟须多举并下，提高农村电商综合运营能力》。郑玮《关于治理建筑领域群体性讨薪问题的建议》《建议强化制度供给以缓解企业劳资关系“三大成本”》被中央统战部录用，《农民工工资清欠面临“三难”亟待重视》被省委统战部录用。陈翔《关于将梁希森林公园进一步拓展成为湖州植物园建议》得到施根宝副市长的批示、被民革市委会和市委统战部微点子录用。李小红《关于联动做好工伤预防工作的建议》被民革省委会录用、《关于小区垃圾分类实际使用中的几点建议》被民革市委会录用。发挥党员优势，拓展服务内容。总支多方面参与月河街道活动，成立民革驻月河街道工作室，助力月河街道文明城市创建活动，先后3次37人次赴南园社区、马军巷社区、飞英街道墙壕里社区参加文明创建活动，参与社区入户宣传教育、集中宣讲、环境整治、文艺演出等活动。总支捐助7.5万元结对社区马军巷修建同心路。心系百姓积极奉献爱心。主委冯坚心系山东贫困果农，出资3000多元购买爱心苹果作为重阳节礼物慰问总支老党员，组织湖州民革企业家联谊会会员积极参加“爱心慰问情暖新春”活动，向农村困难老人发放“爱心大礼包”200份；还以公司名义向湖州市慈善总会捐赠民革“爱心基金”5万元。王建荣捐出4万元帮村助困。立足岗位，做出突出成绩。周志明完成浙江省地方标准《中国圆田螺苗种繁育技术规范》和《中国圆田螺养殖技术规范》报批稿，等待颁布实施；进行养殖技术培训，培训人数500余人次；全年获得授权发明专利1项，发表论文2篇。张燕带领的吉山支行获得全市综合优胜网点、个人条线优胜网点等荣誉。冯坚的企业在新三板成功挂牌。谈中良扩建湖州织北综合门诊部，提升门诊部的软硬件设施，开展特色门诊，更好地在医疗上为织里老百姓服务。

【民盟吴兴区基层委】 抓学习培训，提升盟员政治素质。在暑期开展主题读书会，组织盟员赴安吉余村学习中共习近平总书记系列讲话精神，加深对“两山”理论的理解。通过线上线下的学习方式，加强学习。对市、区重要会议精神及社会热点问题，第一时间通过QQ群、微信群等平台，开展交流讨论，充分调动盟员学习热情；中共十九大及民盟十二大等重要会议召开之后，第一时间组织盟员参加市区学习培训班。抓参政议政，服务吴兴经济社会发展。在两会上盟员围绕政协工作建诤言、献良策，王新《加大东部新城高素质人才集聚的建议》、陆惠娣《关于加快我区学前教育体系建设步伐的建议》被评为2017年度优秀政协提案，同时被列为区重点提案；吴建滨《关于规范织里镇候鸟车管理的建议》被列为区重点提案；沈红英《关于完善医保政策进一步推动健康服务的建议》被列为市重点建议、《关于加强基层医疗卫生机构建设的建议》列为区重点建议。围绕家庭屋顶光伏行业发展组织赴金华等地开展调研，由颜凯执笔的《我市家庭屋顶光伏行业产业化及品牌化发展对策研究》获2017年度立项课题评 审一等奖。陆惠娣《关于灵活就业人员社保权益保障的困难和建议》得到副省长熊建平的批示，获市委统战部金点子评比二等奖。抓社会服务，不断丰富工作内涵。争取省委会红十字博爱基金的支持，帮助织里蓝天民工子弟学校建设电脑教室，打造"同心·同在蓝天下"的社会服务品牌。一支部盟员主动走进蓝天小学，在市委会"博爱基金烛光行动"引领下，开展结对助学帮扶系列活动，提升培训教师信息技术能力工作。支部委员王新通过不同形式多次指导蓝天小学信息课教师教学，上门就电脑房管理使用和信息课开设情况进行辅导。抓活动多样，增强组织的活动力和凝聚力。重阳节，组织退休盟员到埭溪狮子山庄开展学习活动。抓组织建设，自身岗位引领作用不断提升。全年新发展3名盟员，盟员吴兴实验中学美术老师徐军，获华东师范大学美术学院特聘导师、省教研先进个人、市第三届"春蚕奖"，所撰写的三篇论文均在国家级刊物上发表，是省级课题《核心素养背景下中国民间美术教学策略研究》的主持人；妙西卫生院副院长沈红英盟员，获省基层妇幼好医生称号；施培华获湖州市全国文明城市工作个人嘉奖荣誉；叶虹获全省内部审计先进工作者。

【民建吴兴区基层委】　注重学习调研，强化实践提能力。在上级有关部门组织培训学习的基础上，结合实际开展理论学习，组织支委班子中层骨干力量观看十九大专题片——《大地的回响——习近平总书记在浙江的探索与实践》，全年平均每支部组织3次集中学习。紧紧围绕区委、区政府中心工作，选好课题深入研究，形成《打造知名区域品牌，助推农业转型升级》《关于新型农业经营体系建设的调研报告》《关于在我区建立政府购买公共法律服务制度的建议》《中国制造2015背景下对我市丝绸产业发展的思考》《如何发挥吴兴科技创业园发挥服务功能》共5份调研报告。飞英、龙泉支部联合开展"关注学前教育"专题调研活动。8月，基层委赴宁波圣龙集团调研"中国制造2025"，学习借鉴宁波经验推动区域经济发展。四支部分别与会内10个其他支部联谊，交流学习、互通信息、拓展思路、增进友谊、团结共识。借力两会平台，积极发声发力，省政协委员朱万里、市政协委员孙继敏分别在省、市两会上提交议案。吴兴区两会期间，共提交政协提案17篇。市区政协委员在"最多跑一次"、文明城市创建、科技人才发展等方面开展市长、区长面对面发言（孙晖参与市长面对面，许见明、俞忠力与区长面对面）。全年向政协、统战部门、上级民建组织报送各类稿件23篇，其中金点子采纳1篇，微点子采纳2篇。王一雯《建议多渠道拓资源满足老年人精神生活需求》获施根宝副市长批示。增强履职意识，强化民主监督。选派三位会员参加"12345"政府阳光热线民主监督团，进一步强化民主监督。发挥资源优势，同心助力促发展。民革总支在道场乡开展"同心助力剿劣攻坚战　民建民革在行动"调研，并结对四条同心河。积极开展党派驻点爱山街道工作室，其中朝阳支部主委许见明应邀参加爱山街道第十一小组代表、委员"剿灭劣V类水专项行动"，民建飞英支部会员俞忠力所在的浙江绿维环境科技有限公司首推全省青年治水护水的"河小青"微信功能平台，为吴兴区乃至湖州市推进"五水共治"做出重大贡献。服务社会，积极参与公益事业。在民建助你上大学活动中，基层委有10位会员结对资助贫困学生，会员沈坚强冠名慈善基金，每年捐助20万元，其他会员纷纷通过各种渠道参加各类公益活动，如慈善一日捐、网络众筹等尽自己的绵薄之力。立足本职，岗位建功。俞忠力所在的浙江绿维环境股份有限公司研发治水软件"微河长"得到团省委的高度认可；潘水琴所创办的浙江布衣草人服饰有限公司荣获浙江省名牌产品、浙江省电子商务最具活力企业、湖州市科技计划重大项目等等一系列荣誉。刘旭东的报刊部被评为先进集体，发起"服务盲人专项行动"并获得"浙江省盲人阅读之星"荣誉称号。陈新财的威谷光电与师院商学院共同开设了威谷科技班。

【民进吴兴区基层委】　规范组织主题式支部活动。积极响应市委会号召，开展"督晒小清渠，护航同心河"专项督查活动。基层委利用党派的活动经费出资2万制作剿灭劣五类的宣传小扇子。每个支部发挥教育的优势，开展具有吴兴特色的“小手牵大手，联动共治水”活动。会员们利用自身职业特点分别在各类中小学开展了形式多样的宣传活动，引起领导、老师、家长的广泛认同和赞赏。本次活动面广影响力大，治水宣传成效显著。“爱心爸妈”展现新活力。2017年继续开展湖州市福利院每周六义务送教活动。同时又拓展新基地——八里店慈爱中心。爱心爸妈们把他们的爱无私奉献给了慈爱中心那些智障孩子。每逢节日都有爱心妈妈去捐物送教。“六一”节，十二中支部发动学校家长、学生与慈爱中心孩子一起过快乐儿童节，捐赠书籍、衣物、玩具。在得知慈爱中心平时缺乏美术老师的情况，基层委发动十二中、四中、附小三个学校的美术老师每周排出一个上午的时间义务上课。组织70周岁以下会员去上海活动，与上海虹口小教支部进行了交流学习，并参观民进发源地和中共一大会址。吴惠良为西部孩子捐助衣物。民进志愿者为湖州创文明城市奉献力量。基层委20多位会员主动去社区报到参加志愿行动，清理楼道、社区保洁、文明安保、车辆管理等。尤其是迎检前三天，20余位会员不辞辛劳“奋战”在社区第一线。认真多好社情民意、提案工作。该项工作在委员董萍的组织领导下，每季度要求上交8篇。会员任晓瑛的一则社情民意获得市委副书记、市长钱三雄的批示。在市、区两级的两会上，政协委员和人大代表都能积极参政议政，每人撰写提案1～2则，全年上交社情民意46篇。委员吴俊多次参加市政协参政活动，如与市长面对面，民主监督活动等。委员董萍的提案被区政协列为重点提案。并在区政协常委会上交流发言。2017年，吴兴区基层委再一次被评为“民进浙江省先进基层组织”；吴俊被评为民进浙江省参政议政先进个人；方满凤、沈丽芳、沈旗英、叶枫被评为市优秀会员。吴兴区基层委作为全区统战工作创新示范点，受到区委统战部表彰。全年发展沈萍、鲍唯红、谈黎伟、张舟4名新会员。

【农工党吴兴区总支】 不断加强组织建设。通过观看直播、专题学习、参加理论培训等形式，深入学习中共十九大精神。组织党员积极参加省委会、市委会、区政协、区委统战部举办的各类专题辅导、培训讲座。加强组织建设。共发展吴兴区政协委会蒋晓锋、街道干部曹丽莉加入党派，推荐优秀护士长卢利新为发展对象。关心退休党员。总支现有退休党员8名，班子成员经常抽空走访交流，邀请退休党员参加支部大会和支部活动，传达上级精神，通报工作动态，关心年老体衰和生病住院的党员，在春节和重阳节期间开展走访慰问，让他们感受到总支大家庭的温暖。认真建言献策。党员韩新梅《建设“数据大脑”打造智慧城市》在市八届一次政协大会上发言；党员费敏红《关于加强全区文化文史工作，深入挖掘千年吴兴文化的建议》被区政协评为重点提案和优秀提案；彭小刚《关于完善中心城区社区卫生服务体系建设的建议》被评为优秀个人提案。深入开展各类调研。年初领办3个课题，制订调研方案，向区政协提交《关于政府购买公共法律服务的思考》《关于家庭医生签约服务的调 研报告》《关于调整湖州市取水口的调研报告》，其中《关于政府购买公共法律服务的思考》被省委会列为立项调研课题。积极参与民主监督。党员中的政协委员积极参加市、区组织的政情通报会、会前视察、专项视察、对口协商、意见征求会等。广泛开展社会服务。开展2017中国环境与健康宣传周活动，积极参与健康中国、健康湖州建设。湖州第六医院作为农工吴兴总支创新实践基地，邀请各级医院专家开展义诊、健康讲座、送医疗活动，为居民进行免费问诊。继续打造碧浪湖社区社会服务实践品牌，助力社区“道德门诊”，主动送医疗、送法律等各项服务进社区。围绕中心大局，积极开展剿灭劣V类水工作。总支共结对下沈港、紫金桥港、菜花泾三条河道，通过组织党员开展定期巡查、河道清洁、河岸绿化、治水宣传、水质监测、专题宣讲等活动，力争结对河道实现“水中无漂浮物、水边无垃圾、岸上有绿化”目标。开展“跟着河长去巡河”和“农工党员义务日活动”，组织党员一起跟着河长去巡河，向“同心河”周边居民和过往居民发放“剿灭劣V类水”倡议书，清理沿岸杂物和垃圾，动员大家共同加入到保护环境、治水护水中来。开展“全民治水，法治同行”主题宣传活动，积极宣传剿灭劣V类水的政策。关心民生，努力践行为民服务。总支与5名困难群众进行长期结对，开展帮困救扶活动。连续7年为贵州贫困山区的孩子们开展“千里送温暖”活动，每年捐助冬衣和书籍，连续8年资助贵州山区贫困学生。春节期间，参加市委会组织的到后沈埠村送医疗、送文化下村活动，慰问结队困难群众；组织党员到东林镇保健村看望失孤儿童，带去生活和学习用品，了解孩子的学习和生活情况；到吴兴区洪祥养老院探望孤寡老人，并送去慰问品。“六一”儿童节安排党员到福利院看望孤儿。深入开展“送法律”“送医疗”下乡村、进社区活动，举办妇女儿童和老年人维权、反家庭暴力、物业纠纷、交通事故等法律咨询和讲座活动，免费到乡村、社区、养老院开展义诊。充分发挥教师党员的资源优势，开展“关心驿站”、进社区做义工、举办专题讲座等活动。

【九三学社吴兴区支社】 重视政治思想建设，提高社员综合素质。以集中组织学习、自学相结合的形式认真学习中共十九大会议和习近平主席系列重要讲话精神等，更加坚定社员的爱国信念。通过座谈、网络（QQ群、微信平台、电子邮箱等）多形式加强社员间的相互交流，不断提高社员的整体素质。积极参政议政，客观反映社情意。社内6名政协委员向区政协三届一次会议提交的集体、个人提案有11项被立案，内容涉及经济建设、文化建设和社会建设多个方面，占会议全部立案提案113件的9.73%。其中黄伟华《关于重视城市设计、提升城市魅力，建设美丽吴兴的建议》和邵银章《关于建立我区危房排查治理长效机制的建议》被列为区重点提案，分别由区委常委宋建方和副区长腾辉领办。邵银章《关于加强对居民小区消防通道管理的建议》被评为优秀个人提案；张成春被评为区政协优秀社情民意信息员。全年提交社情报民意、金点子及信息共计30余篇，其中张成春的《关于在剿灭劣五类水过程中整治擅自填埋中小河道的违规行为的建议》《对〈中华人民共和国国家情报法（征求意见稿）〉》的修改建议等5 篇被区政协《社情专报》录用，2篇被市政协录用，4篇被社省委录用。张成春被评为九三学社浙江省委员会2017年参政议政工作先进个人，并被聘任为九三学社浙江省委员会2018年特邀信息员。立足本职，岗位建功。社员孙建明的论文《两次极寒天气对比分析》疑问被评为长三角气象科技论坛评委优秀论文，预报成绩名列全市第一名。许增宝主持的科研项目各有一项获得省自然基金和湖州市科技计划项目立项，一项科研成果通过专家验收，两项发明专利已被国家知识产权局受理（现为公示阶段）。老师钱芳获得国家级普通话水平测试员资格，成为湖市第八位国家级普通话测试员。许红霞主任被湖州市卫计局评为“特聘专家”。

（黄红梅）

第五篇　社会团体

·工　会·

【概况】　吴兴区总工会共有基层工会1054家（其中企业工会726家，区域（行业）工会190家，机关事业工会138家），会员20.25万人。全区各级工会在区委和上级工会的正确领导下，坚持以习近平新时代中国特色社会主义思想为指导，紧紧围绕党政中心大局，以工会改革、创业创新、维权维稳、打造铁军为主题，坚持正确方向，在工作部署上“扣扣子”；服从服务大局，在职责履行上“担担子”；聚焦突出问题，在任务落实上“钉钉子”，各项工作取得新进展、新成效。

【三届七次全委（扩大）会议】　3月16日，吴兴区总工会三届七次全委（扩大）会议在区行政会议中心召开。区委副书记、区委政法委书记石一婷出席会议并作讲话，区人大常委会副主任、区总工会主席汤益培，区委常委、宣传部部长陈建良，区总工会全体班子成员出席会议。书记石一婷对2016年区总工会工作表示充分肯定，认为全区各级工会组织和工会干部坚持围绕中心、服务大局，取得了较好的成效。他对做好新一年工会工作提出具体要求：（1）特别能战斗。全区工会组织和工会干部要以舍我其谁的使命担当，切实战斗在全区发展的前线、火线，一方面要战斗在中心工作一线，另一方面要战斗在人才保障一线。（2）特别敢担当。全区工会干部要敢担当，更要会担当，承担起工会干部的职责，一要成为桥梁纽带，二要成为基层基石。（3）特别善服务。工会组织要找准切入点、把握关键点，探索形成工会工作全程指导、会员事务全程代表、服务效果全程跟踪的服务机制，着力打造服务型工会。一要办好实事，二要依法维权，三要精准帮扶。区人大常委会副主任、区总工会主席汤益培，区总工会党组成员、经审会主任洪缨莉分别作工会工作报告和经审工作报告，全面回顾总结2016年取得的成绩，对2017年工作提出部署。会议对2016年度先进集体和先进个人进行表彰。区总工会三届委员会委员、经审会委员和高新区、各乡镇街道党委分管副书记，工会干部、重点企业、村（社区）、学校工会主席等150余人参加会议。

【围绕工会改革主题，重塑基层架构】　（1）推进“双下沉”。推进工作力量、工作经费“两个下沉”。按照“选进来、沉下去”的工作要求，新选任的4名乡镇总工会专职主席均从区管后备干部中产生；公开招录的6名职业化工会工作者全部派驻乡镇工作，实行“1+2+3”履职绩效管理制度，即派驻一个乡镇；领办两项重点工作项目；实行重点项目、季度工作和年度目标“三位一体”综合绩效考核、民主评议，增设在岗工作津贴和挂职副主席岗位津贴，形成职业化培养、规范化管理、差异化激励的管理制度。按照“规范管理、绩效使用”的工作要求，将工会经费回拨比例提高到20%以上，增设区级重大活动承办、重点项目建设、重点创新工作经费补助办法，全年下拨工作经费504.9万元，确保乡镇、街道总工会工作有效开展，重大活动、重点项目顺利推进。（2）着力“两提升”。把改革的着力点放在基层工会组织的有效覆盖、基层工会工作的优质服务“两个提升”上。按照“建起来、全覆盖”的工作要求，着力抓好特色小镇、工业园区、快递行业、物流企业、商贸服务业的工会组织建设，新建美妆小镇、中国织里童装产业示范园区、圆通速递、实华运输、万达广场等工会组织39家；高新区总工会被评为省首批百家示范基层工会，《区域职工之家打通企业围墙》在《浙江工运》报道。按照“请上来、接地气”的工作要求，出台《关于选配乡镇总工会兼职副主席的实施办法》，7个乡镇12名“示范型”企业工会主席兼职担任乡镇总工会副主席，以“年度工作目标任务书”的形式细化工作职责，以“年度工作实绩考核表”的形式完善考评体系，实行岗位工作补贴制度，发挥示范企业的带动作用，增强乡镇工会工作力量。按照“转起来、增动力”的工作要求，出台《关于推行基层工会主席“1+X履职绩效积分”制度的实施办法》，以“1+X”为履职内容，以“绩效卡”为纪实载体，以“积分制”为奖励依据，试行非公企业工会主席工作绩效奖励，提振工会干部干事创业的“精气神”，增强基层工会的生机与活力。《坚持眼睛向下，让基层工会工作队伍“活”起来》，得到省总工会领导批示。（3）画好“两张图”。规划好组织架构和服务职工阵地“两张空间布局图”。按照“六有”“双争”创建要求，深化“六有”乡镇街道总工会建设，埭溪镇总工会获得市示范乡镇工会；修订完善《深化“三型”工会创建实施办法》，对基层工会实施分类指导，确立分层考核体系和复评验收机制；完善更新“三型”工会组织、基层工会主席、工会会员和劳模、困难职工、技术职工等6个数据库，完成585个基层工会组织40585名工会会员的实名制登记，推动25人以上基层工会单独建账率达94.59%，为组织架构的规划完善提供依据。《织里镇总工会创新“小三级”工会网络》在全总《网络舆情日报》刊登。按照“统筹使用、适度建设”的工作要求，提请区总工会与政府联席会议专题研究，规划完成“231330”职工活动阵地系统工程，即建成2个区级和3个中心镇（重点镇、特色小镇）级的职工服务和活动中心、13个工业园区（职工集聚区）职工活动中心、30个企业职工活动场所，形成“区-镇-园区-企业”四级阵地网络体系，并排定三年重点项目建设计划。全总《网络舆情日报》《浙江工人日报》《吴兴时讯》全面报道吴兴区职工阵地建设经验。

【围绕创业创新主题，助推经济发展】（1）强化群众性劳动竞赛体系。通过牌子树起来、氛围造起来、活动热起来、典型立起来等举措，联合区发改委抓实50个重点建设项目的立功竞赛，组织送清凉3500人次、送文艺20场、送培训17场、送法律13场；通过强领导、定制度、成系统等举措，抓好美妆小镇作为省级特色小镇参赛单位的立功竞赛，经验做法在《浙江工运》宣传报道。开展“安康杯”系列竞赛活动，组织4449人次参加市“安康杯”知识竞赛、27人参加区危险化学品企业岗位标兵达人赛和快速事故处置标杆班组团体赛，征集“安康杯”安全生产合理化建议500余条，3条建议在第六届省安全生产合理化建议评选中获奖。结合污水处理、工艺改进、节能减排、创新发明、安全生产等五大类内容，联合乡镇街道总工会积极发动一线职工参与“五小”劳动竞赛，落实好市总“匠心智造、助力赶超”职工创新成果展和巡回展。（2）深化职工技能人才培养体系。以“弘扬工匠精神，铸就精益技能”为主题，联合区人社局开展第二届职工职业技能大赛，组织车工、焊工、电工等8个工种372名职工参加，对理论和操作成绩都合格的职工颁发国家三级职业资格证书，对获得一、二、三等奖的职工颁发国家二级职业资格证书，分别给予10000元、6000元、4000元的奖金；被授予区“首席技师”荣誉称号选手8名；被授予“区高技能人才培养奖”参赛单位3家；选送参加全市职工数控职业技能（数控车工）竞赛职工4名，获团体第一。浙江新闻客户端、全总《网络舆情日报》报道吴兴区职业技能大赛盛况以及加强技能人才队伍建设的工作举措。落实“22311”技能人才培养工程及建立职工技能人才奖励制度，26个职业（工种）377名职工获得技能晋级奖励57.3万元。通过全员、分类、分层等培训方式，组织开展企业一线职工、生产班组长、高技能人才等理论学习和实务操作，培训职工1.51万名。通过17个省、市级高技能人才（劳模）创新工作室的“传帮带”作用，把工作室打造成劳模精神弘扬基地、职工技能提升基地、创新成果孵化基地、优秀人才成长基地“四位一体”的工作室，新培育省、市高技能人才（劳模）创新工作室、市劳模（工匠）创新创业基地各1个。（3）深化劳模先进管理服务体系。坚持把劳模工匠先进作为引领职工赶超发展的榜样标杆，新增省工人先锋号1个、省五一劳动奖章1人、“浙江工匠”1人、“南太湖工匠”4人、市工人先锋号2个、市劳模集体3个、市劳模12名。采取基层推荐、部门联审、票决评选、名单公示等方式，评选表彰区劳动模范30名、区模范集体20个、区五一劳动奖章3名；采取基层推荐、网络投票、专家评审和名单公示相结合的方式，评选表彰“最美班组”10个、“最美工人”10名。坚持把发挥劳模工匠作用作为营造良好社会风气的重要平台，出台《吴兴区劳动模范疗休养管理办法》，20名劳模赴厦门疗休养；1名“浙江工匠”和12名市劳模的先进事迹在《浙江工人日报》专版刊登；全区劳模表彰大会区委书记作重要讲话，《吴兴劳模赞》区长作序，《吴兴时讯》、吴兴工运微信、吴兴工会微博全方位、多角度、立体型全面报道区劳模、“最美班组”、“最美工人”的先进事迹，营造学习先进、尊重先进、关爱先进的氛围。（4）深化工会志愿者品牌化建设。以志愿者小分队为主体，重点打造以安全生产、技术服务为特色的工会工作志愿服务品牌。壮大志愿服务队伍，重点吸纳有技能、热心公益的人员，14支志愿小分队吸纳队员425人，累计志愿服务时间2291小时；区教育工会“心享吴兴”志愿者小分队利用寒暑假，为企业职工子女提供教育公益服务70余次651人次。开展安全生产巡查，以企业集中开工、安全生产月、夏季高温等重要时间节点为契机，组织开展35次安全生产督查宣传，督查建筑工地19个、人员密集场所50个、企业90余家，发放安全生产宣传资料5000余份，收到安全生产合理化建议30余条，责令发现的80多个问题整改到位。开展职工技术帮扶活动，组织市、区职工技术服务队进企业开展技术服务暨安全巡查活动，为织里镇弗兰尼尔服饰有限公司提供技术服务与指导。被评为区优秀工会志愿者10人，《品牌化工会志愿者服务队》在《浙江工运》宣传报道。

【围绕维权维稳主题，助力平安吴兴】（1）健全工会法律监督联动机制。落实《浙江省工会劳动法律监督条例》和《吴兴区支持工会劳动法律监督办法》，劳动法律监督委员会在区总工会和13个乡镇街道总工会组建完成，基层工会组建率达95.6%。积极推进劳动法律监督，采取实地走访、问卷调查等形式，对辖区内5家单位使用劳务外包的情况进行专项劳动法律监督，配合市总工会做好织里镇环卫所的外包情况调研；通过召开座谈会、走访车间、查看资料和问卷调查、与职工面对面交流等形式，协助区人大组织开展劳动法律监督专项视察。走访区科创园、高新区、织里镇的24家企业及建筑工地，实地就职工工资、社保缴纳、劳动合同签订、劳动保护等情况，开展工会劳动法律监督专项检查。深化工资集体协商制度，联合下发《关于开展2017年工资集体协商“要约行动”的通知》，对全区建会企业开展工资集体协商专项指导，选定36家企业进行典型培育，其中湖州老恒和酿造有限公司作为示范典型，以情景剧的形式将协商过程全程录制成VCR。《吴兴区大力推进工资集体协商工作》在全总《网络舆情日报》报道。（2）健全劳动关系预警调处机制。以“加快法治建设步伐 助推社会管理创新”为主题，开展普法宣传65场次，发放各类宣传资料12600多份，并邀请法律顾问为职工解疑释惑。大力推广企业忠孝基金的设立，覆盖136家企业7056名职工。充分发挥劳动预警信息员作用，每月及时报送吴兴职情信息，每季召开一次职情分析会，并列入乡镇、街道党建工作季度督查评分内容。以劳动关系排查和农民工工资清欠为重点，及时介入做好劳动预警和纠纷调解，全年各级工会协调劳动争议案件1470件、涉及企业1368家3219人次，共妥善处置1428件，挽回职工经济损失1890.29万元。区总维权帮扶中心窗口协调劳动争议175件，涉及企业146家322人，妥善处置劳动争议纠纷157件，涉及企业141家292人。《吴兴职情》关于爱山街道商业租赁企业进场前交保证金的做法得到了市领导批示与肯定。（3）健全工会大帮扶工作机制。健全困难职工档案动态管理机制，按照困难职工认定的新标准进行重新申报审核，建立全区困难职工档案库，“两节”走访慰问困难职工228户帮扶资金35.7万元，为16名困难家庭的大学生提供“金秋助学”资金4.8万元，为10名患尿毒症的困难职工或家属提供“爱心透析”专项救助资金4.5万元；主动向有关职能部门提出意见建议，确保因病致贫或因突发事故导致生活困难的职工能及时、全面地享受各项政策。开展女职工心理援助服务活动2次、“关爱小候鸟”活动2次，获评省、市级“妈咪暖心小屋”示范点2家，组织37名困难女职工开展免费“两癌”筛查，为女职工提供贴心服务。推进在职职工医疗互助，落实大病医疗互助保障资金35.4万元，为1766人次提供住院医疗互助金185.2万元，为32人次提供大病救助互助金11.2万元；医疗互助参保人数达38944人。注重普惠型帮扶，联合举办人力资源交流大会3场，179家企业提供岗位6058个，1787人达成就业意向；开展“温暖回家路，携子共阅读”春运公益期刊赠阅活动，为外来务工人员发放各类公益期刊5000余册；举办“情牵初夏，缘定三生”等青年交友会2场，200多人参加。（4）健全职工文化建设机制。以“劳动托起中国梦”为主题，组织区首届职工才艺大赛，18个节目进入决赛，3个节目在市首届职工才艺大赛中获银奖，承办环太湖流域职工文化艺术节，选送队伍参加市总大众体育节比赛、职工参加全民健身浙北片区种文化活动。注重文化节目和文化团队培育，开展文化“三送”活动，组织送文艺 28 场、送电影 128 场、送图书 9110 册；各基层工会借助文化走亲、车间好声音演唱擂台赛、体育运动会、趣味运动会等载体，组织职工文体活动 101 场，组建职工文体队伍 16 支。加强网上工会建设，分级建立工会工作 QQ 群、微信群，吴兴工运微信公众号推送 40 多期信息；推广“浙工之家”微信公众号，组织开展“文明上网点赞浙江・争做中国好网民”主题系列活动，2 个微视频（图文）在全总、中央网信办主办的“文润同心、画面故事”中获奖。

【围绕打造铁军主题，强化自身建设】（1）全面加强工会党的建设，强化主体意识。深入学习贯彻中共十九大精神和习近平新时代中国特色社会主义思想，积极推动“两学一做”学习教育常态化、制度化，通过党组理论中心组学习、专题研学和举办培训班、研讨班等多种形式，组织开展中共十九大精神和市党代会精神学习宣讲，9000 多名职工参加中共十九大知识微信竞答活动。严格执行《关于新形势下党内政治生活的若干准则》等党内法规，认真落实民主生活会、支部组织生活会和民主评议党员等制度，开展党组书记讲党课、专题培训、主题党日等活动，建立机关工作人员季度述职评议、乡镇街道工会工作季度交流、专职工会干部专题知识培训等制度，将党管意识形态的工作要求融入工会工作的方方面面，健全抓思想、抓作风、抓纪律的常态化机制。认真履行管党治党的政治责任，抓好管牢经费使用、资产管理和评先选优等关键领域和重点环节，签订党风廉政建设责任承诺书，开展廉政专题教育 8 次、廉政谈心谈话 46 人次。（2）全面开展“四新”主题实践，增强责任意识。全面部署工会系统“四新”主题实践活动，以“靠前站、马上办、讲实效”为主要内容，领办“激活基层工作活力、推进职工阵地建设、推动工会改革”三个具体事项，以紧盯“圆心”、精准发力；延伸“半径”、扩大影响；齐心“画圆”、展示精彩为总目标，找准工会工作结合点，画好赶超发展的“同心圆”，形成加快赶超发展的磅礴合力。深化“劳动光荣、创造伟大”主题教育实践，开展弘扬“三种精神”大讨论行动和“进千村入万企大宣讲促赶超”专项调研活动，引领职工以高昂的劳动热情、卓越的劳动创造和精益求精的匠心精神，积极投身吴兴赶超发展，2 名区劳模和 1 个劳模集体在表彰大会上作交流发言。（3）全面参与重点中心工作，增强大局意识。深化“我为美丽湖州立新功”主题实践，积极响应市总“百万职工齐参与、全力剿灭劣Ⅴ类水”专项行动，动员广大职工为剿灭劣Ⅴ类水献计献策，发动工会志愿者开展河面巡查、河道清理、沿河垃圾点集中整治等志愿服务活动 98 次，1904 人次参加；落实“河长制”要求，全面拟定负责联系的东林鲇鱼闸口河道治理三年规划和年度工作计划，完成年度工作目标；选派 1 名副科级领导和 1 名中层干部分别联系 2 个村剿灭劣Ⅴ类水工作，做到每周督导 1 次。助推全国文明城市创建，区总机关全员参加龙泉街道学士府社区的创建工作，组织开展工会志愿者小分队服务活动 12 次，150 人次参加。《吴兴工会志愿者助力“创城”攻坚战》在《浙江工人日报》宣传报道。（4）全面强化经费审计监督，严格纪律意识。创新审计方式，在八里店镇总工会试点全区工会跨区域联合审计，完成 8 个乡镇街道 356 家基层工会开展跨区域联合审计；继续开展全区基层工会经审工作竞赛活动，299 家基层工会参加 92 家获优胜单位。强化工会经费预算及预算执行情况的审查审计，完成区总工会本级、区机关工会和织里镇总工会等 9 个乡镇街道总工会 2016 年度预算执行情况及财务收支情况的审查审计；完成道场乡总工会等 5 个乡镇街道总工会原工会主席离任经济责任审计；延伸审计金洁实业等 9 家基层工会，提出审议意见建议 95 条，审计覆盖面达 100%。规范特邀经审员管理，出台《吴兴区工会特邀经审员管理暂行办法》，对特邀经审员的聘用、职责等作出明确。举办全区经审干部培训班，51 人次参加；乡镇街道总工会举办经审财务培训班 13 期 462 人次。

（冯虹雅）

·共青团·

【概况】　团区委内设办公室、工农学少部、青少年事务部 3 个职能科室，行政编制 3 名，领导职数：书记 1 名，副书记 2 名。团区委下设事业单位吴兴区青少年活动中心（青少年宫）1 个，为正股级事业单位，核定编制 3 人。按照“四新”主题实践要求，根据区委“找载体更当主体”的工作要求，以深化群团改革为契机，靠前站、马上办、讲实效，奋发有为，积极作为，获得全国青年文明号等国家级荣誉2项、全省青年“剿劣”优秀组织奖等省级荣誉5项，培育“浙江省农村青年致富带头人”等省以上优秀青少年代表4名，承办省级以上重大活动4次，人民日报、浙江新闻、浙江日报等区以上媒体累计报道41次，团中央书记处书记等市级以上领导调研11人次，区四套班子领导调研9人次，区领导批示工作6次，在市以上大会作交流发言3次，各级领导最重视、争取资源最优质、发展机遇最良好的“三期叠加”的历史时期，为下一步工作打下了坚实基础。

【在志愿服务中助力吴兴社会治理】 （1）全力保障创城工作。作为全国文明城市创建、省级文明城市指数测评主要工作部门之一，按照区委提出的“人人志愿者、处处马甲红”的工作要求，积极开展交通劝导、卫生整治、中共十九大平安巡防、便民服务等各类志愿服务活动，吴兴区新增志愿服务2.8万余人次，志愿服务的知晓率、参与率、满意率在全社会得到有效提升，志愿服务工作成为“团工作的名片”，得到中国青年网、浙江新闻等媒体的积极报道。（2）全面提升全民志愿服务意识。开展“万名志愿者进社区”活动，推动志愿者网络注册，全年累计发起志愿服务活动527场次，共计服务71725小时，全区志愿者注册人数达125818人。建立志愿服务常态化机制，确定每月15日为社区志愿服务固定日，组织志愿者赴白鱼潭、碧浪湖等社区开展家电维修、健康义诊、垃圾分类宣传等一系列志愿服务，累计服务居民2万余人次。（3）全面覆盖志愿服务阵地。以创城为契机，开展“四亮一争”志愿服务主题活动，在社区、广场、车站等重要公共场所建立志愿者服务站点，统一志愿服务标识标牌和志愿工作台账资料，建立社区志愿服务站59个，广场车站志愿服务站89个，基本实现全覆盖，碧浪湖社区志愿服务站、德泰恒志愿者服务总队等一批先进站、队成为全市工作样板，是有效服务和提升社会管理水平的重要力量。

【在围绕中心中突出主体主线】 （1）招商引资取得实质进展。团区委作为部门招商六局，按照自身禀赋和资源优势，以“科技型、成长型、资源盘活利用型”为招商主导方向，以光电产业为主要产业路径，坚持精准招商、务实招商、科学招商，储备项目13个，其中1亿元以上项目1个，5000万元以上项目5个，涉及装备制造、节能环保、现代服务3大行业，上海爱晨科技、浙江电利宝光伏、深圳东科光电等4个项目已经落地，上湖资产等2个项目已经签约，普磊欣幕墙等2个项目计划签约，在谈项目6个。（2）治水剿劣取得初步成效。按照区委和上级团组织部署，积极开展“河小二”青年剿劣系列工作。举行“河小青·益起跑”等系列宣传活动，扩大全民治水知晓率、参与率。全省率先发布首个青年“河小二·微河长”APP治水护水微信平台，落实青年河长1253名，收到河道水质反馈信息2000余条，全部交由区治水办处理，扎实有效推进“五水共治”“剿劣”等工作，浙江之声、湖州日报等相继报道，荣获全省最美“河小二”优秀组织单位。（3）保障服务继续巩固深化。做好机关青年礼仪志愿服务队各项礼仪服务保障工作，累计服务全区工业大会、区两会、经贸洽谈会、西山漾彩跑节等全区性重大活动12场次、350余人次，展示吴兴机关青年良好形象。成立东部新城首支外教团队，招募来自俄罗斯、乌克兰、孟加拉等9个国家国际青年志愿者26名，为东部新城的孩子免费教授外语及国外文化，拓宽东部新城国际视野。

【在搭建平台中引领青年建功立业】 （1）实施青年岗位建功。深化“青”字号创建工作，不断激励青年员工岗位建功。争创龙泉社区卫生服务中心、振兴阿祥等省级“青”字号2个，“宜可欧环保湖州市青年科技创新工作站”“德马公司湖州市青年文明号”等市级“青”字号12个。组织全区15个“青年文明号”助推“最多跑一次”改革工作，其中“全国青年文明号”吴兴区人民检察院公诉科、“省青年文明号”区国税局办税服务厅助推工作获浙江新闻专题报道。（2）助力青年创业创新。举办“生态文明城·双创梦想地”全省34所高校团委书记吴兴行活动，成立全省首个阿里巴巴商学院大学生创新创业基地。联合区委人才办、区发改委、区科技局等多个部门，先后举办吴兴区2017中小微企业创新创业大赛和吴兴区第一届“海创杯”创业大赛等2项青年创业赛事，共计200余名青年（团队）报名，大力激发青年创业热情。深化“小额贷款”工作，累计办理青年创业贷款577笔、1.4亿元，有效解决创业资金需求。（3）搭建青年沟通交流平台。举办“心相聚·成大器”2017年区青年企业家协会全体会议、吴兴青年企业家践行“四新”服务“两高”暨助推湖州“中国制造2025”试点示范等活动，有效凝聚青年企业家队伍，服务企业发展。先后承办2017年浙江共青团统战工作会议暨省青联十届六次常委（扩大）会议和省新企联走进吴兴活动，扩大吴兴知名度和影响力。

【在关心关爱中助力青少年成长成才】（1）加强青少年思想引领。广泛开展“喜迎十九大”“高举团旗跟党走·青春建功十三五”等主题教育活动，累计开展活动120场次。不断深化“美德少年”成长成才培育活动，吴兴区爱山小学教育集团王梓铭、湖师附小教育集团俞陶两名同学荣获湖州市唯一的省“美德少年”称号，有效发挥典型示范作用。做好农村青年引领工作，成功培育返乡创业青年王烨、徐培英等2位为“浙江省农村青年致富带头人”，举办“奋斗青春最美丽”青春故事汇活动15场次，广泛宣传创业事迹。（2）加强青少年活动阵地建设。不断加快区青少年宫扩容建设，新增场地1.7万平方米，其中区青少年宫原址改扩建已经由城投集团完成设计和招投标，初步形成八里店和织里分中心两大主体的青少年校外服务格局。建成乡镇（街道）示范性青少年综合服务平台12家，实现有效服务全覆盖，为各级青少年活动提供了场地保障。（3）加强青少年重点对象关爱帮扶。举办“七夕相会 他在等她”青亲恋相亲交友活动11场，服务单身青年300余人次。深入学校、社区开展百场流动少年宫进百校（社区）“双百双进”活动，累计服务青少年5000人次。不断加大扶贫帮困力度，开展“希望工程 圆梦行动”，全年累计资助贫困青少年28万元。发起“援疆‘衣’家人·情洒天山路”活动，动员社会爱心人士募集资金资助柯坪·湖州双语小学添置2200套秋季校服。

【在深化改革中锻造吴兴青年铁军】（1）进一步优化人员配置。根据群团改革要求，制定《吴兴区共青团改革实施方案》，明确团区委班子“专兼挂”方案，配备挂职副书记1名、兼职副书记2名，增强工作力量，做大发展格局。（2）进一步加强队伍建设。抓好团员队伍管理，严把团员入口关，出台全区团员调控工作文件，严格规范入团程序和团的纪律，全年全区发展团员990名，较上年减少29%。扎实做好村（社区）团组织换届工作，214个村（社区）完成换届。（3）进一步加强教育管理。制定下发《关于在全区团组织集中开展“学习总书记讲话、做合格共青团员，锻造吴兴共青铁军”教育实践的通知》，全年累计开展主题团课121次、专题组织生活会160次，从严治团认识得到强化。

（陆怡洁）

·妇　联·

【概况】区妇女联合会内设办公室（城乡发展部）、组织宣传部、妇女儿童工作部3个职能科室。行政编制4名，其中主席1名、副主席2名。设挂职副主席1名、兼职副主席2名。区妇联下设事业单位吴兴区妇女儿童发展中心1个，为正股级事业单位，核定编制3人。区妇联紧紧围绕党政工作大局，扎实做好组织妇女、引导妇女、服务妇女和维护妇女儿童合法权益工作，积极推进社会治理创新，团结带领广大妇女为吴兴区又好又快发展做出贡献。

【聚焦服务大局】参与全国文明城市创建、中心城区提质行动，6个街道共组建90支巾帼志愿者队伍1500余人，开展服务活动1100余次。累计完成2060户美丽庭院的创建，重点打造美丽庭院示范村6个。组建剿灭劣V类水志愿者队伍200余支，开展剿劣活动500余次。开设电商综合培训班7期、培训人员300余人；开展面点师、育婴师等培训班9期，服务人员近400人；开展美妆电商培训3期，美容师、导游培训各1期，培训学员200多人。组织招聘会20余场，提供女性就业岗位1.2万个，帮助6000余名妇女转移就业。编印并发放妇女法律知识宣传资料3万余份，开展各类法治宣传活动120余场，参与人数达7500余人。

【聚焦家庭建设】开展“最美家庭”、“幸福家庭”等创建工作，制作13户“最美家庭”专题采访纪录片。完成1000户区级“平安家庭示范户”创建任务。开展“清廉家规家训”征集活动，征集家规家训200余条。组建成立区家庭教育指导服务中心，聘请36名专家成立区家庭教育讲师团。规范运作村（社区）家长学校，指导50个社区家长学校规范做到“三上墙”“六个有”标准。打造5个亲子阅读基地“倩宁书屋”，承办“倩宁书屋公益基金”启动仪式。为33位贫困母亲送去慰问金3.3万元；为150名困难儿童送去慰问金、慰问品20万元。

【聚焦群团改革】基层妇联改革工作圆满完成，乡镇街道新增妇联执委84人，建立常委会3个；行政村新增副主席324名、执委1278名；社区副主席增至86名，执委达525人。开展中共十九大精神宣讲活动，组织220余名基层妇联干部参加集中学习会，发动各界妇女群众学习十九大报告。开展“村村行”活动，乡镇街道妇联每月上报走访进度和薄弱村整改情况。加强村（社区）妇联干部队伍建设，组织开展全区村（社区）妇联主席业务培训、信访案例分析、法律知识培训等活动。新建和扩充一批“平安大姐”“巾帼护水队”等巾帼志愿者队伍，推动巾帼志愿服务活动规范化、常态化开展。

（陈　静）

·文　联·

【概况】　吴兴区文联在市文联、吴兴区委的正确领导下，在区委宣传部的有力指导下，紧紧依靠各文艺家协会，团结带领广大文艺工作者，着眼全局，系统谋划，扎实工作，在服务助推中心工作、创作文艺精品、开展文艺惠民活动、加强文艺人才培育等方面作了积极努力。

【文联工作】　（一）发挥优势特长，服务中心大局有作为。坚持树立大局意识，围绕吴兴区积极打造“世界丝绸之源”、融入“一带一路”等重大战略，以及围绕省委“拆治归”“剿灭劣五类水”，市委“四新”主题实践、争创全国文明城市，区委“争当排头兵 实干大比拼”等中心工作，精心组织筹划，开展一系列有特色、有声势、有影响的主题文艺活动，用文化艺术的形式讲好“吴兴故事”、唱响“吴兴好声音”。（1）发动全区书法、美术爱好者开展“剿劣”主题书画展。组织区美术家协会、区书法家协会会员100余人围绕治水剿劣和四新主题实践在全区范围开展文艺采风，7月，在区政府一号楼大厅和市文化馆举办 “浙水千秋·千溪吴兴”吴兴区百名文艺家“剿劣”采风创作暨吴兴区文艺工作者践行“四新”主题实践书画展，展览前后历时三周，共征集展出作品100余件。（2）组织全区文艺工作者助力创建全国文明城市文艺宣传。组织“横飘”文艺人才创作文明创建公益短片《习惯》，并在中央文明办考评专家组到湖州测评期间通过区属各大媒体密集推送，营造良好的创城文化氛围，助力争创全国文明城市。（3）以农村幸福礼堂、社区文化广场、特色小镇为载体，广泛开展群众性文艺活动。成功举办首届丝绸文化节暨八里店镇潞村村荣获“世界丝绸之源”称号两周年庆祝活动，300多名本地村民享受饕餮文化大餐；组织区音舞家协会会员参与《核心价值记心头》排舞的推广教学，在全市率先通过“快闪”等群众喜闻乐见的表演形式，丰富广场文化活动开展。（4）以有温度、接地气的文艺创作形式，记录展现全区致力“四新”主题实践，在“打造增长极、提高首位度、争当排头兵，率先实现高质量赶超发展、高水平全面建成小康社会”建设进程中的感人印迹和实践实效，开展“吴兴区践行‘四新’主题实践暨靠前站马上办讲实效文艺宣讲报告会”。（二）坚持深化服务，群众文艺工作有成效。秉持文艺为民、文艺惠民、文艺乐民的宗旨，组织全区广大文艺工作者和文艺志愿者广泛开展“深入生活、扎根人民”主题活动，推动服务基层常态化、制度化，为提升人民群众文化生活水平发挥了积极作用。（1）积极筹措开展第一届“吴兴好声音”歌唱比赛。吸引全区200余名歌唱爱好者参与，通过5场海选、3场晋级赛选拔出一批歌唱能手，为吴兴区文化影视产业输送人才。（2）成功举办第二届妙西龙山茶笋文化节暨本土艺术家采风活动。组织一批本土作家、美术家、书法家分赴吴兴区新农村建设一线，以散文、书画形式讴歌吴兴好山好水，为原乡蝴蝶小镇争创浙江省第三批特色小镇呐喊鼓劲。（3）加强会员组织管理和协会自身建设。组织各文艺家协会会员深入基层，开展丰富多彩的基层采风和文艺创作活动，下半年，区作协在湖州市图书馆等地举办《夏日·朗读者暨青年作家交流会》《“书香之约”文学讲座》等活动，进一步提升会员间的向心力和凝聚力。（三）善于创新创造，精品创作实现重大突破。严把文艺创作导向，狠抓重点题材文艺精品创作，努力抢抓一切机遇奋力勇攀文艺精品创作高原，9月，由吴兴区申报的55集电视连续剧《养个孩子不容易》获评浙江省第十三届精神文明建设“五个一工程奖”，实现电视剧门类文艺精品创作省级重大奖项获奖零的突破。（1）优化影视项目园区建设，精准服务影视企业入驻。以江南影视城落户吴兴为契机，加快影视产业在吴兴集聚发展，出台《进一步扶持江南影视城发展的若干政策意见》等政策文件，加快文化影视项目建设，加快规划调整、政策制定、土地保障等工作，服务项目尽快落地。全年，累计有270余家影视制作工作室在浙江江南影视城登记落户，为全区影视剧创作生产做大基数。（2）优化影视剧创作拍摄环境，精准服务精品文艺创作。为各项文艺精品力作搭建交流展演平台，提供良好的创作环境，对重大题材文艺精品创作，由区委宣传部、区文联牵头区级相关部门，按需定制拍摄方案，精准服务湖州拉风影视文化有限公司、湖州风雷影视文化传媒有限公司等企业在吴兴拍摄影视剧，将吴兴区最优美的景色、最良好的投资生活环境展现给观众。（3）优化人才发展环境，精准服务“横飘”人才到吴兴创业。以湖州市宣传文化系统“345”创新团队、宣传文化工作领军人才工作室建设等为依托，强化文艺人才队伍建设，营造爱才惜才、识才用才的良好环境，为影视创作“横飘”人才到吴兴创业提供良好选人用人环境。全年新入选创新团队1支，领军人才工作室1个；区级文艺家协会会员数由2015年前的60余人发展到252人；文化人才培育力度进一步加强，两名艺术家入选南太湖“新峰”人才计划。文艺精品共产共享模式初步确立，实现体制内和体制外文艺精品创作力量相结合的“双轮”驱动模式。

（王晨建）

·社科联·

【概况】 吴兴区社科联在省、市社科联的指导、支持下，认真学习贯彻落实中共十九大精神，省、市、区党代会精神，围绕中心工作，不断整合资源，创新思路，深入开展社科理论研究和社科普及工作，努力开创社科事业新局面，为建设“生态吴兴、经济强区、科技新城、幸福家园”提供强有力的理论支撑和精神动力。

【社科联工作】 （1）围绕全区大局，理论研究取得新进展。围绕吴兴经济社会发展中的新成就、新情况、新问题等，组织社科工作者开展应用对策研究，服务党委政府决策。协助中宣部干部局完成调研课题《媒体融合视域下基层宣传干部教育培训工作的调查与思考》获得好评，《建立村级好人馆 引领农村新风尚》入选全省宣传思想文化工作“三贴近”优秀百例，《加强新居民子女社会主义核心价值观教育的对策研究》入选全省宣传文化系统重点调研课题，《关于县区平安指数发布路径的实践研究——以湖州市吴兴区为例》获湖州市2017年哲学社会科学规划立项课题优秀课题。为实现马克思主义大众化培育的宣讲典型及相关研究总结，获省委宣传部常务副部长来颖杰、市委书记陈伟俊批示，市委常委、宣传部部长范庆瑜批示2次，区委书记吴智勇批示3次。（2）紧贴群众需求，社科普及实现新成效。加大社会科学宣传普及力度，努力提升干部群众的理论水平和人文素养。根据省、市社科普及周活动要求，认真制定吴兴区社科普及周活动方案，组织开展以“讲好吴兴故事，传承创新优秀传统文化”为主题的社科公益宣讲、咨询服务、展览展示等活动；打造 “吴兴论坛”高端讲坛，邀请中央党校校务委员会委员、副教育长韩庆祥，中国社会科学院学部委员金碚，浙江大学教授程玉申等知名专家学者到吴授课11场次。通过整合资源，加强区社科普及志愿服务队伍建设，拓展活动丰富性，满足群众精神文化需求。积极争取市社科联南太湖人文大讲堂专家资源，制定讲座菜单，发动乡镇街道按不同需求邀请有关专家进村、进社区、进企业进行专题讲座，承办湖州市社科联“学习十九大 迈步新征程”社科专家下基层活动；争取部门合作，联合区文联举办“剿灭劣V类水”书画展，联合文体局策划吴兴“非遗”展；充分整合小红砖宣讲团、百姓宣讲名嘴等宣讲资源，借助“吴兴微系列”宣讲载体，广泛开展中共十九大精神、省第十四次党代会精神、市第八次党代会精神等的宣讲，活动累计上千场次；有效用好以“爱上吴兴”为核心的政务微信联盟、“吴兴发布”政务微博等新媒体资源，宣传人文社会科学知识，提升干部群众人文素养。（3）夯实工作基础，队伍阵地建设得到新提升。在队伍建设方面，加强领导班子建设，按照规章召开社科理事会议，选举产生新的主席、副主席并对秘书长和理事进行调整，领导班子更加团结务实；推进智库建设，积极探索与高校的合作，与湖州师范学院、浙江大学等建立战略合作关系，充分整合高校在理论、学术、人才等方面的优势以及区镇基层在实践中的工作经验、体会和创新想法，为党委、政府提供科学的理论依据，积极探索向外引智，成立吴兴区外国专家咨询委员会。在社科阵地建设方面，把社科普及基地作为调动社会力量开展社科普及工作，推动社科普及工作社会化、群众化、经常化重要载体强化建设。按照省、市社科普及基地建设标准要求，强化创建指导，全面规范社科普及基地运行管理。指导2012年命名的4家市级社科普及基地规范提升，顺利通过市级复评考核，其中 “吴兴区八里店镇南太湖幸福社区”获评湖州市优秀社会科学普及基地称号；指导吴兴区农民协会纪念馆成功创建为市社科普及基地；指导钱山漾文化交流中心成功创建为省级社科普及基地，也是吴兴区首家获此荣誉的社科普及基地。

（王晨建）

【吴兴区工商联（总商会）】 注重学习坚信念。组织非公经济人士深入学习贯彻习近平总书记“3·4”重要讲话、中发〔2017〕25 号文件和中共十九大精神，进一步增强赶超发展的信心。按照省、市工商联部署，在非公经济人士中广泛开展“勇当‘四个强省’排头兵、再创民营经济新优势”主题活动，进一步坚定理想信念，不断提升企业创新能力，加快转型升级。依托培训增动力。选派 20 余名企业家赴井冈山开展“不忘初心、牢记使命”革命传统教育，进一步强化企业家教育培养，通过“四个一”活动来增强企业家政治共识。建立青年企业家挂职锻炼工作机制，选派 4 名新生代企业家到区重点骨干企业进行挂职锻炼，通过挂职锻炼来强化责任意识、熟悉管理制度、了解行业发展，切实增强创新创业精神，帮助快速健康成长。创新服务促转型。按照“强创新、提信心、促发展”主题，举办“吴兴企业发展论坛”2 期，通过走进珀莱雅、老娘舅公司，开展企业互动交流，促进企业品牌建设。围绕“中国制造 2025”国家战略实施，邀请外国专家举办纺织服装产业专题辅导报告会，学习考察万丰奥特控股集团智慧工厂先进理念。联合区市场监管局、泰隆银行搭建区小微企业金融服务平台，开展“政银企同行，携手创共赢”合作，有效解决小微企业“融资难”问题。会同区人民检察院召开服务非公经济健康发展工作联席会议，成立区人民检察院驻织里童装商会检察官联络室，积极探索服务非公企业新途径。建立企业发展问题协调处理机制，发放《发展问题征集表》100 多份，收集各类问题和困难 39 个。在全区 30 家规模以上重点企业建立工商联工作联络员队伍，及时掌握非公经济人士思想动态和企业发展困难。组织 52 名在外吴商和有意向投资客商参加 2017 湖商发展大会及天下吴商家乡行活动，达成投资意向 12 个。

（黄红梅）

第六篇　农村经济

·综　述·

【概况】　全区土地面积69.89万亩，其中耕地面积23.55万亩。农业（含农林牧渔业）总产值32.1亿元，同比增长0.8%；农民人均可支配收入29980元，同比增长9.5%。粮食播种面积24.1万亩，粮食总产达12.01万吨。新增省级农业龙头企业1家、市级农业龙头企业5家，市级以上农业龙头企业累计达36家；新注册家庭农场58家、累计达288家；农民专业合作社累计247家。

【现代农业】　以南太湖农业产业集聚区、渔业转型发展先行区、省农产品质量安全县（区）三大创建为抓手，紧扣产业转型提质增效，持续推进农业平台建设，培育提升新型经营主体，拓展多功能农业新业态。吴兴区现代农业建设重点进一步突出，力度进一步加大，优势进一步显现。（1）粮食功能区建设有序推进。全区粮食功能区完成提标面积2.1万亩，粮食种植面积达24.1万亩、实现粮食总产12.01万吨。全年建成千亩省级高产创建示范区2个，百亩市级示范方2个，高产攻关田6个。其中高产攻关田最高产量达929公斤/亩，百亩市级示范方最高平均产量达903公斤/亩。（2）农业平台建设加快推进。立足于争取国家、省重点项目，通过资金资源和工作力量的再整合再集聚，着力升级产业平台，打造吴兴农业示范引领的新样板。南太湖农业产业集聚区率先启动幻溇、许溇和杨溇核心区建设，完成建设投资2.3亿元；东林镇、妙西镇完成省级特色农业强镇申报，并按创建标准先期启动建设；以东林镇为重点，吴兴成功列入省级渔业转型发展先行区创建名单，东林镇累计完成建设投资2200万元；吴兴区成功列入国家农业全产业链开发创新示范区和省级田园综合体试点；省级现代农业园已列入创建，国家现代农业产业园已完成规划编制工作。（3）强化农业面源污染治理。积极推广农牧结合新型畜牧业生产模式和清洁生产技术，成功创建5家美丽生态牧场。开展畜禽养殖场有序关停，生猪养殖场实现腾空关闭94家，水禽养殖场彻底关停70家。发展生态循环农业，围绕“一控两减四基本”目标任务，按照整建制推进要求，完成南太湖市级现代生态循环农业示范区创建，创建示范主体4个；秸秆焚烧有效遏制，综合利用率达95.2%。全区农业投入品废弃包装物回收正常运行，回收率达到92%，无害化集中处置率100%。坚持化肥减量提效、农药减量控害，推广测土配方施肥57.5万亩次、病虫害统防统治面积12万亩、应用商品有机肥9200吨，化肥、农药使用量分别减少380吨、20.5吨，继续开展吴兴区农业“两区”土壤污染防治工作。（4）现代农业经营主体加快培育。强化农业招商引资，扶大育强龙头企业，培育发展示范性家庭农场。培育省级农业龙头企业1家、市级农业龙头企业5家，成功创建市级示范性家庭农场10家、省级示范性家庭农场10家、市级以上示范性农业合作社4家、林业股份合作社2家，新增农产品电子商务经营主体10家、市级以上育繁推一体化星级种业企业3家。新引进市定农业“大好高”项目9个、竣工6个，全年完成投资额5.52亿元。（5）农产品质量有效保障。以省级农产品质量安全放心县（区）创建为抓手，整合各产业检测资源，建立区、乡镇、行政村三级监管责任网络，农产品质量安全抽检合格率达到100%，合格证覆盖率达100%。成功创建省级农产品质量安全可追溯体系县，可追溯率达100%。政府监管、企业自律、农民自觉的农产品质量安全长效管理机制初步建立。新增绿色食品4个、无公害农产品18个、“三品”产地认证面积2.07万亩、绿色认证农产品基地0.142万亩。加强品牌培育政策扶持，支持鼓励传统农产品集中产区申报原产地保护和地理标志证明商标，积极开展各类展示展销，宣传推介提高影响力，老恒和入选浙江农业品牌百强榜，丁莲芳申报浙江十大农家特色小吃，新增省级农业品牌2个。

【美丽乡村建设】（1）提升美丽乡村建设。围绕“省级美丽乡村示范县（区）”要求，以打造“美丽乡村升级版”为目标，推进“产村人”融合、“居业游”共进，加快推进美丽乡村建设。完成4个村（杨溇、红里山、妙山、大冲）市级美丽乡村精品村创建，完成4个村（义皋、菰城、龙山、南山）规划评审并启动建设，3个市级美丽乡村示范乡镇（高新区、道场乡、埭溪镇）初显亮点特色。市级美丽乡村创建村完成创建9个，重点打造滨湖溇港文化、妙西陆羽茶径、104国道苕上风情等3条美丽乡村风景线，有序推进第五、六批省级历史文化村落南山村（一般村）、菰城村（重点村）创建。（2）完成农村生活污水治理。围绕提高村域农户受益率、全面规范收集污水、延伸改造管网工程、扩容提标处理终端四个提升重点，严把设计关、质量关、进度关，全力推进农村生活污水治理提标改造。在市农污办的悉心指导下，吴兴区狠抓实地督查、狠抓现场协调，层层落实、攻坚克难，全区完成20个村3645户治理任务。（3）着力生态屏障建设。开展国土绿化，提高森林覆盖率，加强林木资源保护管理，改善森林质量，优化生态安全屏障体系，助推生态环境大提升。全区完成平原绿化1035亩，创建省级森林村庄3个、市级森林村庄5个，种植珍贵彩色树种10.3万株。积极开展湿地保护修复，修复湿地植被0.5万亩、治理湿地面积1.2万亩，湖州移沿山湿地成功创建市级湿地公园。坚持严打开路、科学修复的原则，开展综合治理毁林（竹）种茶专项行动，深入一线排摸违法犯罪线索，共梳理案件线索32条，承办毁林案件13起，办结7起。采用纯林、混交等造林模式进行套种补植，积极开展生态修复，共补植5万余株，完成生态修复1500亩。

【综合改革】农村改革不断深化，农业发展活力持续增强。（1）深化农村产权改革力度。以赋权、活权为核心，全面深化农村土地产权制度改革。妙西镇先行先试，全区集中力量稳妥推进农村土地承包经营权确权登记颁证工作，完成合同签订90%以上，发证达到80%，基本完成确权颁证工作。有序开展林地经营权流转发证工作，完成发证面积892亩。进一步健全农村综合产权流转交易体系，完善平台、创新机制，推进各种交易产品全面有序拓展，全年完成154宗。（2）深化普惠性农村金融创新。推动农村综合产权抵（质）押贷款产品扩面，全区农村产权抵质押贷款授信余额达17.35亿元，全年新增2.88亿元。组建两山农林合作社联合社，出台农民合作社创新试点工作实施方案，通过创新方式，赋予联合社担保及社员间资金匹配的职能，解决融资难等问题。深化政策性农业保险，全区实现水稻、小麦统保，农民保费“零负担”。

（陈梦姣）

·粮　油·

【概况】粮食播种面积24.1万亩，完成114.6%；粮食总产量12.01万吨，完成115.59%；完成粮食生产功能区提标改造面积2.1万亩；建成省级水稻高产千亩示范方2个，完成100%；水稻主导品种推广面积14万亩，完成116.67%，大力引进了甬优538、春优84、秀水134、浙粳99等水稻新品种，超级杂交稻种植面积进一步增加；油菜种植面积3.35万亩，“浙油50”和“浙大622”等油菜新品种的推广面积较上年有大幅度增加，品种趋向高档化、优质化。

【粮食生产】完成粮食总面积24.1万亩，比上年基本持平，同比增加2.34%。粮食总产量12.01万吨，与上一年基本持平。其中小（大）麦面积2.7万亩，比上年减少0.16万亩；总产量7135吨，平均单产264公斤。玉米播种面积1.05万亩，比上年增加0.13万亩；单产841公斤，比上年增加45公斤；总产量8831吨，比上年增加1531吨。蚕豆豌豆面积0.78万亩，比上年增加0.03万亩；单产215公斤，总产量0.17万吨，比上年增0.01万吨。杂豆面积0.71万亩，与上年基本持平；单产392公斤，总产量2797吨。大豆种植面积1.93万亩，与上年增加0.18万亩；单产340公斤，总产量6567吨。单季晚稻14.4万亩，与上年基本持平；单产587公斤，与上半年基本持平；总产量8.08万吨。马铃薯面积0.93万亩，单产462公斤，总产量4272吨。番薯面积1.38万亩，单产608公斤，总产量8362吨。

【油菜生产】全年种植面积3.35万亩，单产168公斤，与上半年基本持平，总产量0.56万吨。

【粮食生产功能区建设】　提前完成省下达的12万亩建设任务，在全市率先启动粮食生产功能区提标改造建设，全年完成粮食生产功能区提标改造建设2.1万亩，并在全省率先启动编制了第一部粮食生产功能区技术规程。

【粮油扶持政策】　2017年是吴兴区实施农业三项改革的第三年，将原来的农机化作业环节、油菜大户、粮食大户等补贴统一合并成规模种粮补贴，吴兴区规模种粮大户补贴已经完成发放和登记工作，50亩以上稻麦规模种粮按照152元/亩的补贴标准执行，全区194户，共发放4.4959万亩稻麦规模种粮补贴683.3774万元（其中省级补贴608.6395万元、区级财政配套74.7379万元）。油菜种植大户22户，发放省级财政资金18.1080万元。耕地地力保护补贴发放到位，发放标准为134元/亩发放，全区共33314户，发放7.322693万亩耕地地力保护补贴981.12408万元。全区旱粮基地补贴15户共2046.21亩，共发放规模旱粮基地省级补贴15.8141万元，需要发放省级财政补助资金255776.25元，区级财政补助资金20.4621万元，共发放各级财政补助460397.25元；发放省级财政补助资金21万元（剩余省级财政补助资金待上级另行下达文件后再发放），区级财政补助资金20.4621万元，已发放各级财政总资金41.4621万元。全区良种生产补贴面积780亩，需发放省级补贴18.72万元，已发放良种订单补贴16万元。全年吴兴区14户23人次共发放粮食生产贴息贷款14.8128万元，撬动粮食贷款1296万元。

【粮食生产示范】　全区上下深入开展粮食高产创建活动，采取集成技术、集中力量、集约项目、良种良法配套和农机农艺结合等措施，有效地提高粮食生产水平。全区建立水稻高产创建示范片2个，示范面积为0.23万亩。根据市农业局和区农业局技术人员的现场验收结果，百亩市级示范方最高平均产量突破903公斤/亩，高产攻关田最高产量达929公斤/亩，平均单产较上年均有所增加，达吴兴区历史最高水平。

【植保工作】　全区植保工作取得新突破，水稻、小麦、茶叶、蔬菜等作物统防统治面积11.77万亩，实现绿色防控融合面积达9.54万亩。通过应用推广新型农药、绿色防控等技术降低农业面源污染，实现农药减量20.5吨，保护生态环境，提高社会效益。

【测土配方施肥】　实施面积57.5万亩，推广有机肥9600吨。覆盖162个村，5.32万个农户。应用配方肥面积2.5万亩；化肥施用量（折纯）2800吨，实现化肥减量400吨。

（孟华兵）

·蚕　桑·

【概况】　蚕茧收购价格大幅回升，提高蚕农培桑养蚕的积极性，特别是整个春蚕期适宜的气候环境，不但有利于桑树的生长，桑叶产量高质量好，而且有利于增强蚕宝宝的体质，达到无病主产，平均张产达到55公斤，有20%的农户张产在60公斤。中秋期由于受阿维菌素空气污染，东林、埭溪两镇出现大面积蚕宝宝中毒现象，致使大部分蚕农颗粒无收，根据实际情况，由市、区政府补偿给蚕农，保障了蚕农的利益。由于城镇化建设的推进和产业结构的调整等因素，蚕桑生产还是不容乐观。全区全年饲养蚕种7170张，减少3102张，同比下降30.2%，其中织里镇在上年减种四成的基础上继续减少六成，全年实养蚕种185张，同比减少330张，减少64%。八里店镇、高新区减少四成，即全年饲养蚕种分别为155张和900张，同比减少110和635张，减少41.5%和41.4%。

【价格、产量、质量】　2017年吨丝价格一直维持在47万元/吨左右，至秋茧收购时提高到55万元/吨，由此带来的蚕茧收购价一路飙升，全年蚕茧价格为2077元/50公斤，比上年同期提高了957元/50公斤。其中春蚕茧价格为2038元/50公斤，比上年同期提高了1041元/50公斤。秋蚕茧价格2255元/50公斤，同比提高了868元/公斤。尽管全年茧价格有所提高，但蚕桑生产经济收入占家庭经济收入比重太低，加上蚕桑生产季节性强和桑地、劳动力、成本、农村“三改一拆”等因素影响，大多数农村劳动力还是选择企业上班。纵观全年蚕种饲养量、产量、茧价、效益均有不同程度下降。年发放只有7170张，同比下降30%，蚕茧产量369.9吨，比上年下降30%，蚕茧款总收入1536元，同比减少166万元，减幅9.8%。平均张产51.6公斤，基本持平。由于蚕茧经营市场放开，蚕茧收购秩序偏乱，导致全区蚕茧量有30%外流，有早采茧、毛脚茧、上次混茧和潮茧出售等现象出现。加上上蔟的簇具越来越简化，毛草、竹梢、油菜梗等，柴印茧、毛脚茧泛滥，含水量高，解舒率普遍低。蚕茧质量也明显下降，严重影响蚕茧质量品位和新蚕品种推广，对行业持续发展造成严重影响。

【生长期气候情况】 全年，湖州市天气变化较平稳，极端天气气候事件发生较少。平均气温 17.8℃，比常年高 1.4℃，比上年高 0.4℃，创历史同期新高。年度极端最高气温为 40.7℃，出现在 7 月 25 日，位列历史同期第二高值。年度极端最低气温为-4.1℃，出现在 1 月 21 日，位列历史同期第六低值。本年度降水量为 1272.6 毫米，比常年少 9.4 毫米，比上年少 878.7 毫米，降水日数为 154 天，比常年多 14.1 天，比上年少 13 天。2017 年度日照为 1863.7 小时，比常年多 44.7 小时，比上年多 246.8 小时。但由于各期蚕发种时间布局较好，饲养期间气候适宜，全年无大的中毒事故，蚕作安全，特别是春期蚕种张产较高，张产成绩历年之最。全年秋蚕期没有明显高温气候，雨水调匀，秋叶生长属较好年份，第四代桑螟虫害防治和秋蚕饲养环境较好，晚秋蚕张产高、茧质好，养蚕成绩好于预期，有利于蚕农对来年生产信心的提高。

【蚕桑发展】 弘扬蚕丝文化，注重蚕业综合开发。随着产业结构的调整，蚕桑产业传统的种桑养蚕模式已经不适应现代农业发展的要求。如何利用湖州蚕丝文化品牌，开拓蚕业综合开发市场是蚕桑产业走出困境的唯一途径，也是蚕桑产业在转型中稳步前行。（1）规模化养蚕示范基地建设良好。基地建于2011年，投产桑园面积600多亩。这个基地已成为全省乃至全国独树一帜的规模化养蚕基地。基地继续加强对外合作繁育雄蚕种，开展桑-菜农作模式、桑技等综合利用，以不断提高经济效益。（2）丝绸小镇初露端倪。吴兴区利用湖州4700多年丝绸发展史，打造成为具有文化内涵和商业价值的集丝绸产业、文化遗存、休闲旅游为一体的复合型丝绸小镇。借助绿水青山的生态资源，展现湖州丝绸发源地的历史文化、现代创意、潮流时尚和国际商贸发展，成为现代版“丝绸之府”。（3）在积极开展新桑、蚕品种推广和新技术推广的同时探索蚕桑综合开发应用，开展桑园冬闲时间作蔬菜和桑叶茶开发，指导湖州老恒和酿造有限公司在高新区戴北村引进种植大十果桑100多亩。公司打算利用桑葚，提取花青素，开发桑果醋、桑果酱为主等综合开发。

（沈玉丽）

·茶　叶·

【概况】 2017 年全区共有 4 个产茶乡镇，茶园总面积 1.88 万亩，其中采摘面积 1.665 万亩，无公害茶园 1.13 万亩；有机茶园 0.46 万亩。茶叶总产量 1205 吨，总产值 11005 万元，比上年增加 285 万元，增 2.7%，其中名优茶产量 266 吨，比上年增加 5 吨，产值 6625 万元，比上年增加 9%。有初制茶厂 36 家，4 家企业已通过 QS 质量安全认证。

【灾害天气影响】 2017 年最早开采时间为 3 月 25 日，是老虎山茶叶专业合作社的龙井 43。大部分茶场白叶一号开采时间集中在 3 月 31 日—4 月 1 日，比上年推迟一周左右， 4 月为采摘高峰期。气象条件总体对茶芽萌动生长和品质形成较为有利。但由于 3 月 8℃以上积温较少，茶芽生长较慢，导致白茶开采时间较往年略偏晚，开采首日的采摘量也比往年有所降低，有利地提高了茶叶品质；4 月气温逐步回升，各主要茶区春茶进入大面积采摘，春茶采摘于 4 月 25 日左右结束，采茶工工资普遍在 140 元/天以上，比上年有所提高。

【名优茶生产销售】 2017 年春茶实现“三增一高”，即总产量、总产值和面积增加，价格高。 在中央“八项规定”颁布落实后，茶叶生产企业审时度势，积极调整产品结构，增加中档茶叶的产量，并简化茶叶包装，茶叶价格逐步回归理性，逐渐倾向做中低档茶叶，中低档茶销量、价格明显好于上年。销售方面，以卖鲜叶为主，从清明前的 260 元/公斤，到清明后的 80 元/公斤不等，主要销往安吉市场，外地销售少。据茶农反映，亩茶收益最高的可达 9000 元/亩左右，因此，大大提高亩茶效益，增加茶农收益。

【茶树良种化工程】 全区新增无性系良种茶园面积 1.4 万亩，主要以发展白叶 1 号等无性系优良品种为主。在大力发展良种新茶园的同时，中低产茶园和老茶园的改造及改植换种的步伐也进一步加快，全区新种茶园 100 亩，改植换种茶园达到 600 亩。重点茶区茶园的肥培管理工作普遍较好，茶树生长情况良好。

【茶叶采制机械化工程】 全区茶叶采制机械化程度进一步加强。现有机剪茶园面积 6000 多亩，修剪机 50 台；机制名茶产量 265 吨，重点推广名茶连续化、自动化生产线加工技术，产品品质明显提高、产能显著增加、效益明显提升。长林农庄投资近百万元建立一套茶叶标准化自动化加工流水线。从茶叶摊青开始到脱毛将6道工序全部连接起来，生产线只需4～5人管理，不仅工效大大提高，茶叶从炒制到结束，做到了摊青叶、茶制品不落地，清洁又卫生。年加工能力达10吨以上，全年生产线加工实绩8吨，产值400万元。实现以“机器换人”而效率大提升，成为吴兴区首家省级标准化示范茶厂。

【茶事活动】　4月中旬，组织相关茶企业参加湖州市举办的第四届“陆羽杯”湖州名优茶评比活动，吴兴区吴兴君来品有机茶场的“君来品”绿茶获第四届“陆羽杯”湖州名优茶评比金奖，吴兴区长林农庄的“老虎潭”绿茶和湖州心因旅游文化发展有限公司的绿茶分别获湖州市第四届“陆羽杯”湖州名优茶评比优质奖。区农林局组织长林农庄老虎潭白茶、湖茶，湖州菰城生态发展有限公司的菰城旗枪、湖州妙西旅游开发有限公司的三葵雨芽等参加5月18—21日在杭州举办的中国国际茶叶博览会，为宣传吴兴的茶品牌起到积极的作用。5月19日，组织相关科室和茶企业参观中国国际茶叶博览会，使茶企受益匪浅。

【科技创新与服务管理】　全区有茶叶专业合作社6家，茶叶专业协会1个。100亩以上的较大规模的茶叶基地50多家，依托浙江大学湖州市现代农业茶叶产业联盟及湖州市经济作物技术推广站，开展各类培训指导和项目研究。全年全区重点茶农参加茶叶联盟举办的“白叶1号茶栽培及加工技术要点”“生态茶园建设”“茶叶标准与质量管理、茶叶生产安全用药及茶叶生产中存在的安全隐患问题”等培训5次，参加培训人员100余人次。通过市茶叶产业联盟积极开展新品种、新技术推广，及时向茶农传递技术信息，帮助茶农解决生产难题。吴兴区缺乏茶业科技人员，区、乡镇农技队伍无一茶业专业人员。人才缺乏，茶业科技人员的培养、培训、再教育、引进充实机制尚需完善。

（沈玉丽）

·畜　牧·

【概况】　以“大农业观、整产业链、全绿色化、高附加值、强竞争力”为着眼点，抓好畜产品质量安全监管，持续抓好畜禽养殖污染治理工作，强化病死动物无害化处理监管，强化疫病防控，全面推进吴兴区畜牧业转型发展、绿色发展、美丽发展。年末生猪存栏3.1724万头，同比减少37.58%，全年生猪出栏7.8401万头，减少9.25%。年末家禽总存栏90.7973万羽，同比减少66.66%，全年家禽出栏663.0567万羽，同比减少29%。湖羊生产保持稳定，年末存栏4.1103万只，同比减少0.44%，全年出栏4.5276万只，同比减少0.29%。全区肉类总产量2.1098万吨，同比减少18.35%；禽蛋产量为5085吨，同比增加28.24%；牧业总产值达到4.27亿元，同比减少38.44%。

【畜牧业绿色发展】　（1）加大养殖场关停整治工作。在108家生猪养殖场的基础上，共关停94家，保留规模生猪养殖场14家。对保留的宇恒、鸿达、康强、自明、兴达5家生猪养殖场进行巩固提升，切实提升养殖污染治理水平；对全区水禽场开展全面摸排，共关停规模水禽场70家。（2）建立畜禽养殖污染长效监管机制。建设完善畜禽养殖污染监控线上监管平台，对全区14家保留猪场全部安装摄像头，并纳入环保平台，进行实时监控。严格落实监管机制，对畜禽养殖场开展三级网格化巡查。（3）巩固提升农牧对接。制订《吴兴区畜禽养殖业农牧对接实施方案》，落实农牧对接面积，建立“一场一策”模式，累计沼液利用12.8万吨，粪便利用2.67万吨，畜禽养殖排泄物资源化利用率98.85%。（4）高标准创建美丽牧场。在上年创建6家的基础上，成功创建5家省级美丽生态牧场。（5）持续推进湖羊产业振兴。全力推进湖羊产业“规模化、标准化、生态化”发展，完成2016年项目验收共6家，全年项目共3家，总投资244.8万元，通过项目建设。

【疫病防控】　开展春、夏、秋、冬四季集中免疫行动。完成高致性禽流感病毒灭活苗免疫1711.77万羽，其中鸡、鸭、鹅、其他禽类的免疫数分别为1676.84万羽、29.93万羽、0.80万羽、4.20万羽，猪口蹄疫免疫12.31万头，高致病性蓝耳病免疫8.11万头，猪瘟免疫13.54万头，牛羊口蹄疫免疫7.88万头，小反刍兽疫免疫6.67万只。开展全区各季度防疫飞行监测。累计检测全区范围畜禽重大动物疫病抗体7681份次，其中O型口蹄疫抗体检测数982份，牛羊I型口蹄疫抗体检测数482份，猪瘟抗体检测数530份，高致性猪蓝耳病抗体检测数330份，

H5 亚型禽流感（Re-6 株、Re-7 株、Re-8 株）抗体检测数 2600 份，新城疫抗体检测数 625 份，H7N9 禽流感非免疫抗体检测数 1345 份，小反刍兽疫抗体检测数 747 份。

【价格】 生猪价格全年保持较高价位，最高价格 19 元/公斤，平均价格为 15.1 元/公斤；家禽养殖效益尚可，上半年价格低位运行，至四季度价格有所回升，全年均价 10.5 元/公斤，禽蛋价格涨幅较大；湖羊和肉羊价格趋稳，肉羊平均价格 25 元/公斤，低小散养殖效益逐步降低，湖羊产业规模化程度日益提高。总体上，生猪价格保持高位，养殖效益较好，其他畜禽养殖效益一般，畜牧业发展状况良好。

【动物卫生监督】 完善产地、屠宰检疫监管。依法执行产地检疫申报程序。全区产地检疫生猪 5.53 万头，生猪出栏“瘦肉精”抽检 500 余份，全部为阴性。全年共屠宰生猪 16.7 万头、牛 1.07 万头、羊 3006 头。健全行业监管。健全对动物养殖场防疫条件、动物诊疗机构诊疗行为和兽药经营企业经营行为的行业监管，严厉查处违法行为。共查处动物及动物产品流通环节违法行为 10 起，其中情节轻微、依法予以警告处理并责令立即改正的 7 起，再次违法，依法予以罚款处理的 3 起；查处不按国务院有关规定处置死因不明动物行为 1 起；查处未取得动物防疫条件合格证兴办动物饲养场行为 5 起，其中立即整改并成功办理防疫条件合格证，依法不予处罚的 1 起；整改不到位，无法达到防疫条件，依法予以罚款处理的 4 起；查处经营依法应当检疫而未经检疫的动物的行为 2 起。上述办理一般程序案件 10 起共罚款 24300 元。

（屠炳江）

·水　产·

【概况】 吴兴区现代渔业产业，围绕生态统领渔业发展，以“保生态、保安全、促增收” 为着力点，以“循环高效、优质安全、强渔富民”为主攻方向，着力推进现代渔业园区建设，加快渔业转型升级，现代绿色渔业发展取得新成果。养殖面积基本稳定、水产品产量和产值继续增长。由于饲料和人工工资上涨，水产品养殖成本增加，常规鱼价格基本稳定；名特优水产品的价格有涨有跌，全区各类水域养殖面积 8541 公顷（池塘 2143 公顷、湖泊 52 公顷、水库 459 公顷、河沟 952 公顷、稻田养鱼面积 4676 公顷、其他 259 公顷），与上年相比略有增加。水产品总产量 70091 吨，比上年增加 3428 吨，同比增长 5.14%，淡水捕捞产量 3104 吨，比上年减少 360 吨，同比增长-10.39%；淡水养殖产量 66987 吨，比上年增加 3788 吨，同比增长 5.99%。全年渔业经济总产值 173795 万元，比上年增加 19216 万元 ，同比增长 12.43%；增加值为 41799 万元，比上年增加 3402 万元，同比增长 8.86%。其中渔业产值 146820 万元，比上年增加 17178 万元，同比增长 13.25%；渔业增加值 35279 万元，比上年增加 2960 万元，同比增长 9.16%。

【水产品养殖及市场】 四大家鱼等常规鱼养殖产量 25450 吨，增长 1.02%，名特优新水产品养殖产量 41537 吨，增长 8.18%，占养殖总产量 62%。常规鱼市场价格比基本稳定，名优鱼类的市场价格有升有降，吴兴区主要养殖名优鱼价格相对稳定，虾蟹类市场价格与上年基本持平，前期低后期高。龟鳖类市场价格稳中有升。全区名特优水产品专、混养面积约占 82%，常规鱼养殖面积呈现下降趋势。养殖品种主要以河蟹、鲈鱼、黄颡鱼和鳜鱼等品种为主，罗氏沼虾、青虾、南美白对虾等虾类面积有所上升。

【水产种子种苗】 淡水苗种繁育量增加，鱼苗价格平稳，青、草、鲢、鳙、四大家鱼苗种价格基本稳定，黄颡鱼、鲈鱼等名优产品生产量增加，价格有所下降。全区淡水鱼苗总量 12.24 亿尾，比上年增 0.9 亿尾。全区虾类育苗 50 亿尾，其中罗氏沼虾育苗生产企业 5 家总销售量 35 亿尾、同上年持平，产值 1 亿元，平均价格比上年基本持平。

【无公害水产品生产】 全区累计有效无公害水产品生产基地 23 个，总面积 1104.7 公顷，无公害产品 26 个，全区水产健康养殖示范场累计达到 7 家。积极开展水产养殖病害测报工作，全年共落实 6 个测报点，池塘面积达到 8 公顷。继续加强渔业生产投入品监管，依法惩治违禁生产销售渔药、饲料及饲料添加剂等行为，规范水产苗种生产行为。完成省级水产品药物残留监控计划 83 个水产品样本，全区水产品抽检合格率 100%。

【渔技推广】 实施农业部全国渔技推广体系改革与建设示范县项目建设，发布主要推广技术和品种，主导产业：河蟹、生态鳖、名优鱼类。主导品种：

河蟹、鳜鱼、大口黑鲈、翘嘴鲌、黄颡鱼、中华鳖。主推技术：虾蟹混养模式与技术、配合饲料替代冰鲜饵料投喂技术、池塘内循环流水养殖模式与技术、鳖（蟹）稻共生和生态养殖技术。建设渔业科技示范基地2家，总面积400亩，全区八个乡镇（街道）培育科技示范户79户，示范总面积1.2万亩，辐射带动周围农户829余户，面积2万亩；集中培训渔技人员30人次，举办培训班18期，参加培训人数1630人次，主导品种和主推技术入户率达到95%以上。推广试验新技术新品种，虾蟹混养模式与技术、配合饲料替代冰鲜饵料投喂技术、池塘内循环流水养殖模式与技术、鳖（蟹）稻共生和生态养殖技术等。

（闵新明）

·农　机·

【概况】 紧紧围绕全区农村产业结构调整和新农村建设的总目标，按照“立足大农业，发展大农机，培养新农民，建设新农村”的总体思路和要求，坚持以促进农业增效、农民增收、提高全区农机化作业水平为重点，大力推进农业生产规模化、机械化，促进土地流转。按照省政府《关于大力发展农业机械化的若干意见》精神，宣传贯彻农业机械化法律法规，认真执行农业机械购置补贴政策，推广先进适用农业机械及配套技术，扶持发展农机专业合作社，加强农业机械化安全生产管理，强化农机机械依法监督管理，社会、经济、生态效益日趋显现，农业机械化事业稳步推进。全年推广水稻机播面积8.41万亩；水稻机收面积13.55万亩，水稻耕、种、收综合机械化水平达到84.86%。圆满完成全年各项农机化工作任务。

【农机购置补贴政策】 农业机械购置补贴坚持“总量控制、优化结构、突出重点、分级扶持、包干使用”和“公开、公正，农民直接受益”的原则。综合考虑吴兴区农业“三化两区一中心”建设、农业产业结构、农机化综合水平、在用农机存量结构和农民需求，严格按照省下达的资金控制额度，合理调配使用。全年受理农机购置补贴农机具164台，其中中央补贴175.321万元、省补贴12.552万元、市补贴0.339万元，区补贴0.339万元，其中单轨运输机、食用菌打包机等新产品补贴20台。农业机械报废补偿，坚持“农民自愿、国家扶持、便捷高效、促进更新”的原则，鼓励和引导农业机械加快淘汰和升级换代，优化农业机械装备结构，提高农业机械技术水平和作业效率，保障安全生产，促进节能减排。全年办理拖拉机报废122台，补贴24.1万元，报废更新1台，补贴0.5万元，达到预期的目标。

【农机监督管理】 农机安全监督管理坚持以农机安全生产为中心，深化《中华人民共和国农业机械安全监督管理条例》的贯彻实施，加强领导、精心组织，狠抓农机安全生产和规范化管理，为全区农业机械化又好又快发展提供较好的安全保障。全年共受理拖拉机及驾驶员业务500余件，其中检验拖拉机185台，办理驾驶证以及行驶证业务329件，会同公安交警出动警力60余人次，检查上道路拖拉机280多台次，纠正农机安全隐患10项；组织集中安全宣传6次，发放各类安全宣传资料2000余份，安全生产检查20余次，全年农机事故死亡控制在指标之内，无重特大事故发生。

【农机推广】 以推进国家级现代农业示范市建设为主线，狠抓机插技术推广工作。联合市农机化技术推广站先后召开机插技术推广现场会和技术培训班，以农机专业合作社、农机大户为突破口，采取分片负责、层层推进、逐户落实的方法，全力推进机械化育插秧技术工作。大力推广秸秆打捆机的使用。联合市农机化技术推广站先后召开全市油菜机械化收获现场观摩会和机械化播种现场会和马铃薯机械化栽植现场，开展油菜机械化培训班，加快设施农业装备发展创建了“平安农机”示范区，创建“平安农机”示范镇1个，机器换人示范镇1个，新建农艺示范点1个，全国农机示范合作社1个，省级农机示范合作社1个，省级机器换人示范基地2个，“平安农机”示范社2个，“平安农机”示范村一个，全区新增机具1800台套，批次粮食烘干能力达到808吨。

（徐建宁）

·林　业·

【概况】 全年林业产业总产值为263494万元，同比增加25814万元，增长10.86%。其中以竹笋、花卉苗木生产等第一产业实现产值47501万元；以木竹制品加工等为主的第二产业实现产值 171398 万元，与上年同期略有增长；以林业为依托的“农家乐”林业旅游等为主的第三产业实现收入 44595 万元，较上年增加了 14487 万元，增长 48.12%。

【森林城市创建】 贯彻落实省委省政府“五年绿化平原水乡、十年建成森林浙江”战略部署，统筹谋划，整合资源，全力推进平原绿化建设，全区完成平原绿化面积 1035 亩，四旁植树 10.3 万株；结合美丽乡村和国家现代林业示范市建设，开展“森林村庄”创建活动，创建省级森林村庄 3 个，市级森林村庄 5 个。

【林业生态】 结合生态区建设，全面推进生态公益林工作，建设重点生态公益林面积 168447 亩，初步构筑森林生态屏障体系，林业生态建设上了新台阶。全区森林覆盖率 39%以上。全面开展珍贵彩色森林建设，认真组织“新植 1 亿株珍贵树”行动，保质保量完成新植珍贵树、彩色健康森林项目建设任务，种植珍贵树 10.3 万株，建立发展示范点 2 个，局长示范林 2 片，示范单位 2 个。

【林业产业】 认真开展食用林产品质量安全提升工程，加大品牌建设，食用林产品年度省级监测合格率 100%；浙江景明玫瑰产业发展有限公司等大力发展林产品电子商务。积极组织相关单位参加义乌森林产品博览会。

【森林资源保护】 坚持一手抓发展，一手抓保护，切实加强森林资源管理，做好森林资源保护。强化林木采伐管理，按照《吴兴区人民政府关于做好“十三五”期间森林限额采伐工作的通知》要求，严格把控采伐限额。加强野生动物保护工作，吴兴区大力开展保护候鸟等野生动物专项行动，依法惩治乱捕滥猎滥食和非法经营候鸟犯罪活动；开展野生动物救助工作，救助猫头鹰、北极狐、蜥蜴等野生动物 22 只，放生 18 只，送救助站 4 只。加强湿地保护管理工作，吴兴区完成湿地治理 1.2 万亩，恢复植被 0.5 万亩。妙西镇原乡小镇和织里镇义皋村被评为“浙江省生态文化基地”。加强林业执法管理，吴兴森林公安结合“雷霆”“利剑”“清网”行动打击非法占用林地、非法运输、贩卖野生动物行动，“毁林（竹）综合治理专项行动”惩治毁林毁竹种茶等违法行为，以“零容忍”的态势惩治一批毁林违法犯罪行为，强化林业执法管理。强化森林消防工作。不断强化森林消防建设，突出抓好“以水灭火”工程建设，全面提升“以水灭火”装备、队伍和扑救能力水平，扎实做好森林防火工作。悬挂宣传条幅 800 多条，发放宣传资料 2000 多份，出动宣传车辆 5 台 100 多次，发送各类宣传短信息 25000 多条。重管控。根据工作任务以及气候变化，全面加强人员、火源、重点地段、重要关口的控制，采取检查、巡查、督查等手段来加强管控严防森林火灾事故的发生。

【林技推广】 积极开展“一亩山万元钱”林技推广三年行动计划，毛竹笋覆盖技术推广示范和辐射近 300 亩，示范区亩产值 1.5 万余元，新增产值 522 万元。开展林下套种铁皮石斛科技推广 80 亩。落实科技推广项目任务结合林业科技周开展科技服务，全年举办林业技术培训班 1 期，培训 75 人次。

（慎家辉）

·水　利·

【概况】 全区（除湖州经济技术开发区、太湖旅游度假区）市属中型水库 1 座（老虎潭水库）；小型水库 20 座，总库容 1168 万立方米，灌溉面积 1.3 万亩。小（1）型水库 3 座，其中埭溪镇 1 座（红旗），妙西镇 2 座（稍康、陆家庄）。小（2）型水库 17 座，其中埭溪镇 9 座（大山坞、三八、利山、向阳、管门冲、西羊山、风车口、五四、革命），妙西镇 6 座（麦家坞、霞幕山、盛坞、照山、石山岭、福坞），东林镇 2 座（五丰、南山）。全区山塘总计 243 座，总库容 242 万立方米：其中万立方米以上山塘 69 座（埭溪镇 33 座、妙西镇 29 座、东林镇 5 座、道场乡 2 座），总库容 183 万立方米，灌溉面积 0.61 万亩；其中万立方米以下山塘 174 座（埭溪镇 55 座、妙西镇 112 座、东林镇 4 座、道场乡 3 座），总库容 59 万立方米，灌溉面积 0.4 万亩。除老虎潭水库外，全区水库山塘中饮用水水库 8 座，其中埭溪镇 2 座（三八、利山），妙西镇 5 座（陆家庄、稍康、霞幕山、麦家坞、福坞），东林镇 1 座（南山）；饮用水山塘 54 座（埭溪镇 24 座、妙西镇 21 座、东林镇 9 座）。农田水利设施方面，全区有大小机埠（泵站）1230 座，防洪节制水闸 88 座。现有河道 1492 条，总长 1469 公里。

【水利事业发展】 全区水利事业改革与发展深入推进，争取资金 20.9023 亿元。水利投融资改革取得新突破。为快速推动全区水利事业发展，经与兴业银行股份有限公司湖州分行充分对接，由湖州市吴兴区水利投资发展有限公司作为主体，向兴业银行融资20亿元。根据中央、省、市水利建设政策和投资方向，将对上争取项目资金工作列入局中心工作来抓，全年争取到市级以上资金9023万元。完成年度水利总投资2.8亿元，全面完成省、市下达的水利工作目标任务。市级“百项千亿”防洪排涝工程南北横塘区域水系整治项目超额完成年度任务，完成投资4500万元，启动节水型社会建设，信息化建设，初步建立“智慧水利”系统。全区水利行业“十三五”规划全面编制完成并通过审查。

【防汛防台抗旱】 全年吴兴区降水量较常年偏少，汛期全区降雨量为881毫米，较常年偏少6.5%（常年全市汛期平均942毫米）；平均降雨量1332毫米，较常年平均偏少1.3%。总体特点为入梅与出梅较常年偏早，过程集中；台风总量相当，影响较小。6月9日入梅至7月9日出梅全区梅雨量为245.8毫米，较常年偏多7.1%；特别是9月20日入秋后，持续降雨23天，截至10月17日，全区28天平均降雨量达220毫米，为常年同期的3倍。受梅雨较常年偏多降雨和7月、8月持续高温影响，全区水库、河网水位度汛水位较常年偏低，至9月份水库蓄水率最低降至50%。在梅汛期期间，全区水库、山塘、河网均出现了最高水位，西部山区4座小（2）型以上水库溢洪、东苕溪导流港全线关闸。全区汛前建立抢险队伍243支4153人，落实主要物资：草包及麻袋8.4万只（其中区级储备4.53万只），编织袋11.467万条（其中区级储备3.01万条），木桩170立方，水泵558台（其中区级储备364台）。6月，区防指联合区人武部在南荡漾开展2017年防汛抢险应急演练，抢险队员防洪抢险实战能力得到提高。启动防汛Ⅳ级响应1次，防台风Ⅳ级响应1次；开展业务技能培训3次，应急演练1次，共394人参加。派出防汛防旱检查组34组；按时完成基层防汛防台体系信息系统责任人录入工作，积极自筹资金60万元委托设计院完成全区212个村（社区）村级防汛形势图编制成宣传栏进行责任告知；7月11日以来，吴兴区连续高温，虽受第9号、10号双台风外围运行影响有降雨，但7月30日和31日两天吴兴区面雨量仅为7.1毫米，埭溪镇两个村出现饮水困难，一处为五石坞村长兴畈自然村51户200人7月下旬曾出现饮水困难，区防汛防旱指挥部会同埭溪镇于7月22日至26日通过消防车送水三次（每次2车，每车15吨），全力保障该村百姓生活用水；另一处为盛家坞村上堡自然村200人，区防汛防旱指挥部会同埭溪镇于7月31日通过消防车送水一次（1车15吨），全力保障该村百姓生活用水，使两处饮用水困难得到缓解。妙西镇后沈埠、潘村2个行政村农业灌溉用水取水困难，普遍采用三级、四级提水灌溉。

【国家级水利风景区】 积极创建太湖溇港国家级水利风景区，在区委、区政府的正确领导下，在各方的努力下，国家级水利风景区创建成功。国家水利部于9月4日正式发文公布吴兴区太湖溇港水利风景区为第十七批国家级水利风景区。10月18日，区水利局被推荐为全国水利风景区建设与管理经验交流发言单位，代表吴兴区在水利风景区建设全国经验交流会上发言。

【河道整治与管理】 通过河道清淤、护岸建设、水系沟通、配套绿化等一系列治水措施，全面持续改善了全区水环境。清淤河道102公里，清淤157万方；在年底的全省河道清淤抽查验收中，吴兴区清淤质量、淤泥有毒有害检测率、清淤台账完整率3项总评分最高，列全省第一。完成河道管理范围划界188.8公里；完成河道合法排放口登记10个。成立吴兴锦绣水利管理有限公司，创新河道保洁新模式，投资1100万元购买20艘自动化水葫芦打捞船、招聘41名驾驶员、保洁员，对东苕溪、杭湖锡、长湖申等10条全区132.3公里主要河道开展长效保洁，解决了长期困扰吴兴区的水葫芦打捞难的问题。

【水政水资源管理】 吴兴区实行最严格水资源管理制度，一手抓经济社会发展，一手抓水资源管理，牢固树立总量控制、优化配置、合理开发、有效保护的理念，水资源对经济社会发展的支撑能力不断增强。大力开展水法宣传、强化水政执法巡查。在爱山广场和八里店镇前村社区，结合剿劣工作，开展“五水共治”相关宣传，发放宣传资料共3500余份。开展巡查46次，开展入河排污口“身份证”登记管理工作，登记全区10个通过环评的合法达标河道排放口。对全区66家取水户全部实施监管，其中42家取水户安装实时监控，对其余的24家取水户安装电磁流量器进行监控，实现了取水监管全覆盖。全面完成市对区实施“最严格水资源管理制度”考核任务。3个水生态示范工程（西山漾风景区、太湖滨湖大道景观带、义皋溇港文化展示馆），在

2017 年秋季湖州市创建全国水生态文明建设试点城市国家级验收活动中，通过技术专家组和水利部终审领导考评组验收审核。

【农田水利基础设施建设】 继续加大全区农田水利项目建设力度，全年共完成水库整治 1 座，圩区整治 2.04 万亩，完成农水项目竣工验收 3 项，完成山塘整治 4 座，完成节水灌溉面积 0.17 万亩。

【“最多跑一次”改革】 通过整合审批服务事项、落实专人等措施积极推进“最多跑一次”改革工作，实现“最多跑一次”审批事项 19 项。同时，主动服务，提高审批效率，不断优化水行政审批流程，审批时间由原来的法定 22 天减至 7 天。为全区 12 个工业、旅游、土地农转非等涉水项目做好水行政审批工作，有效推进了区重大项目建设进度。

（吴永祥）

第七篇　工业经济

·综　述·

【概况】　2017年是实施“十三五”规划的重要一年，是供给侧结构性改革的深化之年。吴兴区推动工业转型升级，有序推进各项重点工作，经济“运行平稳、质效提升、转型加快”，主要指标在全市名列前茅，实现新常态下新发展。

【生产效益、产业结构】　全区完成规模以上工业增加值119.44亿元,同比增长8.9%;实现利税52.51亿元，同比增长30.3%；完成工业性投入116.19亿元，同比增长13.2%，其中技改投入97.02亿元，同比增长17.0%；完成战略性新兴产业、高新技术产业、装备制造业增加值53.61亿元、51.88亿元、45.46亿元，同比分别增长8.1%、11.1%、19.3%。

全区积极实施产业结构优化调整战略，逐步形成智能装备、节能环保、金属新材、现代纺织四大主导产业。其中，完成智能装备增加值同比增长16.0%，列全市第二；完成节能环保增加值同比增长8.6%，列全市第四；完成金属新材增加值同比增长4.1%，列全市第三；完成现代纺织增加值同比增长3.8%，列全市第三。新兴产业呈现较快发展态势，全区完成战略性新兴产业、高新技术产业、装备制造业增加值53.61亿元、51.88亿元、45.46亿元，同比增长8.1%、11.1%、19.3%，分别列全市第四、第一、第一，东尼电子、德马科技、久鼎电子等一批高科技、高成长企业持续发展壮大。

（陈　曦）

·节能环保·

【概况】　大力推广生物质能、太阳能、天然气等清洁能源，替代煤炭、薪柴等传统生产生活用能，清洁能源的利用比重在不断提高。通过产业结构调整积极降低全区能源消耗强度。按照“清洁、低碳、高效、安全”的能源发展思路，不断提高清洁能源在一次能源消费中的比重。通过加快天然气管网建设、光伏项目实施，不断优化吴兴区能源结构，实现煤炭消费替代。

【企业、项目、产业链】　推动清洁能源示范县建设，推动重点项目实施，大力发展清洁能源，推进生态文明建设、落实区域大气污染防治、带动新能源产业发展、实现节能减排和产业结构转型升级，不断提高可再生能源消费量的使用比重，打造浙江省创建国家清洁能源示范省的“样板区”。

【新能源】　积极推进光伏发电项目建设，推动吴兴区可再生能源开发利用，不断提高可再生能源消费总量，进一步促进吴兴区新能源发展和能源结构优化，削减煤炭消费比重。全年，吴兴区阿波西禾30兆瓦和商林漾80兆瓦2个地面光伏电站项目并网发电，企业屋顶分布式光伏完成15.4兆瓦，埭溪镇60兆瓦项目开工,天润狮子山风电项目正在有序推进。

（沈琪泓）

·智能装备·

【概况】　在国家大物流战略背景下，吴兴区始终把大力发展智能装备产业作为产业发展的重中之重，成功创建现代物流装备产业园，列入省级产业示范基地、省高端装备制造业特色基地、2017年度浙江省智能物流装备产业培育试点示范。企业主要分布于高新区、埭溪镇。全年，吴兴区完成智能装备产业129.75亿元，同比增长23.2%，占比19.1%。装备制造业增加值45.46亿元，增长19.3%，增幅列全市第一。

【企业、项目、产业链】 按照市工业"3+4+N"（三大新兴产业、四大传统产业、N个新兴增长点）产业体系统计口径，吴兴区智能装备产业内企业49家，三一装备、德马科技、金洲管道等企业在全省乃至全国同行业中已崭露头角，对同类成长型企业起到良好的示范带动作用。三一装备、德马科技、上电科、锐格物流4家企业成功创建现代物流装备省级重点企业研究院，获得3500万元专项资金；德马科技成功创建博士后工作站；金洲集团、德宏电器成功创建专家院士工作站。三一装备是三一重工投资的全资子公司，主要生产履带起重机、矿用自卸车，SCC系列履带起重机产品达到国际领先水平。德马科技已成为国内最大的输送辊筒及零部件制造商，也是规模最大的输送机制造商之一。金洲管道是我国大口径和特种输送管的龙头企业，注重大口径石油和天然气输送管道的研发与制造。未来空间布局，重点发展区域主要为高新区、埭溪镇；重点建设物流装备产业园、装备制造及大型零部件产业示范基地；综合考虑产业发展基础、发展前景和发展优势，以发展信息化、智能化为导向，将发展仓储物流、装卸搬运、智能化系统、关键部件及配套、管输物流作为吴兴区智能装备产业的重点发展方向。

（陈　曦）

·金属新材·

【概况】 金属新材业是吴兴区的第一大主导产业。作为高技术产业、先进制造业的基础和先导，是提升综合实力、打破技术壁垒、维护国家安全的重要战略性新兴产业。金属新材产业发展起步较早、规模较大的传统产业，是吴兴区工业经济的支柱产业，成功创建特种金属管道国家级特色产业基地、金属新材产业市级产业集群。全年金属新材产业完成增加值同比增长4.1%，列全市第三。

【企业、项目、产业链】 全区金属新材产业整体趋稳向上。按照市工业"3+4+N"产业体系统计口径，吴兴区金属新材产业内企业46家，形成以万邦德新材、金洲集团、久立集团等龙头企业为代表的金属新材企业集群。以金洲为代表的大型管道生产企业，镀锌钢管、螺旋缝埋弧焊钢管以及新一代建筑给排水、燃气用钢塑复合管等工业用管材达到国内领先、国际先进水平。栋梁新材作为国内首家上市的铝型材生产专业企业，是市本级首家超百亿元企业，是华东地区最大的铝型材粉末喷涂和氟碳喷涂生产基地。金洲集团生产的工业用管材达到国内领先水平，生产的燃气专用涂覆管获国家火炬计划产业化示范项目，是中国民营企业制造业500强企业。久立集团是专业生产工业用不锈钢管的大型企业，是国内不锈钢管行业中唯一一家上市公司，也是浙江省行业龙头骨干企业、湖州市明星企业，是中石化、中石油、中海油等大型企业不锈钢管的主要供应商。未来空间布局，重点发展区域主要为高新区、织里镇、八里店镇；重点建设织里漾西铝合金产业园区和八里店金属管道产业园区两大专业平台；重点发展不锈钢管材、新型铝材两大领域，依托企业为万邦德新材、金洲集团、久立集团、米皇铝业等。

（陈　曦）

·现代纺织·

【概况】 现代纺织产业是吴兴区传统支柱产业之一，规模仅次于金属新材产业的第二大产业，织里童装产业集群成功列入省现代产业集群转型升级示范区试点。现代纺织产业在劳动用工成本提高、市场需求能力不足的情况下，全年完成现代纺织增加值同比增长3.8%，列全市第三。

【企业、项目、产业链】 形成以珍贝羊绒、帕罗羊绒等为代表的羊绒制品类企业群，以华祥高纤为代表的化纤类企业群，以日升家纺、久业家纺为代表的家纺类企业群，以新南海织造、新宇丝织为代表的丝织类企业群，以今童王、布衣草人为代表的童装类企业群。珍贝羊绒是国内羊绒企业中的佼佼者，引进英国、德国、意大利等国的先进设备，形成从原绒进厂，经原绒分梳、纺纱、针织，到成衣出厂的完整生产体系。华祥高纤是一家专注于高附加值功能性、差别化涤纶纤维研发、生产和销售的企业，其控股公司中国高纤国际控股有限公司是目前国内唯一一家在新加坡、韩国两地同时上市的公司。今童王是集设计，生产和销售为一体的童装企业，曾获得“中华杯”国际童装设计大赛金奖，有“芝麻开门”“今童王”两大品牌，在国内大中城市拥有上百家专卖店。未来空间布局，重点发展区域主要为织里镇、八里店镇；重点建设织里童装现代产业集群转型升级示范区，重点发展品牌童装、差别化纤维、羊绒制品、真丝及棉织品四大领域，依托企业为大港集团、珍贝羊绒、米皇羊绒、今童王、布衣草人等。

（陈　曦）

·童装产业·

【概况】　围绕“制定转型升级实施方案、出台转型升级保障政策、建立转型升级服务制度、加强转型升级督查考核”，突出企业主体，强化政府引导，加快推进童装行业转型升级，取得一定成效。全年生产销售童装13亿件（套），销售额约450亿元；电商企业达7135家，全年线上交易额70亿元；占国内市场1/2份额。织里童装产业配套较为完整，形成从童装设计、加工，到面辅料供应、电脑绣花、印花、资讯、物流等相对完整的产业链，拥有全国性专业童装面辅料轻纺城、童装市场、物流中心和劳动力市场。全区大力推进织里童装产业转型升级，重点支持童装产业扶优劣汰，促进产业转型升级做优做强，推动童装产业规模化、品牌化、国际化、高端化发展。

【品牌建设】　举办第四届中国·织里童装设计大赛，打响“织里童装”区域品牌。组织男生女生、林芊国际2家企业参加3月在上海国家会展中心举办的婴童展。以提升品牌知名度和提高竞争力为目的，通过商会推荐、社区推荐、市场排摸等方式从全镇8000余家童装企业中，初步排定100家童装品牌企业，建立品牌企业培育库，作为重点扶持对象。通过政策倾斜，有效帮助企业成长，形成全行业以入库为荣、模范引领的良好氛围。童装企业注册商标达2700余个，拥有省级以上品牌13个，市级品牌60个，其中省名牌1个，省著名商标12个；市名牌产品24个，市著名商标36个，童装产业在国内的市场产量和市场占有率居全国首位，是国内最大的童装产销基地。

【产业链】　织里镇是改革开放后迅速崛起的新型工贸城镇，拥有“中国童装名镇”“中国品牌羊绒服装名镇”“全国重点镇”等荣誉称号。童装产业链持续扩展和强化，除大量生产加工企业外，织里镇为童装配套的印花、绣花、罗纹、辅料企业有4000多家，形成中国棉布城、面辅料轻纺城两大原材料供应市场。童装产业形成从童装设计、加工、生产到资讯、物流、面辅料供应、电脑绣花、印花等较为完整的基础产业链，成为一个联动互补的产业集群。为制造环节配套的服务业快速发展，物流、设备租赁、房屋租赁、劳动力、融资等市场比较成熟。织里童装产业链借助B2B、B2C、O2O等模式，进一步打通上下游产业链、制造商与消费者间的重重壁垒，逐渐开拓出创新商业模式，提升品牌价值，扩大市场影响力。

【服务体系】　推进注册资本登记制度改革，提升服务质量和办事效率，大力培育童装市场主体，推进童装经营业主建立现代企业治理机制，推进实施《织里镇童装类实施方案》，明确工作重点、目标任务和进度安排。三大中心建成投入使用，提升公共平台服务能力。织里镇童装电子商务孵化中心，立足电子商务人才培训、第三方服务支持、摄影、代运营、电商专业人才输出等方面提供相应服务，全年电子商务孵化中心培训6000余人次，在电子商务孵化中心的运营下。质检中心目前与900余家织里童装企业建立的稳定的服务关系，全年共检测9500多批次，培训企业720家次，上门技术指导200余家。

（陈　曦）

·多媒体产业园·

【概况】　（一）基本情况。湖州多媒体产业园成立于2008年。由上海市长宁区国有企业新长宁集团投资、建设、运营。园区位于湖州市吴兴区东部新城核心区，项目净地255亩，规划建造31万平方米，计划总投资15亿元。现已建成面积12万平方米，总投资近8亿元。湖州多媒体产业园作为现代化社区型园区，在功能布局上，按产业功能区、生活配套区、公共服务区配置，保障了园区生产、生活的高品质。在产业布局上，根据湖州地区发展环境，集中培育集聚电子商务基地、数据中心及云计算产业基地、工业设计及文化创意产业基地为主的三大产业领域，保障产业园产业形态高度集中，有利于尽早形成规模效应。（二）社会认可。园区建成以来，十分注重在软硬件建设上下功夫，大胆探索、健全机制，创新管理与服务，各项工作得到社会充分认可，先后被授予浙江省国际服务外包示范区、省现代服务业集聚区、省信息产业重点项目、省特色工业设计基地、省级专业科技孵化器、省首批文化创意产业园区、浙江省广告产业园区、吴兴区小微企业创业创新重点培育基地、湖州市小微企业创业创新重点培育基地等称号。（三）园区产业集聚现状。园区累计已注册企业78家，入驻率达到80%，项目总投资近5亿元。主要产业：（1）数据中心和云计算中心产业。包括创博数据中心、海瑞数据中心、浙江九州云计算中心等。其中创博数据中心总投资超2亿元，总规模为1300余个参照国际T3标准建设的机柜，即将投入试运行。（届时首期年销售额将超亿元，税收近千万元。）九州云计算中心系上海云海计划技术支撑单位上海世纪互联公司和湖州市政府、吴兴区政府投资，项目总投资3300万元，主要从事云存储、云主机、云安全业务开拓，计划在全国15座省会城市设立节点。（2）电子商务产业。有范思生物科技、阿里巴巴网盛科技、涵伟阿咪拉、龙猫供应链、米语等近10家电商企业。（3）文化创意产业。包括迅动科技李明博士自主设计的“七色龙”游戏引擎平台。红摩炫动画，主要从事3D动画创作制作，以织里童装产业为背景的52集3D动画《今童王世界》在央视少儿频道播放。云晨动漫制作的以环保为题材的2D动画《百叶岛》为湖州地区第一部出口的动画作品。传视影视制作并参与投资的《巴比伦少年》为第63届柏林电影节短片单元唯一入围的华语短片。（4）工业设计产业。包括艾先特3D打印、维商帕纳蒙地板设计、德国设计公司太极鱼等10多家为传统制造业企业转型升级提供推动力的工业设计企业。全年园区企业实现销售收入近1.9亿元，税收1800万元。

【工业设计基地建设思路】（一）完善公共服务平台体系。中心根据实际运作需求逐步完善8大平台服务：官方网站、微信公众平台、知识产权保护平台、财务代理平台、人才培训平台、综合服务平台、创新设计展示平台、3D打印公共服务平台。其中知识产权保护平台是由中心和多媒体产业园与湖州金卫知识产权代理事务合作建立的，帮助企业完成项目和专利申报。年底，中心内企业专利授权数共计280项（其中外观专利170项、实用新型109项、发明专利1项）与上年同期相比增长45%；财务代理平台由中心与国瑞会计事务所签订合作协议，帮助中心内小微企业处理基本财务工作。中心与中国美术学院成立的“中国美术学院工业设计研究院湖州基地”，为设计人才培训提供平台。2017年，中心与市经信委合作开展以引导大企业注重科技（设计）创新、人才引育为主要内容的“促进大企业加快发展”专项培训活动；联合湖州市经济和信息化委员会、浙江理工大学、湖州市中小企业公共服务平台举办为期4天的“现代纺织丝绸加工新技术与创新设计培训班”；中心内的3D打印教育平台合作举办“南太湖杯青少年创客大赛”、与区政府部门联合“浙江好项目——2017中小微企业创新创业大赛”；在选拔好项目扶持优质企业方面，基地与政府部门联合举办“浙江好项目——2017中小微企业创新创业大赛”。八大服务平台共同为企业提供切合实际、贴己、贴心、细致的综合服务。（二）健全前期摸底工作机制。中心对全市规模以上企业进行充分的调研摸底，加强与市经信委、区发改委等部门的联系对接。继续以上市公司、高新技术企业、创二代企业等一批接受新事物快的企业为关注重点。自2016年基地定期开展企业走访对接后，回访和后期对接服务显得尤为重要，基地2017年在设计服务对接工作上，将深化推广“店小二式”服务机制作为一个主要工作服务来抓，全年，中心携设计企业主要分别赴林芊国际、三一、晶日、星光农机、德马、超威、欧诗漫、永艺、恒林、天能、东尼电子、大有、法耐科、市旅投集团等20家企业进行国家级工业设计中心申报辅导、PK式设计服务对接、DIA设计大赛参赛动员及各类设计服务对接等工作，其中欧诗漫荣获“2017年国家级工业设计中心”称号。前期排摸工作为今后设计企业更好展开业务工作储备强大的资源库，让设计企业能更准确更全面的了解设计工作需求与重心，为精准发力做好准备工作。（三）发挥企业合作桥梁作用。以企业资料库为基础，由设计公司根据企业产业特性、需求等选择适合自身服务方向的合作企业。基地继续按照“精、准、深、实”的原则，认真总结2016年“PK对接”活动经验，根据设计企业与制造企业合作性质不断变化，明确设计服务对接的目的性是达到设计成果转化数字化、实体化、经济化，抓准设计企业从单一的设计服务向成果转化型新型设计企业发展，以及制造业企业开始尝试拓展新的业务体系这一显著信号，尝试性的针对本地区域传统产业提供多维度立体式设计对接的服务新模式，即“科技+设计+人才+资本”的以企业需求为指引，以企业化运作为主体，以双向选择为基础的服务新模式，举办了首届婴童产业创新对接活动，依托基地及协会资源邀请湖州、杭州、上海三地婴童设计企业、权威童装设计设计师及数家金融资本机构参与，希望通过基地搭建的对接平台解决企业最基础的设计问题，开启一块新产业，为企业送去金融资本这个强有力的推手。本次活动结束后分别在本地三家婴童企业分别在婴童羽绒服设计服务、婴童纺织品产业提升和婴童线上平台融资三个方面获得了一定成效。（四）积极营造氛围推动发展。中心充分利用网站、微信及各类传统媒介加大宣传攻势，通过定期发布国内国际工业设计、创新设计动态，及时跟踪并传递到企业。以举办承办各类大赛、论坛、培训、交流等活动为契机，切实扩大湖州工业设计影响力，营造更优的发展环境。4月成功举办“全省推进工业设计发展工作现场会”活动；5月作为评审应邀参加“中国智造设计大奖”活动；组织企业积极申报国家级工业设计中心和省级工业设计中心；6月组织企业参加省经信委、省协会组织的“2017浙江省工业设计创新人才高研班”；与湖师院艺术设计学院共建校外实训基地；8月与浙江江工业大学湖州物流装备与技术研究院合作举办“智能物流系统与创新”培训班；11月作为全省优秀工业设计基地代表与全省优秀工业设计企业赴武汉参加，由工信部主办的“2017首届中国工业设计展览会”。

【运作机制】 湖州多媒体产业园作为企业孵化成长的重点园区之一，始终将培育企业快速成长作为主要目标，园区与各级政府和部门紧密配合，围绕企业发展急需的“资金、人才、技术”三要素，在项目建设、产业发展、企业管理等方面，深化政企合作，不断完善服务运作机制，合力为企业发展创造一个良好的环境。（一）完善的协调沟通机制。为保障园区项目顺利运作，市政府分管副市长联系项目，吴兴区政府建立产业园领导小组，由分管副区长、新长宁集团总经理挂帅，发改、商务、建设、科技、文化、财政等关联部门为成员单位，不定期举行协调会议，重点解决园区规划、建设、招商、政策落实等问题。下设产业推进协调办公室，由区商务局派员全职负责日常工作，协助企业建设和招商。（二）健全的企业服务机制。多媒体产业园作为园区产业承载平台和企业成长的摇篮，通过建立健全企业公共服务平台，精心呵护企业的成长，努力为企业营造一个“专注创新、安心创业”的有利环境，主要有：企业创业孵化平台。园区建立以海外高端人才创业为主的南太湖精英计划孵化平台，建立以鼓励青年创业为主的青年创业中心。提供优质办公环境，项目团队拎包可入驻；企业人力资源平台。通过区人才办和湖州师范学院合作建立IT人力资源培训基地；和浙江信息工程学校合作建设呼叫中心和电子商务人力资源培训基地，和本省及安徽、江苏周边城市20所大专院校建立定点培养和社会实践基地合作关系，逐步缓解湖州地区企业人力资源不足问题。园区已成为国家级大学生校外实践基地；企业金融服务平台。加大引进国内外天使基金、风险投资基金，会同区金融办与湖州建设银行达成金融服务合作协定，为园区企业在结算、信贷、金融理财等方面提供全方位服务。计划在园区建立企业投资担保实体，解决信息服务业企业短期资金需求问题。积极引导企业对接多层次资本市场，加大新三板和区域股权交易市场挂牌培育辅导力度；企业商事服务平台。区市场监管、国地税等部门，简化工作流程，提高工作效能，会同园区尽力为企业提供方便快捷的服务。园区为企业提供工商登记、年报、纳税申报、会计业务等“一条龙”商事服务。和电信、移动、联通等运营商达成战略合作关系，为企业提供语音、带宽资源、资费的优质服务。（三）规范的产业政策机制。吴兴区是市县区中第一个明确信息、信息服务业和文化创意产业等现代服务业发展政策的地区。自2011年开始，财政每年安排500万元产业资金，支持项目投资、产业发展。对园区企业实行税收地方财政留存部分若干年度奖励返还，以鼓励企业做大做强。（四）招商机制。在项目招商上，建立长宁—湖州两地协同招商、政府—园区协同招商机制，抽调专业力量、建立专业机构全力推动项目招商。特别注重承接上海现代服务业产业战略转移工作，尤其是注重在产业转移中实现产业升级转型。

【产业结合】 园区极力促使现代服务业与当地传统产业转型升级相结合，充分利用本地区现有的产业基础及要素资源，积极推动文化创意、软件开发等新兴服务企业与本地产业的融合，加快产业集聚。以湖州的童装以及竹木家具这两大传统板块为例，与其密切相关产业包括设计、品牌策划、营销策划，以及后续的电子商务运营、拍摄、美工等产业。园区以打造与完善产业链为招商目标引擎，发挥上海和湖州的两地优势，借助于上海多媒体产业园知名度，借湖州园区作为一个有机的组成部分进行宣传；通过政府推广，以湖州为基点拓展浙江本地业务，以商引商，把上下游企业引荐过来，通过拉长产业链，扩大产业团队，加快发展，把园区做优做大做强。园区每年至少组织两次以上的招商和营销活动，活动不仅是把客商引进来，还要把园区的企业推出去，在这个过程中效果逐步显现，实现企业之间的合作共赢。例如园区培育出电子商务优秀品牌“三只松鼠”“帕纳蒙地板”等；动漫作品《今童王的世界》为本地品牌童装“今童王”量身定制的52集的3D动画片，在央视少儿频道播出，不仅让企业在央视上做广告，在动画片产品上也找到新的利益点；《百叶岛》在北美麒麟电视台播出；《航天宝贝》在央视卡通频道播出等。

（湖州多媒体产业园发展有限公司）

·节能降耗·

【概况】 在国内经济“速度放缓、结构优化、方式转变”的新常态下，全区以提高能源利用率为核心，强化能源消费管理，大力调整产业结构，推动企业技术改造，主动淘汰落后产能，严格限制高耗能、高污染行业发展，节能降耗工作持续稳步推进。全年全区规模以上工业能源综合消费总量69.67万吨标准煤，规模以上工业增加值能耗下降率8.8%。全社会用电量55.49亿千瓦时，同比增长12.3%。其中，工业用电量35.05亿千瓦时，同比增长13.5%；居民用电量7.66亿千瓦时，同比增长7.1%。规模以上工业企业煤炭消费49.36万吨，扣除长和热电向南浔供热部分（约11万吨）后，较2012年下降12.4%。

（沈琪泓）

【有序用电】 3月，国网湖州供电公司编制《2017年浙江电网超电网供电能力拉限电序位表(吴兴)》，并与吴兴区发经委进行盖章确认。4月，联合吴兴区有序用电领导小组下发《2017年吴兴区有序用电工作方案》，对吴兴地区内所有的企业按照企业所属行业类别、产业层次和区企业培育计划，将用电企业分为重点保障、优先保障、一般保障、重点限制四类档次。同时分六个等级编制避峰负荷8万千瓦限电预案，进行指标分解及安排相关机动负荷。吴兴区用电未出现缺口，未执行有序用电。

（国网湖州供电公司客户服务中心）

【节能技改】 结合节能减排“十百千万”行动，锁定能源利用效率低下、水环境污染严重的企业、生产工艺和设备为整治提升重点，大力实施节能减排重点项目，引导和鼓励企业开展能源合同管理、节能技术创新等工作，累计完成24个节能技改项目。积极指导督促重点企业开展清洁生产审核，强化对重点企业清洁生产审核的评估验收。全年完成8家企业清洁生产审核，上报节水型企业4家，完成南太湖热电和长和热电两家热电厂的清洁化改造任务。

【淘汰落后】 严格实施《浙江省淘汰落后生产能力指导目录》，全面锁定能源利用效率低下的企业、生产工艺和设备，排定时间，落实责任，按时推进坚决淘汰一批能耗超标、污染严重、管理落后、安全隐患的落后产能、工艺和设备。累计完成淘汰落后产能企业18家，腾出用能空间1.925万吨标煤。

【“低小散”整治】 深入贯彻落实省委、省政府打好经济转型升级系列“组合拳”的决策部署，以小城镇环境综合整治和中央环保督查为契机，全面推进以“四无”为重点的“低小散”块状行业整治提升。制订《吴兴区小城镇“低小散”块状行业治理专项行动方案》《东林喷水织机整治3年行动计划》《吴兴区太湖沿线喷水织机专项整治实施方案》，关停外围小印花122家、引导小印花入园118家，累计整治提升和关停 “四无”“低小散”企业（作坊）345家。

【低碳经济】 按照低碳城镇试点创建的目标和任务，加快织里镇传统产业整治提升、能源清洁低碳利用和低碳基础设施改造，推动织里镇等已有试点做好引领示范。成功创建埭溪镇、妙西镇市级低碳试点。以吴兴区屋顶光伏为切入点，碳普惠机制课题研究已通过专家评审。

【循环经济】 推动吴兴工业园区国家级循环化改造示范试点工作，推动21项循环化改造重点支持项目建设，确保园区循环化改造重点支持项目顺利实施和中央财政补助资金高效使用。以传统块状行业集聚、循环、提升为核心，以实现"整治千家企业、减排千吨污染、打造千亿产值"的总目标，为全国生态文明建设和我省传统块状行业转型升级提供示范。中央资环项目浙江美欣达印染集团股份有限公司印染行业清洁生产技术示范项目顺利通过验收。浙江久立特材科技股份有限公司新建20吨/天不锈钢重金属污泥无害化处理和资源综合利用生产线项目完工。牵头组织开发区、度假区开展2016年度大吴兴区温室气体清单编制，按期完成基础数据收集和清单报告编制、评审等工作。大力发展循环经济，强化资源节约意识，努力缓解资源约束，减轻环境压力，不断增强吴兴区经济整体素质和竞争力。

（沈琪泓）

·企业建设·

【概况】 全区以"金象金牛"大企业培育为抓手，着力开展"小升规"、企业6S管理等专项工作，采取重点关注、要素保障、规划引领等举措，加快引导企业由规模战略向自主创新转变，加快提升产品价值链地位及市场竞争力，全力培育国际知名、国内领先的产值百亿级企业（集团）和超亿级企业群。规模工业企业达到349家，主营业务收入超10亿元企业达到11家，全年完成"小升规"44家。

【"金象金牛"企业科技创新】 加快培育"双金"企业、6S管理先进企业、初创型企业，构建合理企业梯队。万邦德新材、华祥等9家企业列入全市"金象金牛"培育企业。美欣达、大东吴被认定为全市2017年度"金象"企业，华祥、新凤鸣被认定为全市2017年度"金牛"企业。加快"提升推进一批、创建认定一批、入库培育一批"企业技术中心，扎实推进创新平台建设，成功申报市级企业技术中心8个（振兴阿祥、先登高科等），省级企业技术中心2个（贝盛光伏、天力建设），申报省级工业新产品200项以上，省装备制造业重点领域首台套3项（德马科技、思达机械、宜可欧环保）、省优秀工业新产品2项（东尼电子、金洲管道）。

（陈　曦）

·信息化建设·

【概况】 全年，吴兴区抢抓信息经济、"两化融合"发展机遇，提高企业在新常态下的发展动能和竞争力，促进经济转型升级，积极推进省级信息经济发展示范区、省级软件和信息服务产业基地建设，着力推动经济转型升级发展。全区深入开展"机联网"工程建设、重点企业示范引领、"两化融合"进企业、"两化融合"管理体系贯标等重点工作，区域两化深度融合发展水平进一步提升。全区信息化发展指数达到96.91，全市第一，其中，网络就绪度指数和应用效益指数分别达到24.84、23.03，均列全市第一；全区两化融合总指数达到80.43，较上年提高3.16，列全省第22、全市第一，提升速度居全省前列，其中，应用效益指数非常突出，达到16.35，较上年提高4.79，居全省前列。全区信息经济指数104.9，列全省第14，全市第一。紧抓浙江省加快信息经济、两化融合发展契机，立足吴兴实际，详细谋划实施方案，陆续创建两化深度融合国家示范区、省级信息经济发展示范区、省级软件和信息服务业创建基地，实现了信息化条线示范基地创建全覆盖，积极借助省、市政策加快推动企业借力发展，不断打造两化融合发展示范区、信息经济发展新高地，努力培育发展新动能。围绕重点骨干企业，培育"贯标、示范、试点"三个一批企业梯队，充分发挥龙头企业示范效应。积极推动贯标认定，德马科技等5家企业列入国家工信部两化融合管理体系贯标试点，美欣达等3企业通过贯标认定，德马科技通过第二阶段审核，全市领先。东尼电子等6家企业入围省级制造业与互联网融合发展示范企业，珀莱雅等4家企业入围省级制造业与互联网融合发展试点企业；新凤鸣、先登高科等14家企业列入市级两化融合示范企业；晶日照明等88家企业列入市级两化融合示范企业，数量均全市领先。围绕光伏、高端电子线等主导产业，加快培育一批潜力大、增长快的重点企业。1—9月，全区规模以上信息制造业完成主营收入43.2亿元，增长29.3%，其中先登高科实现主营收入9.98亿元，增长74%。以云服务、软件研发等为重点，加快培育特色优势行业。1—9月，全区规模以上信息服务业完成主营收入11.4亿元，增长2.9%，其中天心天思主营收入3353万元，增长188.5%。依托童装产业和“智慧织里”项目，进一步扩大阿里巴巴童装产业带、织里童装批发商圈、童购网等一批电商平台影响力，1—9月全区实现网络零售额132.78亿元，完成全年目标任务的69.9%，占全市总量46.6%，总量列全省第20位。以吴兴科创园、总部自由港、湖州多媒体产业园、织里童装产业园为重点，加大企业引进入驻力度，培育一批成长性好、技术优势突出的信息技术企业。继续开发完善“智连吴兴”信息化平台，强化数据挖掘、一键导航等功能，打造集政务服务、专题专栏、政企互通IM、数据展示等功能于一体的公共云服务平台，为企业提供全方位的“一站式”服务，更好地为政府决策等提供信息化支撑。

【加强规划引领】 根据省、市信息化工作部署，重点做好“四个抓、四个强”，深入推进信息经济及两化融合发展。联合省工信院，编制《吴兴区信息经济登高三年行动计划》《吴兴区“企业上云”行动计划》《吴兴区信息产业发展的对策建议》等，进一步将信息经济、两化融合列入全区重点工作计划，从规划层面统筹推进。每年制订《吴兴区两化融合年度推进计划》，出台《2017年吴兴区“中国制造2025”试点示范建设推进计划》，明确制造业与互联网融合等重点任务，年初排定智能制造、数字工厂样板10项以上，企业上云等试点示范10家以上，年底进行评选表彰。按照《吴兴区两化深度融合示范区实施方案》《吴兴区省级信息经济发展示范区创建方案》等，狠抓落实，加快创建，全面提升区域两化融合水平。

【加强示范引领】 积极推动企业开展两化融合管理体系贯标认定，对照标杆和标准体系，提升企业管理、生产制造等环节信息化水平，提高竞争力。德马科技等5家企业列入工信部两化融合管理体系贯标试点，美欣达等3家企业通过两化融合管理体系贯标认定，作为贯标先进企业多次在全省经信系统大会上分享经验；积极鼓励、引导企业创建示范、树立标杆、发挥引领作用，通过以点带面来带动全区企业提升水平。德宏电子、布衣草人等10家企业列入2017年省级制造业与互联网融合发展试点示范，久鼎电子、东尼电子列入浙江省电子信息成长性特色企业；栋梁新材、先登高科等88家企业列入市级两化融合试点企业；东尼电子和晶日照明被中国电子企业协会分别授予“最具社责任企业”“最具潜力企业”。以两化融合项目为抓手，不断推动企业在智能制造和智慧管理领域加大投入，通过信息化技术融合应用提升企业竞争力。老恒和企业云运用及智能生产管理平台等102个项目列入市两化融合重点项目计划，总投资达到6.53亿元。

【加强培训提升】 提高全区重点企业的信息化的管理理念及管理水平，突出企业CIO培训学习，组织全区重点企业CIO赴清华、交大等高校或深圳等先进地区开展信息化专题培训，定期召开全区重点骨干企业交流座谈会，促进企业对信息技术发展趋势、智能制造典型案例、传统产业互联网发展机遇等理解与启发，每年累计培训信息化400人次以上。充分发挥第三方中介服务能力，依托省促进会、省智慧城市研究院等中介平台，紧抓天心天思、微软IT学院等服务企业，以专家走访的形式调研久立特材、阿祥集团等企业，提供专业化、一体化的信息服务，为全区两化融合、智能制造重点领域提供专业服务。围绕信息技术发展、典型案例分享等加强企业经验交流、互动提升，定期召集全区两化融合重点企业及软件信息服务企业信息化负责人参加吴兴区信息化百人会，分享华为等在云计算、人工智能领域最新技术趋势，加快提升企业对信息化管理和智能制造的理解和需求。

【加强平台建设】 紧抓“互联网+”发展机遇，不断完善“智连吴兴”信息化公共服务平台，重点突出大数据、交流互动，打造集政务服务、专题专栏、数据服务等功能于一体的信息化平台，为企业提供全方位的“一站式”服务，为政府决策等提供信息化支撑。全区打造形成“5+3”平台，5个国有公司运营的吴兴科创园、总部自由港、高新区科技创业园、浙北金融中心、特色工业设计基地以及3个企业运营的湖州多媒体产业园、浩成物联网基地、织里童装电商产业园，以八大平台招引优质的第三方软件企业，支撑全区信息化发展。制定出台《吴兴区“中国制造2025”试点示范建设的若干政策意见》等，每年安排专项发展资金1亿元，重点支持智能制造、绿色制造及创新体系建设，大力推动全区制造业做大做强。

【加强政企合作】 深入走访辖区重点骨干企业，排摸企业上云需求，组织企业及云服务商召开“上云”专题座谈会，通过沟通交流培训等方式，消除企业上云顾虑，提升企业上云积极性，首批认定市级上云试点企业21家;针对不同行业不同企业的差异化需求，加强云计算个性化解决方案和应用产品研发，联合电信、移动、华为等云服务提供商，解决“上云”过程中的疑难点问题，不断加快吴兴区重点骨干企业上云步伐。充分发挥省级信息经济发展示范区的优势，制定出台“企业上云”激励措施，分别与云服务商签订上云合作协议，联合云服务提供商的优惠折扣，为“上云”企业提供有效保障。

（潘允武）

·电 力·

【概况】 国网湖州供电公司客户服务中心坚持“落实责任、强化执行、夯实基础”的工作思路，奋勇争先，创新破难，各项工作稳步推进。全区社会用电量达55.48亿千瓦时，比上年增长12.3%，最高负荷达99.0万千瓦，增长15.9%。截至年底，共有10千伏公用线路427回，长度为3886.49公里，10千伏公用变5279台，容量2282405兆伏安，10千伏配电站2779座，10千伏开关站367座，环网柜183座。

【电网建设】 有序推进电网工程建设。积极向上争取政策和资金支持，累计投入工程改造资金2.07亿元，完成1座110千伏变电站投运，新建和改造10千伏线路154.5公里，变压器改造和增容314台。助推“美丽乡村”和“生态吴兴”建设，完成移沿山、红旗和肇村等8个中心村改造升级工程，153个低压线路改造以及道场、妙西等9个片区配变台区改造，通过对配变超过重载、低电压和中心村的台区进行改造，提升居民用电质量，提高供电优质服务，着力提高设备健康水平和可靠性，全力保障农民生活生产用电。主动对接服务重点项目。根据政府“聚焦项目双进”要求，完成美妆小镇、西山漾丝绸小镇、叶堤漾路公交首末站、吴兴区枫叶国际学校、实验中学、幼儿园等一系列重点工程电力配套项目，助力描绘“生态吴兴、经济强区、科技新城、幸福家园”的蓝图。

【用电构成】

2017年吴兴区全社会用电量按行业构成情况一览表

表7-1

用电分类	用电量（万千瓦时）	构成（%）	比上年增长（%）
全社会用电量合计	554885.99	100	12.30
（一）农、林、牧、渔业	8917	1.76	2.34
（二）工业	350521.28	62.49	13.51
（三）建筑业	10380.81	1.86	12.83
（四）交通运输、仓储、邮政业	13831.33	2.35	19.31
（五）信息传输、计算机服务和软件业	7931.58	1.49	7.96
（六）商业、住宿和餐饮业	39711.73	7.45	7.92
（七）金融、房地产、商务及居民服务	15706.36	2.43	30.55
（八）公共事业及管理组织	31271.54	5.69	11.17
（九）城乡居民生活用电	76614.36	13.81	7.13

【优质服务】 （1）积极支撑重点项目建设。主动服务2017年省市领导联系重点工业项目库，并以双周报形式收集增量配电市场及重大项目信息。组织开展各类园区和110千伏及以上用户上门走访活动，对市本级用电量前20位的10千伏企业用户和部分重要用户进行了上门走访，通过多种渠道积极宣传电力部门的服务举措，主动服务好售电公司和市场交易用户。（2）保障重要用户稳定运行。由国

网湖州供电公司客户服务中心牵头，会同调控、运行、变电、线路、营销等业务专家，对市本级86户重要电力用户、双协议用户开展联合专项检查，发现问题和缺陷280条(处)，并对用户电工配置管理、日常运行管理、用户设备安全等方面开展全方位、立体化“体检”，开出诊断书，督促用户整改，有效规避经营风险，确保电网和用户供用电安全。(3)确保重大活动电力供应。组织专业队伍，开展应急演练，满足实战需求；客户服务中心对全市重大工业项目集中开工仪式、高考“学考、选考”、全国高考、市两会、市第八届党代会、奥体中心浙江省足球超级联赛开幕式、京杭大运河沿线绿色岸电全覆盖启动大会、“湖商大会”等重要活动出色完成了保供电。共完成各级保供电任务64次，派遣保供电人员276人次，出动应急发电车41辆次，未发生一起电力供应中断事故。(4)多措并举提升服务品质。提高窗口优质服务水平，开展各营业厅音视频监控常态化监管，实现营业窗口人员全过程监督管控；完善提升营业窗口智能化服务设施，统一安装新外屏显示器、多媒体电视机，升级营业厅综合服务平台，满意度评价器等，加强营业厅电子化集成管控；积极策划开展电子渠道推广线下活动，开通掌上电力APP线上办电服务。服务市民推进“最多跑一次”改革，电力窗口进驻湖州市行政服务中心，逐步构建起“一站式”服务平台，实现水电气联动。服务企业推进直购电交易，吴兴服务区域内直接交易用户738户，累计完成直接交易电量近14.48亿千瓦时，节约电费支出约4200万元，大大降低相关企业生产经营成本。开展“互联网+营销服务”基础业务优化转型，全面开展线上业务受理工作，优化营销基础业务，实现高低压新装(增容)、暂停(暂停恢复)、改类-基本电价计费方式变更、改类-调整需量值、过户、销户等16类业务流程的掌上电力APP线上办理。其中居民新装(增容)、更名、过户、改类-基本电价计费方式变更等12项办电业务通过“掌上电力”APP进行“用电申请”可实现“零跑趟”。

(国网湖州供电公司客户服务中心)

第八篇　经济管理与监督

·国有资产·

【概况】　推进吴兴区国有企业改革，建立现代企业制度，完善国有资产管理体制，提高国有资本配置绩效，做强做优做大国有企业，不断增强国有经济活力、控制力、影响力和抗风险能力，促进经济社会持续健康发展，通过重组区级政府性公司、国有资产及国有股权，新组建2家主业突出、竞争力强的区级国有资本投资运营集团公司，即湖州吴兴城市投资发展集团有限公司和湖州吴兴产业投资发展集团有限公司，致力于湖州市东部新城的建设和开发。城投与产投拥有资产总额594亿元，净资产总额达170亿元。

【国资监管】　区国有资产管理委员会，对全区行政事业单位、国有控股、国有参股企业履行产权人职责，负责监督管理全区国有资产。国有资产管理委员会下设办公室，与财政局合署办公，办公室主任由财政局局长兼任。区财政局下设国有资本监督管理服务中心，由区人民政府授权区国有资本监督管理服务中心依法履行出资人职责，对区城投和区产投两大国有资本投资运营集团进行监管。区财政局国有资产管理科负责全区行政事业单位国有资产监管事务。

【国资管理】　全面加强行政事业单位国有资产管理，推进行政事业单位资产管理信息化工作，实现对资产的动态监管，基本建成一个覆盖全区279家行政事业单位的国有资产管理信息系统。在部门预算编制中将资产配置与预算编制相结合的工作机制，严格执行《吴兴区区级行政事业单位国有资产配置管理办法（试行）》和《吴兴区区级行政事业单位通用办公设备配置标准（试行）》，加强对行政事业单位的资产配置管理。建立监管机制，切实加强资产日常管理，实现资产处置“阳光操作”。同时加强资产评估管理，凡是符合资产评估情形的，规定必须委托具有资质的社会中介机构进行评估，严防资产使用和处置中未经资产评估造成国有资产流失。

【财务监管】　由监事会牵头履行财务监督职能，对国有企业内部控制进行有效评估，督促国有企业提高经营管理水平，增强风险防范能力，加强事前、事中、事后各环节的监管。根据《吴兴区国有企业重大事项报告制度》，对重大事项上报国资管理机构或区政府审批，确保国有资产安全、有效运行。

【国企管理】　为加强国有企业的监督管理，全面推进国有资本管理体制改革，组建城投和产投两大国有资本投资运营集团，将主要区级政府性公司及国有资产划入两大集团。贯彻执行《吴兴区区属国有企业重大事项报告制度》，明确国有企业“三重一大”事项的审批和报送程序，解决出资人和经营者信息不对称的问题。根据新《中华人民共和国预算法》（以下简称《预算法》）和中央、省、市债务管理新政，结合实际提出“依法举债、控制总量、优化结构，规范程序，力求绩效”总体原则，切实做到“谁借谁还、风险自担”。高度重视政府债务问题，建立债务预警监控监测机制，定期汇总全区主要政府融资平台资金运行和债务置换进展情况，落实政府性债务归口管理、计划管理，建立偿债准备金等各项管理制度，严格举债审批程序，努力防范与化解债务风险，提高建设资金使用效益。贯彻执行《关于要求区属国有公司成立重大事项决策委员会的通知》，提高国有公司重大事项决策的科学性。通过发行债券和债务置换减少短期融资并降低融资成本，管理控制债务规模。转变投融资方式，积极推广政府产业发展引导基金和PPP新型筹资模式。

（沈　超）

·国土管理·

【概况】 紧盯年度目标任务，以“最多跑一次”改革和国土资源供给侧改革为主线，深入践行“四新”主题实践，争当排头兵，实干大比拼，认真履行国土资源管理职能，为加快赶超、实现“两高”提供强有力的国土资源要素保障。全年争取各类新增建设用地指标3635亩，其中向省、市直接争取的1862亩，农整挂钩指标用于房地产项目的431亩，坡地村镇指标92亩，基础设施指标1052亩，盘活指标198亩；完成垦造耕地1128亩，完成高标准农田建设17241亩，完成建设用地复垦1042亩；完成城镇低效用地再开发516亩，盘活存量土地2185亩，消化批而未供净下降102亩，近五年平均供地率已达到85.5%；全年完成征地3594亩，支付征地款2.4亿元，落实参保人员4268人；完成供地75宗，总面积3918亩，成交总地价款91.54亿元（其中商业用地29宗1893亩，成交总价85.68亿元；工业及公建、坡地村镇等用地46宗2025亩，成交总价5.86亿元）；完成不动产日常登记25828件，土地日常查询34370余次；完成农村无房户、危房户建房供地280户；深化执法“亮剑行动”，完成18宗违法违规临时用地清理整治，强势推进卫片整改工作，集中整治违法用地，拆除复垦63宗，取得明显成效；绿色矿山建设各项任务全面完成，采矿权总量控制到7个，新建成市级绿色矿山1家、省级绿色矿山1家，全区在产矿山粉尘防治全部实现达标运行，完成8个废弃矿山治理，全区在产矿山绿色矿山建成率达到100%；完成13个地灾隐患点处置，其中市级地质灾害隐患点6个，区级地质灾害隐患点7个。

【保障发展用地】 强化监管，努力保障发展需求。（1）切实加大建设项目用地报批力度，切实做好项目用地保障：上报计划指标城市分批次项目58个，用地总面积3293亩，其中新增建设用地2409亩，农用地2377亩（耕地1680亩）；上报坡地村镇项目4个地块，征收总面积358亩，其中农转面积90亩；上报省重点基础设施单独选址项目3个（织里镇三条路），用地总面积972亩，新增建设用地912亩，农用地811亩（耕地635亩）。上报农民建房及文化礼堂共151个地块，用地总面积61亩，其中新增建设用地58亩，农用地58亩（耕地18亩）；完成低效用地再开发项目1个，总面积193亩；完成盘活指标项目4个，总用地面积208亩，新增建设用地165亩，农用地152亩（耕地117亩）。（2）完成年度重点工作任务，完成批而未供净下降102亩，盘活存量2185亩，低效用地再开发516亩，近五年平均供地率达到85.5%。全年成交工业用地32宗，总面积1645.5亩，总成交价款43486.38万元；成交商业项目29宗，总面积1893亩，成交价款85.677亿元；完成二级市场土地转让12宗，总面积182亩。（3）突出专项特色工作，盘活低效闲置土地：大力推进“五未”土地处置工作，年底完成消化未供已用土地1095亩，整改处置闲置土地18宗面积793亩，其中例行督察列入整改的13宗560亩已全部整改到位，完成率100%。（4）在狠抓闲置土地处置方面，吴兴区专门建立工作台账，落实责任单位和责任人进一步做好后期跟踪监管工作，督促其尽快建成投产；对已收回或拟收回的涉嫌闲置土地，督促政府及时做好重新供应、使用工作，加快促进盘活再利用。（5）夯实制度基础，完善决策管理，区政府出台了《关于加快供给侧改革促进国土资源节约集约高效利用的实施意见》，建立农整复垦、存量土地盘活、消化批而未供土地和土地产出效益与新增建设用地指标分配挂钩制度，加大自我挖掘力度，切实提高节约集约利用水平。国土分局配套出台《关于工业用地土地使用权收回、收购和分割转让的实施意见（试行）》，明确工业用地分割转让的条件和要求，规范政府国有土地使用权收购、收回行为，有序推进“增量撬动存量”机制运行，促进低效闲置土地再开发利用。

【保护耕地资源】 落实责任，积极推进保护耕地资源。（1）耕地保护核心指标超额完成。不断加大领导力度和资金投入，全面加大耕地保护力度，年底吴兴区的耕地实有面积26.49万亩，超上级下达任务数0.53万亩；永久基本农田划定面积为18.13万亩，确保完成目标任务，实现总量不减少、用途不改变、质量不降低的基本农田保护目标；标准农田的实际入库面积数为15.3862万亩，其中储备库面积7.53万亩。完成表土剥离面积729亩，超出完成市下达任务数109亩。（2）加大垦造耕地管理力度。严格按照项目化管理要求，有效指导项目立项的申报、实施督促、检查和区级验收，提高工程建设标准，把新增耕地质量建设放在首位。全年计划完成垦造新增耕地 1128 亩，超出市下达 1000 亩任务要求。年度建设占用耕地面积 0.2630 万亩、补充耕地面积 0.2630 万亩，达到占补平衡的要求。（3）深化推进高标准农田建设工程。加强以农田水利基础设施建设为主的高标准农田质量提升工作，按照“高标准建设、高标准管护、高标准利用”的要求，建设与现代农业生产和经营方式相适应的高标准农田，实现生态安全与粮食安全的有机结合。市下达高标准基本农田建设任务 1.18 万亩，吴兴区完成 1.72 万亩项目，超额完成了市下达的高标准基本农田建设任务。

【矿产资源管理】　以绿色发展为核心，从紧从严依法依规加强矿产资源管理。（1）全力推进矿山生态环境建设。按照矿业发展生态示范区建设的总体要求，吴兴区着力深化全域绿色矿山创建和提升工作，形成国家、省、市三级绿色矿山齐建格局。全区持证在产矿山已有国家级绿色矿山 2 家，省级绿色矿山 4 家，市级绿色矿山 1 家，在产矿山绿色矿山建成率达到 100%，所有持证矿山均通过粉尘防治工作验收达标运行。（2）扎实开展矿产资源开发利用监督管理。严格实施矿产资源“十三五”规划，认真组织开展矿山年报、日常巡查、联合巡查、储量动态实测、矿山开采动态监测、矿产督察、打非治违等工作，结合《吴兴区采矿权人信用监督管理试点工作实施方案》以及基层所监管信息收集信息，常态化开展矿业权人信用监督管理，扎实推进中介机构和专家的信用监管，形成集动员、培训和推进于一体的全区采矿权人信用监督管理机制，规范“一矿一监督”“一矿一档案”工作，保障工作的有效完成。在此基础上，开展与乡镇国土所矿产资源开发监管对口互查，并通报互查情况，既交流经验，又加强监督。吴兴区基本建立属地政府为责任主体，相关部门密切配合，区矿治办牵头抓总、统筹协调、严格督查的矿产资源共同监管体系。一年来，通过设卡检查、夜间巡查等方式，强化联合执法，加大力度打非治违。（3）实施地灾防治“除险安居”行动。以“地球日”“减灾日”等培训宣传活动为载体，对涉矿涉地灾乡（镇）村干部进行地质灾害防治知识宣讲答疑。以预防为主，避让与治理相结合的原则，落实分局和基层所及村级监测人的汛期值班和巡查制，认真做好汛期地灾防治巡查、预警和处置。完成吴兴区 7 处地质灾害点工程治理验收与核销；按照深化“除险安居”的工作要求，推进其余隐患点的处置，保障群众生命财产安全。吴兴区地面沉降分区评估项目顺利通过成果验收并开展成果应用；完成国家地下水监测工程织里轧村中心小学（点）、核工业二六二大队（点）项目。

【国土服务】　强化责任，公共服务水平明显提升。（1）推进不动产统一登记“最多跑一次”改革。整合房产、地税相关受理窗口，采取“一次叫号、一单告知、一套材料、一窗受理、一次缴费”的工作模式，实施房产交易与不动产登记“一窗受理、集成服务”。梳理办理各项不动产业务的流程，精简办件材料，按照不缺、不漏的原则，明确房产交易与不动产登记“最多跑一次”收件材料清单。增加“一窗受理”办公场所，明确受理窗口设置，统一对外标识“房产交易与不动产登记综合窗口”，明确老百姓到窗口排的一次队，递交一份报告材料，实现不动产统一登记“最多跑一次”。对申请办理不动产登记的单位和个人提交的资料进行严格审查，杜绝各类弄虚作假行为。明确各个岗位环节的工作职责，切实做到分工细、任务清、责任明，严格按照办结时限办理各项业务，确保限时办结率 100%，不断提高工作效率。全年不动产日常登记工作完成登记 25933 件，其中不动产权登记 5109 件，不动产他项权登记 20121 件；完成查解封登记 703 件，完成土地日常查询 9890 余次，群众满意率 100%。（2）强化信访积案化解。扎实开展“阳光信访系统”处置工作。系统正式上线后受理政务咨询投诉举报类 48 件，“12345”政府阳光热线 43 件。根据“阳光湖州服务指数”测评办法，即时响应率、及时反馈率、有效办结率和满意率均为 100%，阳光服务指数为 100。“12345”政府阳光热线中其中回访满意 32 件，还未回访 2 件，归为其他件 9 件。（3）监督监察效能不断深化。扎实开展“一严查两整治”亮剑行动。以区政府名义下发《吴兴区开展“一严查两整治”亮剑行动实施方案》，结合历年卫片数据、危房清理和永久基本农田划定等工作，对违法占用基本农田、农房危旧房和设施农用地进行全面排查，建立台账，排摸农村房屋违法用地 124 宗，设施农用地违法用地 2 宗，无新增占用永久基本农田违法案件。同时根据违法性质不同，逐宗明确整改措施，分类分批推进处置。会同区三改一拆办对整改落实情况进行专项督查，进一步推动整改。拆除农村房屋违法用地 68 宗，其中一户多宅 58 宗，农村集体公益性用房 1 宗，农村生产经营性用房2宗，村干部违法3宗；完善农村房屋违法用地手续39宗；完善设施农用地违法用地手续2宗。

【队伍建设】 明确责任主体，强化系统队伍建设。（1）加强组织领导，落实“一岗双责”责任。党委当好廉洁从政的表率，坚决贯彻落实上级党委、纪委关于党风廉政建设的部署和要求，分解工作任务，明确职责分工，制定考核办法，组织目标考核。加强思想政治建设，认真落实意识形态工作主体责任，组织开展“不忘初心，牢记使命”主题教育，进一步增强“四个意识”，用习近平新时代中国特色社会主义思想武装头脑、指导工作。（2）完善考核机制，强化监督管理。修订考核内容和指标体系，突出对党委主体责任的考核，调整党风廉政建设责任制在年度目标责任考核中的权重，强化考核结果运用。把考核结果作为单位评先评优、干部年度考核和奖惩任免的重要依据。每年组织分局纪委对各国土所（分局）、各科室（单位）采取听取汇报、定期不定期抽查、专项检查等方式方法，执行党风廉政建设情况进行检查考核，并对考核结果进行通报。对主体责任不落实，措施不得力的，要采取约谈、通报、发整改通知等形式限期整改。（3）强化对权力运行的制约和监督。针对新形势，全面开展预防腐败和失职渎职风险排查，完善权力运行制度建设。加大执纪监督力度，及时查处各类违纪案件。健全惩治和预防腐败体系，深化“法治国土”建设，构建决策科学、执行坚决、监督有力的权力运行体系。深入推进阳光征地、阳光规划、阳光执法、阳光审批等“阳光国土”建设，让权力在阳光下运行，让资源在市场中配置。加大政务党务信息网上公开力度，建立健全权力清单和职责清单，促进权力运行更公开更透明，加强权力运行监管。健全国土资源重大事项集体决策制度，完善内部会审制度和听证制度。建立健全国土资源行政裁量权基准制度，合理细化自由裁量权、科学量化自由裁量权权限，制定自由裁量权适用范围和规则，严格限制裁量权行使。贯彻落实国土资源系统工作人员防止利益冲突办法，进一步健全完善合理分权、公开示权、有效控权的廉政风险防控机制。认真落实重要情况通报、述职述德述廉、民主生活会、函询约谈等党内监督制度。分局党委班子成员带头严格遵守党的政治纪律、组织纪律、财经纪律、工作纪律和生活纪律，自觉接受法律监督、民主监督、舆论监督和公众监督。

（区国土分局）

·固定资产投资·

【概况】 全区完成固定资产投资327.91亿元，同比增长14.6%；工业投资116.19亿元，同比增长13.2%；基础设施投资99.33亿元，同比增长66.8%。从产业投资结构看，第二产业完成投资116.19亿元；第三产业完成投资211.64亿元。

【重大项目】 全区60个重点工业项目，开工率达100%，完成投资60.84亿元，完成年度目标的104.2%，完成年度投资计划的107.6%。吴兴区48个省重点建设项目完成投资80.92亿元，完成年度投资额169.22%；60个市重点建设项目完成投资146.05亿元，完成年度投资额的130.3%。

【争取扶持资金】 全年为企业、项目争取到各类资金1.68亿元，其中中央预算类资金1.08亿元。

（谭　政）

·物　价·

【概况】 认真贯彻落实上级价格部门和区委、区政府的决策部署，完善事中事后监管制度、扎实推进价格和收费管理、监测预警、监督检查等方面工作，强化价格监管，提高服务质量，努力为吴兴区经济社会又好又快发展创造良好的价格环境。

【加强价格收费管理】 认真贯彻落实省市价格和收费政策，及时转发省市有关文件。依法行政，做好权限范围内的商品和服务价格的定调价工作，妥善把握好政府调价项目出台时机、力度和节奏，完善相关配套政策。在价格调整过程中，严格执行成本监审，集体审议，价格听证等制度，注重广泛征求社会各方意见，考虑各方承受能力。按照成本监审办法有关规定，先后完成蓝天实验幼儿园2014—2016年度保教费成本监审、织里镇中心幼儿园2014—2016年度保教费成本监审、白雀中心幼儿园2014—2016年度保教费成本监审、东林镇中心幼儿园2014—2016年度保教费成本监审、妙西镇中心幼儿园2014–2016年度保教费成本监审、环渚街道中心幼儿园2014–2016年度保教费成本监审，组织召开吴兴区公办幼儿园和普惠性民办幼儿园保教费收费标准调整座谈会。加强事中事后监管制度，根据《浙江省行政事业性收费管理条例》和市物价局、财政局《关于加强收费事中事后监管　实施行政事业性收费公示报告制度的通知》要求，认真落实44个收费单位建立收费执行情况报告制度，4月底完成收费统计及分析工作。

【健全价格监测机制】　加大价格监测预警力度，严格按照市监测报告制度，切实加强以31种居民生活必需品为重点的价格监测，包括农贸市场、超市、工农业生产资料和特色商品价格监测点12个。加强对上报数据的审核，保证数据质量，做到不迟报、不瞒报、不漏报。加强市场巡查，密切关注市场变化情况，准确掌握市场价格动态，维护市场经营秩序。认真做好价格监测信息工作，根据市场价格情况，把握民生商品价格变动趋势，捕捉苗头性、倾向性信息，及时分析民生商品变动原因，及时形成每月价格动态信息，尤其关注与老百姓密切相关的民生商品价格，为政府宏观决策提供科学依据。根据上级要求做好价格监测信息公示工作，将每期价格监测数据及时在区发改委网站进行公示。

【清费减负工作】　取消房屋转让手续费，停征渔业船舶和船用产品检验费、药品生产质量和经营质量管理规范认证费、婚姻和收养登记费，降低水土保持补偿费标准。取消、降低、免收行政事业性收费项5项，累计减免金额98.68万元。同时开展行政事业性收费检查，对存在收费不规范问题的行政事业单位，提出整改意见，加强对整改情况的监督检查。

【强化市场价格监管】　积极组织开展市场价格巡查工作，着力维护市场价格秩序。"五一""十一"期间，对织里镇农贸市场、八里店镇农贸市场、物美超市万达广场店等进行集中走访检查，督促经营者严格遵守《中华人民共和国价格法》(以下简称《价格法》)等法律法规，诚信经营。妥善处理价格举报案件，保护消费者合法权益。全年共受理"12345"政府阳光热线价格咨询15起、价格投诉举报50起。对每一起均逐一上门调查，依法行政，着力化解矛盾纠纷，切实提高群众满意度，满意率达100%。切实做好电商价格行为规范，发放《职业举报人常见举报问题提醒书》，提升电商的经营法律意识。加大价格法律法规宣传。结合纪念《价格法》实施十九周年宣传活动，在居民社区、超市等场所悬挂宣传横幅，以增强全社会价格法制意识，切实维护自身价格合法权益。

（顾　伟）

·审　计·

【概况】　2017年，吴兴区审计局共有干部职工19人。其中在编12人（行政7人、事业5人），领导职数4人；编外7人。下设职能科室5个，分别为办公室（监察审计科）、法规科、财政（行政事业）审计科、经济责任审计科和固定资产投资审计科；下属事业单位1个，即吴兴区政府投资项目审计中心。全年共完成审计项目44个，共查出违规和管理不规范金额1209万元，节约投资或减少损失1.90亿元；提交各类专报、信息78篇。

【各类审计】　（1）财政审计。开展吴兴区本级2016年度预算执行情况审计、吴兴区交通旅游局等三部门2016年度预算执行情况专项审计调查，围绕新预算法的要求，结合吴兴财政预算管理的实际，揭示区本级预算及部门预算在编制、调整、执行等过程中的问题和不足，提出针对性、可操作性强的意见建议。吴兴区本级2016年度预算执行和其他财政财务收支情况向吴兴区人大常委会主任会议及常委会作专题报告。（2）经济责任审计。对8名领导干部实施经济责任审计；以高新区为试点，探索实施包括领导干部经济责任、选人用人责任、重大决策责任及自然资源资产责任在内的"四责联审"，出台《吴兴区领导干部任前履职"四责"告知办法》《吴兴区领导干部履职"四责"年度报告办法》，完善吴兴区领导干部履职责任监督体系。（3）政府投资项目审计。完成30个项目的竣工结算审计，节约国家建设资金1.14亿元。开展吴兴区文体中心建设工程等8个区重点工程的跟踪审计，提出跟踪审计意见（建议）单182份，节约建设资金7570万元。开展吴兴区第一中学建设工程竣工决算审计。针对投资审计提出的意见建议，各被审计单位积极采取措施加以整改，不断促进吴兴区建设领域的管理规范。（4）专项审计调查。开展吴兴区产业基金运营情况专项审计调查，对吴兴区产业基金的数量、类型、规模、运行情况进行调查摸底，重点关注基金设立、出资、投资运作等过程中存在的问题，推动出台《吴兴区产业基金管理办法》。实施吴兴区小城镇环境综合整治行动专项审计调查，第一阶段以建设项目为重点，查找项目前期程序、建设模式、招投标和合同管理、计价方式等重点环节中存在的问题。

【审计整改】 采用审计整改督查管理系统进行整改挂销号的项目 39 个，挂号事项数 174 项，已销号 161 项，审计整改率 92.5%；推进机制制度完善，根据审计中发现问题提出的审计建议，促进政府及被审计单位出台各项规章制度 16 个。创新构建“四维”联动审计整改新体系，构建形成被审计单位主动整改，党委政府考核引导，人大监督助推，审计服务督促的“四维”联动审计整改新体系。建立“吴兴区审计整改工作联席会议制度”，探索建立“两办督查、审计反馈”的协同督查架构、经责审计整改“面对面”“纪检派驻机构与审计部门‘平审联动’”等机制，初步形成“1+N”的审计整改联合协作模式，形成部门联动常态化、制度化。

【内部审计】 持续开展吴兴区重要经济事项整改落实和规范提升工作，采取实地检查督促和书面检查相结合的方式，汇总梳理吴兴区内审问题整改落实情况，并在区政府常务会议上进行汇报，促进区级层面及相关单位完善体制机制 13 项。完善内审监督体系，吴兴区人民政府出台《关于进一步加强吴兴区内部审计工作促进审计监督全覆盖的通知》，开展重点领域和重点对象的内审项目，通过内审发挥自我约束功能，提升内部审计监督实效。

【审计理论与队伍建设】 强化审计部门领导班子队伍建设，讲政治、讲团结、讲奉献，一线指导，靠前审计，增强班子的战斗力和凝聚力。加强重点领域廉政风险防控，加大对审计“八不准”等纪律规定执行落实的监督力度，维护审计机关和审计干部的良好形。深化审计干部能力转型，开展“争当排头兵实干大比拼”及“能力提升、增压增效”两个专项行动，明确目标，落实责任，不断提升审计干部的理论水平和业务能力。

【信息化建设】 积极运用浙江省审计厅整改督查管理系统，开展审计整改“挂销号”工作，严格执行“清单销号制”，推动实现审计整改落实信息化管理，促进审计整改督查“全覆盖”。推进“吴兴区政府投资项目审计管理系统”应用，加强重大项目建设立项、建设进度、协审分配、质量控制、协审考核等环节进行实时信息化管理；深化 OA 和 AO 的运用，充分发挥计算机攻关小组作用，合力解决审计中遇到的问题，深化信息技术在审计中的运用。

（汪　洁）

·统　计·

【概况】 牢牢把握稳中求进总基调、供给侧结构性改革主线，围绕“生态吴兴、经济强区、科技新城、幸福家园”总目标，深入践行“四新”主题实践，认真贯彻落实省、市统计工作会议精神，以提高统计数据质量为中心，加强干部队伍建设为抓手，提升统计服务水平为重点，规范统计基础基层建设为保障，开拓进取，推动全区统计工作再上新台阶。

【主要工作及成绩】 强化统计预警。各专业加强与市局的沟通与对接，深入了解各产业核算方案，主动掌握方案新变化和改革新动向，及时了解核算制度变化对全区核算数据的影响，确保核算数据的准确性。通过对全区主要指标走势的分析和预测，对个别下滑幅度较大的指标第一时间发现并作出预警，分析下滑原因。强化部门合力。加强与部门的沟通协调，下发《关于做好 2017 年区级有关部门 GDP 相关指标监测统计的通知》，发挥部门合力，确保经济平稳发展；加强与工商、税务、民政等部门的协调，收集新增、变更、减少的单位基本信息，做好数据比对，确保基本单位名录库的准确性和时效性。强化数据评估。坚持程序审核和人工审核相结合，加大对产值与产量、用电量、主营业务收入等指标增速不匹配等问题的监测，针对一些经济总量较大，对宏观数据有较大影响的单位，进行重点关注，摸清企业情况，了解企业生产进度，确保统计数据全面、真实、可信。

以制度化推统计规范。制定并印发《吴兴区统计法治宣传教育第七个五年规划》《2017 年吴兴区统计法制工作要点》《2017 年吴兴区规范化建设推进计划》等，把普法工作与统计规范化建设、统计执法检查有机结合起来，通过规划、计划等制度化来推动统计规范工作。以常态化推统计规范。坚持每季有重点有部署，组织召开全区统计基础规范化建设表彰及工作部署会，先进典型企业介绍交流经验；组织召开《统计法实施条例》宣贯会，邀请市局专题培训；组织召开诚信企业评选会，以实绩评估检验规范化成效。

密切关注全区经济运行，组织开展工业、投资等专题调研，加强对经济形势的分析预判，及时就全区经济社会发展中出现的新情况、新问题，从统计角度进行深入分析，做到主要指标、重要信息和经济形势分析报告第一时间上报区委、区政府。撰写《关于我区工业投资存在问题分析及对策建议》《产业结构与工业增加值增长关联性分析》《一季度全区 GDP 完成情况分析及有关建议措施》等，获区领导批示；上报统计信息 90 篇，获省局内网录用 38 篇。围绕行业部门强服务。及时提供、公布主要经济指标，为行业主管部门推动工作提供统计数据服务。积极对接“爱上吴兴”等微信公众号，及时公布全区、各乡镇重点指标数据、三农普等重大统计活动，进一步扩大统计影响力；依托“智连吴兴”等互联网公共服务平台，每月及时上传全区重点统计数据，以信息化手段为区领导、各乡镇提供便捷、快速的统计数据服务；编制统计快报，重点指标及早反馈至区四套班子领导、各乡镇街道主要领导。

做好农业普查事后质量抽查。组织开展事后质量抽查工作，对普查基础资料和普查对象的完整性、普查数据的准确性进行检查。市农普办赴妙西镇潘村抽取普通农户 95 户，规模农业经营户 14 户，农业经营单位 4 家，现场查看清查摸底表、普查小区图等资料，规划入户登记路线，对抽中普查小区内全部普查对象再次入户登记，获充分肯定。做好资料整理归档。制定《吴兴区第三次农业普查台账目录》，明确区、镇、村三级归档范围和内容，要求各级普查机构按普查阶段整理农普纸质资料后装订成册，存放到农普专用归档箱中，确保纸质资料账目清楚、有据可查。做好数据开发应用。及时下发《关于开展吴兴区第三次农业普查技术业务文章征集活动的通知》，组织各乡镇、街道结合普查工作实践，研究总结业务技术经验，珍惜普查结果，抓好普查数据分析应用。

（嵇金鑫）

·市场监管·

【概况】 区市场监督管理局围绕区委、区政府各项重点工作，深入践行“四新”主题实践和“争当排头兵 实干大比拼”活动，以“最多跑一次”改革为契机，不断深化“放管服”改革，有效激发市场活力，促进创业就业和民生改善，不断强化监管执法，维护良好的市场秩序，全力攻坚全国文明城市创建，全系统履职意识进一步强化，基础性工作进一步夯实，市场监管水平进一步提升，队伍建设进一步加强。

【2017 年特色亮点工作】 （1）商事制度改革成效明显。全区新增市场主体 12536 家（其中企业 3971 家、个体户 8565 家），同比增长 52.2%，市场主体累计达 74178 家，新增数及总数均位居全市第一。（2）个转企工作持续名列前茅。全年新增“个转企”317 家，完成年度任务的 317%，其中新转公司制企业 270 户，占比达 85.2%；个转企总量达 2784 家，继续领跑全市，相关工作得到了副市长卢跃东的批示肯定。（3）标准化工作有新作为。以区市场监督管理局为主或参与国际、国家标准的制修订 4 项，新增“浙江制造”培育企业 6 家，新增产品立项 5 个，新增数位列全市之首；制定“浙江制造”标准 2 个，实施“浙江制造”产品认证 2 个。（4）农贸市场规范提升成效明显。完成辖区内 14 家市重点农贸市场整治提升工作，荣获“全省农贸市场提升发展工作先进单位”荣誉称号，相关工作得到了省工商局局长冯水华的批示肯定。（5）小餐饮整规及阳光厨房创建位居全市前列。扎实开展小餐饮店整治专项行动，累计换发餐饮许可证 2070 张，发放小餐饮信息公示牌 5000 余张。全面推动全区阳光厨房创建，全年新增阳光厨房创建 42 家，完成数居全市前列。（6）“市场监管平台”建设走在前列。6 月实现“市场监管平台”派驻机构全覆盖，基层一线监管执法干部达 137 人。（7）文明城市创建成效显著。创建工作期间，累计出动执法人员 13000 余人次，检查各类经营主体 9000 余家次，发现整改各类问题 1000 余处，累计规范引导各类主体 4300 余家，换发各类许可证 2348 张、各类公示牌 6000 余张；全面启动 27 家农贸市场的整治提升，对全区 110 家学校周边路段及 202 家药店进行地毯式检查，培训各类市场主体从业人员 5127 人次。区市场监管局服务保障创建工作多次得到各级领导肯定，被授予创建全国文明城市“集体二等功”，获得个人荣誉称号 10 余人次。

【服务地方经济发展】 （1）聚焦成长，打好小微企业三年成长计划收官战。狠抓小微企业提质工作，完成新增小微企业3693家，完成任务数1190家的310%、新增八大万亿重点产业小微企业1291家，完成任务数425家的304%、新增个转企317家，完成任务数207家的153%,个转企总量达2784家，小微工作得到了副市长卢跃东的批示肯定。（2）聚焦服务，率先启动“最多跑一次”改革。率先发布20项“最多跑一次”改革首批行政许可事项清单，发布“最多跑一次”改革事项清单共计125项，占区市场监管局行政审批涉民涉企事项的100%，全年办结各类“最多跑一次”事项超4万件。颁发“五证合一、一照一码”营业执照18032份，占市场主体76.7%，办理“多证合一”登记9585项。全区新增市场主体12536家（其中企业3971家，个体户8565家），同比增长52.2%，全区市场主体累计达74178家（市场主体总数首次跃居全市第一），市场主体新增数及总数均位居全市第一。（3）聚焦提升，大力推进“三强一制造”建设。新增导入先进质量管理方法企业40家，培育“三强”企业3家，新增导入卓越绩效管理方法20家,完成以该局为主或参与国际、国家标准的制修订4项；选取5个领域开展生态文明标准化体系的建设，完成3个区级地方标准和2个市级地方标准的立项发布工作；新申报省、市名牌产品28只。

【整规市场经济秩序】（1）推动省级食品安全县（区）创建工作。重点开展食品安全“百日攻坚”专项行动，完善“三小一摊”管理体系。全区食品小作坊建档率、监督抽查合格率、中心城区农贸市场质量追溯体系建成率、快速检测体系建成率等均达到100%。全面开展食品安全满意率提升行动，举办“迎文明创平安共建省级食品安全区”文艺会演3场，开展“送食品安全电影下乡”等各类主题活动115场，发放宣传资料39528份。（2）打造放心消费示范区。受理各类消费投诉达8000件以上，同比增长一倍以上（上年受理3998件），为群众挽回经济损失634.5万元。全年即时响应率、按时处理率、有效办结率达到100%，满意率从上年的91.47%提高到2017年的95%以上。新增消费维权站3家、绿色通道企业3家、先行赔付企业4家。（3）“放心市场”再升级。按照省政府十方面实事工作的总要求，按照《新一轮浙江省放心市场创建实施方案》，将省级放心市场创建工作与农贸市场改造提升及全国文明城市创建工作相结合。按照细则“五放心”逐条进行对照，明确任务目标，不断加强对创建市场的软硬件提升工作。

【提升执法监管水平】（1）惩治违法行为。将食品生产加工小作坊、水产品、进口食品作为风险隐患排查整治的重点，聚焦“一部二区三边”6个区域和9个环节的重点突出问题，组织联合检查178次，检查重点区域和场所3202家次，建立“排雷清单”155项，排查食品安全隐患687个，开展监督抽检1252批次，查处各类违反食药安全的案件69起，移送公安机关7起，涉案人员18人，罚没金额134.15万元，关停小作坊40余家，完成对辖区药械企业的全覆盖检查。（2）突出专项执法。开展28项专项整治工作，重点围绕食品药品、假冒伪劣、知识产权、侵害消费者权益、涉危等行业领域。办结各类案件260件，罚没款580万元，移送公安机关12件。开展大规模取缔传销行动16次，立案查处组织领导传销罪3件，查办传销行政案件78件，共捣毁传销窝点27个，查获“1040”传销团伙1个，劝返涉传销人员450多名，刑拘14人。（3）围绕隐患排查。开展5次集中排查整治专项行动，排查整治各类隐患50余项,惩治严重违法违规行为12起，查处特种设备案件6起，罚没款30万元。强化区域性重点产品质量安全监管，建立起分类监管和“红黑榜”监管模式，强化对童装、电线电缆等区域性重点产品质量抽查力度，共抽查400余批次。区纺织品检测中心在全省产品质量检验机构工作质量分类监管考核中被评为Ⅱ类检验机构。

【加强干部队伍建设】（1）学习教育活动不断深入。扎实推进“两学一做”常态化制度化，组织全局干部职工深入学习贯彻中共十九大精神，分别以党委理论中心组（扩大）会、机关各支部、各科室等为单位，开展形式多样的学习和“主题党日”教育活动。完成全员全封闭集中培训，开展各类论坛活动16场（次），156名公务员100%完成年度网络学习任务；全局参加省、市、区各项业务培训580余人次。（2）机关党建活动形式多样。以“党建微+”为载体，组织开展优秀党员“微党课”演讲竞赛、党建“微案例”比拼展示、支部党员“微心愿”认领等活动。全系统推荐评选各类先进典型15人次。“树支部榜样，展党员风采”主题党日活动宣传展示比赛，关注率参赛率居全区第二、全市第四。（3）党风廉政建设不断加强。注重强化系统党风廉政建设，开展“党纪教育一刻钟”等警示教育18次，征集清廉家规家训40余条，廉政谈心谈话210

人次；开展各类督查26次，受理纪检监察作风效能类投诉件21件，因作风效能或履行职责不到位约谈干部6人次，诫勉谈话1人。

（刘昱平）

·安全生产·

【概况】 吴兴区安全生产监督管理局主要承担对全区矿山、危化（烟化爆竹）企业安全监管，其他工矿商贸企业的综合监管，及职业病防治监管，指导、协调、督促全区安全生产监督管理工作，承担区安委办的日常工作等。内设“一室五科”，即办公室（政策法规科）、行政审批科（监察审计科）、安全生产协调科（应急救援管理科）、综合监督管理科（矿山安全监督管理科）、危险化学品安全监督管理科、职业安全健康监管科，下设3个事业单位，即安全生产执法大队、安全生产培训服务中心（职业病危害预防中心）、安全生产应急救援指导服务中心。现有人员32名，其中行政8人（核定7人）、参公事业7人（核定10人）、事业7人（核定7人）、编外10人。全区安全生产工作以安全生产领域改革为契机，紧紧围绕年度目标任务，认真贯彻上级文件精神，深入推进安全生产大检查，全区安全生产形势稳定。

【事故情况】 全区共发生各类生产安全事故37起，死亡36人，同比分别下降15.9%、16.3%。其中，工矿商贸领域发生事故7起，死亡7人；道路交通领域发生事故30起，死亡29人，安全生产形势持续稳定。

【安全生产责任体系】 出台《关于推进安全生产领域改革发展的实施意见》，在安委会框架下，成立8个由行业分管副区长任主任的专业安全生产委员会，形成安全生产“层次分明、责任清晰、齐抓共管”的“1+8”工作格局，区政府安全生产委员会调整为区委、区政府安全生产委员会，由区委书记，区委副书记、区长共同担任主任，强化安委办职能、优化安监局机构，细化3年工作任务、明确责任部门。区委常委会、区政府常务会10次专题研究安全生产工作，四套班子领导4次带班开展安全检查。年初，区委书记和区委副书记、区长分别与分管副书记、副区长和乡镇、街道、部门党政“一把手”签订个性化安全生产目标责任书，明确年度目标任务。对照年度责任目标考核办法、季度考核、重点工作月度考核等要求，健全安全责任落实的考评、督查、通报和日常工作督查机制，区安委办年中和年末向区委组织部、区纪委（监察局）通报安全生产情况，以考核促落实，形成合力消除监管盲点，防范事故发生。

【隐患排查治理体系】 以“护航十九大”安全生产大检查为契机，扎实开展安全生产综合治理和危险化学品综合治理，全年开展“九小”场所、涉尘（喷涂）作业场所、小区消防设施完好率提升、小微企业、矿山安全、居住出租房、人员密集场所、高层建筑、瓶装燃气、危旧房屋、建筑工地、校车安全、特种设备、渔业船舶和森林消防隐患专项整治等20余项，出动检查人员18152人次，检查企业（场所）9987家，发现并整治隐患6134处，挂牌并完成整治市级重大隐患16处、区级重大隐患52处，对291家单位和个人作出处罚，拘留218人，罚款302.07万元。

【事故预防控制体系】 依托安全生产监控服务中心平台，安装“智慧用电”系统8602套、“自动限荷器”10325套，完成4家危化、2家矿山企业的远程视频监控接入试点，在10家生产作业场所开展（危化）危险气体在线监测服务试点。推广火灾“智能预警”、电瓶车“智能充电”桩、消防远程“智能消控室”等项目建设，安装智能消防预警系统2739套、“智慧用水”系统575套、“智能充电”桩1200多套，“智慧安全”一体化系统建设基本形成。把危化、矿山、职安、机械等方面专家建档入库，建立48人的安全生产专家库，通过政府购买服务的形式，聘请专家入企“把脉”安全生产。在10家企业推进安全标准化可持续发展管理项目（SCORE），号召企业员工全员参与安全生产。建立安全生产警示教育室企业15家，主动修订生产安全事故应急救援预案单位22家，被评为全市尘毒危害整治示范企业2家，被确定为双重预防机制建设全国试点企业1家。

【安全文化宣教体系】 围绕“全面落实企业主体责任”这一主题，扎实开展“安全生产月”活动。承办，湖州市暨吴兴区“安全生产月”宣传咨询日活动、湖州市暨吴兴区危险化学品泄漏事故应急救援演练，开展区委书记，区委副书记、区长联合署名公开信、安全倡议书线上传递、“一把手”谈安全生产、安全生产“双十佳”评选、安全生产有奖竞答、安全应急预案演练、“安康杯”竞赛等系列活动，进一步推动树立安全意识，普及安全知识，提升全民安全素质，形成人人关注安全、人人参与安全、人人共享安全的社会氛围。开展“企业员工素质大提升”活动，引导督促企业加强内部师资培养，推动企业自主开展教育培训，全年共举办各类安全生产培训班 100 余期，培训人数 5 万余人，其中“三类人员”培训 47 期、4000 余人。充分发挥教育基地作用，免费向公众进行安全知识教育，受众群体涵盖学生、工人、新市民等各个阶层，约 8 万余人次。加大“吴兴安监”微信公众号推广力度，广泛动员企业、社会关注，发布“护航十九大”专刊 40 期，在《吴兴时讯》开设“安全之窗”宣传专栏，累计 16 期。

（叶怡欢）

第九篇 商贸·服务业

·商 贸·

【概况】 全区实现社会消费品零售总额339.18亿元，同比增长11.1%，实现商贸业增加值107.12亿元，同比增长8.4%，占全区GDP的20.78%，占服务业比重的38.49%，初步形成集商业集聚区、购物中心、特色商业街、连锁店、专卖店及社区业态为一体的立体商业网点体系，共有5000平方米以上大型商业网点32个，总营业面积160余万平方米。全区行政村便民店381家，直营店48家，行政村覆盖率达100%。

【消费市场】 从行业来看，全区批发和零售业实现社会消费品零售额301.81亿元，同比增长10.63%；住宿和餐饮业实现社会消费品零售额37.37亿元，同比增长15.14%。全区15个亿元以上市场全年成交额达到245.1亿元。

【特色商贸】 持续推进“电商换市”工程，电子商务与实体经济不断深度融合。全区实现网络零售额204.33亿元，占全市比重48.23%。全区在重点监测第三方电子商务平台上活跃网络零售网店1.73万家，相当于注册零售网店总数的45.93%。织里镇、埭溪镇被评为湖州市“一乡一品”示范乡镇。新增红旗村被阿里巴巴研究院评为“中国淘宝村”。织里镇列入浙江省第二批商贸特色镇。

【企业及项目建设】 大力引导电商平台打造。皮皮鲁手绘创意文化、帕纳蒙地板020定制平台，被选为浙江省首批网络个性化定制试点企业（项目）；织里童装电子商务产业园被评为浙江省AAAA级电子商务产业基地。商贸流通项目呈建筑规模化、功能综合化发展趋势，全区列入商贸业重大实施类项目20个，计划总投资140.36亿元，完成投资34.74亿元，实现年度计划投资（23.71亿元）的146.54%，其中列入市服务业“双百计划”重大建设项目9个，完成投资19.78亿元，完成年度投资计划（11.79亿元）的167.73%。亿元以上大项目比重达90%，民间投资项目比重达75%，继续占据主导地位。

【行业监管】 健全商贸流通监测系统及网络，加强对粮油、猪肉、蔬菜等重要生活必需品及成品油、煤炭等重要生产资料市场运行监测分析，明确14家生活必需品生产和流通企业，完善生活必需品等市场应急管理，强化商贸流通领域安全生产工作。

（沈 佳 黄 徐）

·供 销·

【概况】 区供销社围绕中共、省、市关于深化供销合作社改革的有关精神和构建“三位一体”农民合作经济组织体系的有关要求，密切与农民利益联结为核心，提升为农服务能力为根本，以强化基层社和创新联合社治理机制为重点，把发展经济与为农服务紧密结合起来，“两个中心”、生态循环农业、储备任务、信访维稳、四项职能、合作经济、工作作风建设等各项工作开展有力，成效显著。全年实现销售总额31.57亿，同比增长10.9%；实现利润总额200万，先后承办2017年全省农合联春耕备耕现场会，顺利争取区农合联资产经营公司和社会化服务生产体系建设纳入全省农合联工作试点工作，争取省供销社竞争性财政扶持150万元。

【供销社发展情况】 区供销社立足实际、创新破难，强化区域内农合联会员之间的利益联结，鼓励开展新型社会化生产服务，构建以湖州维农农资企业为主导，供销社、村合作经济组织、家庭农场、种粮大户等共同参与的多层次、全方位的农业社会化服务体系，以钱山下粮油合作社与尹家圩农机植保专业合作社两大社会化服务中心为切入点，不断开拓与周边农民、家庭农场和中小型专业社农机服务合作网络，逐步实现从育、耕、种、管、收、加工等环节全程社会化服务，取得良好的社会效益和经济效益。借供销体制改革和组建“三位一体”农民合作经济组织的东风，大刀阔斧施行机构体制改革，积极发展农民合作经济，全力保障供销系统稳定。

【项目建设】 组建湖州丰采电子商务有限公司，建成集产前、产中、产后为一体的农产品电商综合平台“农家人”，依托供销系统网络，整合农合联会员资源，与区内39家生产厂家、专业合作社以及150余户农户建立长期战略联盟关系。斥资400万元，在尹家圩和钱山下粮油功能区扩建自动化恒温立体粮库4座，建造规模达1200吨，进一步增强粮食储备能力。依托钱山下粮油合作社与尹家圩农机植保专业合作社两大社会化服务中心，与周边500多户农民、家庭农场和中小型专业社签订合同，通过开展农机修理租赁、检测服务、代耕、代收、仓储、加工等一体化农机服务，每年创收可达100多万元。

【连锁网络】 主动适应新常态下“三农”需求，加强以湖州维农农资连锁有限公司、湖州老大房超市有限公司为龙头的农村现代流通服务体系建设，把供销社打造成服务农民生产、生活的主力军。新增连锁经营网店2家、庄稼医院1家。实现连锁网点销售132885万元，连锁网点销售增长率为25%，完成农产品市场交易额22103.2万元。

【“三社”建设】 坚持“开放办社”理念，秉持发展基层社为目的，以招能人为手段，项目、资金为纽带的基层社发展思路取得较好的成效。以新农村建设为契机，供销社主办、村社联办的形式创建村级综合服务社86家。领办、参办各类农民专业生产合作社8家。加强合作社规范建设，扩大产业规模、拓展服务范围，在产、供、销环节上延长产业链，推广“龙头企业+农民专业合作社+农户”生产模式，带动更多农户共同发展，促农增收。

【服务领域】 按照“放得下、接得住、服务优”要求，强化与涉农部门的沟通联系，在全市农合联中率先完成四项职能承接。（1）推进农废包装物回收处置。农药废弃包装物回收总量53.23吨，农业投入品废弃包装物回收率达到90%以上，回收的农药、兽药等有环境安全隐患的废弃包装物无害化集中处置率达100%。（2）创新农产品展示展销。截至年底，组织农合联会员20家参加省级部门组织的农产品产销对接活动27人次。精选吴兴区3家老字号企业，参与各市特色展区120平方米的精装布置工作。推荐6家企业参加省农博会优质农产品评奖活动，组织申报1家企业参加省农博会十大名小吃评选活动。2月，选送25家优秀企业参加2018年湖州名特优农产品新春大联展，区销售总金额高达951430元，位居三县两区前列。（3）重视农民培训。开办农村实用型人才培训32期1200人，转移类培训期300人；完成新型职业农民培训开班人数410人，开展专业合作社规范建设指导10家次。2月，组织召开全区首次农民素质提升培训工作座谈会，制订2018年《吴兴区农民培训工作管理细则》，形成全区上下互动、左右互通的农民培训工作机制。4.紧抓专业合作社建设。以政策宣讲，上门服务为突破口；以品牌建设，有机认证为引领；以健全机制和服务为依托，以加快组建农民专业合作社联合社为抓手，推进全区专业合作社规范化建设工作。申报省级示范性专业合作社1家，市级示范性专业合作社4家；组织50家农民专业合作社开展规范化建设等方面的培训；发动40余家合作社参与预授信现场活动。继续推动各乡镇因地制宜制定合作社培育计划。壮大全区“一镇一星级社”的发展。

着力加强平安建设。（1）农资储备任务完成化肥5000吨，农药75吨，农膜75吨。区社6个防汛物资储备点，草包麻袋储备12万条，编织袋3万条，桩木800根，毛竹4500支，铁榔头200个，麻绳400公斤，铅丝300公斤，元钉150公斤。（2）层层落实安全生产责任制，共召开安全生产例会12次，专题会议5次。组织安全生产检查22次，检查发现隐患12处全部整改，新添加或更新安全生产设施设备8套，维修房屋15处，1330平方米，新增投入资金14.6万元。（3）高度重视重要节点的信访维稳，特别是在道场、妙西、织里等资产拆迁过程中，预案得当，措施有力，未发生一起越级上访事件。动之以情，晓之以理，处置历史遗留问题上。共接待来电来信来访人员90多人次，处理阳光热线8起。

【队伍建设】 区社领导班子坚持解放思想，转变观念，开拓创新，勇于进取，努力提高工作成效，切实担当好推动供销合作事业发展的带头人、领路人。党员干部坚持“踏石留印、抓铁有痕”的干劲和闯劲，提振“精气神”，保持昂扬向上的工作激情、奋发有为的工作状态，结合新常态下的新要求，敢于攻坚克难。积极推进生产服务、供销服务、信用服务“三位一体” 建设，力求工作出亮点、出特色，不断提升工作层次和水平，用创新的思维和办法解决工作中的困难和问题，把解放思想的成效转化为推动工作、促进发展的动力。结合区社实际，按照干部选拔组织原则，通过党组动议、民主推荐、组织考察、备案公示等程序选调了事业编制科员 1 名，招录了员额制科员 2 名和劳务派遣制编外用工 1 名，通过注入新鲜血液，充实组织力量，优化干部队伍结构，激发干部队伍活力，进一步强化为农服务队伍体系建设。紧紧围绕职能工作重点，加大工作问效的力度，做到盯住不落实的事，追究不落实的人，不断增强工作的责任感，形成全社上下齐心协力共同推进供销合作事业又好又快发展。

（赵淳淳）

·服务业·

【概况】 围绕提质增效发展核心，全区服务业继续保持良好发展态势。全区实现服务业增加值 278.33 亿元，同比增长 9.6%；服务业增加值占 GDP 比重达 54%，较上年同期提高 0.8 个百分点；服务业增加值对 GDP 增长的贡献率达到 57.6%，拉动 GDP 增长 5 个百分点。全区完成服务业固定资产投资 211.64 亿元，同比增长 15.4%；服务业固定资产投资占全社会固定资产投资的比重达到 64.5%，拉动全社会固定资产投资增长 9.2 个百分点，贡献率达到 74.6%。全区实现服务业税收 23.54 亿元，增长 22.7%；服务业税收占全部税收比重达到 51.9%，较上年提高 3.2 个百分点。

【服务业产业分布】 全区服务业发展以创新、协调、绿色、开放、共享五大发展理念为引领，紧紧围绕打造“生态吴兴、经济强区、科技新城、幸福家园”的总体要求，坚持创新融合、集聚互动、特色内涵发展原则，着力构筑“4+3+3”现代服务业产业体系，强化空间集聚互动，打造“一主一辅两带两区”服务业空间布局结构。“一主”即吴兴区服务业发展极核。依托“一港三园”（总部自由港、吴兴科创园、多媒体产业园、高新区科创园），发展科技服务、信息服务、文化创意、现代金融等新型服务业态。推进丝绸小镇建设，重点发展设计、创意和休闲旅游业态，打造“国际丝绸时尚中心”和“丝绸文化体验中心”。“一辅” 即织里童装生产性服务业集聚示范区。打造集新型专业市场、电子商务、文化创意、现代物流、信息服务、商务服务等功能为一体的综合型高端生产性服务业集聚地。“两带”即吴兴大道服务业发展带、滨湖生态休闲观光带。以吴兴大道为主干廊道，辐射串联丝绸小镇、吴兴科创园、多媒体产业园、总部自由港、众创空间、浙北金融中心、织里童装生产性服务业集聚区和万达广场等重要服务业平台载体，形成集信息服务、研发设计、现代金融、电子商务等生产性服务业于一体，融合现代商贸、休闲旅游、文化创意等生活性服务业的现代服务业发展长廊。深入推进滨湖一体化发展，积极培育南幻溇风情小镇，建设幻溇社区旅游服务中心、义皋溇港古村落，以滨湖大道为交通脉络，有机串联生态农业、文化资源，发展生态观光农业和文化休闲产业。“两区” 即中心主城区和西南片区。中心城区重点发展现代商贸、楼宇经济、现代金融、城市旅游、文化创意等服务业态，发展社区服务、中介服务等公共服务业态。西南片区发挥西塞山省级旅游度假区品牌效应，多元发展休闲旅游、健康养生、避暑度假、文化体验、运动康体等生态养生型旅游服务业态，丰富旅游产品体系，建设完善旅游交通体系。

【成效】 围绕区服务业“十三五”发展规划核心要义，以项目引建、企业培育、平台打造、产业提档等工作为重点，着力加快现代服务业提质增效发展。

重申报强推进，项目引建全市领先。（1）省、市重点项目全市领跑。16 个项目成功列入 2017 年度省服务业重大项目，其中结转 6 个、新增 10 个，列全市第一。新认定江南影视城高科技摄影棚及明清苑项目、湖州中医文化养生村、恒天易开新能源汽车分时租赁一体化项目等市服务业“大好高”项目 11 个（其中 10 亿以上项目 2 个），列全市第一。31 个项目列入市服务业“双百”项目，列全市第一。（2）项目推进稳中提速。2017 年，省服务业重大项目累计完成投资 25.64 亿元，完成年度计划的 124.1%。市服务业“大好高”项目实现新开工 9 个（其中新项目开工 7 个），竣工 7 个，累计完成投资 56.73 亿元。市“双百”项目累计完成投资 73.06 亿元，完成年度计划的 150.4%。

重示范优服务，企业培育走在前列。（1）大力培育骨干企业。浙北大厦集团有限公司成功复评获得“浙江省服务业重点企业”称号。浙江老娘舅餐饮有限公司等35家企业获得2017年度“湖州市服务业优强企业”称号，列全市第一。（2）着力培育成长企业。建立乡镇街道和行业部门“双向联系机制”，每月动态更新全区服务业规模企业培育库，累计培育湖州微众电子商务有限公司、湖州万林汽车有限公司等商贸类规模以上服务业企业45家，湖州天心天思、万达影院、浙北迪安医学检验所等非商贸类规模以上服务业企业28家，合计73家，列全市第一。

重集聚谋提升，平台建设有序推进。（1）做大做强省级示范。在2016年度省级服务业集聚示范区综合考评中，织里童装生产性服务业集聚区、湖州多媒体产业园、吴兴科技创业园3个集聚区在全省百家集聚区中的排名分别上升5名、34名和21名。超额完成2017年度推进计划各项目标任务。湖州丝绸小镇、西塞山省级旅游度假区等平台加快建设。（2）做优做特新建平台。浙北金融中心新入驻湖州央之泓资产管理有限公司等新业态企业23家，累计达到64家。环渚街道现代服务业集聚区内金宇、后庄、福来福、金环等楼宇已基本完成招商，其中众创空间——吴兴梦工场正式启用，累计入驻企业38家。启动浙北金融港——湖州财富广场现代金融服务园区建设，围绕重点产业完成15个招商项目洽谈工作。

重引导强保障，政策支持精准有力。（1）积极向上争取。湖东小学等4个项目合计争取到中央预算内资金1.08亿元。争取到市本级2017年服务业专项资金奖励325万元，列全市第一。（2）着力政策优化。完成区服务业政策修订工作，出台《关于进一步加快吴兴区服务业发展的二十条政策意见》，8月1日起施行。完成2017年第一批区服务业财政专项引导资金拨付工作。

【政策】 为进一步加快全区服务业发展，构建“4+3+3”产业体系，实现比重提高、质量提档、结构提优，依据市服务业办《2017年湖州市关于加快市本级信息 商贸 健康 社区等服务业领域发展的有关意见》，结合产业发展导向和吴兴实际，修订出台《吴兴区人民政府办公室关于进一步加快吴兴区服务业发展的二十条政策意见》。政策修订提高对全区服务业发展的资金支持力度，重点在服务业重大项目建设、重点产业集聚平台建设、大企业招引发展总部经济、支持龙头企业发展、成长企业培育、企业质量标准建设，以及现代商贸业、信息服务业、文化服务业、现代物流业、健康及社区服务业等领域给予支持，2017年8月1日起施行。11月，为进一步提高全区服务业企业培育工作成效，扩大产业规模、优化产业结构，加快构建新时代现代服务业产业体系，对区服务业“二十条”中第六款“突出成长企业培育”进行修订，出台《关于调整〈关于进一步加快吴兴区服务业发展的二十条政策意见〉第六款政策的通知》，着重加大了对新增服务业规模企业，特别是现代新兴服务业行业、工业企业分离新设立等新增服务业规模企业，以及发展增速较快的规模以上服务业企业的支持力度。

（沈婧莹）

第十篇　对外开放·旅游业

·外　资·

【外资概况】　全区新批准外商投资企业14家，增资企业8家，减资企业2家，另经省商务厅审核认定外商投资企业分公司到资7家，累计合同外资36833万美元，完成市年度目标的129.2%，列全市第四位；实到外资21809万美元，完成市年度目标124.6%，列全市第二。

【引资结构】　全区批准的24家外资企业中，一产企业1家、二产企业9家、三产企业14家。一产企业实现合同外资132万美元，占全区合同外资总额的0.4%；二产企业实现合同外资10570万美元，占全区合同外资总额的28.7%；三产企业实现合同外资26131万美元，占全区合同外资总额的70.9%。外方资金主要来源于韩国等国家和中国香港、台湾等地区。

【引资方式】　全区批准的24家外资企业中，外商独资企业16家，合同外资25235万美元，分别占总数的66.7%和68.5%，为全区外资企业引进的主要方式；中外合资企业8家，合同外资11598万美元。其中增资企业8家，合同外资8988万美元，分别占总数的33.3%和24.4%。

【项目引进】　全区批准的24家外资企业中，新设或增资合同1000万美元以上项目12家，累计合同外资22934万美元，占全区合同外资总额的62.3%。认定市外资"大好高"项目10家，累计合同外资18782万美元，实到外资9704万美元，分别占总额的51.0%、44.5%，项目认定数及认定率创历史新高。

【平台引资】　以"项目双进突破行动"为抓手，加快推进平台建设，成功获批省级"中韩国际产业园"，平台承载能力进一步提升。吴兴经济开发区（织里分区、埭溪分区）批准外资企业14家，占全区总数的58.3%，其中新设企业9家、增资企业5家；完成合同外资22512万美元，占全区合同外资总额的61.1%，其中新批总投资1000万美元以上企业6家；实际利用外资14279万美元，占全区实到外资总额的65.5%。高新区批准企业6家，合同外资9320万美元，占全区合同外资总额的25.3%；八里店、道场、妙西等其他乡镇共批准外资企业4家，合同外资5001万美元，占全区合同外资总额的13.6%。

（金晓薇）

·对外贸易·

【概况】　全区对外贸易总体保持平稳增长。全年完成进出口额943076万元（含一达通），同比增长13.6%，其中出口783659万元，同比增长13.9%，进口159417万元，同比增长12.5%。

【贸易主体队伍】　全区新增进出口企业主体57家，新增进出口额140887万元，有进出口实绩的外贸企业325家，其中进出口超百万美元的企业145家，超千万美元的企业30家。民营外贸企业是全区出口的主要力量，全年完成自营出口691823万元，同比增长14.2%，占全区出口总额的88.9%；三资企业完成自营出口86487万元，同比增长9.1%，占全区出口总额的11.1%。

【进出口商品结构】　全区出口纺织品324381万元，同比增长4.8%，占全区出口总额的41.7%；出口机电产品240129万元，同比增长11.2%，占全区出口总额的30.9%；出口杂项制品68307万元，同比增长19.8%，占全区出口总额的8.8%。进口贸易方面，木及其制品进口额51347万元，同比增长20.9%，占全区进口总额的32.2%；羊毛进口额34574

万元，同比增长34.2%，占全区进口总额的21.7%；机电产品进口额26418万元，同比增长35.8%，占全区进口总额的16.6%。

【贸易方式】 全区一般贸易进出口额802273万元，同比增长15.7%，占全区外贸总额的89.4%，其中出口720288万元，同比增长14.9%，占全区出口总额的92.5%；加工贸易进出口额94154万元，同比增长3.4%，占全区外贸总额的10.5%，其中出口58024万元，同比下降0.4%，占全区出口总额的7.5%。

【市场拓展】 以展会为切入点，围绕全区童装、机电、建材等特色块状和优势产业，精准布局，组织企业抱团参加"一带一路"、拉美等重点市场的国际性展会，积极开拓新兴市场，巩固传统市场。全年组织140家次企业参加30多个市、区支持类境内外展会，设9平方米标准摊位近300个。全区商品出口至166个国家和地区，对新兴市场出口增幅高于传统市场，全年对"美欧日港"传统市场出口320009万元，同比增长2%，对"一带一路"新兴市场出口287064万元，同比增长21.8%。

【外贸转型升级】 加快推进本地民营企业转型升级，积极引进高附加值、高技术含量的机电高新项目，机电及高新技术产品占全区出口总额的30.9%，为全区的第二大出口商品。大力推进品牌建设，新评或复核通过省、市出口名牌企业6家（全美、美欣达、振华工贸、晶日、杰诚威、新南海）。全区市级以上出口名牌企业共14家，其中省级出口名牌企业7家，名牌产品出口额共计164795万元，占全区出口总额的21.0%。

【企业服务优化】 加强贸易摩擦"四体联动"应对工作机制，充分发挥全区服装（童装）和金属材料两大产业省级外贸预警点作用，全年通过预警网站、国际经贸预警信息专刊等渠道发布预警信息340余条，通过法律服务月活动、部门联动服务、业务培训等方式，增强企业国际贸易风险防范意识，有效应对各类国际贸易壁垒。组织280余家次企业参加外经贸政策、业务及出口风险发布会等培训活动，走访服务企业100多家次，及时帮助协调解决进出口环节遇到的困难和问题。

（吕　慧）

·对外经济·

【概况】 全区新备案境外投资项目4个，其中增资项目2个，境外中方投资额1397万美元，列全市第三位；完成外经营业额1946万美元，列全市第一位。

【境外投资质量】 企业"走出去"意识不断提高，境外项目规模、质量进一步提升，境外投资由小型办事处向贸易公司、生产加工企业升级。全区累计备案境外投资项目56个，其中贸易公司项目37个，生产加工项目8个。全区境外带动出口1.39亿美元，中方实际汇出357万美元。

【境外投资领域】 积极引导企业在更大范围、更广领域、更高层次拓展市场，境外投资市场进一步开拓。我区企业分别在日本、美国、澳大利亚、塔吉克斯坦、罗马尼亚等国家和地区设立营销网络或生产加工分公司，投资领域也从纺织服装业拓展至物流装备、节能环保、精密仪器、绿色家居、跨境电商等十多个行业。

【境外承包工程】 全区乔兴、升浙、核工业井巷等6家企业获境外工程承包资格。通过培训指导及加强与相关商协会、兄弟单位的业务对接，支持企业参建"一带一路"沿线国家和地区的基础设施建设，推进资质企业与行业内先进工程企业的合作、联盟。核工业井巷建设集团巴基斯坦核电站隧洞施工项目、柬埔寨农村给水项目顺利签约并启动建设，全年实现外经营业额1470万美元。

（吕　慧）

·旅　游·

【概况】 吴兴地处长三角地理中心，素有"鱼米之乡、丝绸之府、文化之邦"的美誉。拥有"世界丝绸之源""陆羽《茶经》故里""世界灌溉工程遗产"等一系列靓丽的文化名片。主要有西塞山旅游度假区、原乡小镇、移沿山景区、丝绸小镇（西山漾景区）、菰城景区、钱山漾景区等旅游平台。紧紧围绕"绿水青山就是金山银山"的发展理念，以"全域旅游打造行动”为主抓手，聚焦“原乡丝韵、水墨吴兴”旅游品牌，全力推进平台建设、项目双进、产业培育、宣传营销等各项工作，全区旅游呈现出蓬勃发展的良好态势，全年接待国内游客2054.07万人次，同比增长27.56%，接待入境游客17.0107万人次，同比增长18.5%，门票收入4310.78万元，同比增长20.8%。实现旅游总收入187.79亿元，同比增长27.65%。

【项目建设】　全区22个重点旅游项目，列入省服务业重大项目7个，省扩大有效投资“411”重大项目3个，省重点建设项目4个。原乡小镇、丝绸创意文化村、小镇客厅等一批项目开始运营，原乡霞幕休闲养生村、慧心谷庄园等一批项目快速推进，月亮湾军民融合文化产业园（原若为国际项目）、蓝城九天谷、长颈鹿庄园（原知了帐篷露营地项目）等一批项目有效盘活，完成投资30.76亿元，完成年度目标154.50%。引进江南影视城、乔木山文旅小镇、碧水桂乡康养小镇等9个项目，总投资达到390亿元，其中总投资100亿元以上项目2个。江南影视城项目作为省重大旅游投资项目在中国（宁波）—中东欧国家旅游合作交流会上亮相签约。基本完成《吴兴区全域旅游规划》《吴兴南部山林生态休闲旅游带规划》，完成《吴兴区休闲旅游发展“十三五”规划》《西塞山省级旅游度假区总体规划》《太湖溇港农旅综合园区总体规划》《道场乡美丽 乡村旅游总体规划》《埭溪镇旅游业发展总体规划》《东林镇旅游发展总体规划》编制。

【乡村旅游】　原乡蝴蝶小镇列入省级特色小镇培育名单，妙西镇、东林镇列入省级旅游风情小镇培育名单。原乡小镇、移沿山生态景区被评定为国家AAAA级旅游景区，玲珑湾生态园、西山漾景区获评国家AAA级旅游景区。成功创建妙山、五星2家省级AAA级旅游景区村庄，稍康、大冲、红里山等8个村庄通过AAA级旅游景区村庄验收。新增埭溪镇、妙山村2家省级休闲旅游示范乡镇（村）、月映花庄园和驾云山休闲观光园2家省级果蔬采摘旅游基地、钱山漾（世界丝绸之源）文化交流中心1家文化旅游示范基地。

【旅游企业】　吴兴区有旅行社20家，分社和网点48家，其中品质旅行社8家、出境社6家；星级酒店6家，绿色饭店6家；A级旅游景区（度假区）13个，其中省级旅游度假区1个、 AAAA级旅游景区3个；新增中高级导游11名、市级讲解员88名。

【营销宣传】　全年国家、省市主流媒体共报道410余次，《钱江晚报》以吴兴区长专访的形式专题推介吴兴旅游。推出吴兴旅游宣传片、全域旅游手绘地图、旅游宣传册、《吴兴写意》漫画文创产品。完成“吴兴新八景”评选活动。先后参加南京、上海、杭州、北京等重点城市旅游推介及各类大型旅游交易活动共15场。在诗画浙江广东推介会上选送的《舞动稻穗龙》作为开场节目进行表演。9月，与上海市旅游行业协会签订旅游战略合作协议并有序开展了交流，在上海市场迈出实质性一步。全年推出“春之韵”“夏之梦”“秋之情”“冬之魅”系列节庆活动40场。举办第二届国际乡村旅游大会分活动——吴兴原乡蝴蝶文化旅游节和吴兴接轨上海活动周分活动——2017“万人游吴兴”旅游推介会、中国湖州·台湾村旅游文化节等重大活动。

【旅游管理】　全面落实安全监管责任，与乡镇街道、36家旅游企业签订安全生产目标责任书；制定《吴兴区旅游安全领导小组工作职责任务》《吴兴区旅游突发事件应急预案》《吴兴区旅游行业诚信经营“红黑榜”制度（试行）》等。以旅游服务质量“三化一创”提升行动为抓手，加大旅游执法力度，加强市场安全监管力度，继续开展旅游市场秩序专项整治，依法惩治“黑社”“黑导”“黑店”“黑车”，整治“零负团费”“不合理低价”等行为；开展“平安旅游”“文明旅游”专项行动，在春节、“五一”、“十一”黄金周等期间全面部署旅游安全工作，全年下沉检查95次，抽调249人次；建立完成“1＋3”旅游综合执法体系成立区公安分局旅游警察大队、区市场监管旅游分局和区法院旅游巡回审判庭。西塞山旅游度假区、菰城景区设立警务室、消费维权分中心、旅游巡回审判点；组织旅游从业人员参加“六个一百”旅游领军人才培训、旅游安全管理等各类培训、竞赛共17期，累计培训旅游行业人才200多名。

（姜慧颖）

第十一篇　城乡建设·环境保护·交通·通信

·城乡建设·

【概况】　吴兴区东部新城建设在建项目 52 个，完成投资 70.2 亿元，其中政府性投资 25.3 亿元。围绕新农村建设、百千工程，完成省级美丽宜居示范村验收 4 个，启动 1 个国家级和 1 个省级美丽宜居示范村建设。完善住房保障和房地产管理，保障性住房年度任务 2534 套，49.2 万平方米，全部为货币安置。超额完成住房公积金年度任务，实际完成新增住房公积金归集人数 7909 人，完成率 164.73%。

（卢明佳）

【规划工作】　规划编制。（1）配合开展总体规划修编。积极做好总规修编各项专题研究，全力开展滨湖一体化工作，积极配合编制轨道交通规划。（2）全面推进单元控规编制。吴兴区规划管理范围共 26 个单元，其中已批复控规单元 20 个，会审待批 2 个，完成方案稿 2 个，暂未开展 2 个，为吴兴区城乡建设发展提供了法定依据。（3）补充完善城市设计和专项规划。完成《太湖溇港农旅综合园区总体规划》《高新区幻溇集镇环境综合整治项目设计方案》。（4）推进编制生态景观规划。湖州南太湖溇港水利风景区入选第十七批国家水利风景区，吴兴区入选 2017 年度省级田园综合体创建试点名单。

规划审批。做好全区项目的规划审批服务，共核发建设项目选址意见书 33 件，建设用地规划许可证 56 件，建设工程规划许可证 63 件，建设工程规划验收确认意见书 51 件。并按照行政许可资料清单、行政许可案卷要求，进行“一书两证一核实”归档制作，规划管理工作法制化建设扎实推进。

规划服务。依据省、市依法行政的要求，严格执行行政许可公示制度、内部审批制度、批后管理制度、项目竣工核实制度，切实发挥分局职能优势，全面提升分局桥梁纽带作用。结合自身实际，完善服务体系，创新服务方式，提高服务效能，积极推进和落实“最多跑一次”改革工作。优化审批流程，精简审批环节，强化“一口告知”服务，建立容缺受理审批服务机制，公布事项共 13 项，均实现跑一次。持续加大规划的宣传力度，运用门户网站和微信等平台加强城乡规划宣传，通过宣传提高规划工作的知晓度和透明度。

（巩奇峰）

【重点工程】　紧紧围绕东部新城全域城市化新五年发展目标，协同联动、建管并举，进一步辐射“湖城向东看”的品牌影响力，让东部新城建设进入全面提速期，围绕“西山景区、社区共建、基础设施”，开工实施项目 52 个，竣工完工项目 26 个。文体中心基本完成，丝绸小镇荣获省特色小镇创建对象年度考核优秀，位列第三名，获评国家 AAA 级旅游景区，枫叶国际学校、实验幼儿园、吴兴实验中学投入使用。

【新农村建设】　农村住房改造建设项目有戴山社区二期、郑港社区、常溪农民安置社区一期、常溪农民安置社区二期、义皋新村一期、西山社区二期、埭溪上强新村。

【百千工程】　以农村垃圾收集处理为重点，集中清理处置农村沿路沿河、房前屋后暴露的垃圾，全面消灭村庄积存垃圾、卫生死角、露天粪坑、污水坑、臭水沟，改善村容村貌。按照组织、制度、设施、资金、人员等“五落实”的要求，强化考核监督机制，巩固提升现有的全覆盖、全收运的“户集、村收、乡镇运、市处理”的农村生活垃圾集中收集处理体系。开展对 4 个省级美丽宜居示范村验收村和 1 个国家级、1 个省级美丽宜居示范村启动村的日常指导督查工作，4 个验收村完成全部工程并通过验收，2 个创建村完成总工程量的 40%。

【房地产管理】　不断加大保障性安居工程建设力度，全年新开工保障性安居工程 3 个，2534 套、49 余万平方米，均为货币安置项目，签约率 100%；严格执行商品房买卖合同备案、变更、撤销的程序，完成商品房买卖合同网上备案 7561 份、合同变更 167 份、合同撤销 276 份；加强辖区内房地产管理，核准房地产开发企业暂定资质 38 家、四级资质 18 家。

（卢明佳）

·环境保护·

【概况】　区环保局紧紧围绕环境治理持续改善这个核心，落实美丽吴兴和污染物减排两张报表，打好治水、治气、治土三场战役，突出全面剿灭劣Ⅴ类水、$PM_{2.5}$浓度持续下降、开展土壤环境质量调查、不发生重大突发环境事件四个重点，围绕强服务促发展、严监管防污染、重治理逼转型、创机制增活力、抓队伍建铁军五项任务，全面推进环境保护各项事业赶超发展。获评首批省级生态文明建设示范区，圆满完成中央环保督察配合保障工作，治水治气工作取得新成效，环境质量得到进一步改善。交接断面水质考核优秀，全区 13 个市控以上断面地表水环境功能区达标率达 100%，老虎潭水库饮用水源地水质达标率达 100%；$PM_{2.5}$日均浓度 44 $\mu g/m^3$，同比下降 4.3%；区域环境噪声 53.7 分贝；省控以上工业企业监督性监测达标率为 100%。

（童　悦）

【服务转型升级】　（1）全力服务区域经济建设。围绕“六重”工作，对建设项目提前介入、主动服务。主动联系业主听取意见，做好项目环保准入、项目选址前期把关，配备精干力量实施项目跟踪服务制度，优化审批程序，简化审批材料，强化审批效能，最大程度的为企业合法合规生产提供优质服务，确保重大项目最短时间完成环保审批手续。全年完成建设项目环评审批 148 个，项目总投资 386 亿元。豁免项目 8 个，零土地技改备案 29 个，登记表备案 356 个，“三同时”验收 57 个。（2）着力完成“最多跑一次”改革。制订出台《吴兴区环境保护局加快推进“最多跑一次”改革实施方案》，成立吴兴区环境保护局改革领导小组。全面梳理全局 16 个办事主项，21 个办事子项，精简办事流程，制定标准化办事指南，通过浙江省政务网及办证窗口对外公布。全年，所有事项均实现“最多跑一次”，其中 12 个事项实现“零上门”。（3）大力推进规划环评实施。主动与乡镇进行对接，有序推进“区域环评+环境标准”改革，强化规划环评与项目环评联动机制，简化审批流程，提高审批时效。完成吴兴经济开发区、南太湖物流装备高新技术产业园区、美妆小镇三个省级产业园区规划环评编制工作。

（吴　杰）

【污染物减排】　积极与发改委、农林部门及乡镇、街道企业沟通对接，深挖污水处理、结构调整、产能优化、农业污染治理等方面减排潜力，完善减排工作机制，扎实推进减排工作。（1）制定年度减排计划。排定 9 个减排项目，其中水污染物减排 5 项，大气污染物减排 4 项，明确时间要求和减排措施。（2）加强重点项目服务。通过规范减排项目实施管理、季度减排绩效评估、强化环境执法监管等手段，及时跟进减排项目，对污水厂、热电厂等重点项目主动进行现场调研、服务指导，对存在的问题及时提出意见建议。（3）强化重点企业督查。加强重点污染企业的专项检查，确保污染治理设施正常运行和企业污染物达标排放，使污染物减排落到实处。（4）强化重点污染源监督。加快污染源在线监测监控系统的建设和数据有效性审核，强化重点污染源的监督管理。

（沈建华）

【生态建设】　（1）深入开展生态文明示范区创建。组织开展《吴兴区生态文明建设规划》修编工作，不断健全工作机制，成功获评首批省级生态文明建设示范区。加快培育绿色产业，纵深推进标准化建设，深化自然资源资产审计，积极推动吴兴工业园区循环化改造示范试点建设，充分挖掘彰显吴兴特色的生态文化，发挥太湖溇港文化展示馆、钱山漾文化交流中心等生态文化场馆的宣教功能。西山漾国家湿地公园成功创建为省级“生态文明教育基地”，实现全区省级生态文明教育基地零突破。（2）稳步推进“811”美丽湖州建设。在 2016 年美丽湖州建设工作市对区考核优秀的基础上，坚持年初抓部署，进一步查找短板，制定下发《2017 年吴兴区美丽湖州建设工作任务书及考核评分标准》，明确工作重点、细化考核指标、落实工作责任；日常抓督查，建立微信工作交流群并完善双月通报、专项督查等督考机制，第一时间反馈问题，督促限时整改到位，有序推进11项专项行动开展；年底抓考核，全方位对标对表抓落实、找差距、聚力冲刺，圆满完成各项考核工作任务。（3）科学划定生态保护红线。按照国家和省有关自然生态保护红线划定工作的要求，研究制定工作方案，广泛征求部门意见，全面细化深化红线划定工作。统筹山水林田湖草系统治理，经区级部门、乡镇多次会商研讨，修改完善方案，形成老虎潭水库饮用水源保护区、移沿山湿地保护区、石山村生态公益林保护区等14块共62平方公里的生态保护红线区域。

（金天红）

【环境污染防治】 （1）铁腕治水。全面推进工业污染整治，开展“散乱污”行业整治，取缔小印花、小砂洗、喷水织机企业248家，关停石材加工企业、无环保设施企业78家；整治提升溇西铝合金企业、金属表面处理企业49家。完成美欣达中水回用环保领跑示范项目培育，实现企业中水回用率达70%；全面关停城北水厂饮用水源地保护区内13家石材加工企业和“四无”整治涉及的65家无环保设施企业。（2）攻坚治气。落实“气十条”要求，深化扬尘、废烟、尾气治理。扬尘方面，完成“7个100%”建筑工地整治52个；23条城镇主要道路实施机械化清扫；9家建材企业和6家在产矿山企业持续提标改造。工业废烟方面，南太湖和长和2家热电企业7台机组完成超低排放改造；16家企业挥发性有机物完成治理。生活废气方面，餐饮油烟净化装置安装118家，取缔夜间露天烧烤摊23个。农业生产方面，秸秆综合利用率95.51%；测土配方施肥面积达到57.5万亩，推广商品有机肥使用0.96万吨。（3）重拳治土。建立健全土壤污染防治工作体系，制订实施《吴兴区土壤污染防治工作方案》，完成污染地块和已关闭重污染企业原址风险状况排查；全面启用湖州市固废信息化监控平台，270家企业实现危废信息化管理，4家重点企业启用视频监控平台管理，8家重点危废产生单位通过省危废规范化督查。稳步推进南太湖热电污泥处置项目扩建提升改造，进一步提高污泥处置能力建设。

（匡　勇）

【环保执法监管】 （1）大力开展网格化环境监管试点工作。在全省率先成立环境保护委员会及5个专业委员会，探索形成系统完整、权责清晰、监管有效的环境管理新格局。开展标准化体系建设，完成环境监管的网格体系、组织构建、建设标准、运行机制、检查考核和有关保障共6个方面试点论证，形成“各级工作职责、工作运行机制、检查考核办法、装备设施建设、工作指导手册和现场观摩演示”共6项成果。创新运行模式，通过政府招投标购买服务方式，把溇西铝合金园区委托第三方公司进行监理，补足基层环保人员不足的短板。（2）全力配合做好中央环保督察迎检工作。全面排查梳理历年重点案件、信访件185件，突出环境问题61个，逐一明确整改要求，挂账销号，落实整改。督察期间，妥善处理并全部办结中央督察信访投诉交办件41.5件，责令整改企业13家，关停取缔6家，立案处罚8家，罚款金额32.8万元，查封1家。借环保督察之势，积极查找薄弱环节，展开延伸性的整治。通过“关停淘汰一批、集聚入园一批、整治提升一批”等途径，进一步推动喷水织机行业、印染行业、农业养殖污染、饮用水源地保护等专项整治工作。（3）持续开展环境保护专项执法行动。出台《区纪委区监委区环保委关于建立生态环保违法违纪行为查办联动机制的意见》，成立吴兴区环境执法与司法协调办公室、吴兴区人民检察院驻区环保局检察官办公室，吴兴区公安分局驻区环保局工作联络室，“公检法环”司法联动，合力惩治环境污染违法行为。持续开展铁拳系列、第三轮非法小印花打击、饮用水水源地检查等专项行动，整治一批群众反映强烈、影响社会稳定的环境污染问题。全年，出动执法人员8749人次，检查企业4305家次，下发各类改正决定书361件，作出行政处罚案件37起，处罚金额205.7万元；限产停产4起，查封扣押73起，移送公安行政拘留6起，刑事案件4起。承办环境信访案件670件，所有信访件已全部按时办结并回复，满意率同比上升7.7%。

（郑焦光）

【工作机制与环保宣传】 （1）抓组织领导，贯彻落实党风廉政建设主体责任。局党组高度重视党风廉政建设，深入学习贯彻落实中共十九大精神，严格贯彻落实中央、省、市、区关于党风廉政建设的部署和要求，认真研究部署党风廉政建设工作目标和责任分工，逐级签订党风廉政建设责任书，层层传递压力，确保责任落实到边。（2）抓作风纪律，严格落实中央八项规定。围绕加强作风效能建设，持续加大正风肃纪自查自纠力度。全年局内累计开展正风肃纪明察暗访36次，未发现有违规违纪行为。坚持每周五廉政短信提醒常态化，严格落实重

大节日 期间中共八项规定要求，做到招呼常打，警钟长鸣。将省内违反作风纪律、触犯党纪、政纪的典型案例及时通过短信传达，进一步提醒干部引以为戒。（3）抓权力运行机制，强化对权力的制约和监督。始终坚持“三重一大”决策制度和民主集中制，严格执行主要领导“五不分管”和“末位表态”制度，重大事项均上会集体讨论，共同表决。干部任用方面，按照德才兼备、以德为先的方针从严选人用人，扎实做好领导干部离任审计工作。资金使用方面，建立政府性专项资金使用管理办法，严格实行专款专用。（4）抓学习教育，提高干部整体能力素质。认真做好“两学一做”常态化学习教育，扎实开展党纪教育一刻钟、党性体检、主题党日、学习教育大讨论等，严守政治纪律，全面落实从严管党治党要求。充分落实民主生活会，述廉述职，廉政档案，努力建设一支作风强硬、真扎实干的环保队伍。（5）积极开展生态环境宣教。结合“6·5”世界环境日宣传，组织开展吴兴区第三届“环保达人”评选及“剿灭劣V类水”环保巡回讲堂进学校，环保普法教育进企业，“文明城市创建”环保志愿者进社区等系列活动，普及环保知识，引导公众参与。充分发挥 “湖州环保”“吴兴在线”“爱上吴兴”等新媒体作用，瞄准吴兴区生态文明建设领域的创新亮点工作，加大深度报道，充分展示吴兴生态名片。《人民日报》《浙江日报》《中国环境报》等重要媒体120余次报道吴兴区生态环境亮点工作，吴兴生态环保“好声音”进一步唱响。

（戴琴琴）

·交 通·

【概况】 吴兴区位于浙江北部、太湖南岸，东距上海150公里，南接杭州86公里，西连南京230公里，北隔太湖，与苏州、无锡相望，地处长三角经济圈、环杭州湾产业带和环太湖经济圈的腹地，交通发达。杭宁高铁、宣杭铁路穿城而过，湖苏沪高铁即将开工；G25杭宁高速公路贯穿南北，G50申苏浙皖高速公路、S12申嘉湖高速公路横卧东西，104国道、318国道、306省道并辔而行、贯通全境，基本形成长三角核心城市（上海、杭州、南京、苏州）1小时交通圈。长湖申航线历史悠久、内通外达、风光绮丽，被誉为东方的“莱茵河”。全区共有农村公路681.12公里，其中县道153.89公里、乡道133.77公里、村道约393.46公里。

【基础设施建设】 按照“补短板、强基础”的要求，以服务经济发展、推进枢纽建设、加快项目实施、深化城市治堵为重点，全年完成投资25.32亿元。其中配合省、市重点工程建设开展湖苏沪高铁、杭宁高速公路吴兴段、申嘉湖高速公路鹿山至孝源段、104国道长兴李家巷至湖州施家桥段改建工程等项目前期和政策处理工作，累计完成投资约7.45亿元；狠抓区内重点工程建设，完成318国道南浔至吴兴段改建工程、湖薛线拓宽改建工程等34项，强势推进水产路东延等11个项目，加快推进吴兴大道东延、三新线北延等5个项目前期工作，完成“四个一万”等级提升工程17.3公里，联网公路建设24.1公里。完成织里镇、妙西镇2个乡级农村公路管理站规范化建设。关注民生，加强拥堵治理。编制完成《东部新区公共交通详细规划》。全区新增新能源公交车辆30辆，完成港湾式停靠站62个，新增停车位1500个，公共停车场1个，建成升山路公交首末站。研究制定公交线路优化调整方案，全区新增优化公交线路10条。妙新线完成美丽公路示范线创建，建成公路服务站1个。建立“三全二点”的公路扬尘管理机制，有效应对大气污染。加强整治提升，营造美丽公路环境。

【基础设施维护】 围绕“四好农村公路”建设任务，推进农村公路大中修，完成农村公路大中修28.86公里，完成10座危桥改造任务。打好路域环境整治攻坚战，保障“两路两侧”“四边三化”专项整治行动的长效管理，以“精品示范道路创建”为抓手，落实“两路两侧”“四边三化”要求，强势推进两路两侧环境整治。全年完成重点问题整治点151处，占年度任务111.9%，完成绿化面积47.29万平方米，占年度任务147.8%，完成G50等公路沿线立面改造19.88万平方米，完成穿镇村路段“道乱占”整治69.69公里。深化常态管理，推进码头整治，全区关闭拆除码头18个，整治提升19个。

【安全管理】 严抓“三防”应急管理工作。强化落实部署到位，针对2017年冰冻、强台风等恶劣天气，加强巡查力度，重点对桥涵、高边坡、高挡墙、临水临崖等易发生水毁塌方路段的巡检查。严格执行24小时值班制度和领导带班制度，全年落实应急抢险人员210人次，应急装备300台套，应急物资

1400包。严抓日常安全监管工作。根据省、市交通等上级部门统一部署，制定安全活动方案，扎实开展“安全生产月”“安全生产万里行”等专项行动。深入开展重点领域隐患排查整治专项行动，结合汛期特点，全面开展隐患排查治理行动，重点对桥隧、“三高”路段、易水毁、塌方路段、事故多发路段等进行隐患排查，检查交通建设工程20个，出动100余人次，下发整改通知书19份。完成县道隐患点28处、乡村道47处的整治，完成市级道路事故多发点段整治3处。完善应急预案，充实应急物资和机具。完成公路应急平台建设。积极保障文明城市创建，全力护航十九大、互联网大会，有力保障全区交通运输行业的安全稳定。

（施　萍）

·通　信·

【中国邮政】 全市邮政从业人员2183人（专业技术人员192人），邮政服务网点118个，报刊亭108个（其中信息化报刊亭70个），村邮站998个（其中信息化站418个），E邮站300个，农村电商服务点990个，CRS/ATM自助机具188台，邮路总里程21962公里。全市邮政系统完成业务总收入8.38亿元，其中邮政企业4.11亿元、银行3.25亿元、速递1.02亿元。邮政储蓄余额173.67亿元。

【主要工作及成绩】 （1）扎实落实市委“双千万结对帮扶工程”有关工作。湖州市邮政公司春节前夕分别到杨家埠镇三天门社区、九九桥社区、南浔方丈港村、祜村村、圣驾桥村、环渚中东村等地，走访慰问结对的9户市“双千万结对帮扶”家庭，为他们送去湖州邮政的热情关怀和新春的祝福。在结对帮扶活动中，各支部党员积极响应参与，通过为困难户送去慰问品、慰问金等形式，亲切询问结对户的生活情况，寒冬腊月送上一份党的关怀和温暖。（2）正式开办“警邮”项目。湖州市邮政分公司积极响应省委、省政府“最多跑一次”的号召，通过与市交警支队三个月的通力合作，联合签下“警邮”项目签约书，推进“警邮”项目落地，成为全省范围内首个市县联动开办“警邮”项目的地区。截至年底，全市9个邮政代办网点测试成功上线，通过“警邮”便民服务项目邮政网点代办，建立公安机关交通管理部门与邮政网点优势互补、跨部门协同开展交通管理业务便民服务的工作机制，方便湖城市民群众就近的邮政代办网点办理交通管理业务，达到真正的车管业务便民利民。（3）积极开展公益及志愿者活动。湖州邮政共开展“温暖回家路·携子共阅读”“青春志愿行　温暖回家路”“学雷锋　献热血”“文明创建、邮我先行”等多季“邮爱心”公益及志愿者活动，让全市人民群众感受到来自党委政府的“随行关怀，一路温暖”。基本做到每月有一季活动，公益及志愿者活动在社会上、客户中引起强烈反响。（4）湖州市举行首套手绘城市明信片首发式。与市民一起共同见证了这份“城市新名片”的诞生。手绘城市明信片大赛共制作了1000套明信片（10枚一套），销售款项全部用于支持全市开展的垃圾分类全覆盖工作和环卫事业。（5）顺利举办“行走新丝路，喜迎十九大”2017全国集邮巡回展览（湖州站）。“驿路·丝路·复兴路——行走新丝路　喜迎十九大”2017全国集邮巡回展览浙江湖州站启动仪式在湖州宾馆举行。中华全国集邮联合会会士林衡夫、省邮票局局长鲁鸣、副市长杨六顺，市委宣传部、市总工会、市邮政分公司、市集邮协会等领导和嘉宾参加启动仪式。启动仪式上，领导与嘉宾为2017浙江省集邮展览获奖者颁奖，副市长杨六顺与局长鲁鸣为《中国陆上丝绸之路起源地——湖州》纪念封揭牌，会士林衡夫与总经理蒋章有为《陆上丝绸之路》邮资封揭牌。湖州站共展出邮集30部113框，展品含传统集邮类、邮政史类、邮政用品类、现代集邮类等多个类别。邮展的举办进一步提升集邮文化在湖州的社会影响力，让广大集邮爱好者和市民充分享受“方寸世界”的艺术魅力。

（谭慧蕾）

【中国电信】 中国电信吴兴分公司全面深入贯彻中共十九大精神以及习近平新时代中国特色社会主义思想，践行习近平总书记提出的“绿水青山就是金山银山”重要思想及“对党忠诚、勇于创新、治企有方、兴企有为、清正廉洁”20字要求，全面落实区委、区政府重大决策部署，扎实推进“新标杆新业绩新形象新征程”主题实践活动，坚持党建统领，落实党风廉政建设要求，推进企业战略转型，做“领先的综合智能信息服务运营商”，助推网络智能化、业务生态化和运营智慧化。全面完成全年收入管控目标，为加快赶超实现“两高”不懈奋斗，真正做到向中心聚焦、为大局聚力，不断创造企业工作新业绩。

【主要工作成绩及特色亮点】做实企业党建工作。全面组织中共十九大精神“大学习、大宣传、大落实”系列活动，各级管理层以上率下、督导推动，各级党组织拓展渠道、营造氛围，全体党员全员参与、全面覆盖。征集中共十九大报告学习心得与感触12篇、“国企铁军风采”摄影作品1篇、协作市公司拍摄完成“最多跑一次”微电影。“两学一做”常态化制度化推进，制作《微党课》等课件1个、组织党支部理论组学习会13次，班子成员讲党课18人次，支部书记及党员讲党课25人次。积极开展文明创建和双拥工作，党团员志愿者交通文明劝导发放资料0.8万余份，整治公话亭近300个。落实党风廉政建设责任制，推动“两个责任”层层落实。

网络建设实现新突破，继4G双百兆全光网络后，中国电信提出“千兆引领，百兆普及”目标任务。4G移动精品网络全面实现主城区、重点乡（镇）的网络深度覆盖，实现3G、4G网络的城乡全覆盖。光网建设实现跨越式发展，实现全光网络城市建设。精品Wi-Fi网络广泛落地，积极响应市政府工作要求，完成行政中心、市民服务中心、科创园区及村镇农家乐等重点公共区域及旅游景区网络部署，为打造“智慧吴兴”奠定基础。

安全管理做到万无一失，强化信息安全，抓好实名制和一证五卡的整治工作、积极配合反诈中心工作和垃圾短信卓有成效的治理、打造中国电信保密工作的“五个规范”；强化责任落实，成立中共十九大专项保障工作领导小组及工作小组，加强门卫和人员密集场所的安全管理，重点部位和重要目标保卫力量，明确责任、优化流程，中共十九大期间，确保通信保障、业务保障、信息安全等方面做到万无一失；强化防范和检查，定期进行微型消防站演练，严抓薄弱环节，进一步做好智慧安防平台系统省公司试点工作，加快技术更新，不定期地组织开展“四不二直”安全检查、隐患整改工作；强化网络安全，开展“安全生产月”“安康杯”活动，加大隐患排查力度，开展态势感知、风险识别和主动防御的探索实践，加强全员安全生产培训教育。在日常工作中，用信息化手段保平安吴兴。加强视频监控，挖掘“云”潜力，建设全区互联网监控云平台，提升接入能力，利用“网”和4G光网优势，全区搭建专网高清监控，全面接入全市互联网平台监控；设立各层网站等保，查漏补缺，开展全区网站态势检测，强化网站接入电信态势感知监测平台，提供高质量安全服务。

信息安全达到新高度，积极打击通信信息诈骗，维护社会和谐稳定。围绕“6个100%”开展活动，落实实名登记100%，完成非实名用户补登工作，按要求关停因各种原因未完成补登的非实名用户；网络信息安全防护100%，建设防范打击通信信息诈骗管理系统，全网100%覆盖，提升用户终端安全防护能力；虚假码号整治率100%，不具备鉴权能力的做好改造、迁移工作，主叫鉴权实现100%，集中清理改号软件；相关业务规范率100%，核实100%出租专线的客户资质、使用用途、允许传送的主叫号码等信息，并定期抽查复核；代理渠道规范管理100%，社会营销渠道代理资质100%审核。严禁社会营销渠道转租转售语音专线等业务；强化监督，问责考核100%，强化打击治理通信信息违法犯罪工作领导小组及办公室职能，强化监督检查，出现问题，100%问责考核。

服务水平保持前列，中国电信湖州吴兴分公司注重服务能力建设，努力提升服务水平。阳光指数满意率同城同业第一。坚持强化服务意识，全面提高一线服务水平；坚持主动跨前一步，有效解决热、难点问题，为党政军提供网络通信保障；坚持加强团队协作，提升触点满意度。倾力打造湖州阳光政务“12345”热线，以社会责任为第一服务要务，全面整合便民服务资源，构筑便企、利民绿色通道。“智慧家庭”营造舒适家，以光网宽带、天翼4G+网络为载体，在网速和应用上实现无缝对接，将丰富的信息应用向家庭延伸。天翼高清电视的应用，让视频节目的清晰度大幅提升。智慧家庭安防系统可提供家庭红外监测、高清视频监控等服务，并通过实时向手机推送报警短信、报警录像，打造安全、可靠的居家生活。

业务转型迈上新征程，量、收兼顾稳健经营。完成全年收入管控指标任务，宽带、4G、高清IPTV等重点业务实现同比和环比均持续提升，新兴业务占比不断攀升；强势推进行业应用。借力“两化”融合，推进行业应用。互联网+政务服务、互联网+智能制造和互联网+现代农业等全面提升；精确管理创新经营。通过精确管理和创新经营，业务工作取得显著成绩。

企业文化塑造新价值，以企业文化打造温馨、和谐、亲情和活力的工作团队；创建“职工小家”

为载体，做到企业文化建设进基层、进班组（支局）和进岗位，促进企业文化落地生根。青年文明号助推“最多跑一次”主题作品入围湖州国资党建官方微信公众号发布的30幅先锋微拍；湖州电信“百兆进村”系列报道围绕“特色小镇、农村电商”等项目，在湖州日报连续报道，宣传电信优质网络及百兆乡村示范工程服务。

（潘　莉）

【中国移动】 移动吴兴分公司深入学习贯彻中共十九大精神，积极开展“四新”主题实践，扎实推进党的建设和生产运营工作；紧紧围绕“发展创优、转型创先”的目标要求，全面践行“大连接”战略，立足行业使命，加快赶超发展，服务社会经济。

【主要工作及成绩】 （1）夯实网络基础打造优质网络。围绕“深度覆盖提升”与“VoLTE语音质量提升”两个专项工作，深化4G（TD-LTE）网络建设，确保4G全网广度综合覆盖率达到99%以上。全面提升光纤宽带网络质量，开展城区扩容补强及农村地区的深入覆盖，全年新增驻地网覆盖7.8万户，具备200Mbps的基础服务能力，城域网出口带宽达1000G。（2）推进战略合作助力“智慧城市”建设。助力吴兴区政府信息中心电子政务外网、织里公安分局雪亮工程视频监控、爱山派出所重点区域监控等项目建设，利用运营商能力优势，为区内的信息化发展做好服务支撑工作。积极推进基层治理综合信息系统建设，通过“四个平台”“指挥调度平台”“工作手机APP”“微信公众平台”等功能模块，实现政府数据共享和业务协同，助推服务型政府转型。按照浙江省全面推进“十万企业上云”行动要求，积极与发改委联动，开展企业上云产品推广，完成上云企业162余家，打造省级标杆1家，市级标杆1家。推进物联网应用普及，深化水务抄表、共享单车等项目的合作，实现城市更丰富、更优质连接。（3）坚持信息惠民提升服务质量。优化内部管理及投诉处理机制，提升客户满意度，广泛接受群众监督，加强与公众热点问题的沟通，截至年底，触点服务客户满意度达99.78%。深入推进“最多跑一次”改革，区内营业窗口“最多跑一次”业务告知落实率达100%；加大电子渠道推广，提升业务服务承载，实现业务办理足不出户。完善4G惠民体系，优化4G产品组合，丰富终端品类，4G用户渗透率全市第一，实现“全民4G”。积极响应“宽带中国”战略，优化产品组合、连接质量和网络保障，全部实现光纤化。（4）积极履行企业社会责任。积极投入湖州市全国文明城市争创工作，开展交通文明劝导、窗口自查、城市“牛皮癣”专项整治和对外窗口公益广告宣传等工作。积极配合开展小城镇乱拉线专项整治，完成妙西镇等5个乡镇的“空中蜘蛛网”整治，拆除废弃皮线重新按规范走线。持续开展“绿色行动计划”，将绿色和爱心活动有机组合，打造爱心环保活动，广泛传播绿色移动理念。热心社会公益事业，持续开展“慈善一日捐”“爱心助学”、老人院帮扶和爱心慰问等活动，以实际行动履行企业社会责任。（5）党建工作成果显著。深入学习贯彻中共十九大精神，狠抓“两个责任”制度落地，严格履行党建责任制度；筑牢思想根基，强化政治理论学习，持续开展“两学一做”专题教育实践活动，被评为2017年省公司级“六好”党支部建设最佳实践案例；加强党风廉政建设，积极推进廉洁风险防控的修订和完善，按时完成风险点自查工作；持续优化与巩固“六好”党支部评价体系，通过建设“岗区队”、开展“主题党日”、过好党员“政治生日”来提升支部党建工作活力。

（朱亚萍）

【中国联通】 中国联通吴兴分公司隶属于中国联通湖州市分公司，承担吴兴区（含度假区、开发区）范围内联通业务的网络建设维护和通信服务工作。分公司内设综合部、市场部、网建部、政企部四个部门，下辖吴兴本级、开发区、八里店镇、埭溪镇四个区域服务中心，在册员工110人。按照区域分布、服务下层的经营理念，在所辖区域范围内设置北街、红旗路、凤凰、碧浪湖、太湖路、八里店、开发区、埭溪、东林共9家营业网点，面向广大客户提供优质的通信服务。

【主要工作及成绩】 （1）夯实履责基础，持续提升网络质量，为广大市民提供更完善的通信环境。全面加快4G网络建设，4G网络人口覆盖率逐年提升；在光宽带接入建设方面，响应国家提速降费号召，加快推进“光进铜退”光宽带建设，累计完成508个光纤覆盖小区及乡镇。（2）立足客户感知，全面提升便民服务能力。在拓展服务渠道方面，通过安装推广手机营业厅，拓展线上受理渠道，新增宽带业务、套餐变更、余量查询等40余项服务功能。在创新服务方式方面，聚焦客户感知，通过推进营业厅“最多跑一次”的服务改革，减少用户进营业厅等待和业务办理时长。进一步打造“匠心服务”，以每月25日客户日到您身边为主题，以客户心愿征集和客户心愿满足为切入点，通过进社区、厂园、商超等活动开展匠心服务宣传、手机应用辅导等服务项目。（3）实施惠民政策，深入推进提速降费。积极推进全面取消所有新老用户手机国内长途、漫游费；推出“流量不清零”“流量自动升级”“套外流量双封顶”等流量放心用服务；针对老小区光迁改造区域，开展免费光改迁转以及免费提速至50兆优惠活动。（4）参与政府信息建设，提升政务效能。承接织里、埭溪、妙西、东林四个乡镇的政务外网建设项目，助力吴兴“五水共治”“雪亮工程”、娱乐场所信息采集、流动人口管理平台、智慧工地等项目，进一步提升政府在打造信息服务平台与拓展服务功能方面的落地推进。（5）努力践行服务社会使命，围绕服务民生、关爱老人开展系列公益活动，成立“湖州联通小燕子公益服务团队”，承接湖州市老年电视大学智能手机培训班、余家漾社区“超凡老人E生活公益项目”等公益项目。

（刘文黎）

第十二篇　财政·税务

·财　政·

【概况】　2017年，全区完成地区生产总值515.5亿元，按可比价计算，增长8.6%。其中第一产业增加值19.77亿元，增长2.3%；第二产业增加值217.41亿元，其中工业增加值193.27亿元，分别增长8.1%和9.0%；第三产业增加值278.33亿元，增长9.6%。三产结构比为3.8∶42.2∶54.0。固定资产投资327.91亿元，同比增长14.6%。社会消费品零售总额339.18亿元，同比增长11.1%。实到外资2.18亿美元，浙（湖）商回归省外到位资金67.3亿元。城镇居民人均可支配收入51395元，同比增长9.0%；农村居民人均可支配收入29980元，增长9.5%。实现财政总收入51.9亿元，比上年增长18.8%，其中一般公共预算收入31.15万元，比上年增长21.5%；一般公共预算支出为30.83亿元（其中债务付息和发行费支出1.15亿元），按可比口径计算比上年增长10.6%，全区财政收支基本平衡。成功入选全国创新创业百强区、投资潜力百强区。

【财政工作及成绩】　充分利用具有吴兴特色的"六位一体"综合治税机制，发挥财政牵头协调组织收入职能作用，与国税、地税密切合作、相互联动，完善工作协同机制同时全面落实减税降费政策。全年，全区财政收入保持平稳较快增长，税收总收入为47.6亿元，同比增长16.52%；进一步规范非税收缴，实现非税收入4.31亿元，同比增长51.61%。稳步推进民生事业发展，将相关社会保障民生支出作为财政保障和预算安排的重点，确保民生事业发展的合理需要。公共财政支出30.83亿元，其中用于教育、社保、卫生等方面的民生支出达到24.3亿元，同比增长13.8%，占总支出的比重达78.8%。大力压缩一般性支出，确保"三公"经费只减不增，切实降低行政运行成本，推进节约型政府建设。全区"三公"经费支出1675万元，同比下降23.5%。充分发挥产业基金引导作用，助推"中国制造2025"试点示范建设；积极推进PPP项目，注重示范项目引领，其中东部新城污水处理厂二期项目列入省第四批政府和社会资本合作（PPP）推荐项目；深入开展区级财政资金竞争性存放管理工作，全年共组织三期竞争性存放公开招标，涉及5个账户和7000万元财政资金；全面推进国有企业改革，组建城投和产投两大国有资本投资运营集团，进一步优化国有资本布局，实现政府融资平台公司市场化转型。推进乡镇财政规范化建设，切实提升乡镇财政科学化、精细化管理水平；积极稳妥推进"政采云"系统上线，通过信息化改造，优化简化业务流程，实现全流程网上办理，提高采购效率；切实加强国有资产处置管理，严格处置程序，最大限度实现资产的剩余价值；认真开展绩效评价管理，对政府购买服务（航道保洁）和市级美丽乡村、精品村创建等项目开展绩效评价，进一步提高财政资金使用效益。深入推进财政服务一线"1188"行动，坚定干部理想信念、锤炼党性修养、强化宗旨意识，积极发挥财政职能作用，力所能及解决企业和群众实际问题。连续十五年获得全区综合考核一等奖。

（沈　超）

·地　税·

【概况】　2017年，吴兴税务分局共有干部及工作人员105人，其中在编干部73人，党员43名，约占总人数的41%；团员34名，约占总人数的32%。分局内设办公室、计会信息科、办税服务科、综合业务科、管理一科至管理五科等九个职能科室，担负着吴兴区管辖范围内15325家企业、35647家个体工商户以及数万社会化征管对象的地方税收及各项规费收入的征管工作。

【主要工作及成绩】 组织收入工作。面对主体税种缺失这一现状，分局从大局出发，上下一心、迎难而上，围绕组织收入这一中心任务，重分析，抓重点，圆满完成全年收入任务。全年累计组织各项收入319201万元，同口径增长36.16%，其中税收收入143566万元，同口径增长41.02%，为吴兴区地方经济社会发展提供了坚实的财力保障。

税收征管工作。（1）全域推进私房出租工作，在稳步推进织里镇私房出租社会化征管工作的同时，积极将织里经验推广到各市区各街道、社区，切实增强街道社会化征收小组的政策水平和工作责任心，重点提升市区征收率，保证面上公平。（2）深化国地税合作，在纳税评估、童装征管、委托代征等方面进一步加强合作，国地税互派干部进行锻炼，以人才融合促深度合作。（3）做好环保税开征准备，获取排污费缴纳单位基本信息和征收明细数据，在此基础上及时与排污费缴纳人取得联系，对环境保护税纳税人逐一进行比对识别，更新完善纳税人基本信息，建立全面、完整、准确的纳税人基本信息清册和税源数据库。

纳税服务工作。（1）开拓税收宣传阵地，以“吴兴地税青年讲师团”微信公众号为载体，将虚拟与现实相结合，推动税企之间交流互信。（2）充分发挥税收政策促进地方经济发展的导向作用，将落实税收优惠政策作为支持企业发展的重要举措，切实减轻企业负担，助推企业爬坡过坎。（3）全方面优化纳税服务举措，深化走访服务问需于民，优化整合涉税流程便利于民，做好涉税咨询投诉维权于民。

（吴成双）

·国 税·

【概况】 2017年，吴兴区国税局全年组织国税收入31.43亿元，同比增长36.68%，增收8.43亿元，增幅列全市第一。

【主要工作及成绩】 全面升级“跑一次”服务。积极响应“最多跑一次”改革，创新构建“免费办、方便办、在线办、我们办”四种办税模式，通过推出“网络申领发票、邮政包邮配送”服务，国地税联合容缺服务等举措，努力升级实现服务“跑零次”目标，截至年底共公开125个事项只要“跑一次”，93个事项“一次都不跑”，被国家税务总局推广推介。

纳税服务优质高效。深化“便民办税春风行动”，继续细化5类27项24条服务措施。落实“互联网+便捷退税”试点，实现退税文书的即时传递，进一步加快退税速度。做好新版电子税务局试点，组织“网签三方协议”，开发全市首个发票代开APP，推动办税模式由“线下”向“线上”转变。建立“小马税服群”服务团队，按企业片区划分，开设8个税企服务微信群，涵盖纳税人3000余户，组织业务骨干分别担任群主，打造高效的税收宣传辅导品牌。加强国地税联合服务，在各办税服务厅开设10个“一窗一人一机”国地税业务通办窗口，真正实现“进一家门、临一户窗、办两家事”。

征管质效持续提升。实行税收风险扎口管理，做好总局、省局、市局下达的各类风险应对任务。开展实名办税，做好企业办税人员的信息采集、比对和实名验证，夯实了征管基础。运用好“外来建筑业管理系统”，通过项目化、电子化管控，清晰掌握外来建筑项目开工、竣工、结算等阶段信息，全年吴兴区外来建筑业共入库税款16926万元，增收11979万元。

依法治税深入推进。建立青少年普法基地、纳税人税法助力站及税收沙龙会，构建吴兴特色的“三位一体”税收普法教育基地，扩大法治示范辐射效力。着力健全内控体系，健全内部管理制度，制订风险应对及日常事项审核流程管理办法，按事项明确注销审核、退税审批等一般或重大风险应对程序；修订区局征管档案管理办法，进一步规范档案采集、整理、保管、查阅的全流程，致力打造一套富有吴兴特色的内控体系。着力规范税收执法，税收执法正确率保持100%。

征管改革落到实处。深入贯彻《国地税合作规范3.0版》，落实规定合作事项31项，创新合作事项21项。在此基础上，区局与地税部门自我加压，自主开展联合税收征管调研、联合代征点管理、联合推进依法治税、联合纳税评估、联合容缺受理等

5项创新合作，在先试先行中形成吴兴特色、贡献了吴兴经验，获得上级肯定。

税收宣传亮点纷呈。全年被《经济日报》《中国政府网》等国家级媒体报道6次;《浙江日报》等省级党政刊登5次，创造区局税收宣传的新高度。制作“税收反哺社会”公益广告、拍摄“可以说的秘密”纳税服务微电影，联合地税举办“小手牵大手”少儿税收文艺汇演，树立国税部门良好社会形象。

（区国税局）

第十三篇　金融业

·工商银行·

【概况】 工行吴兴支行现址位于湖州市苕溪东路355号康城国际商务楼，2017年，共有员工114人，下设七个营业网点：支行营业部（苕溪东路355号）、埭溪支行（埭溪镇上强路22号）、八里店支行（八里店前村杏花苑）、东街支行（东街300号）、市陌路支行（新市陌路138号）、碧浪湖支行（建设南路196号）、二里桥支行（湖东路312号）。吴兴支行承担着机关、财政、城建、卫生等系统和吴兴区2000余家企事业以及30多万户城镇居民的存贷款和资金结算业务。全行本外币两项存款日均余额达65.24亿元；本外币各项贷款余额达62.66亿元，有力地支持了地方经济发展和客户成长。

【主要工作及成绩】 落实区委、区政府各项决策部署，紧紧围绕建设"生态吴兴、经济强区、科技新城、幸福家园"的总体目标。在践行"两山"理念新征程中争当排头兵，加大对地方经济发展的服务和支持力度，加快推进有特色的绿色金改，有效严控信贷风险防范。以创新产品、创新模式、创新服务、创新工具全力支持区经济提速发展。存贷规模达到132.79亿元，各项贷款余额62.66亿元，新增14.48亿元，其中工业贷款余额17.4亿元、小微企业贷款余额6.61亿元。

深化转型，加大对政府平台融资的支持力度，持续深入践行"四新"主题实践的要求，积极跟进吴兴区发展规划，争取上级行的政策突破和资源倾斜，构建多元化的金融业务和产品体系，以"五不"铁军精神担当起工行支持服务地方经济发展的重任。加大对政府性基础设施建设的投入，全年为吴兴区各建设项目累计投放5.3亿元。在美丽吴兴攻坚行动中，鼎力支持"五水共治"项目，为西山圩整治工程项目发放贷款1.2亿元，为诸墓圩整治工程项目发放贷款2.4亿元。在全域旅游打造行动中，为吴兴西塞山省级旅游度假区景区通景公路工程项目，通过银团方式融资5亿元，成功发放3.1亿元。以自身的转型发展加快推动吴兴区基础设施建设及转型的步伐。

质效双提，加大对中小企业的支持力度，紧紧围绕"做小做实、稳健发展"的经营策略，在了解客户金融需求的基础上开展产品创新。（1）在10月推出"小微企业白名单客户信用结算贷""住房按揭余值抵押贷款"产品为小微企业贷款开辟了新渠道；（2）推出续贷产品满足企业客户加快资金周转需求，降低小微企业融资周转成本，实现融资收回发放无缝衔接；（3）以"百名行长进千企"大走访活动为载体，进一步明确和落实小微客户发展责任，组建小微专营团队，深入开展小微客户金融服务工作。全年走访小微客户260批次，新拓展小微客户58户，累计发放小微客户贷款6.07亿元。

多渠并行，加大对东部新城建设的支持力度，立足吴兴东部新城，积极开展与房产开发商的合作，通过驻点楼盘签约，以贷款资料不过夜的审查效率，为买房客户和开发商提供高效便捷的服务。为东部新城楼盘发放2.65亿元。继续加大与湖州市住房公积金中心合作力度，发放存量公转商贷款2.1亿元，流动资金贷款2.8亿元，有效解决住房公积金贷款排队问题，惠及了广大公积金贷款客户。

坚持改革创新、践行绿色金改显成效。牢固树立和贯彻落实绿色金融新发展理念，通过构建绿色金融组织体系、加快绿色金融产品和服务方式、拓宽绿色产业融资渠道，以支持吴兴区绿色产业创新升级。

加快绿色产品创新、拓宽融资渠道。在金融经营中以绿色融资规模增长为目标，力推纸质银行承兑汇票向电子银行承兑汇票的转变，线下融资向线上融资发展，实现低碳金融，全年开立电子银行承兑汇票6181万元，发放网络贷款3.68亿元；采用多渠道融资支持环保水处理产业、绿色农业科技企业，为生态可循环养殖企业发放贷款；推广“网贷通”业务，企业一次性签订借款合同，网上自助操作完成贷款的申请、提款和归还等过程。随时提款随时借款，减轻筹资还贷压力，有效降低企业融资成本；推出“工银融E借”信用贷款，通过手机、电脑、移动终端等全线上渠道实现“一键即贷”，实现“消费+金融+互联网”的有机结合，发放“工银融E借”1035笔。

加快服务产品创新、构建绿色金融组织体系。充分利用国际业务产品，有效为企业规避利率风险开辟新途径。利用国际业务产品特点和优势，通过与工行东京分行合作，发挥境外融资价格远低于境内的优势，选择国际订单融资项下风险参贷方式为企业办理融资3000万元；抓住国际业务产品的时间窗口，推荐多家企业利用该行优势产品日溢金扩大结汇优惠，为企业节约成本；以“浮动利率贷款+浮动换固定的利率互换”业务模式为企业成功办理首笔人民币利率互换业务800万元。

紧跟服务需求创新升级步伐，全年辖区网点100%完成智能化改造，实施推行“人智”+“机智”相结合的智能服务模式，实现客户与设备的“友好互动”。网点非现金柜面业务九成以上均可通过智能服务渠道办理，大大缩减了客户排队等候和业务办理时间。

强化绿色信贷管理，全力防控信贷风险显实效。积极打造“安全审慎、守信合规、务实创新、勤勉尽职”的信贷文化。执行“环保一票否决制”，对发现的潜在风险通过逐户分析和分类施策，做好客户的风险化解工作，减少劣变的发生量。全年主动退出经营困难和风险较大客户贷款328万元，压缩潜在风险客户贷款2800万元，调增多个客户授信。对客户贷款做到有进有退，持续优化资产质量。截至年末，该行不良贷款余额为325万元，不良率仅为0.05%。

积极顺应经济新常态和经营环境的变化，在深入研究新情况、新问题的基础上，不断深化绿色金融改革创新，提高金融工作水平。以“靠前站、马上办、讲实效”的铁军精神立足区域特色，提升综合盈利能力，有效防控业务经营风险，务实推进惠民利民的举措。全力以赴支持全区经济赶超发展，为全区发展大局做出新的贡献。在区金融机构考核中荣获一等奖；埭溪支行荣获市级巾帼文明示范岗。

（罗祎屏）

·农业银行·

【概况】 农行吴兴支行位于湖州市白鱼潭路127–139号，辖埭溪、城南、余家漾、白鱼潭4家二级支行和1家营业中心，2017年，共有员工71人。各项存款余额39.87亿元，比年初新增8.66亿元。各项贷款余额26.73亿元，比年初新增10.48亿元。不良贷款余额332万元，不良贷款率0.12%。

【主要工作及成绩】 全力支持实体经济。面对整个信贷规模紧张的局面，吴兴支行积极向上级行争取政策支持和资源倾斜，信贷投入力度创历年之最。支持八里店和东林两个片区城中村改造民生项目，成功投放6.26亿元，第一时间解决政府拆迁安置的资金需求；以信用方式支持老娘舅等本土行业龙头企业进一步做强做大；支持恒大集团入驻东部新城的首个房地产项目，在前期对接、报批、放款等各环节都让投资方看到了“吴兴速度”；以入园企业前期贷、厂房按揭贷等各具特色的产品支持埭溪美妆小镇、中节能产业园等吴兴辖内诸多小微企业，贷款增速达到23.87%；坚持本外币一体化经营，支持东林汉邦科技“走出去”，美妆小镇衍宇化妆品外债资金“引进来”；“俯下身子”走村入户助力“三农”，投放4500万元“三农”贷款，用于满足农户生产生活需要，发放3000万元“美丽乡村贷”专门用于东林美丽乡村建设；并支持群众在买房、购车、装修、经营等安家置业方面的金融需求。

全面启动绿色金改服务。（1）实施绿色信贷运作流程再建。成立绿色金融改革创新工作领导小组，组建绿色重大项目的营销团队。在绿色信贷运作流程中，对绿色重点项目贷款，实行省、市分行、支行调查审查上下联动、前后台联动方式，同步推进，全部进入优先审批通道，整个运作流程较普通贷款至少缩减三分之一；对绿色产业集群的小微企业，分批推广模板化、批量化运作，即以信贷工厂模式加快绿色小微企业的业务办理效率。（2）实施绿色金融考核机制再建。在支行绩效考核方案中，分别从绿色信贷规模、绿色客户扩面、绿色产品推广、绿色支付、风险控制等领域设置8个绿色发展指标，总考核权重占比6%，实行加扣分制。（3）五步法推进绿色项目落地。通过“主动对接摸清政策家底、对上争取推动战略合作、创新破难把握政策方法、挂图作战以日为计狠抓落地、优化服务开通绿色通道”的五步法确保金融资源快速精准地进入绿色领域。截至年底，支行在绿色生态、绿色制造、绿色产（行）业等方面的“绿色贷款”余额占全部贷款的比例提升至30%。依托目前的新技术、新模式，努力践行“绿色支付”，以吴兴区财政非税收入专户电子化项目为平台，助力学校费用电子化缴纳的应用推广。

全面管控金融风险。在金融风险防范方面，创新运用“网格化”管理模式，强调全员参与。除防控好信贷风险、操作风险等传统意义上的金融风险之外，还将员工行为风险、声誉风险的管理摆在了十分重要的位置。全年实现平安合规经营，无外部监管部门和上级行通报的重大风险事件发生。在信贷业务方面，有进有退，不断调整适应供给侧结构性改革。在资产质量方面，通过“控新”“去旧”两手抓，全年不良贷款余额仅为300多万元，成功处置清收核销不良资产1100多万元。截至年底，支行不良贷款率为0.12%，继续保持低位运行，明显低于系统内和行业平均水平。

（陈旭峰）

·中国银行·

【概况】 中国银行湖州吴兴支行深入贯彻“担当社会责任、做最好的银行”战略方针，以“赚钱不出事”为目标，全面贯彻“党建引领、客户第一、效益为重、转（型）创（新）发展、合规经营”二十字工作思路，稳中求进，转型突围，强化“以客户为中心、以实干者为本、协同作战、自我批判”的企业文化，推动全行各项经营管理工作再上新台阶。

【主要工作及成绩】 吴兴中行结合支行实际，围绕以“一个引领（党建引领）、两个中心（客户中心、效益中心）、三个赶超（个金赶超、机构赶超、特色赶超）、一个底线（合规底线）”为工作重点，紧盯目标，狠抓负债，提升营收，加大清收，从严治行，做好工作，取得一定的成效：

坚持党建引领，开展“党建五个一工程”。支行切实履行和发挥党建主体责任，主动适应党建融入业务、融入基层、融入人心新要求，依托党建引领，启动“党建五个一工程”，党支部与织里晓河村结对共建单位，评选乌丽丽为“优秀标杆”，开展凝心聚力带头上活动，补齐不良贷款高居不下的短板，通过这些活动的开展，为全行创造良好的干事氛围，着力推进业务发展。支行员工稳定，人心凝聚力强，全年人员流失率为零。

想方设法拓宽营收来源。随着贷款利差的收窄，净利息收入的增长空间越来越小，支行抓住当地政府发债前资金需求的时机，投放5亿元非标委托债权业务，该业务为支行带来了较为客观的非息收入，拓展了中间业务，提升了营业收入来源。

狠抓存款业务，稳定日均核心存款。7月，当地政府第二笔8亿元债券发行转入公司开立在该行的监管账户，通过近一个月的资金支付，约沉淀日均存款2000多万元。个金条线积极响应省行“美丽乡村、富裕集镇”计划，将村镇市场拓展作为新增存款的重要渠道，重点加强与村委、拆迁办的联系，举办各种形式的活动，努力留存拆迁资金，拓宽支行理财客户渠道。

抓住织里小城市建设契机，努力寻找业务合作机会。全年是织里镇小城市建设大发展的时代，政府部门将用二年的时间对老城区约3800户住房进行拆迁，对约3000亩工业用地收储为商业用地，通过“城中村”改造加快织里小城市建设，拆迁资金是同业竞争的重点，前期中心村的拆迁款均通过该行代发，而社区的拆迁款是由政府成立专门的社区拆迁公司，全年支行拆迁资金代发总额突破3亿元，为下一步拆迁业务合作打下了良好的基础。

紧跟省行大客户、大项目授信导向，努力储备授信项目。支行勤跑市场，营销政府部门，结合当前授信热点，以上市公司、绿色金融、旧城改造为指引，积极储备，精心组织，取得阶段性成果。

加强安全警示教育，做好内控案防工作。结合“案例警示教育年”活动，深入开展党风党纪、案例警示、职业道德和廉洁从业教育，组织全体员工观看《失衡的天平》案例警示教育片及观看中央纪委、中央电视台联合制作的《永远在路上》专题片、重点学习中共十九大精神，展开广泛讨论，通过汲取片中反面典型的教训，进一步增强员工的廉洁自律意识，时刻做到警钟长鸣。通过中心组学习、党员会议、全行大会等对市行转发的违规案例通报、风险防范通知、市行纪委转发的违反中央八项规定精神问题的案例通报进行集中学习，使广大党员员工把落实中央八项规定精神成为一种思想自觉、行为习惯和价值追求。

全年支行实现营业收入6029万元，同比增长6.77%，净利息收入4754万元，同比略有下降，非利息收入1275万元，同比增长55.54%，拨备前利润5281万元，较上年同期增加359万元，同比增长7.28%，净利润4985万元，同比增长285.62%。支行人民币存款余额60640万元，比年初新增8381万元，其中人民币公司存款余额28912万元，比年初新增5959万元，人民币储蓄存款余额31727万元，比年初新增2422万元；外币公司存款余额59万美元，较年初增加10万美元，外币储蓄存款余额54万美元，较年初减少23万美元。

（乌丽丽）

·建设银行·

【概况】 建设银行吴兴支行位于湖州市东街435号，是隶属于中国建设银行湖州分行下辖的一级支行，建设银行吴兴支行围绕一个中心——“优服务，促增长”，开展两项工程（渠道建设和队伍建设），着力推进三大主题“夯实客户基础，发展投行业务，强化风险控制”活动，各项业务取得了稳步发展，存贷款、中间业务增速位居全省建行系统前列，经营管理水平和综合竞争力不断增强。该行坚定信心，抓住机遇，奋发有为，以科学发展观统领全局，求变求新、做专做精、创出特色和品牌，着力推进“结构调整年”“客户营销年”“贷后管理年”活动，经过全行员工的共同努力，在业务转型、结构调整、管理内控、市场拓展、业务创新以及和谐支行构建等方面都取得较快发展，各项业务总体进展情况良好。

【主要工作及成绩】 建行吴兴支行在市分行党委的正确领导下，坚持党建为引领，紧紧围绕业务发展、合规经营、案件防范、风险控制等方面开展工作。各项工作中整体呈现较好的可持续发展态势，实现“大资产、大负债、本外币”齐头并进；不良资产“颗粒归仓”；客户拓展、业务创新以及薄弱业务实现较大突破。对公存款业务继续稳中有升，个贷业务实现突破，创新业务得到有效运用，积极搭建各类平台，实现批量化营销做大做强负债业务。负债业务大幅增长，支行一般性存款保持较好的可持续性发展，新增存款实现支行负债业务的历史性发展。全年，对公、对私存款一直保持良好的发展态势，得益于区域内重点客户的成功营销。资产业务一直是支行的弱项且对大客户的依赖性很大，资产业务突破“重围”，营销三一装备、东部新农村实现表外贷款新增，持续营销的中铁隧道PPP项目实现投放，个贷新增迅速。推动创新，增加客户“黏性”，年度内实现小微企业“融信通”及“湖州职院微服务平台”两项自主创新；办理湖州建行首笔委托贷款，实现政、银、企三方共赢。房押贷、云税贷、小微快贷、上市贷等创新产品也得到有效运用。搭建各类平台，实现批量营销，“生产力”逐步释放，辖内重点客户以及招商引资项目逐个突破，资产质量持续优化，信用风险整体可控，干部员工的凝聚力不断加强，加强队伍建设，充实营销力量，落实渠道转型。支行着重加强人才队伍的建设，形成客户部、营业部、临湖桥三支任务性团队，专职客户经理达到7名，从优秀的员工当中选聘客户经理后备2名，营业经理后备2名。推动支行本级营业部以及轻型网点临湖桥优化劳动组合，全行员工转变观念、转变思路，减少高柜，增加大堂人员，逐步形成第一、第二、第三大堂机制。坚持以党风廉政建设，合规经营促进业务发展。以中共十九大精神为引领，全面贯彻落实《湖州分行在全体党员中开展“学党章党规、学系列讲话，做合格党员”学习教育实施方案》等文件精神，落实市分行主体责任体系和工作思路，牢固树立“政治意识、大局意识、核心意识、看齐意识”，严格执行六大纪律（政治纪律、组织纪律、廉洁纪律、群众纪律、工作纪律、生活纪律），把党风廉政建设纳入支行日常经营和管理；全面落实“第一责任人”责任。由支部书记认真履行党风廉政建设的政治责任，管好班子，带好队伍，做到各项工作亲自部署，重大问题亲自过问，重点环节亲自协调，各类员工教育活动亲自主持，明确自身的责任；严格落实“一岗双责”。对经营工作的各种项目随时跟进，各种情况深入了解，对存在的风险超前预警，对各类问题及时查处排除隐患，做到“两手抓、两手硬”。

（左莹莹）

垒作用和党员先锋模范作用，党员干部以身作则做好表率。

（吴莎莎）

·交通银行·

【概况】　交通银行湖州吴兴支行，前身为交通银行湖州分行吉山分理处，现址湖州市白鱼潭路747–761号的第一二层和米兰商业街3–5号的第一二层，隶属交通银行湖州分行下辖的一级支行。

【主要工作及成绩】　落实《交通银行行业绿色信贷管理》要求，支持实体经济、助推小微健康成长。全年累计发放实体经济贷款56422万元，有力保障企业正常经营及业务发展资金需求，如向香飘飘食品股份有限公司投放“液体奶茶项目”固定资产贷款1.1亿元。（1）加强政策引导，健全小微业务考核激励机制，激发全员积极性。推出多项小微融资产品，如快捷抵押贷、守重贷、房二贷、快易付、快易贴等，同时简化授信审批流程，开通小微授信绿色通道，大大缩减审批时间，切实帮助解决小微企业融资问题。（2）风控工作成效显著。加强风险管控，着力巩固资产质量。加强信贷源头管理，把好新增信贷投向关。加强风险排查力度，切实做好贷后检查工作。全年无新增逾期贷款，存量不良资产现金清收747万元、存量风险资产现金清收5389万元，实现了不良贷款余额和不良率“双降”目标。（3）认真贯彻落实区委、区政府及上级行重要会议精神，落实好各项重点工作。持续进行“百名行长进千企”活动，全年走访企业百余家，切实解决企业面临的融资需求、服务需求、业务发展需求等实际困难；落实“结对帮扶”工作，参与结对东林镇胜利村村委会换届选举，并对贫困结对帮扶对象送上慰问金。（4）加强队伍建设，强化内控管理。建立客户经理每周集中学习制度，内容主要是案例分析、新产品介绍、销售技巧培训等；厅堂员工通过每日晨会学习新规章、点评服务规范执行情况、业务差错情况等；实行每季家访制度，抓好员工八小时内、外的动态管理工作；加强职工之家建设，关注员工自身成长。（5）强抓党风廉政建设工作。贯彻落实中共十九大精神，认真落实党风廉政建设责任制，层层签订党风廉政建设和案件防控目标责任书，严格开展党风廉政建设落实情况检查工作；抓实基层党建，落实“三会一课”，定期召开民主生活会，开展批评和自我批评，充分发挥党支部战斗堡

·湖州银行·

【概况】　湖州银行在“严监管”和“治乱象”的背景下，坚持稳中求进发展基调，集聚发展后劲，努力实现赶超进位。截至2017年年末，全行总资产443.86亿元，增长17.3%，成功赶超建设银行，位列第三位，与工商银行、农业银行的差距分别缩小至124.16亿元、31.67亿元；与嘉兴银行资产规模缩小差距86.6亿元、与绍兴银行缩小64.73亿元、与台州银行缩小49.45亿元。在省内9家城商行的7项对比指标中，3项第一，3项第二，1项第一。其中：在全省9家同类城商行七项核心指标排名中，总资产、总负债增速均位列第一，不良贷款余额低于其他8家城商行；存款余额、净利润增速均位列第二，不良贷款率优于其他7家城商行；贷款余额增速位列第三。

【主要工作及成绩】　支持地方经济发展。牢牢抓住服务地方经济，发挥好金融的输血功能，将金融之“水”引入地方经济之“田”。（1）做强“城中村”改造项目金融后盾。将“城中村”项目列入全行重点工作，积极对接各个项目，精准高效服务湖州市城中村改造和建设。对接项目涉及金额约105.5亿元，发放贷款11.1亿元，涉及项目15项。（2）做好重点产业、项目对接服务。围绕湖州市“4+3+N”现代产业新体系建设及“中国制造2025”重点项目，排定项目清单，实施建库管理，深入对接融资需求。全行“中国制造2025”重点项目以及“4+3+N”产业培育重点项目类贷款余额74.13亿元，增长29.3%。（3）做大市外资金引进规模。找准项目，深挖可行性和项目信贷优势，主动对接市外银行，通过银团贷款、结构化融资、产业基金等方式加大市外资金引进。全行引进市外资金余额67.44亿元，三年计划引进资金超570亿元。（4）做实小微企业成长扶持战略。积极践行小微企业成长扶持战略，不断优化金融服务。年末，小微贷款余额为158.8亿元，同比增长10.97%。

加大绿色金融建设，全力打造全国性绿色金融

示范行。牢牢抓住湖州市建设绿色金融改革创新试验区这一历史契机，加快绿色金融改革创新，在制度建设、产品创新、基金对接、重大项目、支付工程、办公文化等领域梳理出10张绿色金融建设任务清单，明确48个具体项目，涉及融资金额232.97亿元。截至年底，全行表内外绿色类资产业务余额为114.49亿元，占比37.93%，较年初增加13.71个百分点，高于全省平均约20个百分点，高于全市平均约10个百分点，各项创新建设在湖州市、浙江省乃至全国均保持了领先地位。

提升金融服务水平。从金融服务全覆盖和便民角度出发，不断拓宽金融服务渠道，提高金融服务能力。不断拓宽服务渠道。继续下沉服务网点，持续加强对城乡接合部小微企业、农户和农村居民提供金融服务，拓展服务小微企业和“三农”发展；推进电子金融渠道建设，做好物理网点智能化升级，加大非现金类自助设备的布放力度。启动“机器换人”工程。深入推进业务流程标准化工作，通过完善内控制度、规范操作流程，逐步将标准化的业务向机器分流，助推服务转型。加快网点转型，大力推进社区银行、小微支行的发展建设，提供更为人性化的社区、小微金融服务。

（张　斐）

·吴兴农商银行·

【概况】 湖州吴兴农村商业银行股份有限公司（以下简称吴兴农商银行）是在原吴兴区农村信用联社和全区农村信用社的基础上，由辖区自然人、农村工商户、企业法人和其他经济组织自愿入股组建，并经中国银行业监督管理委员会批准设立的股份制社区性地方金融机构。吴兴农商银行内设“十一部三室一中心”（业务管理部、电子银行部、金融市场部、合规风险部、计划财务部、授信评审部、运营管理部、科技信息部、人力资源部、审计部、保卫部、董事会办公室、办公室、监察室和资产保全中心），下辖1家营业部、15家一级支行、6家二级支行、12家分理处，全行员工总数533人，各项存款145.22亿元、贷款95.73亿元，实现账面利润2.01亿元。

【主要工作及成绩】 持续深化普惠金融，助力区域经济发展。开展“走千家、访万户、共成长”劳动竞赛和“百名行长进千企”等活动，全年累计走访企业6044户、农户40985户、农民专业合作社218个。推进信用工程建设，在农村地区大力推进“整村授信、整村批发”，推广农户信用贷款，实行“五个一”工作法和“吴兴快贷”限时办贷工作机制，全年涉农信用贷款新增1791户，金额3.62亿元。推进“三位一体”建设，加大对农合联体系内农业生产主体信贷支持力度，发放农业产业链贷款29户、1435万元。积极支持“双创”，加强与各级团委的合作，推出助业通、创业通、兴业通等助创贷款系列产品，累计发放“双创”贷款673户、余额22865万元。加强小微企业信贷投放，全年小微贷款新增315户、3.05亿元，贷款增速4.19%。主动对接和跟进特色小镇建设，向小镇内企业发放贷款32户、1.31亿元。积极对接全市四大主导产业、三大传统产业，N个新兴产业等重点区域，共投入“4+3+N”产业13.04亿元，发放科技企业贷款3.98亿元，工业双高企业贷款0.87亿元，电子商务企业贷款0.66亿元。

积极探索绿色金融，加快转型经营发展。强化绿色创新引领，成立绿色金融管理部，探索体系、产品、考核、服务等全方位抓手，严把信贷源头准入管理。积极对接支持绿色农业、绿色工业、绿色服务业建设，年末，全行绿色信贷规模17.53亿元，占比18.31%，较年初提升15.45个百分点。推进绿色能源发展，帮扶农村百姓致富，共发放“光伏贷”296笔、1716.44万元。推进“两山农林贷”和吴兴区农业“三项补贴”政策综合改革试点贷款创新，加快建设绿色普惠体系，发放贷款4笔，金额420万元。拓宽绿色支付渠道，积极推广绿色电子支付结算产品，包括手机银行、网上银行、丰收一码通和智能POS等“丰收智能付”系列产品，大力布放ATM机、POS机、助农自助终端等机具，推进离行式自助网点建设，便捷百姓金融生活，全年新增丰收借记卡26481张，非批发类消费额47.83亿元，新增个人网银用户17918户、企业网银用户823户、丰收互联（手机银行）用户28998户；年末，累计签约“丰收智能付”6585户，累计布设ATM机115台、POS机2283台。推进智慧金融建设，打造电银智慧项目，探索社保卡、ETC等应用场景建设。与人行、市场监督管理局等部门共同合作，推进“智慧市场”建设，完成全市首家智慧菜场——金龙家苑菜场试点建设，至年末共完成2家。丰富线上线下绿色服务平台，积极推广丰收购、丰收家线上平台，丰收购平台新增消费客户4664户，丰收家新增消费客户3539户。推进“丰收村村通”工程和丰收驿站建设，全年新建丰收驿站91家，累计建成145家，新建助农服务点21个，累计建成165个，离行式自助网点累计建成15个，电子替代率82.19%，比年初提高4.31个百分点。

不断强化政银合作，积极助推“最多跑一次”改革。拓宽政银合作平台，上线浙江政务服务网公共支付平台财政非税电子缴款业务，推广全省农信系统试点上线地税TIPS扣款协议网上签约业务，强化与人社部门合作，在全市农信系统率先上线全市社保代缴业务平台，节省客户百姓办事奔波往返，助推“最多跑一次”改革。强化与国土部门合作，实现国土网上保证金缴纳专户的开立，切实提高政务办公效率和透明度。强化政银合作力度，主动挖掘各类平台建设资金，积极参与公款竞争性存放，提高财政及事业单位竞争性存款份额，全年共参与争取存款5000万元。增强政银合作打击逃废债力度，加大与公安、法院、执行局等沟通力度，积极推进打击逃废债工作，不断改善区域金融生态环境，全年起诉立案案件110件17013万元，其中已审结案件84件11984万元，申请执行案件96件15189万元。

秉承人本管理理念，强化队伍建设和员工关爱。强化员工培训，持续推进年度员工大讲堂培训，组织中层干部读书班，参与办事处CPA培训和启航班第二期培训，累计开展36项、60余期、3000余人次参与。强化干部队伍建设，开展干部竞聘、二级支行负责人竞聘和会计主管竞聘，选拔中层正职4名，副职9名，二级支行负责人6名和会计主管9名，交流30人，退职4人，降职2人，客户经理交流53人。推进薪酬绩效考核改革，强化绩效考核导向，稳步实施绩效考核系统开发，加快运用FTP考核，深化财务预算和管理，提升全员工作责任感和能动性。关爱员工身心健康，组织在岗员工开展体检。倡导全民健身，承办吴兴区工会“农商杯”环西山漾健步行比赛，与湖州银监分局共同举办趣味运动会，积极选派员工参加，丰富业余文化生活。组织单身青年参加区总工会组织的相亲活动，开辟青年员工联谊舞台。加大对困难员工的帮扶，减轻他们家庭负担，走访慰问困难员工14人次，送去慰问金5.8万元。

积极投身社会事业，维护金融消费权益树良好形象。持续深化网点优质文明服务，鼓励辖内网点开展各类争创，推进网点智能化升级，提升金融服务体验和满意度，营业部成功通过省级品牌文化示范点建设复评，营业部、东林支行被市银行业协会授予“文明规范服务最美窗口”称号，7家支行创建文明单位或完成复评。积极投身全市文明城市创建，积极配合参与全市文明城市创建活动，有效落实公益广告布置、志愿活动开展、各类自查整改等工作，进一步提升窗口文明服务水平，获全市文明城市创建个人嘉奖1人。不断巩固金融知识宣教长效机制，大力开展送金融知识进机关、进农村、进社区、进企业、进市场、进商圈活动，依托反假货币工作站和送金融知识下乡服务站，把防范网络诈骗、反假货币、防范非法集资等金融知识送到百姓身边，切实维护金融消费权益，开展各类宣传活动414场次，发放宣传资料3.6万余份，直接受益群众4万余人，总行被评为“湖州银行业‘金融知识进万家’宣传服务月优秀组织单位”。积极参与公益慈善事业，深化与区慈善总会合作，持续向本行冠名的慈善救助基金会捐款70万元，用于助医、助学、助困、助残以及社会公益事业。开展“慈善一日捐”活动，累计募捐37250元，为困难群众献上一份爱心。积极创造就业岗位，解决大学生就业难，新招收员工10人。主动回馈社会，深化减费让利，继续减免丰收卡普通客户卡开户费、工本费等16项服务费用，降低居民金融服务成本。对各类涉农对象和诚信小微企业，实行优先贷款和利率优惠，全年累计减费让利3440万元。

（徐永明　吴梦刚）

第十四篇　法　治

·公　安·

【概况】　全区公安机关紧紧围绕全区社会发展大局，始终围绕党委、政府的信赖感和满意度、人民群众安全感和满意度、公安队伍荣誉感和满意度这一总目标，以中共十九大安保为核心，深入践行“防为主、防为上”的工作方针，全力维护社会稳定，全面提升公安工作质效，圆满完成各项工作任务。全区社会大局持续稳定，治安形势总体平稳，刑事发案同比下降31.63%，实现“六连降”，成功侦破历时22年之久的“1995·11·29”织里晟舍特大抢劫杀人案。全面推行项目警官制、河道警长制等做法，积极参与“五水共治”“小城镇环境综合整治”“城中村改造”等中心工作，依法惩治非法吸收公众存款、集资诈骗、拒不执行法院裁判裁定等涉及逃废债的违法犯罪活动，助力全区经济转型升级。湖州市公安局吴兴区分局被省委、省政府评为十九大安保先进集体，被市政府荣记集体二等功；八里店派出所被评为全国优秀公安基层单位；分局刑侦大队被省厅评为全省优秀公安基层单位；环渚派出所教导员陈红跃被公安部荣记个人一等功；分局共有7人荣立个人二等功，27人荣立个人三等功，39人荣获市级以上荣誉。

【抓好“惠民十大行动”】　以惠民行动为抓手，将“增加停车位、缓解停车难”“最多跑一次”“办牌证提效率”“打侵财、防诈骗”“保食安、吃放心”“强监管、除隐患”“防范打击金融犯罪”“反暴恐、护平安、我参与”“守青山、护绿水”“全民自防能力大提升”十项行动作为工作着力点，细化工作举措，稳步推进各项惠民措施，打造群众满意的民生和民心工程。

【依法惩治各类违法犯罪活动】　坚持民意导向，以面广量大的侵财案件和民生热点案件为重点，强势推进“除毒瘤、净土壤”“严打”整治行动、“侦查破案大会战、基础防控大比拼、信息应用大练兵”活动等一系列专项行动，共破获各类刑事案件1600余起，刑拘1272人，现发命案和“七类”重点案件全部告破，抓获在逃人员255名。深入开展公共娱乐场所专项整治。全年，涉黄报警同比下降27.69%，涉赌同比下降17.06%，查破黄赌毒刑事案件46起，打处128人，治安处罚1716人，社会风气明显好转。对危害群众健康和生命安全的“食药环”违法犯罪，坚决打击、绝不手软。共办理食药环案件27起，打处68人，八里店中环水务环境污染案件被列为公安部督办案件。强势开展打击传销、打击恶意逃废债等专项行动，破获恶意逃废债案件35起，采取强制措施70人，挽回经济损失3000余万元；抓获涉传销疑犯29人，捣毁传销窝点50余处，查获传销人员350余人，教育遣返300人。

【强化防控体系建设】　坚持“屯警街面、动态备勤”，进一步加强与市局特警支队巡逻机动队的精确对接，做到联络畅通、信息互通，大力强化社会面的治安管控。深化视频监控立体化建设，按照“雪亮工程”建设的相关部署，大力推进公共安全视频监控建设联网应用，坚持人防与机防相结合，切实加强巡防力度，全力挤压犯罪空间。全区刑事发案同比下降36.13%，侵财型发案同比下降26.15%。

【公安队伍自身建设】　深化“两学一做”学习教育制度化常态化，积极践行爱党、爱民、爱警的“三爱”文化，以“红色公安·绿色警营”为主基调，构建“六层五级”的党风廉政建设主体责任体系，积极探索党务、队伍、业务深度融合的具体办法，建立党建队建工作例会制度，严格落实二级督察，努力打造公安铁军。时任省委常委、政法委书记、公安厅厅长徐加爱对分局做法给予充分肯定，并在全省公安机关推广分局做法。落实从优待警举措，建立民警家属委员会，举办民警子女夏令营活动，加大困难民警帮扶力度，队伍战斗力和凝聚力进一步增强。八里店派出所被评为全国优秀公安基层单位，环渚派出所教导员陈红跃被公安部荣记个人一等功；分局被省委、省政府评为十九大安保先进集体，在侦破织里晟舍命案中被市政府荣记集体二等功，被市公安局评为“三大”活动成绩突出公安局和警体工作先进单位，在2017年度新警大比武中荣获团体成绩全市第一，2017年度区级部门综合考核中，名列垂直序列第一；交警大队在创建全国文明城市建设过程中被市政府荣记集体二等功；飞英派出所在平安湖州创建中被市政府荣记集体二等功；分局刑侦大队被省厅评为全省优秀公安基层单位。荣立个人二等功7人，荣立个人三等功27人，荣获市级以上荣誉39人。

【推出便民利民服务举措】　全力以赴开展小城镇环境综合整治，排查整改交通隐患26处、乡镇新增停车位930个。扎实推进“最多跑一次”改革，明确69项改革项目，下放5项审批权限，推出微信平台网上预约模块、网上咨询模块、身份证进度查询模块等便民举措，共办理各类行政审批事项一万余件，主动上门服务200余次。

【深化警务信息化建设】　率先组建完成情指联勤中心，在分局原有合成作战中心西侧新增500平方建设情指联勤中心，搭建指挥调度平台，研发中心城区停车场车牌接入和随手拍车牌等应用系统，为实现精确指挥、精确预警提供硬件支撑。强化装备建设，为基层所队配备4G执法记录仪、GPS定位系统，实现可视化调度、动态化追踪，提升现场指挥处置掌控力。狠推派出所综合勤务室建设，与乡镇、街道“四个平台”同步实施，真正实现联勤联动。

【推进执法规范化建设】　以建立“又好又多又快”的执法办案工作体系为目标，升级改造分局案管中心，实行驻局检察官制度，深入推进“案管创优”工作，切实提高全局执法规范化水平。全面推行行政案件快速办理，快速办理各类行政案件280余起，无一起出现重大执法过错，不断提升办案效率。

【安全领域监管常态化】　坚持公共安全常态严管。扎实推进“一创一治”系列行动、小城镇“车乱开”交通秩序整治等专项行动，共查处交通违法行为11万余起，排查整改道路安全隐患30余处，未发生重特大道路交通事故。强势推进10人以上群租房消防隐患专项整治行动，共办理消防隐患案件171起，行政拘留60人，市委副书记、市长钱三雄，市委副书记书记陈浩专门批示肯定。

（周　迅）

·检　察·

【概况】　区人民检察院设10个机构：办公室（行政装备科、技术科）、侦查监督检察部、公诉一部、公诉二部、民事行政检察部、政治部、刑事执行检察部、案件管理部（法警队）、八里店检察室、杨家埠检察室。设检察长1人，副检察长3人。政法专项编制58名，事业编制4名。在编干警62人（女38人，占61.3％），干警平均年龄39周岁。院党组成员6人，检委会专职委员2人，检察员25人，助理检察员15人。研究生学历10人，本科学历50人。检察队伍正向专业化、知识化发展。2017年，区人民检察院正式搬迁至新办公大楼，新办公大楼总面积为18456.58平方米，实际办公面积主楼为2392.64 平方米，两个辅楼约600平方米。案件管辖吴兴区、开发区、太湖度假区、市公安局经侦支队。刑事案件总量约占全市的30%。

【检察工作及成绩】　紧紧围绕吴兴经济社会发展大局，树立绿色司法理念，以执法办案为中心，以检察改革为动力，着力强化法律监督，规范司法行为，推进自身建设，各项检察工作扎实推进，荣获“全国检察宣传先进单位”。

主动服务大局，保障经济社会发展。着力服务中心工作。聚力聚焦全区“八大行动”，充分发挥检察机关打击、监督、预防和保护等司法功能，助推“五水共治”、“三改一拆”、项目建设等工作。派员参与拆违攻坚清零、消防安全整治、治水剿劣等专项行动，李晓波获评城中村改造先进个人。全员投入全国文明城市创建工作，郑洁获个人嘉奖，于未获评先进个人。服务村和社区组织换届，完成14个单位2300余人次的换届候选人资格审核和结果反馈。着力护航非公经济。贯彻落实新发展理念，服务保障非公经济健康发展。坚决打击经济犯罪，营造良好营商环境。稳妥办理涉企人员案件，审慎批捕、起诉，确保企业的正常生产经营。上报的2起案件获评全市检察机关服务非公经济精品案例。

与区工商联建立协作机制，召开联席会议，实现信息共享。针对织里童装块状经济特点，在织里童装商会设派驻检察官联络室，主动提供司法服务。落实检察环节“最多跑一次”改革要求，为企业提供行贿犯罪档案查询，共受理查询6166次，涉及查询单位6618家，个人14023人次。着力保障民生民利。切实保护“舌尖上安全”，维护绿水青山。依法批捕涉嫌食品药品安全和污染环境犯罪嫌疑人26人，起诉50人。办理全市首起有较大社会影响的非法倾倒生活垃圾致严重污染环境案件，获省院重视转发。持续开展两个专项立案监督活动，监督行政机关移送案件7件8人，监督侦查机关立案8件10人。沈璋在全省两个专项立案监督工作中荣立个人三等功。积极参与“涉网三领域”犯罪专项整治，依法惩治群众反映强烈的电信网络诈骗犯罪，依法批捕91人，起诉94人。办理的2起网络平台诈骗案获省院转发。

依法惩治犯罪，维护社会和谐稳定。依法征治刑事犯罪。充分发挥刑事检察职能作用，受理审查逮捕案件597件841人，经审查批准逮捕510件705人；受理移送审查起诉案件1437件2101人，经审查起诉1139件1652人，捕诉办案总量列全市首位。配合公安机关开展各类专项打击活动，对260件重大案件坚持快捕、快诉，强化震慑作用。公诉部门员额检察官人均办案212件，同比增加40%。狠抓重大敏感案件风险评估，依法稳妥办理市院挂牌督办的薛某某等27人电信诈骗案，张某某、钱某某非法吸收公众存款案等热点案件，确保办案“三个效果”的有机统一。加强人权司法保障。落实宽严相济刑事政策，依法不捕134人，不诉255人。推进未成年被害人“一站式”取证全省试点工作，全年对9名未成年被害人进行“一站式”取证工作，对8名未成年人开展心理测评和心理疏导。完善捕诉监防一体化和社会化帮教机制，严格落实非羁押诉讼、法律援助、合适成年人到场、犯罪记录封存等制度，凸显对未成年人的特殊保护。完善包含“一站式”询问工作室、讯问室、听证宣告室、指挥中心等在内的未检办案区建设，提高未检专业化办案水平。联合区关工委、教育局、妇联，在全市率先出台“护航幼儿健康成长”工作意见。建立未成年人法治安全教育基地，联合团区委开展法律与心理讲座，开展法制宣讲10场，覆盖人数达3200多人。切实加强安保维稳。全力护航中共十九大、省第十四次党代会的胜利召开。叶玲、徐秋燕获评十九大维稳安保先进个人。落实涉法涉诉信访改革要求，处理举报控申线索28件，接待群众来访61批180人。与区司法局对接，成立法律援助中心派驻区检察院律师工作站，由律师第三方参与，更好地化解矛盾，维护社会稳定。

强化诉讼监督，维护司法公平正义。加强刑事诉讼监督。监督侦查机关立案17件20人，其中被判处十年以上有期徒刑1人，三年以上有期徒刑为4人；追捕5件5人，其中判处三年以上3人。侦监部沈慧良荣立个人三等功。健全执法协作机制，在公安、环保局设派驻检察官办公室，选派员额检察官魏云祥到吴兴公安分局开展派驻工作，实现对新型疑难复杂案件的提前介入，加强对基层公安机关刑事立案、强制措施适用、取证规范等问题的监督。追诉漏犯8人，其中被判处十年以上有期徒刑1人，被判三年以上有期徒刑1人。加强审判监督工作，刑事抗诉2件，均获改判。公诉一部荣立集体三等功，董嫔荣立个人三等功。加强民事行政监督。深入推进民事行政检察多元化监督，受理各类民事行政监督案件13件，审查息诉4件，开展行政执法检察监督8件，其中5件被采纳。发出再审检察建议获改判4件，获评全省民行监督优秀案例1件。积极探索推进公益诉讼工作，针对2起案件启动诉前程序，督促有关部门履行法定职责。1起毁林种茶复绿案件获评全省公益诉讼优秀案件。在全市率先建立政检联席会议机制，与区纪委区监委建立案件信息通报和问题线索移送机制，强化协同和信息共享，形成监督合力。民事行政检察部荣立集体三等功。加强刑事执行和监管活动监督。加强和规范羁押必要性审查，监督变更刑事强制措施17人，周某某等人寻衅滋事案件获评全省羁押必要性审查精品案件。加强对社区矫正管理漏洞的监督，加快与司法局专网的对接，监督司法行政机关对3名不符合社区矫正条件的对象进行收监执行。与区人民法院会签《关于加强刑事案件财产刑执行工作的实施意见》，建立财产刑执行情况检察机关核查和法院主动通报机制，相关做法获省院、高检院刊发。刑事执行检察部荣立集体三等功。

锐意改革攻坚，促进检察创新发展。稳妥开展监察体制改革。坚决拥护国家监察体制改革，不折不扣地按照中央、省、市、区委部署要求，完成反贪污贿赂、反渎职侵权、预防职务犯罪职能、机构和人员的转隶工作，做到思想不乱、队伍不散、工作不断。全面清理、移交职务犯罪现有案件和线索，确保转隶前已立的职务犯罪案件全部审结，受理的线索全部移交市、区纪委监委。扎实推进司法责任制改革。全面完成人员分类定岗、第二批员额检察官遴选、各类人员职务序列入轨等工作。改革内设机构，将原来的12个科室整合为8个部门，组建以员额检察官为核心的办案组织22个，实行扁平化管理。建立业绩考评体系，制定《员额检察官岗位说明书》《检察官（检察辅助人员）绩效考核实施办法》及《绩效考核奖金分配办法》，落实入额院领导、检察委员会专职委员直接办案等工作，推动检察官办案及责任制落到实处。院入额检察官共计办结案件1681件，入额院领导共直接办理案件183件。积极探索诉讼制度改革。围绕促进庭审实质化要求，注重发挥审前程序检察官的核心作用和主导地位。认真开展全省诉前会议试点工作，与公安局、司法局会签《刑事案件诉前会议实施办法》，充分发挥诉前会议控辩意见交换功能，提升办案质效。规范四类人员出庭工作，推动侦查人员出庭和专家证人出庭，探索构建大控方格局。加强对侦查活动特别是重大敏感案件的引导。公安机关破获湖州织里晟舍22年前特大抢劫杀人案后，主动派员提前介入引导侦查取证，案件报捕后仅三天即完成对2名犯罪嫌疑人的审查批捕工作，及时呈报最高检核准追诉。吴兴开发区大银山病死猪掩埋重大环境污染案曝光后，立即组成专案组，及时介入侦查。积极探索逮捕必要性审查、羁押必要性审查和不起诉决定公开听证，从传统的“封闭式书面审查”模式向“诉讼式公开审理”转变，增强办案透明度、规范性，以看得见的方式彰显司法公正。

提升服务水平，确保综合管理。抓牢组织人事。围绕院党组决策，认真贯彻落实各项组织人事宣传政策，做好干警职级晋升、法律职务任命等工作。完成28名员额检察官单独职务序列等级确定工作和10名员额检察官单独职务序列等级晋升工作，员额内检察官工资已全部执行到位。充实调整人才队伍，配合完成副科级领导干部和党组副书记任命工作，组织三轮中层干部提拔工作，新提拔中层干部11名；新招录4名公务员、新招录2名编外人员等工作。积极组织全体干警参加《宪法》考试、公务员学法用法及网络培训工作。讲好检察故事。充分发挥新媒体平台作用，拓展宣传阵地，发布微信91期，微博391条，获省级媒体转发录用34篇。传播检察好声音，宣传检察好故事，在全省检察机关“践行绿色司法故事汇”活动中，获奖2项。余红梅获市院嘉奖。检察院被评为全国检察宣传先进集体，门户网站入选“全国百佳检察门户网站”。

加强案件管理。严把案件进出口关，加强对审查逮捕、审查起诉等统一受理案件的受案审查、立案登记和移送审查。适应司法责任制改革要求，实行随机分案为主、制定分案为辅的案件承办确定机制。加强案件流程监管，规范网上办案，设专人实行受理、办理、办结三阶段线上全流程管理，实现预警预测。完善案件当事人权利义务告知制度、案件信息公开制度，发布程序性信息7495条，公开法律文书737份，重要案件信息16件；全面推进电子卷宗建设，制作审查起诉案件电子卷宗1320件1923册，办理律师阅卷377人次，制作光盘721份。规范办案区运作，在深化检察服务大厅规范运行的基础上，加强刑检办案工作区建设，形成规范、有序、安全、顺畅的办案区管理运行机制。积极开展远程视频讯问工作，完成远程提审604人次。扎实写作调研。办公室切实提高文字材料撰写水平，起草各类文件、工作报告、专题调研及领导讲话等综合材料40余篇。撰写各类信息稿件60余篇，其中，高检院录用1篇，省院录用8篇，市院录用15篇，区委办录用10篇。在全市及区委信息考核中排名居前列，获评全省信息工作先进单位。积极开展理论调研，申报省院监察体制改革试点课题1项，入选全省检察机关网络刑事犯罪研讨会征文2篇，申报市院课题9项，全院干警撰写检察调研论文15篇，其中董嫔撰写的案例在《浙江检察》刊发。抓好后勤保障。扎实做好各项检察保障工作。规范档案管理，全年整理文书档案324件，诉讼档案4381卷。加强安全保密，做好协议签订、保密警示教育、培训等工作。规范财务管理，运用全省检务保障系统进一步规范三公经费使用管理，积极争取区财政局支持，实现预算稳中有增。认真做好车辆的调度、使用和管理，真正把新型公务用车改革落到实地。划分公务用车停放专区，加强监督检查。不断优化用餐服务，食堂管理专人专责，严格管控食品质量及环境卫生。加强新大楼安全保卫、公共卫生等日常管理工作。提升科技强检。提升信息化办案水平。完成改革后统一业务软件升级；维护新上线的执检、检委会、信访3个子系统正常运行。远程视频讯问室、远程视频接访室、智能语音识别等办案辅助系统相继投入使用，有57%的案件实现了远程提审，大大提升了办案效率。改善现代化办公条件。做好新大楼固定资产采购管理及各类硬件、软件设备安装维护工作，确保新大楼一卡通系统、监控系统、会议系统等稳定运行。完善警务保障。加强办公办案安全保障工作，进一步规范和保障新大楼安全保卫工作。扎实推进法警队伍专业化建设，加强学习训练，提高履职规范化、标准化水平和应急处置能力，组织促进法警统一培训2次，晋升考核1次。认真做好重大节庆日安全备勤等工作，为保障区人民检察院安全和检察业务工作的顺利开展发挥了重要的作用。

加强自身建设，提高司法能力水平。加强思想政治建设。深化“两学一做”专题教育活动，深入学习中共十九大、十八届六次全会和全省第十四次党代会精神，重点学习习近平新时代中国特色社会主义思想，不断提升全院干警理论知识和政治素养，强化“四个意识”，增强政治定力。组织各类读书会、专题研讨会及赴南京大学培训等，充分利用“湖州市吴兴区党政干部学习网”等网络平台，建立线上与线下相结合，自主学习与集中学习相结合的常态化学习机制。创新开展“我在西山读新语”系列活动，由班子成员带头诵读习近平总书记的《之江新语》，带动广大党员干部一起学习，获得广泛好评。加强党风廉政建设。党组高度重视党风廉政建设，将其纳入年度重点工作，党组成员以身作则，充分履行主体责任，带动全院干警廉洁自律、公正执法。坚持开展多层次的“党纪教育一刻钟”和经常性的廉政短信提醒，实现“集中式”与“碎片化”教育相结合，增强党员干部党章党规党纪意识。创新开展派驻纪检监察组对内设机构的巡察全覆盖工作，进一步促进党风廉政建设责任的落实。加强业务素能建设。组织全院干警远赴南京大学法学院学习培训，积极开展实庭观摩、控辩对抗、微课评比等岗位练兵活动，在省、市比赛中获奖6人次。沈璋获评“全省优秀女检察官”、全市“最美环保人”“吴兴区劳动模范”，魏冠卿获评“最美湖州人—第七届十大杰出青年”，乐乐、董嫔获评“全市公诉新秀”，冯瑶、乐乐制作的微课获评全市优秀检察微课。公诉科获评“全国青年文明号”。加强检察文化建设。营造党建文化，发扬党员先进性。开展为党员过入党生日、每月一次主题党日活动，建设党员活动室，布置党建文化墙，增强党员队伍的先进性和团结性。落实从优待检，丰富干警业余生活，建成健身房、瑜伽房、乒乓球、羽毛球、台球室等各类文体健身场所。充分发挥青联会、工会、妇委会等组织作用，部署开展“最美吴检花”评选、红歌会、摄影沙龙、登山比赛等活动。

（许燕琼）

·法　院·

【概况】　吴兴区人民法院系原湖州市城郊人民法院于2003年5月分设成立，于2016年9月院址搬迁于湖州市吴兴区八里店镇西山路1698号。新建审判大楼占地面积19亩，建筑面积约2.4万平方米。整幢大楼共13层，1～4层裙楼，共有19个审判法庭，5层以上为办公区。该大楼于2012年11月8日开工建设，2016年9月13日竣工。吴兴区人民法院管辖吴兴区、湖州经济技术开发区、太湖旅游度假区，辖区面积共1062平方公里，常住人口77.7万人。

全院设有刑事审判庭、少年综合审判庭、民事审判第一庭、民事审判第二庭、行政审判庭、立案庭（诉讼服务中心）、审判监督庭、执行局、司法警察大队、办公室、政治处、监察室、司法行装科、审判管理办公室共14个内设机构，下辖环城、织里、埭溪、康山4个人民法庭，1个下属事业编制单位审判保障服务中心，以及区纪委派驻纪检组。在编干警128人，其中行政编制115人，事业编制13人，具有审判员资格46人，35周岁以下青年干警73人，占57.03%。

【审判工作及成绩】　区法院在区委领导、区人大及其常委会的监督和上级法院的指导下，坚持司法为民公正司法主线，围绕“争创模范法院、争当品质法官”的工作目标，忠实履行宪法法律赋予的职责，各项工作取得新进展。继年初荣膺全国优秀法院后，法官李辉被人社部、最高人民法院联合授予“全国优秀法官”荣誉称号，实现集体和个人全国“双优”的目标。执法办案扎实有效。全年受理各类案件17154件，审结16900件，同比分别上升16.06%和15.31%，员额法官年人均结案367件，所有审判执行质效指标均在合理区间内运行。坚持宽严相济惩治犯罪，有效防范冤错案件的发生。坚持调判结合化解民事纠纷，着力提高矛盾纠纷化解率。设立旅游巡回审判法庭，服务全域旅游发展。支持监督依法行政，深化行政案件跨区域集中管辖，积极推动行政机关负责人出庭应诉。成立行政争议调解中心，通过协调促使原告主动撤回起诉30件，撤诉率28.3%。全面推行“裁执分离”工作机制，审结行政机关申请强制执行搬迁、拆除违法建筑等案件，344件历史遗留的国土资源非诉行政案件均得到稳妥处理。健全府院联席会议制度，促进行政机关不断改进行政管理和执法工作。成立司法救助委员会，加大救助帮扶力度，为59名经济困难的当事人办理缓、减、免交诉讼费82.75万元，发放司法救助金68.5万元，体现司法人文关怀。服务大局精准有力。践行“绿水青山就是金山银山”重要思想，出台司法措施保障“治水剿劣”“治危拆违”等重点工作。积极参与区政府处置僵尸企业及闲置资产行动，成功处置南太湖电子商务城、浙江搏杰实业、湖州纤瑞环保等10余家僵尸企业，盘活企业存量资产7.47亿元，释放土地资源533余亩，房屋面积21.3万平方米，有力推动腾笼换鸟。建立执转破快速通道，全年移送破产案件11件，实际宣告破产2件，工作得到区委、区政府高度肯定，予以嘉奖。全面发挥环境资源审判庭“三合一”审判优势，审结破坏环境资源违法犯罪3件，判处罪犯4人。发布全市首张“禁止令”和“污染物处置令”，助力生态文明建设。执行破难强势推进。共执结案件6052件，执行到位19.94亿元，同比分别上升26.14%和58.25%。实际执行率65.12%，标的到位率60.99%，分别同比上升16.06%和10.26%。积极争取党政、人大等支持，建立34家单位参与，8项执行联动机制支持的执行破难工作格局，获全省法院基本解决执行难攻坚竞赛优胜奖。不断强化破难高压态势，对332名暴力抗法、抗拒执行的人员予以司法拘留，追究刑事责任5名，违法制裁率同比上升41.89%。持续聚焦强制腾房工作，打出具有吴兴特色的执行破难组合拳，共腾退房屋457处，涉及执行标的13.25亿元，居全市首位。工作经验得到了省、市两级人民法院的高度评价，并获得最高法院江必新副院长批示肯定，向全国推广。接受监督自觉有效。积极贯彻落实区人大及其常委会的各项决议、决定，认真、及时办理意见和建议。积极参与“百名代表听百案”“代表委员法院行”活动，丰富代表委员联络载体。向区委常委会和区人大常委会分别专题报告全年工作和基本解决执行难工作，并邀请人大代表、政协委员参与见证执行。依法接受检察机关的法律监督，审结抗诉案件2件，改判2件，共同维护司法公正。落实人民陪审员“倍增计划”，人民陪审员增至105人，陪审率提升至99.82%，居全省前列。司法改革蹄急步稳。紧紧抓住司法责任制，统筹开展法官员额制、人员分类管理等基础性改革。遴选出员额法官46名，本科以上学历100%，招录司法雇员33名，队伍结构显著优化。组建新型审判团队29个，突出法官办案主体地位，入额院庭长全部回归一线亲历裁判，全年办结案件6472件，同比上升48.26%，占结案总数的38.3%。坚持放权不放任，制定工作指引流程、专业法官会议等14项配套制度，明确各类司法人员责任清单。推进以审判为中心的刑事诉讼制度改革，落实“三项规程”，推进庭审实质化，全年有33名侦查人员、证人出庭作证，居全市首位。

（陈瑜娟）

·司法行政·

【概况】 区司法局深入贯彻落实中共十九大精神，主动适应法治建设新常态，在实干中创佳绩，在创新中促发展，全面履行司法行政职能，扎实推进年初确定的各项目标任务，为吴兴经济社会发展提供有力法治保障.

【队伍建设】 深入学习贯彻中共十九大精神，学习领会中共十九大精神实质和核心要求，领导班子带头上中共十九大精神专题党课。制定主题党日年度活动计划，开展“学习十九大　迈步新征程”主题党日活动，参观钱壮飞革命烈士纪念馆。“七一”前夕，组织机关支部、律师支部和法律服务支部的30余名党员前往衣裳街历史文化街区开展纪念建党96周年“七一·走进家乡文化”活动。开展“四新”主题实践，以“争当排头兵 实干大比拼”为活动主题，开展“八个一”活动。强化从严治党主体责任，局机关层层签订责任书，将任务分解到相关科室，明确责任领导、具体承办人，严格落实“五事阳光”“五不直接分管”和末位表态等制度。强化典型引领示范作用，八里店司法所所长林新法荣获湖州市劳动模范，区法律援助中心主任范晓云荣获吴兴区劳动模范，先进事迹《残疾之躯撑起维权蓝天》入选省司法厅先进人物报告文学。

【普法依法治理】 进一步健全完善党委领导、人大监督、政府实施的法治宣传教育工作领导体制，制定《吴兴区关于开展重点单位法治宣传教育责任清单制度的意见》《重点单位法治宣传教育责任清单制度实施办法（试行）》和《重点单位法治宣传教育责任清单制度实施情况考评标准（试行）》等文件，落实“谁执法谁普法”的普法责任制。健全完善以案释法工作机制，下发《关于进一步加强以案释法工作的实施意见》，开展以案释法案例报送。加强重点对象学法用法工作，创新政府常务会议学法形式，由政府部门主要负责人作“讲师”，在政府常务会议上开设审计制度、环境保护等专题学法讲堂。全面推行新提任非人大任命领导干部任前法律知识考试，累计组织考试5场次，参考人员44名。联合区委组织部、区人社局，组织全区600名公务员开展“公务员学法用法三年轮训”。进一步推进法律进学校活动的广度和深度，“3·15”期间联合区市场监管局、湖师院社会发展与管理学院共同开展了“维权之声：消费有度，维权有方”主题活动。在湖州十一中、东林中学等中小学校开展预防网络诈骗、防范校园欺凌法治宣传系列讲座。与区民宗局合作，开展全市首场“法律进宗教活动场所”现场法律咨询活动。进一步延伸“法律十进”触角，在多媒体产业园举办律企面对面暨“法律进园区”活动；结合“12·4”国家宪法日，在吴兴美妆小镇试水“法律进特色小镇”；在织里镇开展“法律进商会”活动。结合全市烟花爆竹“双禁”，积极开展“进企入户”走访宣传，提升宣传实效。打造好吴兴区学法中心、八里店法治园等法治教育新阵地，吴兴区消防安全教育基地和八里店法治园被命名为全市“法治文化建设示范基地”。加强法治文化“一地一品”建设，织里镇东湾兜村等9个村创建市级“民主法治村”。

【矛盾纠纷排查调处】 进一步完善“警调、检调、诉调”衔接工作机制，在中心城区着力强化驻派出所调解室的规范化、标准化建设。会同政法委、法院制定《诉调衔接实施办法》，健全完善诉前引导及前置条件等一系列工作机制。全区各级调解组织围绕中共十九大、互联网大会、各级两会等重点时段，做好矛盾纠纷排查化解。全年全区各级人民调解组织共受理矛盾纠纷7162件，调处成功7139件，成功率99.68%，未发生民间纠纷转化为群体性上访事件或民转刑事件。八里店镇调委会获得湖州市唯一的全国模范人民调解委员会荣誉称号，区司法局获评全市指导人民调解工作先进集体，5家调委会获评全市先进人民调解委员会，15名调解员获评全市先进人民调解员，“吴美丽工作室”获评全市名牌人民调解工作室。开展调解卷宗质量专项检查，对发现的问题及时进行反馈并要求限期整改。举办基层人民调解员培训班，全区220余名调解员参加培训。做好人民调解员等级评定工作，全区获评特级调解员1名，一级调解员5名，二级调解员72名，三级调解员40名。积极助推司法所创星升级，高新区、埭溪、月河、朝阳、爱山、飞英司法所以办公用房搬迁为契机，按照星级规范化司法所创建要求和标准，加强软硬件及外观形象、标识标记建设。

【特殊人群管控】 落实重要时间、重要会议期间的安保工作，在中共十九大、互联网大会、厦门“金砖会晤”等重要时段，严格落实排查、教育、走访等措施。组织开展社区矫正“翻篇归零 再找短板”专项整改活动，进一步规范执法，警告处罚43人，提请治安拘留1人，提请撤销缓刑9人，提请收监执行2人。做好社区矫正法制监督工作，制定办理处罚类案件工作规范，对18起处罚类案件中存在的法律文书制作不规范、适用法律法规条款不适当等问题，明确提出整改意见并监督整改到位。截至年底，接收社区服刑人员369名，解矫369名，完成社区矫正审前社会调查33例。全区在册社区服刑人员353人，其中缓刑320名、假释21名，暂予监外执行12名，无脱管、漏管及再犯罪情况。强化监地衔接，对全区1109名刑释人员，落实安置帮教各项措施。积极探索社区矫正新途径，在剑桥名门临街店面房建立区社区矫正中心。强势推进社区矫正教育劳动基地化建设，新建5处教育劳动基地，形成“一中心五基地”的网络体系。强化科技作用，通过指纹识别仪报到、现场执法仪同步执法、定位手机全覆盖等形式，全面掌握社区矫正监管情况与人员动态，提升矫正应急处置和日常监管科技化水平。规范社会化教育帮扶工作，探索特殊人群管理方式由从防控型向综合型转变，通过政府购买服务的方式，将社区服刑人员每月“2个八小时”、上门走访、心理辅导等非执法性工作由社会组织承担，制定考核办法规范社会力量参与社区矫正工作。开展女性社区服刑人员帮教活动，组织开展“与爱同行·阳光生活”“菰城娘家人”帮教进社区活动。邀请湖监狱、市强戒所、市红十字会、市三院等相关讲师开展具有针对性的教育学习帮扶活动。

【法律服务】 组建专业律师团队，强化对重要园区、重大项目、重点企业的专项法律服务。开展惠企便民专项行动，在高新区砂洗城、湖州多媒体产业园、特色小镇、商会建立公共法律服务工作站，为入驻企业提供法律服务。继续做好法律服务中小企业工作，与区发改委、区商务局联合下发《吴兴区法律服务项目平台和企业工作方案》，举办“律企面对面”座谈会，组织开展“百家企业大走访”活动，走访企业 252 家，对企业开展“法律体检”，为企业出具法律意见书、风险提示函 136 份，帮助企业解决法律问题 502 个，开展普法进商会活动 4 场，电商园区流动法律讲堂 2 场。加大对法律服务行业监督指导力度，开展法律服务行业双随机抽查工作，抽查 5 家法律服务机构和 21 名律师、基层法律工作者，对检查中发现的问题在吴兴公共法律服务网上进行公示。深入实施“名所名品名律师”培育工程，引进浙江智仁、北京隆安、浙江六合律师事务所在吴兴开设分所，加大律所规模化、专业化、规范化建设力度。全区 9 家律师事务所担任顾问 107 家，受理案件 1108 件（刑事 136 件、民事 905 件、行政 34 件、非诉 33 件），承办法律援助 230 件，业务收费 1043.65 万元。5 家法律服务所担任顾问 117 家，受理案件 1706 件（民事 1660 件、行政案件 3 件、非诉 43 件），承办法律援助 695 件，业务收费 766.17 万元。

【法律援助】 深化公共法律服务体系建设，进一步推进公共法律服务实体、热线、网络三大平台建设，加快构筑覆盖城乡、功能完善、便捷高效、群众满意的公共法律服务体系。以司法所为依托，大力推进乡镇（街道）公共法律服务站和村（社区）公共法律服务点的规范化建设。强化部门联动，在区检察院设立法律援助工作站。整合热线服务资源，开通专线咨询“互动台”，将“12348”法律服务专线与“12345”政府阳光热线双轨运行，打造“7×24 小时”的公共服务平台，定期安排具有劳动争议、交通事故、人身损害等专长的律师值班。加快信息化建设，拓展吴兴公共法律服务网功能，实现线上线下咨询、受理、反馈“一站式”服务。加强法律援助规范化建设，严格规范案件受理、审查、审批、决定、指派、承办等各个环节工作流程。建立法律援助“点援制”，设置电子触摸屏，由群众自主选择援助律师，“点援”案件达到了 65%以上。开通援助绿色通道，对 70 周岁以上老年人等特殊人群申请法律援助免于经济审查。对群体性讨薪案件，实行优先接待、优先受理、优先办理；对行动不便的农民工及人数众多的群体性讨薪案件，提供上门服务，切实做到“应援优援”。深化法律援助护民生系列活动，开展“夕阳红”“青苗”“巾帼”及“民工欠薪”法律援助维权专项行动，累计追回欠薪 523.3 万元。认真推进法援案件质量评估，对 2016 年度结案案件进行县区交叉评估，探索律师同行评查工作机制。全年接待来电来访法律咨询 1378 件，办理法律援助案件 1252 件，其中民事案件 934 件，刑事案件 317 件，行政案件 1 件，为群众挽回损失、取得利益达 2195.60 万元。

（谢和云）

第十五篇 军 事

·国防建设·

【概况】 2017年是省军区系统改革落地之年，吴兴区人武部党委坚决贯彻落实省军区和军分区党委决策部署，按照“标准更高、走在前列”和“富有精气神、责任有担当、创新敢为先、形象能引领”的目标引领，形成大抓作风建设的强劲态势，党管武装工作成效明显，民兵参建“五个作用”发挥良好，各项制度落实，确保各项任务的圆满完成。突出抓好“坚决服从改革大局、忠实履行职能使命”集中教育，广泛开展“明职责、敢担当、有作为，做新一代国防动员人”学习讨论；聚焦中共十九大新时代强军思想，狠抓后备力量遂行多样化军事任务。按照《战备工作规定》的标准要求，修订完善各类应急方案预案，加强作战值班值勤，确保战备状态良好，结合节日战备、防汛、抗台、森林灭火等紧急任务，临机拉动应急分队人员，强化各级战备意识，提升紧急出动和遂行多样化军事任务能力；对辖区6个三级重要防卫目标，苕溪河、太湖沿岸等多处主要防汛险工险段进行勘察，与地方相关部门共同现地对接预案、会商问题、明确任务、落实责任，提高应急战备行动能力。积极助推军民科技对接，积极当好民企“参军”的联络员、服务员，为民企参军提供方便创造条件。调整编实国防动员委员会成员及战时指挥编组，按照市国动委要求，召开区国动委“八办”、相关成员单位的任务部署会和业务培训会，对7个方面44类潜力资源统计的任务要求、方法步骤、时限规定等进行了明确的要求，按照“全、准、实”要求，按时高质量落实国防动员工作。以应急队伍为重点，拓展编兵领域、优化队伍结构，扎实做好基干民兵的整组工作；广泛开展基层武装部规范化建设“挂牌评星”活动，整体提升基层规范化建设水平。开展专武干部、重点应急力量“训练月”活动，扎实抓好专武干部和民兵连长轮训，民兵重点应急连125人的成建制训练，围绕护航中共十九大安保任务，组织民兵应急分队参加湖州市“护航十九大、忠诚保平安”演习，组织民兵干部骨干冲锋舟、动力植桩机等关键岗位操作手集训。通过征兵微信公众号、组织人员进驻高校等形式扎实开展征兵宣传，全年完成新兵征集任务，大学生比率达到71.2%，无责任退兵。以安全管理“六个规范”建设为标准，保持大抓安全的强劲态势，承办省军区保密办公保密秩序现场会完成中文印室、保密室、档案室管理的示范观摩任务。

（朱 翔）

【政治工作】 抓好政治教育落实，改革强军教育。认真组织开展“坚决服从改革大局、忠实履行职能使命”主题教育、在军分区的指导下，严密制定本单位的依据计划，集中组织6天时间，开展党小组讨论，对照检查，进一步增强干部职工拥护服从改革的信心。抓好“两学一做”学习教育。据军分区的方案，针对不同类型分别对人武部机关和民兵分队进行了调研，制订严密制度计划方案。扎实搞好履诺的践诺活动，先后两次对个人事项进行重新履诺。依据四个专题，安排时间和人员落实好规定动作，落实好每个专题的“五个一”（有理论知识测试、有学习计划、有心得体会、有学习交流、有集中读书）活动。针对民兵分队，对集中执勤的基干民兵，购买书籍并一线授课。根据上级《关于加强分类指导跟进指导具体指导，进一步增强“两学一做”学习教育实效需把握的问题》的通知对应的12个方面问题，进行对照检查，搞好形势分析，抓好整改。抓好政治理论和法规学习。先后进行中共十八届六中全会，关于推进全面从严治党理论，积极做好党委中心组学习，做到学习前有计划、有资料、有讨论、有效地提高干部职工的思想理论水平。

抓好国防教育。全面贯彻落实省委〔2013〕33号文件精神，加强阵地建设，在中小学校建立"荣誉墙"，在《吴兴时讯》和电视台开辟"八一光荣榜"，公布表彰立功受奖人员7名。积极做好征兵宣传工作，用好征兵公众微信，在乡镇主要街道拉起宣传横幅，进入2所高校开展政策咨询宣传发动，在主流媒体和广场大型LED显示屏刊登征兵政策解读和大学生参军优惠政策，营造良好的征兵氛围。

抓好征兵政治考核工作。按照直招士官、征兵工作指示要求，积极会同区公安分局、教育部门，高标准、高质量地抓好征兵政审工作。认真搞好协调配合、交流沟通，圆满完成初检合格青年的初审、复审工作。

做好国防动员政治动员潜力调查。根据上级指示，7月，在区国动委的指导下，对政动办的潜力数据重新进行了调查，分别对接组织部、宣传部、广电中心等单位对21项内容、56个具体数据进行录入。

做好各类清理清查整顿。开展执纪情况监督检查、行业风气清理整治、"五个领域"整治情况、党建工作"五个专项整治"工作、关于全面彻底肃清郭伯雄徐才厚流毒影响，深入推进党风廉政建设和反腐败工作等作风建设方面的材料整治清理。结合人武部实际做好各项清理的计划方案，依据内容要求落实到各科室，保证清理整顿取得效果。

（王小龙）

【战备工作】　抓实日常战备工作。狠抓作战值班规范和信息系统规范运行，严格落实作战值班上岗资格认证考核，加强作战值班检查，常态战备值班分队拉动检验。针对护航中共十九大安保任务，修订应急行动预案，加强反恐维稳规范化建设，重点抓好区属应急连实战化训练，确保一有情况能有效应对。二季度完成应急分队人员装备、物资器材全面普查和补充更新；结合元旦、"五一"节假日战备值班分队拉动演练，提高快速反应能力。结合民兵整组训练、工作例会等时机，组织专武干部、民兵预备役人员学习习主席系列讲话精神和《战备工作条例》《民兵战备工作规定》等政策法规，扎实开展战备教育，增强各级战备意识。根据上级要求，针对新的指挥体系变化，着眼敌情、任务和战场环境变化，及时组织辖区重要目标现地勘察，充实完善作战指导、力量部署、指挥协同等内容，修订"一案、七计划、一图"。着眼以评促备、以评促建，分层次梳理制约作战准备的突出矛盾问题，拉单列表、区分责任、限时解决。加强民兵情报建设。从民兵涉恐涉稳情报信息工作出成效入手，加大民兵情报信息员骨干培训，充分发挥民兵情报报知系统功能，建立完善军警民情报支援协作、情报按需保障、日常情报通报机制，确保情报信息工作有实质性进展。抓好民兵情报信息员每日落实"零报告"制度，每月通报各单位民兵情报报知情况，并对民社情搜报情况进行讲评。

（朱　翔）

【军事训练】　扎实抓好基础训练。继续开展专武干部、重点应急力量"训练月"活动，抓实专武干部、民兵连长轮训，民兵应急连成建制训练，民兵干部骨干冲锋舟、动力植桩机等关键岗位操作手集训。组织专武部长、民兵连长集训，突出军事理论、政策法规学习，业务基础、基本技能训练，全面提高专武干部、民兵连长业务素质和开展基层武装工作的能力。组织30名民兵骨干，进行冲锋舟和橡皮艇、动力植桩机、野战照明设备等抗洪装备的学习训练，培养一批操舟手和抗洪骨干。扎实抓好技能训练。按照精通指挥、能打胜仗的标准，以基本业务、基本技能、基本法规、基本指挥为主要内容，加大首长机关和专武部长培训力度，提高组织指挥能力。深入学习军委主席习近平军事战略思想和新形势下军事战略方针，切实熟悉掌握对手作战原则，明白防卫作战、国防动员、战场管制等制胜机理，掌握领会意图、情况判断、定下决心、灵活处置等内容、程序、方法。首长机关每月一周业务技能训练，专武干部结合工作岗位抓好自身基本技能训练的基础上，每季度组织1次业务基础、指挥技能考核。参加军分区组织的首长机关指挥技能集训和全市乡镇、街道武装部部长集训。广泛开展"抓教头、强队伍"活动，深入开展群众性比武活动，营造大抓军事训练氛围。围绕护航中共十九大安保、抢险救灾等任务。组织全区重点应急分队，携带抗洪、维稳、灭火三类标准器材，参加军分区组织的全市应急分队对抗比武，通过集结动员、跨区机动、突发情况处置等内容的"一个过程"演练，有效地锻炼队伍，检验成果。

（吴怡康）

【后勤建设】　人武部后勤保障工作积极围绕做好军事斗争准备这一首要任务，在省军区系统编制体制调整改革之年，圆满完成人武部年度民兵军事训练、民兵整组、征兵工作、防汛抗台、全国文明卫生城市创建、基层规范化建设评星挂牌复评活动和人武部机关办公设施调整等保障任务，为人武部的全面建设发挥应有的作用。按照“完善制度、强化管理、注重创新、讲求效益”的要求，严格财经纪律，加强经费的统筹统管，切实为党委理财当好参谋。严格按照“权在党委、事在部门、钱在财务”的理财观念，完善相互监督的管理机制，落实原始发票“三人联审章”制度和联审联签制、经费开支坚持明确标准、先批后支、集中采购的原则，加强监督检查，确保经费的使用效益。

（王金友）

【后备力量建设】 加强组织领导和工作部署。调整完善区国动委组织机构，召开国防动员工作会议和国动委“八办”主任和联络员会议，讲评工作，部署任务。按照《浙江省国防动员建设纲要》要求，强化按纲抓建意识，狠抓国防动员基础性、经常性工作末端落实，狠抓制度落实和活动开展。以适应新体制新要求为基点，以动员准备为牵引，以常态规范为保证，聚焦胜战、改革创新、狠抓落实，确保吴兴区国防动员建设走在前列。（1）在常态规范抓机制落实。召开国动委各办公室主任联席会议，部署任务、交流工作、推进落实。（2）推动军民融合进企业。推动军民科技对接，积极当好民企“参军”的联络员、服务员。深入辖区规模以上企业进行调研。大抓后备力量建设基础。紧盯基层大抓基础，紧盯规范大抓实效，抓实三件事：（1）扎实开展民兵组织整顿。以应急队伍为重点，拓展编兵领域、优化队伍结构，克服交叉编组。按照上级要求，将区属民兵重点应急连与市属应急营分离开来，克服以往交叉混编现象，调整减少储备队伍基干民兵人数，按要求落实相应的装备器材。（2）强化重点应急队伍建设。围绕“四队”建设目标，着眼完成平急战综合性任务，按照准现役连队标准，加强民兵重点应急队伍建设，实现抢险救灾指挥信息化，驰援摩托化、保障自给化。紧贴护航中共十九大安保需求，加大反恐维稳能力建设力度。（3）加大基层规范化建设力度。广泛开展基层武装部规范化建设“挂牌评星”活动，整体提升基层规范化建设水平。

（吴怡康）

【党管武装】 修改完善乡镇党管武装工作考核办法，建立大项任务与日常工作挂钩机制。做好党委议军会、区领导参加军事日、现场办公、区和乡镇（街道）武装工作述职等工作。强化人武部党委第一书记责任人意识，重视加强民兵党组织建设，开展“红旗党支部”创建活动，在德华集团和开发区武装部建立两种类型的民兵党支部建设样板的基础上，全面铺开创建。开展“送法律进军营”活动，设立维权站。结合元旦、春节、“八一”等节日，开展团职干部的走访慰问。积极做好涉军维权，解决吴兴籍现役干部子女入学。

（王小龙）

【安全管理】 紧紧围绕部党委提出安全管理工作“每天一场保卫战、每月一场守卫战、每季一场攻坚战”的要求，认真抓安全管理工作落实。人武部以省军区安全管理“六个规范”建设为标准，以“条令学习月”活动为抓手，成立以部主官挂帅的安全领导小组，签订安全责任书，建立健全群众性的安全网络，保持大抓安全的强劲态势。针对当前防暴维稳严峻形势，在营院周围和办公区域增加门禁系统。建立人武部干部职工、民兵值班应急分队、军警联动的机制，组织防暴恐应急演练，增强干部职工防恐防爆安全意识，提升应急处置能力。以车、枪、酒、密、网为重点，开展安全隐患排查整治，确保实现安全管理“三无”目标。人武部被省军区表彰为安全管理工作先进单位。

（朱　翔）

【征兵】 认真贯彻省市征兵工作会议精神，坚持全年度、全社会、全过程，强化责任担当，落实常态工作，完善配套保障，着力抓好兵员征集准备。重点抓好三项工作：（1）抓好现有政策兑现，督导地方政府相关部门落实义务兵家庭优待金、大学生入伍奖励和其他退役安置政策；（2）抓好大学生征集，依据浙江省大学生征集《实施办法》，对大学生征集工作进行全面规范；3.扎实开展兵役登记和体检信息化，深入13所院校（两所高校、两所中专，七所高中学校）开展网上兵役宣传和登记，建立学校兵役登记工作站，确保年满18周岁的适龄学生登记率达100%。加强体检信息化工作准备，培养业务骨干，投入20余万元搞好硬件建设。全年完成征兵任务，其中大学生比例达71.2%，高中以上学历100%。

（陆　浩）

【国防教育】 注重抓好领导干部国防观念强化，区委宣传部把国防教育纳入区委理论中心组学习内容，在吴兴区党政干部学习网中安排国防题材书籍。2017正值中国人民解放军建军90周年，“八一”前后，吴兴区国教办和吴兴区双拥办公室联合定制“铭记光辉历史、开创强军伟业——庆祝中国人民解放军建军 90 周年”流动展板，在吴兴区政府机关大院宣传走廊展出，对机关干部进行一次很好的国防知识宣传和国防教育。8 月各校进行军训期间，流动展板先后在六所学校展出，让吴兴区广大中学生对解放军的历史和现状有了较为系统的认识。国防教育周期间吴兴区国教办联合湖州广播电视报举办“2017 年吴兴区强军杯国防教育知识竞赛”，辖区内的中小学，企事业单位，机关单位等以及市民个人，纷纷踊跃参加，收到答题卡近四万份，掀起国防知识竞赛的热潮。活动产生 5 个优秀组织奖，90 多人分获一、二、三等奖。在全区营造很好的国防教育氛围。充分发挥二里桥社区国防主题公园作用，组织儿童、学生和社区群众 9 批次 600 余人次到主题公园参观，让国防教育走进普通群众生活。

（吴尉霞）

·人民防空·

【概况】　区人民防空办公室（民防局）成立于 2005 年 6 月，区防空防灾指挥服务中心为其下属事业单位。吴兴区辖织里、八里店、埭溪、东林、妙西五个人防重点镇，及月河、飞英、朝阳、爱山、龙泉、环渚、康山、凤凰、仁皇山、滨湖、龙溪和杨家埠 12 个街道。重点镇、街道分别成立人防办，分管领导为各重点镇（街道）分管城建领导，人防办主任由人武部部长担任。

【行政执法】　全年累计办理战时功能和等级确定 8 个，施工许可证人防联系单若干个，发放人防同意备案意见书若干个，收取人防易地建设费 86.51 万元。

【指挥通信】　区人民防空办公室拥有单边带电台 1 台、超短波电台 10 台（车载台 2 台、手持机 8 台）、海事卫星电话 1 部、人防重点镇指挥平台 1 套、移动指挥车 1 辆，防空（防灾）警报 17 台（套）。有人防专业队，民防应急救援队，民防志愿者队伍。

【宣传教育】　坚持人防宣传教育工作“五进”“四场”工作，突出抓好学校及社区人防宣传教育。（1）学校人防宣传教育。在区属 10 所初级中学和 7 所九年一贯制学校积极开展形式多样的人防教育；开展 2017 年度中小学人防教材的征订；按要求落实 12 名教师参加全省中小学人防教师培训活动。（2）社区人防宣传教育。在八里店街道东柿社区开展社区人防规范化建设，根据相关标准建立应急物资库、人防宣传橱窗等，社区干部高度重视，积极配合，创建工作顺利完成。积极指导街道社区开展宣传教育活动，2 月 28 日，爱山街道狮子巷社区在新天地广场组织开展人防应急疏散演练和广场宣传活动。3 月 1 日国际民防日，该办联合市人防办在东吴银泰广场开展主题宣传活动，整个活动通过展板宣传、宣传片播放、应急器材展示、防毒面具穿戴、心脏复苏术操作体验、民防知识手册及宣传品发放等形式向广大市民宣传民防。5 月 10 日，爱山街道利民社区在某小区防空地下室组织开展社区人防应急疏散演练；10 月 31 日， 八里店街道东柿社区在某小区防空地下室组织开展社区人防应急疏散演练，两次演练共有社区居民 70 余人参加。

（李梓化）

·武警消防·

【概况】　区消防大队坚持以“创人民满意消防队伍”活动为主线，落实消防安全工作责任，狠抓消防队伍建设，夯实消防安全基层基础，扎实开展火灾防控工作和消防“惠民”行动，火灾形势保持稳定。区消防大队分驻吴兴、战保（飞英中队）、南街（爱山分队）3 个消防站，有现役官兵 44 人，其中干部 12 人，士官 26 人（一级警士长 1 人、三级警士长 1 人、四级警士长 3 人、上士 9 人、中士 5 人、下士 7），义务兵 6 人（上等兵 3 人、列兵 3 人），合同制消防员 22 人，文职人员 20 人，区安委办派驻 3 人；各类消防车 10 辆，行政车 5 辆。

【火灾防控】　按照“党政同责、一岗双责”的要求，推动逐级签订消防安全责任书；全区 31 个职能部门明确本行业、本系统消防工作制度和职责；强化教育、民政、住建、交通旅游、文体、卫计、安监等九大重点行业部门主管责任；及时调整区消安委成员单位，制定下发相关工作职责和制度。突出每季重点开展专项整治。一季度，部署开展九小场所消防安全专项整治工作，集中力量对重点区域的 1031 家九小场所进行排摸整治，发现隐患 422 家，整治完成 384 家，整改完成率 91%，提升全区零、小、散场所单位消防面貌。二季度，部署开展3人以上10人以下居住出租房消防安全专项整治工作，截至9月整治阶段结束，全区共排摸3人以上10人以下出租房966家，发现隐患数540家，整改305家，整改完成率为56.5%，有效解决一批社会面火灾隐患，提升全区出租房抵御火灾能力。三季度，部署开展居民小区消防设施完好率大提升专项行动，居民小区消防安全状况和日常消防安全管理水平得到极大提升。四季度，部署开展以居住出租房为重点的消防安全综合整治专项行动和冬春火灾防控工作。做好重大活动消防安保工作。中共十九大和互联网大会安保期间，全区消防机构、派出所、消防工作站共检查单位9429家，督促整改火灾隐患3148处，下发行政处罚决定书212份，责令“三停”单位5家，罚款22.49万元，拘留99人。全面排摸10人以上居住出租房205家，按照属地管理和参谋联系乡镇、街道分工原则开展工作，推广安装消防智能预警系统214套，实现传统火灾防控向智能防控的转变。对科创园、高新区砂洗城、百川世家、银瑞小商品市场等19处省、市、区级重大区域性火灾隐患单位，提请政府挂牌督办，有关乡镇和行业部门负责落实整改，全部完成整改并实现摘牌。全区共351家消防安全重点单位，其中区消防大队列管244家，织里消防大队列管107家。全年区消防大队共办结行政审批事项595件，检查场所、单位5943家次，发现整改火灾隐患9539处，下发行政处罚决定书246份，临时查封决定书47份，责令“三停”59家单位，行政拘留71人，罚款144.5万元。

【基层基础】 区消防安全委员会办公室增加2名工作人员，办公力量进一步增强。全年对乡镇、街道开展全面督导5次，针对性指导30次，下发专门通报12期。各乡镇（街道）消防工作站配齐配强力量，完善消防安全岗位考评奖惩机制。健全消防安全“网格化”管理制度，将消防安全工作纳入综治“一张网”建设并与政府考核挂钩。强化消防站（队）建设。落实业务经费、车辆器材经费1048万元，针对中心城区飞英消防站建设，再次落实500万入驻经费。埭溪消防站上报申请购置高喷消防车，执勤力量和车辆装备大为提升；妙西消防站完成二级消防站验收工作，东林消防站新营房结顶，4个乡镇消防综合应急救援队规范化建设和应急处置能力均有所提升。推动高新区消防站建设，顺利完成选址。协调政府补贴294万元用于乡镇街道微型消防站建设，全覆盖常态化实施微型消防站突击检查及联合拉动演练，进一步提升区域联防联动水平。扎实推进村级志愿队建设，新增村级志愿队5支。在环渚街道玉堂桥社区创建全市首个消防安全社区示范点，承办全市消防安全社区、消防宣传示范社区推进会。积极推广智慧用电、远程监控、智能预警等火灾防控新技术、新产品，在吴兴区爱山商业圈建成全市首个智慧消防站，承办“智慧消防·智能防控”——全省火灾防控基层基础建设工作推进会，智慧消防工作受到省相关部门的充分肯定。

【灭火救援】 在熟悉演练上，重点对辖区高地大型化工的单位、建筑进行排摸、熟悉、演练，做到底数清、情况明。修订完善数字化预案，对小区逐一制定作战信息卡。全年开展熟悉演练582次，其中夜间75次；在实战训练中，按照训练与考核工作要求开展基础和应用体能、技能（装备操作应用）、安全防护能力、现场急救、心理素质等基础科目训练。利用营区建筑、训练塔等设施，临机设情，开展以初战控火为重点的班组协同和中队合成训练。在装备创新上，立足于方便作战、利于灭火的出发点，成功研发“一种消防用单兵拆卸装置”“水带包布挂钩”、攻坚组战车等一系列创新型器材装备，其中两项获得国家知识产权局颁发的实用新型专利证书。深化与应急公安、医疗、供水、供电、供气等社会单位的应急联动机制，重点加强辖区危化品企业联合应急处置程序，实现指挥共享。6月底，参加区政府在埭溪华宝油墨开展的大型化工应急处置综合演练。8—12月连续五个月在银瑞小商品市场开展地下商场灭火救援演练。强化对4支乡镇消防综合应急救援队的业务指导，提升乡镇消防站应急救援水平。与社会救援力量（民安救援队）签订了联动救援机制，实现辖区社会救援力量的资源整合，做到最大程度的社会救援力量调派运用。全年，全区消防队伍共接处警1259起，出动消防车辆2198辆次，消防官兵12107人次，抢救和疏散被困人员144人，抢救财产价值近1亿元。

【消防宣传教育】 整合利用公共教育资源，采用分级分批和“走出去、请进来”相结合的方式，对辖区人员密集场所、易燃易爆单位、学校医院等不同群体，开展量身定制的消防安全培训。实施消防管理“明白人”计划，累计培养消防安全管理“明白人”8000余名，切实提升消防安全管理水平。持续推进“社区消防宣传大使”活动，新增社区宣传大使244名。发动多股宣传力量，深入社区、农村、商（市）场等开展日常化消防知识宣传，发放宣传资料10万余份。融合“互联网+”宣传模式，依托微博、微信平台，向群众发送消防安全提示、逃生自救知识等信息4000余条；开展“全民消防我代言”宣传活动，制作张贴5000余份代言人海报。积极将消防常识融入“湖口笑声”等本地文化产品参与公益巡演，联合民政局将消防宣传教育纳入纳凉晚会，联合教育局将消防安全纳入“平安校园”和“消防进军训”工作，完成全区36所中小学校、75所幼儿园的逃生演练、安全知识培训工作。联合新华小记者团、心助社会矫正、“四叶草”等社会公益性团体，策划组织“家庭安全隐患大扫除”等义工活动，全面普及消防安全知识。开展村居消防安全知识全覆盖消防惠民行动，确定消防安全知识进农村文化礼堂示范点32处，消防安全文化下乡重点社区和农村16个。

【精神文明建设】　全力参与中心城区文明创建工作，组织开展消防安全隐患大清查大整治，协调部门、单位开展消防安全文明行为大提升系列宣传培训活动，协调落实小区消防设施建设、微型消防站建设保障运作措施，深入小区实地核查消防通道及设施完好情况，协助开展划标志标线、清理等各项工作，对农贸市场、大型场所开展检查指导，确保迎创期间消防安全“零扣分”。坚持驻村（社区）结对服务，为朝阳街道车站社区、八里店镇陆旺村解决实际困难6个。大力开展“学雷锋”和拥政爱民活动，定期深入环渚街道社会福利中心，帮助老人们清扫卫生；与5户困难家庭、2名贫困学生开展结对帮扶活动；飞英中队秉承爱心助残优良传统，与湖州市特殊教育学校结对共建27年，定期为孩子们送去各类书籍和学习用品。积极参与环境卫生大整治、植树造林、义务献血等活动，构建和谐警民关系。吴兴消防安全教育基地被评选为市法治文化建设示范基地、市社区大学第二批终身教育与学习体验基地。

（潘文文）

第十六篇 教 育

·综 述·

【概况】 全区学校118所，其中初中19所（含民办1所、九年一贯制学校8所），小学24所（含民办3所），幼儿园66所（含民办45所），乡（镇）成人文化技术学校9所。公办在职教职工3934人，其中初中1297人，小学2284人，成校43人，公办幼儿园262人，直属事业单位48人。学生85250人，其中初中13688人、小学44301人、幼儿27261人。全区中小学占地面积分别为82.3万平方米和77.2万平方米，校舍建筑面积分别为31.5万平方米和35.1万平方米。全区共有中小学高级教师357人，中小学一级教师1808人。新增省教坛新秀2名，市教学能手13名，市教坛新秀10名。获评省师德先进个人1名，市师德先进个人3名，市春蚕奖、红烛奖共5名。

【被评为全国中小学校责任督学挂牌督导创新区】

3月20日《人民日报》第八版，国务院教育督导委员会公布第一批全国中小学校责任督学挂牌督导创新县（市、区）名单。在首批共涉及11个省的29个全国中小学校责任督学挂牌督导创新县（市、区）中，吴兴区榜上有名（浙江省共3家）。经过多年的探索、积累和发展，吴兴区责任督学挂牌督导工作中实行“三级督导”“三全督导”“三式督导”等创新亮点工作受到关注与好评，有效地保障学校规范办学行为，实施素质教育，提高教育质量，实现特色发展。

【举办浙江省深化义务教育课程改革第四次专题研讨会】 10月11日，浙江省深化义务教育课程改革第四次专题研讨会暨小班化教育推进会在吴兴区开幕。本次会议的主题为：有效实施课程改革，发展学生核心素养。来自全省各地400余名专家、校长参加了会议。省教育厅副厅长韩平出席并发表讲话，副区长王青致辞，区教育局局长张志宏代表吴兴区作经验交流。

【安全教育工作经验在全国交流】 11月22—24日，中国教育学会主办的2017年全国安全教育实验区工作会议暨“国家级学校安全教育示范区”创建工作经验交流会在江苏省南通市召开，来自全国20多个省、市、自治区、直辖市的近500名代表参加了会议。吴兴区教育局作为全国唯一一家区级单位在会上作交流。吴兴区教育局副局长陈明强作题为《凝心聚力，全力做好学校安全教育工作》的汇报，与全国各地的安全教育工作者分享安全教育的“吴兴经验”。

（陈 斌 施月良）

·基础教育·

【概况】 全区有初中19所（含民办1所、九年一贯制学校8所），在校学生13688人；小学24所（含民办3所），在校学生44301人；幼儿园66所（含民办45所），在园幼儿27261人。

【学前教育】 全区共有66所幼儿园，95个园区。中心城43所，59个园区（公办园9所、17个园区，部队办1所、1个园区，民办园33所、41个园区）、乡镇23所，36个园区（乡镇中心公办园11所、24个园区，民办园12所、12个园区）。中心城省一级园区17个、二级园区33个（包括预评二级园区8个）、三级园区9个；农村省一园区1个、省二园区12个（包括预评二级园区2个）、三级园区22个。全区学前教育专任教师1652人，中心城1047人，乡镇605人。专任教师学历合格率达99.87%，大专以上学历占98.31%，持教师资格证99.21%。全年，在园幼儿27261人，学前三年幼儿入园率达99.3%。全区省等级幼儿园在园人数27072人，覆盖率达99.31%。全区约55.08%的幼儿在中心城接受学前教育，约44.92%的幼儿在乡镇幼儿园或村教学点接受学前教育。继续发挥以实验幼儿园、第一幼儿园、第三幼儿园、蓝天实验幼儿园、童星园、清河幼儿园为牵头园的“吴兴区学前教育发展联盟”作用，拓展优质学前教育资源，积极开展有效教学活动，全面推动区域内各园的发展，促使区幼教事业在更高层次上的均衡发展、优质提升。

【义务教育】　全区实行（中小学）九年制义务教育。小学适龄儿童入学率达100%，小学升初中比例达100%。初中毕业生按时毕（结）业率100%，初升高比例99%，残疾儿童入学率99%，符合条件的新居民子女入学率100%。扎实推进心理健康示范区建设，全区中小学生统一使用北师大版《心理健康》教材。举办心理健康教育展示月活动，开展校园心理剧展评、心理团辅课比赛、心理教育宣讲等活动。各中小学组织相应的宣传和学习活动，尤其是心理亲子沟通，呵护心灵成长的氛围进一步浓厚。24所学校心理辅导室统一配置心理测评和档案管理系统、团体辅导箱、沙盘游戏等心理辅导设备，提升学校心理辅导工作，4个心理辅导室示范点和12个标准化建设项目通过验收，9所学校心理辅导室通过市“优秀辅导站”考核。建立适应区域特质的课改推进机制，遵循“行政全力推动，学校分层推广，合力研究推行，督导评估推进”的课改路径，多方位深化义务教育课程改革。开展《浙江省义务教育课程改革指导手册》通识培训，并把课程改革相关知识内容纳入到教师专业知识能力测试中。组织教研员、教学校长、教务主任等120余人次分别赴北京、杭州等地进行课改能力提升培训和课改共同体高级研修班学习。组建10个课程改革研究共同体，着力研究“学本课堂”，全力构建“课改专题组团、项目共同攻坚、区域连片发展”的课改新模式。评选出区级课改示范学校10个，课改示范校建设单位6个。区级课改先进个人25人。评选出市级课改先进校10个，市级课改先进个人20人。湖师附小教育集团被确定为浙江省STEAM课程实验学校。推选出17个小学为区级STEAM实验学校。湖州四中西山漾校区、湖州十二中、上强中学被确定为浙江省初中基础性学科分层走班试点学校。开展规范办学区域连片调研，组织调研3次，3个区片6所学校，重点督查学校课堂教学行为、学生课业负担、作业科学设置、阳光大课间活动、在校时间控制等办学行为。借助专兼职督学力量，定期开展减负督查和通报，监督、推动学校坚守“五项制度”“六个严格”，全面落实“减负提质”工作。

【育人工作】　下发《关于在吴兴区中小学实施“滋养德育”的意见》，召开全区首届德育工作年会，围绕“养仁”“养责”“养志”“养行”“养心”五大育人目标交流经验、分享成果、呈现问题、启发思考，为全区中小学搭建交流、学习、思考德育工作的平台。全区德育工作经验和13所中小学德育特色工作向《中国德育》的专家作展示，湖州十二中等4所学校的育人工作优秀经验在《中国德育》的“样本”栏目刊登。助力全国文明城市创建，开展“做文明师生，创文明校园，助力全国文明城市创建”系列教育实践活动，全区38所中小学100%创建为文明校园，36所完成“美丽校园”暨校园文化示范校建设，开展“最美廊道”评比活动，做好“文化育人”文章。加强育人师资队伍建设，组织德育主任、骨干班主任培训，7位老师获得市班主任能力大赛一等奖，其中吴兴实验中学张丽等3位老师代表湖州参加全省比赛，分别获得二、三等奖。核心价值观教育进校园、进课堂，有宣讲、有实践，评选核心价值观教育优秀学校15所、学生标兵62人、先进教师57人，以及一批生态核心价值观教育优秀学科课例。结合区政府生态文明先行示范区工作，深入开展“垃圾分类”“剿灭劣五类水”等生态文明教育活动，评选生态文明教育示范校9所、精品校本课程10门、优秀班队课（视频）42节。组织暑期生态文明“五个一”社会实践活动，共有420余件作品获奖。依托“红领巾相约中国梦　做人立志学创造”等主题教育活动，组织开展少先队“三个一”评选活动，新风实验小学教育集团的“红领巾三跳社团”、湖州市白雀学校的“快乐小导游”等四个学校的红领巾社团和湖州市东风小学的“蒲公英”假日小队、湖州市织里镇漾西小学的“漾盈盈”等四个假日小队被评为浙江省优秀红领巾社团和优秀假日小队。开展美德少年我争当活动，推选市“南太湖美德少年”3名，市美德少年10名，省美德少年2名，省优秀少先队员2名，省优秀少先队员辅导员2名。湖州市吴兴区第一小学被评为浙江省少先队先进集体。全区广泛开展少先队改革工作，确立湖州市东风小学为浙江省少先队改革试点学校。

【安全工作】 全区无校园安全责任事故发生、校外无重大安全事故发生。全区平安校园创建率100%，被市委政法委评为综合治理先进单位，被市教育局评为学校安全目标管理优秀单位。以“全国安全教育实验区”为平台，扎实做好安全教育工作。出台《吴兴区教育局创建“国家级学校安全教育示范区”工作实施方案》，全年开展安全工作会议及消防安全、交通安全、传染病防治等主题培训会议21次，组织开展“学校师生应急避险大演练”“防灾减灾宣传周”、消防安全宣传教育月、交通安全宣传月等活动，邀请专家进行各类安全知识讲座300多场次，开展校车逃生、消防逃生、溺水救护演练、抗震避灾、防踩踏等各类演练600多场次。建立食堂从业人员上岗培训制度，联合区市场监管局先后开展学校食堂食品安全管理员、从业人员培训800多人次；联合公安交警定期开展接送车照管员培训；对校园专职保安进行集中培训，并发放《吴兴区校园保安工作手册》。建立家校安全联系制度，通过致家长公开信、开办家长学校、签订安全协议书等形式，将安全教育扩展到学生家庭，与市公安局联合打造“平安微校”，努力构建“学校、家庭、社会三结合”安全教育网络，共同做好学生的安全教育工作。

【艺体工作】 积极开展阳光体育活动，认真落实“体艺2+1”工程，编制基于学校特色和地域特点的课间操，组织第四届阳光大课间光盘评比活动。认真实施《国家学生体质健康标准》，顺利完成教育部对吴兴区开展的体质健康抽测工作，受到专家组的好评。完善中小学校园足球联赛机制，扩大省校园足球试点县区的影响力。全年，全区国家级校园足球特色学校达9所，省级校园足球特色学校7所，区级校园足球特色试点学校13所，超过50%的学校达到了全国校园足球特色学校的标准。在市中小学生田径比赛中，蝉联县区组冠军。深入开展艺术教育课程改革。3月，出台《吴兴区进一步加强美育工作实施意见》。组织开展吴兴区首届中小学精品社团等评比活动，极大地提高学生感受美、发现美、欣赏美、创造美的能力。

【语言文字工作】 扎实做好语言文字示范区创建工作，率先完成浙江省高标准普及普通话调查测评；选派优秀语文骨干教师、普通话测试员对乡镇街道语言文字工作进行有效指导，开展语言文字规范化乡镇、街道考评，创建规范化乡镇、街道13个，评选出30个语言文字先进集体和39名语言文字先进工作者。组织开展区第七届教师中华经典诵读大赛、中小学生诗词大会、阅读伴我成长、“浙江好家风”中小学生演讲比赛和第九届规范汉字书写大赛等活动，语言文字工作扎实有效。

【教育科研工作】 以深化义务教育课程改革为核心，坚持“重点工作项目化，项目工作课题化，课题工作成果化”的工作理念，积极培育10个课改共同体，引领和指导校（园）开展科研工作，为全区深化义务教育课改、提升教育质量服务。承办浙江省第四次义务教育改革专题研讨会暨小班化教育推进会，推动全区课改品牌建设。加强对校（园）各级各类课题的过程管理和成果推广工作。出台《吴兴区教育科研管理办法》，调整吴兴区教育科学规划领导小组成员。组建区科研管理平台，将课题申报、评审以及论文等的评审等工作全部纳入网络平台，组建好评审专家库，完善网络平台申报、评审的相关机制。课题立项浙派名师名校长培养工程“十三五”第二轮专项重点课题1项，省规划课题9项，省教研课题5项，市规划课题75项、区规划课题161项；科研成果省级获奖1项，省精品课程1项，市级获奖77项。教学论文评比省一等奖4篇，省二等奖1篇，省三等奖6篇，市一等奖24篇。湖州市爱山小学教育集团、湖州市蓝天实验幼儿园被评为浙江省教科研先进集体，湖州市吴兴实验中学徐军、湖州市第四中学教育集团徐来潮、湖州市新风实验小学教育集团邓承敏被评为浙江省教科研先进个人。

【阳光招生】 出台《吴兴区2017年中小学招生工作实施方案》和《湖州中心城2017年幼儿园招生工作实施方案》，严格执行“属地管理、就近入学、阳光招生、遏制择校”的原则，确保“适龄儿童、少年应当在户籍所在地学校就近入学”的权利，科学、有序开展招生工作。全区共招收幼儿新生8554人，小学新生8254人，初中新生5179人。全区中小学共接纳新居民子女19483人，符合条件的新居民子女全部入读公办学校。重视特殊教育，严格落实特殊学生同等享受教育的权利。全区义务段适龄残疾儿童212名入读中小学，入学率达99.5%。

（陈　斌　施月良）

·职成教育·

【概况】　全区乡（镇）成人文化技术学校9所，教职工43人。以服务为宗旨，需求为导向，积极推动成校硬件建设，扎实开展技能培训，着力提升居民素质，大力推进社区教育。制订《吴兴区社区教育发展三年行动计划》，创建社区教育工作站49个，加快推进全区社区教育发展。积极探索开展社区教育新途径、新方法，开设老年大学和中老年文体、书画、器乐艺术团，举办"幸福大讲堂"宣讲活动，不断满足城乡社区居民对精神文化生活的需求。承办省全民终身学习活动周总开幕式，举办各类活动60余场次，参与人数达10万人次。4所成校获得国家、省级荣誉。

【主要工作成绩及各校特色亮点】　全区开展成人学历教育2898人（其中成人职高"双证制"教育培训在册567人、毕业387人，大专教育在册1141人、毕业413人，本科在册413人、毕业69人）；开展扫盲教育累计文盲减少1446人，文盲率降至1.48%以下；开展劳动力培训77557人次（其中新型职业农民培训431人，农村实用人才培训2565人，转移就业培训3055人，预备劳动力培训282人，企业职工培训4120人，各类普及性培训67096人次）；开展社区教育培训与活动210157人次，培训总人次占全区常住人口的30.4%。全年围绕争创省现代化成人学校为目标，学校硬件建设不断改善。苕溪成校校舍扩展新增加600平方米，成功创建省现代化成人学校。妙西成校整体搬迁新校址，织里成校入驻织里镇文体中心并投入使用，道场成校新选校址启动装修，预计2018年上半年能投入使用，埭溪成校新增电商培训实训教室等，经统计各成校设施设备新增投入170.84万元，建有实训场所（校内31个，校外30个，基地23个），办学创收463.91万元，全区人均成社教经费达7.94元，为开展各级各类培训提供可靠保障，成校的硬件建设呈现较好的发展态势。各乡镇成校以"一校一品"为目标，通过开展"一年培育一个优势培训项目，两年提升一个优质培训项目，三年争创一个成教品牌项目"活动，有序推动省成教品牌项目创建。成功创建省级成教品牌项目2个，省现代化成人学校2所。织里成校——立足于地域经济发展，通过"入规划、强保障、广调研、实培训、重积累、精呈现"六大举措，使"项目精品化、管理规范化、培训规模化、宣传品牌化"，成功创建省成教品牌"E童装"电商培训。八里店成校——在获省首批"现代化成人学校"，"夕阳乐"老年教育省级成教品牌的基础上，又紧紧围绕国家级课题"社区教育融入社区治理机制的建设研究"，进一步拓展唱响"夕阳乐"老年教育品牌，以培育"快乐烘焙"项目为突破口，整体优化，已经形成优质、稳定的办学风格，学校喜获国家级"优秀成人继续教育院校（培训机构）"，八里店社区获得第四批全国农村优秀学习型组织。白雀成校——重抓市级课题"保洁员培训"和"优质电工培训"项目，自编特色教材《白雀成校电工培训》，所培育企业获"全国优秀学习型乡镇企业"单项先进。苕溪成校——拓展学校基地建设，做精学校文化布置，创建为省现代化成人学校，同时"流动党课进村社"培训项目，实现区域内全覆盖，活动得到了人民网、新华网、《湖州日报》等各级新闻媒体的广泛关注与报道，其有效做法与经验被市委党校政策研究处收录在《领导参阅》上并得到市委组织部部长干武东批示"流动党课好，值得推广"，该项目被评为市"终身学习品牌"。埭溪成校——以"美妆小镇"建设为契机，以发展"生态旅游"为抓手，广泛开展多形式、多层次、多门类的培训，不断拓展新型职业农民培训项目，项目获得"全国首批社区教育特色学校"。

（陈　斌　施月良）

·队伍建设·

【概况】　全区所属学校及事业单位在编教职工3934人，其中初中1297人，小学2284人，成校43人，公办幼儿园262人，直属事业单位48人；离退休教职工2023人（其中离休干部10人）。全年全区所属学校新进教职工231人（其中招聘教师205人、区外调入26人），减少教职工153人（其中退休106人，调出区教育系统34人，辞职、解聘、终止聘用13人）。

【干部队伍建设】　在全区开展竞争性选拔优秀年轻副校（园）级干部工作，通过笔试、面试、考察等环节，共选拔优秀年轻干部7名。全年吴兴区“80后”校级领导已达29人，较2015年、2016年分别增加了22名和14名。举办各类教育管理人才培训班5期（分别是：党务工作者培训班、教学副校长培训班、后勤安全副校长培训班、工会主席培训班和纪检组长培训班），学员310名，赴北京、上海、杭州、成都、南京等地开展专题培训实践及学习考察活动，通过专题讲座、互动交流、实践锻炼等形式，不断更新管理理念，拓宽领导干部的管理视野，助推校级领导整体素质提升。选派15名干部上挂参与区“五水共治”、特色小镇、城中村改造等中心工作。暑期共调整充实领导干部67人（其中提拔到正校级岗位10人，提拔到副校级岗位25人，同级交流26人，因工作调动或年龄等因素退出领导岗位6人），全区学校领导班子结构进一步优化。

【教师队伍建设】 根据《浙江省中小学教师队伍建设“十三五”规划》和《湖州市教育人才队伍建设“十三五”规划（2016—2020年）》文件，出台《吴兴区教师队伍建设“十三五”规划（2016—2020）》，从现实基础、总体目标和要求、主要任务举措、工作保障四个方面进行全面规划。推荐8名教师作为湖州市第三期第一层次名教师培养对象，参加市教育局组织的为期1年半的系统培养，冲刺2018年省特级教师评选。选派18名优秀中青年管理和学科带头人参加海外、国家级和省级骨干培训，选派1名干部上挂教育部学习锻炼。推进“校骨干教师—区教坛新秀—区名师—市名师—省特级教师”梯队培养模式，不断扩大优秀教师群体。新增省教坛新秀2名，市教学能手13名，市教坛新秀10名。

【人事制度建设】 “区管校聘”试点工作稳步推进，在初中及九年一贯制共18所学校先行试点，1550名教师参加竞聘上岗，共有1463名教师在本校上岗，71名教师跨校（或跨学段）上岗，1名教师未聘经组织调剂到他校，11名教师申请调离，4名教师辞职。高校优秀毕业生招聘和公开招聘，通过笔试、教学能力测评、结构化面试等环节，择优招聘中小学、幼儿教师206名。全年共有141人参与交流，其中校级领导10人，骨干教师29人，普通教师102人（含中心城校区间交流），选派3人赴新疆支教。新评中小学正高级2人，中小学高级28人，中小学一级86人，中小学二级162人，中小学三级63人。根据国家教师资格制度改革的要求，通过网上报名、现场确认等程序，全年共认定通过960人。

（陈　斌　施月良）

·办学条件·

【概况】 中小学固定资产分别为76053.22万元和110044.89万元（教育技术装备资产分别为初中9746.96万元、小学12495.5万元）。中小学占地面积分别为82.31万平方米和77.21万平方米，校舍建筑面积分别为31.45万平方米和35.15万平方米。小学体育场（馆）面积、体育器械、音乐器材、美术器材、教学自然实验仪器达标的学校数占总学校数的比例均为100%，初中上述项目达标比例均为95%（含民工子女学校）。中小学拥有计算机共16126台（含民工子女学校），生机比为3.59∶1。公办中小学校园网覆盖率达100%。图书总藏书量为182.6万册（含民工子女学校），生均约31.6册。

【教育经费】 全区国家财政性教育经费投入92681.7万元，比上年增加11616.6万元，增长14.33%。全区财政支出308308万元，当年财政预算内教育经费86346万元，占财政支出的28.01%，比上年增长2.90个百分点。全区教育经费总收入134255万元，比上年增加101212万元，增长32.65%。全区日常公用经费初中生人均850元，小学生人均650元，与上年持平；全区中小学免收课本费和作业本费13716万元；“爱心营养餐”资助总额84.05万元，受益学生850人次。

【基本建设】 完成13所中心城学校的应急性维修，投入资金574.1万元。实施9所乡镇校园的综合改造，投入资金2019.1万元。4所新扩建中小学投入使用。高新区爱山小学，建设规模36班，占地面积49982平方米，建筑面积40453平方米，总投资17782万元。吴兴实验中学，建设规模54班，占地面积69353.3平方米，建筑面积83846平方米，总投资27785.86万元。枫叶国际学校，建设规模60班，占地面积89013平方米，建筑面积66678.44平方米，总投资32334万元。织里二中轧村校区，新建综合楼建筑面积5590平方米，总投资2325万元。8所公办幼儿园投入使用。湖州市实验幼儿园东部园区，建设规模24班，占地面积23706平方米，建筑面积18097平方米，总投资9519.4万元。埭溪镇第二幼儿园，建设规模12班，占地面积6039平方米，建筑面积4318平方米，总投资1520万元。中兴华苑幼儿园，建设规模4班，占地面积2078.85平方米，建筑面积1738.03平方米，总投资1042万元。首创悦府幼儿园，建设规模9班，占地面积3380平方米，建筑面积2823.27平方米，总投资1680万元。三合家园幼儿园，建设规模9班，占地面积2759平方米，建筑面积2950平方米，总投资1800万元。妙西镇中心幼儿园，建设规模6班，占地2500平方米，建筑面积1309平方米，总投资785万元。开发区杨家庄安置小区幼儿园，建设规模9班，占地面积4985平方米，建筑面积3197.8平方米，总投资1920万元。夹山漾配套幼儿园，建设规模9班，占地面积4094平方米，建筑面积3508平方米，总投资2100万元。另有3所民办幼儿园投入使用（枫叶国际幼儿园、太阳城配套幼儿园、东郡红树湾配套幼儿园）。

【教育装备】 中小学教育技术装备资产为22245.5万元（初中9746.96万元，小学12495.5万元），生均拥有教育技术装备资产3846.1元。当年教育装备总投入（含图书）为3875.9万元。全区共有实验室及功能教室1296个，其中初中637个、小学659个。全区实验室及功能教室使用面积达13.9万平方米，初中装备用房使用面积达6.7万平方米，小学装备用房使用面积达7.19万平方米。全区42所公民办中小学理科教学仪器配备，音乐、美术、体育器材配备达标率都为100%。全年新增图书15.12万册，图书总藏量为182.6万册（含民工子女弟学校），生均31.6册。

【教育信息化建设】 全区中小学计算机室共有128个，新增计算机2844台，计算机拥有量为16126台（含民工子女学校），生机比为3.59∶1。全区新增多媒体798套，共有多媒体2859套（含民工子女学校）。公办中小学校园网覆盖率达100%。全区拥有移动终端1354台，全区建有录播教室28个。

（陈　斌　施月良）

第十七篇　科学技术

·综　述·

【概况】　紧紧围绕创新型城区建设目标，深入贯彻创新驱动发展理念，着重优化科技创新环境、促进产业转型升级，大力激发企业创新主体活力，不断提升区域自主创新能力。据全省科技进步统计监测综合评价结果显示，吴兴区科技推动转型升级综合评价跃升至全省第11位，同时入选2017年度全国创新创业（双创）百强区。东尼电子获评国家知识产权优势企业；阿祥集团等3个科技项目列入省重点研发计划；美欣达获省级领军型创新团队，珍贝等3个企业获市级领军型创新团队；力聚、贝盛成功创建省级企业研究院；七幸科创园被评为省级科技孵化器，吴兴梦工场成功列入省级众创空间，金农现代农业星创天地通过省级认定；新凤鸣、金农生态农业成功创建市级院士专家工作站；新增省级科技型企业60家、新认定国家高新技术企业19家；高新产业发展迅猛，高新产业增加值占规模以上工业增加值占比达43.44%，增幅达11.1%（列全市第一）。全年专利申请总量4201件，其中发明专利占比高达39.5%；专利授权1999件，其中发明专利授权419件。

【优化科技创新环境】　以创新发展理念为指引，集全社会力量推进科技创新，不断优化科技创新环境。强化政策扶持。深入贯彻落实中共十九大精神，贯彻落实《吴兴区关于进一步加快科技创新的若干意见》，重点引导科技资源向重点产业和企业集聚，使企业成为投入、研发、引才和成果转化的主体。修订完善《吴兴区专利创新与发展资金管理办法》，对推进知识产权创造给予大力支持。强化智力支撑。积极落实吴兴人才政策，精心服务、精准指导助力企业积极培育创新人才，鼓励龙头企业积极引育人才。积极邀请院士专家团队、海内外知名专家开展先进技术的交流指导，为推进创新创业提供智力支撑。强化氛围营造。重视对重大科技成果、典型创新人物和企业的宣传，积极开展湖州市“最美科技人”的挖掘推荐，营造尊重人才、尊重创造、鼓励创新、宽容失败的浓厚氛围。努力将服务科技型中小企业，将科技政策宣讲、项目申报培训、助力难题解决送上门，为企业发展出谋划策、尽心尽力。

【壮大高新技术产业】　围绕区域内主导高新产业和国家重点扶持的高新技术领域，深入挖掘排摸省科技型企业和高企的申报潜力资源，指导企业查不足、补短板，成功认定省级科技型企业60家、高新技术企业19家。组团指导服务一批科技含量高、发展前景好的企业，不断充实“双高”培育库，库内企业1家主板上市、3家新三板挂牌。积极挖掘高新技术经济新增长点，经过不断努力，高新技术产业增加值实现逐月增长，全年高新产业增加值同比增长11.1%，列全市第一。

【提升自主创新能力】　突出科技人才作用发挥，大力引进和培育适应吴兴区优势产业和科技项目发展建设需要的高层次领军人才，一对一精准指导企业创建领军型创新团队，成功立项3个市级创新团队（贝盛、金农、玲珑湾）。大力支持美欣达集团引育人才，成功创建省级领军型创新团队。坚持以“技术难题攻关和战略支持”为导向，积极对接院士专家等高端智力，促成新凤鸣、金农生态农业成功建立市级院士专家工作站。支持企业引进高校院所的高端智力，合作共建研发中心、研究院等创新机构，成功认定市级高企研发中心9家，创建省级研发中心7家、省级企业研究院2家。

【深化政产学研合作】　深化与高校、科研院所合作，夯实现代物流装备研究院、湖州浙江理工大学新型纺织研究院、浙江高校科技成果转化吴兴中心等产学研合作平台工作基础，加快高校科技成果向吴兴区转化。推进校企合作共赢，成功组织举办第八届政产学研合作大会、高端智力汇聚吴兴活动等大型产学研活动，邀请全区100多家企业参加，促成合作项目68个，帮助企业解决一批技术难题。组织企业参加深圳高交会、军民融合大会、西安高校等高层次对接会，拓宽与省外高校、科员院所合作渠道。加快引导科技成果转化，推荐12个项目申报省市科技进步奖，久立特材获得省科技进步二等奖，获得湖州市级科技奖励项目7个。积极推进网上技术市场建设，全年通过网上技术市场拍卖成功引进技术4项，发布技术需求93项，技术合同登记65项，合同金额超2亿元。

【建设科技创新平台】　强化政策引导，不断完善“5+3”科创平台的服务功能，切实提高创新创业承载力。探索特色鲜明的科技成果异地产业化模式，建立了西安“中科创星”和上海“可可空间”飞地科技孵化器。注重对民营孵化器和专业孵化器的发展引导和扶持，浩成物联网产业园、中节能产业园基础建设推进顺利，七幸科技孵化器成功创建省级孵化器。加快推进各类众创空间建设，北航投星空众创、吴兴梦工场、楼友会等顺利开园，其中吴兴梦工场被成功列入省级众创空间。

【实施知识产权战略】　修订完善《吴兴区专利创新与发展资金管理办法》，在区科技三项经费中安排专利专项资金超过400万元。开展“‘4·26’知识产权宣传周”活动、专利周等活动，通过培训、走访企业等活动，对200多家企业进行知识产权宣传。全年完成专利申请4201件，其中发明专利申请1659件，发明申请占比39.5%，创历史新高。加强企业专利管理能力，全年新增国家知识产权优势企业1家，被认定为省级专利示范企业4家、被认定为市级专利示范企业12家，开展国家企业知识产权管理规范贯标企业8家，通过贯标认证企业3家。定期开展专利执法专项检查，配合湖州市知识产权局对中心城区超市、专业市场开展2次检查，督促整改处置一批知识产权侵权违法行为，营造良好创新环境。组织25人报名参加全市企业专利培训。积极推进企业专利成果转化，加强与银行等金融机构的沟通，帮助企业争取了7500万元专利权质押贷款。浙北大厦集团有限公司成为湖州市首家获得国家级知识产权保护规范化培育市场称号。

【积极推动科技惠民】　围绕“生态吴兴，幸福家园”建设目标，充分发挥科技创新与科学宣传在民生保障和改善中的作用，有力提升群众生活品质与幸福指数。强化农业企业创新主体地位和主导作用，涉农科技成果转化不断加速，先进农业技术集成应用不断增强，思达机械成功立项省级农业重大专项，亿森机械新立市级现代农业专项，安格尔农业装备等3个项目列入市农业攻关项目。“金农现代农业星创天地”通过省级星创天地认定，景明玫瑰星创天地通过省级备案。科学宣传普及更加有力，按照“政府推动、全民参与”的指导方针，重视部门协调联动，合作举办“科技活动周”“全国科普日”“防灾减灾日”等形式多样的主题科普活动10余次，有力提升公民科学素养与创新意识。农函大科普继续教育在新农村建设中日益扮演重要角色，东林的工作经验在全省农函大会议上推广，吴兴区农函大分校再次获评全省先进农函大分校。不断深化“全国科普示范县区”创建成果，成功创建省级科普示范社区6家、市级5家，安定书院社区成功升级为国家级科普示范社区。

（周敏旭）

·科技创新与成果·

【概况】　紧跟科技体制改革新形势，及时了解政策信息，分析掌握科技项目重点支持的方向和具体要求，引导企业围绕破解高新技术产业发展和经济转型升级中的技术难题，有针对性地组织实施重大科技专项，有效助推企业科技创新。湖州现代物流装备高新技术产业园区省级创建综合评估位列全省第一，新立市级科技项目29项、省级新产品136只，东尼电子通过主板上市，美晶科技、金洁水务等4家企业在新三板挂牌。

【高新技术产业】　围绕智能装备、信息经济等重点支持的产业领域和战略性新兴产业，加大转型升级力度，促进高新产业发展。建立高新技术企业培养梯队，确定专人定向对接服务，全力支持申报创建，新认定高新技术企业19家、省科技型企业60家、高成长科技型中小企业19家。截至年底，全区高新技术产业增加值51.88亿元，同比增幅11.1%，位居全市第一。高新技术产业增加值占比大幅提升，由2016年的33.84%，提升到2017年的43.44%，提高 9.6 个百分点，增速全市第一。

【创新研发机构】 引导企业主动适应产业发展需求，不断加大科技研发投入，加快研发机构建设，增强企业创新发展后劲。吴兴区新增省级企业研究院 2 家，省级研发中心 7 家、市级研发中心 9 家。

【科技创新平台】 北航投星空众创等 3 家众创空间认定为市级众创空间，吴兴梦工场成功列入省级众创空间，金农现代农业星创天地通过省级认定。吴兴科创园、多媒体产业园和七幸科创园发展良好，总部自由港核心辐射效应逐渐增强，人气效应有效提升。

【政产学研平台】 加强合作平台建设，深入推进浙江高校产学研联盟吴兴转化中心、浙江工业大学湖州现代物流装备与技术研究院的合作。加强校企合作交流，成功组织举办第八届政产学研合作大会、高端智力汇聚吴兴活动等大型产学研活动，邀请全区 100 多家企业参加，全年促成合作项目 68 个。开展了点对点的入企指导、小型化的座谈会、高校成果发布会等对接活动；开展创新券发放和使用，充分利用高校、科研院所的资源和设施，为全区小微企业提升研发能力提供帮助。

【农业科技项目】 加快农业科技创新步伐，逐步提升农业科技含量。思达机械成功立项省级农业重大专项，亿森机械新立市级现代农业专项、安格尔农业装备等 3 个项目列入市农业攻关项目。国家农高园区建设成效显著，顺利通过科技部组织的实地查看与答辩验收。金农现代农业星创天地通过省级星创天地认定，景明玫瑰星创天地通过省级备案。

（梁海红）

·专利工作·

【概况】 大力实施知识产权战略，推动专利创造、运用、管理、保护工作，深入推进国家知识产权强县工程示范区建设，专利创造成效显著，全年专利申请和授权分别达到 4201 件和 1999 件，发明专利申请和授权分别达到 1659 件和 419 件。

【优化专利工作环境】 完善《吴兴区专利创新与发展资金管理办法》，创新政策支持形式，加大扶持力度。广泛宣传，举办科技活动周、“4·26”知识产权宣传周、科普活动日等主题活动，全年发放知识产权读本 1000 多册，全社会知识产权意识显著提升。开展专利执法专项检查，惩治各类知识产权侵权违法行为，处理专利假冒案件 30 件，侵权纠纷处理案件 152 件。浙北大厦集团有限公司成为湖州市首家获得国家级知识产权保护规范化培育市场称号。

【完善企业知识产权管理体系】 强化企业专利管理能力提升，完善企业知识产权管理体系。培育知识产权优势企业，全年新增国家知识产权优势企业 1 家、省级专利示范企业 4 家、市级专利示范企业 12 家；夯实企业内部管理基础，开展国家企业知识产权管理规范贯标企业 8 家，通过贯标认证企业 3 家；提升企业骨干人员知识产权能力，组织 100 家企业、200 多人参加省、市、区各类专利挖掘、布局、运用和管理培训班。

【提升专利创造运用水平】 加大专利创造力度，优化服务流程，强化与企业科技项目、产学研合作的结合，挖掘项目实施过程中的核心技术发明专利，全年完成专利申请 4201 件，其中发明专利申请 1659 件，发明申请占比 39.5%，创历史新高。强化专利运用，指导企业获得专利权质押贷款 7500 万元，为专利成果转化提供资金支撑。

（沈巍伟）

·防震减灾·

【概况】 认真贯彻《中华人民共和国防震减灾法》《浙江省防震减灾条例》及市、县防震减灾工作会议精神，坚持“预防为主、防御与救助相结合”的防震减灾工作方针，加强地震监测预报、地震灾害预防和地震紧急救援三大体系建设，全面提高地震工作能力。

【积极做好抗震设防准备工作】 根据 2017 年防震减灾工作计划，积极开展防震减灾专项工作，理清工作思路，明确工作目标，制订工作计划。探索新形势下防震减灾工作的新思路、新方法，促进防震减灾工作各项任务的顺利完成。

【加强地震安全示范单位创建工作】 落实市局文件精神，对照有关指标，湖州市爱山小学教育集团、月河街道二里桥社区创建为市级防震减灾科普示范学校和地震安全示范社区。

【加大防震减灾知识宣传力度】 根据省、市防震减灾工作会议精神，在“5·12”防震减灾日等重点时段，充分利用新闻媒体，采用多种方式开展防震减灾知识宣传活动，免费发放防震减灾宣传材料3000多份，在白鱼潭小区平安广场播放防震减灾科普影片。

【建立健全防震减灾联动机制】 努力提高地震应急救援水平，充分整合全区各种行政资源，建立各乡镇、部门、企事业单位、社会团体防震减灾联动机制，明确防震减灾各个环节主管部门、协作单位、参与单位的职责，实现信息联动、队伍联动、物资联动。

（张齐南）

·科　协·

【概况】 始终坚持在党委、政府中心任务指引下开展科协工作，深化“四服务一加强”，突出重点，服务大局，主动作为，充分发挥科协组织在实施创新驱动发展中的职能作用，在院士专家工作站、省级学会创新服务站建设、农函大科普工作开展等方面取得优异成绩，获评为科协工作先进单位。

【全面实施《全民科学素质行动计划纲要》】 充分发挥科学普及职能，努力推进全民科学素质行动计划纲要的实施。围绕“科技活动周”“全国科普日”两大活动节点，四级联动，全年开展20余项主题科普活动，近万余人次参与，科普活动实现全覆盖，全区科普氛围空前高涨。科技活动周期间，联合市科协、市质监局开展“计量科普”广场活动，参与群众千余人次；9月，在全区中小学举办校园“科技节”，全国科普日广场文艺晚会；紧密结合产业发展，联合织里镇科协组织3000多名中小学生举办“走进童装质量检测中心科普教育基地主题科普日活动”。创新“科普旅游”概念，联合省天文学会、市科协和埭溪狮子山庄举办吴兴区首届“科普观星旅游节”，将青少年科普创新教育搬进自然田野。

【院士专家工作站】 围绕重点产业导向，开展“南太湖精英峰会院士专家吴兴行暨机械工程技术研讨会”“乌克兰海外院士吴兴行”“院士专家集中走访月”等一系列卓有成效的高层次人才交流活动，为企业牵线院士高端智力资源落地搭建平台。全年赴中科院南京分院、南京航天航空大学、沈阳农业大学、浙江大学等高校院所20余次，与院士专家开展对接30余次。新建市级院士专家工作站2家，累计14家，引进两院院士16位，金农生态农业荣获市级南太湖精英计划A类。中科院院士陈旭、沈树忠与核工业井巷共建重点实验室，院士主导项目和举荐人才在市级南太湖精英计划中结成硕果。

【省级学会创新服务站建设】 深入实施创新驱动助力工程，主动服务特色小镇发展，成功创建浙江省纺织工程学会湖州丝绸小镇协同创新服务站，成为全市唯一一家。成功举办“学会协同创新服务站揭牌签约仪式暨院士专家吴兴行”活动，工程院院士、上海市科协副主席孙晋良应邀赴吴兴区相关企业、丝绸小镇调研，对丝绸产业转型升级，打造省级特色小镇给予指导。省科协副主席姜长才到会致辞，对吴兴区建立省级协同创新服务站工作给予充分肯定。

【农函大培训】 乡镇农函大科普教育工作开展如火如荼。东林镇农函大辅导站在助力龟鳖养殖转型、培训新型职业农民转变中发挥重要作用，经验在全省农函大会议上推广；埭溪镇农函大辅导站围绕美妆小镇建设开展技能培训，为产业技术人员承接打好了坚实基础；八里店农函大辅导站在着力探索“农民变居民”素质教育成效显著。全年农函大培训长班6000余人，短班1.6万人，培训规模逐年扩大。

【基层科普示范单位】 不断深化“全国科普示范县区”创建成果，新创市级科普示范社区5家，累计20家，新创市级科普示范学校2家，累计10家。吴兴实验中学荣获发明专利金奖。2017年新创基层科普专业馆2家，朝阳街道都市家园社区星空科普馆、月河街道三里桥社区亲子科普馆陆续开馆，围绕全年主题活动日，全区6家特色鲜明的社区科普馆开展各具特色的科普活动，受益居民达万余人次。科普信息化推广不断增速，科普E站累计投放13家。

（张新蕊）

第十八篇　文化·卫生·体育·广电

·文　化·

【概况】　区群众文化工作以推进现代公共文化服务体系标准化、均等化建设为原则，不断完善公共文化服务网络，创新转变文化服务模式，逐步实现公共文化服务制度化、常态化和品牌化。文艺精品创作借智借力，充分挖掘新人新作，多渠道、多形式发挥社会文艺创作力量，地域文化影响力更加广泛。“文化走亲”项目等获得市文化系统专项行动一等奖；《芝麻大的一点事》获浙江省“中国梦·故乡情”小说评选兰花银奖；《甜蜜又可爱》《再唱山歌给党听》获浙江省排舞大赛铜奖；“吴兴之星”越剧团获得优秀剧目奖。

【公共文化服务提升】　积极贯彻落实《吴兴区现代公共文化服务体系实施意见》和《关于加快推进基层综合性文化服务中心建设的实施意见》的要求，基层文化阵地逐步健全，19个乡镇、街道文化站改造提升并实现免费开放，中心城区55个社区“综合文化活动室”实现全覆盖，新建10个农村文化礼堂，东林镇星群村、环渚街道瑶台村获评“浙江省文化示范村”。全年组织送文艺演出下乡150场，送书下乡、进学校25000余册，送讲座送展览60场，送电影下乡2688场次，组织推荐参加文化员培训班580人次。开展“音艺梦想”艺术培训进校园活动240余次，非物质文化教学传承基地在各学校授课84次。举办“‘靠前站 马上办 讲实效’文艺宣讲报告会”“吴兴区‘音艺梦想’艺术培训基地新年音乐会”“‘爱上吴兴’首届歌唱大赛”“贯彻十九大　赶超在路上——起航2018欢乐跨年”活动等；全年开展“文化走亲”交流活动87场，组织吴兴稻穗龙团队代表浙江省赴广东省参加文化推介。

【文艺精品生产和创作】　精品艺术工作稳步提升，作品《芝麻大的一点事》获评浙江省“中国梦·故乡情”小说评选兰花银奖，“吴兴之星”越剧团作为湖州市唯一入选团队参加2017年度全省优秀民营剧团展演，并获得优秀剧目奖。视觉艺术工作扶持培育，开展“吴兴八景”优秀摄影作品大赛，发挥全区摄影专业人才的引领作用，用艺术培育“吴兴风格”、彰显“吴兴气派”。

【文化市场监管体系】　市场布局正日趋合理，投资主体愈加多元，品牌化经营已初见端倪。全区文化经营单位290家，其中歌舞娱乐场所29家，互联网上网服务营业场所98家，出版物场所43家，电子游戏场所14家，印刷企业93家，文艺表演团体4家。全年除日常巡查、双随机抽查之外，组织开展“春节平安检查”“十九大百日攻坚”“护航世界互联网大会”“校园周边检查”“夏季消防大检查”“僵尸企业排查”“地卫检查”“电影院安全检查”“广播站播出安全检查”“黑网吧摸排”“迷你歌咏亭检查”等20余次的专项检查，出动区、镇、村三级检查人员3000余人次，检查场所5000余家次，查缴非法书报刊和非法音像制品3000余册，办结案件34起。全年未出现重大事故，文化市场安全、繁荣、稳定、有序。

【文化产业】　打造多元文化创意产业平台，服务湖州多媒体产业园、吴兴区EBD·总部自由港、吴兴梦工场、小西街文化创意产业园区、浙江江南影视城等文化创意产业承载平台建设，新建湖州文创中心产业园，积极推动游戏、影视剧制作等具有吴兴特色的文化创意产业发展。打造优质文化创意特色小镇，紧紧抓住“丝绸小镇”“美妆小镇”“原乡蝴蝶小镇”和西塞山旅游度假区的建设契机，依托钱山漾遗址“世界丝绸之源”等文化优势，积极探索推动与文化创意产业的融合发展，积极创建省级特色小镇文化建设示范点。充分发挥区位、资源、智力等优势，促进文化产业项目签约落户、落户的文化产业项目开工建设。建立文化产业项目库，积极推进文化创新驱动、文化产业重大项目带动和特色文化产业发展，积极推介优质项目申报省、市文化产业扶持资金。组织开展吴兴文化名企名品培育创强行动，逐渐培养一批有实力、有竞争力的文化行业龙头企业；指导推出一批具有吴兴特色的广播影视、动漫游戏、创意设计、演艺视觉艺术等的精品佳作；大力推介一批文化产业企业、“非遗”项目走出去，积极组团参加义乌文化产品交易会等；提高区域文化产业创造力、竞争力，实现城乡文化力量积聚，激发文化创意活力迸发。

【文化遗产保护】　开展“大匠至心·非遗薪传”吴兴区“非遗”保护系列活动，挖掘命名第六批区级“非遗”项目17个，成功推荐老恒河酿造技艺和东林柳编技艺两个项目入选浙江省第五批非物质文化遗产代表性项目名录。加强属地文物保护，全力做好古村落保护和利用，服务道场乡多宝塔修缮后亮灯仪式，支持“钱山漾遗址”所在地路村村实施“文化+”开发，围绕“太湖溇港文化”提升义皋古村落文化影响力，使千年古村在保护与开发展示中焕发新生。

（区文体局）

·卫　生·

【概况】　注重基层基础和能力提升，不断培育医疗卫生和健康服务品牌，切实筑牢健康屏障，取得一定成效。全区各级各类医疗机构共有391家，执业（助理）医师1887名，注册护士1746名，床位1713张。本地孕产妇零死亡率；5周岁以下儿童死亡18例，死亡率2.62‰，婴儿死亡15例，死亡率2.18‰，新生儿死亡7例，死亡率1.02‰。产妇总数6772人，活产数6825人，住院分娩6852人，住院分娩率为100%；产后访视率98.16%；孕产妇系统管理率95.72%，7岁以下儿童保健覆盖率96.55%，3周岁以下儿童系统管理率95.74%。人均期望寿命79.58周岁。

【社区卫生工作走在前列】　按照为民办实事基本建设项目计划，稳步推进本年度新建、迁建和改扩建项目24个。坚持以评促改、以评促建、评建结合的工作方针，把创建工作和常态工作有机结合，切实提升服务品质，满足群众个性化需求，为推进分级诊疗、基层首诊打下坚实基础。仁皇山滨湖街道社区卫生服务中心成功创建为国家级百强社区卫生服务中心，环渚龙泉街道、杨家埠龙溪街道和仁皇山滨湖街道社区卫生服务中心成功创建为全国优质服务示范中心和浙江省百强社区卫生服务中心，环渚龙泉街道社区卫生服务中心成功创建浙江省青年文明号。

【强化医疗卫生服务体系建设】　全面部署慢性病管理、老年人健康管理、妇幼保健、卫生监督协管和健康教育等工作。强化基本公共卫生项目和重大公共卫生项目规范化管理，不断提升项目绩效，项目完成率保持在95%以上。加强重大传染病管理和突发性公卫事件应急处置，强化H7N9禽流感、登革热、血吸虫、艾滋病、结核病等防控工作，全区无甲类传染病事件报告；调查处置聚集性疫情38起，处置及时率100%。全区突发公共卫生事件报告率、及时处置率100%，无重大突发性公卫事件发生。加快中心城社区卫生服务体系建设，实现“硬件设施、人才队伍和诊疗服务”从无到有的实质性突破，积极打造“六位一体”城市社区卫生服务体系。建立覆盖全区的中医药“治未病”工作格局，将中医非药物治疗逐步向社区卫生服务站下沉推广，实现服务方式创新、服务疾病谱扩面、服务对象拓展和服务人次增加；完成0~36月龄儿童和65周岁以上老年人中医健康管理（中医体质辨识）10699人和47101人，服务率分别为56.83%和53.80%；全区共有市级以上名中医4名。加强人才队伍建设，通过赴医学院校择优招聘、公开招聘、委托培养和高层次人才选聘等方式，共招录卫技人员98人，其中高层次人才2名，为基层医疗卫生队伍注入新鲜血液。制订《关于进一步完善吴兴区基层医疗单位收入分配制度的实施方案》，充分激活工作队伍的积极性和主动性。

【增强社区卫生服务工作内涵】　开展重点工作项目化管理，通过建立动态管理、绩效考评和激励保障三项机制，确保项目实效。落实家庭医生签约服务，创新“1+X”签约团队组成模式，将市级专家、百名基层医生骨干培训班导师、基层慢病首席医生、健康管理师、社区公共卫生协作员、社区干部和社区志愿者等优质资源纳入签约服务网络，建章立制，稳步推进；通过“医联体”“智慧医疗”“区域共享中心”等平台，初步实现市级专家预约号源、住院床位、大型医疗设备等资源共享，增强群众对责任医生的信任度和满意感；全区完成规范签约20.56万人，达全人群的33.29%。中心城社区卫生服务中心与市级医院合作建立慢病联合诊疗室，按需统筹市级医院高年资慢性病专家下沉坐诊，同时实行慢性病药品市区统一保障机制和慢性病患者年度报销额度提标政策。实现“紧密与松散、帮扶与支援”相结合的合作办医模式全覆盖，其中县乡合作办医达100%。开展业务知识竞赛和技能比拼活动，营造“比、学、赶、帮、超”的良好工作氛围，激励卫技人员不断学习更新业务知识、提高综合素质及服务能力。

【加强医疗卫生系统党风廉政建设】 坚持“严”字当头，“实”字托底，不断增强全面从严治党工作的实效性和系统性。强化理论教育，通过党委理论学习中心组、党纪教育一刻钟等形式，加深对习近平总书记系列重要讲话等内容核心要义和精神实质的把握，把学习成果体现到落实上级决策部署和推动卫生计生行业发展的实际行动中。加强基层党建，打造医疗党建共同体，促进各医疗卫生机构在党的领导下健康有序发展；针对民营医疗机构实行党建指导员委派制，培育两新组织示范点；新建党支部2个。落实责任传导，在“一把手”负总责基础上，通过签订目标责任书、廉政承诺书等，建立完善责任传导机制，把责任压紧压实。定期开展风险研判，通过廉政谈话、定期汇报等形式分条线研判存在问题，进一步健全风险防控机制。落实民主决策，落实主要负责人“五个不直接分管”“三重一大事项”集体商议和“一把手”末位表态制度。开展医疗卫生单位巡察工作，重点巡察被检领导班子在政治纪律和政治规矩执行、党风廉政责任制落实、医院管理制度执行和经济管理等内容，累计巡察6家单位，开展个人谈话117人、发放问卷调查211份、查出问题60个，经梳理后客观形成巡察反馈意见6份，存在问题得到有效整改。完善工作制度，修订《党风廉政建设》《行风建设制度》《行政管理制度》《人事财务制度》《信访和安全生产管理》5大项31小项管理制度，确保有章可依、有据可循。提升干部队伍综合素质，完善科学有效的选人用人机制，累计提拔干部7名，动态建立医疗卫生系统后备干部库。创新开设“健康吴兴讲堂”，从政治上对基层医疗卫生和计划生育工作的改革发展进行深入解读。畅通问题反映渠道，办理“12345”阳光热线等各类信访投诉675件，响应率100%，及时办结率100%，群众满意率92%。

（凌　敏　吴梦希）

·计划生育·

【概况】 认真贯彻《人口与计划生育法》《浙江省人口与计划生育条例》等法律法规，稳妥实施全面“两孩”生育政策，扎实推进计划生育特殊家庭帮扶工作，切实加强出生人口性别比综合治理力度，不断推动孕前优生健康服务，有效夯实基层基础工作，深入开展母婴设施建设，持续深化流动人口计划生育基本公共服务均等化工作。全区上报出生人口4665人，政策生育率98.67%，出生人口性别比107.38，国家孕前优生健康检查项目目标人群覆盖率86.22%，三优培训覆盖率88.87%，建立三优指导中心9家，公共场所配备独立母婴室17家，流动人口登记管理率92.46%，流动人口计划生育基本公共服务均等化目标人群覆盖率95.03%，辖区群众对计生工作满意率达96.54%。

【健全统筹协调机制】 坚持将计划生育工作融入经济和社会发展总体规划，统筹考虑、综合决策、协调推进。加强责任落实，区政府、人口计生领导小组与高新区、各乡镇（街道）及18家成员单位分别签订计生目标管理责任书，明确各项工作目标、完成时间、责任单位和责任人，把计生专项考核纳入区对乡镇、街道综合考评体系，确保职责履行到位。严格执行“一票否决”制，全年共审核各类先进、代表、委员候选人4113例，对出现违法生育现象的11例集体和个人予以否决。加强综合治理，按照“政府主导、部门联动、源头治理、区域协作、预警防控”的工作要求，全力构建综治“防护网”，综合治理领导小组不定期召开专项会议，研究解决难点问题，通过强化普及、联合整治、制度建设多管齐下，落实出生实名登记制度和畅通投诉举报渠道，依法惩治“两非”行为，努力确保吴兴区出生人口性别比控制在正常范围。加强部门协作，畅通与卫生、公安、民政等部门信息共享渠道，以再生育对象为重点全面落实婚育全过程跟踪管理服务，有效防止违规恶性终止妊娠事件发生。组织专人定期深入基层开展工作督导，通过发现、研究、解决问题这一过程，建立健全落实实名登记、证件查验、按月随访、信息共享、监查通报等制度。

【实施全面“两孩”政策】 认真贯彻落实《人口与计划生育法》《浙江省人口与计划生育条例》，修订完善《吴兴区人口和计划生育管理实施办法》，调整吴兴区人口计生领导小组及成员单位，健全“党政领导、部门配合、齐抓共管、综合治理”的保障机制。加强生育政策解读和舆论引导，引导群众按政策、有计划、负责任生育，确保生育假期、社会抚养费征收、生育证件办理、计划生育奖励制度等政策的稳妥衔接和平稳过渡。全面实施生育登记服务制度，启用生育登记服务平台，实行一次性书面告知和个人承诺制，有效简化办事程序。全年共办理一孩生育登记 2030 人，二孩生育登记 1977 人，再生育审批 122 人。开展优质服务，依托市、区两级“国免”指导服务机构，为辖区新婚、再生育、新居民提供免费孕前优生健康检查和指导工作，尽可能避免和减少生育高风险及缺陷儿的出生。

【深化流动人口管理服务】 强化部门协作，联合公安、教育、人力社保、建设交通、新居民等部门开展证件查验、重点对象服务管理工作。落实流动人口生育全过程管理服务制度，完善生孕信息管理和孕情消失倒查机制。按照国家流动人口动态监测工作要求，利用电子辅助调查系统，编制动态监测抽样框、扎实做好入户调查，完成 8 个样本点 160 名流动人口和 8 个社区的问卷调查、质量交叉互审及网上录入工作。将流动人口双向协作工作机制作为抓好流动人口计划生育“一盘棋”工作的重要举措，在全市率先成立流动人口之家，强化源头管理，与安徽、广东、贵州等 13 省 33 个县（市）签订双向管理协作书，成立流动人口计生协会 38 个，有效加强区域间信息反馈、跟踪服务和资源互补。分别与安徽省歙县、潜山县卫计委签订流动人口区域协作协议，明确专人专职为流动人口提供计划生育服务，进一步扩大服务覆盖面，使区域协作迈上新台阶。在重大节假日期间，开展外出育龄妇女信息大排查。全面落实流动人口长效避孕节育措施奖励、免费健康检查、计生手术费报销和困难救助等各类优先优惠政策，充分发挥协会联系群众优势，有效提升流动人口融入度和归属感。

【落实人财保障机制】 加大财政资金投入。按照科学合理要求对计生工作经费给予政策倾斜，保障经费投入连年增加，全年计生工作经费达 2661.65 万元，同比增加 11.32 个百分点。强化执法队伍建设，确保计生执法监督正常有序开展，2017 年新增卫生计生执法人员 3 名，开展计生执法监督 4 次。强化卫生计生职能融合，调整完善乡镇、街道内设机构，除高新区外均将计生办更名为卫计办。全区各乡镇（街道）共配备计生行政管理人员 71 名，计生办工作人员 54 名，其中公务员 31 名。健全村级计划生育领导组织，科学配备卫生计生工作人员，全区 164 个村、79 个社区共配备计生服务员 345 人，其中 2000 人以上村（社区）共 101 个，均配备 2 名及以上计生服务员，村级计生服务员年报酬均达村支部书记（村委主任）报酬的 80%以上，并全部缴纳养老保险，确保人员、报酬、职责三到位。大幅提升计生队伍业务能力，举办乡镇（街道）、村（社区）计生工作人员业务知识和素质能力提升培训 5 期。

【整合优化卫计资源】 全面深化国家免费孕前优生健康检查项目工作，由市妇保院、区人民医院共同承担辖区新婚、再生育夫妇孕前优生健康检查和指导工作，通过分类检查、细化项目、规范评估随访等，极大地提高优生优孕服务质量。实行“国免”项目平台与“12356”服务平台互补共推，分级分类做好婚、孕、育等全方位计生随访工作。将“国免”项目与“三优”促进有机结合，引导群众树立科学育儿意识，进一步增强预防出生缺陷能力，营造全社会科学育儿的良好氛围，全区乡镇卫生院实现“三优服务指导中心”全覆盖，其中省级示范点 2 个。充分发挥计生网络优势、卫生技术服务和阵地优势，开展孕前高风险对象管理服务，举办各类三优培训和亲子活动，进企入户发放计生宣传资料，举办各类知识讲座和提供生殖健康服务，实现资源共享、优势互补、依托社区、服务于民。

【完善计生特殊家庭保障制度】 加大计划生育优先优惠政策执行力度，全面落实法律法规规定的计划生育奖励优惠政策和区计生公益金制度规定的各项奖励救助政策。全区共落实奖励扶助、特别扶助、独生子女父母奖励费发放、残疾计生家庭大学救助、低保计生家庭救助、困难计生家庭救助、手术并发症对象救助等各项优先优惠政策救助金共计 1526.348 万元。积极开展计生特殊家庭联系人制度及责任医生签约服务，明确帮扶联系人和责任医生。继续实行“政府购买服务”模式，依托南太湖和幸福之家居家养老中心服务平台，以“五定”（服务对象、服务项目、服务时间、服务地点、服务人员）方式，为计划生育特殊家庭老人提供生活照料、医疗护理、精神慰藉、特定个性化等服务，全年为计生特殊家庭提供居家养老服务20296小时15759人次，支付服务经费35.42万元。深化“专业+志愿”服务活动，通过“失独少孤独”活动、集体生日会等形式经常性为计生特殊家庭提供关爱服务，全年开展各类活动20场。区计生协会为计生特殊家庭购买关爱保险，进一步缓解计生特殊家庭后顾之忧。

（顾国英）

·体　育·

【概况】　成功创建浙江省体育强区，病顺利通过浙江省“四提升、四覆盖”（提升群众身边的体育场地建设水平，努力实现便民体育设施全覆盖；提升群众身边的体育组织水平，努力实现乡镇（街道）“1+5”体育社会组织网络全覆盖；提升群众身边的健身活动水平，努力实现常态化健身活动全覆盖；提升群众身边的健身指导水平，努力实现行政村（社区）社会体育指导员及乡镇（街道）体质测试网点全覆盖）全民健身工程评估验收，吴兴区体育总会获评“全国群众体育先进单位”，有力有效推动群众体育、竞技体育、体育产业协调可持续发展，做到“靠前站、马上办、讲实效”，圆满完成全年各项工作任务。

【全民健身】　成功创建省级城市体育先进社区5个、省级社区体育俱乐部5个、省级村级体育俱乐部9个，省级小康体育村升级工程20个；市级全民健身示范点10个，市级中心村健身广场6个；建成拆装式游泳池6个、笼式足球场6个、多功能运动场6个。中心城区街道100平方米室内活动场所、500平方米室外活动场的健身苑以及乡镇本级标准灯光篮球场实现全覆盖。围绕“吴兴之星”品牌，全力唱响“全民健身与省运同行”主题，举办各类体育活动1000余场。鼓励乡镇、街道举办行政村（社区）运动会，实现行政村（社区）运动会举办全覆盖。举办吴兴区第四届休闲运动节，城乡群众广泛参与。持续发力社会体育指导员队伍建设，全年培训社会体育指导员400余人。通过政府购买服务，借助社会力量推动落实公益大培训，分别在32个地点培训项目13个，累计有18560人次参加培训。

【竞技体育】　围绕办赛、参赛两条主线，抓好场馆、竞赛队伍建设两大重点，扎实推进省运会筹备工作。强化备战训练，在浙江省青少年武术散打省锦标赛上，获得第二名1个、第三名3个、第五名11个的历史最好成绩，非常有望在2018年省运会中取得好成绩；浙江省青少年足球冠军赛（乙组）获得第四名、浙江省青少年足球锦标赛（乙组）取得第七名，有望在2018年省运会中冲金。制订备战方案，完成男足、女篮、武术散打项目组队任务，有序推进夺金拿牌目标。为进一步强化经验积累，成功承办全国青少年武术散打锦标赛暨亚洲青少年武术散打比赛选拔赛和省青少年武术散打冠军赛。在第十三届全国运动会上，28名运动员代表浙江征战竞技项目决赛阶段比赛。获得奖牌8枚，创造吴兴籍运动员参加全运会历史最好成绩。特别是李建鑫在场地自行车男子团体竞速赛半决赛中打破全国纪录，创造了浙江省自行车赛事项目的新历史。

【体育产业】　投资12亿元建设吴兴区文体中心，内设室内篮球馆、训练馆等体育设施，满足举办大型高水平赛事和全民健身需求。不断加强湖州海岛体育俱乐部、织里育能健身俱乐部、吴兴区南太湖体育俱乐部等为代表的健身场馆建设，在健身器材、场地、环境等方面有了质的飞跃。指导建设妙西镇陆羽古道、埭溪镇天字古道、耀武关运动休闲基地，高标准建设西塞山旅游度假区原乡小镇步道。引进新建耀武关“无动力滑板车”项目，该项目为全国首家、全球第四家；昆塔运动中心项目成功入选“浙江省体育产业资金入库项目”，吴兴区的建设活动模式得到省体育局检查组的高度肯定。认真做好第八届环太湖国际公路自行车赛相关工作，举办长三角地区双打王混合团体邀请赛、浙江省国际大力士挑战赛等大型体育表演赛事，促进体育消费，为吴兴体育产业发展注入了强劲动力。

（区文体局）

·广　电·

【概况】　湖州广播电视总台吴兴广播电视中心属湖州广播电视总台派出机构。吴兴广电中心主要承担新闻宣传和综合管理两大职能，原事业（网络）

建设管理职能划归到总台网络传输中心。吴兴广电中心开办电视《吴兴新闻》栏目和“村村响”对农广播节目,每周一至周五在湖州新起点频道播出(次日中午重播),时长10分钟。“村村响”对农广播设有《吴兴新闻》《王金法广播》《乡村风景线》《百姓生活》《文艺万花筒》共五档节目，每天分早中晚3次播出，每天播出总时长为6.5小时，自办节目时间为150分钟。吴兴广电中心紧紧围绕吴兴区经济社会发展重点,加大广播电视对外宣传力度和密度，全年吴兴广电有82篇外宣稿件获央视央广、省级媒体平台录用，其中在央视《新闻联播》播出2条、央视及浙江卫视等平台播出31条，央广、浙江之声播出广播外宣49条，开展公益活动2次。

【新闻宣传】 吴兴广电中心紧紧围绕中心工作，服务经济社会发展大局，较好地完成了市总台及区委、区政府赋予的各项任务。吴兴广电全年安全编播电视、广播《吴兴新闻》各256期，对农广播《乡村风景线》104期，《王金法广播》104期、《百姓生活》156期，《文艺万花筒》366期，实现安全播出无差错；向集团(总台)、区两办、市记协报送各类工作信息和舆情信息共计69篇，以信息督查调研的方式，积极主动发挥好广电媒体参谋助手作用。

开展主题宣传。吴兴广电中心充分发挥《吴兴新闻》“村村响”对农广播等宣传主渠道和自身传播特点，切实加强重大主题宣传报道的选题提炼、立意挖掘和组织策划。全年共推出十多个重大主题宣传系列报道。围绕吴兴区开展的“靠前站、马上办、讲实效”“五水共治”“四新主题实践”“特色小镇建设”等主题活动，精心策划推出“四新”主题实践活动、“靠前站、马上办、讲实效”“践行两学一做 锻造吴兴铁军”“剿灭劣V类水在行动”“争当排头兵·实干大比拼 一把手系列访谈”“文明创建进行时”以及“高新区战区日志”等各类重大主题宣传系列专栏十多个，着力体现吴兴特色和吴兴亮点。中心主题新闻报道共计300余篇，尤其是5月推出的“争当排头兵·实干大比拼 一把手系列访谈”重大主题报道系列，共播出18篇访谈，做到立意新颖、主题突出，并与新媒体互动，取得良好的融合传播效果。

服务基层。继续深入开展“记者走基层”“走转改”活动。鸡年新春伊始，为多角度全方位报道吴兴区各行各业奋战一季度，争创开门红的工作状态，推出《行走吴兴·迎春季》《行走吴兴·丰收季》等走基层系列报道，播出《渔民享冬捕丰收喜悦》《埭溪镇山宕村 年俗活动正当时》等营造喜庆祥和的年俗氛围；积极参与总台开展的“百名记者走进治水现”新闻行动，播出《东林镇五水共治促生态红利变百姓福利》《织里：航拍器成巡河利器》《种莲净水 高新区多措并举清理“毛细血管”》等剿灭劣V类水报道；积极开展面向基层的公益活动，6月1日、6月4日，分别开展吴兴广电中心新闻实践基地成立暨慰问贫困儿童及“西山漾首届骑跑两项赛”两项公益活动。通过系列活动，将新闻宣传和记者服务基层相结合，使记者的镜头和笔触成为服务社会、服务民生、体恤民情的重要手段。

开展两会宣传。全力以赴做好吴兴区两会的宣传报道工作，中心统筹部署、全员参与、团结协作，把两会精神通过广播电视及时、准确地传递到广大受众面前。会前专门召开专题研究部署会，将任务落实到每位记者；会中，全体采编人员参与采访报道和制作，从拍摄、采访、配音以及后期编辑，使流程有条不紊，忙而不乱，每一位参与两会报道人员做到相互补位、紧密配合。在团队的齐心协力、共同努力下把两会精神通过广播电视及时、准确地传递给广大受众。两会期间，累计加时播出超20分钟，播出两会新闻报道30余篇；开设《代表委员风采》栏目，专访代表委员6名，营造了团结奋进的舆论氛围,得到区领导和各界的一致肯定和赞许。展现广电形象和广电精神。

开展对外宣传。大力推进传播内容、形式和手段等创新，积极借助总台全媒体中央厨房二期扩建项目，结合实际，强化与各平台在策划、采编、集成等业务的融合，充分彰显了吴兴广电扎根基层优势。吴兴广电中心积极创新，通过成立外宣特别行动小组、主动对接职能及兄弟部门，努力压实细化外宣任务。向总台及以上媒体报送《吴兴区高新区：逐个剿劣 改善乡镇村水环境》《中节能：打造湖州东部节能环保园区示范》等精心采制、富有特色的各类新闻稿件近400余条。据统计，在省级以上媒体播出82篇，其中中央级广电媒体播出14篇。

配合中心工作。克服人员紧、任务重的现实条件，在出色完成好各项日常宣传报道基础上，积极配合和服务区委、区政府开展的各类专项行动，全力发挥好广电媒体舆论监督和服务引领作用。全年摄制完成《2017年“中心城区提质行动”环境攻坚组重难点项目解析》《争当排头兵 全区一把手亮晒比拼》《埭溪天字古道》《吴兴环保达人评选》等视频宣传片14部，为服务区委、区政府、乡镇及部门的中心工作提供良好的服务。

媒体融合。面对当前新媒体蓬勃发展的新形势，吴兴广电作为最基层的广电传统媒体，逐步树立起互联网思维和理念，利用现有的广电特色和优势，不断强化媒体融合思维，开设“吴兴广电”新浪官方微博，及时传递吴兴新闻、关注吴兴动态、传播吴兴特色。开设“吴兴广电”新浪官方微博发布各类新闻和信息8000多篇，及时传递吴兴动态，宣传吴兴亮点。通过运作，官微粉丝已有2200多位。

【设施建设】 区广电中心继续扎实做好各项技术保障、设备更新以及采编人员的培训工作，确保中心广播电视采编播安全有序。

注重设备提升。为更好适应区委、区政府对广播电视新闻宣传要求，区广电中心及时做好设备更新升级工作。市总台领导及技术部专家，多次来广电中心进行调研指导，专门委派相关技术人员，对采编播设备、演播室灯光等运转状况进行全面检查测试。同时增配一台高清摄像机，为中心新闻节目质量的提升打下坚实的基础。

加强日常维护。积极做好常规性维护保养与检修，技术人员经常性开展设备维护工作，确保机器设备运转正常。专门对全区“村村响”对农广播进行集中巡查；对节目采编、制作、传输、播出的各个环节端口进行梳理排查，做到安全播出规范有序。制定完善相关安全播出管理制度，使规章上墙，做到职责明确、责任到人，尤其加强播出机房的值班值守，确保广播电视安全播出。

强化专项保障。突出做好重大会议活动和突发事件宣传的专项保障，特别在市、区两会、全国农村综合开发工作会议等重大活动举办期间，中心技术人员专门对采编播设备提前进行维护检修，排除故障隐患，为圆满完成重要会议、重大活动和重大突发事件的宣传报道提供有力支持。

【队伍建设】 区广电中心始终把树立政治意识、大局意识、责任意识和导向意识，作为新闻舆论工作的职责和使命。认真开展“学党章党规、学系列讲话，做合格党员”学习教育，充分发挥好基层党群组织作用，强化内部管理，推进团队文化建设，着力营造团结、和谐、稳定的良好氛围。

落实意识形态主体责任。认真贯彻学习《浙江省党委（党组）意识形态工作责任制实施细则》，落实好意识形态工作主体责任，制定细化关于坚持正确舆论导向责任制有关规定。深入开展好“两学一做”学习教育，与全市“四个年”活动、吴兴区“八大行动”、文明创建等工作结合起来，以中心党支部为基本单位，以“三会一课”、党员固定学习日、周一业务学习会和月度工作例会为载体开展学习讨论，以落实党员日常教育管理制度，确保全员参与、不留死角。全体党员干部认真学习党章党规、系列讲话，重点学习习近平总书记2月19日在“党的新闻舆论工作座谈会”上重要讲话精神和《习近平关于党风廉政建设和反腐败斗争论述摘编》“党的十八届六中全会精神”等内容，真正把党的思想政治建设抓在日常、严在经常。

管理机制不断完善。区广电中心不断规范和完善内部管理，提升队伍素质，重点围绕年度目标任务进行分解细化到各部室以及每一位员工；修订完善新闻一线从业人员月度绩效考核办法、信息考核办法；进一步健全新闻工作编前会制度，固定设立每周选题会、月度学习会、季度业务比武等例会制度，营造“比、学、赶、超”的良好氛围；加强财务管理，严格执行市总台规定，规范包干经费的支出流程和使用标准。

团队建设强力推进。组织全体员工积极参与“我是广电人”等活动，不断强化员工责任意识；提升员工专业技能，鼓励专技人员积极参加职称评定；积极参与总台、市记协组织的各类专题讲座和业务辅导，着力提升从业人员综合素质；继续把妙西肇村新闻实践基地作为服务基层群众、提升团队素质的抓手，不断拓展其内涵和外延。分别开展“服务新闻实践基地、义务清扫宣传文明”和“文明城市、幸福家园，红十字工作进社区”两项志愿服务公益活动。2017年，向市总台、区委、区政府以及市记协报送各类工作、舆情信息共计69篇。

（卢小媛）

第十九篇　社会·民生

·劳动和社会保障·

【概况】　劳动和社会保障工作，牢牢抓住服务发展和保障民生工作主线，落实就业创业政策，加大投入力度，扶持创新创业项目，开展“破解招工难题　保障企业用工　助力吴兴发展”三年行动计划，提升就业服务水平；创新职业培训合作机制，大力推进职业技能培训；以就业困难人员、4050失业人员、未就业高校毕业生、农村转移劳动力等困难群体为重点帮扶对象安置就业。全区实现新增就业22438人，失业人员实现再就业4280人，困难人员再就业1341人，城镇登记失业率2.09%，“零就业”家庭保持动态归零，职业技能培训5733人，鉴定发证3799人。深入开展社保标准化创建，顺利启动跨省异地就医联网结算工作，推动“最多跑一次”改革深入实施，梳理人社领域“最多跑一次”事项54项，规范经办流程，缩减办事时间，建立健全“一窗受理、集成服务、分类设置、受办分离”的运行机制。开展社保精准扩面，全民参保登记，深入贯彻实施城乡居民基本养老保险制度，全区法定人员基本养老保险参保人数46.04万人（其中城乡居民基本养老保险参保10.92万人），参保率达90.06%；全面贯彻实施全市统一的基本医疗保险制度，全区户籍人员参保人数62.12万人（城乡居民基本医疗保险参保31.85万人），基本医疗保险参保率达99.34%；累计制发社保卡36.2万张，发放率达100%。开展医保支付方式改革，首批在区内两家二级公立医院实施总额预算管理，进一步规范定点医疗机构服务行为，控制医疗费用不合理增长，保障参保人利益。充分依托社会资源，开展第三方审计，规范医疗机构医疗行为，加强社保基金使用自查自纠，社保基金阳光运行。强化矛盾隐患排查，打击恶意欠薪，加强基层劳动监察执法和劳动纠纷调处队伍建设，劳动仲裁织里派出庭实现实体化运作，建立依法处置欠薪案件联动机制，推进欠薪案件的高效处置，扎实推进企业“双爱”活动，规范企业劳动用工。全区累计受理劳动违法投诉举报案件543件，其中立案办结25件，案件办结率达100%；受理劳动争议案件382起，结案380起，结案率99.48%。

（区人力社保局）

【公共就业服务】　制定“破解招工难题　保障企业用工　助力吴兴发展”三年行动计划，实行16项项目化管理，开展“1253134”工程，即“建立一园两中心”。加强“智慧就业”建设，着手改建“吴兴人力资源网”，开通微信公众号，实行每周信息发布，努力打造24小时电子人力资源市场。组织开展“帮企业、补短板、促发展”人社政策万企轮训会，累计开展5期培训，近500家企业接受培训。有效落实援企稳岗政策，降低企业用工成本，妥善做好“去产能”企业职工转岗安置工作，全年665家企业申请2016年度企业稳岗补贴，发放补贴金额1300余万元。进一步完善就业失业动态信息监测工作机制与考核奖励机制，完成就业失业动态监测样本调整，开展监测企业信息填报业务培训。组织开展“春季人力资源交流大会”“现代服务业”“酒店餐饮业”“高校毕业生”“农村劳动力转移”等专场招聘会，组织企业赴安徽、贵阳、广东、湖南、江西等地开展技能人才校企对接和招聘活动，累计开展各类人力资源交流活动33场，为312家重点企业解决用工13000余人。落实《吴兴区大众创业示范园认定和管理办法》，完成吴兴科创园、吴兴梦工场等首批区级大众创业示范园认定工作。组织推荐优秀创业青年参加省市各项创业创新大赛，指导和帮助七幸孵化园等园区完成省、市级高校毕业生创业示范园认定和复评工作。以就业困难人员、4050

失业人员、未就业高校毕业生、农村转移劳动力等困难群体为重点帮扶对象，深入开展“三送一扶”行动，共审核认定就业困难人员721人，落实灵活就业社保补贴854万元。全年，全区实现新增就业22438人，失业人员实现再就业4280人，困难人员再就业1341人，农村电商创业934人，带动就业4203人。开发村（社区）公益性岗位515个；城镇登记失业率控制在2.09%，“零就业”家庭保持动态归零。

（陆惠娣）

【社保体系】 精准扩面，推进参保全覆盖。开展社会保障政策“进社区、进企业、进高校”活动、巾帼文明岗进社区、党员先锋岗进社区等宣传活动，提升社保政策知晓率，营造全民参保宣传氛围。运用全民参保登记成果，实施社保精准扩面，全区法定人员基本养老保险参保率达90.06%，目标任务完成率居全市第一；基本医疗保险参保率99.34%，全市排名第三。蹄急步稳，强化民生保障。实施信息系统改造，基本医疗保险顺利实现异地就医实时联网结算。完成城乡居民基本养老保险6.29万人待遇享受人员基础养老金调标工作，月增发待遇约94.44万元。通过业务培训、加强工作调度、数据核对等举措，及时做好机关保人员的待遇调整，补发待遇596.48万元；平稳完成机关保中人新老办法对比计发工作，完成率达99.09%，居全市第一。实施社保标准化创建，开展社保大厅改造工程，设立咨询服务区、综合服务区、等待休息区等六大区块，营造便民服务新环境，创建工作全市排名第一。优化服务，深入推进“最多跑一次”改革，梳理社保领域“最多跑一次”事项19项，精简办事程序，其中零上门事项14项，占最多跑一次事项的73.68%，“最多跑一次”改革工作专项考核居全市第二。创新管理，实施医保支付方式改革。开展数据测算，下达总额预算管理指标，首批在吴兴区人民医院和吴兴区中西医结合医院实行，进一步规范定点医疗机构服务行为，降低人均住院费用。健全制度，维护基金安全。建立健全内控制度，规范经办流程。开展医保医师选择性培训、内部业务稽核和外伤稽核，严格执行审核制度，累计稽核外伤报销案件263例，查实不符合医保报销案例57例；查处定点医疗机构医保违规案件5起，处理医保医师5名，取消医保医师资格1人。探索开展社保基金第三方审计，参保登记、基金收缴、待遇支付、财务核算、运行监督整体规范化推进。

（莫小燕）

【劳动关系】 全区累计受理劳动违法投诉举报案件543件，涉及人数7600人，金额5494.9万元，其中立案案件25件，办结案件25件，涉及人员424人，金额203.8万元，案件办结率100%；行政处罚案件11件，罚款金额8.87万元；受理信访件11件，阳光热线交办单29件；受理劳动人事争议案件382件，结案380件，结案率99.48%。其中调解案件335件，调解率88.2%；受理案件涉案经济标的2960.45万元。全年经区劳动保障监察大队向公安机关移送涉嫌拒不支付劳动报酬罪案件2件。区劳动保障监察大队对3500家用人单位进行劳动保障书面审查。区劳动人事争议仲裁院指导380家规模以上企业建立劳动争议调解组织，建成率达100%。会同区公安、市场监管等部门开展清理整顿人力资源市场秩序暨整顿劳务外包承揽秩序专项行动，出动执法人员86人次，检查用人单位209家。发现用工不规范的企业4家，责令限期改正，依法取缔织里镇马路中介市场；设立区劳动维权一站式服务窗口，实行劳动违法、劳动纠纷案件统一受理、分类处理的运用机制。

（孙一兵　卢　捷　扬　帆）

·人事人才·

【概况】 全区入选“南太湖精英计划”项目35个，其中领军型创业团队19个、领军型创新团队3个、创新长短期人才11名、院士专家工作站2个，新增省级博士后工作站2家，与湖州信息工程学院共建国家级高技能人才实训基地1家，培训高技能人才2727人，与清华大学等知名高校合作，培训企业经营管理人才2931人，为推动吴兴赶超发展提供良好的人才保障。区委严格执行《党政领导干部选拔任用条例》，深入推进干部人事制度改革，注重树优导向、规范操作流程，全力打造“吴兴铁军”，切实提高选人用人公信度和满意度。研究讨论干部212人次，其中提拔任用83人次，调整和交流轮岗117人次，退出领导岗位12人。

（周　斌　吴　昊）

【人才队伍建设】 全面落实“人才新政”，健全工作运行机制，推进高端人才引育，优化创新创业环境，全力打造人才生态最优区。研究出台吴兴区《关于实施人才发展政策的若干意见》，优化目标责任考核体系，明确25个人才工作领导小组成员单位的“时间表、路线图、任务书”，严格执行月度汇报、季度通报制度，强化制度执行和责任落实。全年入选省“海外工程师”3名、市“南太湖精英计划”项目35个。连续第3年面向浙大、人大等十所“985”工程院校定向选调优秀应届毕业生。推动“南太湖精英计划”企业挂牌“新三板”2家、“国际人才板”3家。发动企业开展国际和国家标准制修订，完成为主制修订国际标准1项、为主制修订国家标准1项，参与制修订国家标准2项，总数列全市第一。指导高新技术企业申报专利，提高企业技术研发能力，全区每万人专利拥有量达到25件左右。组织申报创新创业大赛企业7家，申报省科技奖评审企业5家。

（周 斌）

【人事制度改革】 紧紧围绕“好班子、好干部、好梯队”目标，打好“上下管育爱”组合拳，不断提升“吴兴铁军”精气神。结合换届后人事调整及国企、监察体制、部门机构、群团改革等工作，开展领导班子调配8批212人次，提拔科级领导干部83人，50名新任副科级领导干部中“80后”占到64%，配备35周岁左右科级领导干部达到23.9%，35周岁左右乡镇、街道党政正职达6名，年轻干部培养使用走在全市前列，同时调整不适宜领导干部13名，其中免职2名，改任非领导职务5名。坚持多渠道培养，完成中共十八届六中全会精神轮训、第十二期青干班等主体班次培训，重点选派3名优秀年轻干部到中央部委、3名干部到省市部门挂职学习，开展“87”后优秀年轻干部集中调研，储备区级后备干部150名，以选派上海高校培训、下派中心工作锻炼等方式，开展针对性培养。坚持多渠道练兵，先后选调609名干部参加“八大行动”“剿灭劣V类水督导”“城中村改造攻坚和建设项目遗留问题清零”等重点任务，在一线实干中提升干部综合能力。严格落实干部选拔任用“凡提四必”要求，全面审核拟提拔任用干部监测数据信息，其中，因违反个人事项报告有关规定暂缓提拔2人、批评教育5人。严格查核涉干监督举报，累计查核信访举报11人次，针对问题及时提醒4人，函询4人，诫勉1人。制定落实《吴兴区激励干部改革创新干事创业容错纠错实施办法（试行）》，明确干部容错免责6个方面条件以及不予容错的4个方面情形，旗帜鲜明保护敢作敢为、勇于担当的干部。

（吴 昊）

·机构编制·

【概况】 区机构编制委员会办公室是区机构编制委员会的常设办事机构，在区机构编制委员会的领导下负责全区行政管理体制和机构改革以及机构编制的日常管理工作，2015年1月，单独设置并运行。区编委办设有综合科、机构编制科（行政管理体制改革科）、监督检查科和事业单位登记管理局、机构编制信息服务中心两家下属事业单位，人员编制共10名。

【行政管理体制改革】 （1）推进“最多跑一次”改革。结合权力清单和公共服务事项清单，积极协调有关部门，组织开展梳理办事事项，公布“最多跑一次”事项。全区26家单位共梳理出群众和企业到政府办事事项510项，其中“最多跑一次”503项，“零上门”291项，分别达到98.63%、57.06%。督促部门将已公布事项及时加载到浙江政务服务网，并调整完善办事流程相关资料，推动群众和企业上网办事，推进政务服务向村、社区延伸覆盖。协助做好“一窗受理、集成服务”工作，制定出台政务办事“一窗受理、集成服务”改革实施细则，设置“房产交易与不动产登记”“商事登记”“投资项目审批”“社保医保”“其他综合事务”五大综合受理窗口，按照“两集中两到位”的要求，全区26家部门办事事项100%进驻政务大厅。（2）积极推进乡镇街道“四个平台”建设。研究制定《关于加强乡镇（街道）“四个平台”建设完善基层治理体系的补充意见》《吴兴区全科网格管理办法》等政策性规定，对“四个平台”指挥运行机制、全科网格建设、人员属地管理等作出明确规定。在区层面建立指挥中心，专门核增3名人员编制；各乡镇、街道单独设立“综合信息指挥室”，配备2~4名工作人员，整合建立基层全科网格1186个，配备全科网格长（员）3986人，“指挥中心+指挥室+四个平台+全科网格”的“1+1+4+N”的基层治理体系框架全面形成。制定《区级部门派驻乡镇街道机构及人员管理实施意见》，撤销区市场监管局直属分局，全区所有乡镇街道全部设立市场监管所和行政执法中队；市场监管、综合执法、司法、国土、环保等部门共派驻人员230人，推动力量下沉。建立全省首个全科网格实训基地，组织全科网格员分批次开展实战式轮训，提升全科网格员的实战能力，全年培训人次达4000余人。倡导“标准化+”工作思维，率先制定《基层治理体系“四个平台”工作运行规范》地方标准，形成综合指挥、属地管理、全科网格、运行机制、成效评价标准体系。广泛开展吴兴区基层治理体系“四个平台”建设满意度调查，努力提升群众对基层治理体系“四个平台”建设的知晓度和满意度。（3）积极推行“双随机一公开”抽查监管。按照推行“双随机一公开”抽查监管机制的要求，强化工作指导，健全工作机制，提升监管效能。根据法定职责和省定抽查清单，指导职能部门更新完善随机抽查事项清单和实施细则，做到上下一致、职能对应。根据情况变化，同步调整执法检查人员名录库和抽查对象名录库。全面执行“双随机一公开”抽查监管机制，按照年度抽查工作计划，督促职能部门实施抽查监管，并按季进行统计汇总，有276名执法人员参加检查，检查单位2677家，双随机抽查事项数的覆盖率达100%。探索跨部门联合“双随机”抽查监管。按照省相关精神，采取“市区联动”模式，在市场监管、环境保护、安全生产、文化4大领域先行开展“部门联合、随机抽查、按标监管”的“一次到位”监管检查，检查单位489家，检查事项105项，有效提升了监管的公平性、规范性和实效性。

【机构编制管理】 切实加强机构编制管理。（1）从严实施编制总量管理。全区共核拨行政编制1156名（含专项编制），其中区级部门745名、高新区和乡镇街道411名；全区共核拨事业编制6132名（含参公348名），其中区级部门946名、高新区和乡镇街道529名、教育3750名、卫生907名（不含备案编制720名）。深化完善机构编制实名制管理办法，严格实施年初一次性用编计划审批制度，按照“人员进出总体平衡、人员结构分布合理、编制适当留有余地、新设单位分步到位”的原则，把好人员“入口关”。批准用编310名，事业编制231名，其中教育和卫生系统用编193名，占83.55%。（2）认真开展机构编制监督核查。根据省编办《关于强化机构编制违纪违规问题整改建立审批与整改联动机制的通知》精神，于7月会同区委组织部，对乡镇街道和区级各部门的机构编制管理情况进行专项督查，对督查中新发现的4个方面17个问题及时提出整改意见。以《湖州市机构编制违纪违规问题分类处理办法》为依据，制订整改方案，落实整改措施，整改26项，完成年度整改任务。联合开展机构编制审计，将机构编制管理执行情况、用编进人管理规定执行情况等4大方面内容纳入党政主要领导干部经济责任审计范畴，联合区委组织部、区审计局、区法制办等部门，对高新区开展“四责联审”。（3）不断深化机构编制实名制管理。严格执行《机构编制实名制管理暂行办法》《机构编制实名制管理相关程序》和《加强编外用工管理的意见》规定，实行单位实名制管理专人负责制，认真落实用编程序，开展数据核查工作“回头看”，实时更新系统数据。（4）切实加强注册登记管理。开展事业单位统一登记试点，完成湖州交通医院和吴兴中西医结合医院等两家试点单位的统一登记并发放事业单位法人证书。完成事业单位年度报告，按照《事业单位登记管理暂行条例实施细则》要求，全区274家登记注册的事业单位完成2016年度报告，并在互联网上进行公示。加强登记事项动态管理，为23家机关群团和93家事业单位及时办理变更登记，为新设立23家事业单位进行及时登记，做到手续资料完整齐全。加强政务公益中文域名管理，对全区351家已注册（含新注册40家）中文域名的党政机关、事业单位进行梳理比对和分类统计，实现中文域名注册动态管理，中文域名注册率达到102.37%。区管网站挂标率达到100%。

【权力清单】 不断调整完善权力清单、责任清单和公共服务事项“三张清单”。根据法律法规立改废释情况和“放管服”改革要求，强化检查指导，及时调整权责清单。深入推进权力清单“瘦身”。组织开展清理无法定依据权力事项，该取消的坚决取消，做到权力清单纵向横向比对规范，线上线下同步一致。持续推进责任清单“强身”，结合简政放权和政府机构调整，及时梳理责任清单，厘清职责边界，重点对事中事后监管制度进行细化完善，突出履职重点，实行网上公布，促进部门规范履职。梳理公开公共服务事项清单，围绕省“1113”行动计划，按照市、区通盘联动的要求，梳理公共服务事项358项，经过“二报二审二公开”，形成区级部门公共服务事项清单，于5月25日在浙江政务服务网公布。

（卜淑怡）

·公共服务·

【概况】 区政务办、公管办认真贯彻落实中共十九大和省、市、区党代会精神，紧紧围绕区委、区政府各项部署要求，扎实推进“最多跑一次”改革、政务服务平台建设、公共资源交易监管体制机制改革等重点工作，取得一定成效。区政务服务中心大厅全年办件量245240件，比上年同期增加114.5%，按时办结率100%，群众满意率达99%以上。区公共资源交易平台完成招投标项目334项，比上年同期增加42%，交易额42亿元，节约资金1.84亿元，节约率4.2%；政府采购项目206项，交易额3.23亿元，节约资金1.04亿元，节约率3.1%；乡镇实施项目724项，交易额3.72亿元，节约率5.87%。

【“最多跑一次”改革】 紧紧围绕省、市部署要求，制订改革实施方案，逐项明确各单位目标任务、责任清单、完成时限，确保将上级最新工作要求传达布置、落实到位。切实加强改革宣传，通过多种形式扩大公众知晓率和参与度，努力营造改革的浓厚氛围。在四轮梳理基础上，与省级部门指导目录不断比对规范、动态调整，全区26家部门单位公布“最多跑一次”事项503项，占群众和企业到政府办事事项的98.63%，“零上门”事项291项，“零上门”比例57.06%。按照“大幅度精减办事事项”要求，聚焦常办常用事项，大力精减非常办事项，精简率达到30.35%。区级各综合窗口都按照公布事项，制定《事项受理材料标准手册》《办事指南目录》等资料，明确业务范围、申请主体、办理条件、申报材料、办理流程、办理时限等各项要素条件。深入开展区政府各分管副区长和各部门“一把手”“窗口体验日”活动，以换位体验、现场办理等形式，对“最多跑一次”改革中存在的问题精准查找、提出建议、及时解决。以省“最多跑一次”改革督查和专项审计、区人大“最多跑一次”改革调研督察、区政协“最多跑一次”改革监督协商、区纪委“最多跑一次”专项督查等为契机，及时做好问题整改，确保“最多跑一次”改革各项工作真正落地、有效实现。

【政务服务体系建设】 扎实推进区、乡镇（街道）、村（社区）多级联动的政务服务平台建设，充分运用“互联网+政务服务”，不断提升全区政务服务水平。进一步落实“两集中、两到位”要求，全区25家部门办事事项基本进驻区政务服务中心。按照“一窗受理、集成服务”改革要求，对中心大厅进行改造优化，设立前台咨询引导、后台办公审批和电子政务区域，完成“房产交易与不动产登记”“商事登记”“投资项目审批”“社保医保”“其他综合事务”五大综合受理窗口设置。完善基层便民服务平台建设，完成高新区、6个乡镇、6个街道的便民服务平台实体化建设，织里镇、爱山街道被列入全市乡镇街道便民服务“最多跑一次”工作规范试点。按照多点、就近、全城通办的原则，进一步整合统筹基层便民服务平台人员力量，落实人员待遇、考核等规定和工作经费保障，实现社保医保、税务、市场监管、户口管理等便民服务事项在乡镇（街道）、村（社区）便民服务中心受理或办理。加快信息化平台建设，完成各部门自建业务系统与政务服务网“一窗受理”系统的整合对接，实施政务服务网向乡镇（街道）、村（社区）延伸覆盖工程，深入推进实体办事大厅和网上办理的深度融合，努力打通“事前网上申请、事中在线办理、事后快递送达”的全流程服务链，推动更多事项通过网上办理，切实提升群众和企业办事体验。

【行政审批制度创新】 扎实推进国家、省、市关于简政放权、放管结合、优化服务的各项部署，在项目审批、中介管理、商事制度改革等方面积极探索、主动创新。深化投资项目审批制度创新，制定《吴兴区投资项目服务全程代理实施办法》《吴兴区企业投资项目审批高效集成实施办法》，实行“谁主张、谁确认”的前置审批方式和项目前期五大环节的部门服务“打包制”，投资项目审批做到责任明确、服务优化、效率提升。抓住省、市试点契机，积极开展企业投资项目一体化在线审批监管平台2.0版应用试点，按照“四个百分百”要求，基本打通各部门业务流程。深化中介机构服务管理创新，不断完善对企业投资项目部分中介服务实行政府补贴的实施办法，通过公开招标入驻、统一降低收费、明确办结时限、强化过程管理等方式，引进各类中介机构入驻，企业中介服务明显得到提升优化。深化商事制度改革创新，按照“多证合一”的要求，整合办事流程和办事材料，按照“点单式”办理的要求，由企业自主申请办理事项与营业执照一并办理，实现多个事项办理“最多跑一次”。制订出台简化企业注销程序助推“最多跑一次”改革实施方案，通过建立规范、高效、快速的企业注销程序，进一步节约社会资源，规范企业退出机制。

【公共资源交易监管】 积极推进体制改革，贯彻落实国办和省市关于整合建立统一的公共资源交易平台部署要求，主动对接市级平台，完成湖州市公共资源交易中心吴兴区分中心设立，实现平台层级、电子交易、信息系统、规则体系、监督协调、专家资源“六统一”。启动了吴兴区公共资源交易监督管理体制机制改革，新设立区政务办、区公管办两个机构，集中行使分散在相关行业主管部门的公共资源交易行政监管权和行政处罚权。紧紧围绕重点项目，创新破难，对重点建设项目招投标流程进行简化优化，在合法合规基础上最大限度缩短项目前期时间。严格招投标各项制度落实，对政府采购等业务流程和制度文件进行系统梳理并修改完善。进一步加强乡镇分中心管理，发现问题，及时整改。强化招投标中介代理公司管理和考评，确保公开公平公正。

（蔡　昕）

·社会救助·

【基本医疗保障】 根据《湖州市人民政府关于建立全市统一的城乡居民基本医疗保险制度的意见》和《吴兴区人民政府办公室关于做好2017年城乡居民基本医疗保险工作的通知》文件精神，贯彻落实全市统一的城乡居民基本医疗保险政策。根据《湖州市基本医疗保险费用结算管理暂行办法的通知》文件精神，出台《吴兴区人力资源和社会保障局　吴兴区卫生和计划生育局　吴兴区财政局　吴兴区发展改革和经济委员会关于建立吴兴区城乡居民基本医疗保险医疗费用结算管理联席会议制度的通知》，进一步科学、合理使用医疗保险基金，提高基本医疗保险基金使用效率，保障参保人员基本医疗需求。全年基金支出30871.91万元，其中住院4.47万人次，支出19349.28万元；门诊大病5.26万人次，支出1892.26万元；门诊287.46万人次，支出6762.7万元；大病保险9921人次，支出1866.42万元；体检经费支出731.23万元；家庭医生签约费支出270.02万元。

（高　敏）

【医疗救助】 开展特困供养人员、低保户、低保边缘户的医疗救助即时结报工作，全年共救助46469人次、1078.2万元。开展因病致贫对象大病救助，救助106人、108.48万元。

（张志萍　王晓芳）

【危房改造】 全年采取多种模式完成662户农村D级和公共安全类C级危房的治理改造，任务完成率100%，其中只拆不建172户、拆除原地重建96户、拆除异地新建11户、维修加固178户、腾空封闭205户。

（卢明佳）

【救灾减灾】 结合“5·12”防灾减灾日活动，围绕“减轻社区灾害风险，提升基层减灾能力”的主题，组织开展形式多样的宣传活动。区、乡镇（街道）、村（社区）三级应急预案体系逐步完善，避灾场所规范化建设与管理得到有力推进，开展综合减灾示范社区创建工作，朝阳街道车站社区、环渚街道玉堂桥社区被评为国家级减灾示范社区，飞英街道墙壕里社区、朝阳街道定安社区被评为省级减灾示范社区。

【扶贫济困】 落实困境儿童基本生活保障制度，363名困境儿童纳入保障范围，发放补助182.996万元。元旦、春节期间，走访慰问各类困难群众5116人次，发放慰问金和慰问品价值498.38万元。

【救助管理】 继续深化完善以最低生活保障为基础、医疗救助、临时救助等各类专项救助为补充的社会救助体系。利用省、市核对平台，加大新申请低保对象和原在册低保家庭的收入核查力度，积极开展精准化救助，共核对家庭5877户、10971人，有效保障救助的公平、公正。

（张志萍　王晓芳）

·社会福利·

【福利机构建设】 基本构建区、乡镇（街道）、村（社区）三级养老服务网络体系，率先建立区养老服务指导中心和6个乡镇（街道）养老服务中心。认真抓好养老福利机构建设，全区有各类养老机构15家，总床位数4323张，比上年增加666张，发挥养老服务指导中心作用，开展专业知识和岗位技能培训工作。区社会福利中心正式投入使用。开展养老机构管理规范化建设，在全区养老机构规范化建设培训班上，消防部门进行消防知识培训。全区8家乡镇敬老院全部完成向综合性福利中心转型，实现由单一供养型向综合性农村福利转型任务。农村“五保”户集中供养水平持续提高，全区集中供养率保持在98%以上，农村“五保”户供养标准达到上年度农民人均纯收入60%以上，人均供养标准达15084元。

【福利彩票发行】　吴兴区福利彩票销售管理中心（中福在线）秉承“扶老、助残、救孤、济困”的发行宗旨，在确保安全、稳定、和谐有序的前提下，多渠道弘扬公益理念，狠抓规范化管理。全区福利彩票完成销量5213.43万元，对销售厅进行全新的装修，全面改善销售厅的硬件环境。

【慈善事业】　把加大募捐力度，增强慈善资金实力作为工作重点，各项工作取得新的进展。抓好以收缴 “慈善一日捐”“冠名基金”“定向基金”“村（社）帮扶基金”为重点的资金募集工作，全年各项善款资金收入达到1837.19万元。全区累计冠名企业增加到60家，基金规模12160万元，每年协议捐息608万元，成为慈善资金稳定增长的主要来源。积极开展“助学、助困、助医、助残、助老”等各种慈善救助和资助公益建设活动，全年使用善款1197.63万元，救助困难群众近8600人次。

（方　冲　曹剑辉）

·社区与社会组织管理·

【城市社区建设】　完成月河、朝阳、飞英街道社区便民服务中心建设。打造龙庭社区星级社区便民服务中心，新建东柿、人和等社区便民服务中心。实施社工人才领军计划，新增初级以上社会工作师45人。

【农村社区建设】　在全区范围内推广村社干部服务窗口集中办公制度，健全常态化走访联系群众机制，开展“一站式”“一条龙”为民服务，实现“三少三多”，畅通服务群众“最后一公里”。全区222个村社基层组织工作人员全部集中到开放式的党群服务中心窗口办公。

【基层民主政治建设】　全区159个村委会和59个居委会全部完成换届工作，村委会自荐直选率95%以上，社区居委会全部采用直接选举方式。本次选举产生新一届村社两委委员共1641名，其中党组织委员849名（书记221名、委员628名），村居委会委员792名（主任218名、委员574名），两委交叉任职人数298。以推进基层民主自治为关键点打造“阳光村务”，积极探索“阳光村务指数”和“村级红黄蓝动态监测”，促进村务的多方位公开、多方位评测、多方位监督。

【社会组织管理】　社会组织队伍不断壮大，全区新登记社会组织46家，扎实推进社会组织规范化建设评估工作，社会组织监管不断加强，评估AAAAA级3家，AAAA级3家，AAA级6家，总体参评率达到92.36%。全区社会组织331家，进行年检254家，开展社会组织党建工作，实现全区社会组织党建全覆盖，单建党组织33家，联建党组织9家。

（俞丽颖　周沈洁）

·双拥优抚安置·

【双拥工作】　加强基层双拥规范化建设，参照《湖州市双拥模范单位考核细则》，对各基层推荐上报单位进行考核和检查。圆满完成春节、“八一”双拥慰问任务，区领导带队走访慰问驻吴部队和优扶对象。积极主动为部队办实事解难题。“三百两千”军民共建活动深入推进，“百连结对百村，携手共建新农村”活动不断巩固。组织开展 “村庄环境整治”“军民助困改危房”等活动。“百家民企进军营”活动不断拓展，19家民营企业与部队结对送技术、送慰问、送关怀和送文化等到军营，服务和支持部队建设。

【优待抚恤】　各项优抚政策得到妥善落实。做好优抚自然增长机制提标和发放，全年发放抚恤补助金1230.3万元，义务兵优待金1141万元，医疗补助资金77.4万元。对1664名60周岁以上农村籍退役士兵发放老年生活补助284.1万元。认真做好优抚政策宣传、解答，全年接待各类优抚对象到访和政策咨询120余人次，处理信访事项5件。

【退役安置】　认真做好退役士兵接收安置任务，全年接收安置退役士兵，转业士官全部安排工作。发放城镇退役士兵一次性经济补偿金和待分配期间生活费182.9万元，发放农村籍退役士兵一次性经济补偿金403万元。广泛开展退役士兵职业技能教育培训工作，根据《湖州市退役士兵职业技能教育培训实施办法》，全区退役士兵参加职业技能教育培训并顺利结业，经各承训学校推荐被相关单位录用上岗，推荐就业率达98%。另有若干名退役士兵被杭州相关大专院校录取，接受为期3年的学历教育。

（黄逸伦　赵　云）

·社会公共事务管理·

【殡葬管理与服务】 落实惠民殡葬政策，安排殡葬四项基本服务费用200余万元，惠及全区3000余户家庭。下拨乡村公益性墓地长效管理经费34万元，乡村公益性墓地建设补助经费42.52万元。开展节地生态安葬工作，积极推进骨灰堂建设，新建乡村公益性骨灰纪念堂两座，乡村公益性墓地年检合格率100%。治理“两路两侧”“三沿五区”坟墓720穴以上，生态葬法行政村覆盖率99%；已建乡村公益性公墓绿化覆盖率达到85%以上。做好清明节群众祭扫保障服务工作，围绕“文明祭扫，生态安葬”主题，发挥好村、社区的一线阵地作用，通过发放“文明祭扫”倡议书、开展“孝悌文化节、推行文化下村”、倡导“鲜花换火纸”等文明低碳的现代祭扫方式，促进群众增强文明祭扫意识。深化殡葬改革，倡导科学、文明、健康的丧葬方式，保护土地资源和生态环境。建立殡葬日常管理体系，加强基层殡葬协管员队伍建设，实行骨灰处理情况月报制度和墓地例检制。

【区划与地名管理】 开展吴南线界线联合检查，对全区边界进行不定期巡查，平安创建创优率100%，平安边界创建工作不断引向深入。认真做好区划与地名管理，全区新建朝阳社区、东柿社区、谈家扇社区、六合家园社区、蜀山社区、紫金花园社区、永福家园、移沿山社区。

【婚姻收养登记】 学习贯彻民政部《婚姻登记机关等级评定标准》，积极参加全省婚姻登记员、颁证员的上岗培训，不断加强婚姻登记员的业务知识和标准化建设培训，提升婚姻登记员的工作服务水平。依法开展婚姻登记，全年办理结婚登记4984对，办理离婚登记2061对，办理收养登记99件（其中解除1件），登记合格率100%。

【移民安置】 认真做好移民后扶工作，省核定吴兴区大中型水库移民后期扶持人数11595人，其中直补人口6860人，项目扶持4735人。做好直补资金发放工作，开展移民人口年度复核，2017年共核减移民人口72人，其中死亡50人，财政供养人员22名。发放移民直补资金377.16万元，惠及移民6265人，全部纳入公共财政信息系统统一发放到个人。认真按要求做好2017年后扶项目申报、实施、验收和后续管理等工作。严格按程序管理和实施，坚持实事求是、科学管理、合理规划，积极协助和参与各村制度符合村组实际和广大移民意愿的后扶项目计划，及时向省移民局申报，组织和指导项目施工，监督工程质量，完成工程验收，督促做好工程后续使用和管理工作，全年安排后扶资金695.7万元。完成省结余资金投入1209.7万元、项目28个（基础设施项目建设723.3万元、生态建设及环境保护项目建设171.4万元、生产开发项目建设315万元），其中结余资金835.6万元，项目扶持284.1万元，小型水库扶持资金投入90万元、项目3个。移民资金投入50万元以上的后扶项目占比超过55%，移民资金后扶项目安排率达到100%，资金支付率86%，资金检查内审面已达到100%。2017年度项目培训移民520余人次，完成上级下达的任务数。建立结余资金、扶持资金、小库资金共3个子项目库，为合理安排好项目资金，加快移民村的生产设施建设打下了基础，提高移民的生活水平。设立移民点监测样本村2个，移民监测样本户120余户，为推进移民政策的落实，合理制订后扶政策，积极建言献策。

（汤　勇　沈建平）

·民族　宗教·

【概况】 吴兴区共有36个少数民族，少数民族总人数为3801人，其中男性1001人、女性2800人。宗教场所有65处，其中佛教29处、道教28处、基督教8处，教职人员43人。全区民族宗教工作以“三个代表”重要思想为指导，围绕区委、区政府中心工作，结合辖区实际，坚持抓规范、上水平，创平安、促和谐的工作目标，牢牢把握各民族共同团结奋斗、共同繁荣发展的主题，尊重少数民族风俗习惯、维护少数民族合法权益；坚持依法管理宗教事务，以加强宗教团体班子队伍建设为重点，构筑培养、考核和使用的立体网络，努力提高宗教界人士队伍的整体素质，切实维护宗教稳定。

【民族工作】　围绕“两个共同”优服务。抓好服务平台，充实调整民族团结进步促进会成员，积极发挥少数民族代表人士参政议政作用。抓好精品项目，成功打造龙泉街道潜庄社区省级少数民族“四微”服务工作创新实践示范点、东林镇“一站三点”省级民族团结进步创建活动示范乡镇等特色品牌，精心培育八里店镇前村社区等3个“少数民族之家”，浙江新闻以《互帮互助　湖州少数民族一家亲》为题专题报道八里店镇少数民族工作。组织开展区第三届少数民族文艺会演、“喜迎十九大——考察余村‘两山’理论诞生地”等活动。利用“七一”、春节等时间节点，开展走访慰问困难少数民族同胞、千里帮扶大别山少数民族孩子圆上学梦等帮扶救助活动。

【宗教工作】　坚持“两化”强管理。念好“严”字经，坚持“严”字当头，创新制定《宗教场所负责人聘任办法》《宗教场所负责人预警管理办法》等制度，有效填补日常监管漏洞。念好“细”字经，推行宗教团体班子建设“三个一”模式，联合相关部门出台《关于引导和支持宗教界参与反邪教工作的实施方案》，举办各类法律咨询和宣传讲座，完成全区72处宗教场所视频监控安装，实现全区宗教场所安全监管全覆盖。念好“活”字经，组织22名中青年教职人员参加鉴真佛教学院大专函授班学习，安排宗教界人士前往中共一大会址接受革命传统教育，引导宗教团体开展爱心慈善活动，全年累计捐款近50万元。区佛教协会顺利完成换届工作。规范“四有”夯基础。在高新区、乡镇、环渚街道分别建立民间信仰场所理事会。创新制定《吴兴区民间信仰场所规范管理八条》《吴兴区民间信仰场所星级考评细则》等制度，不断提升民间信仰场所规范化管理水平。按照“三统一”要求，加大已登记民间信仰场所管理力度，在高新区试点开展民间信仰场所管理常态化、标准化示范点创建。因地制宜开展精品民间信仰场所创建，借势借力争创品牌，力争每个乡镇（街道）至少有1处，高新区关帝庙“忠义”文化、八里店镇东堡庵“仁爱”文化、道场乡吉祥寺“孝道”文化等10余处已发挥积极作用。

（黄红梅）

·居民生活·

【概况】　城乡居民生活水平不断提高。城镇居民人均可支配收入51395元，增长9.0%，农村居民人均可支配收入29980元，增长9.5%，城乡收入差距比进一步缩小。城镇居民人均消费支出30284元，增长4.4%，年末人均住房建筑面积39.3平方米，增长1.4%；农村居民人均消费支出17871元，增长5.6%，年末人均住房面积69.7平方米，增长2.0%。

（杨海丽）

·老龄工作·

【概况】　以社会养老服务体系建设为重点，加大养老服务工作财政投入，在认真做好养老服务机构建设基础上，加快推进居家养老服务工作，通过政府购买服务的方式为城乡困难老人提供免费居家养老服务。做好老年优待证发放、鼓励老人参加老年电视大学学习、开展“银龄互助”等日常为老服务工作外，认真做好有关老年维权、涉老信访等工作，切实在全社会营造一种“敬老为老”良好氛围。

【养老保障】　认真抓好养老福利机构建设，全区有各类养老机构15家，总床位数4323张，比上年增加666张，每千名老人拥有机构床位达36.4张。其中乡镇养老机构（农村敬老院、综合福利中心）8家，床位664张；民办养老机构7家，床位3659张。各类养老机构总入住老人1022人。全区建有城乡村社区居家养老服务照料中心238个。

【老年设施】　养老机构建设不断加快。全区有各类养老机构15家，总床位数4323张，比上年增加666张，每千名老人拥有机构床位达36.4张。其中乡镇养老机构（农村敬老院、综合福利中心）8家，床位664张；民办养老机构7家，床位3659张。各类养老机构总入住老人1022人。农村养老机构功能提升。全区8家乡镇养老机构完成集五保供养、社会化养老、老年人活动、应急避灾、临时救助和慈善捐赠等服务功能的转型。城乡居家养老服务网络进一步完善。南太湖居家养老服务中心建设，通过以“专业公司+加盟网点”“员工制+会员制”的组织形式，采取“上门服务+网点服务”“人性化关怀+个性化服务”“结对错时服务+临时应急服务”的服务方式，为吴兴区中心城区享受政府购买服务的老人实行对象、项目、时间、地点、人员的“五定”服务，同时为广大居家养老人提供市场化服务。全区建有城乡村社区居家养老服务照料中心238个。

【老年医疗保障】 全区有医养结合养老机构2家，开通医保2家，为养老机构内320多位老人提供良好的医疗保障， 也为周围8000多名老人提供医疗支持。

【老年协会】 各级老龄部门高度重视加强基层老年组织、老年社团的规范化管理和建设，充分发挥老年人在自我管理、自我教育等方面的作用。全面加强城乡老年人协会规范化建设工作。有序开展老年协会登记备案工作，发展农村为老服务队伍，推进建立“银龄互助”网络。开展“银龄互助”的村155个，结对帮扶老人1755人。区老龄部门继续组织举办农村老年协会骨干培训，51名农村老年人协会会长、秘书长等骨干参加培训。建有基层老年协会217个，入会老人3.71万人，占老年人总数的33%；有乡镇街道级以上老年书法协会、老年体协等老年社会团体12个。各级老年社会团体的设立，为维护老年人自身合法权益，团结教育广大老年人与时俱进，促进社会稳定等方面发挥积极的作用。

【老年文体】 全区有乡镇街道级以上老年书法协会、老年体协等老年社会团体12个。全区各类文艺团队120多支，开展文艺活动300余场，参与人数11000余人次。各级老年社会团体的设立，为维护老年人自身合法权益，团结教育广大老年人与时俱进，促进社会稳定等方面发挥积极的作用。

（方　冲）

·档　案·

【概况】 区档案局在省、市档案局的关心支持下，在区委、区政府的正确领导下，深入贯彻中共十九大精神，以习近平总书记“三个走向”为引领，围绕中办、国办《关于加强和改进新形势下档案工作与意见》（《以下简称《意见》）及省两办《中共浙江省委办公厅、浙江省政府办公厅关于加强和改进新形势下档案工作的实施意见》（以下简称《实施意见》）要求，为建设“经济强区、科技新城、生态家园、幸福吴兴”提供优质的档案服务。有序开展各类档案资源接收进馆，加强对乡镇、街道、区级各部门档案业务指导工作；继续推进数字档案共建共享平台、虚拟档案室管理平台等系统的优化管理；强化档案库房安全管理，确保档案资料安全。截至年底，馆藏档案共有19191卷，70945件，图书资料1253册。

【聚焦中心大局，提供优质档案服务】 （1）服务中心工作，展示档案服务强力度。重点围绕小城镇综合改造、“三改一拆”“拆违治水”等工作，加强建档指导，会同主管部门结合实际制定归档范围和保管期限规定。联合治水办梳理剿劣工作文件资料归档范围，紧跟驻村工作，融入剿劣一线，指导剿劣资料收集，确保“一点一册”等文件资料归档的同时，加强剿劣前后对比照原图的归档工作。（2）服务企业管理，打造吴兴档案优品牌。健全区级以上重点建设项目档案管理工作体制和机制，做好事前备案、事中指导和事后验收，进一步规范全区重点建设项目档案的管理。11月，完成久立集团新建20吨/天不锈钢重金属污泥无害化处理和资源综合利用生产线项目验收。规范企业档案管理，久立集团成功创建企业档案工作省级优秀，协同市档案局专家调研宁海县国华电厂，启动久立集团企业档案馆建设，指导健全管理体系，规范档案馆各项台账资料及安全体系的建立，建立全市第一家规范的企业档案馆。（3）服务“美丽乡村”，唱响村级档案好声音。联合区农办、区财政局印发《关于开展“千村档案”建设通知》，成立领导小组，排定进度表，组织开展“千村档案”培训会。10月底，完成5个历史文化古村落“千村档案”建设工作，共计目录3560条，附件4520条，32.5GB。联合区委宣传部印发《关于加强农村文化礼堂档案管理的通知》，积极开展农村文化礼堂档案管理工作培训会，指导全区2013—2016年54个行政村农村文化礼堂档案信息资源收集整理工作。联合区农林局召开“吴兴区农村土地承包经营权确权登记颁证工作培训会”，对各乡镇分管领导、行政村负责人及工作人员共计100余人进行确权档案培训，加大对测绘公司档案资料安全保管的指导力度。

【聚焦信息化建设，夯实资源基础】 （1）有条不紊，推进常态化工作。做好电子档案登记备份工作，共上报10家单位，18个批次，25个数据包，计

13.7GB。其中，重要民生领域档案3个批次，3个数据包，计5.72GB。有序推进数字档案共建共享平台数据上传工作，累计发布文书档案条目77420件，全文10195件，婚姻档案条目及全文33792件，开放权限可供在线查看。查档登记次数575次，有效出证61次，平台利用率较高。（2）善谋善为，加快数字化进程。完成《2016年度馆藏档案数字化加工项目》，共计29个全宗，扫描页数923585页，1376.01GB。助推区民政局完成室藏婚姻档案数字化，整合吴兴区婚姻档案数字化成果，完成建区前和建区后两大块婚姻档案无缝对接，形成全区婚姻档案专题数据库。积极推进区级单位数字档案室创建工作，推荐7家单位创建省级示范化数字档案室，推荐11家单位创建市级规范化数字档案室。10月初，完成全区首家村级数字档案室建设工作，上传八里店镇路村村档案数字化成果至虚拟档案室平台，案卷级824条，文件级800条。（3）防护结合，保障档案安全。聘请专业信息检测公司对吴兴区虚拟档案室和登记备份2个档案信息系统完成二级保护测评，并在区公安局备案。在原有数据安全预警平台基础上，升级成数据保全系统。新建局域网，配置专用服务器及计算机，架设馆藏系统，用于查档安全利用，切实保障档案信息安全。完成库房安全配置设施升级项目，在库房加装防盗网及监控门禁系统，对库房进行24小时监控，有效保障档案实体安全。截至年底，接待查档服务人次1605人，查档量共计2460卷，1556件，利用电子档案查档1032人，1180件。

【聚焦优化提升，规范管理机制】　（1）贯彻全省档案工作精神。根据省、市2017年度工作要点，结合吴兴区实际，发布《2017年全区档案工作要点》，并积极制定《2017年度档案专项工作考核细则》，推进全区档案工作规范化、科学化管理。11月底，对全区55家单位启动档案专项考核工作。加强村级组织换届选举档案管理工作，转发省档案局村级组织换届选举档案管理办法，采取线下走访、线上交流等方式，进一步加强监督指导，促进村级组织换届选举档案资料安全、规范管理。（2）持续推进“最多跑一次”改革。根据省政府关于群众和企业到政府办事“最多跑一次”改革工作，全面梳理该局依申请类权力事项，其中群众和企业到政府办事“最多跑一次”事项，均实现100%“零跑”。完成全区26家单位“最多跑一次”行政审批事项文件材料归档范围和保管期限的制定，进一步提升效能、优化服务，保障改革顺利进行。贯彻落实“最多跑一次”改革目标和深化“互联网+政务服务”建设要求，制订吴兴区电子文件管理平台建设方案。9月，向区政府申请建设吴兴区电子文件管理平台的专项资金，并将数字档案馆创建纳入其中，该项目资金到位，共计80万元。（3）促进档案规范化管理。根据《区机构改革方案的通知》，依法制订《区机构调整单位档案处置方案》，给新成立单位设立新的全宗号，并指导机构改革单位档案管理工作，年底之前完成撤并单位档案进馆工作。规范全区重点项目档案建设，指导跟进区水利局山洪防治项目档案归档工作。助推区公路管理局成功创建市级档案工作目标管理认定。

【聚焦馆室建设，优化资源配置】　（1）强化宣传教育。借助“6·9”国际档案日及《档案法》颁布三十周年纪念日，开展“山歌飞扬，传承非遗”“美丽吴兴，档案记忆”等系列宣传活动。借助政府微信公众号“爱上吴兴”以及“吴兴档案”公众微博，发布各种档案工作动态。（2）挖掘特色，加强征集力度。跟踪“美妆小镇”“丝绸小镇”以及西塞山旅游度假区建设，共收集发展建设过程中的资料2600余件，共计14.5GB；征集全区重大活动及重要会议实体档案80余件，照片及视频档案共计60.4GB；挖掘吴兴不同历史时期、不同门类载体的档案资料，共征集及受捐赠各类图书资料72册。（3）推进志书编研。开启《吴兴年鉴（2017）》新篇章，首次公开出版。征集整理抗战档案史料，完成《吴兴抗战史料汇编》编纂工作。整合区级各部门涉民档案35种，编制完成《吴兴区民生档案目录指南Ⅰ》。

（裴璐雯）

·老干部工作·

【概况】　老干部工作扎实推进“3+1”市县（区）联动重点工作项目，进一步强化“两项建设”、优化“四就近”服务、深化“正能量”凝聚，切实提升老干部工作实效，助推吴兴经济社会发展。吴兴区老干部局管理全区离休干部33名（属地管理20名、易地管理13名）。

【“银领”系列行动】　深化推进“两学一做”学习

教育常态化制度化工作，开展“同心向党”理论学习，引导老干部重温红色经典、宣传红色文化、增强党性修养，累计开展集中学习和送学上门2300余人次，开展文明创建、治水剿劣、社会治理等活动20余次。积极组织参加“迎十九大召开、学十九大精神”主题活动和“银领论坛”活动，选送书画作品6幅，摄影作品11幅，参加全市“我爱我家——美丽湖州”水文化书画摄影集邮展活动。开展“老同志眼中的浙江十大新变化”评选、“老同志建言十九大、省党代会金点子”征集、“三讲三当”“我看神州变化、我看浙江发展”等活动，广泛听取老同志的意见和心声，累计征集赶超发展金点子16个，征文12篇。组织区级退休老领导到朝阳街道碧浪湖社区、爱山街道状元街、妙西镇原乡小镇、八里店镇丝绸小镇钱山漾文化交流中心、织里镇义皋古村落等地开展走看促，听取意见建议6条。积极探索老年大学教学点工作，建立吴兴区分校，在7个乡镇（包括环渚街道）建立教学点，累计开设班级40个，招收学员1209人，其中党员249名。全面推进课前“红色教育十分钟”，重点学习党章党规、中共十九大和习近平总书记系列重要讲话精神，累计开展教育活动240余次，实现红色教育全覆盖。制定落实《吴兴区“最美老干部工作室”三年成长规划》，组织乡镇街道挖掘、培育、打造“老干部工作室”13个，重点在飞英街道余家漾社区建立以社区心理咨询、儿童德育为主要内容的“以圣社会工作服务社”。

【“四就近”服务工作】 严格落实《关于整合社区资源深化推进离退休干部“四就近”服务工作的实施办法》，“三级”管理制度、“三单”工作制度、“三定”联系制度、“三网”服务制度、“三项”保障制度等“五个三”制度体系，以及《吴兴区老干部社区“四就近”服务人员事项汇总表》一张表整合老同志、所在单位、所在社区、联系领导、结对医生、服务人员、服务事项等相关信息，做到信息动态更新，服务实时记录。推动社区医生结对服务城区115名居家养老离休干部，落实一张结对卡、一人一个健康档案、两周一次电话问询、一月一次健康咨询、一年一次上门体检“五个一”服务要求，全年服务2000余人次。利用社区文体活动场所和设施，开展文化、艺术、科普、娱乐、健身等活动150余次；组织社区老干部工作者、党员志愿服务队等上门、电话慰问老干部400余人次；组织老同志就近开展治水剿劣、服务文明城市创建等活动90余次，参与老干部达到近600人次。

（舒　鸿）

·残疾人事业·

【残疾人共享小康工程】 全区共享受基本生活保障1305人。完成白内障免费手术1人，免费安装假肢10条，免费验配助听器50台，免费验配助视器10台。其中0～6周岁儿童智力康复训练13人，孤独症康复训练20人，聋儿语言康复训练11人，脑瘫康复训练17人；7～14周岁儿童智力康复训练9人，孤独症康复训练4人，脑瘫康复训练3人；赠送儿童助听器7人10台，康复辅具器具10人。

【农村残疾人服务】 全区建成残疾人庇护（工疗）机构13家，残疾人辅助性就业（庇护照料）196人。落实贷款贴息、资金补助等措施发放创业补贴和贷款贴息95人36.5万元。

【就业援助和技能培训】 新增就业128人，其中按比例就业70人、集中就业15人、其他类型就业43人。举办残疾人专场招聘会，区档案局定向招录事业编制残疾人1名。打造吴兴区残疾人电子商务创业孵化基地，举办电商培训两期，培训残疾人93人，新增残疾人电商就业创业26人。举办残疾人职业技能培训7期252人。组队参加全市残疾人工匠大赛获得团体第二名，参加全省残疾人工匠大赛获得第二名2个。

【残疾人康复工作】 在全市率先试点“辅具共享”便民服务行动，建立辅具租赁站（点）53个，免费配发辅具400余件。深入实施精准康复行动，提供残疾人基本康复服务3905人，助听助行助明行动71人，辅具适配323人，基本康复服务率和辅具适配率均达到100%。全面推进残疾儿童康复服务补贴制度，提供各类残疾儿童基本康复服务与补贴79人。精神残疾人免费服药政策惠及650人，住院医疗救助惠及113人次，共投入资金131万元。完成无障碍设施改造进家庭68户。

【残疾人扶贫救助】 元旦、春节期间，各级残联及其他单位、个人共走访慰问残疾人1196人，慰问资金和物资总额计96.52万元；发放低保及低保边缘补助金1048万元，做到应保尽保、应补尽补。加强残疾人教育扶贫工作，全区发放残疾学生及残疾人家庭子女助学、大学生学费住宿费减免、学前教育助学、残疾儿童少年特殊教育补助共298人，发放助学资金74万元。

【残疾人文体工作】　全国“助残日”期间，在飞英街道吉山四社区文化广场举办第二十七次全国助残日——“辅具共享”租赁站（点）授牌暨残疾人文化助残“五个一”工程启动仪式。开展文化体育活动，参加市第五届残疾人文艺会演获得一等奖1个、二等奖4个、三等奖3个，入选省第八届残疾人艺术会演节目2个。启动文化助残“五个一”工程，联合区文体局举办文化助残艺术巡演8场。举办高新区、乡镇街道残疾人趣味运动会13场。残疾人社区文体活动参与率达74.7%。加大残疾人事业宣传，拍摄全市首部残疾人题材微电影《看得见的人生》，4个家庭荣获市残联“最美残疾人家庭”称号。

【残联组织建设】　区残联实现单列，圆满完成区、乡镇街道残联两级换届工作，区残联配备1名兼职、2名挂职副理事长，领导班子和干部队伍得到加强。规范乡镇（街道）残疾人工作专管员管理和考核，加强基层残疾人干部培训，提升基层残疾人工作者业务素质能力，残疾人工作组织基础进一步夯实。重视基础数据管理，圆满完成残疾人基本服务状况和需求数据动态更新工作，共调查10532人，入户率98.97%。

（慎　佳）

·关心下一代工作·

【概况】　区关工委坚持“急党政所急，想青少年所需，尽关工委所能”的工作方针，充分发挥各级关工委组织和由老干部、老战士、老专家、老教师、老模范组成的“五老”队伍的作用，为促进青少年健康成长成才做有效工作。

【加强相关主题教育】　开展“喜迎十九大”系列活动，以书法、绘画、演讲、文艺节目等多种形式向中共十九大献礼。组织“五老”成立宣讲队，在八里店一小、凤凰小学等学校，为1700多名学生开展十九大宣讲活动。邀请家事法理工作室专业律师、八里店镇派出所警官等专业人员赴城南实验学校、妙西镇妙山村、爱山街道友谊社区等开设法律知识大讲堂，组织青少年前往市禁毒教育基地开展“生命教育”毒品预防社会实践活动，走进区人民检察院开展“防治校园欺凌，护航未成年人成长”检察开放日活动等。组织开展“万名老同志传文明家风”——文明家风家训征集活动，收集、整理家风家训“一句话”609条。深化“美德少年”成长成才培育活动，吴兴区爱山小学教育集团王梓铭、湖师附小教育集团俞陶两名同学获省“美德少年”称号。

【助力文明城市创建】　积极响应党委政府的号召，主动参与全国文明城市创建活动，发动广大“五老”组成“银龄志愿者”和青少年一起广泛开展文明创建入户宣传、街区环境清扫、文明通行劝导等活动。组织开展“剿灭劣V类水，共建美丽家乡”系列活动，发动“夕阳乐”老年志愿者向群众发放“剿劣”倡议书和宣传资料，组织青少年通过“倡议宣传、寻访学做、实践调查”的方式，传递护水理念、树立护水意识。通过组织青少年参与知识问答、互动游戏、环保制品展示等方式，开展“垃圾分类，从娃娃抓起”“大手牵小手，垃圾分类我先行”等系列主题活动。

【开展青少年关爱工作】　依托八里店成校组建成立区家庭教育指导服务中心，邀请36专家组成区家庭教育讲师团，开展家庭教育培训300多场次，家教知识普及人数达11600多人。发动爱心企业力量，筹措30万元资金，建立5个亲子阅读基地——“倩宁书屋”，购置书籍1000余册。为50名贫困儿童争取“福彩暖万家·点亮梦想”困难少年儿童专项资助活动10万元。联合区民政局开展“爱心温暖儿童·幸福汇聚吴兴”——百名困难儿童关爱行动，为100名困难儿童送上每人1000元助学金和书包、词典等学习用品。

【加强组织自身建设】　探索建立民营企业关工委组织，新建朝阳街道湖州爱尔眼科医院和杭州口腔医院关工委组织，并在爱尔眼科医院授牌成立“吴兴区青少年眼健康教育实践基地”。深化“大学生志愿者服务示范点”“农村青年教育示范点”“社区教育示范点”“家长学校示范点”和“未成年人帮教示范点”的选育活动，评选表彰高新区太湖小学等13个单位为吴兴区第三批关心下一代工作基层示范点。配备区关工委专职副主任，及时对乡镇街道关工委专职副主任和区关心下一代工作委员会成员进行充实调整。

（陈　静）

·慈善事业·

【概况】 认真履行《中华人民共和国红十字会法》赋予职责，依据《中国红十字章程》，按照“抓重点统筹兼顾、抓亮点形成特色、抓难点实现突破、抓机制确保长效、抓规范整体推进”的工作思路，全面完成2017年度各项目标任务，大力推进应急救护培训、红十字青少年工作和心理健康（救援）辅导等三大特色亮点工作，切实履行党和政府在人道领域的助手职责，服务全区经济社会发展大局。

【组织建设】 不断激发红会事业长远发展活动，召开区红会二届四次理事会，审议通过工作报告和财务收支情况报告，对会长、副会长、部分理事作出调整，提名通过秘书长。积极推进村（社区）红十字组织建设，在八里店成校设立红十字学堂，挂牌吴兴区红十字应急救护培训基地。在吴兴东仁针纺有限公司成立首家民营企业红十字会，挂牌吴兴区红十字救灾备灾仓库。积极培育省级和市级红十字达标校、示范校，环渚学校成功创建为省级红十字达标校，为红十字事业的健康发展打牢基础。

【增强红会救助实力】 充分发挥政府人道助手的积极作用，进一步增强救助实力、拓展救助范围，切实做好各项公益救助。联合区计生协慰问困难家庭403户，总额达44.45万元；做实“乙肝救助基金”品牌，救助乙肝患者135人，救助总额达12.83万元；做好“红十字博爱送万家”工作，将吴兴东仁针纺有限公司捐赠的2809顶蚊帐送入2809户低保家庭。

【拓展应急救护培训】 开展应急救护“进农村、进社区、进学校、进机关、进企业”的“五进”活动，完成应急救护普及培训142期17657人；完成应急救护发证培训39期1887人。

【“三献”工作】 合力推动“三献”宣传工作。探索工作新模式，采取全程跟随献血登记、定点定位服务登记、榜样发动培养登记和救护培训宣传登记等方式，累计采集皂苷捐献志愿者140人。开展器官（遗体）、组织捐献宣传活动，营造人人关心、人人参与、人人关爱生命的崇善氛围。全年组织开展无偿献血3765人次，献血量1129750毫升。

【广泛传播红会精神】 精心策划宣传活动，主动推进志愿服务。在世界红十字日、世界急救日、国际减灾宣传日等重大节日，集中开展红十字主题宣传活动。充分发挥网站、报纸、新闻媒体等宣传作用，及时宣传报道红十字系列活动，扩大红十字精神的社会影响力。

（虞淦平）

第二十篇　产业园区·高新区·乡镇·街道

·湖州南太湖产业集聚区吴兴分区·

【概况】　湖州南太湖产业集聚区吴兴分区是湖州南太湖产业集聚区五大分区之一，集聚区规划调整工作后，吴兴区将城南工业区（道场、妙西区块）、织东新能源产业园、八里店南片临港重型装备产业园区重点规划区面积全部调入省级现代物流装备高新园区内，同时规划控制区也相应地将城南工业区、织东绿廊调出，规划面积增补至高新技术产业园区。吴兴分区重点规划区面积暨省级现代物流装备高新园区核心区面积为14.12平方公里，规划控制区主要包括高新区及八里店南片，面积为93.34平方公里。核心区以物流装备的智能化、自动化、成套化为发展方向，做大做强一批行业龙头企业，引进建设一批重大装备项目，培育鼓励一批专精特强配套企业，努力建成装备制造基地、研发设计基地、智能配套基地、集成服务基地等四大基地。

【全面打造万亩大平台】　按照市、区谋划建设市本级万亩大平台战略部署，规划1.37万亩用地，总体构建“一心五区”空间布局模式，打造现代化高新技术产业集聚高地。组建“14+1”作战组团，按照“中心攻坚、向北拓展、东部延伸”方向，启动平台打造“百日竞赛”，全年累计拓展提升平台3600亩，盘活闲置土地605亩。（1）全力推进西片主平台。集中常溪、龙溪、欣安、中东、树庄、毛家桥、后林7个行政村开展农房改造，累计完成签约达492户，拆除旧房297户，特别是中东、树庄，集中奋战一百天，全力拆除400户，完成签约90%以上，创造“中东速度”。（2）加力扫尾东片副平台。主攻双丰、沈溇、五新、北塘桥4个旧区块，促进整体工作全面推进，攻坚签约90户，进一步提升平台承载力。（3）合力试推安置新模式。根据市、区安置房建设新精神，先行在常溪社区区域安置户进行货币化、房票安置试点。累计完成货币化、房票安置1482户，动用回购资金约13.6亿元，消化安置房面积达15.78万平方米。

【推进项目引建大提速】　突出“项目为王”理念，集中精力抓招商，全力以赴抓落地，开启“主引擎”，提档“加速器”。（1）项目招引持续发力。围绕“高端化、智慧化、生态化”方向，根据园区产业规划，划定北、上、广、深、苏、浙等片区，大力实施针对性招商、精准化招商。全年累计新增签约项目36个，其中5亿元以上项目4个、10亿元以上项目4个、50亿元以上项目3个，市认定大好高项目12个，目前在谈项目15个，招引工业项目占全区50%以上。游侠汽车·湖州超级工厂项目总投资115亿元，实现吴兴建区以来百亿级高端制造项目的历史性突破。（2）项目落地鼎力推进。牢固树立“抓项目就是抓发展、服务项目就是服务发展”的理念，深入实施重大项目工程攻坚落地行动，对表对标，挂图作战，全力以赴提高项目开工率、竣工率、投产率、达产率。

【创新引领动力大释放】　抓住“中国制造2025”试点示范城市契机，大力引进科技人才，推进创新创业。（1）科创平台提档升级。整合工业设计基地、金融产业园区等5家国有运营平台和中节能、浩成物联网、多媒体产业园3家企业级平台，构建八大平台科技创新支撑体系。加快完善吴兴科创园、总部自由港、高新区科创园等平台，成功举办全省工业设计现场会，被授予“南太湖精英计划”智能制造产业园、中东欧产业园，平台品质显著提高。（2）高新项目不断汇聚。强化双招双引，完成发明专利申请196件，授权92件；引进科技类项目50个以上；培育“双高”企业4家，“双高”企业上市挂牌数1家；培育高新技术企业8家、省级科技型中小企业16家；协助企业申报入围浙商回归项目18个以上，完成6个。（3）招才引智态势向好。加强高端人才招引，全年引进海外院士1名，引进“南太湖精英计划”创业类项目17个、创新类人才项目4名；完成省级博士后工作站1家。

（朱　滨）

·吴兴工业平台·

【概况】　为更好地推进吴兴区转型发展、加快发展，发挥大平台建设在全区转型发展中的示范、引领和支撑作用，吴兴区紧紧围绕“打造增长极、提高首位度、争当排头兵”的总体目标，优化资源，突出重点，全力提升吴兴高新产业万亩大平台和吴兴经济开发区省级工业平台建设。围绕年初排定的工业平台基础设施建设项目，按照年初编制的平台基础设施项目协同推进“作战图”，加快推进园区平台建设。全年完成拓展提升面积1.4万亩，完成征地拆迁1969户，园区承载力得到进一步提升，使之成为吴兴乃至湖州区域经济的重要增长极和新引擎。

【吴兴高新产业万亩大平台】　园区总规划面积9.1平方公里，平台总体构建“一心五区”，其中“一心”为高新技术孵化中心；“五区”为智能物流装备制造区、汽车及关键零部件制造区、信息经济及智能装备产业区、循环经济综合整治区、综合配套服务区。重点发展以物流装备、高端制造为主导的智能装备产业和以大数据、云计算、电子商务等为核心的信息经济产业为主，全力打造创新发展核心区、新兴产业先导区、人才引进示范区、体制机制创新区。全年园区实现规模以上工业主营业务收入119.80亿元，利税10.70亿元。

【吴兴经济开发区平台】　吴兴经济开发区在吴兴工业园基础上，整合毗邻的埭溪分区区块，形成以吴兴工业园为基础，以埭溪分区为重要组成部分，总面积为19.35平方公里的“一区两片”发展的新格局，其中吴兴工业园面积为11.35平方公里，南至318国道，北至申苏浙皖高速公路，西至八里店镇界，东至栋梁路东边河道等；埭溪分区面积为8平方公里，东至东苕溪，南至下沈河、往圻自然村，西至埭芳线，北至丰华矿。重点发展金属新村、化妆品、纺织服装、电子信息等产业，全年完成基础设施投入3.98亿元，拓展提升面积5528亩，完成征地拆迁1067户。

（黄丽萍）

·湖州南太湖高新技术产业区·

【概况】　湖州南太湖高新技术产业园区北临太湖南岸、南靠京杭运河、西依湖州城区、东望南浔古镇，范围西起G50高速环渚连接线（含延伸），东至G50高速织里连接线，南起湖城纬五路（含东部光电园），北至滨湖大道（太湖），总面积约75平方公里。辖26个行政村、234个自然村，有总人口58539人，118个基层党组织，2780名党员。园区以申苏浙皖高速为界，规划为“一区、两片”布局，分南北两片，南片37平方公里，2013年3月，省政府将高新区南片核心区块14.12平方公里正式授牌并命名为省级“湖州现代物流装备高新技术产业园区”，聚焦发展高端现代物流装备及产业链关联产业。2014年7月，被评为“浙江省首批智慧园区最佳案例”。2014年9月，与北京、上海、广东、德国四大方向物流行业协会开展合作，发起成立“中国物流谷战略合作联盟”，同时启动打造“中国物流谷”。2015年8月，被科技部火炬中心认定为全国10家国家级火炬计划特色产业基地之一。2016年成功创建省级众创空间，获批为省级新型工业化产业示范基地。2017年10月，成功获评省级田园综合体创建试点。

高新区按照市“四新”主题实践总体部署，紧紧围绕“争创国家级高新区、打造中国物流谷”总目标，坚定不移“举物流旗、打太湖牌、走产城路”，扎实开展“高新产业集聚行动”，整体态势向好。全年完成地区生产总值约49.92亿元、增长8%，财政收入6亿元，增长8.5%。规模以上工业增加值25.5亿元、增长8.5%，规模以上工业新产品产值100亿元、增长10%，规模以上利税12亿元、增长10%，规模以上利润8.22亿元、增长5%。高新技术产业增加值14.95亿元、增长15%，装备制造业增加值11.45亿元、增长18%，战略性新兴产业增加值18.87亿元、增长8%。固定资产投入43亿元，增长11.8%，其中工业性投入23亿元、服务业投入20亿元。浙商回归省外资金 18 亿元、增长 12%，合同外资 1 亿美元，实到外资到位 8100 万美元，外贸出口 3 亿美元。农民人均可支配收入 32800 元，增长 10%。

【主要工作成绩及特色亮点】 全面打造万亩大平台。按照市、区谋划建设市本级万亩大平台战略部署，规划 1.37 万亩用地，总体构建“一心五区”空间布局模式，打造现代化高新技术产业集聚高地。组建“14+1”作战组团，按照“中心攻坚、向北拓展、东部延伸”方向，启动平台打造“百日竞赛”，全年拓展提升平台 3273 亩，盘活闲置土地 581 亩。（1）全力推进西片主平台。集中在常溪、龙溪、欣安、中东、树庄、毛家桥、后林 7 个行政村开展农房改造，累计签约 492 户，特别是中东、树庄集中奋战一百天，创造了“中东速度”，签约率 90%以上，拆除 400 户。（2）加力扫尾东片副平台。主攻双丰、沈溇、五新、北塘桥 4 个旧区块，累计攻坚签约 90 户，进一步提升平台承载力。（3）合力试推安置新模式。根据市、区安置房建设新精神，先行在享受常溪社区安置政策的农户中进行货币化、房票安置试点。累计货币化、房票安置 1482 户，动用回购资金约 14 亿元，消化安置房面积达 15.78 万平方米。

推进项目引建大提速。突出“项目为王”理念，集中精力抓招商，全力以赴抓落地，开启“主引擎”，提档“加速器”。（1）项目招引持续发力。围绕“高端化、智慧化、生态化”方向，根据园区产业规划，划定北、上、广、深、苏、杭等片区，大力实施针对性招商、精准化招商。全年引进项目 36 个，其中 5 亿元以上项目 4 个、10 亿元以上项目 4 个、50 亿元以上项目 3 个，市认定大好高项目 12 个，目前在谈项目 15 个，工业项目招引占全区 50%以上。游侠汽车·湖州超级工厂项目总投资 115 亿元，实现吴兴建区以来百亿级高端制造项目的历史性突破。（2）项目落地鼎力推进。牢固树立“抓项目就是抓发展、服务项目就是服务发展”的理念，深入实施重大项目攻坚落地行动，对表对标，挂图作战，全力以赴提高项目开工率、竣工率、投产率、达产率。全年区重点项目新开工 8 个，其中工业 6 个、服务业 2 个，竣工 8 个，完成工业性投入 23 亿元。

创新引领动力大释放。抓住“中国制造 2025”试点示范城市契机，大力引进科技人才，推进创新创业。（1）科创平台提档升级。整合总部自由港、吴兴区科创园、高新区科技加速器、省级工业设计基地共 4 家政府投资运营平台和浙北金融中心、多媒体产业园、中节能产业园、联创谷共 4 家企业级平台，构建八大平台科技创新支撑体系，差异化发展，精准式招引。“南太湖精英计划”智能制造产业园、中东欧产业园的授牌，使平台品质进一步提升。（2）高新项目不断汇聚。强化双招双引，完成发明专利申请 196 件，授权 92 件；引进科技人才项目 53 个，培育“双高”企业 4 家、上市挂牌 1 家，培育高新技术企业 8 家、省级科技型中小企业 16 家。（3）招才引智态势向好。加强高端人才招引，全年引进海外院士 1 名，引进“南太湖精英计划”创业团队 17 个、创新团队 1 个，创新类人才项目 4 人，完成省级博士后工作站 1 家。

推进美丽高新大提升。围绕“美丽城镇、美丽乡村、美丽庭院、美丽田园”目标，下大决心提升区域环境水平。（1）推进“三改一拆”。完成城中村改造 28 万平方，旧厂房改造 7.8 万平方，拆除违章建筑 86 万平方，分别完成目标任务的 208.67 %、120%、284.71%，有力助推了万亩大平台、国家级农业园区打造等工作。（2）全员助力“剿劣除污”。继续推进太嘉河、环湖河道两大国家级水利工程、北横塘等后续工程，完成双丰、沈溇等 6 个村河道清淤。严格落实“一点一策”方案，建立“1 名班子+1 个组团+若干水体”工作机制，一线督办、限期治理、对表销号，22 个小微水体全部完成剿劣。（3）全面提速“空间配套”。砂洗城二期、公寓楼投入使用，完成三期规划。科创园二期部分企业入驻投产，三期研发车间结顶。完成安置房新建面积约 96 万平方米、5862 套。郑港社区一期加快建设，戴山社区二期启动建设，幻溇社区一期完成配套。全面拉开路网建设，纬七路、经六路等市政配套工程新开工，工兴大道（横二路段）新建工程、南太湖大道南段绿化工程、幻溇风情小镇污水管网工程均已完工。（4）倾力打造“美丽乡村”。开展以戴山、幻溇两大集镇综合整治为主的小城镇建设。幻溇完成总工程量的 50%，织太路污水管网完工，立面改造全面铺开，南侧节点公园、渔市、旅游集散中心等重点项目启动建设。戴山加大三个片区拆迁力度，力争“遗建清零”，改造性项目全面动工。依托国家级农业园区打造，杨溇“创客乡村、蔬香杨溇”市级美丽乡村精品村基本成型，许溇、幻溇美丽乡村精品示范带启动建设。

全面促进社会大和谐。深入实施文明城市创建、平安高新打造、乡村文明工程，社会面总体平稳。（1）拉好安全监管一张网。深刻吸取“1120”火灾事故教训，严格执行“十个一律”“十个严禁”“十八条标准”，以铁的决心、铁的手腕、铁的纪律，坚决全面推进消防安全综合整治，排摸童装场所4833户、出租房430家、厂中厂663家，按照标准，分组实施，强力整治。（2）筑牢平安稳定一道墙。深入推进平安高新建设，全力化解矛盾纠纷，矛盾调处成功率100%。围绕“护航十九大”，班子成员领衔包案稳控化解。强化“12345”政府阳光热线疏导，筑牢安全稳定基础。（3）牵好利民惠民一条线。加快推进爱山小学教育集团常溪小学建设进度，9月顺利开学，设立高新教育“春蚕奖”，发放奖金25.97万元。持续关注低保等社会救助工作，发放各类救助款504.67万元。依托全面“二孩”政策，助推政策生育率达98.53%，位居全区前列。着力完善城乡居民医疗保险，参保43547人、参保率98.6%，参加城乡居保总人数达19500 人。

全力夯实党建大基础。坚持“抓党建是最大政绩，抓发展是第一要务”，把党建工作放在突出位置。（1）组织基础夯实有力。深入学习宣传贯彻中共十九大精神，组织开展各种形式的“大学习、大讨论、大宣传、大实践”活动，切实在“学懂、弄通、做实”上下功夫。深入贯彻落实“两学一做”学习教育常态化，严格党员教育管理，营造“比学赶超”氛围。全面开展“走村不漏户、户户见干部”大走访活动，班子成员带班、干部混编到一线领办项目、组团攻坚。围绕村级组织换届，加强村级班子建设，全部一次选举成功并实现组织意图。（2）党风廉政扎实有效。建立党委统一领导、“一把手”负总责、班子成员分工负责的领导责任机制，落实全面从严治党主体责任，推进班子成员认真履行“一岗双责”，切实抓好党风廉政建设责任制。加大纪律审查力度，严肃查处党员违纪违法，立案28件，结案35件，处分党员35人。深化推进农村作风巡查，加强“三资”管理，各项制度得到有效落实。（3）群团事业助力推动。坚持党委总揽全局、协调各方，支持和保障人大、政协“一线状态、一线作为、一线作用”，各项工作走在全区前列。创新高新区人大代表工作方式，发挥代表主体作用，完成人大代表联络站展厅建设。充分发挥统战、工青妇等组织作用，加强妇联示范点建设，打造以吴兴青年创业空间为主的核心阵地，组织志愿者活动200多次，积极服务文明创建。

（沈晓敏）

·织里镇·

【概况】 织里镇由原织里、晟舍、太湖、轧村、漾西5个乡镇合并而成。区域面积135.8平方公里，辖34个行政村、17个社区，耕地面积43.4平方公里，建成区面积21平方公里，镇户籍住户数21659户，户籍人口数74335人。有着中国童装名镇、中国品牌羊绒服装名镇、全国重点镇、国家级生态镇、全国首批淘宝镇、省“智慧城市试点镇”，市“工业强镇”，全国综合实力百强镇，全省首批27个小城市培育试点镇，浙江省卫生城镇，被省委常委常务副省长袁家军称为“全省示范中典范”等多项荣誉。2017年以来，认真贯彻市、区党代会精神，按照市委“四新”主题实践的总体部署和区委“靠前站、马上办、讲实效”的总体要求，始终突出“以人民为中心”的发展思想，以小城市试点和国家新型城镇化综合试点为总抓手，上下同欲、众志成城，勇挑全市、全区“稳压器”和“加速器”两副重担，经济社会取得了新发展新成效。全年，实现地区生产总值203亿元，同比增长8.5%；财政收入14.845亿元，同比增长20.54%；固定资产投资完成76.17亿元，同比增长26.64%；工业性投入完成29.4亿元，同比增长23.9%，服务业投入完成46.8亿元，同比增长28.4%；合同外资完成8500万美元、实到外资6200万美元、浙（湖）商回归15.7亿元。城镇、农村居民人均可支配收入分别达到60718元和36998元。全镇总人口30多万人，其中本地人口近10万人，外来人口20多万人，城镇化进程加快，从原来的0.8平方公里、常住人口不足2300人的一条“扁担街”，发展到19.5平方公里、30多万人口的大镇，现代化小城市轮廓初现。

【主要工作成绩及特色亮点】 经济运行提质增效。大力实施创新驱动战略，全年以来战略性新兴产业增加值达13.63亿元，高新技术产业增加值达11.65亿元，分别增长18.2%和13.6%。3人入选“1112”人才，东尼电子成立省级博士后工作站，“南太湖精英计划”创新领军人才项目3个，领军型创新团队1个。项目投资提效增优。牢固树立“项目为王”

的理念，全年引进落实亿元以上工业项目19个，总投资245亿元。引进服务业项目22个。永昌、中尚等6个项目全面开工，东尼一期、格林等5个项目建成投产，完成投资13.6亿元。东尼、永昌、中电等6个项目列入省重大产业项目。倍格曼新材参与国家行业标准制定，米皇羊绒参与“浙江制造”标准申报成功立项。东尼电子主板上市，金洁水务新三板挂牌。

童装转型提优增速。成功举办第四届全国童装设计大赛，全省推进工业设计发展工作现场会在林芊国际顺利召开。加快“三进三提”，推进“织里童装+织里制造”向“织里品牌+全国加工”转变。“阿里巴巴·织里童装产业带”线上交易额达60亿元，位居全国各大产业带前五。

全面深化基层治理体系改革。以国家试点行动为引领，大胆创新、先行先试。按照东盛社区“四全工作法”为试点全面实行“网格管理、层级负责”机制，343个全科网格全部建成运作。以“智慧织里”为核心，全面强化“智慧安防”建设，大力推广智慧消防、智慧用水、智能预警，不断提升消防安全“三防”水平，成功召开“智慧消防·智能防控”全省火灾防控基层基础建设推进会。人脸识别等信息化手段充分运用。深入推进“雪亮工程”，视频监控密度全省第一。全面发挥“三个中心”作用，反恐处突能力建设成效明显。

全面深化“最多跑一次”改革。打造“最多跑一次”改革标杆，公布的52项事项全部实现“最多跑一次”。新设15个办事窗口，实现群众办事不出织里，审批效率、服务质量和群众满意度明显提升。成功召开全市、全区“四个平台”现场会，四个平台建设走在全市前列。

全面深化投融资机制改革。通过拆迁腾出大量用地空间，土地出让金预计达40亿元，实现税收良性增长。镇资产公司运营的童装产业园和童装城发展态势良好，资产不断升值。政府入股东尼、金洁、美欣达等企业经营状况良好，投资收益明显。积极调整债务结构，调低融资利率，调长融资期限。与中建国际、省直同人集团、市城市集团等国企央企进行公共服务项目合作，创新实施EPC、PPP项目，完成投资15亿元。

平台道路不断升级。全年新拓展平台2500亩，拆除农房952户，“两纵六横”平台框架道路基本成型。拉大织东平台，8条道路全面进场施工。规划织西平台项目7个，其中吴兴实验小学、织西安置小区全面开工。围绕北片开发、富民路打通、湖织大道拓宽等全力推进老街拆迁工作，完成旧房拆迁945户。利济路、大河路、佛仙路等16条城市道路全部开工，其中6条已完成。全力构建“1+3+N”的大交通格局，进一步形成“内成网、外成环”的交通网络。水产路、李义路等7条道路已基本完成。湖织大道拓宽及东延、吴兴大道东延全面开工。三新线列入省道规划，计划于2019年开工。四高连接线明确选址织里，计划于2018年底启动建设。

征迁安置全力保障。开展“三比三看三评定”大比拼活动，在25平方公里城市规划区内，大刀阔斧推进“三改一拆”工作。按照“三年计划两年完成”目标，城市规划区内完成旧房拆除2632户，占两年总任务的76.5%。完成佳雪、联天纺织、金洁实业等9宗700亩旧厂房“退二进三”收储工作。旧馆村范围内已完成拆迁签约110户，有效保障百亿大项目顺利推进。

镇村面貌显著变化。纵深推进城市环境综合整治，以创建全国文明城市为契机，抓好“三项整治”，城市环境显著变化，逐步探索城市精细化管理，城市品位不断提升。建立综合执法三级网络和卫生保洁长效机制，拆除违章建筑面积158万平方米，城乡环境得到大幅提升。高标准完成中央环保督察交办任务，13家铝合金企业签订关停协议，30家企业通过整治验收。按照五步法精准施策，全面打赢治水剿劣攻坚战。全力开展晟舍、轧村、漾西3个集镇整治提升，排定83个项目，投资9.18亿元，轧村集镇已率先完成省级验收。点亮一带的美丽乡村建设中，义皋村荣获国家AAA级旅游景区，国家级美丽宜居示范村创建工作持续推进，伍浦村完成省级美丽宜居示范村建设。继续深化开展“五水共治”“三改一拆”“两路两侧”“治霾318”等“美丽织里”整治行动，环境质量持续改善，群众满意度持续提升。

民生保障更加有力。全年排定27个公建配套项目，重点突出“学校、医院、文体、公园”等城市公共配套，吴兴区人民医院正加速推进，吴兴实验小学、盘珠漾公园等10个项目开工建设。童装产业园商业配套、织西社区、晟舍商业房等8个配套项目全力推进。北大培文学校、文体中心、利济文化公园四期、秦家港农贸市场等项目全面进场施工。建成停车场52个，停车位3400个。鼓励新居民购房就读公办学校，全年611名新居民子女入读公办学校。开展“五好”知礼人评选活动，营造“争创经济最强镇、争当最美知礼人”的浓厚氛围。提高出生人口素质，做深做细生育健康优质服务，计生符合率达98.87%。不断强化社会保障，城乡居民医疗保险参保率完成年度目标99%以上。加强食品安全专项行动，顺利通过市级基层食安办规范化创建。王金法广播、织里城事、老蔡驿站、车间好声音等特色平台的传播范围不断拓展，开展“织里·知礼”宣讲团活动42场，新建文化礼堂2个，举办各类文体活动215场次。

社会事业健康发展。切实保障困难群众基本生活，努力提高社会救助水平，累计发放保障金517万元。扎实做好养老服务工作，推进社会养老健康发展。完成全镇18215名老人意外伤害保险的购买，购买率达到百分之百。新建居家养老中心12家，移民扶持项目7个，新增5个避灾安置点。保障残疾人基本权益，健全残疾人康复托养庇护机构服务功能，累计发放补助金额260万元。继续推进双拥优抚体系建设，巩固和发展军政军民团结。

社会大局和谐稳定。深入实施“平安细胞”建设，健全“三长”机制，拓展志愿者队伍，发挥“平安大姐”、商会等民间力量共同参与社会治理。进一步发挥“新居民和谐促进会”作用，实现流动人口登记管理服务外包，登记率达92%。全省最大的公共安全防范体验馆投入运营，累计接待参观学习2万余人次。深化社会治安防控体系升级版建设，全市公安现场会在织里召开。连续开展“护卫平安”集中行动，全年刑事案件同比下降38.3%，镇公安分局获得“省级优秀公安局”殊荣，圆满完成中共十九大、互联网大会等重大安保任务，群众安全感满意度显著提升。不断加强童装类企业“前后模式”“厂中厂”、居住出租房和其他重点区域集中整治。一年来，全镇出动16.8万人次，检查童装类企业33.6万户次，督促整改消防安全隐患2.6万余处，全镇消防安全形势总体稳中向好。

依法执政有效落实。高度重视政府自身建设，自觉用习近平新时代中国特色社会主义思想武装头脑、指导实践、推动工作，建设“忠诚干净担当、为民务实清廉”的人民政府。始终坚持问题导向，回应群众关切，提升行政效能，努力解决好群众最关心最直接最现实的问题。认真听取各方意见建议，主动接受社会公众监督，“12345”政府阳光热线满意率提升至92.6%。优化行政决策机制，共完成17件重大政策、项目社会风险评估。

作风效能切实优化。健全“五事阳光”权力运行机制，不断规范镇、村干部公务行为。建立健全机关干部实绩导向考核机制，发扬干部担当有为、勤政务实的作风，严厉整治庸政、懒政、怠政现象，确保政令畅通、运转高效、规范有序、执行有力。建立健全行政问责制度，提高行政效率，全面完成各项任务。累计开展效能督查10次，问责处理3人，提醒谈话9人，形成用制度规范、按制度办事、靠制度管人的良好局面。

党风勤政廉政持续加强。始终将纪律和规矩挺在前面，增强“四个意识”，抓紧抓实党风廉政建设和反腐败工作。落实中央八项规定精神和厉行节约、反对浪费各项规定，“三公”经费支出持续下降。不断严格行政管理，完善制度建设，全面加强政府性债务规范管理，发挥单位内审、集体决策作用，加强对招投标、行政审批、土地出让、政府采购等重点领域和关键环节的监管，织密权力运行的制度笼子。坚决查处违法违纪案件，解决发生在群众身边的腐败问题，打造清正廉洁的政府良好形象。

（何　良）

·八里店镇·

【概况】　八里店镇区域面积66平方公里，辖27个行政村，常住人口42723人。其中，湖东西区7个村，区域面积7平方公里；东部新城区域14个村，区域面积25平方公里；南片试验区6个村，区域面积34平方公里。镇内山水清远，交通便捷，长湖申黄金水道、318国道穿镇而过，申苏浙皖和申嘉湖两条高速拉近了与上海等大城市的距离。先后获得全国生态乡镇、浙江省生态镇、浙江省教育强镇、浙江省体育强镇、浙江省卫生镇、浙江省“东海明珠工程”、湖州市“平安乡镇”、世界“丝绸之源”、国家城市湿地公园、浙江省首批特色小镇、浙江省文化强镇等多项荣誉称号。在市委、区委的正确领导下，全镇上下认真贯彻落实中共十九大和省市区党代会精神，深入践行“四新”主题实践，按照“靠前站、马上办、讲实效”的要求，进一步解放思想、创新机制，全力推进全域城市化，着力建设魅力东部新城，经济社会发展取得了新成效。全年实现地区生产总值73.2亿元，增长10.0%；实现财政总收入16.7亿元，增长26.9%；完成固定资产投资63.4亿元，增长17.4%，其中服务业投入51.7亿元，增长15.3%；实现规模工业增加值31.2亿元；完成浙（湖）商回归资金12亿元。移沿山生态景区通过国家AAAA级旅游景区验收、成功创建"浙江省卫生乡镇"、八里店镇人民调解委员会被司法部授予"全国模范人民调解委员会"称号，全镇特色亮点进一步彰显。2017年以来，始终坚持党的正确领导不动摇，始终坚持全域城市化目标不动摇，始终坚持维护良好发展环境不动摇，全镇广大干部群众以决战决胜的精神状态，打赢一场又一场攻坚克难的大仗硬仗，全镇实力跃上新台阶，全域城市化突破推进。（1）财政实力取得大突破。在金洲、飞华等一批优强企业保持税收持续稳定的基础上，全力开拓挖掘商业、地产、建筑领域的新税源，房地产行业税收持续增长。全镇财政收入16.7亿元，增长26.9%，历史性地实现了高基数上的高增长。（2）城中村改造取得大突破。仅用30天时间完成建设项目遗留问题清零，再接再厉实现全市第一个组团清零，全力打造全市城中村改造工作样板。实现东部新城和湖东西区农房拆迁清零。（3）城市化推进取得大突破。东部新城投资热度持续升温，全年土地成交总价超43亿元，8宗商住用地全面开工，历史性地实现塔吊林立、东部腾飞的新局面。（4）体制机制创新取得大突破。村级留用地破题兑现，湖东西区采用资产和货币相结合的方式，明确各村以征地全面清零为标准分批兑现；东部新城方案正在积极深化对接中。筹备组建湖东街道，预计春节前后完成挂牌，开启撤镇建街道的新局面。

【主要工作成绩及特色亮点】 以经济建设为中心，发展活力显著增强。深度融入"中国制造2025"试点示范建设，7个区重大工业项目全部开工，完成投入5.7亿元；金洲三期、飞华二期、德宏二期等一批高质量的工业项目加快推进。成功打造一批名企名家，全年培育"双金""双高"企业6家，恒久机械实现新三板挂牌上市。新增国家重点扶持高新技术企业3家，新建省级博士后工作站1家，重点项目及基础设施建设加快推进，区文体中心主体完成，枫叶国际学校、实验幼儿园投入使用。丝绸小镇建设工作全面铺开，足球小镇签约落地，金诚国际医院顺利入驻。率先开展"五未"专项行动，原万马光电产业园通过盘活闲置土地158亩，成功引入中南智能制造产业园项目；318国道沿线环球等企业"退二进三"，盘活土地近300亩。经编、木线条行业低小散整治专项行动取得实效，尹家圩排东经编小企业、义山村及移沿山村木线条企业全面关停拆除，腾出发展空间近150亩。

以全域发展为主线，新城建设提速推进。充分发扬"八里店铁军"精神，以不获全胜绝不收兵的决心，全面完成第四片区湖东西区组团553户攻坚任务。全镇面上借势借力，同步开展以义山村、乌山村整村清零，南片土地复垦，东部商业土地出让等项目为重点的征迁攻坚，全年累计完成拆迁1212户，征租地5000余亩，安置房分配到户42.7万平米。完善社区基础设施建设，安装各类高清监控1972个，14个老小区污水管网全面修复。与美欣达集团正式签订"环卫一体化"项目，全镇生活垃圾收运处置管理进入"全托管模式"。加大农民安置社区物业管理力度，在西湖漾、三合家园2个社区率先引入国家一级资质物业公司，实现物业管理高端化。进一步完善南部片区以农兴旅、以旅促农、农旅融合的发展模式，市农科院试验示范基地、淡水所叶家漾等大好高项目加快推进，全力打造优质高效农业新格局。开展紫金桥小城镇改造，累计拆除农房34万平方米、违章建筑4000平方米、小企业16家，彻底解决立面杂、停车难、卫生差、秩序乱等问题。全面完成全国文明城市创建各项任务，清除"僵尸车"180余辆、清理楼道830余个，清理垃圾1000余吨，农贸市场等重点场所全面整治，文明城市创建工作获市集体嘉奖。

以民生福祉为根本，社会保障持续提升。枫叶国际学校、实验幼儿园相继开学，东部新城逐渐成为全市教育的新高地。建立健全镇级"困难救助基金""就业帮扶基金"，全年共发放低保及各类补助救助451.85万元，促成就业2000余人。积极打造八里店文化品牌，全年组织各类文体活动175场。爱国卫生工作水平不断提升，成功创建省级卫生乡镇。持续深化"五水共治"，狠抓劣Ⅴ类水剿灭，完成103处疑似水体的整改；完成10公里河道及1.6公里生态护岸建设。全力开展治危拆违，完成84户D级及C级公共类危房治理改造、旧厂房改造3.6万平方米，拆除违章建筑7.85万余平方米。大力开展治气治霾，完成11个建筑工地和主要道路的扬尘治理，淘汰燃煤小锅炉30台；完成餐饮油烟整治18家。开展治脏除乱，完成重要干道整治点11处，创建精品道路6处，完成318国道沿线绿化拓宽16.2万平方米。圆满完成中央环保督察交办的9件信访事项处理工作。全力开展平安护航攻坚，“护航中共十九大”和乌镇峰会期间，未发生一起去市赴省进京事件。开展打霸除恶专项行动，劝退、处置阻碍施工事件20余起。“四个平台”建设深入推进，信息综合指挥中心全面建成。深化安全生产监管，开展专项排查行动，检查各类单位场所500余家，完成安全隐患整改700余处，拆除取缔安全（消防）不达标各类企业场所300余家。全面落实“双禁”工作。

以党的建设为抓手，基层基础不断巩固。深入学习贯彻中共十九大精神，推进“两学一做”学习教育常态化制度化。建强基层战斗堡垒，组织全镇2789名党员进行专题党课集中轮训，实现党性教育常态长效。全面落实村社干部集中办公，切实增强服务功能。村社班子选优配强，圆满完成换届工作，产生新一届村社两委干部150人。加强队伍建设，年轻干部获区委提拔重用5名，年轻干部提拔、转任镇机关中层正职岗位7名。广泛开展“最美”系列评选活动，为全域城市化推进，提供强大的价值引导力、文化凝聚力和精神推动力。严明党的政治纪律和政治规矩，严肃党内政治生活，引导党员干部牢固树立“四个意识”。高标准落实中央八项规定精神，扎实开展农村基层作风巡查。实践监督执纪“四种形态”，通过问题线索处理违纪党员29人。支持和保证人大依法行使监督权、决定权、任免权，财政预算审查监督试点成为全市人大工作的亮点。统战、人民武装、双拥、老干部、群团等各项工作都紧紧围绕大局，积极作为，取得新进展。

（朱旭峰）

·道场乡·

【概况】 道场乡位于湖州中心城区南大门，区域面积61.5平方公里，辖8个行政村和1个社区，121个村民小组，农户4613户，总人口1.58万人。道场乡区位优势明显。境内水陆交通便捷，长湖申航道和东苕溪沿乡而过，104国道、318国道纵贯全乡，杭宁高速、申嘉湖高速的湖州出入口均在境内，是湖州中心城区南郊“纵横南北、连贯东西”的交通枢纽。自然资源丰富。境内农副产品、林业和矿产等丰富资源，共有林地近5.7万亩，其中生态公益林、毛竹林各1.5万亩，其他苗木、水果、茶叶等面积5000亩左右，已形成绿化苗木、水果茶叶、优质笋竹、特种水产等特色新兴农业产业，大规模效益农业基地7个，总面积达28000亩。人文底蕴深厚。境内有国家、省、市级文物保护单位13处，其中下菰城遗址、陈英士墓、道场山多宝塔及万寿寺、云巢古梅花观、钱山漾遗址等景点，堪称“江南吴越文化遗产的自然博物馆”。

【主要工作成绩及特色亮点】 按照“念好山水经、打好组合拳、走出特色路、构筑新格局”的思路，全力推进“南征北战、提速攻坚”六大行动。

经济发展后劲不断增强。成功创建浙江省美丽乡村示范乡镇。编制《道场乡美丽乡村旅游总体规划》，建成一条12公里的五彩绿道旅游景观线，创建552户美丽庭院，红里山村、菰城村创建省级美丽宜居示范村、市级美丽乡村精品村及钱山下村、道场浜村创建市级美丽乡村通过初步验收，菰城村启动省第六批历史文化村落保护利用重点村创建。菰城村、红里山村完成国家AAA级旅游景区村庄创建。举办乡首届孝悌文化节、多宝塔亮灯、湖州旅游月月红、区第四届休闲运动节等大型旅游推介活动20余场，南郊人气不断集聚。实施春耕、夏种、秋收、冬储四季攻坚行动，全年接洽客商140多批次，引进大好高项目3个，天和机械、核旭制造2个项目竣工投产，新签约匠造、雅炻、威杰3个项目。

城乡环境品质不断提升。施家桥小城镇环境整治规划方案获市优秀规划二等奖，开展环境卫生整治、“车乱开、道乱占”两个百日攻坚专项行动和集中拆违除危清理行动，完成38个“拆、整、改、建”项目，建立健全长效管理队伍、机制。城南村小城镇环境综合整治完成规划编制，31个项目全面开工，形象进度完成68%，总投入资金5300余万元。全年拆违面积约15万平方米，成功创建市“无违建乡镇”。完成城中村改造一期唐南三圩田、施家坝片253户的签约拆除工作，取缔25亩的废品收购集中区，二期唐南谢家山片全部完成评估并启动签约。25个疑似劣V类小微水体全部制订“一点一策、水岸同治”方案，完成河道清淤3000米、生态护岸800米，机埠、排涝站改造各2座，农业设施管理房整治 82 户。

社会民生福祉不断改善。实施一系列惠民、便民举措，完成浮玉花园 4 批次 990 户 1720 套房屋、2 批次 578 个车库车位的安置分配、认购工作。总建筑面积 12 万方的浮玉花园一期工程顺利开工。切实保障省重点工程湖山大道吴兴段建设，工程主线大桥完成 23%，路基完成 13%，投资 2.3 亿元。高质量完成农村危旧房整治 79 户、农村生活污水纳管 445 户、城南实验学校运动场改造等一大批民生实事项目。新增基层业余文化团队 6 个，举办文化走亲、首届残疾人趣味运动会等文体活动。实现农村剩余劳动力充分就业，新增城镇就业人数 282 人。持续深化“四个平台”建设，率先启动信访“最多跑一次”改革试点工作，加大安全生产检查力度，对全乡 123 家企事业单位持续开展专项检查，整改各类隐患 327 处，整改环境违法行为 11 件。在全区率先完成唐南、道场浜 2 个社会工作室，创建乡贤参事会，推动民间基层治理，全乡大局平安、和谐、稳定。

（虞　纯）

·妙西镇·

【概况】　按照吴兴区委、区政府确定的“打造增长极、提高首位度、争当排头兵，率先实现高质量赶超发展高水平全面建成小康社会”决策部署，以建设全域旅游、打造妙西铁军为目标，以争创国家 AAAA 级旅游景区和省旅游特色小镇为契机，抢抓机遇，担当晋位，全力推进西塞山省级旅游度假区建设，经济社会各项事业发展成效显著。

全年预计完成固定资产投资 26.6 亿元，同比增长 38.8%，其中旅游业固定资产投入 15.15 亿元；规模以上工业总产值完成 21.2 亿元，同比增长 15.8%；规模以上工业万元增加值综合能耗下降 10.2%；浙商回归到位资金 8 亿元；财政收入 7100 万元，同比增长 18.3%；农民人均可支配收入 24669 元，同比增长 9.5%。旅游收入 1.4 亿元，同比增长 150%。成功创建妙山村等 5 家国家 AAA 级旅游景区，实现 AAA 级村庄景区零的突破。吴兴原乡蝴蝶小镇入选浙江省第二批特色小镇培育名单，妙西旅游风情小镇荣获浙江省旅游风情小镇称号，率先实现镇区景区化，产业旅游化。

【主要工作成绩及特色亮点】　全域旅游跑出新速度。（1）吹响项目建设“集结号”。全镇在建重大项目 14 个，总投资达 220 亿元，累计投资达 32 亿元。成立 18 个由镇领导班子任团长的攻坚团队，加快推进项目建设。原乡小镇一期项目建设基本完成；慧心谷主题酒店等项目主体建筑完成结构封顶，进行内部装修；国际乡村旅游度假精品示范区项目一期基本完成对下政策处理及征收流转土地约 2200 亩，一期环景道路路基等工程已完成，景区主入口广场等已开工建设；长颈鹿庄园项目抓紧推进。全年接待考察客商 200 余批次，新联系洽谈项目 10 余个。军民融合、大师智慧谷、中医养生文化村等 3 个项目成功列入市级大好高项目。（2）打好配套完善“组合拳”。投资 1.5 亿元，建成妙西至稍康大道、11 省道至白鹭谷等 6 条公路。整治“两路两侧”重要点位 170 余处，新增绿化 10 万平方米，绿化、亮化、彩化、洁化通景公路 5 条。打赢申嘉湖高速妙西段征迁扫尾“清零”攻坚战。扎实推进妙西镇城乡供水一体化进程，开展方案编制、总管铺设等。塘里古村落、妙禅谷等 9 个项目获批全省“坡地村庄”建设用地试点项目，争取点状用地计划指标 214 亩。大力推进土地综合整治，实施土地复垦开发 157 亩，新增耕地 120 亩，消化转而未供土地 81 亩、盘活存量土地 17.5 亩。（3）亮出原乡旅游“金名片”。成功举办第二届国际乡村旅游大会——吴兴原乡蝴蝶文化旅游节、中国湖州台湾村国际旅游节等大型旅游节庆活动十余场，原乡旅游品牌不断打响。截至 11 月，省内外重要媒体有关妙西的报道共 469 篇次，中央级媒体 85 篇次，度假区美誉度进一步提升。

产业结构转出新动能。（1）打造清洁能源示范镇。加快推进重点光伏项目建设，宁夏贝盛、浙江阿波西禾光伏项目并网发电。积极推广农村家庭屋顶光伏发电工程，完成屋顶光伏户 135 家。累计完成地面光伏并网发电 30 兆瓦。（2）加大生态环境保护力度。铁路采矿场通过市级绿色矿山验收。全力实施废弃矿山复绿工程，重点实施原南埠矿废弃矿山的复绿工程，总面积约 300 亩。完成一期边坡复绿工程 4000 平方米。（3）盘活存量资产。成功盘活原湖州远创纺织有限公司和原湖州华德丝织有限公司 2 家企业，并投入正常生产。（4）进一步优化工业结构。全镇完成各类专利申请 69 件，市级专利优势企业 1 家，贯标认证企业 1 家；新认定省级科技型中小企业2家；省级研发中心1家；新认定星创天地1家；市级重点项目1个。

农业产业显现新成效。（1）完善农业基础设施。建设高标准农田1700亩，实施山塘综合整治6座，生态护岸工程6.5公里，加固加高后沈埠村、潘村堤防2.9公里，建设示范河道1.8公里，完成4座水库大坝安全技术认定，高标准完成第三次全国农业普查。（2）加快农业提质发展。成功申报全区首批特色农业强镇，引进市级农业大好高项目2个，新增市级精品园1个，培育市级以上示范性家庭农场3个，完成全国休闲旅游与农业星级示范基地、全国森林氧吧等申报工作。投入1300万元，累计拆除各类养殖棚13.1万平方米。全面完成宝峰寺地质灾害治理工程，有效解决地灾隐患。（3）狠抓毁林种茶综合整治。通过"控现状、清历史、上手段、建机制"等举措，综合施策，全力推进妙西镇综合治理毁林种茶专项行动，进一步加大日常巡查、案件处理力度，全镇"毁林种茶""毁竹种茶"态势得到全面遏制。

美丽妙西靓出新风貌。（1）稳步推进美丽乡村建设。投入6000万元，全面推进后沈埠村、潘村2个市级美丽乡村和妙山村、龙山村2个市级美丽乡村精品村建设。截至年底，80%的行政村创建市级及以上美丽乡村。（2）全力推进小城镇环境综合整治。对妙西、后沈埠两个集镇的建筑立面、绿化景观、道路交通、市政管线等项目进行改造。投入9100万元，完成妙西集镇小城镇环境综合整治。投入2060万元，完成后沈埠集镇改造50%工程量。3.重拳整治景区环境。高标准全面剿火31个疑似劣V类水体，镇域范围内所有河流、溪涧断面水质及水体全部达到Ⅲ类水以上，107名河长、15名市区剿劣督导员全面履职到位，镇人大、政协、人武部、工青妇等部门，围绕中心，积极投入剿劣行动，确保治理水体不反弹。深入开展"三改一拆"工作，拆除各类养殖房约2.5万平方米、彩钢棚约10万平方米，破旧房屋约5000平方米，并进行绿化种植，完成农业设施用房整治70个。113户农村危旧房全部落实"一户一策"治理。所有行政村环境卫生保洁实施社会化运作，实现生活垃圾分类处理全覆盖。全镇340户美丽庭院建设完成。中央环保督察组督察期间，妙西实现"无举报、无信访、无上访"，为全市"大花园"建设做出贡献。

社会发展迈步新跨越。（1）着力完善社会保障体系。开展各类慰问活动，累计发放款物399万元。投入200万元，完成公建房建设、饮用水改造、环山渠道建设等四大民生工程。积极做好残联、老龄服务工作，完成重残家庭无障碍改造6户，银龄工程3828人次，参保率100%。（2）高度重视宣教文卫工作。积极参与市、区党课比赛，分别荣获市二等奖和区第一名。打好全国文明城市迎检攻坚战，实现百姓文明素质和社会文明程度提升。妙西成校、妙西幼儿园完成搬迁，教学环境不断优化。妙西学校邢红琴老师获评全省德育标兵。扎实开展卫生计生优质服务，积极推进省级卫生镇创建。（3）全力打造"平安妙西"。推进"四个平台"建设，组建"全科网格"54个。"平安四率"稳步提升。累计排查各类矛盾纠纷128起，化解126起，化解率98%。打赢"护航十九大"攻坚战，确保妙西平安稳定。强化安全生产监管，全年累计巡查企业900余次，整改隐患200余处。消防救援能力明显提升，连续10年做好平安监管工作，全年山火起数发生率为0。

党的建设得到新加强。（1）育强"先锋铁军"。推行"两学一做"常态化、制度化，深入抓好中共十九大精神的宣传、学习、贯彻，党员干部政治素质有效提升。推行班子领衔、中层带队、青干压担的组团式联村、联项目制度，每月评级并考核公示，加快中心工作推进，提速干部成长，年内获区提拔3人，镇提为中层5人。圆满完成村级组织换届工作，选举产生新一届村两委74人，平均年龄42岁，比上届小1.4岁。新选拔村级后备干部40名。有力推进村干部集中办公。注重招才引智，入选南太湖精英计划1人。全年引进高层次人才18名，紧缺急需人才16名，新引进人才资源总量300余名。（2）狠抓"党风廉政"。积极履行党风廉政建设党委主体责任。高标准严格执行中央八项规定精神。深化"五事阳光"权力运行机制。开展"党纪教育一刻钟"活动，增强党员干部党章党规党纪意识，切实把纪律和规矩挺在前面。积极配合区委第二巡察组对妙西镇党委的巡察，严格按照区委第二巡察组反馈的问题和提出的意见建议进行整改。支持农村基层作风巡查工作。（3）引领"全面工作"。输送13名优秀青年入伍，大学以上学历占77%；做好双拥工作，召开退役军人座谈会等，鼓励退役军人为家乡建功立业。后备力量建设扎实，退役军人安心工作，思想稳定。发挥人大监督作用，推进参与式预算审查监督和票决民生实事的稳步实施。积极创建五星级龙山代表联络站。积极支持政协委员履职，认真开展书记、镇长与政协委员“面对面”活动。统战、工青妇、科协等有关工作有序推进，营造大党建格局。

（沈焕霞）

·埭溪镇·

【概况】　埭溪镇区域总面积173平方公里，下辖20个行政村和4个居委会，常住人口4万余人，城镇面积5平方公里，是全国重点镇、省第二批特色小镇、市重点发展的17个中心镇之一。

文化底蕴深厚。埭溪镇始建于宋太平兴国八年（983），是一座具有千年历史的江南古镇，古称“上强”“埭溪”之名与山水、溪流、埭坝相关。自古以来埭溪就是文人墨客惯游之地，留下过不少历史踪迹，如精舍寺、石屋坑摩崖石刻、凤凰山崖铭等。莫家栅、月映桥两村，至今保存着不少人文景观和美丽传说。古刹“精舍寺”遗址的发现和重建，唐代诗人白居易的绝唱重现寺壁，“惯游山水住南州，行尽天台及虎丘。惟有上强精舍寺，最堪游处未曾游。”足见埭溪独特的自然风貌和人文底蕴。

生态环境良好。埭溪地处天目山山脉与杭嘉湖平原结合部，西部群山连绵，翠竹遍野，空气宜人，东部为水乡平原，地形地貌可用“七山一水两分田”来形容。境内集水面积110平方公里、总库容9966万立方米、日供水规模22万吨的老虎潭水库是旅游胜地，更是湖州人民的“大水缸”，良好的生态优势吸引了九天谷、凤凰山、狮子村等一批生态休闲旅游项目相继落户。

区位优势明显。镇区距湖州市区25公里，距杭州市区48公里，仅半小时车程；距上海160公里，经申苏浙皖高速车程仅90分钟；104国道、杭宁高速、宣杭铁路、东苕溪航运水道，杭宁高铁贯穿全境，从埭溪到杭州18分钟，到南京50分钟，交通运输十分便捷。

经济发展迅速。埭溪镇坚持以科学发展观为指导，全镇经济社会得到快速发展，综合实力得到显著提升，社会民生得到不断改善，成功创建国家级生态镇、省级文明镇、省级卫生镇、省级体育强镇，成功迈入全国千强乡镇行列。全年完成地区生产总值31.32亿元，同比增长12.02%；财政收入4.79亿元，同比增长26.49%；农民人均纯收入26876元，同比增长8.82%。

【主要工作成绩及特色亮点】　全年完成地区生产总值31.32亿元，同比增长12.02%；财政收入4.79亿元，同比增长26.49%；农民人均纯收入26876元，同比增长8.82%

着力美妆产业，经济实力持续增强。牢牢锁定美妆小镇“见型见效”年度总目标，全力开展“百日攻坚行动”，完成美妆小镇区域征地1800亩，拆迁104户，重点区域平台提升1600亩，创业大道等11个基础设施项目全面开工，小羊山路等5个项目竣工，完成投入3.5亿元。新签约化妆品及配套项目14个，累计引进37个，计划总投资150亿元。韩佛化妆品进入试生产，检测研发中心、科技孵化园等启动装修，御梵香水、东吴香精、卓妍化妆品、美妆科创中心、博物馆等一批项目正在加快主体施工。高端要素不断集聚，“化妆品行业领袖峰会”永久会址落户美妆小镇，与法国化妆品谷、高等美容美妆学院、沙特尔市、韩国乌山市、摩洛哥苏斯马莎省等国际行业协会和政府机构签订战略协议；省检科院化妆品检测中心、浙大工业技术学院化妆品创新中心、美妆特色小镇研究院、美妆学院、美妆小镇人力资源服务中心等一批高端配套项目落户并启动，小镇平台优势凸显。珀莱雅完成主板上市，德马创新中心（德马物流创新学院）落成，力聚热水机成功创建省级企业研究院；完成“低小散”整治5家，旧厂区改造5万平方米；盘活华山重工、新晶科技等企业闲置土地120亩。院士专家工作站1家，省、市专利示范企业2家，新入选南太湖精英计划2人，领军型创业团队1个。

着力新型城镇改造提升，环境面貌显著改善。按照“一加强、三整治”和“8+X”要求，突出“记忆街区、时尚小镇”两大特色，实施26个项目，总投入2.5亿元，全力打造省级小城镇环境综合整治样板镇。拆除城中村、危旧房、违章搭建2.2万平方米，打通断头路4条，完成201户城镇直管危旧公房治理，彻底解决隆兴路“卡脖子”路等“城镇病痛”。高标准完成沿街建筑立面整治16万平方米，整治店招2160家，背街小巷38条9.8公里，杆线下埋14公里，新增和提升镇区绿化2万平方米，“美妆元素”和“历史记忆”有效彰显，城镇面貌焕然一新。基础设施进一步完善。改造提升城镇主次干道14条、雨污水管网10公里，城镇自来水管网全部更新。新建工会、老农贸市场等停车场6处，新增停车位300余个，新建和提升改造星级公厕6处。不断完善教育、医疗、文化、服务业等各项功能，社会福利中心投入使用，警务便民中心、埭溪医院康复大楼完成主体结顶，上强文化礼堂、农贸综合体、公交客运中心等项目即将启动建设，城镇承载能力有效提升。以“全国文明城市”“国家级卫生镇”创建为契机，联合群团组织、企事业单位，开展一系列攻坚行动，对农贸市场、马路市场等重要区域进行综合治理，共整治点位469处，有力扭转乱经营、乱张贴、乱停车等现状，群众文明意识显著提高。加强交通秩序管理，成立交通安全管理站，新增违停抓拍系统9处，“道乱占”“车乱开”现象得到明显改善。

着力生态建设，加快推进美丽埭溪。“五水共治”提档升级。累计投入1600余万元，完成195个小微水体的整治、51条河道的长效保洁和埭溪港等3条河道清淤及生态护岸工程，成功打造10个剿劣亮点，河长巡河率100%。借势借力，全年拆除关停鸭场76家、猪场34家、鸡场11家。积极开展市级美丽乡村示范镇创建，大冲市级美丽乡村精品村、太平桥省级美丽宜居示范村、山宕区级美丽乡村精品村、妙新线省级精品示范道路等创建年内验收。完成五石坞等8个行政村、340户美丽庭院创建，高标准新建农村垃圾分类收集房23个。新组建埭溪镇公共事务管理中心，全面加强农村环境卫生保洁。加大治违力度，全年拆除违章建筑500余处11.8万平方米，其中“一户多宅”58处1万余平方米。大青川生态旅居项目、莫干山儿天谷项目稳步推进，狮子村“漫漫谷”项目被列入2017年度浙江省“坡地村镇”建设用地试点项目。注重资源挖掘，天字古道二期、红旗梅里古道、大冲古道得以开发建设。成功举办“走天字古道、品年猪饭”活动，并在央视播出，“民宿音乐节”“百辆单车骑行山村”等多项生态旅游活动获得好评。盛家坞等4个村入选浙江省第一批省级传统村落，“虎潭夕照”“天字古道”入选吴兴“新八景”。加强水库上游环境保护，强势推进毁林种茶专项整治行动，拔苗25.5亩，生态修复531.5亩，新成立吴兴森林派出所埭溪警务室，加大巡查和保护力度。新申报市级农业龙头企业1个、引进农业“大好高”项目1个。完成林间道路硬化10公里、高标准农田建设3900亩、粮食功能区基础设施建设提升680亩；完成7590户农村土地承包经营权确权登记颁证。加大土地保障、整治工作，盘活存量建设用地134.9亩，完成土地复垦151.2亩、土地开发208亩；全面整治并消除6个地质灾害点。

着力改善民生，社会事业繁荣进步。深入推进农村危旧房改造，88户农村危房改造全部完成。加快农民新社区建设，完成联山大社区联山片二期、小羊山二期三期、官泽三期、莫家栅二期等社区建设12万平方米，受益农户480户。高标准打造梅峰特色集镇，旧房拆除、沿街立面整治、集镇道路、公厕、停车场等配套工程年底前全面完成。交通网络不断健全，埭芳线旅游快速路、张关线提升改造工程启动建设，长茅线、里阳至长茅线、阳山坞等农村公路路面大中修工程有序推进。深入挖掘培育先进典型，张汉亮荣获全省道德模范荣誉称号。扎实开展“全民终身学习活动周”，共评出“百姓学习之星”先进典型14名。积极打造群众“精神家园”，丰富文化生活，红旗村文化礼堂通过上级验收，开展“村运会”“全民健身与省运同行”等主题活动100余场。成功举办“传承非遗经典　唱响吴韵山歌”汇报演出，并参加国家级文艺演出。大力开展“全国文明城市”创建工作，群众整体素质明显提升。整合教育资源，优化师资队伍，学校教育质量稳步提升。加快社区教育配套，中心幼儿园联山园区即将投入使用。医疗服务水平显著提升，埭溪医院成功挂牌湖州市第一人民医院吴兴第二分院，专家组入驻，社会影响力不断提高。积极开展国家级卫生镇创建，顺利通过市级考核，12个省、市级卫生村及卫生先进单位完成复评。进一步加大社会救助力度，累计发放低保金、救助金、优抚金等460余万元，完成红旗村、月映桥村居家养老服务中心建设。成立镇残疾人辅具共享租赁站，顺利完成第六届残联换届工作，申报移民后扶项目7个，落实补助资金1000万。新增城镇就业1820人。

着力基层基础，社会环境和谐稳定。坚决执行“防为主、防为上”工作方针，全力做好重点时段，特别是中共十九大期间维稳安保工作，深化领导包案攻坚，全年无发生进京非访及赴省集体访。稳妥处置各类不稳定因素，矛盾纠纷化解率100%，“12345”政府阳光热线满意率达88.5%。加快推进“四个平台”建设，综合便民服务中心年内投入使用，深入推进“最多跑一次”改革，打通为民服务最后一纳米。加强社会治安综合治理，着力提升平安建设“三率”水平，积极推广全科网格运行工作，切实发挥网格长作用。依法惩治犯罪，刑事案件立案83起，同比下降14%，治安案件立案181起，同比下降13%。严格落实“党政同责、一岗双责”，全面压实企业主体责任。加大安全巡查力度，全年未发生安全生产事故和火灾亡人事故，经济损失同比下降68.29%。通过政府购买服务的形式，不断增强技防力量，智慧安监能力显著提升。增强消防基础设施建设，累计完成5个微型消防站建设，组建全区第一支化工集中区应急救援队伍，有力保障全镇的安全稳定。

特色亮点。吴兴美妆小镇位于浙江吴兴经济开发区埭溪分区，规划总面积3.28平方公里，核心建设面积1.33平方公里。牢牢锁定“工业强镇”目标不动摇，挖掘经济内增动力，努力实现赶超发展，力争全镇主要经济指标实现高位增长。小镇建设始终坚持“三生融合”“四位一体”理念，依托中国化妆品生产基地·湖州，引进高端化妆品产业及配套项目，打造以化妆品生产为主导的全产业链，总体构建“一核三区”的空间布局，即化妆品产业核、产业服务区、旅游休闲区和创意体验区。美妆小镇发展定位为三大中心，即中国美妆产业集聚中心、中国美妆文化体验中心、国际时尚美妆博览中心。在美妆小镇的建设中不断创新体制机制，实行“公司+基金+政府”的运作模式，合力形成“政–产–融–网”四位一体的战略格局，即“在政府支持的基础上，以产业为主导，以资本为助力，紧密结合互联网元素”，打造产融结合的化妆品产业集聚区，推动地方经济社会转型发展。按照“奋战八年、实现千亿”总目标，充分发挥自身优势，全力打造引领经济新增长极。全年招引项目10个以上、开工项目10个以上、投产项目10个以上。

（陈道辉）

·东林镇·

【概况】 东林镇地处吴兴区西南部，东与菱湖镇毗连，南与德清县相望，西与埭溪镇接壤，北与道场乡为邻。境内河道纵横交错，104国道、竹青公路、杭宁高速公路等要道穿镇而过，区位优势明显、水陆交通便捷。全域面积80平方公里，地势西高东低。东南部地势平坦，河港纵横，水泽连绵；西北部低丘起伏，山带众多，岗坳交错。全镇山清水秀，气候温和，景色宜人。

东林历史悠久、人文荟萃，号称“吴兴胜地”。宋朝的《吴兴志》中，东林名列前三，留下“地入东林眼界奇，神仙遗迹在榴皮”的美好诗句。建于北宋年间的锦锋塔、南朝年间的祇园寺，编撰于清嘉庆年间的《东林山志》，以及祖籍在东林镇保健村的四大家族之一“陈氏”家族，无不展示了东林厚重的历史底蕴。

在区委、区政府和镇党委的坚强领导下，东林镇聚焦聚力“六大行动”，同心同德、砥砺奋进，社会经济各项事业全面繁荣。全镇实现财政总收入2.78亿元，同比增长15.83%；规模以上工业增加值10.12亿元，同比增长13.3%；二三产增加值20.7亿元，同比增长13%；全社会固定资产投资22.8亿元，同比增长39.5%。新签约引进亿元以上项目8个，总投资304亿元。成功实现“平安东林”十一连冠，整体社会经济实现和谐稳定发展。

【主要工作成绩及特色亮点】 牢牢抓住经济建设，提升总体质量效益。（1）经济保持快速健康发展。全年全镇实现财政总收入2.78亿元，同比增长15.83%；规模以上工业增加值10.12亿元，同比增长13.3%；二三产增加值20.7亿元，同比增长13%；全社会固定资产投资22.8亿元，同比增长39.5%。（2）招商引资卓有成效。新签约引进亿元以上项目8个，总投资304亿元，成功申报市级“大好高”项目3个、区级重点项目7个。“碧水桂乡”康养小镇、江南影视城、紫薇国际等一批重大产业项目相继落户，其中影视城已启动建设，旗下影视公司已进驻近300家，实现税收贡献。（3）产业升级稳步推进。新凤鸣中石科技项目一期产值超50亿元，同比增长31.5%，当年实现所得税超亿元，二期进入设备调试阶段，三期完成方案设计，顺利入围市“金象金牛”大企业培育名单。“腾笼换鸟”加速推进，整治关停“低小散”企业86家，盘活闲置土地224亩，成功创建“院士工作站”和“市级企业技术中心”各1家。

着力提高城镇品位，加速形成发展格局。（1）城镇形象大幅改善。以小城镇环境综合整治为契机，全面启动三个集镇三线下地、立面改造和街景整治等27个工程项目。累计投入1.7亿元，锦山集镇顺利通过省级验收，成功举办全市小城镇环境综合整治现场会。加快实施“新村新居”计划，提前完成

188户D级危房拆除改造任务，开建社区公寓套房5.3万平方米、新村点农房430户，农民居住品质更优。（2）城镇品位大幅提升。高标准完成核心片区路网、管网改造提升，进镇口锦绣大道等重要景观节点启动施工，镇公共管理服务中心、锦山农贸市场等公建项目有序推进，锦德路公园、停车场等一批便民设施相继投入使用，集镇治理日趋专业化、精细化、人性化。（3）城镇基础更加夯实。严查严控"两偷""两违"，全年完成拆违57万余平方米，获评市"无违建乡镇"。强力推进征地拆迁、清零攻坚行动。地质灾害隐患点治理、农村道路改造提升年度目标顺利完成，城镇防灾减灾抗灾能力进一步提升。

加快释放生态活力，突出产业绿色发展。（1）生态发展模式确立。统筹推进环境治理、村庄建设、产业培育，美丽乡村建设全面铺开、纵深发展。正式确立"生态+"健康、影视、旅游一体化的全域发展模式，将生态优势加速转化为生态经济。（2）深化农业强镇创建。强势推进"三棚"清零整治，加快建设省级渔业转型发展先行样板区，泉庆村入选全国第七批"一村一品"示范村，星火百亩菱池、保健千亩藕带、东升万亩稻田等特色农业基地实现"保质增量"向"集聚增效"转型升级。（3）环境治理纵深推进。联动区人大开展"五美"秀水全域治水示范行动，全镇3个主要河道监测断面水质稳定维持Ⅲ类以上，25处区挂牌消劣小微水体全部达标，启动农村生活垃圾分类，集镇环境面貌持续提升。（4）乡村建设亮点纷呈。统筹推进美丽乡村建设，顺利完成东明、保永、三合3个市级美丽乡村创建，星华村通过省级美丽宜居示范村市级验收。全镇5条通景公路有序推进。加快推进龟鳖整治后农业设施用地测量入库，以东华为例的加强农村土地全域整治对策建议获市政府主要领导批示，土地空间要素制约难题得到有效破解。

加大公共服务体系，突出民生发展使命。（1）社会事业加快繁荣。累计发放各类社会救助和补贴770万元，推动再就业培训2000余人次，达成就业意向600余人。充分发展老年人、残疾人事业，累计政府购买服务6000小时。出台系列政策，鼓励、引导、激发优质师资驻留东林的主动性和积极性。（2）传统文化得到传承。东林柳编成功列入省非物质文化遗产，龟鳖整治、特色农业多次被国家级媒体报道，顺利承接省级卫生镇复评迎检、省深化义务教育课程改革第四次专题研讨会等工作。（3）崇文尚体风尚确立。建成文化礼堂3个、市级中心村全民广场2个，举办"开蒙礼"、农民运动会等文体民俗活动50场次。（4）社会治理更加有效。顺利完成中共十九大、世界互联网大会等重大会议安保工作。健全社会治安防控体系，全镇未发生较大安全生产事故和恶性群体性上访事件，实现"平安东林"十一连冠。

坚持正确政治方向，不断扎实政务作风。（1）发展环境不断优化。加大"放管服"改革力度，全面深化"最多跑一次"改革和"四个平台"建设，进一步优化办事流程，提高服务效率，46个办件量大的事项全部实现最多跑一次。积极推行便民服务中心"一窗受理、集成服务"，各窗口办结率和审批事项提前办结率均实现100%。（2）作风建设持续深化。深入推进"两学一做"学习教育常态化制度化，开展"周末擂台"、实干宣讲等活动，推行三级联村常态化等工作机制，全镇上下勇于担当、开拓进取的干事创业热情进一步高涨。（3）依法行政深入推进。严格落实中央八项规定精神，加强工程建设、招投标等重点领域监督管理，健全国有资产使用管理办法，进一步规范小微权力运行，勤政廉政建设取得明显成效。自觉接受人大、政协监督，认真听取社会各界的意见和建议，共办理镇人大代表建议和政协委员提案20件，答复率和基本满意率均达到100%。

（卢晴晴）

·环渚街道·

【概况】 环渚街道位于湖州城北，是湖州建设现代化生态型滨湖大城市的重要区域，是湖州重点打造的城北重要版块，是经区域规划调整后成立的新街道。面积为21平方公里，户籍人口为38514人（其中非农人口27778人），下辖华丰、大东、金锁、朱洪、环渚水产、瑶台、后庄、邵家墩、万安9个行政村和北白鱼潭、香樟湾玉堂桥、金龙家苑4个社区。

【主要工作成绩及特色亮点】 环渚街道突出服务业发展和滨湖一体化建设，全力打造"实力街道、标杆街道、和谐街道"，努力改善城乡面貌和社会新发展，积极推进综合治理和党的建设，奋力推动街道经济社会各项工作赶超发展。

经济建设。（1）拓展平台促转型。街道积极盘活工业园区企业存量，拓展平台空间约10万平方米，通过旧厂区、闲置厂房改造培育一批现代服务业发展。利用新宇丝织1万平方米的旧厂房，打造湖州首家主题的吴兴区梦工场，短短半年时间入驻率达95%以上；利用新宇200平方米旧厂房打造成湖州平安实训基地；利用边角零星地块引入华洋和福美达2个总部项目，打造服装及面料研发设计基地；利用金环电子1万平方米的旧厂房改造引入朗高护理院；利用祥涛1.6万平方米闲置办公楼引入澳洋康复医院；利用嘉光光电1万平方米的闲置厂房引进美新数码，全年产值达8000万元；盘活佳路利和新国豪2家印染企业，分别引入台洋纺织科技和四季新绸缎2家公司，重组了标立科技有限公司，为街道经济转型奠定良好的基础。（2）锁定产业推项目。围绕打造现代服务业集聚区加大项目引进。引进的澳洋康复医院、电利宝光伏超市、发豆啦湖州商城3个项目参加区集中签约，其中，发豆啦湖州商城项目被评定为区服务业“大好高”，澳洋康复医院被评定市服务业“大好高”。加快项目建设，同创医学检验所引进李兰娟院士等人才团队，正式投入运营；总投资16亿元的永辉城市生活广场项目顺利开工建设，一期年底竣工；华洋和福美达2个总部项目进入前期施工筹备工作，预计2018年春节后正式开工建设；总投资1.5亿元澳洋康复医院项目，打造湖州地区首家康复医疗及科研为一体的特色康复专科医院，总投资1亿元打造医养结合大型养老康复综合护理院的朗高国际医疗护理院项目。（3）搭建平台促创业。吴兴梦工场入驻了汇恒网络科技、嘛咪酱文化传播、汀诚光伏科技、龙胆网络科技等近40家企业，带动就业300余人，参观、培训人数达1000余人次。孵化存活率（稳定经营期在6个月以上）达90%以上，其中，电利宝光伏科技有限公司申报市级科技攻关项目。一路阳光创始人被评为市“十佳”创业典型。园区成功获得区级大众创业示范园、市级大众示范园、市级众创空间、省级众创空间、市级小微企业创业创新重点培育基地等众多荣誉。

中心工作。（1）建设项目清零全面完成。启动建设项目遗留问题清零专项行动，街道上下凝心聚力，全员动员，全员参与，与市、区工作组协同作战，始终肩并肩战一线，冒高温，合力攻坚。利用“具体化责任，精细化操作，一体化推进”等举措强势清零攻坚。短短一个多月时间内，完成10个项目102户近5万平方米的攻坚清零任务。（2）城中村改造强势推进。按市委、市政府、区委、区政府要求，积极稳妥地调整优化城中村改造政策，实现由实物安置转变为房票（房票货币）安置。8月底，启动实施城中村改造以来，面对艰巨任务，街道上下充分发挥环渚干部的“5+2”“白+黑”铁军精神，多措并举，仅用了80天时间，完成348户18.5万平方米的拆迁拆除任务。（3）征地工作全面启动。2017年以来，在加快建设项目遗留问题清零和城中村改造的同时，加快推进土地征收。涉及4个村征地1100亩，其中后庄区块450亩，邵家墩区块500亩，金锁区块50亩，其他区块100亩。稳步推进全域拆迁，做到同步征迁同步保障，工作中坚持实事求是，深入现场，确保公正、公平、公开。

农业农村。（1）深化新农村建设。大力推进危房治理，按要求全面完成“三改一拆”工作。继续抓好农村建房管理建设，规范农民建房管理配套制度，夯实违建管控网络，提高广大干部群众的依法治违意识。严格查处农民违法建房的监控和拆除力度，营造正常有序的农村建房环境。（2）进一步加强“五水共治”等专项整治力度。充分发挥各级“河长”的作用，做好河道、小微水体、河漾的长效保洁工作，落实好巡查机制、管理机制。加强对村、社区的环境督查力度，对重点难点问题实行督办单考核制度。（3）做好农业生产工作。完成农民人均纯收入增长10.5%以上及低收入农户收入增长20%以上。夯实农村集体资产管理，抓好农村三资管理，完善制度，强化内审，严格村级财务预算决算。

社会民生。（1）优化民生实事。完成综合文化站建设，积极搭建载体，开展主题活动。发挥“互联网+”和“文化+”与多种业态并力发展，利用吴兴梦工场推动文化产业发展，扩大文化交流。提高计生工作实效，加强宣传教育力度，优化专项服务。抓好流动人口服务管理，联合环渚、龙泉卫服务中心共同创建流动人口计生规范化服务中心。（2）完善社会保障。健全社会救助体系，全面建立居民家庭经济状况核对机制，加强申请家庭的收入核对、认定工作，精准认定保障对象。加强低保动态管理，规范准入低保程序，严格审核收入标准，规范救急难工作，着重在主动发现、尽早介入、拓宽救助范围、部门联动资源共享方面有所改进。深入开展大病医保工作，切实提高城乡居民医疗待遇水平和参保覆盖率，确保城乡医保参保率达98%以上。继续全面落实再就业政策，大力开展就业培训，拓宽就业渠道。

社会稳定。（1）加强社会稳定。加强动态排查、健全防控机制，街道、派出所、村、社区、单位层层联动，定期和不定期相结合，重点时段和重点人员相结合开展矛盾排查。强化领导包案、全力化解积案。针对重点人、事，细化工作方案，按照“五个包、六个一”的要求，落实具体领导包案，建立专班，跟踪化解矛盾。实行全员联动联防，坚持预警在前、保障先行、多措并举，确保重要时段、节点以及各项中心工作的稳定。（2）创新社会治理。全力推进“四个平台”建设，紧紧围绕辖区平安，整合资源优势，规范四个平台运作，切实发挥社会治理的积极作用，浓厚平安氛围。广泛组织发动机关干部、村（社区）、辖区民警、党员群众、平安志愿者等，深入开展送平安送服务送宣传入户走访活动，着力提升平安“三率”。加强社会治安综合治理，发挥调解中心作用努力化解各类矛盾纠纷，加大对辖区内社区矫正、邪教及涉毒人员等重点特殊群体的帮教管理，重点关注重大疑难矛盾及信访上访的化解和稳控，及全力做好中心重点工作的服务保障，筑牢平安网。

党的建设。（1）认真学习中共十九大精神。把学习贯彻中共十九大精神，特别是习近平新时代中国特色社会主义思想作为当前和今后一个时期的首要政治任务，在各级党组织中开展“不忘初心、牢记使命”主题教育，用党的创新理论武装头脑。（2）加强基层组织建设。进一步树立“一切工作到支部”的思想，不断强化支部功能建设，增强党在基层的凝聚力、号召力、战斗力。切实抓好村社组织换届“回头看”，组织开展村级后备干部集中选拔，将素质好、能力强、群众反响好、年轻有为的毕业大学生、退伍军人、能人大户吸收为村后备力量，为村级党组织注入生机和活力。严格党员教育管理，进一步规范“三会一课”、主题党日、党员发展等制度，严格党员发展程序，加大不合格党员处置力度，继续推进“两学一做”常态化制度化，探索实行党员积分管理，大力推进党员关爱基金建设。牢牢把握契机，加强基层党组织阵地建设，重点推进城市社区党建工作。

（陈云芳）

·月河街道·

【概况】 月河街道地处吴兴区中南部，西至骆驼桥，东至三里桥，南临318国道，北到苕溪路，面积4.6平方公里，街道下辖12个社区和1个村社区管理委员会，总户数2.5万余户，常住人口6万余人。街道机关现在职公务员20人、事业单位工作人员14人，社区干部87人。党委下辖社区、两新组织等基层党组织96个，在册党员2187人。辖区内市、区行政事业单位26家。月河街道因月河漾而得名，辖区内环境整洁优美，社区治安秩序良好，科教文卫稳步发展，经济建设获得长足进步，风景优美、历史文化底蕴深厚，有霅溪公园、莲花庄公园、千甓亭、湖笔纪念馆等历史文化名迹，也是商贸繁华、人才荟萃之地。街道党委围绕“和美月河”建设目标，全力加强基层服务型党组织，提升社区建设和服务水平。按照“一社一特、一居一品”的工作思路，大力实施特色社区建设，营造舒适的人居环境，马军巷社区志愿服务、二里桥社区三社联动、铁路社区党群联动、湖东社区为老服务等特色逐步显现。现有全国科普示范社区1个，全国综合减灾示范社区2个，省级文明社区3个，省级和谐示范社区2个。

【主要工作成绩及特色亮点】 街道党委、办事处深入开展“新平台、新形象、新作为”提质突破大比拼活动，持续推进“五大行动、组队攻坚”，圆满完成全国文明城市创建目标，配合完成湖东村拆迁区块清零行动，成功破解东湖家园拆违等城市管理难题，顺利完成中央环保督查迎检任务，确保节点平安，全年实现安全生产无事故，安监中心被评为区劳动模范集体。

聚力攻坚克难，中心城区提质成效显著。创建任务圆满完成。从5月31日开始，历时120天，街道上下坚决围绕创建全国文明城市的首要政治任务，勠力同心、夙兴夜寐、不畏艰苦，累计出动1.1万余人次，解决市、区督办重点问题49个，清运垃圾1500余吨，清理牛皮癣8万余处，为创建文明城市打好“攻坚战”团结奋斗，有力提升百姓幸福指数和“获得感”。街道颜值不断刷新。深入落实“三改一拆”“无违建创建”要求，着力控违拆违。完成马军巷临河路、湖东路内街整治，东湖家园、湖东村和茅安前区域存量违建“清零”；环城东路、建设路、外环东路等路段的“两路两侧”彩钢棚整治。共拆除违章搭建117处20996平方米。着力改善“停车难”，新增停车位782个。治水治气，剿灭劣V类水督导员每周巡查，发现并治理小微水体问题13个，开展建筑工地施工扬尘专项督查，加强餐饮油烟治理，全力配合中央环保督查组督查。以铁路社区为示范性小区试点，积极推进垃圾分类工作。全市首推常态管理。按照“传承弘扬文明、共建共享文明，只有起点、没有终点”的理念，制订出台《月河街道文明创建常态化工作方案》，于10月10日举行“吴兴区文明创建常态化管理暨月河街道启动仪式”，受到市、区领导高度肯定。着力在市民素质提升、环境卫生改善、城市秩序规范等方面下功夫，切实做到精神状态常态化、工作举措常态化、保障机制常态化，确保文明创建的连续性、持久性和实效性。街道、社区开展常态服务18次，街道系列常态化活动在湖州电视台《关注》栏目进行报道。

聚力服务优化，民生保障全面落实到位。优化民生服务，真正把“最多跑一次”改革落到实处。就业服务进一步增强。超额完成新增就业率和大学生、残疾人帮扶就业率；对困难人员再就业采取一对一帮扶，安排社区服务组织公益性岗位就业；成功处理投诉欠薪案件27件，追回拖欠职工工资24.93万元。对五丰冷食有限公司177名停业员工全部妥善分流安置。社会保障进一步充实。全面落实2017年城镇居民医疗保险。发放灵活就业补贴、失业金、低保补助、优待金等各类补助救助1031.41万元。全年慈善帮扶总额15.31万元。积极落实吉山二社区、东湖家园社区慈善凉夏屋项目。探索实施流动人口关怀关爱项目，实现流入育龄妇女“同宣传、同服务”的市民待遇。街道计生协会顺利换届，成功举办“文明吴兴　幸福月河”——吴兴区“5·29”计生协会会员日活动暨月河街道第二届社区文化节开幕式。全年开展群众性文体活动93场次，其中大型广场活动42场次。街道艺术团新组建中年舞蹈队、中老年器乐队，传统竹刻书法艺术被批准为第六批区级非物质文化遗产代表性项目。

聚力平安创建，社会大局和谐稳定。“四个平台”建设成效初显。健全“综合信息指挥室”，设备、人员、制度到位。归集平安通、网格员、部门派单等信息来源，统一分类、分派、反馈，实现工作闭环。共处理平台流转待办事件2419起，“12345”阳光热线办理2500件。实施全科网格制，设网格74个，配备网格长74名，网格员189名。制订《月河街道“四个平台”建设工作方案》《月河街道全科网格建设工作方案》及相关考核细则。培育平安细胞示范点18个，平安志愿者工作站1个，五星级平安示范小区6个，平安面馆2家。重大问题环节处置稳妥。排查调处各类矛盾纠纷602起，成功率100%。对9个重大矛盾纠纷和不稳定问题分类研判。对91家重点单位，旅游集散中心、达昌府、中心农贸市场3个建设项目的稳控情况开展信访维稳督查专项行动，严格问责制度。顺利完成全国两会、中共十九大安保，确保重要节点期间的社会稳定。辖区刑事案件大幅下降，无重特大急性案件发生。打处涉黄、赌、毒173人，有效净化社会风气。安全生产责任履行到位。强化政府安全监管职责，落实企业主体责任，完善“1+X”责任体系。完成五丰冷食、百川世家等6家市区级挂牌的重大风险隐患单位的整治工作。对南园、月河社区等危旧房屋落实安全检测巡查，全年未出现安全生产事故。积极创建食品标准化街道。

聚力提质增速，拓展经济发展势头向好。协税护税持续增长。广开源路，大力支持“个转企、小升规”，狠抓外来建筑税、私房出租税征收入库；定期开展税收征管员的培训，努力做好社会化征管。完成三项税收总额1183万元。项目签约持续推进。强化招商服务意识，主动与客商对接联系，“保姆式”做好新企业注册和项目签订的服务工作，成功引进上海闵行区民办丰南幼儿园、浙江广浩建设有限公司等企业7家。月光经济持续发力。推进省特色商业示范街道创建，完成湖东路道旗整修，对湖东路、东湖路占道经营和湖东菜场乱设摊现象进行整治，精心设计湖东美食街公众号，举办湖东路美食餐饮活动和文艺会演，助推月光经济。

聚力从严治党，基层党的建设全面加强。理论实践结合更加紧密。加强党委理论学习中心组学习，深化“两学一做”学习教育。以“三联三问三送”“微心愿”等活动为载体，引导广大党员积极参与志愿服务和项目招商、文明创建等中心工作。开展“两优一先”评选活动，表彰优秀党员60名，优秀党务工作者20名，先进基层党组织4个，干部队伍效能得到增强。基层基础更加夯实。落实党建目标责任制，层层签订党建目标责任书。顺利完成社区组织换届选举工作，着力优化班子结构，共选出两委班子成员118人，平均年龄43.47周岁。加强党支部主体作用发挥，街道机关，三里桥、东湖、湖东、铁路等社区，中屹等两新组织党建阵地进一步得到提升。中屹党总支升格党委，党员专家工作室被评为全区十佳之一，做好“党性体检、民主评议”入选全省“点赞好案例”。政治生态更加清明。全面落实从严治党主体责任，认真组织开展“党纪教育一刻钟”活动，完善权力运行管理监督机制。查办案件7件，处理违纪党员7人，其中开除党籍5人、党内警告处分2人。严肃换届选风选纪监督，持之以恒落实中央八项规定精神，不断完善绩效考核机制和中层干部廉政档案库，着力提高街道社区各环节的执行力。

工会、团委、妇联等群团组织积极开展“帮困扶贫送温暖”“文明交通劝导服务日”“幸福家庭”等活动。党管武装工作融合式发展。进一步完善人大代表联络站，全年接待选民4次，“代表在行动”视察调研3次。进一步发挥政协民主监督作用，开展“争当排头兵　实干大比拼　岗位建功　为民建言”活动，助推‘五水共治’、文明创建等中心工作落实。

（丁小军）

·朝阳街道·

【概况】 朝阳街道因“有凤来仪、百凤朝阳”而得名，地处湖州市中心城西南，东接浅塘港和横塘路，南临长湖申线，西邻杭长桥南路，北依红丰路和市河。总面积4.5平方公里，辖区有车站、潮音、定安、都市家园、红丰、朝阳、北齐巷、闻波、碧浪湖9个社区。总人口4.5万人，总户数1.4万户。街道以创新、协调、绿色、开放和共享的理念，以“六大重点行动”为载体，着力打造“美丽朝阳、活力朝阳、文明朝阳、和谐朝阳、幸福朝阳”，全面提升街道经济社会事业发展新水平。街道入选国家2017年智慧健康养老应用试点示范单位、获评“2017年度全省劳动争议案件处理工作优秀单位”、荣获2017年度全省人力资源和社会保障系统先进集体、被市委、市政府授予创建全国文明城市“集体三等功”等多项殊荣。

【主要工作成绩及特色亮点】 朝阳街道紧紧围绕区委提出的建设“美丽街道、幸福社区、和谐家园”的总体目标，按照“建设特色社区，温馨家园；打造文化朝阳，和谐朝阳”的自身定位，坚持以党建为统领，以“六大重点行动”为载体，完成区委、区政府下达的各项工作任务。

打赢创建战役，城市品质全域提升。（1）加强机制建设重保障。以“三个三”工作法狠抓落实，即“三张清单、三员保障、三定管理”，制定重点项目提升清单、社区整治推进清单、人员物资力量调配清单“三张清单”，统一调配资源要素，以清单式条目式有效推进工作，达到工作效率最大化；外聘卫生协管员、楼道保洁员、垃圾清扫员“三员”98人负责社区卫生清理，为文明创建提供人员保障；落实“定人定责定岗”的“三定”原则，确保每个片区有人管理、每个难点有人负责，使文明创建由攻坚阶段逐渐转入常态阶段，为城市管理提档升级打下基础。（2）注重多措并举求实效。以“苦干+巧干”的方法，分类施策、排雷销号，坚持指挥部统一调度与八大战区分散作战协同推进，既按照整体战役部署节奏，又兼顾各个战区推进进展。坚持以文明创建与民生需求共赢、综合整治与安全稳定同行的原则，在整治过程中，以疏堵结合、合力推进的方式，采取“集中攻坚+综合提升”双管齐下，一边拆除违建、整治占道等不文明现象，一边推进路面硬化、绿化改造、线路整理、宣传氛围，确保整治过程平稳有序。以“分步实施法、标本兼治法、借势借力法、统筹兼顾法”等多措并举，全年共拆违2万余平方米，清理楼道940余个，清运堆积物1000余车，人员力量达1500余人。（3）凝聚全员力量攻难点。针对莲花庄旧货市场整治难点，组织班子成员、街道干部、执法公安等部门人员和其他社区干部混合编组，三管齐下，开展消防安全保障行动、违建占道清零行动、文明宣传提升行动，脏乱差的旧货市场变成洁净美的典型样板。针对红丰新村老小区整治难点，开展为期45天的集中整治行动，以三天完成调查摸底、做通71%整治对象思想工作为开端，围绕“拆、整、清、通”四个环节聚力攻坚。针对老旧小区安全隐患难点，率先在闻波社区公用车库统一安装集中充电桩试点，实现插卡充电，大大降低老旧小区安全隐患。

强化发展动能，综合实力显著增强。（1）抓招商引资。立足街道优势，紧盯健康养老、文创旅游等重点业态，加大项目推介招商，先后引进浙江民泰商业银行湖州分行、湖州市东西堂酒店投资管理有限公司等项目及企业8个，完成年度任务的133.3%。落实项目推进全程代理制，助推项目加快建设，总投资6000万元的民泰商业银行湖州分行项目实现了当年引进、当年竣工营业；完成小西街文创园区项目修缮工作。（2）促经济发展。充分发挥属地资源，联动小西街文创园区、爱尔眼科、杭州口腔医院等企业，积极开展“湖州记忆摄影展”“健康医疗进社区”等月光经济活动。指导嘉业会计师事务所、塔夫城市生活馆等企业做好“下转上”申报工作，为企业积极争取上级政策资金，持续加大经济发展推力。全年，限上服务业投入、限上零售业销售收入等指标完成进度均快于时序进度，私房出租税征收率一直列中心城区第一。（3）聚发展合力。联动人大、政协，打造经济推动综合体，充分发挥人大代表、政协委员参政议政职能，组织开展代表委员研讨街道发展思路，参与基层治理等活动，代表委员为街道发展提出意见建议26条，参与招商活动12场，多数代表、委员以经济、技术带头人身份直接参与经济建设，为推动街道发展做出重要贡献。

优化民生服务，社会发展稳步推进。（1）社会保障不断完善。人力社保服务体系不断健全。完成新增就业1590人，失业人员再就业950人，实名制援助困难人员就业134人；大学生创业就业服务15人，帮助13家企业开展招工服务和校企对接。办理医保参保人数5657人，参保率99%以上；开展待遇享受资格认证，启动医保和社保的全民调查和全民参保。处理劳动争议调解35起，涉及金额达16.37万元，成功妥善化解了中汇纺织等群体性劳动纠纷。对辖区规模以上及已建工会单位建立健全劳动争议调解组织，指导开展“双爱”活动等，各项指标均完成全年任务目标95%以上。弱势群体关爱体系不断强化。积极落实各项优抚政策，实现优抚对象生活补助、医疗保障待遇、伤残评定、特困救助全覆盖。发放困难群众补助金338.96余万元、发放优抚对象各类生活补助、慰问金96多万元。针对老年人口多的现状，积极开展智慧健康养老试点工作，营造尊老养老爱老的社会氛围。碧浪湖社区成功创建省级无障碍社区。卫生计生服务体系不断融合。进一步推进医疗卫生和计划生育资源整合，建立碧浪湖社区“三优”指导中心，开展“阳光宝贝”等文艺宣传活动24场次，2000多人次受益。深化计生家庭关爱、帮扶机制，为20个失独家庭、10户贫困家庭送上关心和温暖。（2）重点工作推进有力。中心城区提质行动有序推进。打响中心城区提质行动战役，细化延伸中心提质行动各项任务并纳入街道大比拼实施意见，明确工作内容、职责分工、时间节点，并以季度为单位晾晒比拼，稳步推进提质行动工作进度。小西街文创园、街道便民服务中心、车站路53号危旧房改造试点等建设项目基本完成“两美”建设成效明显，三社联动、服务业节庆活动推进有力，不断激发活力。全力做好“五水共治”小微水体剿劣行动，完成碧潮苑小微水体改造工程；率先完成全区垃圾分类工作。服务平台不断优化。完善阵地建设，建成红丰社区、都市家园社区幸福邻里中心，完成都市家园多功能运动场建设、朝阳爱山卫生服务中心基建工程。加强服务惠民，碧浪湖社区设定每月8日开展“固定公益日”活动、红丰社区设立“1+5+X”模式的社会组织联合会框架，借助文化广场开展社区创意集市活动，让更多人群、家庭融入社区，营造良好的氛围。

紧抓文明主线，幸福家园共创共建。（1）筑牢意识形态防线。建立健全意识形态防控“五大体系”，依托党委理论中心组，抓紧、抓好、抓实意识形态工作，完善基层理论宣讲员、舆情信息员、网络评论员队伍建设。结合文明创建，深入群众开展文明宣传，在社区入口、重要路段增设美观大方的文明宣传牌，发挥市、区级主流媒体和文化朝阳微信公众号宣传阵地作用，以创城冲刺、红丰老小区环境整治、旧货市场综合治理等为题材，发出正面声音，培育营造践行社会主义核心价值观的浓厚氛围。（2）强化文明细胞建设。围绕“德、爱、洁、美、文”，在深化“文明示范楼道”建设的基础上，通过宣传发动、居民自荐或互荐、社区道德门诊评议、街道审议等程序，在碧浪湖社区评选出首批100户“文明家庭”。以文明家庭我来晒、文明家庭我来讲、文明城市我助力三大主题活动，以老百姓喜闻乐见的形式，凝聚崇德向善的精神力量，让身边一个个“凡人善举”化身鲜活的榜样，激励更多家庭参与到文明创建工作中，进一步促进社区文明和谐。（3）强化文化软实力提升。紧抓小西街文创园打造契机，以小西街、南街区域流传的抗战故事为原型，创作革命题材小说《红灯笼》。紧抓文明城市创建契机，以排舞、合唱等形式，率先开展《核心价值记心头》传唱活动，共开展各类文体活动117场，其中文化走亲活动6场。打造社区道德门诊“线上+线下”的新模式，为社区居民提供线上“问诊把脉”互相约束的平台，打造社区精神文明建设的“微法宝”。完善“文化朝阳”微信公众号新媒体平台建设，以图文并茂的形式自行编发推送街道亮点工作34篇；在区级以上媒体发稿共345篇，其中《共享小康》民生工程为全体人民送上“获得感”，在中央二台经济信息联播播出。

筑牢平安防线，社会秩序保持稳定。（1）平安建设不断深化。建立“三带一网”。实施街道班子带干部、干部带党员、党员带群众“三带行动”，统合安监、综治、执法、卫计、民政、劳动保障力量打造一张党建引领的“全域网”。378名党员骨干、885名群众骨干“入网”参与社区管理和服务，全街道4.8万名居民的民生事项实现“一网兜底”，打好基层治理的“组合拳”。加快基层治理体系“四个平台”建设，完善、强化全科网格考核力度，切实做到点、面、块有机结合，全力提升平安朝阳创建水平。狠抓平安三率。依托“全域网”，街道、社区党员干部利用双休日、业余时间开展大走访活动，深入社区对平安建设知识进行宣传，向群众发放平安建设相关宣传资料1.5万余份，确保工作落实到位。结合移动政务平台，每月发送平安短信，提高平安创建工作知晓率。加强平安细胞建设。全面提升平安元素打造水平，启动创建首家“平安养老家园”，通过信息化手段，整合成“安全有保障、服务有特色、活动有场所”的养老服务机构，为老龄化社会养老服务提供示范引领，坚持“每日一问候、每月一到访”服务标准，为老年人分类提供助餐、助浴、助医、助行、助急等亲情化平安服务，全方位提升老年人安全感、温馨感和幸福感。（2）维稳安保全面防控。突出重点事件处置。坚持“领导包案”机制，围绕全面打赢“平安护航十九大”维稳安保大会战工作主线，突出压实责任、协商研判、标本兼治、有效处置等关键环节手段，做到日常24小时轮班稳控和突发状况实时响应的“机动作战”相结合，及时成立由22名工作人员组成的稳控工作小组和机动组，做到辖区有异动情况能迅速、有效处置，成功实现“六个坚决防止，三个确保”工作目标。成功化解重大不稳定因素积案2件，新增化解2件，稳控率100%。狠抓排查化解效力。以“保平安”专项行动为主抓手，进一步完善社会矛盾纠纷排查、化解工作。街道、社区调委会共受理群众矛盾纠纷和信访新增案件767起，调处成功率98.6%。实现零非访、零安全事故、零群体性事件。强化治安管控力度。深化对重点区域、重点单位、重点人员基础信息的全面收集、整理，突出模块建设的质量和运用，工作进度和综合质量居中心城区前列。刑事发案率同比下降47%。（3）安全生产有效管控。强化责任制落实。继续完善“党政同责、一岗双责”制度，在街道班子、社区主要领导全部签订安全生产责任书的基础上，与辖区1460家单位签订安全生产责任书，做到层层签订、层层落实；建立适合实际的“1+5”专业安全委员会，将安全生产真正落实到行业领域，做到“管行业必须管安全”。坚持领导带班巡查，分片包干制度，全年街道班子共计检查单位（路段）778家（次），发现隐患162项均得到整改。专项行动保障安全。依托“智慧安监”着力开展各类专项排查行动8次，内容涵盖危化品经营场所、出租房、“九小”场所、高层建筑、小区消防设施等多个方面，对辖区内15处大型出租房、13处危化品经营点，22处高层建筑、637家“九小”场所，185家责任片区监管单位，平均进行了5次以上的检查，达到地毯式排查的效果，发现隐患908处，整改率达95%以上。营造安全大环境。全方位、多载体开展行之有效的各类安全宣传，结合全国文明城市创建、护航十九大等重点中心工作，以安全生产月为契机举办大型安全知识广场宣传活动和高层消防演练等，开展安全演练20余次，安全疏散演习6场，发放宣传资料9000余份，发送安全短信3000余条，参与居民达1800余人次，有效促进群众的防范意识和逃生技能。积极探索安全管理新模式，在红丰社区沈金法出租房试点建设微型消防站、在闻波兜小区费炳江出租房试点建设智慧烟感系统，以点带面，提高辖区安全大环境。

强化党的领导，基层党建不断深化。（1）以社区换届试点为契机，全面提升基层组织建设。街道党委坚持加强领导、强化责任、严格程序、严肃选纪、创新举措，探索“多会融合”提效能、“三全监督”树导向、“三方联动”广动员、“多元结构”聚合力、“竞职统一”正风气，相关举措被全区推广。街道所属社区“两委”全部顺利完成换届，选举产生敢担当、素质优、能力强的社区“两委”班子成员92名，组建8个社区党工委，联动38个共建单位、46个辖区单位开展工作，制定民生事项138项，为建强基层组织、推动社区工作打下良好基础。以党建为引领，加强党管武装，提高民兵应急分队快速响应能力；加强统战工作，健全开展结对困难群众等便民服务活动；加强群团工作能力，巩固群团改革成果，在建机制、强功能、增实效上下功夫。（2）以“两学一做”常态化为引领，全面提升组织建设水平。围绕“同心共治”城市党建理念，努力推动打造“社区党建+两新党建”示范点（带），带动整体上水平。在区委组织部的指导帮助下，先后提升碧浪湖社区党建示范点，重新打造都市家园社区党建示范点，提炼总结“五级五访”民情工作法、“四联五微”党建工作法等工作机制，组建“红星团”、“红雨伞”“红餐桌”等党员志愿者服务队伍，向街道其他社区推广，围绕中心、优化服务整体提升社区党建工作水平。积极打造杭州口腔医院、爱尔眼科医院等两新组织的党建工作，突出不同主题特色，打造两新党建示范带，全面带动提升区域内两新党组织党建工作水平。（3）以铁军锻造行动为抓手，全面加强干部队伍建设。开展基层铁军锻造行动，推出 2017 年“大比拼六项重点行动”、社区个性化年度重点项目和社区月度重点工作考核，街道班子、机关干部、社区正职分别领办项目，每季度召开例会交流点评，在公示栏内晾晒工作成效，实现个个有任务、定期亮晾成绩、落后丢面子、考核有落实，营造努力争先的良好工作氛围。依托“朝阳论坛”、“碧浪湖社区党员干部体验式教育基地”，加强党员干部教育，建立机关干部联社区、联企业，帮创建、帮发展、帮安保、帮服务“双联五帮”机制，31 名街道级机关干部组团联系街道社区、企业，认领服务项目，一线参加社区文明创建、平安走访、人员稳控，积极参加企业走访、政策服务、答疑解惑、代办服务等，以实际行动为企业发展献策出力，使街道干部在一线实践中得到锤炼，在学习教育中得到提升，队伍建设保持了良好的状态。（4）以正风肃纪行动为依托，全面加强党风廉政建设。党政主要领导认真履行第一责任人的职责，形成了一级抓一级，一级对一级负责，层层抓落实的责任体系。狠抓思想建设，加大宣传教育力度，以专题讲座、集中学习、工作 QQ 群、微信平台等形式，充分发挥纪委教育、监督、保护、惩处职能。开展集中专题教育讲座 3 期，“党纪教育一刻钟”活动 21 次，重点工作勤廉督查 3 次、正风肃纪督查 26 次。严明党的纪律，加强纪检监督力度，以常态化问责唤醒责任意识、激发担当精神，形成失责必问、问责必严的鲜明导向，营造风清气正的发展环境。全年共收到各类案件线索 4 条，涉及党员 6 名，办结四件，给予开除党籍 1 人、警告处分 2 人、诫勉谈话 2 人、移交街道组织 1 人。

（卢　静）

·爱山街道·

【概况】　爱山街道因境内古迹爱山台而得名，街道位于湖州中心城市核心商贸区，辖区范围东至人民路，南至小市河，西至横渚塘港，北以龙溪港为界。辖区面积 3.2 平方公里，共有常住人口 11884 户、在册总人口 21523 人，新居民总数 8159 人；辖区内经济户口总数 4842 户，其中个体户 3594 户、企业 1248 户。辖 9 个社区居民委员会，街道党委下设党总支 7 个，党支部 51 个党员 658 名，在职党员进社区 441 名。辖区内商铺林立，浙北大厦、星火服装大厦、观凤商场、新天地等各大商业巨头云集，形成繁华的商贸中心。街道所属企业有浙江湖州红鹰企业集团股份有限公司、湖州市鸿丰实业有限公司。有百年老店周生记馄饨和丁莲芳千张包子传统特色名点。

【主要工作成绩及特色亮点】　爱山街道全面落实市委、市政府“四新”主题实践和区委、区政府“靠前站、马上办、讲实效”的部署要求，完成安定书院建设项目遗留问题“清零”，打赢全国文明城市创建攻坚战和护航中共十九大保卫战。街道劳动争议调解中心获省级综合示范中心，街道安监站站长吴永法荣获全国安全生产监管监察系统先进个人。

社会事业。全年新增城镇就业人数 1312 人，失业人员实现再就业 501 人，完成残疾人电商培训 8 人，帮扶残疾人创业就业 3 人。申请稳岗补贴企业 69 家，下发金额 270 万元。街道社区养老保险参保率 83%；医保参保率 99%。共受理劳动案件 260 件，就地调处率 100%。小微企业劳动合同签订率 99.9%。爱山街道劳动争议调解中心获评省级综合示范单位。全年发放低保金 70 万元，残疾低保金 5.9 万元，各类定救对象 1.2 万元。落实残疾人共享小康工程，累计补贴慰问 230 余人次，发放金额 46 万元。开展“生育关怀”行动，举办各类广场宣传文艺活动 10 场，邀请医生专家“三优”讲座 2 场。

街道流动人口管理到位率99.28%%，综合避孕节育率、统计误差率、流动人口管理到位率、群众满意率等均按控制指标完成。围绕“我们的节日”主题活动，全年共举办各类活动393场次。承办全国文明城市创建暨“湖城中央·最美风光”中心城区提质行动出征仪式，全区社区文化节等活动，加强文艺精品创作，创作《幸福爱山是我家》快板，举办“朗读者”等读书节活动。制作文明城市创建宣传标语865处，发放17585份宣传资料、劝导488次不文明行为。以“三比三赛”为载体，打造衣裳街、状元街诚信示范街。

城市管理。为确保文明城市创建工作顺利推进，街道全体人员与辖区各部门上下联动，对小市巷、观凤商厦西、北广场、医院巷等重点区域，先后开展集中街容街貌、违规经营、“三小车”停放、环境卫生综合整治500余次，发动志愿者5000余人次，累计劝离流动摊贩1329次，纠正整治出店经营1590次，占道经营1318次，清理横幅63条，处理不规范店招广告牌832处，暂扣高音喇叭等物品256起。对各类停车位进行科学规划，增加施划公免车位300余个，三小车停车位59处6325.5米，处理人行道非机动车违停29000多辆。建设垃圾桶投放点423个，接驳点改造2个，设置垃圾桶846只，宣传栏（牌）45处，分类指示牌123块，发放宣传资料11000余份。安定书院地块拆迁项目作为2017年湖州市建设项目遗留问题清零重点之一，街道抽调骨干干部与市、区相关部门人员组成工作组，白加黑，五加二，千方百计，排除千难万险，以诚心耐心打动感动拆迁户，短短一个月时间，组织6次集中行动，动用街道、社区干部，执法队员，公安干警800余人次，使用大型机械、执法车辆、消防车辆60余辆，18户拆迁户全部完成签约搬迁，旧房拆除，场地平整，历时10余年的安定书院地块拆迁工作全部完成。按照“零违建承诺、零增量控制、零存量保留、零遗漏监管”的工作要求，纵深推进拆违控违行动，全面提升无违建创建水平。发挥违建防控三级网格化管理体系的作用，加强群众教育疏导，做到各类违建及早发现、及早制止、及早处置。全年在街道辖区范围内拆除违法建筑49处、17004平方米，完成全年拆违任务的850%。

经济建设。内增外引，加大招商引税力度，成立协税护税专项领导小组，完善督查考核奖励机制，配强税收社会化征管力量，集中开展“拔钉”行动，通过电话联系、政策宣讲、会同地税部门干部上门催缴等形式，加快私房出租税代征进度。三项税收总额超过1600万元，考核任务为700万元，完成率为229%，列街道之首。引进重点服务业项目14个，计划总投资达21.8亿元，牙博士口腔医疗、安赛文创园、恒天易开新能源汽车共3个项目在区每季度签约仪式上成功签约，其中总投资8.8亿元的恒天易开新能源汽车分时租赁一体化项目已列为市服务业“大好高”项目。大力发展“月光经济”，以爱山广场、东吴银泰城、衣裳街历史文化街区为重点，先后举办协办“首届惠民购物街”“动漫游园会”“状元街文创集市”等活动22场次。完成服务业投入5.05亿元，限上批发零售业123.15亿元（其中批发业25.10亿元、零售业98.05亿元），同比增长9.34%。接待游客数294.5万人，同比增长17.8%；旅游总收入26.8亿元，同比增长16.42%。

党建组织。完成社区两委换届。在区委组织部的指导和街道党委的领导下，依法依规圆满完成社区两委换届工作，实现人员结构更优、能力素质更高的目标。街道社9个社区，选举产生66人两委成员，其中新进两委人员29人，平均年龄由上届的45.6周岁下降到43周岁，大专以上文化程度上升了11.7%。牢牢掌握意识形态的领导权主动权，全面落实意识形态工作责任制要求。推进两学一做学习教育常态化制度化，围绕学习贯彻中共十九大、习近平总书记系列重要讲话精神和中央、省、市、区委有关要求，通过街道党委理论中心组、“南太湖大讲堂”、红领学院、基层党组织等，组织机关、两新、社区党员干部、居民群众等开展各类学习、宣讲活动200余场，受众2万余人次。树立蒋国树、吴永法等一批党员先进。

平安建设。建立健全经费保障、年度考核、齐抓共管、督促检查“四项制度”，依托“四个平台”建设契机，整合综治、司法、人力社保、计生、阳光热线、党员服务等一系列功能，把直面基层的各类服务纳入平台中科学规划，统筹管理。街道共划分全科网格45个，落实全科网格长45名，网格员95名。共调解各类矛盾纠纷225余起，受理及成功率均达到98%以上。其中重大疑难纠31起，全部成功化解，涉及金额200余万元。实现“无积压陈案”的目标。重点时段、重点人员管控有力。通过排查和梳理，对辖区内4起重大不稳定群体积案落实领导包案全部妥善化解。特别是中共十九大期间对重点信访人员实行24小时布控,保证辖区内无一起进京非正常上访事件发生。全年签订安全生产责任书1672份,组织执法检查700余次,出动执法力量2300余人次,排查各类隐患358处,整改350处,责令停工整顿单位3家。“吴永法工作室”经验被省、市、区充分肯定,全国安全生产报对其先进事迹进行报道,吴永法获“湖州市公益消防代言人”称号。

（陆金霞）

·飞英街道·

【概况】 飞英街道位于湖州市区中、北部,东与月河街道为界,南达骆驼桥北堍与爱山街道相接,西至龙溪港与凤凰开发区隔水相望,北越环城北路与龙泉街道毗邻,因湖州著名的风景点塔中塔——飞英塔而得名。辖区总面积2.7平方公里,下设8个社区（塔下街、米行街、竹翠园、吉山四、新华苑、吉北、墙壕里、余家漾）,共15289户,常住人口4.1万人,流动人口1.1万人。街道所在辖区单位主要有湖州市广电总台、湖州市第一人民医院、中国银行湖州分行等26家,辖区中小学4家。

【主要工作成绩及特色亮点】 合力攻坚,实化举措,重点工作项目得到顺利推进。(1)全力推进全国文明城市创建工作。自文明城市创建动员会后,街道持续保持“5+2”“白+黑”的工作态势,按照文明创建的标准要求,认真对标对表,全力推进创建各项工作。全民动员、全力以赴,实行“统一指挥、分项落实、全面守点、责任到人”的工作措施,注重细节,立查立改,辖区共有19个点位受检,经受住了考验,为成功创城守好阵地,充分展现飞英铁军风采。(2)全力推进城中村改造工作。吉山村小桥头是吉山村最后一个未拆迁的自然村,下半年被列入城中村改造项目,该项目总面积约5000平方米,涉及房屋征迁户30户。10月18日,开始签约;11月1日,实现100%征迁签约;11月27日,100%腾空,全部提前完成任务,确保平稳性快速推进。3(3)全力推进建设项目征迁和遗留问题清零行动。苕溪东路拓宽工程。涉及房屋征收251户,建筑面积约为21000平方米。在45天的签约期内如期完成251户征收户的签约工作,100%签约,并按规定时间在4月6日房屋全部腾空,确保苕溪东路拓宽工程如期开工。街道辖区建设项目遗留问题清零攻坚行动泰仑地块涉及承租户17户、私房2户,总计房屋面积1027.21平方米。按照上级要求,在前期工作的基础上,利用40天时间,对泰仑公司17户承租户店面和2户私房进行平稳拆除。

培育产业,谋划创新,经济建设得到有序发展。(1)创平台抓资源推荐。6月16日,街道举办了“飞英街道楼宇经济洽谈会暨项目签约仪式”,飞英电子商务(含跨境)多媒体产业园、唯妮海购、苏宁影城三个重大项目成功签约。(2)引项目抓经济创收。1—10月,街道新引进服务业企业共9家,“下转上”企业3家,三项税收入库1067.65万元。(3)育产业抓月光经济。依托商业街区,集聚夜市品牌,打造月光经济特色片区。以“四动”助推月光经济。街道坚持每月推出活动,以“活动”拉动人气;与消费人群“互动”,聚焦人气;与辖区企业“联动”,促进提升。

狠抓整治,攻坚破难,城市环境得到显著改善。(1)城市环境显著改善。强化门前三包责任制,签订门前三包责任书1138份。强化垃圾分类推进,居民小区全部完成分类硬件要求,垃圾桶放置点硬化604处,制作分类标识牌421个,发放宣传折页14000张,宣传工作覆盖辖区内35个小区和23家单位。(2)拆违治违行动强势推进。按照存量清零,严控新增的目标要求,借助全国文明城市创建东风,集中攻坚拆除违章建筑,共开展集中行动60余次,拆违529处,共18741平方米。同时,在拆违清理的基础上,注意抓好拆后土地利用,共拆除违建车棚51处,并原地重建公共停车库,有效解决了居民停车难问题。(3)集中专项整治取得实效。消除吉四、新新华苑马路市场城市管理的顽疾,对42家破墙开门的经营户进行封闭和改造,并在封闭区域新建绿化带,做到还路于民。府庙拆违行动。通过协调方案、部门联动等举措,6月1日,街道牵头拆除府庙小吃街沿街25户商户店面前的木栅栏和木地板1980平米,进行清理复原,还路于民。竹翠园内街大整治。该区域存在楼顶违建、内廊搭建等多种形式的违建50余处,街道社区持续1个多月对该区域违建进行集中拆违攻坚,拆除各类违建37处,820平方米,内街整体形象有了较大改善。坛前街是违章搭建和私占消防通现象严重的新老密集型商住区,7月13日至15日,街道对坛前街商住楼进行整治，清除历史遗留问题，拆处各类违规店招 175 个，改造店沿街店招 40 余个。

优化服务，统筹推进，各项社会事业得到稳步发展。（1）社会保障体系不断完善。抓好低保和救助帮扶工作，严格实行低收入信息核对，新增和在册低保对象核对率达到 100%。发放低保金 76.41 万元，优抚金 8.7 万元，困难残疾人生活补贴 20.22 万元，扎实有效做好帮扶工作。（2）精神文明建设不断深化。注重开展"我身边的家风家训"、寻找"最美"人物等活动，挖掘、选树典型人物。注重各级爱国主义教育基地、青少年社会实践基地的建设，丰富小公民道德讲堂、成长驿站等活动。注重完善社区文明志愿服务，丰富内容，提升水平。注重践行社会主义核心价值观，运用政务网站、微博及微信公众号、电子显示屏、宣传栏等平台广泛宣传。（3）文化支撑，惠民力度进一步加强。注重文化设施改善。1—10 月，共举办各类文体活动 98 场次；举办社区运动会 4 场、街道社区艺术节 9 场、专场大型文艺晚会 3 场、文化走亲 3 场。

打造平台，强化责任，社会平安体系得到有效构筑。（1）居民安全指数提升。年初，与辖区 36 家单位、社区签订平安、综治责任书，明确任务。（2）完善"四个平台"建设。坚持高标准严要求推进"四个平台"建设，成立领导小组，建立联席会议制度，打造综合信息指挥室，明确人员、压实责任，加快平台队伍融合，清晰职责。建立"全科网格"，以多元化的队伍，对网格内事务进行精细化管理。完善"以奖代补"考核机制，调动网格工作人员的积极性，及时掌握各类信息，有效处置不稳定因素和安全隐患，提升基层社会治理现代化水平。（3）做实安全生产工作。建立"党政同责、一岗双责、失职追责"和"1+X"的安全生产监管责任体系，签订公共安全责任书 1280 余份。走访巡查各类单位 2000 余家次，排除隐患 500 余处，发放责令限期整改指令书 5 份，"厂中厂"停产整顿 1 家，危化执法处罚 1 家，并已整改。

锻造队伍，夯实基层，党的建设水平得到有效提升。（1）以党建为龙头引领，强基础转作风抓推进严格落实党委书记抓党建"第一责任人"工作职责，研究制定 2017 年党建工作要点，定期召开党委会、党建工作例会，研究部署党建工作，进一步夯实党建工作基础。注重意识形态领域工作，思想建设水平进一步提升。深入贯彻"四新"主题实践活动，认真落实中央和省市区委有关基层党建系列会议部署，确定基层党建"问题清单""责任清单"和领办项目。（2）以社区换届为契机，抓队伍提能力聚合力。严格换届程序，全面圆满完成 44 名优秀党员进入社区党组织班子，46 名优秀人员进入居委会班子。其中交叉任职 14 名，书记、主任"一肩挑"3 名，除专职社工外，当选两委成员的共 39 人。（3）以制度管理为抓手，深入推进党风廉政建设。开展各类谈心谈话及社区干部任前集体廉政谈话共 127 人次。

（童煜岚）

·龙泉街道·

【概况】 龙泉街道地处湖州中心城区东北部，东以美欣达路、南以龙溪港、西以机坊港、北以清远路为界。辖区面积约 5.0 平方公里。街道办事处驻北白鱼潭路 126 号。龙泉街道共有 14 个社区居委会（市陌河、市陌二、潘公桥、大通桥、市陌六、紫云、华丰一、华丰二、白鱼潭、西白鱼潭、潜庄和米兰社区、学士府社区），另有祥和社区正在筹建中。居民约 2.1 万户，总人口约 10 万人。辖区内有大学 1 所（湖州师院），中学 2 所，小学幼儿园 5 所。街道机关工作人员 29 名，社区工作者 89 名。街道党委下辖 1 个两新党委，2 个社区党委、9 个社区党总支、1 个党支部，两新党工委下设 18 个两新党支部。共有在册党员 1759 名（其中两新党员 99 名）。

【主要工作成绩及特色亮点】 坚持发展第一要义，城市管理实现新改善。以创建全国文明城市为主线，以"中心城区提升行动"为抓手，着力在改善市容市貌、提升城市品位等方面下功夫、做文章。（1）市容市貌持续改善。围绕"点"上突破、"线"上整治、"面"上创新的思路，串点成线、由线及面推进市容市貌持续改善。"点"上集中完成市陌农贸市场周边环境秩序整治，重点对 304 幢破墙开店的 12 户共 16 家经营店家进行封闭并对外墙部分安装雨棚，并将白化围墙打造成文化墙，刷新老旧小区"颜值"。"线"上以取缔白鱼潭路"夜市一条街"为突破口，在辖区内全面开展夜市摊点集中整治，完成 13 条主次干道的专项整治。"面"上在高富路、新市陌等路段施划人行道路，启动"三小车"规范停放试点工作。（2）城市品位日益提升。以全国文明城市创建为工作重心，全面提升辖区综合品质。“全员冲锋式”下沉，以攻坚部署会、现场督办会、碰头研商会等形式，各社区书记以表态发言、书面整改的形式立下“军令状”。成立由街道班子成员带队、全体街居干部参与的10个攻坚组，放弃工作日晚上和双休日，人人争当清洁员、粉刷匠、搬运工，引导并带动骨干党员、热心群众一起干、合力推。成立创建督查办，以“日抽查、周复查、旬巡查”的方式，按照“派单、督单、办单、访单”四步法，跟踪督办并实地查看整改效果。“排雷销号式”推进，完成所有楼道单元堆积物清理，楼道牛皮癣清除全覆盖。依托社区宣传橱窗、城市TV、LED显示屏以及“红扬龙泉”微信公众号等，打造“线上+线下”双网互动宣传格局；结合“平安三率”走访，发放文明城市创建倡议书10000余份；拆除私搭乱建300余处、8000余平方米，清理“僵尸车”200余辆，清运垃圾1400余车次、1000余吨。“拔钉攻坚式”突破，采取“换水清淤法、引水活水法、生态涵养法、基建完善法”“四法”联动科学治理小微水体，投入资金10余万元，完成市陌二社区水塘、潜庄景观水系等多个小微水体治理工作；全面完成潜庄后排45个车库出租户清理和市陌河社区违章搭建拆除；启动堂子村拆迁工作，采取全面排查摸清情况、做细工作强势腾房、会商研判制定政策和加大宣传综合推进“四步递进法”，有序推动拆迁各项工作。“试点探索式”提质，在市陌二社区试点，采取在主干道两侧施划停车位、在部分地方铺设透草砖后增划车位2种方式，缓解毁绿停车以及乱停车现象。此外，在部分被损毁的绿地上种植草坪，加固美化栅栏，提升小区绿地品位。完成车位改造608个，其中绿化改造446个。学士府社区围绕设立绿色账户比拼、开展评星定级展示、实施积分兑换消纳以及每季集中推荐宣传四项举措，引导居民自觉养成垃圾分类意识。

坚持稳定第一责任，平安建设实现广覆盖。（1）强化矛盾纠纷排查化解。坚持重大信访领导包案制，妥善做好全国两会、“一带一路”峰会高峰论坛、中共十九大、第四届互联网大会期间重点对象的稳控工作，全力做好安保维稳有关工作。坚持定期排查月排月报、预警排查随排随报、应急排查急排急报、专项排查专项专报“四查四报”机制，切实加强预警排查和化解力度，化解调处成功率均达100%。特殊人群帮扶管教全覆盖，未发生脱漏管现象。（2）强化治安防控体系建设。建立完善情报信息收集研判机制，落实重大活动、重大决策事前评估制度，通过平安浙江系统搜集各类信息3493余件；开展风险评估5次。89个网格长严格执行“零报告”制度，努力实现“小事不出社区，大事不出街道，矛盾不激化、问题不上交”。深化社区警务室、高校警务站建设，对学校、商场、农贸市场等重点场所和人员密集地区，实行定点值守与流动盘查，基本形成“守点”“巡线”“控面”的维稳工作网络，各类突发性案件的防范、控制和处置能力显著提高。（3）强化安全生产稳定工作。加大对重点场所、重点区域安全隐患排查力度，突出对群租房、“三合一”场所的整治提升。积极推进社区微型消防站建设；投入10万元用于小区消防器材配备。全年签订责任书共823份，组织安全检查2235家次，发现隐患436处，完成整改432处，发放安全知识手册及温馨提示2万余份，组织参加培训300余人次，开展安全疏散和消防演练14次，安全生产三项指标同比继续下降，安全形势持续稳定向好。继续推进小餐饮整规工作，食品安全稳定未出现任何安全事故。

坚持服务第一宗旨，综合实力实现新提速。想方设法补齐经济发展短板，提升经济发展位次。（1）以“虎口夺食”的精神拓税源。专门建立税收收缴奖励考核机制，落实专人负责，各社区具体抓。截至11月底，三项税收实现1100万元。（2）以“店小二”的热忱优环境。抽调2人专门从事招商引资引智工作。通过“感情引资、服务留资、扶持壮资”等形式，积极吸引区外企业来本辖区经营，引进潘家廊养老服务平台等项目2个。（3）以“蚂蟥见血”的韧劲盘资产。通过社区重组，盘活、优化出租房等存量资产，盘活各种闲置的有效资产，积极打造田盛街特色街区。截至11月底，限上服务业投入完成91170万元，限额以上批发收入、零售收入累计分别完成9846万元、11700万元，服务业基本单位入库率达100%。

坚持民生第一目标，社会事业实现新提升。（1）文明文化推陈出新。以全国文明城市创建为核心，持续深入开展文明、文化活动。深化文明楼道、文明小区建设，积极探索文化社区、文化街景建设，逐步形成连接楼道、小区、街区的文明氛围。加强宣传文化举办第三届邻里文化节，充分发挥龙泉银发艺术团和社区艺术队作用，在社区之间组织开展社区文艺团队互动互演。（2）劳动保障持续加强。新增就业人数1475人；实现失业人员和困难人员再就业人数分别为856人和200人；发放失业救济金和社保补贴分别为321.58万元和186.5万元，办理高校毕业生临时生活补贴3人。新增城乡居保参保10人，到龄享受待遇 5人，办理城乡居保待遇享受生存认证5350人，领取丧葬费 11人。完成51 家用人单位书面审查，调处劳资纠纷投诉44 起。（3）社会事业稳步推进。现有低保家庭161户共221人，发放低保金124.6万元。人口计生工作服务水平不断提升，认真完成计生信息采集、录入以及流动人口随访服务工作。高质量完成民兵整组点验；"四项行动"贯彻落实"五式"学习法，推动习主席系列重要讲话精神在基层民兵队伍中落地生根。

坚持党建第一关键，队伍建设实现新加强。围绕打造"好班子"、建设"好梯队"、建强"好队伍"的"三好"目标，锻打一支作风优良、实绩突出、为民务实的"铁军"。（1）开展评星定级，打造"好班子"。采取"定项目、定举措、定时限"的"三定"举措，按照领办目标任务项目化、具体化要求，班子成员结合条线工作和街道中心工作，领办项目39个。围绕"周记、月录"无缝纪实制，实行"周志式"管理，每名领导干部认真记录《领导干部实绩记实工作周记本》，采取"月进式"推动，月底梳理本月主要工作进展情况，记入《实绩记实工作月报》，并在街道实绩公示栏进行公示，接受监督。（2）突出实绩导向，建设"好梯队"。制定出台《2017年龙泉街道在职干部季度绩效考核办法》，围绕"实绩考核、领导评价、社区评议"的"一考两评"模式，突出班子成员、社区主职干部和条线干部"链式"联评分值，考准考实机关干部工作实绩。开展机关干部季度考核满意度测评，测评结果作为年度考核、评先评优重要依据。（3）抓好履职尽责，建强"好队伍"。召开新一届社区"两委"干部培训班，传达市、区村社干部队伍建设工作会议精神。14个社区通过"社区合署办公、用房有效整合、人员集中办公"的方式，推动资源整合到一线、工作服务延伸至末梢。推行"1+N"主副岗制度，推动"最多跑一次"改革。依托谈国琴工作室，帮带培养社区干部。在街道服务大厅设置"靠前站、马上办、讲时效"比拼台，每月对各社区平安稳定、经济发展等赋分排名公示。实行街道党政班子定期找联系社区干部谈心谈话制度，做到教育在前，防止在前，制约在前。全年共开展"党纪教育一刻钟"10次、正风肃纪23次，处理违纪党员4名。

（张国地）

第二十一篇　人物·名录

·区四套班子，部门、高新区、乡镇、街道机构负责人名录·

凡标有“*”者，表明已在2017年内因退休、调职、免职、辞职等原因而去职。

中共吴兴区委员会

书　　记：吴智勇
副 书 记：陈　江　石一婷（女）
常　　委：宋建方　朱建祥　张国英（女）
　　朱剑梁　温建飞　潘永锋　陈建良
　　陈共团　洪　波
委　　员：（以姓氏笔画为序）
　　王宝龙　王新太　厉云燕（女）
　　石一婷（女）　卢晓华　包永良
　　宁　云　朱建忠　朱建祥　朱剑梁
　　朱新民　杨元江　吴　旭（女）
　　吴金辉　吴智勇　何锋峰　沈　冰
　　沈国强*　宋建方　张文斌　张志宏
　　张国英（女）　陆安华　陈　伟
　　陈　江　陈共团　陈建良
　　陈新娣（女）　周文霞（女）
　　胡卫东　洪　波　费屹巍　徐进磊
　　郭士忠　唐于建　温建飞　戚斌斌
　　慎小红（女）　滕　辉　潘　华
　　潘永锋　戴立新
候补委员：（以得票多少为序）
　　厉云燕*（女）　朱新民　杨　斌
　　吕志荣　邹德明　俞琴芳（女）
　　王　祎（女）

区委工作部门及直属单位、派出机构

办公室（区信访局、区委政策研究室、区档案局、区党史研究室、区委法治办）
主　　　任：陈建良*　陆安华
副　主　任：张美中　周　晗*（女）　王国强
　　李小红　陆继龙
室务会议成员：姚连华　方红英（女）
　　严晓娅（女）　陆继龙*
　　李清华　胡利剑　王晓峰

区信访局
局　　　长：张美中*　沈　冰
副　局　长：沈国强（兼织里分局局长）　周　鹏*
　　陶文斌　陆莉萍（女）
信访督查专员：陆莉萍*（女）　吴　隽

区委政策研究室
主　任：姚连华
副主任：陆继龙*　李清华

区档案局
局　长：周　晗*（女）　陆安华
副局长：严晓娅（女）　叶　伟*　徐　芳（女）

区党史研究室（地方志办公室）
主　任：陈建良*　陆安华
副主任：姚连华

区委法治办
主　任：陈建良*　陆安华

区委组织部（区委老干部局、区级机关党工委、区委两新工委、区委人才办）：
部　　　长：朱剑梁
常务副部长：胡卫东
副　部　长：孙斌义*　余胜奎　许剑辉
　　郭士忠（兼）　张惠新（兼）

部务会议成员：李　慧*（女）　潘　迪　章伟杰*

区委老干部局：

局　　长：胡卫东

副 局 长：朱晨旭

区级机关党工委：

书　　记：胡卫东

副 书 记：李　慧*（女）　张义平

区委两新工委：

书　　记：孙斌义*　余胜奎

副 书 记：许剑辉（女）

区委人才办：

主　　任：沈海明

区委宣传部（文联、社科联）

部　　长：陈建良

常务副部长：王　祎*（女）　孙斌义

副 部 长：杨　勇　宋振强

部务会议成员：李晓明*　周振强*　应　琦

张　蘋（女）

文明办主任：宋振强（兼）

网信办主任：应　琦

区文联

主　　席：王　祎*（女）　孙斌义

副 主 席：王　祎*（女）

区社科联

主　　席：王　祎*（女）　孙斌义

副 主 席：李晓明*　张　蘋（女）

区委统战部（区民宗局、区台办、区侨办、区侨联、区工商联）

部　　长：宋建方

副 部 长：吕志荣　沈志荣　唐伟杰*　沈子昌

部务会议成员：戴国新　诸　坚

区民宗局

局　长：吕志荣

副局长：戴国新

区台办

副主任：沈志荣

区侨办

副主任：沈志荣

区侨联

主　席：钱　凯

区工商联

主　席：朱新康*　单建明

书　记：吕志荣

秘书长：唐伟杰

区委政法委（区综治办、区委维稳办、区委防范办、区国安办）

书　　记：石一婷（女）

常务副书记：沈　冰

副 书 记：唐建兴　丁家荣

委　　员：朱乐鸣（女，市下派）　叶惠虎*

华勤德　付文桥　姚志忠　施国斌

区综治办

主　任：丁家荣（兼）

副主任：叶惠虎（兼）

姚志忠（兼）

区委维稳办

主　任：沈　冰（兼）

副主任：付文桥（兼）

区委防范办

主　任：唐建兴（兼）

副主任：华勤德（兼）

区国安办

主　任：朱乐鸣（女，市下派）

区矛盾纠纷多元化解中心

主　任：吴新惠

区编委办

主　任：胡卫东*　张惠新

副主任：蒋立新　俞晔虹*（女）　吴　玮（女）

中共湖州市吴兴区纪律检查委员会

书　记：张国英（女）

副书记：王新太　李艮水

常　委：史彦廷*　陈　勇　叶熙熙（女）

唐国强　沈凯风　朱　毓*（女，挂职）

委　员：王　芳（女）　王炯明　方红英（女）

吴吉琴（女）　吴宇昕　余胜奎　宋振强

姜新明　郭荣光　陶厦峰　蔡梅建

樊　军　王新太　李艮水　陈　勇

朱　毓*（女，挂职）　史彦廷*

叶熙熙（女）　张国英（女）　唐国强

区监察局

局　长：王新太*

区监察委员会

主　任：张国英（女）

副主任：王新太　李艮水

委　员：陈　勇　叶熙熙（女）　唐国强

吴兴区人民代表大会常务委员会

主　任：吴　旭（女）

副主任：茅利荣　韩新梅　王元根*　褚玉明*（兼）

汤益培　杨华林　严安成　甘道民

委　员：（以姓氏笔画为序）

丁永才　冯文明　朱建荣　孙建美（女）

孙新江　杨　斌　杨佩芬（女）

吴静华（女）　沈旭荣　张新华

陆新法　陈　杰　陈共团*　陈丽红（女）

周功剑　胡卫东　俞琴芳*（女）

费争荣　费利荣　徐　瑛（女）

梅　丰　曹建华　彭建国　蒋国荣

吴仲清*　邱金元*　邱根芳*　颜利方*

俞锦方*　费　斌*　钱宗禹*

韩红霞*（女）　慎小红*（女）

区四届人大常委会各委室

办公室（研究室）

主　任：陈　杰

副主任：朱平良　孟胜炜　沈荣臻

代表工委

主　任：周功剑*　颜利方

副主任：季百顺

法制工委

主　任：朱建荣

副主任：郑晓玲（女）

财经工委

主　任：陆新法

农业农村工委

主　任：蒋国荣

教科文卫工委

主　任：颜利方*　周功剑

副主任：沈美利（女）

城建环资工委

主　任：梅　丰

副主任：王　勤

吴兴区人民政府

区　　　长：陈　江

常务副区长：温建飞*　潘永锋

副　区　长：潘永锋*　朱建豪*　汪胜富*

韩新梅*（女）　郑晓红*（女，挂职）

洪　波（挂职）　王　青（女）

费屹巍　朱建忠　滕　辉

张文斌　张顺利（挂职）

区人民政府工作部门及直属机构

办公室（法制办、外事办、新居民事务局、应急办、公共资源交易中心、农整办、调研中心）

主　　　任：卢晓华

副　主　任：吴坚敏*（女）　蔡宏杰*　邱利佳（女）

陈昌来　朱江政　李学林　李晓明

党 组 书 记：卢晓华

党组副书记：邱利佳（女）

党 组 成 员：沈忠明*　吴坚敏*（女）　钱哲人

蔡宏杰*　章正军　王建国　陈昌来

李学林　李晓明　唐　晔（女）

纪检组组长：章正军

法制办

主　任：卢晓华

副主任：吴坚敏（女）　顾人杰

外事办

主　任：卢晓华

副主任：陈昌来*　丁百川

新居民事务局（2017.7 该机构撤销）

局　长：卢晓华*

副局长：王唯栋*

应急办

主　任：李学林

公共资源交易中心（2017.9.7 更名为吴兴区政务服务管理办公室）

主　　　任：沈忠明*

副　主　任：马文安*　方立鑫*

党组书记：沈忠明*
党组副书记：马文安*
党组成员：方立鑫*

农整办（矿冶办）
主　任：王建国
副主任：钱哲人*　王旭强

调研中心（设立于2007年12月28日，2016年2月16日由归口于区政府办公室管理事业单位调整为直属于区政府直属事业单位）
主　任：唐　晔

政务办
主　任：潘永峰
常务副主任：薛跃伟
副主任：马文安　吴勤丰　莫慧忠
党组书记：潘永峰
党组副书记：薛跃伟　马文安
党组成员：吴勤丰　莫慧忠

区发改委
主　任：杨元江
副主任：周洪伟　黄大春　李凌峰　王振宇
党组书记：杨元江
党组副书记：罗　英（女）　陈家荣
党组成员：周岳泉*　周洪伟　王振宇　曹国良
纪检组组长：周岳泉*

区统计局
局　长：罗　英（女）
副局长：陈家荣　李凌峰　王振宇
总统计师：倪海潮

南太湖产业集聚区吴兴分区管理委员会
主　任：杨元江
副主任：费　菲（女）

区金融办
主　任：谈　波*　邱国强
副主任：王道文*（女，下派）　周勤俭
冯惠峰（挂职）
党组书记：谈　波*
党组成员：王道文*（女，下派）　周勤俭

区教育局
局　长：陆安华*　张志宏
副局长：周晓凤（女）　陈明强　沙　勇
党委书记：陆安华*　张志宏
党委委员：周晓凤（女）　陈明强　沙　勇
应玲素*（女）

区科技局
局　长：陆宝根
副局长：陈诸胜　苏　娟（女）
党组书记：陆宝根
党组副书记：陈诸胜
党组成员：林金鹏　沈方林　陈诸胜*

区科协
科协主席：陆宝根
科协副主席：林金鹏　潘志峰（下派）

区民政局
局　长：唐于建
副局长：李鑫根　顾龙堂　姚新芳（女）
沈宏斌
党组书记：唐于建
党组副书记：姚新芳（女）
党组成员：李鑫根　顾龙堂　沈宏斌
唐一平*（女）

区残联
理事长：唐于建*　章利民
副理事长：唐一平（女）　李鑫根（挂职）
姚鸿鸣（挂职）　范晓云（兼）
顾龙堂*　姚新芳*（女）
党组书记：唐于建*　章利民
党组成员：唐一平（女）　顾龙堂*　姚新芳*（女）

区司法局
局　长：徐滟燕（女）
副局长：施荣法　顾　毅　刘法营　王顺世*
党组书记：吴坚敏（女）
党组成员：沈继昌　施荣法　顾　毅　刘法营
王顺世*

区财政局
局　长：沈国强*　杨卫华
副局长：杨卫华*　叶　青（女）　俞勤仕*
总会计师：施江红（女）
党组书记：沈国强*　杨卫华

党组成员：杨卫华　施江红（女）　叶　青（女）
　　　　　俞勤仕　潘斌松*

区人力社保局

局　　长：张惠新*　郭士忠
副 局 长：李　慧（女）　朱海江　陆培红（女）
　　　　　唐晓华　许丽萍*（女）
党组书记：张惠新*　郭士忠
党组副书记：李　慧（女）　许丽萍*（女）
党组成员：郭士忠　李　慧（女）　黄新发
　　　　　朱海江　陆培红（女）　张惠新*
　　　　　许丽萍*（女）
纪检组组长：蔡小丰

区住房和城乡建设局、交通局

局　　长：费学梅*（女）　沈忠明
副 局 长：钟俊英*（女）　周勤俭*
　　　　　施卫民（挂职）　王会江　宋恭勤
　　　　　曹建强　张　波
党委书记：费学梅*（女）　沈忠明
党委委员：沈林林　杨惠清　赵　俊
纪检组组长：沈林林

区交通旅游局（2017 年 11 月撤销）

局　　长：莫根方
副 局 长：朱根初　吴国民　宋恭勤
　　　　　邱国强（下派）
党委书记：莫根方
党委副书记：朱根初
党委委员：吴国民　杨惠清　吕建樑
　　　　　赵　俊（挂职）

区旅游发展委员会

主　　任：蔡滨斌
副 主 任：吴仁斌　朱根初　代　茹
党组书记：蔡滨斌
党组副书记：吴仁斌
党组成员：朱根初　代　茹　吕建樑

区水利局

局　　长：郁培荣
副 局 长：陆鸣霄　方立鑫
总工程师：席桂平（女）
党组书记：郁培荣
党组成员（保留副科长级）：戴志华
党组成员：陆鸣霄　方立鑫　席桂平（女）
　　　　　姚荣伟

区农林局

局　　长：陈　彬
副 局 长：胡旋波　钱轶毅　周林章　陈水华
党组书记：陈　彬
党组成员：胡旋波　钱轶毅　周林章　陈水华
　　　　　朱益民　胡　亮

区农办

主　　任：陈　彬
副主任：胡旋波　朱益民

区商务局

局　　长：陈　彬*　谈　波
副 局 长：吴利强　沈良彪*（挂职）　嵇建坤*
　　　　　张传国　周慧东　谈黎伟　朱江政*
　　　　　李占强*　戴斌滨*　陈玉娟（女）
党组书记：陈　彬*　谈　波
党组副书记：吴利强
党组成员：嵇建坤　张传国　周慧东　李占强*
　　　　　戴斌滨*　陈玉娟（女）
纪检组组长：周岳泉*

区文体局

局　　长：蒋立敏*　王　祎（女）
副 局 长：姚鸿鸣　吴敏娟（女）　冯　斌
　　　　　唐香琴*（女）
党组书记：蒋立敏*　王　祎（女）
党组副书记：姚鸿鸣
党组成员：吴敏娟（女）　冯　斌　季禧峰
　　　　　唐香琴*（女）

区卫生和计划生育局

局　　长：简芬芳（女）
副 局 长：陆建兵　周秋芬（女）　李　波
　　　　　杨传喜
党委书记：姚树勤
党委副书记：陆建兵
党委委员：蔡小丰　周秋芬（女）　李　波
　　　　　陆建兵*　杨传喜

红十字会专职副会长：邵树乔
计生协会专职副会长：谈晓春（女）

区审计局

局　　长：姜新明
副 局 长：朱　豪　丁　媛（女）
总审计师：沈元萍（女）
党组书记：陈　燕*（女）　姜新明
党组成员：沈元萍（女）　丁　媛（女）
纪检组组长：章正军

区环保局

局　　长：周　李
副 局 长：何晔波　吴伟中　胡建松
织里分局局长：何晔波（兼）
党组书记：周　李
党组副书记：何晔波
党组成员：周　李　何晔波　胡建松　郑焦光
纪检组组长：陈根强

区安监局

局　　长：郭士忠*　金斌斌（女）
副 局 长：章国强　蔡永祥　沈乃鹰*（女）
　　　　　赵永霈
党组书记：郭士忠*　钱忠伟
党组成员：章国强　蔡永祥　沈乃鹰*（女）
　　　　　赵永霈

区综合执法局

局　　长：邹德明
副 局 长：顾群勇*　丁理平（兼）　杨国荣
　　　　　范慧敏（女）　吴　频　韩　翔
　　　　　沈　滨（下派）　阮剑虹
党委书记：邹德明
党委副书记：顾群勇*
党委委员：顾群勇*　杨国荣　范慧敏（女）
　　　　　吴　频　韩　翔　朱晓芬（女）
　　　　　阮剑虹

区市场监督管理局

局　　长：石建民
副 局 长：陈冠强　吴继财*　陶晓明
　　　　　朱文伟　陈　瑾（女）　彭卫忠
党委书记：石建民
党委副书记：陈冠强　吴继财*
党委委员：陈根强*　陶晓明　朱文伟
　　　　　陈　瑾（女）　彭卫忠　周志刚
　　　　　吴剑勇
纪检组组长：陈根强*

区国税局

局　　长：赵健鸣
副 局 长：朱晓仑　李建广　陈惠莉（女）
　　　　　蒋荣方　王震宇　章传根
　　　　　蒋建刚
党组书记：赵健鸣
党组成员：朱晓仑　李建广　陈惠莉（女）
　　　　　蒋荣方　王震宇　章传根
　　　　　蒋建刚
纪检组组长：蒋荣方*　王震宇

市政府派驻吴兴机构

区公安分局

局　　长：朱建祥
政　　委：吴宇昕
副 局 长：单永杰　杨晓东　丁理平　朱海金
　　　　　陈永明
副 政 委：陈双林*　张晓伟　傅　强*　吴冬儿
督 察 长：朱建祥
政治处主任：傅　强*　吴冬儿
党委书记：朱建祥
党委副书记：吴宇昕　杨晓东
党委委员：单永杰　陈双林*　张晓伟　傅　强*
　　　　　丁理平　吴冬儿　方传江　朱海金
　　　　　王唯栋　陈永明　冯　剑*　甘世宏
　　　　　沈连根
纪委书记：方传江

区地税分局

局　长：胡　放
副局长：沈鸿宾　陈　雷　徐明华

区国土分局

局　　长：王　勇

副 局 长：毛启明　林　宏　臧　健　徐　峰　吴　剑*　姜建发*

党委书记：王　勇

党委副书记：毛启明

党委委员：林　宏　臧　健　徐　峰　王建国　毛启明*　吴　剑*　姜建发*　钱哲人*

规划局吴兴分局

局　长：陆元昶

吴兴城乡规划编制中心

主　任：沈　珏

区广电中心

主　　任：周雪芬（女）

副 主 任：易发明　卢小媛（女）　高群峰*

党支部书记：周雪芬（女）

政协吴兴区委员会

主　席：潘　华

副主席：朱剑豪　钱　旻　束明德　汪胜富　徐滟燕（女）　姚志凌*　王正泉*

秘书长：王开成

常　委：金斌斌*（女）　陈家荣*　俞晔虹*（女）　俞丽欣*（女）　徐　瑛*（女）　周志明*　邱国强*　王国新*　毛　伟*（女）　叶　昉　任长林*　吴新明*　何明方*　何荣林*　沈利华*　张咸明*　范卫中*　杭月明*（女）　郑发明*　柯文化*　凌兰芳*　虞　畅*　薛　峰*　胡　杰*　廖传仙*　施金章*　陈　燕（女）　胡旋波　陈建平　张丽英（女）　丁百川　王全勇　王建荣　冯　坚　吕志荣　朱江政　任晓瑛（女）　许　羽　许见明　许增宝　李春杰　吴书文　吴伟中　吴建华　沈旗英（女）　宋恭勤　宋晓萍（女）　张金炎　单建明　胡建明　施星仁　顾人杰　倪志和　唐一平（女）　唐晓华　谈衍康　彭小刚　韩晓玲（女）　释常进　虞小平　褚学琴（女）　蔡兴强　蔡椒通　谭　铁　濮新泉

区政协办公室及专门委员会

办公室

主　任：王开成*　陈　燕（女）

副主任：赵勤学　沈秀梅（女）　陈坤华*（女）

提案委员会

主　任：胡旋波

副主任：陈坤华（女）

经济科技委员会

主　任：陈建平

文教卫体和学习文史委员会

主　任：金斌斌*（女）　蒋立敏

副主任：闵慧晶（女）

社会法制委员会

副主任：于　涛

委员工作委员会

主　任：张丽英（女）

司法部门

区人民法院

院　　长：周文霞（女）

副 院 长：王炯明　潘轶华*　沈文法*　许丹红*（女）　何健康　崔颂文

政治处主任：朱　赟　杨　旭*

执行局局长：崔颂文*

党组书记：周文霞（女）

党组副书记：潘轶华*　王炯明

党组成员：何健康　顾群勇　崔颂文　朱　赟　薛跃伟*　沈文法*　杨　旭*

纪检组组长：薛跃伟*　顾群勇

区人民检察院

检 察 长：戴立新

副检察长：郭荣光　王宇飞　魏冠卿（女）
政治处主任：郑　洁（女）
检察委员会专职委员：李建芳　顾鸿庚
党组书记：戴立新
党组副书记：郭荣光
党组成员：郭荣光　王耀斌　王宇飞
郑　洁（女）　魏冠卿（女）
纪检组组长：王耀斌

群众团体

区总工会

主　　席：汤益培
副 主 席：慎小红（女）　王全勇
经审会主任：洪缨莉（女）
党组成员：汤益培　慎小红（女）　王全勇
洪缨莉（女）　吴　隽*
应玲素（女）

团区委

书　　记：杨　斌
副书记：陶　峰　史娇蓉（女）
曹羌琴（女，挂职）　李有飞（兼）
黄　洁（女，兼）　杨　斌*　丁百川*
施秋艳*（女，挂职）
党组书记：杨　斌
党组成员：陶　峰　史娇蓉（女）　杨　斌
丁百川*　施秋艳*（女，挂职）

区妇联

主　　席：俞琴芳*（女）　陈　燕（女）
副 主 席：李　岚（女）　宋晓萍（女）
沈乃鹰（女）
党组书记：俞琴芳*（女）　陈　燕（女）
党组成员：李　岚（女）　宋晓萍（女）
沈乃鹰（女）　周春华（女）

企事业单位

区供销社

主　　任：朱平学
副 主 任：张步峰
党组书记：朱平学（兼）

国网湖州供电公司客户服务中心

主　　任：孙　益
副 主 任：钱学卿　陈志武　沈根强　徐　枫
沈　翊
党委书记：钱学卿　徐惠强
党委副书记：孙　益　徐　枫

邮政分局

分局长：王　俭*（兼）　胡　擎（兼）

电信分公司

总 经 理：管建强*　黄海兵
副总经理：杨建平
总经理助理：童建新　余同平

移动分公司

总 经 理：沈海明
副总经理：徐　昕*　顾剑萍*（女）　韩　众
刘　昕
党支部书记：沈海明
党支部委员：徐　昕*　顾剑萍*（女）　韩　众
陆璐媛*（女）　刘　昕　顾云峰
潘立波

联通分公司

总 经 理：丁春雷
副总经理：岳卫平
总经理助理：严　赟　潘泳刚

工行吴兴支行

行　　长：田立新
副 行 长：张惠平　沈俊佳
行长助理：汪龙生*　潘建昌　崔文琴（女）

内控监察专员：黄　巍*（女）

阮锦萍

农行吴兴支行

行　　长：朱文泉

副 行 长：周　芸（女）　嵇　峰

行长助理：沈小菊（女）　褚国良*
周　芸*（女）

党委书记：朱文泉

党委成员：嵇　峰　周　芸（女）　沈小菊（女）
褚国良

纪委书记：嵇　峰

中国银行吴兴支行

行　长：王学峰*　唐　茜

副行长：刘　倩*（女）　葛　诚　闵宏伟

建行吴兴支行

行　长：张　麒

副行长：张　麒*　周国峰

交行吴兴支行

行　　长：陈鑫林

副 行 长：卢　义

行长助理：蔡雄杰

湖州银行吴兴支行

行　　长：周建良*　朱国平（女）

副 行 长：陈　辉　朱静燕（女）

行长助理：赵汉琴（女）

湖州银行城南支行

行　　长：潘任斌*　陆　晖（女）

副 行 长：阮锦萍*（女）

行长助理：沈利丽（女）　缪　昕

湖州银行城北支行

行　　长：吴玉妹（女）

副 行 长：姜　虹（女）

行长助理：叶文勇

湖州银行城西支行

行　　长：黄　坚

副 行 长：唐英姿（女）

行长助理：沈　琦

湖州银行南园支行

行　长：孙为民

副行长：胡韫华*（女）　陆　晖*（女）　杨　璟

吴兴农商银行

董事长：沈旭荣

行　长：王国华

副行长：陈法良　吴国良　曹良海

监事长：朱子平

湖州南太湖高新技术产业园区管理委员会

党 委 书 记：潘永锋*（兼）　费学梅（女）

党委副书记：傅　军*　金嘉杰*（兼）
沈良彪*（挂职）　陈　伟*　费争荣
沈丹芬（女）　吴大鹏（下派）
蔡宏杰

党 委 委 员：沈　飞*　沈连根*　陶承欢*　赵勤学*
周　鹏*　杨树民　王道文（女）
杨　枫（女）　甘世宏
戴斌滨（挂职）　褚屹东
沈美利（女，兼）　李占强
费　菲（女，挂职）　陶厦峰

纪 委 书 记：朱　伟*

主　　　任：陈　伟*　费学梅（女）

副　主　任：傅　军*　沈　飞*　金嘉杰*（兼）
沈良彪*（挂职）　陶承欢*
赵勤学*　周　鹏*　蔡宏杰　杨树民
王道文（女）　杨　枫（女）
褚屹东　　　李占强

织里镇人民政府

党　委　书　记：温建飞

党 委 副 书 记：宁　云　单永杰　姚连华
盛　舸　王国华
谢春伟（挂职）　王金火（挂职）

党　委　委　员：蔡梅建　蒋锦荣　周郑洁（女）
蔡建新　陈　云*（挂职）
钱伟忠*　杨　枫*（女）
汤雪东　沈国强（下派）
刘玉军　沈　滨　倪　健
温绿琴（女）　陈法良（挂职）

纪　委　书　记：蔡梅建

人大主席团主席：彭建国

人大主席团副主席：潘新林　史宁慧（女）

镇　　　　　长：宁　云

副　　镇　　长：舒忠明　黄　栩　潘斌松
　　　　　　　　钱伟忠*　沈　波*
人武部部长：刘玉军
公安分局局长：单永杰

八里店镇

党委书记：滕　辉
党委副书记：张学民　沈海明（正科长级下派）
　　　　　　吴群伟　黄永强　代　旻*（挂职）
　　　　　　李小红（下派）　邱鑫渊（下派）
党委委员：叶　伟*（下派）　郭欢欢*
　　　　　王　芳（女）　计光明　沈镇华
　　　　　冯　剑（兼）　甘世宏*（兼）
　　　　　沈连根（兼）　钟俊英*（女，下派）
　　　　　钱娟丽（女）　褚云江　张　力
　　　　　王　坤*（挂职）
纪委书记：王　芳（女）
人大主席团主席：潘新利
人大主席团副主席：徐建民　高建强
镇　　长：张学民
副　镇　长：郭欢欢*　沈镇华　叶　伟　厉海斌
　　　　　　于建华　徐　芳（女，挂职）
人武部部长：计光明
派出所所长：冯　剑*（兼）　甘世宏*（兼）
　　　　　　沈连根

八里店街道

党委书记：叶　伟*（兼）
办事处主任：叶　伟*（兼）

常路街道

党工委书记：吴群伟（兼）
街道主任：吴群伟（兼）

道场乡

党委书记：王宝龙
党委副书记：叶惠虎*　林金鹏*（挂职）
　　　　　　潘卫华　钱伟忠
党委委员：章明轩*（挂职）　陈绍宾*（挂职）
　　　　　施林忠　施小龙　沈洪海
　　　　　张伟伟　吴利梅（女）沈　侃（挂职）
　　　　　张建忠　叶存模
纪委书记：吴利梅（女）
人大主席团主席：薄国欣
人大主席团副主席：袁　龙
乡　　长：叶惠虎*　潘卫华
副　乡　长：沈洪海　张建忠　叶存模　魏会杰
派出所所长：施小龙

妙西镇

党委书记：包永良
党委副书记：蔡滨斌*　潘　鸣*（挂职）
　　　　　　沈建良　张　樵（挂职）
党委委员：章春霞（女）　沈明亮　吴仁斌*
　　　　　吴　剑*（挂职）　方立鑫*（挂职）
　　　　　李旭强（兼）　叶江华　严晓程
人大主席团主席：钱忠伟*　邹伟平
人大主席团副主席：李丽华（女）
镇　　长：蔡滨斌*　潘　鸣（挂职）
副　镇　长：沈明亮　吴仁斌*　沈宏伟　倪　帆
人武部部长：叶江华
派出所所长：李旭强

吴兴西塞山旅游度假区管委会

主　任：包永良（兼）
副主任：蔡斌滨（兼）　沈明亮（兼）　吴建娟（女）

埭溪镇

党委书记：朱建忠*　戚斌斌*
党委副书记：戚斌斌*　陈勇杰　叶　平
　　　　　　陆　荣（下派）
党委委员：陈勇杰*　章　犇　张　健
　　　　　樊　军　王佐彬　钱卫华
　　　　　莫芬芬（女）　李深德
纪委书记：樊　军
人大主席团主席：陈永祥
人大主席团副主席：俞小建
镇　　长：戚斌斌*　陈勇杰
副　镇　长：陈勇杰*　邱国强*（下派）
　　　　　　张　健　陈子龙　周何金
人武部部长：王佐彬
派出所所长：章　犇

东林镇

党委书记：何锋峰
党委副书记：陆　敏　王建国*　郭欢欢
党委委员：钱水中　俞晔虹（女）　宋　云
　　　　　丁　媛*（女）　郝初浩（兼）
　　　　　王明强　叶桢杰　王松伟（下派）

钟卫新（下派）　汤应东*　陈汉民
纪　委　书　记：王明强
人大主席团主席：吴黎存
人大主席团副主席：蒋杰宇
镇　　　　长：陆　敏
副　镇　长：陈　翔*（下派）　钱水中
丁　媛*（女）　王天柱*
张佩方（女）　汤应东
人武部部长：汤应东*　陈汉民
派出所所长：郝初浩

环渚街道

党　委　书　记：费屹巍*　朱新民
党委副书记：傅　军　钱新祥
杜林超（挂职）　朱新民*
潘卫华*　郑　昱*（女，挂职）
党　委　委　员：沈子昌　周颖锋　陶国华
倪正侠　宋智良　沈培英（女）
戴滨斌*　姚鸣杰*
纪　委　书　记：陶国华
人大工委主任：丁永才
人大工委副主任：何荣林
办事处主任：朱新民
办事处副主任：周喜铃　章忠元　忻伟铭
戴滨斌*
人武部部长：倪正侠
派出所所长：姚鸣杰*　宋智良

月河街道

党　委　书　记：徐进磊
党委副书记：姜　菊*（女，下派）
周　晗（女）　钱宗禹*
章利民*　唐伟杰
党　委　委　员：钱新祥*　顾小林　陈　亮
朱成钢　施文杰　金琴琴（女）
沈青松
纪　委　书　记：陈　亮
人大工委主任：章利民*　莫根方
人大工委副主任：金建新
办事处主任：姜　菊*（女，下派）
周　晗（女）
办事处副主任：钱新祥*　顾小林　章惠民*
赵　瑛（女）　张　勇
人武部部长：施文杰
派出所所长：朱成钢

朝阳街道

党　委　书　记：厉云燕（女）
党委副书记：傅宇晨*　代　旻　徐群雄
党　委　委　员：费利强　虞志强　周　炜
余德东　谈　晔
吴彩英（女）　徐长风*
纪　委　书　记：周　炜
人大工委主任：吴继财
人大工委副主任：周　亮
办事处主任：傅宇晨*　代　旻
办事处副主任：陈颖峙　张敏敏（女）
人武部部长：费利强
派出所所长：余德东

爱山街道

党　委　书　记：张新华
党委副书记：俞海屏（女）　陈晓华*（女）
党　委　委　员：陈晓华（女）　张松法　赵　骏
洪　益　张国强　陈　芸（女）
马浩强
纪　委　书　记：洪　益
人大工委主任：陈晓华（女）　张新华*
人大工委副主任：陈　杰
办事处主任：俞海屏（女）
办事处副主任：张松法　周慧东*　潘新江
人武部部长：张国强
派出所所长：赵　骏

飞英街道

党　委　书　记：陈新娣（女）
党委副书记：朱　冰*　金嘉杰*　费　斌*
周振强　周　鹏
党　委　委　员：朱阶立　翟舟东　吴吉琴（女）
蒋　涛　韩红霞（女）
端金健　王顺世
胡　英（女）　赵鹏杰
卢　锋*　张　寅*
纪　委　书　记：吴吉琴（女）
人大工委主任：费　斌*
人大工委副主任：邱新华

办事处主任：朱　冰* 金嘉杰* 周振强
办事处副主任：朱阶立　蒋　涛　端金健*
人武部部长：王顺世　卢　锋*
派出所所长：翟舟东

龙泉街道

党委书记：张志宏* 范丽华（女）
党委副书记：姜新明* 程文秋* 钱宗禹　史彦廷
党委委员：谈国琴（女）　彭鼎顺　张伟娥（女）　冯　斌*　张国地　张　妍（女）　张震凯*　臧　勇
纪委书记：张伟娥（女）
人大工委主任：程文秋
人大工委副主任：胡裕强
办事处主任：姜新明* 钱宗禹
办事处副主任：冯　斌* 徐　华*（女）　沈　波　屠征峰
人武部部长：彭鼎顺
派出所所长：张震凯* 臧　勇

第二十二篇　统计资料

·2017 年吴兴区国民经济和社会发展统计公报·

2017 年，面对错综复杂的发展环境，在区委、区政府的坚强领导下，深入践行“四新”主题实践，以“六重”工作为主抓手，全力推进新一轮“八大行动”，着力打造增长极、提高首位度、争当排头兵，各项工作有序推进，圆满完成各项目标任务，全区经济社会保持稳健的发展态势。

一、综　合

经济平稳运行，结构调整稳步推进。全区实现地区生产总值（GDP）515.51 亿元，按可比价计算，比上年增长 8.6%，增速居全市第二位。分产业看，第一产业增加值 19.77 亿元，增长 2.3%；第二产业增加值 217.41 亿元，其中工业增加值 193.27 亿元，分别增长 8.1%和 9.0%；第三产业增加值 278.33 亿元，增长 9.6%。一、二、三产结构为 3.8∶42.2∶54.0，经济结构继续优化。人均生产总值 113198 元，增长 9.1%，折合 16766 美元。

实现公共财政预算总收入 51.91 亿元，增长 18.8%，其中地方一般预算收入 31.15 亿元，增长 21.5%，地方财政税收收入 26.83 亿元，增长 17.7%。在地方税收中，实现增值税 13.11 亿元、企业所得税 3.65 亿元、个人所得税 1.12 亿元，分别增长 7.9%、28.6%和 8.9%。全年公共财政预算支出 30.83 亿元，增长 19.5%，高于财政收入增幅 0.7 个百分点。其中一般公共服务、公共安全、社会保障和就业、医疗卫生、农林水事务支出分别增长 34.3%、17.9%、32.2%、18.9%和 13.14%。

居民消费价格总指数 101.8，其中，医疗保健价格上涨 2.8%，教育文化和娱乐价格上涨 1.8%，食品烟酒价格上涨 0.3%，衣着价格上涨 1.1% ，居住价格上涨 5.1%， 生活用品及服务价格上涨 0.5%，交通和通讯价格上涨 0.1%。

二、农业和农村经济

农林牧渔业实现增加值 20.94 亿元，按可比价计算，增长 2.7%。其中：种植业增加值 8.78 亿元，增长 2.8%；林业增加值 1.80 亿元，增长 0.6%；牧业增加值 1.96 亿元，下降 19.0%；渔业增加值 7.22 亿元，增长 11.1%；农林牧渔业服务业增加值 1.18 亿元，增长 9.0%。粮食作物播种面积 18.38 万亩，蔬菜播种面积 10.59 万亩，花卉苗木种植面积 2.00 万亩。年末生猪存栏 3.12 万头，同比减少 36.2%，水产养殖总面积 5.80 万亩，与上年持平，水产品总产量 7.32 万吨，增长 9.7%，其中淡水捕捞产量 0.31 万吨，养殖产量 7.01 万吨。

列入市农业“大好高”项目共有 18 个，其中新引进市定农业“大好高”项目 9 个、竣工 8 个，全年完成投资额近 6.4 亿元。

三、工业和建筑业

工业经济运行保持平稳发展的良好态势，实现工业增加值 193.27 亿元，增长 9.0%。其中规模以上工业实现工业增加值 119.44 亿元，增长 8.9%。产业结构优化升级，新兴产业势头强劲，战略性新兴产业实现增加值 53.61 亿元，增长 8.1%，高新技术产业、装备制造业实现增加值 51.88 亿元、45.46 亿元，增长 11.1%和 19.3%，增幅均居全市第一。节能降耗切实有效，万元工业增加值能耗下降率为 8.8%。

年末拥有建筑企业 64 家，完成建筑业总产值 487.77 亿元，增长 15.3%，其中建筑工程产值 422.03

亿元，增长18.0%；房屋建筑施工面积2624.06万平方米，增长11.3%，其中新开工面积1590.60万平方米，增长27.0%。

四、固定资产投资和房地产

完成固定资产投资327.91亿元，增长14.6%，增速列全市第一。其中：第二产业投资116.19亿元，增长13.2%，现代化技改97.02亿元，占全部工业性投入的比重为83.5%；第三产业增长显著，完成投资额211.64亿元，增长15.4%，基础设施投资104.91亿元，增长65.6%。

房地产开发投资82.07亿元，下降2.0%。商品房施工面积555.58万平方米，下降0.5%，商品房竣工面积106.52万平方米，下降6.4%。住宅销售面积163.1万平方米，增长17.1%，住宅销售额137.53亿元，增长44.6%，住宅待售面积46.3万平方米。

五、国内贸易和对外经济

实现社会消费品零售总额339.18亿元，增长11.1%。限额以上批发零售业分别实现销售额240.43亿元和182.87亿元，增长9.2%和15.1%。餐饮业回升明显，实现营业额10.65亿元，增幅从上年同期的23.1%提升至39.1%。从限额以上批零贸易业销售分类情况来看，化妆品类、化工材料及制品类高位增长，分别增长82.3%和67.9%。服装、鞋帽、针纺织品类、汽车类低位增长1.7%和4.8%。

外贸进出口总额94.31亿元，增长13.6%，其中：出口78.37亿元，增长13.9%，进口15.94亿元，增长12.5%。主要商品出口额呈上升趋势，纺织原料及其制品、机电产品、杂项制品、木及木制品、贱金属及其制品分别增加4.8%、11.2%、19.8%、23.3%和44.9%。亚、欧、北美三大市场出口占比分别为43.2：22.9：20.2。

六、科学技术和教育

新增省级科技型企业60家、新认定国家高新技术企业19家。珍贝等3个企业获市级领军型创新团队；力聚、贝盛成功创建省级企业研究院；七幸科创园被评为省级科技孵化器，吴兴梦工场成功列入省级众创空间；新凤鸣、金农生态农业成功创建市级院士专家工作站。汇能新材料、爱诺药业等9家企业成功认定为市级高企研发中心，金洲管道、斯科能等7家企业创建省级研发中心。贝盛光伏、力聚热水机2家企业成功创建省级企业研究院。成功创建省级专利示范企业4家、市级12家，新培育专利超百件企业3家。

共有各级各类学校120所，在校学生85250人。其中：小学22所，在编教职工2494人，专任教师2461人，在校学生44301人，小学入学率和巩固率均为100%；初中21所（含九年一贯制学校），在编教职工1363人，专任教师1282人，在校学生13688人，初中入学率和巩固率均为100%，初中毕业生升学比例达99.33%；农村成人技术培训学校9所，在编教职工60人，专任教师53人；幼儿园68所，在园幼儿27261人，在编教职工263人，专任教师1652人。顺利推进爱山小学教育集团常溪小学、吴兴实验中学、枫叶国际学校等5所学校新（扩）建工程竣工验收并投入使用；持续推进西南小学、湖东小学等18个新建工程、在建工程的建设。完成第三批9所乡镇学校校园综合改造，乡镇校园三年综合改造全面完成。

七、文体、卫生和社会保障

深入推进“文化惠民”，大力推进基础设施建设。每万人拥有公共文化设施建筑面积4425.46平方米，比2016年的4367.50平方米高出57.96平方米。推进文化站免费开放工作，增加文化站功能室；建设10个幸福礼堂，增加农村公共文化用房；加快美丽乡村建设，提升公共文化设施建筑面积。新增全民健身路径304件，场地面积6000平方米；新建社区多功能运动场1个，笼式足球场3个、拆装式游泳池5个，篮球场6个、乒乓球桌14张，场地面积8963平方米；新建市级中心村全民健身广场6个，场地面积24000平方米，合计新增体育场地面积38963平方米。

本年度全区未发生突发公共卫生事件。共完成基本建设项目3个中心、4个乡镇卫生院、17个站，总投入1164万元。继续深化责任医生签约服务工作，规范签约209789人，规范签约率达33.96%。开展“双下沉、两提升”工作，进一步健全责任医生全程服务、社区首诊、双向转诊等工作机制。

新增城镇就业18500人，帮扶城镇失业人员再就业5550人，其中困难人员实现再就业850人。帮扶农村电商创业430人，带动就业2580人。城镇登记失业率控制在3%以内，“零就业”家庭保持动态归零。城乡居民基本养老保险参保10.92万人，其中待遇享受人员6.29万人；基本养老保险参保率89.4%。基本医疗保险参保人数31.9万人，基本医疗保险参保率98.8%。累计制发社保卡39.9万张，在全市率先实现以邮政 EMS 形式寄发卡。

八、城乡建设与社会公共安全

丝绸小镇建设全面推进，丝绸小镇路网全面贯通，雨污水管网及相关配套设施全面建成，婚庆公园、湿地公园、市民公园等景观公园投入使用，节假日吸引游客过万。公建配套更趋完善，枫叶国际学校、实验幼儿园、吴兴实验中学全部完工并投入使用。危旧房治理改造强势推进，制定专业监测和日常巡查相结合的动态监管机制，对 17 幢危房安装 24 小时在线监测预警系统，中心城区 51 幢危房全部完成治理改造。“五水共治”项目全面落实，新建供水管网 31 公里，污水管网 32.6 公里，提标改造管网 5 公里，改造供水管网 29 公里，管道清淤 120 公里，积水点改造和增加应急设备任务完成率 100%，屋顶集雨等雨水收集系统完成率 106%。

动态开展安全生产、食品药品等专项治理，15 处省市级、52 处区级挂牌安全隐患完成整治，安全生产形势平稳向好。基层治理“四个平台”和全科网格全面覆盖，刑事发案同比下降 31.6%，实现“六连降”。

九、人口、人民生活和环境保护

年末户籍人口 45.49 万人，其中男性 22.35 万人，女性 23.13 万人，分别占总人口的 49.1%和 50.9%；乡村人口 21.15 万人，城镇人口 24.34 万人，分别占总人口的 46.5%和 53.5%；全年出生人口 4907 人，死亡人口 4507 人，全区自然增长人口为 400 人。

城镇居民人均可支配收入 51395 元，增长 9.0%。其中，工资性收入 27825 元，增长 9.2%；经营性收入 9849 元，增长 8.0%。农村居民人均可支配收入 29980 元，增长 9.5%，其中工资性收入 21996 元、家庭经营收入 5844 元，分别增长 9.3%和 7.8%。农村消费能力不断增强，人均消费支出 17871 元，增长 5.6%。农村居民收入增幅高于城镇居民收入增幅 0.5 个百分点，城乡收入差距比进一步缩小。

全面推进工业污染整治，开展“散乱污”行业整治，取缔小印花、小砂洗、喷水织机企业 248 家，关停石材加工企业、无环保设施企业 78 家；整治提升漾西铝合金企业、金属表面处理企业 49 家，实现全区重点工业企业直排清零。落实“气十条”要求，深化扬尘、废烟、尾气治理。完成“7 个 100%”建筑工地整治 52 个；23 条城镇主要道路实施机械化清扫；秸秆综合利用率 95.5%。

说明

1. 本公报部分数据为快报数；

2. 生产总值、增加值绝对数按现价计算，增长速度按可比价计算；

3. 人均水平有关数据均按户籍人口计算；人均生产总值按常住人口计算为 86045 元，折合 12744 美元；

4. 规模以上工业企业指年销售收入 2000 万元及以上工业企业；

5. 限额以上贸易企业指年主营业务收入在 2000 万元及以上的批发贸易企业、年主营业务收入在 500 万元及以上的零售贸易企业；

6. 固定资产投资指计划总投资 500 万元及以上的投资项目和全部房地产开发投资；

7. 本公报数据除教育、文化、卫生部分指标外均不含湖州经济技术开发区、湖州太湖旅游度假区。

·统计图（表）·

2003—2017 年吴兴区财政总收入统计表

表 22-1

年 份	2003	2004	2005	2006	2007	2008	2009	2010	2011	2012	2013	2014	2015	2016	2017
实绩（亿元）	6.32	7.90	9.34	11.46	14.21	16.85	18.57	22.19	27.01	28.92	31.62	34.55	39.03	43.70	51.91
增幅(%)	29.0	26.5	18.7	22.7	24.0	18.6	10.2	19.5	21.7	7.1	9.3	9.3	9.5	12.0	18.8

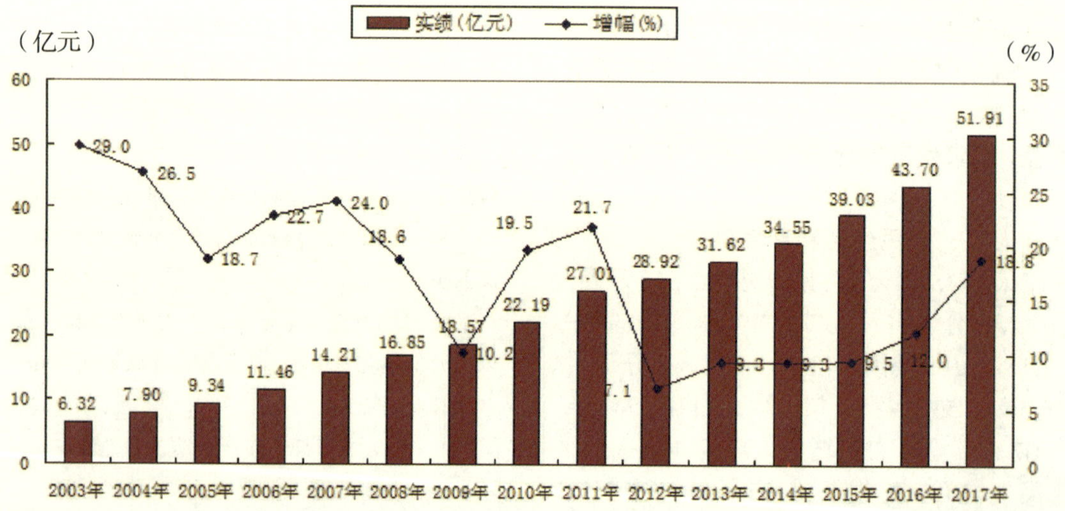

图 22-1　2003—2017 年吴兴区财政总收入图

2003—2017 年吴兴区固定资产投资一览表

表 22-2

年份	2003	2004	2005	2006	2007	2008	2009	2010	2011	2012	2013	2014	2015	2016	2017
实绩（亿元）	38.89	47.88	59.91	68.79	81.35	97.50	128.67	158.51	167.91	203.89	188.76	221.30	256.38	291.92	327.91
增幅（%）	29.7	23.1	25.1	14.8	18.3	19.8	21.6	23.1	23.5	21.1	-1.2	17.2	15.9	13.9	14.6

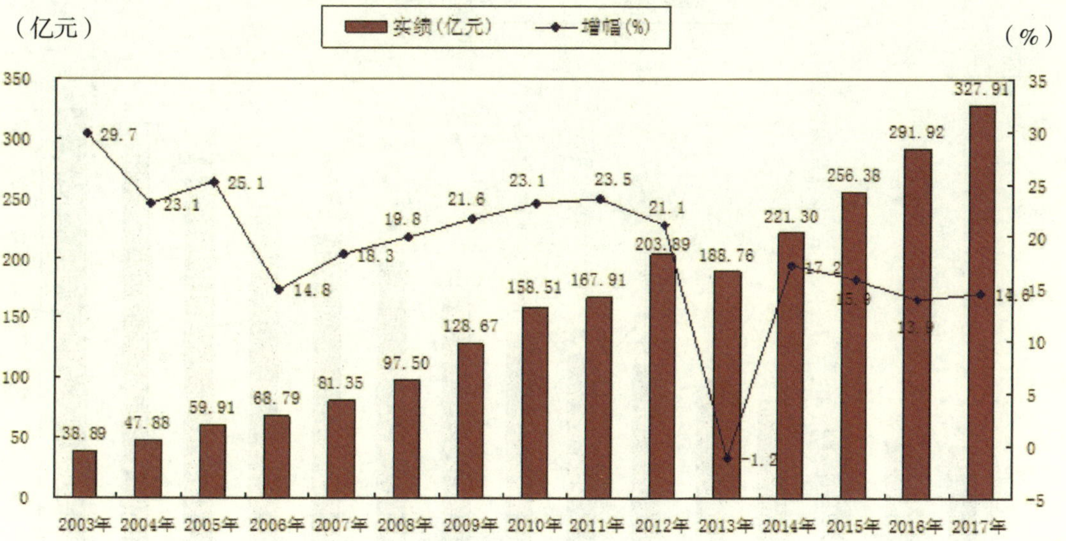

注：2003—2010 年统计口径为全社会固定资产投资，2011 年开始统计口径为限额以上固定资产投资

图 22-2 2003—2017 年吴兴区固定资产投资图

2003—2017 年吴兴区城镇居民人均可支配收入统计表

表 22-3

年 份	2003	2004	2005	2006	2007	2008	2009	2010	2011	2012	2013	2014	2015	2016	2017
实绩（元）	12607	13664	15618	17912	20046	21870	23242	25572	29591	33560	36932	40138	43535	47170	51395
增幅（%）	10.7	13.4	14.3	11.3	12.9	9.1	6.5	10.0	15.7	12.4	10.0	8.9	8.5	8.3	9.0

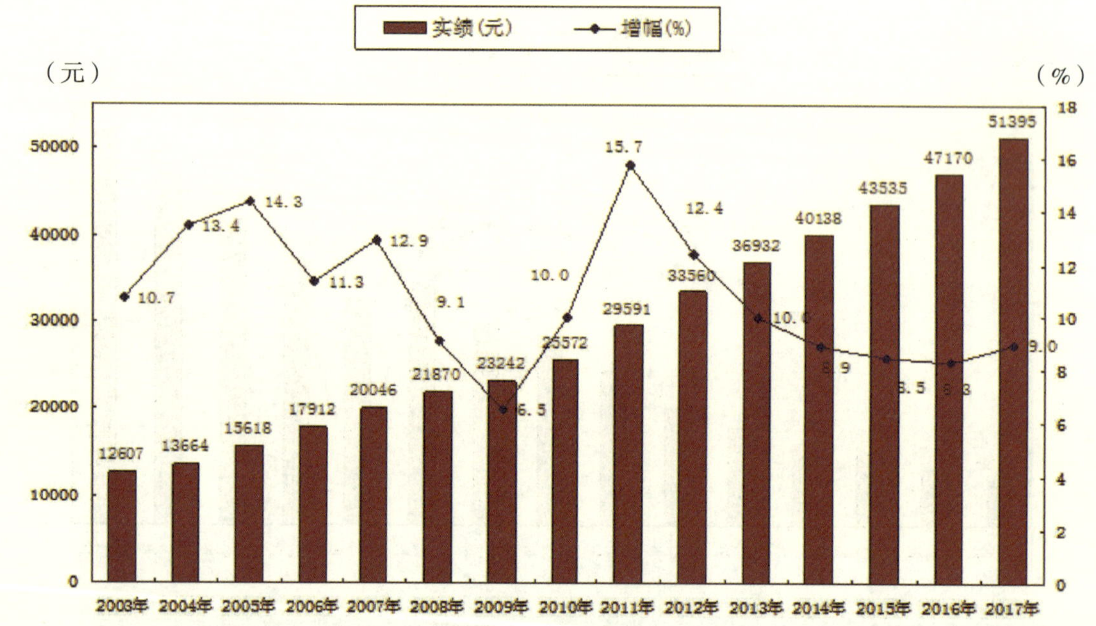

图 22-3　2003—2017 年吴兴区城镇居民人均可支配收入图

2003—2017 年吴兴区农村居民人均可支配收入统计表

表 22-4

年 份	2003	2004	2005	2006	2007	2008	2009	2010	2011	2012	2013	2014	2015	2016	2017
实绩（元）	5702	6478	7405	8465	9685	10913	11900	13486	15895	17739	19645	23075	25142	27391	29980
增幅（%）	8.6	13.6	14.3	14.3	14.4	12.7	9.0	13.3	17.9	11.6	10.7	10.9	9.0	8.9	9.5

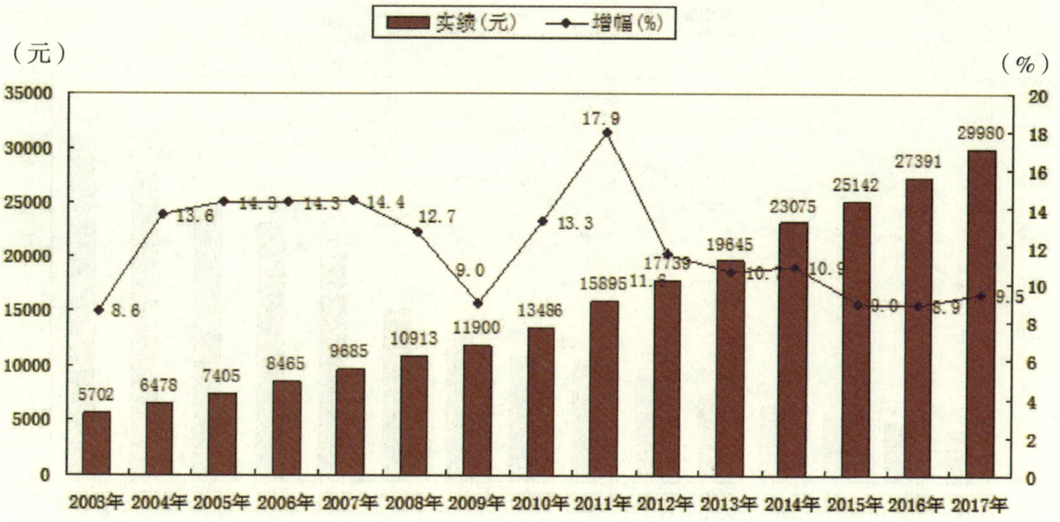

图 22-4　2003—2017 年吴兴区农村居民人均可支配收入图

2003—2017年吴兴区社会消费品零售总额统计表

表22-5

年 份	2003	2004	2005	2006	2007	2008	2009	2010	2011	2012	2013	2014	2015	2016	2017
实绩（亿元）	50.50	58.20	64.32	74.26	86.79	103.80	119.58	123.98	147.23	170.92	220.71	253.83	276.73	305.17	339.18
增幅（%）	12.3	15.2	15.5	15.5	16.9	19.6	15.2	18.5	18.8	16.1	14.8	15.0	9.0	11.2	11.1

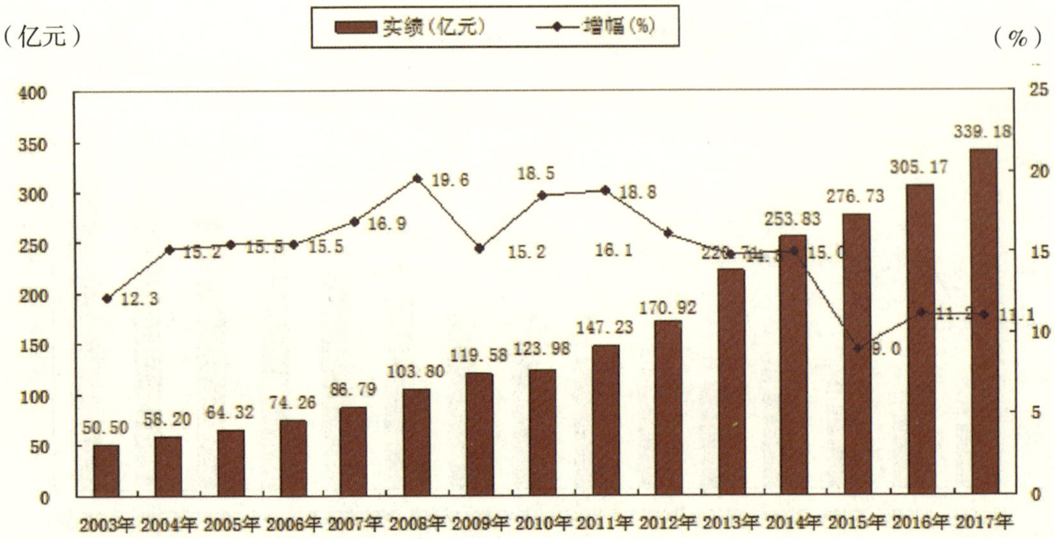

图22-5　2003—2017年吴兴区社会消费品零售总额图

2003—2017 年城镇职工平均工资统计表

表 22-6

年份	2003	2004	2005	2006	2007	2008	2009	2010	2011	2012	2013	2014	2015	2016	2017
实绩（元）	15212	15246	23876	24259	27233	30102	32233	33843	45862	45224	50159	54340	56873	57171	64376
增幅（%）	18.2	0.2	56.6	1.6	12.3	10.5	7.1	5.0	35.5	-1.4	10.9	8.3	4.7	6.2	12.6

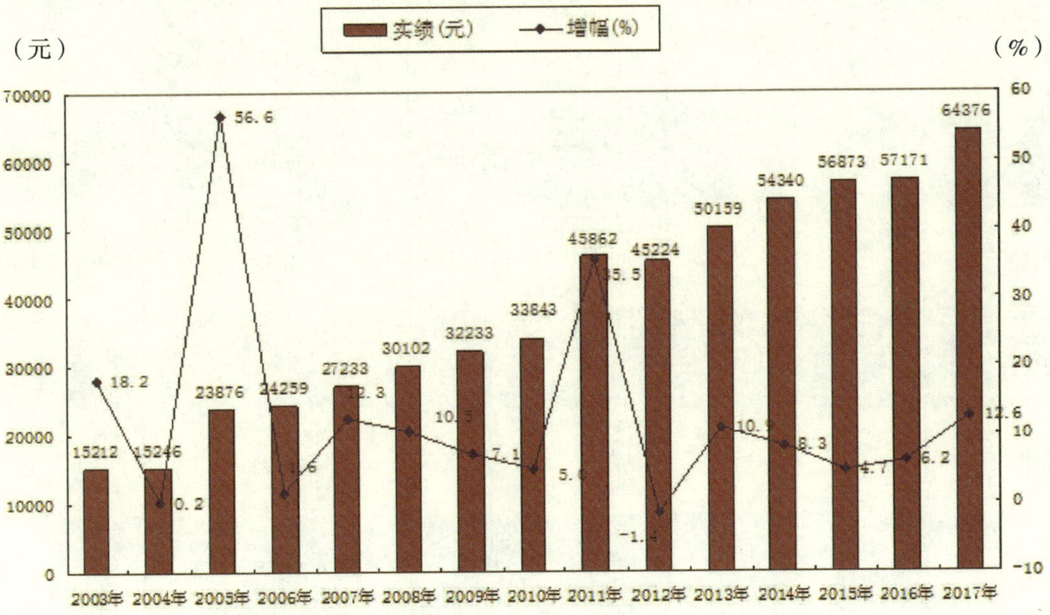

图 22-6　2003—2017 年吴兴区城镇职工平均工资图

·统计表（分乡镇街道）·

2017年吴兴区行政区划统计表

表22-7

	社区（个）	村民委员会（个）	总户数	总人口
全　区	79	162	150240	454886
高新区	—	26	15837	59210
织里镇	15	34	21768	75605
八里店镇	—	27	12456	44053
道场乡	1	8	4832	15861
妙西镇	—	15	5468	16413
埭溪镇	4	20	13423	35877
东林镇	3	23	9465	32959
环渚街道	4	9	5768	15476
月河街道	13	—	16575	43434
朝阳街道	9	—	11351	29559
爱山街道	9	—	5556	13641
飞英街道	8	—	11195	28746
龙泉街道	13	—	16546	44052

2017年吴兴区国民经济主要指标统计表

表22–8

	单 位	2017年	比上年增长（%）
年末人口（户籍）	万人	45.49	–0.2
#乡村人口	万人	21.15	1.4
全区生产总值	亿元	515.51	8.6
#第一产业	亿元	19.77	2.3
第二产业	亿元	217.41	8.1
第三产业	亿元	278.33	9.6
人均生产总值（户籍）	元	113198	9.1
人均生产总值（常住）	元	86045	8.1
公共财政预算总收入	亿元	51.91	18.8
#地方一般预算收入	亿元	31.15	21.5
固定资产投资	亿元	327.91	14.6
#工业性投入	亿元	116.19	13.2
规模以上工业总产值	亿元	678.70	19.6
规模以上工业主营业务收入	亿元	646.04	21.1
规模以上工业利税总额	亿元	52.51	30.3
规模以上工业利润总额	亿元	35.76	42.1
社会消费品零售总额	亿元	339.18	11.1
城镇居民人均可支配收入	元	51395	9.0
农村居民人均可支配收入	元	29980	9.5
进出口总额（海关）	亿元	94.31	13.6
自营出口	亿元	78.37	13.9
合同外资	亿美元	3.68	0.5
实到外资	亿美元	2.18	–2.5

说明：年末户籍总人口（大吴兴）62.70万人，增长0.74%

2017 年吴兴区生产总值及增长率统计表

表 22–9　　　　单位:万元

	实 绩	增 幅（%）
地区生产总值	5155138	8.6
农林牧渔业	209438	2.7
农、林、牧、渔服务业	11768	9.0
工业	1932650	9.0
开采辅助活动	5	0.0
金属制品、机械和设备修理业	2343	9.0
建筑业	243830	0.6
批发和零售业	879933	8.4
批发业	528211	9.4
零售业	351722	7.0
交通运输、仓储和邮政业	134062	3.7
住宿餐饮业	191244	8.3
住宿业	29790	5.7
餐饮业	161454	8.9
金融业	444987	12.7
房地产业	289169	8.9
K 门类房地产业	107932	16.4
自有房地产经营活动	181237	5.0
其他服务业	829825	10.9
营利性服务业	371187	15.4
信息传输、软件和信息技术服务业	103055	26.3
非营利性服务业	458637	7.3
第一产业	197670	2.3
第二产业	2174132	8.1
第三产业	2783336	9.6

2017 年吴兴区规模以上工业产值统计表

表 22-10　　单位：万元

	全　区	比上年增长（%）
工业总产值	6786959	19.6
国有企业	7161	1.2
股份合作制	2700	-27.3
有限责任公司	2044287	14.1
股份制企业	685202	22.8
私营企业	3148488	22.4
港澳台投资企业	699388	42.5
外商投资企业	199732	-21.3
#国有控股企业	82759	43.4
#大中型企业	3665146	25.5
#轻工业	2730415	18.3
#重工业	4056545	20.5

2017 年吴兴区规模以上工业主要产品产量统计表

表 22-11

产品名称	单位	2017 年	2016 年	比上年增长（%）
饲料	吨	8419	8206	2.6
其中：配合饲料	吨	8419	8206	2.6
鲜、冷藏肉	吨	1034	1074	-3.7
酱油	吨	363543	147190	147.0
软饮料	吨	—	7205	-100.0
果汁和蔬菜汁饮料类	吨	—	7205	-100.0
精制茶	吨	24330	20810	16.9
纱	吨	7342	13425	-45.3
棉纱	吨	5641	11066	-49.0
化学纤维纱	吨	1701	2359	-27.9
布	万米	5468	5675	-3.7
其中：棉布	万米	4001	4038	-0.9

续表 22-11

产品名称	单位	2017 年	2016 年	比上年增长（%）
化学纤维布	万米	1466	1637	-10.4
印染布	万米	48852	53781	-9.2
绒线（俗称毛线）	吨	766	879	-12.8
毛机织物（呢绒）	万米	266	261	1.9
蚕丝	吨	84	245	-65.8
蚕丝及交织机织物（含蚕丝≥50%）	万米	1395	1589	-12.2
化纤长丝机织物	万米	344	351	-2.0
蚕丝被	万条	17	17	-0.6
服装	万件	3722	4434	-16.1
梭织服装	万件	3573	4267	-16.3
其中：羽绒服	万件	54	55	-2.2
针织服装	万件	150	167	-10.6
轻革	平方米	436987	1233221	-64.6
人造板	立方米	78083	59884	30.4
其中：胶合板	立方米	78083	59884	30.4
实木木地板	平方米	91865	392720	-76.6
复合木地板	平方米	1980011	2061098	-3.9
家具	件	126219	97969	28.8
其中：木质家具	件	5916	6816	-13.2
金属家具	件	120303	91153	32.0
机制纸及纸板（外购原纸加工除外）	吨	3144	2500	25.8
涂料	吨	4653	3908	19.1
合成纤维单体	吨	4222	3524	19.8
合成纤维聚合物	吨	3994	3485	14.6
其中：聚酯	吨	3994	3485	14.6
化学药品原药	吨	1885	2062	-8.6
化学纤维	吨	1140407	951665	19.8
合成纤维	吨	1140407	951665	19.8
涤纶纤维	吨	1140407	951665	19.8
塑料制品	吨	4055	3162	28.2
水泥	吨	408360	327738	24.6
散装水泥	吨	359185	287082	25.1

续表 22-11

产品名称	单位	2017 年	2016 年	比上年增长（%）
商品混凝土	立方米	4077109	4166647	-2.1
玻璃纤维纱	吨	3608	3045	18.5
耐火材料制品	吨	94681	93111	1.7
钢材	吨	728027	597986	21.7
冷轧薄板	吨	7503	8054	-6.8
热轧薄宽钢带	吨	—	—	—
冷轧薄宽钢带	吨	—	—	—
无缝钢管	吨	43369	46095	-5.9
焊接钢管	吨	646110	527133	22.6
其他钢材	吨	31045	16704	85.9
用外购国产钢材再加工生产的钢材	吨	679798	550274	23.5
用外购钢材再加工生产钢材	吨	679798	550274	23.5
铝合金	吨	17010	11054	53.9
铜材	吨	7125	19545	-63.5
铝材	吨	298053	267891	11.3
钢绞线	吨	11855	10823	9.5
输送机械（输送机和提升机）	吨	8358	10670	-21.7
泵	台	922	837	10.2
机械化农业及园艺机具	台	1804	2200	-18.0
收获机械	台	1804	2200	-18.0
其中：谷物收获机械	台	1804	2200	-18.0
环境污染防治专用设备	台（套）	51	66	-22.7
水质污染防治设备	台（套）	51	66	-22.7
通信及电子网络用电缆	对公里	—	—	—
电力电缆	公里	31067	40481	-23.3
太阳能电池	千瓦	414104	413493	0.1
家用吸排油烟机	台	169000	160548	5.3
灯具及照明装置	套（台、个）	446781	250435	78.4
电子元件	万只	1616	7866	-79.5
自来水生产量	万立方米	11124	11463	-3.0

2017年吴兴区各乡镇（街道）固定资产投资统计表

表22-12 单位：万元

	全年累计	比上年增长（%）
全区	3279137	14.6
高新区	358596	-6.8
织里镇	763346	26.9
八里店镇	633492	17.4
道场乡	110294	18.4
妙西镇	213898	26.7
埭溪镇	312145	30.6
东林镇	228386	54.3
环渚街道	181908	7.0
月河街道	118430	38.3
朝阳街道	61650	14.1
爱山街道	55282	-42.3
飞英街道	91039	-22.2
龙泉街道	95270	22.7

2017年吴兴区城镇居民家庭每百户耐用消费品拥有量统计表

表22-13

	单位	2017年	增减数
摩托车	辆	22	-1
助力车	辆	102	4
家用汽车	辆	50	2
洗衣机	台	103	-2
电冰箱	台	116	0
彩色电视机	台	235	5
家用电脑	台	101	7
组合音响	套	19	1
摄像机	台	0	-2
照相机	架	33	-6
钢琴	架	3	0
其他中高档乐器	件	11	2
微波炉	台	99	0

续表 22-13

	单位	2017 年	增减数
空调器	台	235	10
沐浴热水器	台	105	2
消毒碗柜	台	22	0
健身器材	套	47	4
移动电话	部	277	16
固定电话	部	76	-9

2017 年吴兴区农村居民家庭每百户耐用消费品拥有量统计表

表 22-14

指标	单位	2017 年	增减数
洗衣机	台	101	1
电冰箱	台	120	0
空调器	台	225	9
抽油烟机	台	100	-2
吸尘器	台	12	2
微波炉	台	87	4
热水器	台	124	8
自行车	辆	72	-9
摩托车	辆	72	2
汽　车	辆	54	3
电话机	架	53	-28
移动电话	架	249	3
彩色电视机	架	237	6
摄像机	架	0	0
影碟机	台	0	0
照相机	架	13	-3
家用电脑	台	92	3
中高档乐器	件	11	3

2017年吴兴区农林牧渔业总产值、农作物播种面积统计表

表 22-15

类　别	单位	数　量	比上年增长（%）	高新区	织里镇	八里店镇	道场乡	妙西镇	埭溪镇	东林镇	环渚街道
农林牧渔业总产值	万元	321419	0.8	56407	55483	33008	18548	29809	32570	78866	16728
1.农业产值	万元	114629	2.9	32297	31523	19060	6076	9590	6321	6702	3060
2.林业产值	万元	28015	0.6	5	2	7	4207	8033	11991	3766	4
3.牧业产值	万元	54532	–17.8	2482	2252	2062	3793	9054	8932	25322	635
4.渔业产值	万元	107643	11.1	19680	18810	9802	4353	2184	3718	38135	10961
5.农林牧渔服务业	万元	16600	9	1943	2896	2077	119	948	1608	4941	2068
农民人均可支配收入	元	29980	9.5	32538.236	35916.02	31190.988	27027.04	24698.116	28417.54	26055.084	29219.14
粮食播种面积	亩	234454	–0.9	56516	53092	30575	17971	24783	24630	21507	5380
油料作物播种面积	亩	33593	–0.7	10745	10064	3405	1130	2614	1380	3905	350

说明：粮油作物播种面积取自全面报表

2017年吴兴区主要农产品产量及畜牧存栏数统计表

表 22-16

类　别	单位	数　量	比上年增长（%）	高新区	织里镇	八里店镇	道场乡	妙西镇	埭溪镇	东林镇	环渚街道
茶园总面积	亩	21005	14.25	0	0	0	1700	10155	8795	355	0
桑园总面积	亩	31851	–3.8	5911	8075	3874	2202	1965	640	8350	834
花卉园艺播种面积	亩	19991	2.3	180	1833	460	6102	3960	6826	0	630
蔬菜产量	吨	191035	–0.5	58194	49086	25128	5485	14497	5933	8523	24189
水果产量	吨	24293	–14.14	1469.5	4857	2515.8	1644.7	9466.5	2835	1288.5	216
茶叶产量	吨	380.5	3.62	0	0	0	79.7	54.7	230.4	15.7	0
蚕茧产量	吨	325.9	–26.2	40.6	34.8	8	41.1	61.3	15.2	107.3	17.6
水产品产量	吨	69561.4	10.67	10952.2	9345.7	5239	2871	1310	2337.1	33259	4247.4
肉类产量	吨	24475.9	–34.44	1426	1227.5	208	1560	1159	4687.3	14164.4	43.7
生猪年末存栏数	头	31211	–36.2	2014	2806	130	0	705	20436	5120	0

续 22-16

类　别	单位	数　量	比上年增长（%）	高新区	织里镇	八里店镇	道场乡	妙西镇	埭溪镇	东林镇	环渚街道
生猪全年出栏数	头	112306	-30.2	9478	8634	190	9350	6675	45741	32171	67
羊年末存栏数	只	44843	-29.9	12358	11896	3225	495	1201	7895	7347	426
羊全年出栏数	只	71099	-12.9	24223	20218	5515	5055	4810	5841	4644	793
家禽年末存栏数	万只	154.1758	-29.9	3.7701	4.1289	0.5777	17.0125	18.05	6.928	103.2336	0.475
家禽全年出栏数	万只	1023.8519	-35.1	17.0702	10.4094	5.5701	56.2477	41.515	90.074	801.3715	1.594

2016 年—2017 年吴兴区畜牧业生产统计表

表 22-17

指标名称	计量单位	2016 年	2017 年	增减幅（%）
一、生猪　生猪年末存栏头数	万头	5.08	3.12	-38.58
能繁殖的母猪	万头	0.46	0.25	-45.65
其他生猪	万头	4.62	2.87	-37.88
年内生猪出栏头数	万头	8.64	11.23	29.98
全年饲养量	万头	13.65	14.35	5.13
二、牛　牛年末存栏头数	万头	0.0046	0.0092	100.00
年内牛出栏头数	万头	0.0012	0.0026	116.67
三、羊　羊年末存栏只数	万只	4.12	4.48	8.74
年内羊出栏只数	万只	4.54	7.11	56.61
四、家禽　家禽年末存栏只数	万只	272.31	154.18	-43.38
肉禽	万只	242.7	132.81	-45.28
蛋禽（包括兼用）	万只	29.61	21.37	-27.83
家禽年内出栏只数	万只	933.92	705.74	-24.43
活鸡	万只	909.19	660.78	-27.32
活鸭	万只	23.65	44.65	88.79
活鹅	万只	1.09	0.31	-71.56
五、兔　兔年末存栏只数	万只	0.091	0.012	-86.81
兔年内出栏只数	万只	0.457	0.017	-96.28
六、养蜂年末箱数	箱	370	18	-95.14
七、畜禽产量　肉类产量	万吨	2.1	2.45	16.67
猪肉	万吨	0.64	0.82	28.13
牛肉	吨	2.17	4	84.33

续表 22-17

指　标　名　称	计量单位	2016 年	2017 年	增减幅（%）
羊肉	万吨	0.09	0.15	66.67
禽肉	万吨	1.38	1.47	6.52
兔肉	吨	6.22	0.3	–95.18
鸡鸭鹅蛋产量	万吨	0.3	0.35	16.67

2017 年吴兴区旅游统计表

表 22-18

月　份	国内旅游（万人次）			入境旅游（人次）			门票收入（万元）		
	本季度	累　计	累计同比（±%）	本季度	累　计	累计同比（±%）	本季度	累　计	累计同比（±%）
1 2 3	477.66	477.66	49.26	38927	35712	19.29	1001.93	1001.93	19.53
4 5 6	616.78	1094.44	38.47	46733	82445	18.97	1409.78	2411.71	21.09
7 8 9	520.3	1614.74	34.47	53748	136193	18.89	1098.13	3509.84	18.45
10 11 12	439.33	2054.07	27.56	33914	170107	18.50	800.94	4310.78	20.80

说明：全年接待国内游客 2054.07 万人次，同比增长 27.56%，接待入境游客 170107 人次，同比增长 18.5%，门票收入 4310.78 万元，同比增长 20.8%。实现旅游总收入 187.79 亿元，同比增长 27.65%

【2017 年吴兴区预算内财政收支情况】 全区实现财政总收入 519138 万元，比上年增长 18.8%，完成预期目标的 110%，其中一般公共预算收入 311462 万元，比上年增长 21.5%，完成预期目标的 108.9%；一般公共预算支出为 308308 万元（其中债务付息和发行费支出 11456 万元），完成调整预算的 101.5%，剔除职业年金清算、文明城市创建和债务付息等不可比因素，按可比口径计算比上年增长 10.6%。在统筹整合政府性基金和国有资本经营财力，积极盘活存量，努力争取省、市财力转移支付以后，实现财政收支基本平衡。

2017 年湖州市吴兴区一般公共预算收入执行情况统计表

表 22–19　　单位：万元

科　目	2016 年实绩数	2017 年预算数	2017 年执行数	完成预算（%）	比上年实绩（±%）
[预算总收入合计]	436，966	472，000	519，138	109.99	18.81
一、上划中央收入合计	180，515	185，960	207，676	111.68	15.05
1.上划中央增值税（50%）	67，879	79，200	76，985	97.20	13.42
2.消费税	936	1，000	1，200	120.00	28.21
3.企业所得税（60%）	42，659	50，700	54，843	108.17	28.56
其中：地税企业所得税	12，668	18，180	22，543	124.00	77.95
国税企业所得税	29，991	32，520	32，300	99.32	7.70
4.个人所得税（60%）	15，459	17，310	16，835	97.26	8.90
5.营业税	—	1，500	1，049	69.93	—
6.改征增值税	53，582	36，250	56，764	156.59	5.94
二、一般公共预算收入合计	256，451	286，040	311，462	108.89	21.45
（一）税收收入小计	228，007	261，240	268，338	102.72	17.69
1.增值税（50%）	121，461	115，450	131，092	113.55	7.93
其中：改征增值税	53，582	36，250	54，107	149.26	0.98
2.营业税	—	1，500	1，049	69.93	—
3.企业所得税（40%）	28，406	33，800	36，518	108.04	28.56
其中：地税企业所得税	8，412	12，120	14，985	123.64	78.14
国税企业所得税	19，994	21，680	21，533	99.32	7.70
4.个人所得税（40%）	10，306	11，540	11，223	97.25	8.90
5.城市维护建设税	12，711	14，500	14，704	101.41	15.68
6.其他地方各税	34，759	41，150	44，190	107.39	27.13
其中：资源税	7，198	7，900	2，898	36.68	–59.74
房产税	7，586	8，400	13，222	157.40	74.29
印花税	3，392	3，850	3，851	100.03	13.53
城镇土地使用税	7，446	8，500	8，059	94.81	8.23
土地增值税	9，135	12，498	16，158	129.28	76.88
车船税	2	2	2	100.00	—
7.耕地占用税	922	18，000	1，363	7.57	47.83
8.契税	19，442	25，300	28，199	111.46	45.04
（二）非税收收入小计	28，444	24，800	43，124	173.89	51.61

续表 22-19

科目	2016 年实绩数	2017 年预算数	2017 年执行数	完成预算（%）	比上年实绩（±%）
1.专项收入	22，422	18，420	37，595	204.10	67.67
其中：教育费附加收入	5，920	6，500	6，985	107.46	17.99
地方教育费附加	3，948	4，200	4，655	110.83	17.91
地方水利基金	5，558	—	-495	—	-108.91
残疾人就业保障金	2，219	2，300	2，426	105.48	9.33
水资源费收入	66	70	—	—	-100.00
教育资金收入	2，775	3，550	13，291	374.39	378.95
农田水利建设资金	—	—	8，506	—	—
排污费收入	753	800	—	—	-100.00
森林植被恢复费	1，183	1，000	2，227	222.70	88.25
2.行政事业性收费收入	285	280	1，238	442.14	334.39
3.罚没收入	5，619	6，000	3，994	66.57	-28.92
4.其他收入	118	100	297	297.00	151.69
附：出口退税（100%部分）	69，896	75，800	68，205	89.98	-2.42

说明：
1.水资源费收入根据《2017 年政府收支分类科目》要求纳入行政事业性收费收入；
2.根据新一轮市对区体制，从 2017 年 9 月起，国有土地使用权出让从市专项补助收入调整为区级收入，其中按土地出让金收益 10%提取的教育和农田水利建设资金纳入区级收入；
3.排污费收入根据《2017 年政府收支分类科目》要求纳入行政事业性收费收入

2017 年湖州市吴兴区一般公共预算支出执行情况统计表

表 22-20　　单位：万元

科目	2016 年实绩数	2017 年预算数	2017 年调整预算数	2017 年执行数	完成调整预算（%）	比上年实绩（±%）
【一般公共预算支出合计】	258，016	276，108	303，892	308，308	101.45	10.55[注 1]
一、一般公共服务支出	22，665	24，503	31，499	30，431	96.61	34.26
二、公共安全支出	10，963	11，718	12，967	12，923	99.66	17.88
三、教育支出	58，433	62，806	73，016	78，007	106.84	33.50
教育费附加安排的支出	4，937	5，373	5，608	5，394	96.18	9.26
四、科学技术支出	7，654	8，369	8，613	8，601	99.86	12.37
五、文化体育与传媒支出	2，232	2，349	3，128	3，143	100.48	40.82
六、社会保障和就业支出	28，480	36，398	37，982	37，657	99.14	32.22
七、医疗卫生与计划生育支出	30，298	32，918	35，857	36，030	100.48	18.92

续表 22-20

科　目	2016 年实绩数	2017 年预算数	2017 年调整预算数	2017 年执行数	完成调整预算（%）	比上年实绩（±%）
八、节能环保支出	10，446	11，382	9，347	9，342	99.95	-10.57[注 2]
九、城乡社区支出	16，913	13，677	14，928	14，727	98.65	-12.92[注 2]
十、农林水支出	27，891	30，210	30，924	31，557	102.05	13.14
十一、交通运输支出	6，231	6，612	5，121	5，160	100.76	-17.19[注 2]
十二、资源勘探信息等支出	7，629	8，439	11，875	11，819	99.53	54.92[注 3]
十三、商业服务业等支出	2，717	2，881	2，513	2，375	94.51	-12.59[注 2]
十四、金融支出	200	424	1，845	1，837	99.57	818.50[注 3]
十五、国土海洋气象等支出	128	—	1，654	1，651	99.82	1189.84[注 4]
十六、住房保障支出	20，074	8，367	10，475	10，907	104.12	-45.67[注 2]
十七、其他支出	962	834	693	685	98.85	-28.79
十八、债务付息和发行费用支出	4，100	11，421	11，455	11，456	100.01	179.41
十九、预备费	—	2，800	—	—	—	—

说明：1.剔除职业年金清算、文明城市创建和债务付息等不可比因素，按可比口径计算比上年增长 10.55%；
2.2017 年执行数因省市专项转移支付减少比上年实绩数下降；
3.2017 年执行数中含制造业和金融企业符合财政优惠政策奖励兑现；
4.2017 年执行数中含高标准基本农田建设省专项补助

2017 年吴兴区进出口总额统计表

表 22-21

单位：万元

	2017 年	2016 年	同比（%）
进出口总额	943076	830025	13.6
出口	783659	688298	13.9
高新区	224299	203064	10.5
织里镇	178382	156736	13.8
八里店镇	55756	45648	22.1
道场乡	15048	14086	6.8
妙西镇	4162	3681	13.1
埭溪镇	58433	53619	9.0
东林镇	52507	40446	29.8
环渚街道	51177	45871	11.6
亚洲	336474	283308	18.8
东盟	93321	79208	17.8

续表 22-21

	2017 年	2016 年	同比（%）
孟加拉国	44061	39550	11.4
非洲	46284	47371	-2.3
南非	7226	5476	32.0
欧洲	178547	169234	5.5
欧盟	125817	139516	-9.8
北美洲	157261	144755	8.6
美国	137109	124815	9.9
拉丁美洲	44733	30898	44.8
墨西哥	18624	13419	38.8
大洋洲	15014	9431	59.2
澳大利亚	13198	7907	66.9
纺织原料及其制品	324381	309444	4.8
机电产品	240129	215951	11.2
杂项制品	68307	57010	19.8
木及木制品	53114	43079	23.3
贱金属及其制品	54642	37700	44.9
进口	159417	141727	12.5
高新区	19713	17067	15.5
织里镇	73213	79029	-7.4
八里店镇	8908	6087	46.3
道场乡	917	532	72.4
妙西镇	28	30	-6.7
埭溪镇	5272	1480	256.2
东林镇	28652	15586	83.8
环渚街道	5660	6618	-14.5
亚洲	54930	55691	-1.4
东盟	15790	15914	-0.8
日本	13945	13354	4.4
非洲	26402	23875	10.6
刚果	18597	16145	15.2
欧洲	31456	24419	28.8
欧盟	28277	23059	22.6

续表 22-21

	2017 年	2016 年	同比（%）
北美洲	18413	15642	17.7
美　国	17579	15194	15.7
拉丁美洲	3527	4281	-17.6
阿根廷	1817	2361	-23.0
大洋洲	24688	17818	38.6
澳大利亚	24491	17724	38.2
木及木制品	51347	42484	20.9
羊毛	34574	25762	34.2
机电产品	26418	19455	35.8
棉花棉纱	5754	21328	-73.0

2017 年吴兴区利用外资情况统计表

表 22-22

内容		单位	2017 年	2016 年	± %
外资审批项目	项目总数	个	24	32	-25.0%
	新批企业	个	14	16	-12.5%
	增资项目	个	8	13	-38.5%
	减资项目	个	2	3	-33.3%
外资项目	总投资	万美元	85932	63827	34.6%
	注册资本	万美元	57349	41380	38.6%
	合同外资	万美元	36833	36653	0.5%
	实到外资	万美元	21809	22377	-2.5%
	高新区	万美元	9037	8120	11.3%
	织里镇	万美元	6251	5766	8.4%
	八里店镇	万美元	3302	0	—
	道场乡	万美元	201	180	11.7%
	妙西镇	万美元	1500	862	74.0%
	埭溪镇	万美元	3102	1740	78.3%
	东林镇	万美元	350	0	—
	环渚街道	万美元	201	0	—
	第一产业	万美元	0	512	-100.0%
	第二产业	万美元	4233	1345	214.7%

续表 22-22

内容		单位	2017 年	2016 年	± %
外资项目	第三产业	万美元	17576	20520	-14.3%
	香港	万美元	17334	10344	67.6%
	台湾	万美元	2305	235	880.9%
	韩国	万美元	1170	1820	-35.7%
全区累计批准外商投资企业	企业数	个	195	188	3.7%
	总投资	亿美元	42.50	36.17	17.5%
	注册资本	亿美元	27.29	23.81	14.6%
	合同外资	亿美元	21.81	19.14	13.9%
	实到外资	亿美元	15.72	13.54	16.1%

2017 年吴兴区教育事业有关情况统计表

表 22-23

学校	班级数（个）	学生数（人）	教职工数（人）	占地面积（平方米）	建筑面积（平方米）
湖州市第四中学教育集团	60	2985	214	122089	46565
湖州市第十一中学教育集团	38	1554	142	56908	30346
湖州市第十二中学	32	1209	111	30882	16189
湖州市吴兴实验中学	22	810	68	33000	28515.62
湖州市志和中学	13	608	40	37284	23685
湖州市吴兴区第一中学	13	518	54	54000	12889
湖州市织里镇中学	42	1349	145	66690	25321
湖州市织里镇第二中学	21	710	77	42583	13522
湖州市埭溪镇上强中学	16	599	67	49579	23590
湖州市东林中学	13	488	57	35018	12015
湖州市杨家埠镇弁南中学	10	406	41	16224	5248
湖州市八里店镇戴山学校	27	1121	74	28756	7617
湖州市吴兴区八里店镇常路学校	21	759	72	41240	6971.5
湖州市吴兴区城南实验学校	28	1091	80	42331	8252
湖州市环渚学校	36	1324	123	46711	13048
湖州市吴兴区妙西学校	18	641	71	23750	9598.51
湖州市东林镇青山学校	11	249	34	18990	4681
湖州市白雀学校	32	1170	93	47966	8642.9
湖州市爱山小学教育集团	105	5510	267	134397	56387

续表 22-23

学校	班级数（个）	学生数（人）	教职工数（人）	占地面积（平方米）	建筑面积（平方米）
湖州市爱山小学教育集团常溪小学	3	112	13	8330	10158
湖州市湖师附小教育集团	94	4711	244	95939	46036
湖州市湖州月河小学教育集团	47	2112	130	35371	23517
湖州市东风小学	36	1539	88	23000	8675
湖州市龙泉小学	24	1149	70	12054	8346
湖州市新风实验小学教育集团	90	4631	224	74388	30439
湖州市文苑小学	24	1107	61	16549.7	5980
湖州市凤凰小学	24	1172	65	11085	3778
湖州市飞英小学	19	889	55	6703	4386
湖州市吴兴区第一小学	35	1563	97	38278	13054
湖州市织里实验小学教育集团	88	4352	224	95499	65876
湖州市织里镇轧村小学	26	1211	65	23011	6563
湖州市织里镇太湖小学	22	871	56	18243	6836
湖州市织里镇漾西小学	18	831	49	20000	4476
湖州市环渚乡塘甸小学	14	568	45	13950	4069
湖州市埭溪镇上强小学	42	1483	100	48780	17834
湖州市东林镇东林小学	18	681	45	18600	4552
湖州市东林镇第二小学	8	248	29	12087	3757
湖州市杨家埠镇弁南小学	17	569	47	24000	6487
湖州市仁皇山小学	29	1267	77	35807	17857
湖州市织里镇成人文化技术学校	—	—	9	3000	3200
湖州市八里店镇成人文化技术学校	—	—	8	3000	3300
湖州市道场乡成人文化技术学校	—	—	7	1268	1088
湖州市环渚乡成人文化技术学校	—	—	6	5333	3100
湖州市妙西镇成人文化技术学校	—	—	7	2000	1600
湖州市埭溪镇成人文化技术学校	—	—	5	15822	643
湖州市东林镇成人文化技术学校	—	—	7	3802	1050
湖州市白雀乡成人文化技术学校	—	—	6	2345	500
湖州市苕溪成人文化技术学校	—	—	5	668	2004
湖州市实验幼儿园	18	594	85	28799	22532
湖州市第一幼儿园	20	617	96	11622.85	9252

续表 22-23

学校	班级数（个）	学生数（人）	教职工数（人）	占地面积（平方米）	建筑面积（平方米）
湖州市第三幼儿园	12	385	61	4003	4562
湖州市蓝天实验幼儿园	20	627	91	8464	5052
湖州市清河幼儿园	12	339	52	6187	4247
西风漾幼儿园	5	85	24	4985	3197.8
夹山漾幼儿园	2	33	15	4094	3508
湖州市吴兴区浮玉幼儿园	8	212	35	4669	2790
湖州市吴兴区怡和幼儿园	7	166	29	3992	3275
湖州南太湖高新技术产业园区中心幼儿园	25	793	60	4185	2634
湖州市吴兴区织里镇中心幼儿园	62	2108	178	17470.3	12434
湖州市吴兴区八里店镇中心幼儿园	30	1038	89	14687	10759
湖州市吴兴区环渚乡中心幼儿园	13	420	30	3636	1899
湖州市吴兴区道场乡中心幼儿园	6	146	15	1752	830
湖州市吴兴区妙西镇中心幼儿园	10	302	27	7552	2847
湖州市吴兴区埭溪镇中心幼儿园	24	829	70	11662	7452
湖州市吴兴区东林镇中心幼儿园	11	393	33	3200	2005
湖州市仁皇山中心幼儿园	11	355	35	3344	2611
湖州市杨家埠街道新蕾中心幼儿园	11	345	37	6842	4295
湖州市吴兴区白雀乡中心幼儿园	10	297	30	3742	3463

第二十三篇　光荣榜

·中央、部、委、局、群众团体命名、表彰的先进集体·

表 23-1

荣誉称号	获奖集体	授证单位
全国文明村	高新区塘红村	中央文明委
	八里店镇路村村	
组织系统 2017 年度信息报送先进单位	吴兴区委组织部	中央组织部办公厅
《中国统一战线》宣传先进单位	吴兴区委统战部	中央统战部
基层理论宣讲先进集体	吴兴区广播宣讲团	中宣部办公厅
2017 年全国工会职工书屋示范点	浙江大东吴集团有限公司工会	中华全国总工会
“文润同心、画面故事”全国微图文、微视频比赛优秀奖	湖州心享吴兴教师公益团	中央网信办 中华全国总工会
全国优秀法院	吴兴区法院	最高人民法院
国家水利风景区	湖州吴兴太湖溇港水利风景区	水利部
全国一村一品示范村	东林镇泉庆村	农业部
全国模范人民调解委员会	八里店镇人民调解委员会	司法部
全国群众体育先进单位	吴兴区体育总会	国家体育总局
国家 AAAA 级旅游景区	吴兴移沿山生态景区	全国旅游景区质量等级评定委员会
国家 2017 年智慧健康养老应用试点示范单位	朝阳街道	工业和信息化部 民政部 国家卫生计生委
全国无邪教示范社区	朝阳街道碧浪湖社区	国务院防范和处理邪教问题办公室
全国综合减灾示范社区	朝阳街道车站社区	国家减灾委民政部
全国百强社区卫生服务中心	仁皇山滨湖街道社区卫生服务中心	中国社区卫生协会
全国安全生产监管监察系统先进个人	吴永法（吴兴区安监局）	国家安全生产监督管理总局
2016 重点城市电商快包发展优胜奖第二组二等奖	市邮政公司快递包裹业务	中国邮政集团公司
2016 重点城市电商快包排名越位争先奖	市邮政公司快递包裹业务	中国邮政集团公司

·中央、部、委、局、群众团体命名、表彰的先进个人·

表 23-2

荣誉称号	获奖个人	授证单位
全国无偿献血奉献铜奖	何其高（吴兴区国税局）	中共红十字总会
“文润同心、画面故事”全国微图文、微视频比赛三等奖	邢利民（湖州老恒和酿造有限公司）	中央网信办 中华全国总工会
“我最喜爱的好法官”提名奖	李　辉（吴兴区法院）	最高人民法院
全国优秀法官	李　辉（吴兴区法院）	最高人民法院
全国第一届“冬季毛笋王”擂台赛优胜奖	钱新江（埭溪镇）	国家林业局
营改增工作嘉奖	沈月萍（吴兴区国税局）	国家税务总局
第三次全国农业普查工作先进个人	沈思思（吴兴区统计局）	国务院第三次全国农业普查领导小组
实用新型专利证书（水带包布挂钩）	沈　超（吴兴区消防大队）	中华人民共和国国家知识产权局
	冯益锋（吴兴区消防大队）	
	屠柏林（吴兴区消防大队）	
	徐嘉晖（吴兴区消防大队）	
	陈振一（吴兴区消防大队）	
实用新型专利证书（一种消防用单兵拆卸装置）	郑　文（吴兴区消防大队）	中华人民共和国国家知识产权局
	蒋　挺（吴兴区消防大队）	
	沈　超（吴兴区消防大队）	
2017年度中国银行业全国明星大堂	沈　聪（市邮政公司）	中国银行业协会

·省、委、厅、局、群众团体命名、表彰的先进集体·

表 23-3

荣誉称号	获奖集体	授证单位
第三批浙江省文明县（市、区）	吴兴区	省委　省政府
2016年度平安市、县（市、区）	吴兴区	省委　省政府
浙江省文明乡镇	道场乡	省委　省政府
浙江省文明村	织里镇伍浦村	省委　省政府
	妙西镇妙山村	
	埭溪镇芳山村	
	东林镇泉庆村	

续表 23-3

荣誉称号	获奖集体	授证单位
浙江省文明单位	浙江大东吴集团有限公司	省委　省政府
	八里店派出所	
	金洲集团有限公司	
全省党的十九大维稳安保工作先进集体	吴兴区民政局	省委　省政府
	吴兴区安监局	
2016 年度全省“五水共治”工作先进集体	吴兴区“五水共治”工作领导小组办公室	省委办　省府办
2016 年度市县党政领导人才工作目标责任制考核优秀单位	吴兴区委组织部	省委办　省府办
全省党委系统信息报送先进单位	吴兴区委办	省委办
浙江省非物质文化遗产	东林柳编	省政府　省文化厅
第七批浙江省省级文保单位（古建筑）	东林妙济桥	省政府
全省“示范数字档案室”	吴兴区水利局	省档案局
安全管理工作先进单位	吴兴区人民武装部	省军区
浙江省纪检监察系统先进集体	吴兴区纪委、监委	省纪委省监委 省人力社厅
2017 年度浙江“最美家庭”	徐维丽家庭（织里镇）	省委宣传部 省文明办 省妇联
	邹淦林家庭（八里店镇）	
	沈玲丽家庭（高新区）	
	赵慷慷家庭（环渚街道）	
浙江省工人先锋号	浙江德马科技股份有限公司钳工装配班组	省总工会
2017 年浙江省级工会职工书屋示范点	浙江布衣草人服饰有限公司	省总工会办公室
	湖州绿色新材股份有限公司	
	新凤鸣集团湖州中石科技有限公司	
	浙江奥奇食品股份有限公司	
第二批“妈咪暖心小屋”示范点	湖州联峰棉纺织有限公司妈咪暖心小屋	省总工会女职委
浙江省第七批“青少年维权岗”单位	吴兴区文化市场行政执法大队	团省委 省新闻出版局
2016—2017 年度省级青年文明号	环渚龙泉街道社区卫生服务中心门诊	团省委省安监局 省“青年文明号、青年岗位能手”活动组委会
	湖州市地税吴兴分局办税服务厅	
2017 年省级青年文明号	吴兴区国家税务局办税服务厅	团省委

续表 23–3

荣誉称号	获奖集体	授证单位
2017 年创建治安安全单位成绩突出单位	吴兴农商银行	省公安厅 省社会治安综合治理委员会办公室 省社会治安综合治理协会
第五轮浙江省银行业金融机构安全评估工作成绩突出集体	吴兴农商银行	省公安厅 中国银行业监督管理委员会浙江监管局
省级绿色家庭	王好娇家庭（妙西镇）	省妇联　省环保厅
	朱根山家庭（东林镇）	
	高国伟家庭（埭溪镇）	
2017 年浙江省亲子阅读体验基地	八里店镇成人文化技术学校“倩宁书屋”	省妇联 省新闻出版广电局
红十字会参与养老服务工作试点单位	吴兴区红十字会	省红十字会 省民政厅 省卫计委 省老龄委办公室
全省基本解决执行难第一次攻坚竞赛活动“优胜奖”	吴兴区法院	省高院
2017 年浙江省综合减灾示范社区	飞英街道墙壕里社区	省民政厅
浙江省综合减灾示范社区	朝阳街道定安社区	省减灾委 省民政厅
2017 年度省级农业综合开发田园综合体建设试点	吴兴区财政局	省财政局厅
2017 年全省财贸系统“工人先锋号”	吴兴区国家税务局办税服务厅	省财贸工会
2016 年度基层财政管理工作综合先进单位	吴兴区财政局	省财政局厅
2016 年度劳动保障监察工作目标管理成绩突出单位	八里店镇劳动保障监察中队	省人社厅
全省人力资源和社会保障系统先进集体	朝阳街道	省人社厅
	朝阳街道劳动争议调解委员会	
全省信访系统先进集体	吴兴区信访局	省人社厅 省信访局
浙江省乡镇（街道）劳动争议调解综合示范单位	爱山街道劳动争议调解中心	省人社厅办公室
省级美丽宜居示范村	埭溪镇芳山村	省住房建设厅
浙江省综合行政执法工作先进集体	吴兴区综合行政执法局朝阳中队	省住建厅
2017 浙江好稻米	尹家圩粮油植保农机专业合作社	省农业厅
2017 年度全省农业工作考核优秀单位	吴兴区农林局	省农业厅

续表 23-3

荣誉称号	获奖集体	授证单位
浙江省级文化示范村	东林镇星群村	省文化厅
浙江省“中国梦•故乡情”小说评选兰花银奖	《芝麻大的一点事》	省文化厅
2017 年全省民营文艺表演团体展演活动“优秀剧目奖”	湖州吴兴之星越剧团	省文化厅
2017 年浙江省百强社区卫生服务中心	仁皇山滨湖街道社区卫生服务中心	省卫计委办
	环渚龙泉街道社区卫生服务中心	
	杨家埠龙溪街道社区卫生服务中心	
浙江省优生优育优教指导中心省级示范点	飞英街道优生优育优教指导中心	省卫计委办
2017 年度全省内部审计业务指导和监督工作优胜单位	吴兴区审计局	省审计厅
2017 年度全省环境监察执法工作优胜单位	吴兴区环境监察大队	省环境执法稽查总队
2017 年度体坛报体育宣传工作先进集体（贡献奖）	吴兴区文体局	省体育局
放心农贸市场创建先进集体	吴兴区市场监督管理局	省工商行政管理局
2017 年浙江省省级卫生村	织里镇轧村村	省爱国卫生运动委员会
	埭溪镇余山村	
	东林镇东明村	
	南山村	
	泉庆村	
2017 年新命名浙江省卫生乡镇	八里店镇	省爱国卫生运动委员会
	妙西镇	
	道场乡	
	织里镇	
浙江省卫生城镇	东林镇	省爱国卫生运动委员会
2017 年省级卫生先进单位	飞英街道吉北社区	省爱国卫生运动委员会
2017 年浙江省商标品牌示范乡镇	织里镇	省工商行政管理局
浙江省“五优”县级工商联	吴兴区工商联	省工商业联合会
先进基层党组织	吴兴区消防大队党委	省消防总队
	织里消防中队党支部	
集体三等功	吴兴区消防大队吴兴中队	省消防总队
2017 年度多种形式消防队伍建设先进单位（专职消防队）	八里店镇政府专职消防队	省消防总队
2017 年度多种形式消防队伍建设先进单位（微型消防站）	织里紫荆酒店微型消防站	省消防总队

续表 23-3

荣誉称号	获奖集体	授证单位
2017 年度基层建设标兵中队	吴兴消防中队	省消防总队
2017 年度基层建设先进大队	吴兴消防大队	省消防总队
2017 年度基层建设先进中队	织里消防中队	省消防总队
浙江省 AAAA 级电子商务产业基地	织里童装电子商务产业园	省电子商务促进会
2017 年浙江省美丽乡村示范乡镇	道场乡	省“千村示范、万村整治”工作协调小组办公室
2017 年浙江省美丽乡村特色精品村	高新区杨楼村	省“千村示范、万村整治”工作协调小组办公室
	织里镇义皋村	
	道场乡红里山村	
2017 年度小城镇环境综合整治省级样板	道场乡施家桥村	省小城镇环境综合整治行动领导小组办公室
浙江省小城镇环境综合整治优秀规划	东林镇	省小城镇环境综合整治行动领导小组办公室
2017 年度浙江省水利建设工程质量监督先进集体	吴兴区水利工程质量监督站	省水利水电工程质量与安全监督管理中心
2017 年度全省劳动争议基层调解优秀单位	朝阳街道劳动争议调解委员会	省劳动人事争议仲裁委员会
2017 年度全省劳动争议案件处理工作优秀单位	吴兴区劳动人事争议仲裁委员会	省劳动人事争议仲裁委员会
2016 年度社会主义新农村建设优秀单位	吴兴区	省社会主义新农村建设领导小组
第八批浙江省森林村庄	东林镇泉益村	省关注森林组织委员会
	织里镇常乐村	
	道场乡菰城村	
2017 年全省“扫黄打非”先进集体	吴兴区文化市场行政执法大队	省“扫黄打非”工作领导小组
中国农业普查先进集体先进集体	湖州市吴兴区人民政府第三次农业普查领导小组办公室	省人民政府第三次农业普查领导小组
2017 年度浙江省青年企业家协会工作“先进单位”	吴兴区青企协	省青年企业家协会
2017 年浙江省巾帼文明岗	埭溪镇中心卫生院妇产科	省巾帼建功和双学双比活动协调小组办公室
	东林镇青山学校小学语文教研组	
2017 年度浙江农信品牌文化示范单位	吴兴农商银行营业部	省农信联社

·省、委、厅、局、群众团体命名、表彰的先进个人·

表 23-4

荣誉称号	获奖个人	授证单位
浙江省党的十九大维稳安保工作先进个人	唐伟杰（月河街道）	省委　省政府
	陈新娣（飞英街道）	
	范丽华（龙泉街道）	
	陆莉萍（吴兴区信访局）	
	费屹巍（吴兴区府办）	
	郭士忠（吴兴区人力社保局）	
	李　波（吴兴区卫计局）	
	王　烨（吴兴区市场监管局）	
	姚旭翔（吴兴区消防大队）	
第五届浙江省道德模范	张汉亮（埭溪镇上强村村民）	省委　省政府
浙江省在党的十九大维稳安保工作中做出突出贡献的个人	应　琦（吴兴区委宣传部）	省委　省政府
2015—2016 年度省优秀农村工作指导员	吕新强（市国土局派驻东林镇胜利村）	省委办　省府办
	杨　帆（吴兴区人力社保局派驻吴兴区妙西镇肇村村）	
	温丰明（埭溪镇成人文化技术学校派驻吴兴区埭溪镇山宕村）	
	陶　峰（道场乡政府派驻吴兴区道场乡红里山村）	
全省党委系统信息报送先进个人	徐燕燕（吴兴区委办公室）	省委办
优秀职工标兵	周　慧（吴兴区人武部）	省军区
在党的十九大期间驻京信访劝返工作中获嘉奖	王佳洵（吴兴区信访局）	省委组织部 省信访局 省人社厅 省公务员局
2017 年度全省宣传信息工作先进个人	徐周飞　（区委宣传部）	省委宣传部
浙江省第七批“青少年维权岗”创建工作先进个人	李　萌（吴兴区文化市场行政执法大队）	团省委 省新闻出版局
2016—2017 年度浙江省青年岗位能手	马　露（市邮政公司）	团浙联
全省无偿献血奉献奖	韩　蓓（吴兴区国税局）	省红十字会
浙江省五一劳动奖章	褚卫根（浙江飞剑控股有限公司金具车间）	省总工会
第六届浙江省安全生产合理化建议二等奖	张小英（湖州市东湖石化销售有限公司）	省总工会
第六届浙江省安全生产合理化建议三等奖	吴鹤鸣（浙江永润密封封胶有限公司）	省总工会
	石　军（乐通新材料科技有限公司）	
个人二等功	施　辰（吴兴区法院）	省高院

续表 23-4

荣誉称号	获奖个人	授证单位
最美"人社人"	莫小燕（吴兴区人力社保局）	省人社厅
全省人力资源和社会保障系统先进工作者	孙一兵（吴兴区人力社保局）	省人社厅
全省综合行政执法工作先进个人	范慧敏（吴兴区综合行政执法局）	省住建厅
	黄国良（吴兴区综合行政执法局八里店中队）	
浙江省无偿献血奉献奖	俞建峰（吴兴区中西医结合医院）	省卫计委
	李伟功（环渚龙泉中心）	省红十字会
浙江省无偿献血促进奖	吴　舒（吴兴区卫计局）	省卫计委 省红十字会
基层计划生育服务管理职业技能竞赛三等奖	王　洁（吴兴区卫计局）	省卫计委 省总工会
浙江省第九期基层复合型公共卫生骨干培训优秀学员	方玉红（东林镇卫生院）	省卫计委
2017 年度全省环境监察执法工作优胜个人	陆　峰（吴兴区环保局）	省环境执法稽查总队
2017 年度体坛报社优秀宣传员	陈　岚（吴兴区文体局）	省体育总会
体坛报社优秀通讯员	赵　亮（吴兴区文体局）	省体育总会
全省工商联系统先进个人	吕志荣（吴兴区委统战部）	省工商联 省人社厅
2017 年度全省国税系统新闻信息先进个人	潘丽莉（吴兴区国税局）	省国税局
在"营改增"全面试点中表现突出	沈月萍（吴兴区国税局）	省国税局
在金税三期上线工作中变现突出	蒋伟斌（吴兴区国税局）	省国税局
优秀共产党员	邹志通（吴兴区消防大队）	省消防总队
优秀党务工作者	蒋　挺（吴兴区消防大队）	省消防总队
个人嘉奖	余赛强（吴兴区消防大队）	省消防总队
2017 年度多种形式消防队伍建设先进个人	陈根生（埭溪镇政府专职消防队）	省消防总队
	赵允明（妙西镇政府专职消防队）	
2017 年度优秀警官	陈晓钦（吴兴区消防大队）	省消防总队
	姚旭翔（吴兴区消防大队）	
	赵　玮（吴兴区消防大队）	
	郑　文（吴兴区消防大队）	
	杨　栋（织里消防中队）	
浙江省 2017 年度多种消防队伍建设先进个人	陈根生（埭溪镇）	省公安消防总队
个人三等功	毛海祥（吴兴区消防大队）	省公安厅
2016—2017 年度全省优秀人民警察	楼国彪（吴兴区消防大队）	省公安厅
个人二等功	楼国彪（吴兴区消防大队）	省公安厅
2017 年度全省优秀水政监察人员	金慕雅（吴兴区水利局）	省水政监察总队

续表 23-4

荣誉称号	获奖个人	授证单位
浙江省绿化奖章	章德友（妙西镇）	省绿化与湿地保护委员会
2017 年度全省劳动人事争议基层调解优秀个人	沈坚华（月河街道）	省劳动人事争议仲裁委员会
2017 年浙江省优秀社区卫生服务中心主任	张　晨（仁皇山滨湖中心）	省基层卫生协会
全省 2017 年“百姓信赖的签约好护士”	徐彩霞（仁皇山滨湖中心）	省基层卫生协会
		省医师协会
		省护理学会
2015—2017 年全省“小微企业三年成长计划”工作先进个人名单	吴　晔（吴兴区市场监管局）	省小微企业三年成长计划工作领导小组办公室
2017 年度全省先进报道工作者	张　蘋（吴兴区委宣传部）	浙江日报报业集团
	朱立奇（吴兴区委宣传部）	
省实施妇女儿童发展规划先进个人	姚树勤（吴兴区卫计局）	省政府妇儿工委
2017 年浙江省巾帼建功标兵	金小红（高新区）	省巾帼建功和双学双比活动协调小组办公室
2017 年度全省农信系统信息新闻工作先进个人（优秀通讯员）	吴梦刚（吴兴农商银行）	省农信联社
浙江旅游好声音——优秀通讯员	吕建樑（吴兴区旅游发展委员会）	省旅游局办公室
2017 年度个人金融开门红优秀清收个人	王学峰（中行吴兴支行）	中国银行省分行
2017 年度个人金融开门红优秀柜员	邱如贝（中行吴兴支行）	中国银行省分行
2017 年度中国银行浙江省分行中银卓越员工	陆梨梨（中行吴兴支行）	中国银行省分行

·中共湖州市委、市政府命名、表彰的先进集体·

表 23-5

荣誉称号	获奖集体	授证单位
全市党的十九大维稳安保工作先进集体	吴兴区信访局	市委　市政府
	吴兴区卫计局	
2017 年度“五水共治”工作优秀乡镇（街道）	高新区	市委　市政府
在创建全国文明城市工做中荣立集体嘉奖	高新区	市委　市政府
	八里店镇	
	道场乡	
	埭溪镇	
	吴兴区委组织部	
	吴兴区卫计局	
	吴兴区卫生监督所	

续表 23-5

荣誉称号	获奖集体	授证单位
在党的十九大维稳安保工作中作出突出贡献的集体	吴兴区委宣传部	市委　市政府
	吴兴区信访局	
	吴兴区卫计局	
	织里公安分局织北派出所	
	吴兴区消防大队	
全市人民调解工作先进集体	八里店镇	市委　市政府
2017 年度矿山综合治理工作先进集体	道场乡	市委　市政府
2017 年度全市先进人民调解委员会	东林镇南山村人民调解委员会	市委　市政府
	飞英街道吉山四社区	
2017 年度全市建设项目遗留问题清零专项行动先进集体	爱山街道	市委　市政府
2016 年度全市十佳生态循环农业示范主体	湖州怡辉生态农业有限公司	市委　市政府
	湖州吴兴金农生态农业发展有限公司	
2016 年度全市十佳家庭农场	吴兴金硕果家庭农场	市委　市政府
	吴兴妙西坤山家庭农场	
2016 年度全市优秀家庭林场	吴兴钱毛毛家庭林场	市委　市政府
市级平安路段创建示范单位	织里镇交通安全工作站——环太湖公路织里路段	市委　市政府
市级平安农机创建示范单位	八里店镇紫金桥村	市委　市政府
市级青少年平安行动创建示范单位	共青团吴兴区委员会	市委　市政府
2017 湖商发展大会工作先进集体	吴兴区	市委　市政府
2017 年度市级社会治安综合治理先进集体	织里镇	市委　市政府
	八里店镇	
	龙泉街道	
	环渚成人文化技术学校	
	吴兴区编委办	
	吴兴区检察院	
	吴兴区法律援助中心	
	妙西镇妙山村	
	爱山街道红丰西村社区	
全市指导人民调解先进单位	吴兴区法院环城法庭	市委　市政府
2016 年度社会治安综合治理先进集体	吴兴区教育局	市委　市政府
2017 年全市新农村建设工作优胜单位二等奖	吴兴区	市委　市政府

续表 23–5

荣誉称号	获奖集体	授证单位
2017 年度湖州市美丽乡村精品村	道场乡红里山村	市委　市政府
	高新区杨溇村	
	织里镇义皋村	
	埭溪镇大冲村	
第七批市美丽乡村	织里镇义皋村曹家簖村	市委　市政府
	道场乡道场浜村	
	妙西镇潘村村	
	东林镇三合村保永村	
2017 年度十佳家庭农场	吴兴锦辉家庭农场	市委　市政府
	吴兴罗家桥家庭农场	
2017 年度“五年强村计划”工作先进集体	高新区织里镇	市委　市政府
2017 年度“低手入农户收入倍增计划”工作先进集体	织里镇东林镇	市委　市政府
2017 年度农村改革先进集体	道场乡妙西镇	市委　市政府
2017 年度农村生活污水运维管理先进集体	埭溪镇	市委　市政府
2017 年大气污染防治工作先进集体	吴兴区综合执法局	市委　市政府
2017 年度平安乡镇（街道）	高新区	市委　市政府
	织里镇	
	八里店镇	
	道场乡	
	妙西镇	
	埭溪镇	
	东林镇	
	环渚街道	
	月河街道	
	朝阳街道	
	爱山街道	
	飞英街道	
	龙泉街道	
2017 年度平安建设优秀乡镇（街道）	东林镇	市委　市政府
	飞英街道	
	龙泉街道	
2017 年度市级平安建设示范单位	织里镇	市委　市政府
	八里店镇	
	龙泉街道	
	环渚成人文化技术学校	
	吴兴区编委办	
	吴兴区检察院	

续表 23-5

荣誉称号	获奖集体	授证单位
2017 年度市级平安建设示范单位	吴兴区法律援助中心	市委　市政府
	妙西镇妙山村	
	爱山街道红丰西村社区	
2017 年度市级平安细胞创建示范单位	龙泉街道白鱼潭社区	市委　市政府
2017 年度平安农机创建示范单位	埭溪镇上强村	市委　市政府
	妙西镇	
2017 年度土壤污染防治工作先进集体	湖州市国土资源局吴兴区分局	市委　市政府
2017 年度矿山综合治理工作先进集体	湖州市国土资源局吴兴区分局	市委　市政府
创建国家生态文明建设示范市先进集体	吴兴区环保局	市委　市政府
2017 年度“五水共治”先进集体	吴兴区环保局	市委　市政府
2017 年度土壤污染防治工作先进集体	吴兴区环保局	市委　市政府
2017 年度全市大气污染防治工作考核先进集体	吴兴区环保局	市委　市政府
基层党建整乡推进示范乡镇（街道）党委	织里镇	市委
基层党建整乡推进先锋示范村党组织	埭溪镇五石坞村	市委
2017 年湖州市先锋示范村党组织	东林镇东明村党总支	市委
2017 年度“四新”主题实践考核二等奖	市邮政公司	市委
湖州市创建全国文明城市工作集体二等功	吴兴区委宣传部	市政府
	吴兴区综合执法局	
	吴兴区市场监管局	
	吴兴公安分局交警大队	
湖州市创建全国文明城市工作集体三等功	月河街道	市政府
	环渚街道	
	朝阳街道	
	爱山街道	
	飞英街道	
	龙泉街道	
	吴兴区住建局	
湖州市创建全国文明城市工作集体嘉奖	吴兴区教育局	市政府
	吴兴区委组织部	
	吴兴区文体局	
	吴兴区卫计局	
	吴兴区卫生监督所	
	高新区	
	八里店镇	
	道场乡	

续表 23-5

荣誉称号	获奖集体	授证单位
湖州市创建全国文明城市工作集体嘉奖	妙西镇	市政府
	埭溪镇环卫所	
	市邮政公司	
城中村改造攻坚专项行动集体嘉奖	吴兴高新龙溪村村委会	市政府
	飞英街道	
	龙泉街道	
	爱山街道	
2017 年度湖州市服务业发展工作先进集体二等奖	吴兴区人民政府	市政府
2017 年度服务业重点项目“双百计划”推进先进单位一等奖	吴兴区人民政府	市政府
2017 年度湖州市重点建设和重大项目前期工作综合推进奖	吴兴区人民政府	市政府
2017 年度湖州市“小微企业三年成长计划”工作优秀单位	吴兴区人民政府	市政府
2017 年度湖州市重点建设工作先进集体	吴兴区发改委	市政府
2017 年度湖州市支持浙（湖）商创业创新工作先进集体县区一等奖	吴兴区	市政府
招商引资引技引智工作先进县区	吴兴区	市政府
开放型经济工作先进县区	吴兴区	市政府
湖州市模范集体	吴兴区安监局	市政府
2017 年度湖州市服务业发展工作先进集体二等奖	吴兴区	市政府
服务业重点项目“双百计划”推进先进单位一等奖	吴兴区	市政府
开放型经济工作先进县区	吴兴区	市政府
2017 年度湖州市支持浙（湖）商创业创新工作先进集体县区一等奖	吴兴区	市政府
2017 年度湖州市“小微企业三年成长计划”工作优秀单位县区二等奖	吴兴区	市政府
2017 年度湖州市重点建设和重大项目前期工作综合推荐奖	吴兴区	市政府
全市劳模集体	吴兴区国家税务局	市政府
集体二等功	吴兴区消防大队	市政府
国家绿色金融改革创新试验区建设先进县区	吴兴区	市政府
国家绿色金融改革创新试验区建设工作先进金融机构	湖州银行	市政府
2016 年度县区综合考核结果一等奖	吴兴区	市委办　市府办
2016 年度县区“大好高”项目引进推进年度先进县区综合先进一等奖	吴兴区	市委办　市府办

续表 23-5

荣誉称号	获奖集体	授证单位
2016年度县区“大好高”项目引进推进年度先进县区单项先进工业项目	吴兴区	市委办　市府办
2016年度县区“大好高”项目引进推进年度先进县区单项先进服务业项目	吴兴区	市委办　市府办
2016年度县区“大好高”项目引进推进年度先进县区单项先进外资项目	吴兴区	市委办　市府办
2016年度全市“五水共治”工作优秀县区	吴兴区	市委办　市府办
2016年度全市“五水共治”工作优秀乡镇（街道）	东林镇　埭溪镇	市委办　市府办
2016年度全市大气污染防治工作先进集体	吴兴区住建局	市委办　市府办
	吴兴区综合执法局	
2016年度全市矿山综合治理工作优秀县区	吴兴区	市委办　市府办
2016年度全市矿山综合治理工作先进集体	妙西镇	市委办　市府办
2016年度全市高污染燃料小锅炉淘汰工作推进奖	吴兴区	市委办　市府办
2017年度建设项目遗留问题清零专项行动先进集体	八里店镇人民政府	市委办　市府办
	环渚街道办事处	
	爱山街道办事处	
	织里镇人民政府	
全市人民调解工作先进单位	八里店镇人民政府	市委办 市府办
全市先进人民调解委员会	龙泉街道人民调解委员会	市委办 市府办
	飞英街道吉山四社区人民调解委员会	
	环渚街道金锁村人民调解委员会	
	东林镇南山村人民调解委员会	
	吴兴区道路交通事故纠纷人民调解委员会	
全市指导人民调解工作先进集体	吴兴区司法局	市委办　市府办
	吴兴区人民法院环城法庭	
全市名牌人民调解工作室	吴兴区吴美丽调解工作室	市委办　市府办
全市指导人民调解工作先进集体	吴兴区司法局	市委办　市府办
	吴兴区人民法院环城法庭	
全市名牌人民调解工作室	吴兴区吴美丽调解工作室	市委办　市府办
服务保障全国生态文明建设工作推进会议、全国培育新型经营主体发展农业适度规模经营座谈会先进集体	吴兴区	市委办　市府办

续表 23-5

荣誉称号	获奖集体	授证单位
2017 年度全市生态文明先行示范区建设工作一等奖	吴兴区	市委办　市府办
湖州市创建国家生态文明建设示范市先进集体	吴兴区环保局	市委办　市府办
	吴兴区农林局	
	八里店镇	
	织里镇义皋村	
2017 年度全市“五水共治”工作优秀县区	吴兴区	市委办　市府办
2017 年度全市“五水共治”工作优秀乡镇（街道）	高新区	市委办　市府办
	织里镇	
	东林镇	
2017 年度全市“五水共治”工作先进集体	吴兴区水利局	市委办　市府办
	吴兴区环保局	
2017 年度全市大气污染防治工作先进集体良好	吴兴区	市委办　市府办
2017 年度全市大气污染防治工作先进集体	吴兴区环保局	市委办　市府办
	吴兴区综合执法局	
2017 年度全市土壤污染防治工作先进集体	吴兴区国土资源分局	市委办　市府办
	吴兴区环保局	
2017 年度全市矿山综合治理工作优秀县区	吴兴区	市委办　市府办
2017 年度全市矿山综合治理工作先进集体	吴兴区国土资源分局	市委办　市府办
	道场乡	
2016 年度湖州市级现代农业园区	吴兴区伟祥果蔬精品园	市府办
	吴兴区上强粮经高效精品园	
	吴兴区裕源水产养殖精品园	
	吴兴区桑农特色苗木精品园	
	吴兴区维农农业粮食作物种植精品园	
2016 年湖州市森林浙江建设考核良好	吴兴区	市府办
服务业发展工作先进集体一等奖	吴兴区	市府办
省级现代服务业集聚示范区考核先进单位二等奖	湖州织里童装生产性服务业集聚区	市府办
省级现代服务业集聚示范区考核先进单位三等奖	吴兴区科创园	市府办
服务员“双百”计划综合先进单位三等奖	吴兴区	市府办
服务业优强企业（社区服务企业）	吴兴区幸福之家养老服务中心	市府办
2016 年度湖州市商务工作先进县区	吴兴区	市府办
开放型经济工作先进县区	吴兴区	市府办
第二批电子商务示范单位	吴兴区易商职业技能培训学校	市府办
支持浙（湖）商创业创新工作先进集体县区一等奖	吴兴区	市府办
“小微企业三年成长计划”优秀县区二等奖	吴兴区	市府办
重点建设和重大项目前期工作综合推荐奖	吴兴区	市府办

·中共湖州市委、市政府命名、表彰的先进个人·

表 23-6

荣誉称号	获奖个人	授证单位
市校合作十年突出贡献奖个人奖	施星仁（吴兴金农公司）	浙江大学 市委　市政府
在党的十九大维稳安保工作做中做出突出贡献的个人	郑云林（高新区）	市委　市政府
	闵为民（织里镇）	
	王立新（八里店镇）	
	唐金荣（道场乡）	
	叶江华（妙西镇）	
	林型松（埭溪镇）	
	梅继章（东林镇）	
	钱新祥（环渚街道）	
	徐婷婷（月河街道）	
	吴继财（朝阳街道）	
	陈晓华（爱山街道）	
	张　峰（飞英街道）	
	程文秋（龙泉街道）	
	陆继龙（吴兴区委办）	
	李学林（吴兴区府办）	
	唐　晖（吴兴区纪委）	
	朱晨旭（吴兴区委组织部）	
	吴　玮（吴兴区编委办）	
	王佳洵（吴兴区信访局）	
	王小龙（吴兴区人武部）	
	张　毅（吴兴区法院）	
	魏云祥（吴兴区检察院）	
	张　云（吴兴区金融办）	
	沈华庆（吴兴区教育局）	
	顾龙堂（吴兴区民政局）	
	王顺世（吴兴区司法局）	
	沈　超（吴兴区财政局）	
	夏　冬（吴兴区旅发委）	
	陆鸣霄（吴兴区水利局）	
	丁　媛（吴兴区审计局）	
	赵永需（吴兴区安监局）	
	杨国荣（吴兴区综合行政执法局）	
	章　韬（吴兴公安分局）	

续表 23-6

荣誉称号	获奖个人	授证单位
在党的十九大维稳安保工作中做出突出贡献的个人	毛鑫良（吴兴公安分局）	市委　市政府
	蒋　承（吴兴公安分局）	
	赵　骏（吴兴公安分局）	
	罗　宁（吴兴公安分局）	
	陈建如（织里公安分局）	
湖州市创建全国文明城市工作先进个人	董　苹（吴兴区教育局）	市委　市政府
	杨宗华（市公安局吴兴区分局治安大队）	
	杨　光（市公安局吴兴区分局朝阳派出所碧浪湖警务站）	
	胡　刚（市公安局吴兴区分局飞英派出所）	
	敖伟杰（市公安局吴兴区分局埭溪派出所）	
	章巍奇（市公安局吴兴区分局龙泉派出所治安中队）	
	王金友（吴兴区人武部）	
	吕志荣（吴兴区委统战部）	
	陈家荣（吴兴区发改委）	
	陈振一（吴兴区消防大队）	
	俞建生（吴兴区财政局）	
	王其伟（吴兴区人力社保局）	
	陈斌斌（吴兴区农林局）	
	金晓薇（吴兴区商务局外资外包科科长）	
	童　悦（吴兴区环境应急和事故调查中心）	
	吕建樑（吴兴区旅发委）	
	莘宏斌（吴兴区综合执法局月河中队）	
	沈旭清（吴兴区综合执法局东林中队）	
	吴红新（吴兴区综合执法局环渚中队）	
	张宇亮（吴兴区综合执法局爱山中队）	
	庄　靖（吴兴区综合执法局）	
	陈晓丽（吴兴区市场监管局朝阳所）	
	杨　娴（吴兴区市场监管局环渚所）	
	李现强（吴兴区市场监管局龙泉所）	
	王晓华（吴兴区市场监管局飞英所）	
	信军平（吴兴区市场监管局月河所）	
	蔡　昕（吴兴区政务服务管理办公室）	
	邱国强（吴兴区金融办）	
	陶　峰（共青团吴兴区委）	
	宋晓萍（吴兴区妇联）	
	沈　燕（吴兴区月河街道二里桥社区）	
	王月芳（吴兴区月河街道南园社区）	
	沈美芳（吴兴区月河街道吉山二社区）	
	李云华（吴兴区月河街道东湖家园社区）	
	朱柳芳（吴兴区月河街道月河社区）	

续表 23-6

荣誉称号	获奖个人	授证单位
湖州市创建全国文明城市工作先进个人	陈　敏（吴兴区朝阳街道碧浪湖社区）	市委　市政府
	毛　艳（吴兴区朝阳街道红丰社区）	
	孙惠斌（吴兴区朝阳街道潮音社区）	
	许　欢（吴兴区朝阳街道闻波社区）	
	朱雪文（吴兴区爱山街道上下塘社区）	
	屠湘敏（吴兴区爱山街道友谊社区）	
	李蓉玲（吴兴区爱山街道衣裳街右营基社区）	
	翁利平（吴兴区爱山街道安定书院社区）	
	魏元遂（吴兴区飞英街道）	
	吴健萍（吴兴区飞英街道塔下街社区）	
	翟小红（吴兴区飞英街道米行街社区）	
	朱丁艳（吴兴区飞英街道墙壕里社区）	
	曹向红（吴兴区龙泉街道西白鱼潭社区）	
	陈　岚（吴兴区龙泉街道潜庄米兰社区）	
	韩琴芳（吴兴区龙泉街道）	
	朱静微（吴兴区龙泉街道华丰二社区）	
	朱秀芬（吴兴区龙泉街道市陌二社区）	
	高建芬（移动吴兴分公司）	
	潘　敏（市邮政公司）	
	沈管华（市邮政公司）	
2017 湖商发展大会工作先进个人	宋建方（吴兴区委统战部）	市委　市政府
	黄红梅（吴兴区委统战部）	
	陈玉娟（吴兴区商务局）	
2017 年度市级社会治安综合治理先进个人	高树林（高新区）	市委　市政府
	徐飞鸽（埭溪镇）	
	王惠英（环渚街道）	
	朱成钢（月河街道）	
	费利强（朝阳街道）	
	周　鹏（飞英街道）	
	姚志忠（吴兴区委政法委）	
	宋晓萍（吴兴区妇联）	
	谢旭峰（吴兴公安分局）	
	马　翔（吴兴消防大队）	

续表 23-6

荣誉称号	获奖个人	授证单位
湖州市十二五人口计划和生育工作先进工作者	陆怡哲（吴兴区法院）	市委　市政府
2017 年度湖州市“美丽乡村建设优秀带头人”	陈新龙（道场乡） 徐水荣（织里镇）	市委　市政府
2017 年度十佳农创客	李蓓蕾（吴兴蕾蕾家庭农场） 金佳雯（吴兴金硕果家庭农场）	市委　市政府
2017 年度十佳新型职业农民	孙建龙（湖州吴兴尹家圩粮油植保农机专业合作社）	市委　市政府
2017 年度“低手入农户收入倍增计划”工作先进个人	张建忠（道场乡） 周何金（埭溪镇）	市委　市政府
2017 年度“五年强村计划”工作先进个人	何丹妮（吴兴区农林局） 叶　平（埭溪镇）	市委　市政府
2017 年度农村改革先进个人	褚云江（八里店镇） 沈明亮（妙西镇）	市委　市政府
2017 年度农村生活污水运维管理先进个人	沈春荣（吴兴区建设局）	市委　市政府
2017 年度湖州市绿色金融改革创新试验区建设工作先进个人	方夏莹（湖州银行） 杨　榆（湖州银行）	市委　市政府
湖州市创建全国文明城市工作个人二等功	杨　勇（区委宣传部） 邹德明（吴兴区执法局） 厉云燕（朝阳街道） 丁永才（环渚街道） 沈青松（月河街道） 陈　芸（爱山街道） 蒋　涛（飞英街道） 钱宗禹（龙泉街道）	市政府
湖州市创建全国文明城市工作个人三等功	史彦廷（吴兴区纪委） 朱旭艳（吴兴区委宣传部） 范正昌（吴兴区综合行政执法局朝阳中队） 侯永胜（吴兴区综合行政执法局爱山中队） 吴　频（吴兴区综合行政执法局） 钮成坤（吴兴区市场监督管理局） 陶晓明（吴兴区市场监督管理局） 周郑洁（织里镇） 李小红（八里店镇） 吴彩英（朝阳街道） 潘新江（爱山街道） 端金健（飞英街道） 屠征峰（龙泉街道）	市政府

续表 23-6

荣誉称号	获奖个人	授证单位
湖州市创建全国文明城市工作个人三等功	沈碧红（环渚街道）	市政府
	赖尚州（吴兴区综合行政执法局月河中队）	
	张志宏（吴兴区教育局）	
	沈海明（移动吴兴分公司）	
	蒋章有（市邮政公司）	
	蒋　挺（吴兴区消防大队）	
湖州市创建全国文明城市工作个人嘉奖	莫月雯（吴兴区委办）	市政府
	朱建荣（吴兴区人大）	
	卢晓华（吴兴区府办）	
	陈　燕（吴兴区府办）	
	沈剑武（吴兴区综合行政执法局）	
	杨光宇（吴兴区综合行政执法局龙泉中队）	
	吴剑勇（吴兴区市场监管局织里分局）	
	周志刚（吴兴区市场监管局）	
	施培华（高新区）	
	叶存模（道场乡）	
	倪　帆（妙西镇）	
	陈根生（埭溪镇）	
	陈　伟（东林镇）	
	刘德荣（吴兴区综合行政执法局环渚中队）	
	丁小军（月河街道）	
	陈　磊（月河街道）	
	戎　斌（吴兴区综合行政执法局朝阳中队）	
	姚玉良（朝阳街道）	
	周春华（爱山街道）	
	许昌斌（爱山街道）	
	顾国强（吴兴区综合行政执法局飞英中队）	
	顾莉萍（飞英街道）	
	胡裕强（龙泉街道）	
	张　妍（龙泉街道）	
	沙　勇（吴兴区教育局）	
	简芬芳（吴兴区卫计局）	

续表 23–6

荣誉称号	获奖个人	授证单位
2016 年征兵工作先进个人	赵　云（吴兴区人武部）	市政府 市军分区
	倪正侠（环渚街道武装部）	
	施文杰（月河街道武装部）	
	任里平（凤凰街道武装部）	
	印晓亭（滨湖街道武装部）	
	邹易非（吴兴区卫计局）	
	吴安根（吴兴区公安分局妙西镇派出所）	
2017 年全市城中村改造攻坚和建设项目遗留问题清零专项行动个人二等功	胡建平（高新区）	市政府
	张新华（爱山街道）	
湖州市创建全国文明城市工作个人嘉奖	陈　伟（东林镇）	市政府
	吴剑勇（吴兴区市场监督管理局）	
	周志刚（吴兴区市场监督管理局）	
	吴梦刚（吴兴农商银行）	
	计晓怡（国网湖州供电客户服务中心）	
	冯　筠（市邮政公司）	
城中村改造攻坚专项行动个人二等功	范丽华（龙泉街道）	市政府
	沈忠明（吴兴区住建局、交通局）	
湖州市劳动模范	郑云宇（浙江三一装备有限公司）	市政府
	盛明健（湖州老恒和酿造有限公司）	
	沈梅笑（吴兴区妙西镇王村村）	
	林新法（吴兴区八里店司法所）	
	陈云明（金洲管道科技股份公司机械）	
	汪拥军（吴兴区移沿山生态农庄）	
	钱晓珍（龙泉街道办事处）	
	徐伯荣（湖州市爱山小学教育集团）	
	李　辉（湖州市吴兴区人民法院织里法庭）	
	郑发明（湖州金洁实业有限公司）	
	唐学强（吴兴农商银行城北支行）	
	高俊厂（皇冠大酒店行政）	
	蒋章有（市邮政公司）	
2017 年度市重大前期工作先进个人	杨元江（吴兴区发改委）	市政府
	陈　力（吴兴区发改委）	
2017 年度市重点建设工作先进个人	倪海潮（吴兴区发改委）	市政府
	徐　斌（吴兴区发改委）	

续表 23-6

荣誉称号	获奖个人	授证单位
2017 年度湖州市服务业发展工作先进个人	曹国良（吴兴区发改委）	市政府
	沈婧莹（吴兴区发改委）	
2017 年度湖州市支持浙（湖）商创业创新工作先进个人	谈　波（吴兴区商务局）	市政府
全国文明城市创建个人行政奖励	简芬芳（吴兴区生计局）	市政府
“小微企业三年成长计划”工作先进个人	张旭中（吴兴区市场监督管理局）	市政府
	王　珠（吴兴区市场监督管理局）	
2017 年度国家绿色金融改革创新试验区建设先进个人	杨　莹（吴兴区金融办）	市政府
	潘雪婷（吴兴区金融办下属国资公司）	
2016 年度全市高污染燃料小锅炉淘汰工作先进工作者	吴孝俊（道场乡）	市委办　市府办
2017 年全市建设建设项目遗留问题清零专项行动推进个人先进	钱法明（高新区）	市委办　市府办
	潘首都（道场乡）	
	施汉荣（爱山街道安定书院社区）	
湖州市先进人民调解员	沈水龙（吴兴区月河街道人民调解委员会）	市委办　市府办
	毛　艳（吴兴区朝阳街道红丰社区人民调解委员会）	
	朱丁艳（吴兴区飞英街道墙壕里社区人民调解委员会）	
	邵跃峰（吴兴区环渚街道邵家墩村人民调解委员会）	
	沈　杰（吴兴区高新区欣安村人民调解委员会）	
	谈松华（吴兴区织里镇人民调解委员会织北调解中心）	
	卢云旗（吴兴区织里镇伍浦村人民调解委员会）	
	林新法（吴兴区八里店镇人民调解委员会副）	
	韦旭康（吴兴区八里店镇人民调解委员会）	
	程文秋（吴兴区龙泉街道人民调解委员会）	
	黄根初（吴兴区妙西镇关山村人民调解委员会）	
	翟玉根（吴兴区道场乡施家桥村人民调解委员会）	
	施学文（吴兴区东林镇人民调解委员会）	
	费云峰（吴兴区埭溪镇人民调解委员会）	
	冯析琪（吴兴区爱山街道利民社区人民调解委员会）	

续表 23-6

荣誉称号	获奖个人	授证单位
全市指导人民调解工作先进个人	顾　毅（吴兴区司法局）	市委办　市府办
	朱　河（吴兴区人民法院织里法庭）	
服务保障全国生态文明建设工作推进会议、全国培育新型经营主体发展农业适度规模经营座谈会先进个人	杨惠清（吴兴区交通旅游局、公路管理局）	市委办　市府办
	胡旋波（吴兴区农林局）	
	陈　磊（吴兴区农整办）	
	吴群伟（吴兴区八里店镇）	
	金嘉杰（吴兴区高新区）	
2017 年度全市生态文明先行示范区建设工作先进个人	周　枫（吴兴区生态文明办）	市委办　市府办
	陈家荣（吴兴区发改委）	
湖州市创建国家生态文明建设示范市先进个人	李清华（吴兴区委办）	市委办　市府办
	周　李（吴兴区环保局）	
	吴　俊（吴兴区环保局）	
2017 年度全市“五水共治”工作先进个人	黄敏强（吴兴区综合执法局）	市委办　市府办
	周秋芬（吴兴区治水办）	
	于建华（八里店镇）	
	张建忠（道场乡）	
	沈明亮（妙西镇）	
2017 年度全市大气污染防治工作先进个人	薛　剑（吴兴区森林公安局）	市委办　市府办
	张　力（八里店镇）	
	赵建国（吴兴区公路管理局）	
2017 年度全市土壤污染防治工作先进个人	陈水华（吴兴区农林局）	市委办　市府办
	匡　勇（吴兴区环保局）	
2017 年度全市矿山综合治理工作先进个人	王旭强（吴兴区矿治办）	市委办　市府办
	沈宏伟（妙西镇）	
重点建设和重大项目前期工作先进个人	杨元江（吴兴区发经委）	市府办
	沈宏伟（妙西镇）	
	张佩方（东林镇）	
	沈建强（浙江丝绸小镇建设开发有限公司）	
	费　菲（吴兴区发经委）	
个人三等功	俞　高（吴兴区消防大队）	市消防支队
	冯益锋（吴兴区消防大队）	

·中共湖州市吴兴区委、区政府命名、表彰的先进集体·

表 23–7

荣誉称号	获奖集体	授证单位
2017年度吴兴区信访工作先进单位	埭溪镇	区委　区政府
吴兴区平安（综治）工作先进集体	高新区社会管理局	区委　区政府
	道场乡综治办	
	妙西镇	
	埭溪镇	
	月河街道	
	朝阳街道	
	龙泉街道西白鱼潭、市陌六社区	
	区委宣传部	
	区法院	
	区司法局八里店司法所	
	区人力社保局	
	区住建局	
	区执法局	
	区市场监管局	
	区消防大队	
	织里公安分局织北派出所	
	织里消防大队	
	区环保局	
平安吴兴建设中做出突出贡献的先进集体	区公安分局高新园区派出所	区委　区政府
	八里店镇	
	道场乡	
	区公安分局妙西派出所	
	区公安分局埭溪派出所	
	东林镇	
	环渚街道	
	月河街道	
	朝阳街道	
	爱山街道综治办	
	飞英街道米行街社区	
	龙泉街道	

续表 23-7

荣誉称号	获奖集体	授证单位
2017 年度高新区、各乡镇、环渚街道综合考核一等奖	织里镇　东林镇　高新区　八里店镇	区委　区政府
2017 年度高新区、各乡镇、环渚街道综合考核二等奖	埭溪镇　环渚街道　妙西镇　道场乡	区委　区政府
2017 年度中心城区街道综合考核一等奖	爱山街道　朝阳街道	区委　区政府
2017 年度中心城区街道综合考核二等奖	飞英街道　月河街道　龙泉街道	区委　区政府
2017 年度党群部门综合考核一等奖	区委组织部　区委宣传部	区委　区政府
2017 年度党群部门综合考核二等奖	区委政法委　区编委办　区总工会	区委　区政府
	团区委　区委统战部　区妇联	
	区供销社	
2017 年度人武、法检部门综合考核（不评等次）	区检察院　区法院　区人武部	区委　区政府
2017 年度政府部门 A 类综合考核一等奖	区发改委　区财政局　区人社局	区委　区政府
	区商务局	
2017 年度政府部门 A 类综合考核二等奖	区环保局　区执法局　区市场监管局	区委　区政府
	区科技局　区金融办　区农林局	
	区住建交通局　区水利局	
2017 年度政府部门 B 类综合考核一等奖	区民政局　区教育局	区委　区政府
2017 年度政府部门 B 类综合考核二等奖	区安监局　区卫计局　区文体局	区委　区政府
	区管理局　区审计局　区司法局	
2017 年度垂直部门综合考核一等奖	区公安分局　区国税局	区委　区政府
2017 年度垂直部门综合考核二等奖	区消防大队　区地税分局	区委　区政府
	区国土分局　区广电中心	
	区规划分局　国网湖州供电公司	
2017 年度金融机构综合考核一等奖	吴兴农商银行	区委　区政府
	农业银行吴兴支行	
	湖州银行吴兴支行	
	建设银行吴兴支行	
	工商银行吴兴支行	
2017 年度金融机构综合考核二等奖	邮储银行吴兴支行	区委　区政府
	建设银行织里支行	
	农业银行织里支行	
	中国银行吴兴支行	
	交通银行吴兴支行	

续表 23-7

荣誉称号	获奖集体	授证单位
2017 年度金融机构综合考核三等奖	台州银行织里支行	区委　区政府
	泰隆银行织里支行	
	华夏银行织里支行	
	交通银行织里支行	
	工商银行织里支行	
	南浔银行前村支行	
	嘉兴银行织里支行	
	南浔银行织里支行	
吴兴区创建全国文明城市工作集体三等功	区执法局织里分局	区政府
	区市场监管局直属分局	
	团区委	
	区城投集团	
	织里公安分局	
吴兴区创建全国文明城市工作集体嘉奖	织里镇东盛社区管委会	区政府
	区执法局	
	湖州市第十二中学	
	区文体局	
	区疾病预防控制中心	
	区执法局八里店中队	
	区执法局爱山中队	
	区市场监管局织里分局	
	区市场监管局八里店所	
	区公安分局埭溪派出所	
	吴兴广电中心	
吴兴区平安吴兴建设工作集体三等功	区法院	区政府
	区公安分局巡特警大队	
	区公安分局刑侦二大队	
吴兴区平安吴兴建设工作集体嘉奖	织里镇晟舍街道	区政府
	区教育局	
	区人社局	
	区市场稽查大队	
	织里消防大队	

续表 23-7

荣誉称号	获奖集体	授证单位
2017 年度现代农业发展工作考核优胜单位	埭溪镇	区政府
2017 年度吴兴区招商引资工作先进单位	埭溪镇	区政府
吴兴区模范集体	月河街道公共安全监督管理中心	区政府
2017 年度吴兴区招商引资工作先进单位	招商一局	区政府
	招商三局	
	招商四局	
	招商七局	
	招商十二局	
2017 年度区级爱国主义教育基地	织里镇—织里公共安全防范基地	区委办　区府办
	织里镇—太湖溇港文化展示馆	
	八里店镇—钱山漾文化交流中心	
	八里店镇—吴兴县农民协会纪念馆	
	埭溪镇—埭溪消防安全宣传教育基地	
	东林镇—南山村村史馆	
	月河街道—二里桥社区科普活动中心	
	飞英街道—余家漾社区党建文化园	
城中村改造攻坚和建设项目遗留问题清零工作先进集体	道场乡	区委办　区府办
	飞英街道	
	龙泉街道	
	高新区龙溪村	
	高新区欣安村	
	高新区中东村	
	织里镇晓河村	
	织里镇大河村	
	织里镇东兜村	
	八里店镇陆家坝村	
	八里店镇陆旺村	
	八里店镇毗山村	
	八里店镇谈家扇村	
	八里店镇乌山村	
	道场乡南墩村	
	环渚街道后庄村	
	环渚街道金锁村	
	环渚街道邵家墩村	

·中共湖州市吴兴区委、区政府命名、表彰的先进个人·

表 23-8

荣誉称号	获奖个人	授证单位
在平安吴兴建设中做出突出贡献的先进个人	丁宏渊（埭溪镇）	区委　区政府
吴兴区平安（综治）工作先进个人	刘满凤（高新区）	区委　区政府
	潘淦荣（织里镇振兴街道）	
	姚明海（织里信访分局）	
	韦旭康（八里店镇司法所）	
	叶佩丽（八里店镇）	
	魏惠华（东林镇司法所）	
	王惠英（环渚街道）	
	许昌斌（爱山街道）	
	山丹凤（飞英街道竹翠园社区）	
	王国强（区委办）	
	万祥羽（区信访局）	
	王唯栋（区公安分局）	
	沈慧良（区检察院）	
	黄逸伦（区民政局）	
	张羽雷（区文体局）	
	沈少卿（区环保局）	
	许文伟（区公安分局）	
2016年度公务员三等功	潘　华（区政协）	区委　区政府
	宁　云（织里镇）	
	包永良（妙西镇）	
	吴仁斌（妙西镇）	
	陈汉民（东林镇）	
	徐进磊（月河街道）	
	方红英（区委办）	
	孔　媛（区委办）	
	沈荣臻（区人大办）	
	王开成（区政协办）	
	王新太（区纪委）	
	陆安华（区教育局）	
	陈　彬（区商务局）	

续表 23-8

荣誉称号	获奖个人	授证单位
2016年度公务员三等功	郭士忠（区安监局） 龚小勇（区市场监管局） 俞勤仕（区机关会计核算中心） 孙一兵（区劳动监察大队） 闵新明（区农业执法大队） 顾国强（区城市管理行政执法大队） 张　勇（区执法支队）	区委　区政府
2016年度公务员嘉奖	茅利荣（区委） 宋建方（区委） 吴　旭（区人大） 朱建豪（区政府） 陈　伟（高新区） 傅　军（高新区） 沈丹芬（高新区） 李占强（高新区） 范小燕（高新区） 朱　滨（高新区） 卜伟仪（高新区） 郑云林（高新区） 邱百根（高新区） 汤雪东（织里镇） 舒忠明（织里镇） 周郑洁（织里镇） 宋金锁（织里镇） 陆阿根（织里镇） 沈林江（织里镇） 宋学萍（织里镇） 姚国民（织里镇） 巩玉虎（织里镇） 闵为民（织里镇） 张业兵（织里镇） 徐学芳（织里镇） 马姚靖（织里镇） 宋战华（织里镇）	区委　区政府

续表 23-8

荣誉称号	获奖个人	授证单位
2016年度公务员嘉奖	戴　炯（织里镇）	区委　区政府
	张学民（八里店镇）	
	叶　伟（八里店镇）	
	钟俊英（八里店镇）	
	钱娟丽（八里店镇）	
	王　芳（八里店镇）	
	徐　雷（八里店镇）	
	沈玉霞（八里店镇）	
	忻伟铭（八里店镇）	
	胡伟荣（八里店镇）	
	陆丽英（八里店镇）	
	张建忠（道场乡）	
	陈　鹏（道场乡）	
	吴利梅（道场乡）	
	杨仲仕（道场乡）	
	张　乔（道场乡）	
	沈明亮（妙西镇）	
	孙　毅（妙西镇）	
	谭雪芬（妙西镇）	
	戚斌斌（埭溪镇）	
	张　健（埭溪镇）	
	邱国强（埭溪镇）	
	樊　军（埭溪镇）	
	吴玉华（埭溪镇）	
	竺马荣（埭溪镇）	
	吴春波（埭溪镇）	
	沈培强（埭溪镇）	
	费云峰（埭溪镇）	
	何锋峰（东林镇）	
	费金松（东林镇）	
	钱水中（东林镇）	
	卢晴晴（东林镇）	
	鲍彦雯（东林镇）	
	陈　伟（东林镇）	

续表 23-8

荣誉称号	获奖个人	授证单位
2016 年度公务员嘉奖	邱　鹏（东林镇）	区委　区政府
	沈子昌（环渚街道）	
	周颖锋（环渚街道）	
	邱柏强（环渚街道）	
	徐金芳（环渚街道）	
	黄忠民（环渚街道）	
	施文杰（月河街道）	
	丁小军（月河街道）	
	沈旭芬（月河街道）	
	厉云燕（朝阳街道）	
	周　亮（朝阳街道）	
	沈天水（朝阳街道）	
	张新华（爱山街道）	
	陈晓华（爱山街道）	
	周春华（爱山街道）	
	王　侃（爱山街道）	
	陈新娣（飞英街道）	
	蒋　涛（飞英街道）	
	沈　燕（飞英街道）	
	章占萍（飞英街道）	
	胡裕强（龙泉街道）	
	姚荣梅（龙泉街道）	
	王国强（区委办）	
	胡利剑（区委办）	
	陈　杰（区人大办）	
	蔡宏杰（区府办）	
	朱林山（区政协办）	
	唐　晖（区纪委）	
	李　倩（区纪委）	
	陶曙华（区纪委）	
	胡卫东（区委组织部）	
	王　祎（区委宣传部）	
	周振强（区委宣传部）	
	杨　勇（区委宣传部）	

续表 23-8

荣誉称号	获奖个人	授证单位
2016年度公务员嘉奖	朱旭艳（区委宣传部）	区委　区政府
	唐伟杰（区委统战部）	
	诸　坚（区委统战部）	
	沈　冰（区委政法委）	
	丁家荣（区委政法委）	
	石春伟（区委政法委）	
	茅怡宁（区编委办）	
	王炯明（区人民法院）	
	曲小勇（区人民法院）	
	陆学欣（区人民法院）	
	孙美华（区人民法院）	
	黄婷玉（区人民法院）	
	苏丹萍（区人民法院）	
	郑　嫣（区人民法院）	
	李元光（区人民法院）	
	王晓翔（区人民法院）	
	沈佳慧（区人民法院）	
	吴嘉晖（区人民法院）	
	吴佳佳（区人民法院）	
	李　俊（区人民法院）	
	林哲一（区人民法院）	
	施　辰（区人民法院）	
	归建强（区人民法院）	
	王宇飞（区人民检察院）	
	顾鸿庚（区人民检察院）	
	杨建华（区人民检察院）	
	宋云根（区人民检察院）	
	魏冠卿（区人民检察院）	
	沈　璋（区人民检察院）	
	崔　鹏（区人民检察院）	
	于　未（区人民检察院）	
	马舒慧（区人民检察院）	
	卢敏强（区人民检察院）	
	王汝晋（区人民检察院）	

续表 23-8

荣誉称号	获奖个人	授证单位
2016 年度公务员嘉奖	罗　英（区发改委、统计局）	区委　区政府
	翁一鸣（区发改委、统计局）	
	费　菲（南太湖产业集聚区吴兴分区管委会）	
	陈诸胜（区科技局）	
	唐于建（区民政局）	
	金　俊（区民政局）	
	陈　佳（区司法局）	
	沈国强（区财政局）	
	倪志伟（区财政局）	
	陆培红（区人力社保局）	
	周丹丹（区人力社保局）	
	费学梅（区住建局）	
	江根林（区住建局）	
	宋恭勤（区交通旅游局）	
	陆鸣霄（区水利局）	
	陈水华（区农林局）	
	薛　剑（区农林局）	
	姚鸿鸣（区文体局）	
	姚树勤（区卫计局）	
	蔡小丰（区卫计局）	
	顾国英（区卫计局）	
	张玲妹（区卫计局）	
	何晔波（区环保局）	
	郭士忠（区安监局）	
	侯永胜（区执法支队）	
	阮剑虹（区执法支队）	
	姚　崎（区执法支队）	
	徐　瑜（区执法支队）	
	杨溢雨（区执法支队）	
	王国华（区执法支队）	
	吴继财（区市场监管局）	
	于　麟（区市场监管局）	
	沈魏华（区市场监管局）	
	吴　晔（区市场监管局）	

续表 23-8

荣誉称号	获奖个人	授证单位
2016 年度公务员嘉奖	谈　亮（区市场监管局）	区委　区政府
	潘小宝（区市场监管局）	
	管健健（区市场监管局）	
	李　保（区市场监管局）	
	徐　彦（区市场监管局）	
	施亚旻（区市场监管局）	
	陆跃平（区市场监管局）	
	谢冬云（区市场监管局）	
	沈　霞（区市场监管局）	
	盛伟强（区市场监管局）	
	王玉福（区市场监管局）	
	钱红兵（区市场监管局）	
	薛月珠（区市场监管局）	
	王逸强（区市场监管局）	
	曹　洁（区市场监管局）	
	佘惠敏（区市场监管局）	
	吴　隽（区总工会）	
	丁百川（团区委）	
	范丽华（区管理局）	
	丁家强（区管理局）	
	朱晨旭（区委人才工作领导小组办公室）	
	沈海明（区党员电化教育中心）	
	应　琦（区对外宣传中心）	
	金　军（区能源监察大队）	
	楼　丹（区社会经济调查队）	
	张志萍（区地名委员会办公室）	
	周惠芳（区机关会计核算中心）	
	顾利芳（区政府非税收入管理中心）	
	杨　帆（区劳动人事争议仲裁院）	
	叶　威（区就业管理服务处）	
	宋　侃（区防汛防旱办公室）	
	徐建宁（区农业执法大队）	
	刘　钢（区卫生监督所）	
	杨　英（区卫生监督所）	

续表 23-8

荣誉称号	获奖个人	授证单位
2016 年度公务员嘉奖	沈　珏（区文化市场行政执法大队）	区委　区政府
	王　奕（区文化市场行政执法大队）	
	曹　亮（区安全生产行政执法大队）	
	叶怡欢（区安全生产行政执法大队）	
	沈剑武（区城市管理行政执法大队）	
	许剑新（区食品药品稽查大队）	
	李　萍（区食品药品稽查大队）	
	周有才（区食品药品稽查大队）	
	袁　佳（区食品药品稽查大队）	
参与创建全国文明城市工作先进个人	童新荣（高新区）	区委　区政府
	钱　例（高新区）	
	史建强（高新区）	
	顾昶辉（织里镇）	
	李　亮（织里镇）	
	沈哲婷（织里镇）	
	李张赟（织里镇织里街道）	
	杨青青（织里镇）	
	宋战华（织里镇利济街道）	
	章陈辉（织里镇）	
	沈勤会（八里店镇）	
	汪玉明（八里店镇八里店街道）	
	杨振栋（八里店镇八里店街道）	
	姚　甜（八里店镇八里店街道）	
	沈　杰（八里店镇常路街道）	
	王惠慧（道场乡）	
	杨　晨（道场乡）	
	虞　纯（道场乡）	
	沈晓亮（妙西镇）	
	平春晓（妙西镇）	

续表 23-8

荣誉称号	获奖个人	授证单位
参与创建全国文明城市工作先进个人	陈长祯（妙西镇）	区委　区政府
	王培华（埭溪镇）	
	戴　威（东林镇）	
	徐春燕（东林镇）	
	吴罗彬（东林镇）	
	陈晓杰（环渚街道）	
	金立荣（环渚街道后庄村）	
	李秀明（环渚街道香樟湾社区）	
	王明华（环渚街道金锁村）	
	黄力英（月河街道浮星桥）	
	钱亚平（月河街道文苑社区）	
	姚发根（月河街道湖东村社区）	
	张小惠（月河街道月河社区）	
	葛　婷（月河街道湖东社区）	
	孙建英（月河街道吉山一社区）	
	张文娟（月河街道铁路社区）	
	钱燕丽（月河街道马军巷社区）	
	曹　蓉（朝阳街道都市家园社区）	
	胡小雄（朝阳街道定安社区）	
	欧阳柳梅（朝阳街道北齐巷社区）	
	沈　娟（朝阳街道红丰社区）	
	张　艳（朝阳街道车站社区）	
	崔庆峰（爱山街道龙庭社区）	
	陆晓霞（爱山街道友谊社区）	
	沈敏华（爱山街道右营基社区）	
	王　侃（爱山街道城管办）	
	朱卓方（爱山街道红丰西村社区）	
	唐奇峰（飞英街道安监中心）	
	费　鹰（飞英街道新华苑社区）	

续表 23-8

荣誉称号	获奖个人	授证单位
参与创建全国文明城市工作先进个人	山丹凤（飞英街道竹翠园社区）	区委　区政府
	吴静华（飞英街道余家漾社区）	
	陈　敏（飞英街道吉北社区）	
	沈江敏（龙泉街道市陌河社区）	
	林国强（龙泉街道华丰社区）	
	沈　敏（龙泉街道市陌二社区）	
	陈壮丽（龙泉街道大通桥社区）	
	徐元星（龙泉街道白鱼潭社区）	
	施春慧（龙泉街道学士府社区）	
	赵　晶（区纪委）	
	吴学丰（区委组织部）	
	朱立奇（区委外宣办）	
	刘满凤（区委政法委）	
	蒋立新（区编委办）	
	陶文斌（区信访局）	
	曹建国（区人武部）	
	季薇薇（区法院）	
	于　未（区检察院）	
	嵇金鑫（区发改委）	
	曹国良（区发改委）	
	马　欢（凤凰小学）	
	谈琦虹（湖州市第四中学教育集团）	
	杨继明（区教育局）	
	沈方林（区科技局）	
	喻锦锦（区民政局）	
	施荣法（区司法局）	
	吴红梅（区水利局）	
	朱益民（区农林局）	
	陈　岚（区文体局）	

续表 23-8

荣誉称号	获奖个人	授证单位
参与创建全国文明城市工作先进个人	黄定珠（区爱卫办）	区委　区政府
	金震东（区卫生监督所）	
	沈玉坤（区纪委）	
	顾　军（区审计局）	
	李明松（区安监局培训中心）	
	徐　瑜（区综合行政执法局织里分局）	
	陈建宾（区综合行政执法局织里分局）	
	沈建林（区综合行政执法局直属中队）	
	慎涛涛（区综合行政执法局月河中队）	
	潘　宇（区综合行政执法局朝阳中队）	
	汤常红（区综合行政执法局爱山中队）	
	邹聪琦（区综合行政执法局龙泉中队）	
	杨金勇（区综合行政执法局道场中队）	
	金　娣（区综合行政执法局八里店中队）	
	姚　巍（区执法局）	
	吴　镔（区执法局）	
	施洪迤孛（区执法局）	
	杨咏娣（区执法局）	
	沈钟元（区数字城管监督指挥中心）	
	范克行（区公用事业管理中心）	
	邓　将（区公用事业管理中心）	
	沈叶强（区公用事业管理中心）	
	管健健（区市场监管局高新区所）	
	李　伟（区市场监管局道场所）	
	沈雪根（区市场监管局妙西所）	
	谈　亮（区市场监管局埭溪所）	
	潘小宝（区市场监管局东林所）	
	冯　杰（区市场监管局月河所）	
	施亚旻（区市场监管局飞英所）	

续表 23-8

荣誉称号	获奖个人	授证单位
参与创建全国文明城市工作先进个人	陆跃平（区市场监管局朝阳所） 沈　宁（区市场稽查大队） 杨佳宝（区市场监管局） 李　延（区市场监管局织里分局） 赵俊军（区市场监管局环渚所） 朱睿杰（区市场监管局爱山所） 童佳媛（区市场监管局龙泉所） 缪　玥（区市场监管局埭溪所） 丁一岚（区市场监管局） 马嘉伟（区国税局） 凌海蓉（区总工会） 朱占成（区管理局） 沈倩云（区城投集团） 宋　鑫（区城投集团） 刘　悦（区公安分局经侦大队） 沈　斌（区公安分局高新园区交警中队） 孙汝彬（区公安分局八里店派出所） 王　森（区公安分局交警大队埭溪中队） 曹保华（区公安分局国内安全保卫大队反邪中队） 沈新乐（区公安分局高新园区派出所） 张建伟（织里公安分局） 林　杰（区公安分局督察大队） 王张怡（区公安分局） 王　琦（区公安分局八里店派出所） 吴晨光（区公安分局埭溪交警中队） 张　驰（区公安分局朝阳派出所） 姚　盛（织里公安分局织北派出所） 沈　媛（区传媒中心） 茅晖晖（区传媒中心）	区委　区政府

续表 23-8

荣誉称号	获奖个人	授证单位
参与创建全国文明城市工作先进个人	邵珠良（环渚街道北白鱼潭社区）	区委　区政府
	沈海忠（月河街道湖东社区）	
	陈幼荣（朝阳街道碧浪湖社区）	
	胡金珍（爱山街道友谊社区）	
	刘祖鸣（飞英街道吉山四社区）	
	陈长珍（龙泉街道紫云社区）	
	倪　程（团区委青少年事务部）	
	范　瑶（环渚街道玉堂桥社区）	
	顾蓉蓉（月河街道马军巷社区）	
	吴　璟（朝阳街道红丰社区）	
	钱　丽（爱山街道安定书院社区）	
	戴荣黎（龙泉街道紫云社区）	
	吕明珠（湖州师范学院）	
	钱　霞（湖州师范学院）	
	宋如瑜（飞英街道余家漾社区）	
	吴　洁（湖州德泰恒大药房连锁有限公司）	
	沈小根（高新区塘红村）	
	沈哲学（高新区戴山村）	
	叶建华（高新区幻溇村）	
	胡　毅［湖州市（川渝）重庆商会］	
	刘　凯（湖州凯凯印刷有限公司）	
	冯志强（湖州富美多针织时装有限公司）	
	王昌锋（织里王昌锋缝制设备商行）	
	马玉兰（织里镇晴儿服饰有限公司）	
	费杏清（八里店镇八里店社区）	
	林春光（八里店镇南塘社区）	
	沈根法（八里店镇曹报村）	
	谢水荣（八里店镇怡和家园社区）	
	邹淦林（八里店镇曹报村）	

续表 23–8

荣誉称号	获奖个人	授证单位
参与创建全国文明城市工作先进个人	鲍建国（道场乡城南村）	区委　区政府
	陆建荣（道场乡唐南村河道）	
	余永康（道场乡南墩村卫生）	
	陆　斌（妙西镇妙西村）	
	金文虎（妙西镇妙西村）	
	张新芳（妙西镇后沈埠村）	
	陈世秋（埭溪镇老虎潭社区）	
	谭春林（埭溪镇综合行政执法中心）	
	张水泉（埭溪镇上强村）	
	潘勤荣（东林镇环卫绿化所）	
	汪德其（东林镇发联超市）	
	王哲强（东林镇环卫绿化所）	
	郝春林（环渚街道水产村）	
	沈法根（环渚街道玉堂桥物业管理有限公司）	
	徐军伟（环渚街道朱洪村）	
	沈建英（月河街道二里桥社区）	
	顾辛强（月河街道湖东社区）	
	徐小红（月河街道东湖家园社区）	
	顾建华（月河街道吉山二社区）	
	曹巧英（月河街道南园社区）	
	陈娟芬（朝阳街道红丰社区）	
	沈水生（朝阳街道潮音社区）	
	华桂富（朝阳街道都市家园社区）	
	施水英（朝阳街道朝阳社区）	
	陈复有（朝阳街道闻波社区）	
	吴子江（爱山街道安定书院社区）	
	蒋国树（爱山街道红丰西村社区）	
	罗根娥（爱山街道利民社区）	
	唐美发（爱山街道上下塘社区）	

续表 23-8

荣誉称号	获奖个人	授证单位
参与创建全国文明城市工作先进个人	丁海良（爱山街道狮子巷社区） 金阳妹（飞英街道竹翠园社区） 朱新华（飞英街道吉北社区） 蒋锡生（飞英街道新华苑社区） 陆信娣（飞英街道余家漾社区） 杨吉敏（飞英街道塔下街社区） 范红英（龙泉街道学士府社区） 贺美英（龙泉街道白鱼潭社区） 李雪娟（龙泉街道西白鱼潭社区） 沈新民（龙泉街道华丰社区） 姚明华（龙泉街道潜庄社区）	区委　区政府
平安吴兴建设中做出突出贡献的先进个人	俞卯林（区公安分局高新园区派出所） 潘淦荣（织里镇振兴街道） 章中明（八里店镇司法所） 吴孝俊（道场乡） 贝英杰（妙西镇综治办） 丁宏渊（埭溪镇） 莘树章（东林镇东升村） 姚　琴（环渚成人文化技术学校） 杨丽华（环渚街道） 冯耀宗（月河街道东湖家园社区） 姚卫国（朝阳街道） 卢鲍佳（爱山街道） 陈殷杰（飞英街道吉北社区） 张　奇（龙泉街道） 胡利剑（区委办） 孟胜炜（区人大办） 潘晓晔（区府办） 蒋旭锋（区政协）	区委　区政府

续表 23-8

荣誉称号	获奖个人	授证单位
平安吴兴建设中做出突出贡献的先进个人	唐国强（区纪委）	区委　区政府
	舒　鸿（区委组织部）	
	姜　斌（区互联网信息）	
	戴国新（区委统战部）	
	华勤德（区委政法委）	
	施国斌（区委政法委）	
	贾林坤（区委政法委）	
	周新冰（区委政法委）	
	陆　芸（区委政法委）	
	叶　云（区委政法委）	
	褚　敏（区矛盾纠纷多元化解中心）	
	卜淑怡（区编委办）	
	叶　凯（区信访局）	
	朱荣国（区信访局）	
	陈芬芬（区信访局）	
	赵江峰（区人武部）	
	李　辉（区人民法院）	
	张　毅（区人民法院）	
	叶　玲（区人民检察院）	
	徐秋燕（区人民检察院）	
	黄大春（区发改委）	
	李凌峰（区发改委）	
	周勤俭（区金融办）	
	张育明（区教育局）	
	龚志跃（区教育局）	
	陈诸胜（区科技局）	
	姚新芳（区民政局）	
	黄逸伦（区民政局）	
	黄　帆（区司法局）	

续表 23-8

荣誉称号	获奖个人	授证单位
平安吴兴建设中做出突出贡献的先进个人	范仁良（区财政局）	区委　区政府
	梅　勇（区人社局）	
	杨惠清（区住建交通局）	
	吴水方（区住建交通局）	
	夏　冬（区旅发委）	
	姚荣伟（区水利局）	
	钱铁毅（区农林局）	
	沈　佳（区商务局）	
	程建国（区文体局）	
	杨　波（区卫计局）	
	朱　豪（区审计局）	
	杨仲亮（区环保局）	
	刘秋进（区安监局）	
	叶怡欢（区安监局）	
	廖德军（区执法局）	
	钱燕昌（区执法局）	
	陈冠强（区市场监管局）	
	杨晓钢（区市场监管局）	
	慎小红（区总工会）	
	陶　峰（团区委）	
	陈　静（区妇女儿童发展中心）	
	宾　斌（区管理局）	
	曹恒恺（区消防大队）	
	钮雯斌（区消防大队）	
	靖成银（织里消防大队）	
	汪泽辉（织里消防大队）	
	姜　斌（区委宣传部）	
党的十九大维稳安保工作先进个人	潘晓晔（区府办）	区委　区政府
	戴国新（区委统战部）	

续表 23-8

荣誉称号	获奖个人	授证单位
党的十九大维稳安保工作先进个人	杨　波（区卫计局）	区委　区政府
	卜淑怡（区编委办）	
	杨仲亮（区环保局）	
	周勤俭（区金融办）	
	费云峰（埭溪镇）	
2017 年度吴兴区平安（综治）工作先进个人	张　蘋（区委宣传部）	区委　区政府
	吕志荣（区委统战部）	
	朱　河（区法院）	
2017 年度吴兴区城中村改造攻坚和建设项目遗留问题清零专项行动先进个人	张国华（高新区）	区委办　区府办
	费新华（高新区）	
	郑云林（高新区）	
	朱双双（高新区）	
	朱为栋（高新区）	
	袁建荣（织里镇）	
	宋雪丽（织里镇）	
	朱东方（织里镇）	
	牟建军（织里镇）	
	孙　均（织里镇）	
	张汝敏（八里店镇）	
	费建莉（八里店镇）	
	蒋爱国（八里店镇）	
	沈建伟（八里店镇）	
	王建平（八里店镇）	
	李学永（道场乡）	
	杨金勇（道场乡）	
	薛坤元（道场乡）	
	郭欢欢（妙西镇）	
	孙　毅（妙西镇）	
	施小红（埭溪镇）	

续表 23-8

荣誉称号	获奖个人	授证单位
2017年度吴兴区城中村改造攻坚和建设项目遗留问题清零专项行动先进个人	吴申初（埭溪镇）	区委办　区府办
	钱水中（东林镇）	
	叶桢杰（东林镇）	
	丁巧生（环渚街道）	
	费振华（环渚街道）	
	刘振华（环渚街道）	
	沈剑烽（环渚街道）	
	宋明江（环渚街道）	
	顾小林（月河街道）	
	薛　斌（月河街道）	
	万　力（爱山街道）	
	王　斌（爱山街道）	
	邱新华（飞英街道）	
	徐玉发（飞英街道）	
	孙元通（龙泉街道）	
	朱　伟（龙泉街道）	
	黄　坤（区委办）	
	谈　晔（区府办）	
	徐　军（区府办）	
	陈　勇（区纪委）	
	吴　昊（区委组织部）	
	孙斌义（区委宣传部）	
	石春伟（区委政法委）	
	吴　隽（区信访局）	
	黄其峰（区法制办）	
	施江红（区财政局）	
	张国伟（区住建交通局）	
	章国强（区安监局）	
	施惠兴（区综合行政执法局）	

续表 23-8

荣誉称号	获奖个人	授证单位
2017 年度吴兴区城中村改造攻坚和建设项目遗留问题清零专项行动先进个人	张海斌（区综合行政执法局）	区委办　区府办
	陈学证（区综合行政执法局）	
	董森烁（区综合行政执法局）	
	孙　蒙（区综合行政执法局）	
	杨勇勇（区公安分局）	
	姚建斌（区公安分局）	
	周德良（区公安分局）	
	马　翔（区消防大队）	
	黄燚燚（区国土分局）	
	沈　珏（区规划分局）	
	黄新伟（织里公安分局）	
	赵　玮（织里消防大队）	
	徐云昌（区城投集团）	
	张美中（区三改一拆办）	
	陶　峰（区三改一拆办）	
	蔡仕辉（区派干部）	
	李晓波（区派干部）	
	茅怡宁（区派干部）	
	刘学东（区派干部）	
	胡美林（区派干部）	
	沈　侃（区派干部）	
	薛志根（区派干部）	
吴兴区创建全国文明城市工作个人三等功	孙继翔（高新区）	区政府
	刘玉军（织里镇）	
	黄　栩（织里镇）	
	叶　伟（八里店镇）	
	朱剑阳（八里店镇）	
	王宝龙（道场乡）	
	李丽华（妙西镇）	

续表23-8

荣誉称号	获奖个人	授证单位
吴兴区创建全国文明城市工作个人三等功	陈勇杰（埭溪镇）	区政府
	何锋锋（东林镇）	
	周颖锋（环渚街道）	
	周　晗（月河街道）	
	赵　瑛（月河街道）	
	代　旻（朝阳街道）	
	吴继财（朝阳街道）	
	俞海屏（爱山街道）	
	马浩强（爱山街道）	
	费　斌（飞英街道）	
	吴吉琴（飞英街道）	
	冯　斌（区文体局）	
	张国地（龙泉街道）	
	董　苹（区教育局）	
	李鑫根（区民政局）	
	章纳新（区住建交通局）	
	沈　绝（区文体局）	
	姚树勤（区卫计局）	
	沈　滨（织里镇）	
	朱晨勇（区执法局）	
	石建民（区市场监督管理局）	
	何吉云（区市场监督管理局）	
	杨　斌（团区委）	
	顾佳佳（区公安分局）	
吴兴区创建全国文明城市工作个人嘉奖	沈丹芬（高新区）	区政府
	雍　艳（高新区）	
	姚国琴（织里镇）	
	何　良（织里镇）	
	王远德（织里镇利济街道）	

续表 23-8

荣誉称号	获奖个人	授证单位
吴兴区创建全国文明城市工作个人嘉奖	葛迎武（织里镇晟舍街道）	区政府
	邱鑫渊（八里店镇）	
	徐建民（八里店镇）	
	周宇莲（八里店镇）	
	郑海燕（八里店镇）	
	薄国欣（道场乡）	
	吴利梅（道场乡）	
	沈明亮（妙西镇）	
	方根耀（妙西镇）	
	李深德（埭溪镇）	
	陆惠英（埭溪镇）	
	俞晔虹（东林镇）	
	沈　娟（东林镇）	
	张　波（环渚街道）	
	薛建平（环渚街道）	
	马进军（月河街道）	
	杨若涵（月河街道）	
	许国杰（月河街道）	
	虞志强（朝阳街道）	
	单丹枫（朝阳街道）	
	李　栎（朝阳街道）	
	洪　益（爱山街道）	
	张国强（爱山街道）	
	陶文华（爱山街道）	
	韩红霞（飞英街道）	
	李爱英（飞英街道）	
	姚欢欢（飞英街道）	
	郭博锋（龙泉街道）	
	蒋绮春（龙泉街道）	

续表 23-8

荣誉称号	获奖个人	授证单位
吴兴区创建全国文明城市工作个人嘉奖	章　健（龙泉街道）	区政府
	章正军（区府办）	
	王若禹（区纪委）	
	严晓娅（区档案局）	
	梅　丰（区人大）	
	陈昌来（区府办）	
	吴　霜（区府办）	
	邱聪颖（区委组织部）	
	宋振强（区委宣传部）	
	沈志荣（区委统战部）	
	姚颖燕（区人民法院）	
	郑　洁（区人民检察院）	
	罗　英（区发改委、统计局）	
	杨　莹（区金融办）	
	秦岳鸣（区教育局）	
	王朝杰（区民政局）	
	叶　慧（区财政局）	
	黄新发（区人社局）	
	陆培红（区人社局）	
	代　茹（区旅发委）	
	胡旋波（区农林局）	
	谈　波（区商务局）	
	李　俊（区文体局）	
	周秋芬（区卫计局）	
	谈晓春（区卫计局）	
	胡建松（区环保局）	
	吴红新（区执法局环渚中队）	
	吴　丹（区执法局妙西中队）	
	庄　靖（区执法局）	

续表 23-8

荣誉称号	获奖个人	授证单位
吴兴区创建全国文明城市工作个人嘉奖	朱建成（区执法局）	区政府
	慎元芳（区执法局）	
	杨溢雨（区执法局）	
	李　保（区市场监督管理局）	
	钱佩玉（区市场监督管理局）	
	盛伟强（区市场监督管理局）	
	王子怡（区市场监督管理局）	
	郑卉倢（区市场监督管理局）	
	朱文伟（区市场监督管理局）	
	闵　航（区政务办）	
	石红梅（区妇联）	
	钟俊英（区城投）	
	张　俊（区公安分局妙西交警中队）	
	张　伟（区公安分局）	
	郭正凡（织里公安分局）	
	孙　俊（区消防大队）	
	吴建华（吴兴广电中心）	
	彭启龙（区委宣传部）	
	李清华（区委办）	
	杨　勇（区创建办）	
	郭　舒（区创建办）	
	杨　帆（区创建办）	
	徐　锋（区创建办）	
2017 年度吴兴区城中村改造攻坚和建设项目遗留问题清零工作个人三等功	胡建平（高新区）	区政府
	王来建（高新区）	
	蒋锦荣（织里镇）	
	蔡建新（织里镇）	
	沈国强（织里镇利济街道）	
	舒忠明（织里镇）	

续表 23-8

荣誉称号	获奖个人	授证单位
2017 年度吴兴区城中村改造攻坚和建设项目遗留问题清零工作个人三等功	潘新利（八里店镇）	区政府
	厉海斌（八里店镇）	
	沈连根（八里店镇）	
	沈镇华（八里店镇）	
	潘卫华（道场乡）	
	施林忠（道场乡）	
	傅　军（环渚街道）	
	杜林超（环渚街道）	
	沈子昌（环渚街道）	
	章忠元（环渚街道）	
	陈晓华（爱山街道）	
	陈新娣（飞英街道）	
	杨光宇（区执法局龙泉中队）	
	阮剑虹（区执法局）	
	王国华（区执法局八里店中队）	
	万　亿（区公安分局环渚派出所）	
	王曦霞（区公安分局八里店派出所）	
吴兴区创建全国文明城市工作个人嘉奖	朱根初（区旅发委）	区政府
	朱海江（区人社局）	
	沈力行（区执法局）	
	徐建利（环渚街道塘甸小学）	
2017 年度吴兴区城中村改造攻坚和建设项目遗留问题清零工作个人嘉奖	陶夏峰（区纪委）	区政府
	吴曹锋（高新区大港村）	
	诸忠惠（高新区国土分局）	
	张小强（织里镇）	
	薄海华（织里镇晟舍街道）	
	沈　泱（织里镇）	
	施松江（织里镇）	
	胡金海（织里镇振兴街道）	

续表 23-8

荣誉称号	获奖个人	授证单位
2017 年度吴兴区城中村改造攻坚和建设项目遗留问题清零工作个人嘉奖	仲　俊（织里镇）	区政府
	吴群伟（八里店镇）	
	黄永强（八里店镇）	
	王　芳（八里店镇）	
	钱娟丽（八里店镇）	
	张　力（八里店镇）	
	于建华（八里店镇）	
	张建忠（道场乡）	
	沈洪海（道场乡）	
	倪正侠（环渚街道）	
	何荣林（环渚街道）	
	费　凡（环渚街道）	
	倪红梅（环渚街道）	
	徐晓燕（环渚街道）	
	周建平（环渚街道）	
	杨佩英（爱山街道）	
	钱苗芬（爱山街道）	
	周振强（飞英街道）	
	卢　锋（飞英街道）	
	张伟娥（龙泉街道）	
	高　峰（区执法局龙泉中队）	
	管　健（区执法局八里店中队）	
	张宇亮（区执法局爱山中队）	
	黄敏强（区执法局）	
	陆　俊（区公安分局爱山派出所）	
	沈　超（区公安分局道场派出所）	
	王会江（区住建交通局）	
	俞勤仕（区财政局）	
	王明强（东林镇）	

续表 23-8

荣誉称号	获奖个人	授证单位
2017 年度吴兴区城中村改造攻坚和建设项目遗留问题清零工作个人嘉奖	杨初达（区政协）	区政府
	朱国建（区教育局）	
	费振宇（区金融办）	
吴兴区平安吴兴建设工作个人三等功	沈　剑（区公安分局飞英派出所）	区政府
	陈　斌（区公安分局）	
	彭佳乐（区公安分局）	
	吴斌斌（区公安分局）	
	蒋　莺（区公安分局）	
	俞　健（区公安分局）	
	朱晓平（区公安分局）	
	谢　震（区公安分局）	
	赵爱伟（织里公安分局）	
	朱　斌（织里公安分局织东派出所）	
	金　辉（织里公安分局织南派出所）	
吴兴区平安吴兴建设工作个人嘉奖	黄　洋（区公安分局高新园区派出所）	区政府
	王鉴华（高新区）	
	巩玉虎（织里镇）	
	宋金锁（织里镇）	
	褚云江（八里店镇）	
	沈小新（八里店镇）	
	陆巍彪（道场乡）	
	施维鹏（妙西镇）	
	费云峰（埭溪镇）	
	施学文（东林镇）	
	宋智良（环渚街道）	
	周琪英（月河街道）	
	余德东（朝阳街道）	

续表 23-8

荣誉称号	获奖个人	授证单位
吴兴区平安吴兴建设工作个人嘉奖	张松法（爱山街道）	区政府
	丁平峰（飞英街道）	
	臧　勇（龙泉街道）	
	季　陈（区公安分局）	
	谢　伟（区公安分局）	
	周卫民（区公安分局）	
	彭晓鸣（区公安分局）	
	杨文利（区公安分局）	
	朱建勇（区公安分局月河派出所）	
	张　臻（区公安分局朝阳派出所）	
	邵建忠（区公安分局）	
	钱黎萍（区公安分局高新园区派出所）	
	蔡国峰（区公安分局埭溪派出所）	
	高信荣（织里公安分局）	
	焦玉峰（织里公安分局）	
	陆荣荣（织里公安分局）	
	俞水梅（织里公安分局）	
	张　翼（织里公安分局织北派出所）	
	朱旭文（织里公安分局）	
吴兴区劳动模范	王月芳（月河街道）	区政府
2017 年度吴兴区招商引资工作先进个人	李占强（高新区）	区政府
	吴建滨（织里镇）	
	许丽芬（东林镇）	
	谭雪芬（妙西镇）	
	卢　欢（道场乡）	
	邵建斌（招商一局）	
	周洪伟（招商三局）	
	王　勤（招商四局）	
	沈海明（招商七局）	

续表 23-8

荣誉称号	获奖个人	授证单位
2017 年度吴兴区招商引资项目引荐奖	夏艳明（广东天心天思软件有限公司）	区政府
	王积锋（上海传埠股权投资基金管理有限公司）	
	侯军呈（珀莱雅化妆品股份有限公司）	
	张立新（上海高疆投资管理事务所合伙人）	
	吴淑英（浙江大东吴集团有限公司）	
	钱博一（浙江德瑞摩擦材料有限公司）	

·2017 年度吴兴区教育奖项及获奖名录·

表 23-9

荣誉称号	获奖（单位）个人	授证单位
第一批全国中小学校责任督学挂牌督导创新县（市、区）	吴兴区	国务院教育督导委员会
2016 年国防教育特色学校	湖州市白雀学校	教育部
全国“优秀成人继续教育院校（培训机构）”	八里店成校	中国成人教育协会
首批全国城乡社区教育特色学校	埭溪成校	中国成校协会
2017 年全国青少年校园足球特色学校	湖州市湖师附小教育集团	教育部
	湖州市新风实验小学教育集团	
2013—2016 年度群众体育先进单位	湖州市湖师附小教育集团	国家体育总局
2017 年度全国少儿美术教育示范单位	湖州市湖师附小教育集团	中国少年儿童美术教育学会
2017 年度全国科技体育进校园活动浙江省青少年科技体育教育竞赛先进集体	湖州市湖师附小教育集团	国家体育总局　教育部
全国 2017 青少年科学调查体验活动优秀活动示范学校	湖州市新风实验小学教育集团	教育部
全国中小学中华优秀文化艺术传承学校	湖州市爱山小学教育集团	教育部体育卫生与艺术教育司
浙江省首批现代化成人学校	八里店成校	省教育厅
	苕溪成校	
浙江省 2017 年青少年校园足球特色学校	青山学校	省教育厅
	湖州市凤凰小学	
	湖州市爱山小学教育集团	
	轧村小学	

续表 23-9

荣誉称号	获奖（单位）个人	授证单位
2016 年度省课外阅读先进集体	湖州四中教育集团	省教育厅
	仁皇山小学	
浙江省少先队先进集体	吴兴区第一小学	省教育厅
浙江省（2015—2016 年度）教科研先进单位	湖州市爱山小学教育集团	省教育科学研究院
	蓝天实验幼儿园	
浙江省第二批中小学亲子辅导示范校培育校	湖州市爱山小学教育集团	省中小学心理健康教育指导中心办公室
	湖州市凤凰小学	
浙江省第四批幼儿体育示范幼儿园	八里店镇中心幼儿园	省体育局
2013–2016 年度全国群众体育先进个人	徐来潮（湖州四中教育集团）	国家体育总局
	成熊增（爱山小学教育集团）	
第十五届“全国中小学信息技术创新与实践活动”决赛仿人机器人优秀教育成果展评主题活动—优秀指导教师	金丽君（吴兴一中）	中央电化教育馆
2017 年度省优秀校长	徐伯荣（爱山小学教育集团）	省教育学会活动课程分会
	周汉文（织里实验小学教育集团）	
浙江省教育学会农村义务教育分会第二届杰出校长	陈永祥（吴兴一小）	省教育学会农村义务教育分会
	黄晓燕（太湖小学）	
浙江省第十届“教改之星”	杨燕燕（湖师附小教育集团）	省教育学会
	丁炼强（文苑小学）	
全国中小学信息技术创新与实践活动优秀指导教师	王鑫芽（吴兴一小）	中央电化教育馆
2015—2016 年度浙江省教科研先进个人	徐　军（吴兴实验中学）	省教育科学研究院
2015—2016 年度浙江省教育系统“事业家庭兼顾型”先进个人	徐　影（吴兴实验中学）	省教育工会
浙江省优秀少先队辅导员	卢丽萍（白雀学校）	省教育厅
	黄　佩（新风实验小学教育团）	
浙江省优秀农村工作指导员	温丰明（苕溪成校）	省委办
2017 年浙江省中小学教坛新秀	陈仙红（蓝天实验幼儿园）	省人民教育基金会
浙江省 2017 年青少年网球锦标赛男子甲组团体第一名	湖州市白雀学校	省体育局
浙江省第十四届中学生啦啦操选拔赛普及推广组三等奖	湖州市湖师附小教育集团	省教育厅　省体育局

续表 23-9

荣誉称号	获奖（单位）个人	授证单位
浙江省第四节青少年学生阳光体育运动会短式网球比赛男子乙组团体第一名	湖州市湖师附小教育集团	省教育厅　省体育局
2017 全国青少年“未来之星”阳光体育大会浙江分会场暨浙江省第四节青少年阳光体育运动会短式网球比赛（小学男子乙组团体）第一名	湖州市湖师附小教育集团	省教育厅　省体育局
省十一届经典诵读暨“大艺树杯”诵读大赛全省总决赛一等奖	湖州市文苑小学	省青少年中华经典诗文诵读活动组委会
ZSTL 浙江省第八届中小学生乒乓球联赛小学女子组一等奖	湖州市飞英小学	省教育厅
第十二届全国信息技术课程案例大赛一等奖	刘　欢（湖州四中教育集团）	中国教育技术学会
第七届全国中小学优秀体育课教学观摩展示一等奖	楼　云（湖州十二中）	中国教育学会体育与卫生分会
第十二届全国信息技术课程教学案例大赛一等奖	陈哲欢（爱山小学教育集团）	中国教育协会
第一届全国小学数学微课评比二等奖	柯　勇（月河小学教育集团）	人民教育出版社
全国小学语文名师工作室联盟语文观摩大赛课堂教学评比二等奖	施国强（月河小学教育集团）	全国小学语文名师工作室
全国第二十一届教育教学信息化交流展示活动幼儿教育组课件评比二等奖	慎蓓蓉（蓝天实验幼儿园）	中央电化教育馆
浙江省首届心理健康教育微课大赛一等奖	张　萍（蓝天实验幼儿园）	省中小学心理健康教育指导中心
2017 年度浙江省优秀教学设计征集评选一等奖	谈莉丽（常路学校）	省基础教育学会
2017 年浙江省第四届青少年学生阳光体育运动会跆拳道比赛第一名	文　森（湖州十二中）	省教育厅
浙江省“第 13 届宋庆龄少年儿童发明奖”发明类一等奖	涵　畅（吴兴实验中学）	省科技馆
第十五届“全国中小学信息技术创新与实践活动”决赛机器人微电影制作一等奖	帅齐良（吴兴一中）	中央电化教育馆
	王帅帅（吴兴一中）	
WER2017 赛季世界锦标赛积木教育机器人赛一等奖	闵　朗（月河小学教育集团）	世界教育机器人学会
	胡喆恺（月河小学教育集团）	
WER2017 赛季世界锦标赛积木教育机器人赛二等奖	朱万旭（上强小学）	世界教育机器人学会
	陈小虎（上强小学）	

续表 23–9

荣誉称号	获奖（单位）个人	授证单位
浙江省 2017 中小学生网球积分赛 女子乙组双打第一名	金琳珍（白雀学校） 张雨欣（白雀学校）	省体育局 省教育厅
浙江省 2017 中小学生网球积分赛 男子乙组双打第一名	杨啸吟（白雀学校） 邵小平（白雀学校）	省体育局 省教育厅
浙江省 2017 中小学生网球积分赛 女子乙组单打第一名	金琳珍（白雀学校）	省体育局 省教育厅
浙江省 2017 年青少年网球锦标赛女子单打第一名	杨雨轩（白雀学校）	省体育局
浙江省 2017 年青少年网球锦标赛女子双打第一名	金琳珍（白雀学校） 张雨欣（白雀学校）	省体育局
浙江省 2017 年青少年网球锦标赛男子双打第一名	陈家旭（白雀学校） 秦真畅（白雀学校）	省体育局
2017 省中小学艺术节书法类评比一等奖	庞　承（东风小学）	省教育厅
2017 年浙江省青少年击剑锦标赛佩剑团体赛男子丙队第一名	瞿勉臣（凤凰小学）	省体育局
2017 年浙江省青少年短式网球冠军赛甲组女子双打第一名	潘小易（湖师附小教育集团） 王小童（湖师附小教育集团）	省教育厅
2017 第六届全国全民健身操舞大赛浙江赛区一等奖	李冉骄阳（太湖小学）	国家体育总局
ZSTL 浙江省第八届中小学生乒乓球联赛小学女子团体一等奖	应诗雨（飞英小学） 李佳璐（飞英小学） 李奕璇（飞英小学） 王婕妤（飞英小学）	省教育厅
浙江省“我的报刊 我的童年”主题征文活动一等奖	成　冉（爱山小学教育集团）	省教育厅
浙江省中小学生艺术节艺术作品类书法作品一等奖	施逸飞（爱山小学教育集团）	省教育厅